CEREMONIES

ET

COUTUMES

RELIGIEUSES

DE TOUS LES

PEUPLES DU MONDE.

CEREMONIES
ET
COUTUMES
RELIGIEUSES
DE TOUS LES
PEUPLES DU MONDE,

*Représentées par des Figures deſſinées de
la main de*

BERNARD PICART,
ET AUTRES;

Avec une Explication Hiſtorique, & quelques
Diſſertations curieuſes.

TOME SEPTIEME SECONDE PARTIE.

*Qui contient pluſieurs Diſſertations de Meſſ. les Abbés Banier & Le
Maſcrier, ſur des matiéres qui ont quelque raport aux
Cérémonies Religieuſes &c.*

A AMSTERDAM,
Chez *JEAN FREDERIC BERNARD.*
M. DCC. XLIII.

AVIS
AU
LECTEUR.

Es Piéces qui forment ce Volume apartiennent à Messieurs les Abbés Banier & le Mascrier, qui ont publié en 1741. à Paris une nouvelle Edition des *Cérémonies Religieuses &c.* sous le titre d'*Histoire générale des Cérémonies, Mœurs & Coutumes Religieuses de tous les Peuples du Monde représentées en* 243. *figures (avec les vignettes &c.) dessinées de la main de Bernard Picard* (a); *avec des Explications Historiques & Curieuses par Mr. l'Abbé Banier de l'Academie Roiale des Inscriptions, &c. & par Mr. l'Abbé Le Mascrier.* Un tel titre ne permet pas de douter, que ces deux Abbés soient les véritables Auteurs de ces *Explications Historiques & Curieuses.* Cependant ils ne le font pas; & tout ce qui leur apartient dans cette Edition publiée fous le nom d'Histoire c'est un renversement général de l'Edition Hollandoise, &, j'ose le dire, une metamorphose bizarre de tout l'ouvrage, où l'on fait entrer, autant qu'il se peut, la Controverse & la dispute, sous prétexte principalement de le rendre Orthodoxe & bon Catholique. Le public jugera de cette metamorphose par la description que j'en vais donner: mais auparavant il est bon de se ressouvenir qu'elle n'est pas la première qu'on ait vû de cette espéce dans la Republique des Lettres. L'art de dépouiller un Auteur, de le travestir ensuite, de le déguiser, en sorte qu'on ait de la peine à le reconnoitre, a tout au moins quelque chose de spécieux: & il y a déja plusieurs années que l'Abbé Dupin jugea qu'il étoit necessaire d'en introduire la mode. Ne se croiant pas assés illustré par plusieurs excellens Ouvrages, il enleva l'*Histoire des Juifs* à Mr. Basnage son Auteur, & se l'apropria si bien, que l'Auteur fut obligé de la reclamer solennellement en presence de toute la Republique des Lettres, & à la honte du ravisseur. Qu'il me soit permis de m'exprimer de la sorte en indiquant au Lecteur l'*Histoire des Juifs reclamée par son véritable Auteur.* C'est ainsi que Mr. Basnage intitula son *Factum,* si je puis l'appeler de ce nom. En 1738. un savant Abbé, connu par plus d'un Ouvrage, entreprit de refondre le Commentaire sur les Oeuvres de Boileau, de Mr. *Brossette,* homme de mérite, très respectable, vivant encore, François, demeurant en France. L'Abbé prétendoit faire parler le Commentateur plus purement, plus élegamment & d'une maniére, disoit-il, plus forte, plus concise, &c. Papiers sur table, il voulut bien me faire la grace de me montrer des échantillons de sa reforme, sur des ordres superieurs qu'il avoit, ajoutoit-il, de traiter ainsi Mr. Brossette. Voilà deux exemples assés modernes. Je passe les pauvres Anciens sous silence: peu de gens ignorant de quelle maniére divers Critiques, & de notre tems le Docteur Bentley, en ont voulu traiter quelques-uns, & je ne dis rien de tant de Leçons (*lectiones, emendationes*) où l'Auteur ancien corrigé, & recorrigé parle comme il plait au Savant qui le reforme & souvent peut-être, bien autrement qu'il n'auroit voulu. Combien de beaux Esprits de Rome & d'Athénes, qui, s'ils revenoient

noient

(a) Il falloit écrire Picart, c'est là le véritable nom de ce fameux Dessinateur.

Tome VII. *Part.* II.

noient au monde, préfereroient la fuppreffion à la correction qu'on leur fait,
& foufcriroient volontiers au paradoxe du P. Hardouin, qui condamnoit leurs
Ouvrages comme des fuppofitions des derniers Siecles?

Après ces exemples dois-je me plaindre de me voir aufli corrigé, réfon-
du, métamorphofé? moi qui ne fuis qu'un inconnu dans la Republique des
Lettres, & qui, en qualité de Libraire, ne dois afpirer tout au plus dans cet
Etat qu'à celle de ferviteur des Savans & des Beaux Efprits: trop heureux de ne l'être pas d'une infinité de *Meurtures Litteraires*, & d'avantu-
riers afamés, que le vice, le libertinage & la mifére reduifent à *grapiller* le
rebut du bel Efprit, & à glaner jufqu'à l'ordure des champs du Parnaffe, après
s'être d'épaifés & *expatriés* ou par force, ou par néceffité.

Venons à la defcription que j'ai promife au Lecteur de la métamorphofe des
Cérémonies Religieufes &c. en *Hiftoire Générale* &c. D'abord je férai remarquer que Meffieurs les Abbées Banier & Le Mafcrier ont changé toute la difpofition de l'Ouvrage, dérangé les matiéres, inféré fouvent, ou confondu dans le texte quantité de remarques qui devoient en être feparées, & qu'on avoit feparées
tout exprés pour des raifons que des lecteurs attentifs verront du premier coup
d'œil; enfin qu'ils ont fupprimé les diftinctions que j'avois faites des matiéres, en
les divifant par Differtations: & tout cela, nous difent ils, pour mettre dans leur
Edition *beaucoup plus d'ordre & de liaifon qu'on n'en trouve dans la précedente, &*
pour la purger d'une infinité de redites. C'eft auffi ce que Meffieurs les Auteurs
du *Journal des Savans* ont eu foin (a) de repeter après eux. Le defordre &
l'*infinité de redites* tombent principalement fans doute fur les Differtations qui
traitent des Cérémonies des Juifs, & de celles des Catholiqnes. Mais outre
que le nombre de ces redites eft fort éloigné de l'*infinité*, & qu'on les a mé-
me indiquées au lecteur dans les endroits où il étoit impoffible de les éviter; fi ces Meffieurs avoient voulu faire attention au plan & au projet que je
publiai de cet Ouvrage en 1721. ils ne me les auroient pas reprochées: &
même l'équité vouloit qu'on les attribuât à la bonne foi, fi neceffaire dans un
Ouvrage tel que celui-ci, & cependant fi dificile à garder, quand il s'agit de
Religion, que très fouvent des Auteurs d'un mérite infiniment au deffus du
mien ne peuvent s'empécher de la perdre. On la manque fans s'en apercevoir,
elle nous échape malgré nous. Tel eft l'éfet de la coutume ou d'un préjugé qui
nous habitue à notre parti & nous aprent à ne voir dans l'autre que du faux ou
du ridicule. Refolu pourtant de faire tous mes éforts pour obferver une exacte
neutralité dans ce Recueil de *Cérémonies Religieufes*, & pour ne rien avancer
où l'on pût dire que je parlois & décidois de mon chef, j'inferai des Piéces entiéres d'Auteurs connus & d'une reputation établie. Je laiffai parler ces Auteurs
fans les interrompre; fauf à fuppléer à ce qu'ils pourroient obmettre. C'eft ainfi
que pour les Cérémonies & Coutumes Religieufes des Juifs, & pour la comparaifon de ces Cérémonies avec la difcipline de l'Eglife (Catholique) j'ai
confervé, fans la moindre alteration, ce que le P. Simon a donné fur cette matiére: enfuite de quoi j'ai fait fuivre une troifieme Differtation, qui certainement ne repéte en aucune maniére le P. Simon. J'ofé encore affurer, fans craindre d'être démenti, qu'on n'y trouve ni le defordre, ni l'*infinité de redites* qu'on
me reproche. De même lorfqu'il s'eft agi de la Religion Catholique, j'ai commencé par une idée générale de la Religion Chrétienne, fans m'amufer à y com-
piler de longs fragmens d'Abadie, ni à copier des lambeaux ufés qui ne deman-

dent

(a) Mois de Mars 1743.

dent d'autre talent que de savoir les réunir diligemment pour contenter l'impatience du Libraire. De cette idée générale j'ai passé aussitôt à l'Eglise Catholique. Le célébre Evêque de Meaux (Bossuet) y exposé seul, sans addition, sans alteration, la croiance de son Eglise. Pour donner ensuite la description des Cérémonies, pour en montrer l'usage, le mystere, la necessité, je n'ai emploié que des Auteurs Catholiques connus, aprouvés. En les emploiant je les ai nommés; ils ont parlé eux-mêmes dans mes notes: & par ce moien s'ils ont pû condamner quelquefois mon ignorance, ils ont tout au moins dû aussi justifier ma bonne foi. J'avoue que j'ai tiré plus d'une fois des consequences de leurs raisonnemens qu'ils n'ont pas prévues, peut-être même, j'ose le dire, qu'ils n'ont pas voulu prévoir; & que j'ai parlé quelquefois assès librement de certains usages. Mais n'ai-je pas fait la même chose en décrivant ceux des autres Communions du Christianisme? Convenoit il de décider en juge absolu pour ou contre? & parler librement des uns en se taisant sur les autres n'étoit-ce pas se declarer & prendre parti? Voici peut-être où je me suis trop declaré. J'ai parlé un peu hardiment contre cet esprit séducteur, qui, après avoir mis le cœur humain sous le joug de la superstition, ne lui donne que la liberté de s'amuser à cet éclat qu'on appelle *Usages Religieux*, sans le laisser aprocher des devoirs que la Religion exige. Voilà sans doute le libertinage que le zéle de Messieurs les Abbés Banier & Le Mascrier a si resolument attaqué, & qui les a obligé (a) „ à inserer dans des notes quelques correctifs & quelques adou- „ cissemens, qui peuvent servir d'antidote au poison, qui est generalement re- „ pandu dans tout l'Ouvrage ". Ce témoignage leur est rendu par Messieurs les Auteurs du Journal des Savans. Encore n'y a t'il pas assès d'antidote contre le poison, si l'on veut s'en rapporter à ces illustres Echos de la Republique des Lettres.

Au travestissement de l'Ouvrage fait en Hollande, & reformé, ou refondu à Paris il faut ajouter un ornement d'une autre espéce. C'est la correction. Les savans Abbés nous avertissent „ *qu'ils* ont purgé leur Edition „ d'une infinité de fautes, qui étoient échapées au premier Editeur ". On pourroit leur dire aussi qu'ils en ont bien ajouté dans les citations; car elles sont generalement très peu correctes, & sur tout le Grec qui s'y trouve. Leur passerons nous cela, & dirons nous charitablement qu'il faut attribuer ces fautes à l'imprimeur? Quoiqu'il en soit, ce premier *Editeur* (qu'on appelle d'ordinaire avec une espéce de mépris l'*Auteur* ou l'*Editeur Hollandois*, comme s'il n'étoit pas digne d'être François) declare qu'il n'est pas infaillible: & c'est ce qu'il a repeté plus d'une fois dans les précedens Volumes de cet Ouvrage. Mais peut-on éviter de se plaindre de l'impolitesse de ces Critiques, qui, lorsqu'ils indiquent les fautes de l'*Editeur Hollandois*, les relevent ordinairement avec un *il n'est pas vrai*, ou *cela est faux*? Cette impolitesse ne marque t'elle pas un mépris plus convenable au caractére d'un matelot Hollandois qu'à des Abbés Beaux-Esprits, qui ont la Cour pour modéle, & qui sans doute ne frequentent que des personnes du premier rang.

Avouons pourtant que le public & moi devons être également redevables à leur critique. Suposé qu'elle soit juste, elle l'empéche de s'égarer en lui montrant mon ignorance. Mais c'est dommage que cette critique n'ait eu souvent pour objet que des minutties. Le Lecteur en pourra juger par une note que j'ai mise à la page 48. de ce Volume. Donnons cependant une idée un peu

plus

(a) Journal &c. Mois de Mars 1743.

* 2

plus précise des corrections & des retranchemens qu'on peut regarder comme
une espéce de correctifs, que les Abbés de Paris ont crû devoir faire aux *Cé-*
rémonies Religieuses, tant pour l'amour du public, que pour l'honneur de la
vérité. C'est à peu prés de cette maniére qu'ils jugent de leur travail, &
c'est ainsi qu'on devroit en juger naturellement par la Préface des deux Abbés correcteurs & *reviseurs.*

Au sujet du mauvais esprit qui troubloit Saül, j'avois dit dans une note de
la *Dissertation sur le Culte Religieux* „ qu'il y a aparence que ce mauvais
„ Esprit étoit une violente melancholie, mêlée peut-être de fureur ". Voici ce qu'ils disent à cette occasion. „ Comme l'Ecriture ne nous aprend
„ point la nature de cette maladie de Saül, nous avons retranché cette refle-
„ xion du Compilateur Hollandois, en attendant qu'il ait acquis l'autorité
„ de Docteur & d'Interprête des Livres SS. dans l'Eglise Chrétienne ". Je
renvoie ces deux Savans à divers Recueils de Remarques & de Dissertations
sur l'Ecriture. Ils leur aprendront que la remarque n'est pas nouvelle, & m'a-
partient aussi peu que les depouilles de Grotius, Bochart, Huet, Le Clerc &
autres Savans connus, plus ou moins modernes, apartiennent au Compilateur
de la *Mythologie* ou *Explication des Fables:* sans parler de quelques petits lar-
cins qu'il a fait à d'autres Savans moins connus, qu'heureusement pour lui il
a rencontré plus d'une fois dans sa course Mythologique. Je ne nommerai
de ces derniers que *Dickinson*, Auteur des *Delphi Phœnicissantes.*

La page 288. de leur *Histoire des Cérémonies* contient une controverse, où
leur savoir s'est certainement égaré. C'est sur les mots *adorer* & se *prosterner*
dont ils n'ont connu ni le vrai usage, ni la signification dans la Langue originale
de l'ancien Testament. Mais ce que je dois le plus relever dans cette page c'est
une faute d'omission de l'imprimeur, qu'il leur plait de donner *à mon igno-*
rance ou à ma mauvaise foi, en m'accordant genereusement l'*option de l'une*
ou de l'autre. Voici ce que c'est. Il devoit y avoir dans la traduction de ces
parolles du Pape Innocent III. *Ecclesia sponsa &c.* „ qu'il est le Vicaire de
„ celui qui porte écrit sur son vêtement & sur sa cuisse, je *suis le Roi des*
„ *Rois &c ".* L'imprimeur a fait l'omission de ces mots *le Vicaire &c.* jusqu'à
Rois des Rois exclusivement, & cette faute a échapé à la diligence du correcteur.

A la page 127. du troisieme Volume, ils n'ont pas jugé à propos de dire (je ne sai pourquoi), que le Calendrier Grec est copié de Ricaut, Auteur de l'*Etat de l'Eglise Grecque.* Ils y ont aussi supprimé ces mots, *il*
(ce Calendrier) *indique les Fêtes les plus solennelles.*

Page 149. du même Volume ils renferment entre deux crochets une (prétendue) satire contre les Moines (en general suivant eux). Je leur declare
une fois pour toute, que je ne prérens point censurer l'Etat Monastique, &
que je ne parle jamais que contre ceux qui abusent en plusieurs occasions, &
sous des prétextes mondains, des privileges de cet état.

Page 250. du 3. Volume de mon Edition j'avois mis une note de précaution touchant un Chapitre de l'*Histoire Critique de la Créance & des Coutu-*
mes des Nations du Levant, par le P. Simon. Ce Chapitre traite des Mahometans. Au lieu d'entrer dans les raisons que je donne dans la note pour
justifier le *déplacement* de cette addition qui semble ne devoir pas être mise à
la suite des Cérémonies Religieuses des Grecs, les Auteurs de l'Edition de
Paris en ont tiré une preuve du desordre de la mienne. J'avoue que l'addi-
dition est mieux placée dans le Volume qui traite des Mahometans: mais du
moins auroient ils pû me faire l'honneur de dire mes raisons au public.

Page

Page 290. de ce même Volume Edition de Paris, ils ont fupprimé une partie de la page 268. de la mienne avec toute la note *(d)*. Cette note renferme une efpéce de cenfure, fi l'on veut l'appeller ainfi, où il n'y a ni libertinage, ni obfcénité: & cependant il femble que la fubtile pénétration de ces Meffieurs y ait trouvé l'un & l'autre. Mais peut-être qu'en de pareils cas un Séculier eft beaucoup moins pénétrant qu'un Abbé.

Dans la partie de ce Volume où l'on traite des Proteftans, ils ont donné le *Caractére & le génie des Reformateurs*. Cette addition eft presque toute tirée de l'*Hiftoire des Variations* &c. de Mr. Boffuet: & comme elle ne contient qu'en détail, & fouvent aufli d'une maniére un peu trop pantiale, l'idée qu'on peut fe faire des Reformateurs par ma *Differtation préliminaire fur la Reformation*, je n'ai pas jugé à propos d'en faire ufage.

Je paffe la fuppreffion qu'ils ont faite de plufieurs notes au quatriéme Volume. Après la *Differtation préliminaire fur la Religion Anglicane*, ils en ont placé deux de leur façon, l'une & l'autre compilées de l'*Hiftoire du Schifme d'Angleterre* de Sanderus & de celle de l'Evêque de Meaux (Boffuet). Dans ce même Volume on trouve une *Hiftoire des Vaudois*, que le même Evêque leur a fournie, à laquelle ils ont afforti autant qu'ils l'ont jugé à propos quelques débris de celle que j'ai *(a)* donnée fur ces Vaudois.

Je ne dois pas oublier deux remarques qui me concernent en particulier dans le quatriéme Volume de leur Edition. Si elles n'ont rien de fort élegant pour le ftile, on y trouve en recompenfe de la mauvaife foi & de la malignité; ou tout au moins avec peu de politeffe un jugement fort précipité. Il m'importe de dire deux mots à ce fujet. La première de ces Remarques eft à la page 238. J'avois dit, *(b)* „ que les Controverfiftes anciens & modernes ont „ rendu fouvent les Sectes & leurs Syftemes plus dangereux, qu'on ne doit „ peut-être les croire en éfet &c. ”. Ces parolles, auxquelles ils donnent le nom d'*écart*, m'attirent de leur part une efpéce d'ironie, où le moindre ridicule qu'on me donne eft de mériter la qualité d'*Avocat des Hérétiques*. Ils auroient parlé avec un peu plus de circonfpection, fi la rapidité du travail & l'impatience de leur Libraire leur avoient permis de pénétrer dans le vrai fens de ces parolles, & de faire attention à celles qui précedent un peu plus haut.

L'autre remarque, qui eft à la page 286. de l'Edition de Paris, roule fur les plaintes de Monfr. de Fenelon Ambaffadeur de S. M. T. C. au fujet des extraits que j'ai donné fur le Quiétisme dans mon quatriéme Volume, & qui ont exigé de la part de ce Miniftre une maniére de reparation dont je n'ai pas honte: & cela pour des raifons que Meff. les Abbés ont pû favoir s'ils l'ont voulu. En tout cas il me fufit que le public ne les ignore point en Hollande. Voici d'abord comment ces deux Critiques s'expriment à mon égard. „ L'Editeur Hollandois n'avoit garde de negliger ces endroits piquans. „ Quoique dans tout fon Ouvrage il s'échaufe à prêcher la charité, mais une „ charité qu'on voit bien être intéreffée, on y fent aifément que fon défaut „ n'eft pas de penfer trop bien de fon prochain, & de porter trop loin le ref- „ pect pour des fupérieurs. C'eft cette licence d'écrire qui a occafionné la „ remarque qu'on trouve pag. 21. des *Supplement & Additions* &c. Une „ déclaration publique de cette nature eft le moins que méritoit la liberté „ que s'étoit donnée l'Editeur de Hollande ”. La remarque finit par une

louan-

____

(a) Volume quatriéme de l'Edition de Holl.
(b) Page 173. Edition d'Hollande.

louánge que les deux associés se donnent ,, de ne rien écrire qui demande ,, des Apologies . . . . & de s'être bien donné de garde de s'arrêter à ,, ce que l'esprit de satyre ou de parti auroit pû faire avancer témérairement ,, à celui, quel qu'il puisse être, qui a publié cet Ouvrage (c'est-à-dire, les ,, *Memoires concernant le Quiétisme*, &c.) Toute la suite de cette *Histoire* ,, *des Cérémonies*, &c. prouvera que nous sommes fort éloignés de la saty- ,, re ". C'est-là que la remarque finit. Puisqu'ils ont tant de respect pour les personnes d'un certain rang, & tant de charité pour le prochain, ,, pourquoi, ,, dira t'on, ne pas supprimer ces extraits satyriques & licentieux? ou du moins ,, pourquoi ne pas les réfondre entiérement, comme ils l'ont fait si souvent ,, dans les autres parties de l'Ouvrage? pourquoi ne pas retrancher aussi les ,, notes qu'ils trouvent *satyriques & difamatoires?* ces notes qui attaquent des ,, personnes si respectables? les unes distinguées par leur probité, les autres ge- ,, neralement estimées par leur savoir dans la Republique des Lettres. Y auroit ,, il quelque malice dans le procedé des reformateurs des Cérémonies? Il fal- ,, loit sans hésiter avoir recours à la suppression. La charité dont ils font pro- ,, fession devoit leur faire emploier ici comme ailleurs leur *Antidote contre* ,, *le poison de l'Editeur Hollandois*. Ils l'ont si heureusement emploié cet ,, *Antidote*, en faveur du Traducteur de la *Religion des Mahometans*. La ,, controverse qu'ils ont substituée pour l'amour de lui & aussi pour l'amour ,, de Dieu, au *poison du Hollandois* féront sans doute admirer en cette occa- ,, sion la charité des reformateurs".

Les Abbés font aussi Docteurs & Prédicateurs. Cela se remarque assés par leur stile; mais surtout lors qu'il s'agit de controverse entre les Catholiques & les Protestans, ou de Schismes, d'Hérésies, &c. Qu'on lise le commencement de la *Dissertation sur la Discipline de l'Eglise*, & l'on ne manquera pas d'y re- connoitre ce stile que je ne crains pas d'appeller un *stile d'Eglise*; dussent les Abbés reformateurs se moquer encore une fois de la liberté que prend le *Docteur Hollandois de forger de nouvelles expressions*. Après avoir suppri- mé le commencement de mon *Introduction à l'Histoire du Mahometisme*, voici comment ils entrent en matiére. ,, Il y auroit de l'injustice à confon- ,, dre les Mahometans avec les Nations Idolatres. Quoique compris avec ,, raison sous le titre general d'Infidéles, puisqu'ils refusent *de reconnoitre le* ,, *Sauveur des hommes, le fils de Dieu venu sur la terre pour racheter les pé-* ,, *chés du genre humain*, ils connoissent le vrai Dieu &c. ". Cela ne s'appelle t'il pas prêcher & parler en Docteur?

La page 39. du même Volume contient un petit Discours préliminaire de 28. lignes sur Mahomet, pour nous aprendre que ce faux Prophete étoit un subtil & adroit Imposteur, & que les Mahometans ne font pas si grossiers ni si barbares qu'on se l'imagine.

Page 64. Les reformateurs ont charitablement retranché la moitié de la note (*b*) de la page 55. de mon Edition, ils ont bien fait. Les Auteurs dont il s'y agit ne méritent que la suppression.

Page 71. ils me censurent sur un passage que je cite des Oeuvres de St. Gregoire à la Note (*a*) pag. 64. de mon Edition : & à l'occasion de ce passage on m'attribue *une ignorance*, ou même *une mauvaise foi insigne*, en suppo- sant que je fais dire à ce Pape, qu'aprés que les Anglois convertis au Chris- tianisme eurent cessé de sacrifier leurs bœufs au Demon, *il leur fut seule- ment permis de se gorger de leur chair*. C'est pourtant à quoi je n'ai nulle- ment pensé; mais, sans m'expliquer davantage, j'ai emploié cette expression

pour

pour caractériser une chose assés connue à ceux qui ont voiagé en Angleterre, & fréquenté les habitans de cette Ile.

J'ai dit que les reformateurs des *Cérémonies* ont supprimé generalement
les notes contre le Traducteur de la *Religion des Mahometans*, écrite en Latin par Mr. Reland. A la place de ces notes on en voit d'autres de leur façon,
qui n'ont guéres pour objet qu'une critique assés triviale & mêlée quelquefois
avec une controverse assés commune.

Page 278. de leur Edition ils ont transporté, je ne sais pourquoi, dans le texte
la note (*a*) de la page 264 de la mienne. Cette note fait voir par divers exemples que la suppression des livres a été mise en usage en divers tems & en diverses Religions &c. Pour garantir le lecteur du poison d'une telle remarque,
on lui aprend que le *Docteur Hollandois fait passer l'univers entier en revue devant son Tribunal, qu'il juge de ce qui s'est fait & de ce qui a pû se faire …….
qu'il prend…, quand il veut l'occasion de s'ériger en petit souverain*, &c.

Voilà qui suffit, ce me semble, pour faire connoître en gros au lecteur ce
que c'est que le travail de Messieurs les Abbés Banier & le Mascrier sur un Ouvrage qui ne leur appartient nullement. Si malgré cela le public les aprouve
dans leur procedé à mon égard, je n'ai plus rien à repliquer. Il faut se taire.

Rendons leur pourtant justice: ils ont changé, dérangé, alteré souvant, &
supprimé quand il leur a plû; mais ils ont ajouté aussi des extraits de divers
Ouvrages d'habiles Auteurs sur des sujets, qui leur ont paru avoir du raport
aux *Cérémonies Religieuses*. Ces extraits sont si étendus qu'ils méritent bien
d'être regardés comme des compilations. Sans avoir égard à la maniére
dont elles ont été faites, j'ai crû devoir leur donner le titre honorable de Dissertations & les rassembler en cette qualité pour en former un suplément à mon
Edition des *Cérémonies Religieuses*. C'est ce Suplément qui fait la seconde
Partie d'un Tome que j'avois crû devoir être le dernier de tout l'Ouvrage.
Mais j'ai été contraint de prendre d'autres mesures, pour les raisons que j'en
allégue dans la lettre circulaire que j'ai publiée à cette occasion au mois de
Janvier passé. La voici en abrégé ,, *J. F. Bernard*, Libraire à Amster-
,, dam, publiera vers le mois de Juillet de cette année le Volume huitiéme
,, des *Cérémonies Religieuses de tous les Peuples du Monde &c.* avec des
,, figures &c. Ce Volume contiendra la description de divers Usages
,, introduits dans les Religions, la comparaison des uns aux autres &c.
,, Suivant le plan publié en 1741. on devoit donner ces Usages & plusieurs
,, autres en un Volume séparé. Des raisons, qu'on lira dans la Préface de
,, ce huitiéme Volume, ont obligé de prendre d'autres mesures.

,, Le même Libraire publiera en même tems la seconde Partie du septié-
,, me Volume des *Cérémonies* &c. laquelle contiendra les Dissertations dont
,, on a augmenté l'Edition faite à Paris de ce grand Ouvrage. Ainsi on pourra
,, par ce moien rendre également compléter les deux Editions; Celle de
,, Hollande & celle de France par le Volume huitiéme, qui servira égale-
,, ment à l'une & à l'autre; Celle de Hollande par la seconde Partie du To-
,, me septiéme prise de l'Edition de Paris: ce qui la rendra aussi complette,
,, & en même tems beaucoup plus belle que l'Edition de Paris; les figures de
,, celle-ci n'étant que des copies imparfaites de celles que le fameux *Picart* a
,, dessinées ou dirigées lui même. On a intitulé ces augmentations seconde
,, Partie du Tome septiéme, pour éviter la confusion, & pour conserver l'or-
,, dre autant qu'il étoit possible ''.

La premiére Dissertation de ce Volume traite de la Discipline de l'Eglise

** 2

Ca-

Catholique. Elle eſt principalement compoſée de materiaux pris des Diſſertations de Dupin ſur la Diſcipline Eccleſiaſtique (*de antiqua Eccleſiæ Diſciplina.*) On y a auſſi emploié *l'Inſtitution du Droit Eccleſiaſtique de Mr. Fleury*, & *l'Explication des Cérémonies de l'Egliſe*, par D. De Vert. A tout cela couſu bout à bout on a aſſorti & lié d'autres lambeaux pris de ce qu'on avoit deja dit ſur ce ſujet dans l'Edition d'Amſterdam, où l'on n'avoit parlé de cette matiére qu'autant qu'elle eſt relative aux *Cérémonies Religieuſes*. On comprend aſſès que cela expoſe le lecteur au desagrénent des redites. On l'en avertit par une petite note dès le commencement de ce Volume.

Cette Diſſertation eſt ſuivie des *Remarques ſur la Couronne & ſur l'Habit Eccleſiaſtique.*

La troiſiéme Piéce eſt une *Diſſertation ſur les Ordres Militaires*. M. Fleury, le P. Heliot & quelques autres Ecrivains célébres ont fourni ce qu'il falloit pour faire cette Diſſertation, qui eſt ſuivie d'une autre tiſſue de même, ſur les Rits & Cérémonies de l'Egliſe Catholique.

Après cette Diſſertation il en vient une ſur la Meſſe, laquelle, comme la précédente, renferme pluſieurs choſes utiles & curieuſes. Dans la Diſſertation ſur la Meſſe ce qui regarde les Meſſes ſuperſtitieuſes eſt copié mot à mot du Traité des Superſtitions de Thiers: & j'en dis autant de celle qui décrit les *Superſtitions qui ſe ſont gliſſées dans l'uſage des Sacremens.*

La *Diſſertation ſur les Epreuves* eſt ſavante & en même tems amuſante: Mais l'*Hiſtoire des Pratiques ſuperſtitieuſes* du P. le Brun a preſque toujours fourni ce que cette Diſſertation a de plus intéreſſant.

Après cette Diſſertation on en trouvera une autre *ſur le Sacre & le Couronnement des Rois*. Elle ne parle guéres que du Sacre des Rois de France.

La Diſſertation *ſur les Schiſmes* n'eſt preſque qu'une compilation formée d'extraits de l'Hiſtoire Eccleſiaſtique de l'Abbé Fleury. On y fait paſſer en revue tous les Schiſmes du Chriſtianiſme. Cette Diſſertation devoit naturellement avoir à ſa ſuite celle qui a pour titre dans ce Suplément; *Diſſertation ſur les Wiclefites, Huſſites, &c. qui ont précedé la Reformation; ſelon les idées des Catholiques, & compilée par les Editeurs de Paris des Auteurs de leur Communion.*

Les Editeurs de Paris ont donné dans leur Hiſtoire (reformée) des Cérémonies un Abregé Hiſtorique du Schiſme d'Angleterre, tiré de Sanderus & de Varillas. Je l'inſére auſſi & je lui aſſocie les Remarques de Mr. de Meaux (Boſſuet) ſur l'*Hiſtoire de la Reformation* Anglicane du Docteur Burnet. Si j'avois pû me diſpenſer de faire uſage de ces trois derniéres Piéces, je l'aurois fait; & cela pour ne pas m'attirer certains reproches. Je dirai pour ma juſtification que j'ai voulu rendre ce Suplément auſſi complet qu'il fut poſſible, en faveur de ceux qui regardent comme une défectuoſité eſſentielle dans une Edition antérieure à la derniére tout ce qui ſert à augmenter celle-ci; bon ou mauvais, utile ou non, que leur importe? Mais dira t'on, ,, pourquoi donc ,, ne pas inſérer encore d'autres additions repandues en divers endroits de l'Ou,, vrage? pluſieurs remarques de ces Editeurs échaperont elles auſſi à votre ,, diligence? & ces longs extraits pris dans la *Deſcription de l'Egypte*, Ouvra,, ge de M. l'Abbé le Maſcrier; falloit-il les négliger auſſi"? Je repons que ſi toutes ces additions &c. avoient pû être réunies ſous le nom de Diſſertations je l'aurois fait. Je me ſuis donc contenté de raſſembler ce qui pouvoit l'être ſans confuſion, d'une maniére utile & agréable au lecteur. Mais ne perdons pas de vue les autres Piéces, qui entrent dans ce Suplément. J'ai

pris

pris dans l'Edition de Paris l'*Histoire de David George*. C'est une addition aux Sectes Fanatiques qu'on a décrites dans le 4e. Volume de ces Cérémonies. Ce morceau finit tout ce qui peut appartenir au Christianisme.

Un long *Extrait de l'Alcoran*, d'environ 32 pages, sert de Suplément à la Religion des Mahométans décrite dans le 5e. Volume de cet Ouvrage. On nous avertit par une note, „ qu'on a suivi dans cet extrait la Traduction „ de Du Ryer". Cette raison seule auroit pû justifier la suppression de ce long Extrait. Personne n'ignore le peu de cas que l'on doit faire de la Traduction de l'Alcoran par du Ryer. Elle est infiniment au-dessous de celle que M. Sale nous a donnée en Anglois. Messieurs les Abbés Banier & le Mascrier auroient dû tout au moins revoir cette Traduction de Du Ryer, sur le Latin de l'Abbé Maracci. Quoiqu'il en soit, j'ai pensé que ce morceau tel qu'il est ne laisseroit pas que d'être agréable aux lecteurs qui ne veulent que connoitre en général le caractére de l'Alcoran.

Pour Suplément aux Cérémonies Religieuses des Peuples de l'Amérique j'ai tiré de l'Edition de Paris les *Principes des Americains sur leur origine, sur celle du Monde &c.* Les *Mœurs des Sauvages* du *P. La Fitau* ont beaucoup servi aux Compilateurs de cette Dissertation qui contient 26 pages. Enfin la derniére Piéce de ce Volume est un Recueil de Cérémonies Religieuses de quelques Peuples d'Afrique &c. qui ont été oubliées dans mon Edition. Le Chevalier des Marchais a guidé les Editeurs de France dans la description de la Religion des Peuples de la Côte d'or, du Roiaume de Juda &c. Ils le déclarent ingénuement dés le commencement de ce petit Recueil: & il faut avouer qu'ils ont suivi très exactement ce guide.

FAUTES A CORRIGER.

Pag. 36. l. 40. *esacés & ce Volume*. P. 45. l. 48. *lisés telle*. P. 48. l. 17. de la Note *lisés dci*.

TABLE

DES

DISSERTATIONS

Contenues dans ce Volume.

TABLE DES FIGURES

du Tome VII. Seconde Partie.

CATALOGUE
DES LIVRES

Qui se trouvent chez J. F. BERNARD *& dont il a nombre.*

ALcoran des Cordeliers avec les figures de B. Picart, 2 Vol. 12.

Cérémonies & Coutumes Religieuses de tous les Peuples du Monde, avec les figures dessinées par Picart, 9 Vol. folio.

    Du même, Volumes des Grecs, Anglicans & Mahometans séparés.

    Du même, Volumes 7e. sec. Part. & 8e.

Contes & Nouvelles & Poësies diverses de Vergier &c. 3 Vol. 8. 1742.

Les Cent Nouvelles nouvelles avec les sig. dessinées par Romain de Hoghe retouchées par Picart, 2 Vol. 1736.

Commentaires de César traduction nouvelle avec figures, plans &c. 2 Vol. 12. 1743.

Contes de La Fontaine avec figures, 2 Vol. 8. Paris 1741.

Comparaison & Conformité de la Religion naturelle & de la Religion revelée, où l'on fait voir les liaisons qu'elles ont entr'elles, la necessité de la Revelation &c. trad. de l'Anglois de Sikes, 2 Vol. 12.

Dissertations historiques &c. sur l'origine du Monde, sur les Juifs, sur le Martyre, sur l'Immortalité de l'ame &c. 2 Vol. 8.

De l'origine & de la Nature des Choses, de la Providence &c. traduction libre de Lucrece avec son Poëme en Latin & des Remarques &c. 2 Vol. 12. 1742.

Dialogues Philosophiques & Critiques sur divers sujets amusans par l'Abbé de Charte Livry, 1743. 12.

De l'Existence & des attributs de Dieu, de l'évidence de la Relig. Chrétienne, & des Devoirs de la Religion naturelle trad. de l'Anglois de Clarke, 3 Vol. 8.

Etat de l'Homme dans le péché originel &c. avec la figure &c. N. Ed. 12. 1742.

Epistolæ obscurorum virorum avec la Complainte de Maitre Passavant sur le trépas de son né &c. 12.

Explication des Cérémonies Grecques & Romaines &c. trad. du Latin de Nieuport, 12. Paris.

L'Eloquence Chrétienne dans la Chaire & dans la Pratique par le P. Gisbert avec les Remarques de M. Lenfant 12.

Histoire de l'Académie Françoise par Pelisson avec la continuation jusqu'à présent par l'Abbé d'Olivet, 2 Vol. 12.

—— Critique des Journaux, 2 Vol. 12.

—— des Sectes & des Hérésies des deux premiers Siècles du Christianisme, & en particulier du Manicheïsme par Beausobre, 2 Vol. 4.

—— des Pratiques Superstitieuses par le Pere le Brun, 4 vol. 8. fig. du même le tome 4e. à part.

—— de la Ligue faite à Cambray contre les Venitiens &c. par l'Abbé Du Bos, 2 vol. 12.

Histoire

Histoire Ecclésiastique par Fleury, 12. complet.

Institutions Physiques par la Marquise du Chatelet, 2 vol. fig. 8. 1742.

Introduction nouvelle à la Geométrie, 12. 2 vol. avec fig. 1741.

Lettres Provinciales de Montalte (Pascal) 4 Vol. 8. 1740. Edit. augmentée d'un Volume.

—— de Ciceron à Atticus traduites par l'Abbé Mongault avec des Remarques, &c. 6 vol. 12. 1741.

Mille & une Faveurs ou la Chronique badine & galante de la Cour &c. 8 tomes, 12.

Memoires du Cardinal de Retz, 4 vol. 8.

—— de Joly, Suplement aux Memoires du Cardinal de Retz avec les Memoires de Madame de Nemans, 3 vol. 8.

Newtonianisme pour les Dames &c. 12.

Oeuvres de Rabelais avec les Remarques de Duchat, celles de la traduction Angloise &c. & avec les vignettes de Picart & des figures en taille-douce &c. 3 vol. 4.

—— de Racine avec des Remarques & les Critiques &c. & de nouvelles figures &c. 3 vol. 12. 1743.

—— diverses de Lock, 2 vol. 12.

—— de Theatre de Boussaut, 3 vol.

—— de Machiavel avec l'Anti-Machiavel, 6 vol. 12. 1743.

Pamela, ou la Vertu recompensée trad. de l'Anglois, avec fig. 4 vol. 12.

Paralléle des François & des Romains par raport aux Mœurs & au Gouvernement, 12.

Les Quart d'heures divertissans ou la nouvelle Bibliothéque galante, 2 vol. 12. 1743.

Recueil de Voiages qui ont servi à l'établissement de la Compagnie des Hollandois aux Indes Orientales, avec une Introduction sur le Negoce de cette Compagnie, &c. 12 vol. 12. fig.

—— de Voiages au Nord avec divers Memoires sur le Commerce & sur la Navigation &c. 10 vol. 12. avec fig.

—— de Voiages dans l'Amérique Méridionale avec les Plans &c. des principales Villes & Forteresses des Espagnols en Amérique.

Relation de la Tartarie Asiatique dressée sur les Memoires des Suedois prisonniers en Siberie avec les Cartes, 12.

La Religion & la Grace Poëmes Heroïques avec des remarques qui servent à justifier les preuves de la Religion & diverses Piéces nouvelles &c. par Mr. Racine 2 Vol. 12. 1743.

Sermons de Tillotson, 8 vol. 8.

—— nouveaux de Tillotson, 8. 1743.

Traités sur la Rhetorique & sur la Poëtique &c. par M. de Fenelon, Archevêque de Cambray, 2 vol. 12.

Tusculanes de Ciceron trad. en François par l'Abbé d'Olivet, 3 vol. 12.

Theologie des Insectes ou l'Existence de Dieu démontrée par les Insectes &c. 2 vol. avec fig. 1743.

DISSERTATION

SUR LA

DISCIPLINE

DE

L'EGLISE CATHOLIQUE (a).

A Foi qui est une, comme le dit S. Paul, n'a jamais changé. En vain se sont élevés depuis le tems même des Apôtres des Schismes & des Hérésies. L'Eglise a toujours conservé sans altération le précieux dépôt qu'elle avoit reçu de J. C. & de ses Disciples; & les Hérésies ou les Schismes n'ont servi qu'à développer le Dogme, & à le rendre plus clair. Rien n'a pu corrompre cette Foi; ni les efforts des Puissances les plus redoutables de la terre, ni les subtilités les plus rafinées des Hérésiarques; ensorte que l'Oracle prononcé par la vérité même, que l'Eglise est établie sur des fondemens si solides & si inébranlables, que les portes de l'Enfer ne prévaudront jamais contre elle, comme il est de tous les Oracles le plus authentique, il est aussi celui de tous dont l'accomplissement est le plus sensible & le plus permanent.

Cette Eglise étant une société, elle doit avoir un Chef. Aussi outre J. C. qui l'a fondée, & qui en est le Chef invisible, elle en a eu effet, & elle en a toujours eu un visible dans la personne de S. Pierre & dans celle de ses Successeurs. Ce saint Apôtre a été la pierre fondamentale sur laquelle l'Eglise a été établie, comme J. C. lui-même en est la pierre angulaire. Aussi la supériorité des Successeurs de S. Pierre a-t-elle toujours été reconnue; & ça toujours été l'union du corps des Pasteurs avec ce Chef qui a formé cette Eglise. Il est vrai que des Eglises particuliéres n'ont pas laissé souvent de s'associer, de convoquer des Conciles, & de condamner les Hérésies, sans avoir recours & sans consulter le Chef: mais ou elles n'en ont jamais disputé la Primatie, ou si elles l'ont entrepris, elles ont toujours été regardées par les véritables Catholiques comme des Eglises

---

(a) Pour ne rien changer aux Dissertations contenues dans ce Volume, & pour ne point gâter le sens, on y a laissé des repetitions de plusieurs choses dont on a traité dans les précédens Volumes.

ses Schifmatiques, & qui rompoient cette unité dont je viens de parler. Il n'en a pas toujours été de même de la Difcipline: elle a fouvent changé & dû changer fuivant les différentes occurrences. On a aboli certains ufages; on en a établi de nouveaux; on a rectifié les anciens où il s'étoit gliffé des abus; & ces changemens, bien loin de prouver les variations de l'Eglife, n'en prouvent que la prudence & la fageffe.

Ces principes inconteftables parmi les Catholiques une fois établis, qu'il me foit permis de parcourir les différentes maniéres dont quelques Eglifes particuliéres fe font compofées par rapport à la Difcipline: cet article ne nous éloigne pas du but d'un Ouvrage qui traite des Cérémonies Religieufes, puifque cette même Difcipline en fait fouvent partie.

En traitant de la Difcipline de l'Eglife, nous nous engageons à donner une idée de la forme de fon Gouvernement, & des Jugemens qu'elle a droit de rendre. Nous parlerons donc d'abord de la fignification du mot d'Eglife, & de la maniére dont elle eft gouvernée. Nous dirons enfuite quelque chofe des Conciles tant Généraux que Provinciaux, & des peines que l'Eglife inflige à ceux qui font réfractaires à fes décifions.

Les Grecs donnoient le nom d'*Eglifes*, E'*xxλσίαι*, aux Affemblées de leurs différentes Républiques. Ce n'eft pas que ce terme ne marque proprement & principalement que les Affemblées populaires. Il avoit encore d'autres fignifications facrées & politiques parmi les Païens. On appelloit de ce nom l'Affemblée des *Amphyctions*, commis fur les affaires générales de la Gréce qui regardoient l'Oracle de Delphes. (*a*) Elle étoit compofée du Prêtre de cette Ville, au nom duquel s'expédioient tous les Decrets de l'Affemblée, des Hieromnemones, & des Pylagores, avec quelques Affeffeurs choifis d'entre le Peuple. Quoiqu'il en foit de la fignification du terme d'Eglife, foit que les Chrétiens l'aient emprunté des Païens, foit qu'ils l'aient tiré de l'ufage des Juifs Helléniftes, qui appelloient de ce nom toutes fortes d'Affemblées, il eft certain que dans les prémiers fiécles du Chriftianifme on donnoit le nom d'Eglife à toute l'Affemblée, compofée de l'Evêque à la tête de fon Clergé & des Laïques.

(*b*) L'Eglife eft une, vifible, fainte, & catholique, ou univerfelle. Elle eft l'ouvrage de Dieu qui l'a établie fur des fondemens inébranlables, & qui lui a donné la puiffance d'ouvrir les Cieux aux Fidéles, & de les fermer aux Hérétiques & aux Incrédules. Elle a auffi le pouvoir de remettre les péchés, de retrancher de fon fein ceux qui défobéiffent à fes ordres, &c. Cette Eglife eft triomphante ou militante. (*c*) La triomphante eft *l'illuftre Société des Efprits bienheureux & de tous les Saints, qui après avoir triomphé du Monde, de la Chair & du Démon, jouiffent en fureté de la béatitude éternelle.* La Militante eft l'Affemblée de tous les Fidéles qui font fur la terre. Jefus-Chrift gouverne immédiatement dans le Ciel cette partie de l'Eglife, qui eft triomphante & invifible. A l'égard de la Militante. (*d*) „ Parce que c'eft une Société, vifible de gens qui font profeffion de la foi de Jefus-Chrift, & que toutes les Sociétés, pour être de durée, doivent être conduites par quelque forme fenfible de Gouvernement, fans quoi la divifion & les guerres les feroient tomber en ruine, il a fallu néceffairement que celle-ci établit quelque forme de Gouvernement, qui ait toujours eu fes Loix. Quoiqu'il y foit arrivé divers changemens felon les tems différens, & qu'elles aient été quelquefois abolies par la coutume, elles ont enfuite été reçues d'un commun confentement, & confirmées par les Decrets des Synodes; ce qui eft principalement arrivé dans le quatriéme fiécle Car au commencement de l'Eglife, les Apôtres ne penfoient qu'à repandre la Foi par tout le monde, en établiffant dans chaque Eglife des Evêques pour la gouverner, fans fe mettre en peine de fa Police extérieure. Mais après que la Foi eut été répandue par-tout, on commença à penfer à la communion & à la fociété de ces Eglifes entr'elles, & à la forme extérieure de leur Gouvernement. Ainfi S. Jean étant déja fort âgé femble avoir établi quelque forme dans les Eglifes d'Afie; & les Evêques Apoftoliques fuivant fon exemple, s'y appliquérent avec foin. Enfin cela paffa en coutume, & tint lieu de Loi, jufqu'à ce que la Religion Chrétienne aiant reçu un éclat extérieur fous *Conftantin*, les anciennes Coutumes furent confirmées par les Decrets des Synodes, & l'on établit auffi quelques nouvelles Loix, aufquelles on a encore tellement ajouté ou diminué, felon les diverfes conjonctures des tems, qu'à peine les peut-on reconnoître; de forte que la meilleure forme de Difcipline que l'Eglife ait eue, eft celle du quatriéme fiécle ".

C'eft

(*a*) V. Æfchin. cont. Crefiph.
(*b*) Catech. du Concile de Trente.
(*c*) Ibid.
(*d*) Dupin, dans fon Livre intitulé: *De antiqua Ecclefia Difciplina Differtationes Hiftoricæ*, p. 1. & fuiv.

C'est donc à cette époque qu'on doit rapporter l'origine de la Discipline qui s'est observée depuis dans l'Eglise, & qui sert de fondement à la distinction qu'on fait entre les Evêques & les Metropolitains, les Archevêques, les Primats, les Exarques & les Patriarches par qui l'Eglise est gouvernée.

Ce Gouvernement est Monarchique, mêlé pourtant d'Aristrocatie, puisque toute l'autorité de l'Eglise réside dans la personne des Evêques unis à leur Chef. Les *Evêques* sont les Peres & les Pasteurs des Fidéles, les Successeurs des Apôtres, & comme tels les Supérieurs de l'Eglise de J. C. En effet, ce nom d'Evêque est un terme Grec, qui signifie *Inspecteur*; ce qui prouve assez la supériorité des Evêques au-dessus de tout le reste du Clergé. Cette supériorité est fondée sur leur Sacerdoce, & sur leur Institution divine, puisque depuis les Apôtres les Eglises particuliéres ont toujours été gouvernées chacune par leur Evêque. Aussi les Protestans Réformés ont-ils fait inutilement leurs efforts, pour trouver un commencement au Gouvernement Episcopal au-dessous du tems des Apôtres: ils n'ont fait que se fatiguer vainement.

La Jurisdiction des Evêques s'étend sur tout leur Diocése; & leurs loix obligent tous ceux des Fidéles qui se trouvent renfermés dans cette étendue. Ils ont seuls le droit d'y assembler leurs Synodes; de proposer & de faire les Réglemens qu'ils jugent convenables au bien de leur Eglise; de punir les desobéissans, en les excluant de la participation des saints Mystéres; d'ordonner des Prêtres; de commander des Fêtes; d'indiquer des Jeûnes, &c. & par-tout où ils se trouvent dans leur Diocése, on leur défere la premiere place au Chœur, aux Chapitres, aux Processions, &c. „ Revêtus de l'autorité
„ divine, dit (*a*) un grand Prélat de l'Eglise de France, ils décident toutes les ques-
„ tions qui s'élevent sur la Foi; ils conservent sans altération ce précieux dépôt;
„ ils maintiennent la Discipline par de saintes loix; ils prononcent des Jugemens
„ contre les Hérétiques & les Pécheurs scandaleux; par les peines spirituelles qu'ils
„ leur imposent, ils les obligent à se soumettre, ou ils les retranchent du troupeau
„ qu'ils pourroient corrompre; & par ces exemples ils inspirent à tous les Fidéles u-
„ ne crainte salutaire, propre à les préserver de la contagion de l'erreur & du vi-
„ ce".

Le nom de *Métropole* signifie une Ville, qui est comme la mere & la principale de toutes celles qui se trouvent dans une Province, ou dans un Empire. C'est en ce sens qu'Athanase a appellé Rome *la Métropole de toute la Romanie*; c'est-à-dire, la premiere & principale Ville de tout l'Empire. Eusebe appelle aussi Lyon & Vienne les *Métropoles de la Gaule*; c'est-à-dire, comme il l'explique lui-même, des Villes considerables.

Sur ce principe, le nom de Métropolitain signifieroit simplement un Citoïen d'une Ville Métropole: mais l'usage a voulu qu'il dénote celui qui y commande, qui par conséquent a inspection sur toute la Province. On a donc appellé un Evêque Métropolitain, celui qui l'étoit de la premiere Ville d'une Province, & qui avoit quelques droits & certains priviléges sur les autres Evêques de ce Ressort. Cependant on doit observer, qu'il y avoit des Métropoles de nom seulement, dont les Evêques portoient le titre, & avoient les honneurs des Métropolitains, sans pouvoir en exercer les droits. C'est ainsi que l'Evêque de Nicée étoit appellé Métropolitain (*b*), & avoit le degré d'honneur au-dessus des autres Evêques de la même Province, quoiqu'il fût soumis comme eux à l'Evêque de Nicomédie.

Par ce que vous venons de dire il paroît, que l'institution des Métropolitains est postérieure au tems des Apôtres. En effet, comme l'Empire Romain étoit divisé en Provinces, & qu'il y avoit dans chaque Province des Métropoles, dont les autres Villes de cette même Province dépendoient entiérement pour le gouvernement & pour le commerce; les Chrétiens établirent quelque chose de semblable dans les affaires Ecclésiastiques. Ainsi soit qu'il fallût établir ou déposer un Evêque, juger de quelque différend d'une Eglise, ou déliberer pour le bien commun, les Apôtres qui avoient accoutumé de régler tout cela n'étant plus au monde, on s'adressoit à l'Evêque de la Métropole. Cela passa peu à peu en coutume, quoique cet Evêque ne pût rien faire sans consulter les autres Evêques de la Province. Cette coutume fut confirmée ensuite par des Canons: ainsi le Gouvernement de l'Eglise prit insensiblement la forme du Gouvernement Politique; & les Villes qui étoient Capitales d'une ou de plusieurs Provinces obtinrent quelques droits sur les autres. Telle est l'origine de l'autorité & des priviléges des Metropolitains. Ils consistent dans le droit de consacrer les Evêques de la Province; de convoquer
les

____

(*a*) M. l'Archevêque de *Paris* dans son *Instruction Pastorale* de 1731.
(*b*) Concil. de Chalced. Act. 13.

A 2

les Conciles Provinciaux, & d'y préfider; de recevoir les appellations des Jugemens rendus par les Evêques de la Province; enfin, dans l'infpection fur toute la Province, pour y conferver la Foi & la Difcipline.

La qualité d'*Archevêque* ne fe donnoit d'abord qu'au prémier des Evêques. Elle paffa depuis aux Evêques les plus illuftres, qui ne commencérent à la porter que vers le quatriéme fiécle, ou elle fut même affez rare, jufqu'au cinquiéme. Alors elle devint plus commune, & elle fut donnée principalement aux Evêques de Rome, d'Alexandrie, de Conftantinople, d'Antioche & de Jerufalem. Enfin, elle demeura affectée en quelque forte aux feuls Evêques Métropolitains. Cependant il s'eft trouvé chez les Grecs des derniers fiécles beaucoup plus d'Archevêques, que de Métropolitains; (a) „ parce „ qu'il a été facile aux fimples Evêques de prendre le nom fpécieux d'Archevêque, mais „ qu'il ne leur étoit pas auffi aifé de fe rendre maîtres des Eglifes des autres." C'eft pourquoi on voit en Italie, dans le Territoire de Naples, les Archevêques de Lanciano, de Roffano, &c. & dans la Sardaigne l'Archevêque d'Oriftagni, qui n'ont aucun Evêque foumis à leur Jurifdiction.

Pour la qualité de *Primat*, dans le Gouvernement Politique, elle fe donnoit à ceux qui occupoient le prémier & principal rang dans la République, ou dans quelque Société, & répondoit à celle de Préfident, avec cette différence, que les Primats étoient perpétuels, ainfi que les Métropolitains. Auffi étoit-ce d'abord la même dignité dans le Gouvernement Eccléfiaftique, comme on peut le voir dans les Canons Apoftoliques, dans les Conciles de Carthage, dans le Code des Canons de l'Eglife d'Afrique, & dans un Concile de Tolede. Mais dans la fuite on commença à diftinguer entre le Primat & le Métropolitain; & les Evêques des Villes principales ufurpérent la prémiere de ces qualités, comme on peut le voir dans les Epitres fauffement attribuées aux prémiers Papes, & dans celles qui font véritablement de ceux qui ont vécu depuis. „ Et par„ ce que les hommes, dit Mr. Dupin (b), font paffionnés pour les qualités & „ pour les titres d'honneur, plufieurs Evêques ont pris ce nom, comme l'Evêque de „ Lyon; l'Evêque de Sens, qui s'appelle non-feulement Primat des Gaules, mais même „ Primat de Germanie; l'Evêque de Rouen, qui fe dit Primat de Normandie; celui „ de Bourdeaux, qui fe nomme Primat de Guienne, &c.".

Il eft vrai que quelques Evêques obtinrent des Papes de tems en tems certains priviléges, au nombre defquels étoient les dignités de Primat & de Vicariat: (c) mais c'étoient plutôt *des noms vains & des titres inutiles*, que des droits folides & de véritables dignités. Ils fe réduifoient à donner des Lettres formées, ou de recommandation, à ceux qui alloient à Rome ou ailleurs; à pouvoir convoquer les Conciles de fon Diocéfe; à faire rapport au Pape des caufes majeures; à faire obferver les Canons, & à conferver la Foi pure; tous droits qui appartenoient de même au Métropolitain: enfin, ce qui a été ajouté dans les derniers fiécles, au droit de recevoir les appellations des Jugemens des Métropolitains, que le feul Evêque de Lyon a confervé.

Le nom d'*Exarque* eft très-ancien; car *Homere* & d'autres Auteurs profanes le donnent aux Chantres, & *Philon*, après les Septante (d), le donne aux Maîtres d'un Chœur. Mais dans l'ufage de l'Eglife cette qualité défignoit l'Evêque, qui préfidoit fur plufieurs Provinces, & par conféquent qui étoit fupérieur aux Métropolitains. C'eft ainfi (e) qu'Ibas Evêque d'Edeffe déclare qu'il a fuivi fon Exarque Jean d'Antioche, en anathématifant S. Cyrile. Dans les Canons du Concile de Chalcedoine (f) l'Exarque eft manifeftement diftingué du Métropolitain; & il eft dit que le prémier préfide au Diocéfe.

Ce n'eft pas que cette qualité n'ait été donnée quelquefois aux fimples Métropolitains, chez les Grecs modernes principalement, qui parlent des *Exarques d'Ancyre, de Cizique, de Sardes, de Nicomedie, de Nicée, &c*. Il eft même donné dans le Concile de Conftantinople tenu fous *Menna* aux Préfets des Abbés; & c'eft le nom ordinaire qu'on donnoit au Gardien des Moines dans le Patriarchat de Conftantinople.

La qualité de *Patriarche* eft à peu près la même, que celle d'Exarque; car on ne doit pas ici prendre ce terme dans l'ufage de l'Ecriture. Cette dignité commença parmi les Juifs, qui, après la derniere défolation de Jerufalem, donnerent ce nom à ceux à qui ils attribuoient parmi eux quelque autorité. Origene & S. Epiphane parlent

lent

(a) Dupin, p. 7.
(b) Idem. pag. 5.
(c) Dupin, pag. 31.
(d) Exod. Ch. 15. V. 2.
(e) Concil. de Chalced. Act. 10.
(f) Can. 9.

lent d'un de ces Patriarches appellé *Huillus* ou *Hillel*. Ce fut des Juifs, que les Montanistes empruntérent ce nom & cette dignité, s'il en faut croire S. Jérôme, qui remarque, qu'au-lieu que les Chrétiens regardoient les Evêques comme les Vicaires des Apôtres, les Montanistes ne leur donnoient que le troisiéme degré d'honneur parmi leurs Ministres, mettant au prémier rang leurs Patriarches, & au second leurs *Cenons*.

Quoiqu'il en soit, les Patriarches n'etoient point d'abord distingués des Evêques dans l'Eglise Chrétienne; & ce ne fut que dans la suite que ce nom aiant été donné aux seuls Exarques, il fut enfin affecté à quelques Evêques des principales Villes de l'Empire Romain seulement, telles que Rome, Alexandrie, Antioche, Constantinople & Jérusalem. Ce nom, qui depuis a été aboli en Occident, s'est conservé parmi les Schismatiques du Levant. On y trouve encore les Patriarches de Constantinople, d'Alexandrie, d'Antioche & de Jérusalem; ceux des Jacobites & des Maronites, dont chacun d'eux prend la qualité de Patriarche d'Antioche; celui des Coptes, qui se dit Patriarche d'Alexandrie & des Abyssins; ceux des Arméniens, dont l'un fait sa résidence à *Arard* en Arménie, l'autre à *Cis* dans la Caramanie; enfin celui des Georgiens.

Le Patriarchat de Rome a toujours tenu le prémier rang entre les autres. Il s'étendoit sur toutes les Provinces du Vicariat, appellées autrement les Provinces *Suburbicaires*. Nous n'entrerons point dans la question qui s'est élevée parmi les Savans au sujet des bornes & de l'étendue de ces Provinces. Les uns ont prétendu que par ce nom de Provinces *Suburbicaires* on devoit entendre toutes les Eglises, ou toutes les Provinces de l'Empire & de l'Occident. D'autres ont cru remarquer, qu'en Italie même les Métropolitains ordonnoient les Evêques, & étoient ordonnés eux-mêmes par les Evêques de la Province; ensorte qu'ils ont resserré les Provinces *Suburbicaires* dans des bornes extrêmement étroites. Enfin quelques-uns ont pris un milieu. Ils ont observé, que dans la Sicile & la Sardaigne le Pape ordonnoit non-seulement les Métropolitains, mais aussi les Evêques, & qu'il ne s'y faisoit presque rien de considérable que par son autorité. Sur ce fondement ils ont soutenu (a) que ces Eglises *Suburbicaires* s'étendoient plus de cent milles au-delà de Rome, & que tout le Païs qui obéissoit au Vicaire de cette Ville, avec la Sicile & la Sardaigne, étoient des Provinces & des Eglises *Suburbicaires*, dont l'Exarque, ou le Patriarche étoit l'Evêque de Rome. Du reste, ils ne pensent point, que dans le Droit ordinaire, le Pape ait jamais eu aucun pouvoir Patriarchal sur d'autres Eglises, que sur celles de son Vicariat. Ce pouvoir, ou ce droit Patriarchal consiste principalement dans l'Ordination des Métropolitains; ce que le Pape n'a jamais fait, (b) disent-ils, que dans son Vicariat. A l'égard du droit de convoquer les Conciles de leur Diocése, ils ne croient point que le Pape en ait assemblé aucun de tout l'Occident par son droit de Patriarche. Que s'il en a convoqué de généraux, ils prétendent qu'il l'a fait par son droit de Primauté, & non en qualité de Patriarche. „ Ce „ n'est pas, (c) dit Mr. Dupin, qu'il ait rien oublié pour étendre de tout son pouvoir „ les bornes de son Patriarchat ".

A l'égard du Patriarchat d'Alexandrie, sa Jurisdiction s'étendoit sur l'Egypte, la Lybie, & la Pentapole, comme on le voit par le Concile de Nicée (d). Ce Patriarchat a toujours tenu le second rang (e); „ Non, dit Mr. Dupin, que St. Pierre ait fondé „ cette Eglise, comme quelques-uns le prétendent : mais parce qu'Alexandrie étoit la „ seconde Ville du monde ".

Le troisiéme Patriarchat étoit celui d'Antioche, qui ne s'est jamais étendu ni sur toute l'Asie, ni sur les autres Diocéses de l'Empire, comme quelques-uns l'ont cru; mais qui étoit renfermé dans le Diocése d'Orient.

Le quatriéme Patriarchat étoit celui de Constantinople. Son Evêque étoit Suffragant de celui d'*Héraclée*, pendant que la Ville s'appelloit *Byzance* : mais depuis que Constantin eut fait cette Ville la seconde de l'Empire, & qu'il lui eut donné son nom, son Evêque commença à s'élever, & à secouer le joug de sa propre Métropole; ce qui obligea le Concile de Constantinople (f) à ériger cette Ville en Patriarchat, & à lui donner le prémier rang après celle de Rome, au préjudice d'Alexandrie & d'Antioche.

Enfin, le cinquiéme & dernier Patriarchat étoit celui de Jérusalem. Mais on ne
doit

(a) Dupin, p. 87.
(b) Dupin, pag. 71.
(c) *Idem*. p. 40.
(d) Can. 6.
(e) Dupin, p. 44.
(f) Can. 3.

doit pas s'imaginer que toutes les Villes du monde fuſſent ſoumiſes à ces Patriarches. En limitant leurs droits (*a*), le ſecond Concile de Nicée avoit laiſſé aux Egliſes répandues parmi les Barbares celui de ſe conduire ſelon les coutumes, qu'elles avoient reçues de leurs Predeceſſeurs. Ainſi il y avoit en pluſieurs endroits des Evêques indépendans, tels que le Primat de *Carthage*, & l'Evêque de *Conſtance* qui étoit Métropolitain de *Cypre*, & qui conſerva ce droit, lors même qu'il fut forcé de ſe retirer au deçà de l'*Helleſpont*, à cauſe des incurſions des Barbares. La Gaule, l'Eſpagne, l'Allemagne, & les autres Nations éloignées jouiſſoient du même droit par leurs Evêques & par leurs Métropolitains; & les Egliſes d'Ethiopie, de Perſe & des Indes, avec toutes celles qui étoient hors de l'enceinte de l'Empire Romain, ne relevoient d'aucun Patriarche.

Au reſte, les droits ou privilèges des Patriarches conſiſtoient dans l'Ordination des Métropolitains, dans le pouvoir de convoquer les Synodes de leur Diocéſe, & dans l'inſpection de tout le Diocéſe. Cependant ce droit d'ordonner les Métropolitains n'étoit ni ancien, ni généralement obſervé. Mais parce qu'après la mort du Métropolitain, s'il naiſſoit quelque différend entre les Evêques, il n'y avoit entr'eux perſonne de plus grande autorité l'un que l'autre, pour en juger, la coutume s'introduiſit de porter l'élection que le Clergé & le Peuple avoient faite du nouveau Métropolitain, & qui avoit été confirmée par les Evêques de la Province, au Patriarche de tout le Diocéſe, afin qu'il conſacrât le Métropolitain. Ceux des lieux où il n'y avoit point de Patriarche, étoient ordonnés par les Evêques de la Province, comme le Métropolitain de Cypre, les Evêques de Carthage, de France, d'Eſpagne, &c. Pour ce qui eſt des Patriarches, (*b*) ils étoient ordonnés par tous les Evêques du Diocéſe, & principalement de la Province, dont la Métropole étoit le Siège Patriarchal.

Au reſte, quoique l'Evêque de Rome, outre ſa Primauté, ait toujours été regardé comme le premier des Patriarches, il n'y en a jamais eu dont l'autorité ait été ſi grande dans ſon Diocéſe, que celui d'Alexandrie. Tous les Evêques de la Province dependoient tellement de lui, que dans le Concile de Chalcédoine les Evêques d'Egypte conjurèrent inſtamment les Pères du Concile, de ne pas les contraindre à ſigner ſans leur Archevêque, parce que, diſoient-ils, ils n'oſoient rien faire de pareil ſans ſon avis & ſon commandement.

Il nous reſteroit à parler ici du Pape comme Chef de l'Egliſe, & par-là ſupérieur aux Patriarches, aux Exarques, aux Primats, aux Métropolitains, aux Archevêques & aux Evêques; de ſon autorité & de ſa juriſdiction. Nous renvoions cette matière à la ſeconde Partie dans laquelle nous traiterons de la Hiérarchie de l'Egliſe; & nous finiſſons par l'expoſé que fait M. *Fleury* de la Juriſdiction Eccléſiaſtique.

(*c*) ,, L'Egliſe a par elle-même le droit de décider de toutes les queſtions de Doctri-
,, ne, ſoit ſur la Foi, ſoit ſur la Régle des mœurs. Elle a droit d'établir des Canons,
,, ou Régles de diſcipline pour ſa conduite intérieure; d'en diſpenſer en quelques occa-
,, ſions ſingulières, & de les abroger, quand le bien de la Religion le demande. Elle
,, a droit d'établir des Paſteurs & des Miniſtres, pour continuer l'œuvre de Dieu juſ-
,, qu'à la fin des ſiècles, & pour exercer toute cette Juriſdiction, & elle peut les deſ-
,, tituer, s'il eſt néceſſaire. Elle a droit de corriger tous ſes enfans, leur impoſant des
,, pénitences ſalutaires, ſoit pour les péchés ſecrets qu'ils confeſſent, ſoit pour les péchés
,, publics, dont ils ſont convaincus. Enfin l'Egliſe a droit de retrancher de ſon corps
,, les membres corrompus, c'eſt-à-dire, les Pécheurs incorrigibles, qui pourroient
,, corrompre les autres. Voila les droits eſſentiels à l'Egliſe, dont elle a joui ſous les
,, Empereurs Païens, & qui ne peuvent lui être ôtés par aucune Puiſſance humaine,
,, quoique l'on puiſſe quelquefois par voie de fait & par force majeure, en empêcher
,, l'execution ''.

Comme dans toutes les Sociétés on a beſoin de Juges, pour décider les différends qui peuvent y naître, il faut auſſi que l'Egliſe ait ſes Juges, & une forme certaine de juger. (*d*) Ces Juges ont été d'abord les Apôtres, enſuite les Evêques & les Paſteurs. Mais parce qu'il peut arriver quelquefois que ces Juges ne s'accordent pas, il eſt néceſſaire qu'ils s'aſſemblent, lorſqu'il s'élève quelque queſtion importante que l'Egliſe diſperſée ne peut décider, pour en déliberer, & pour terminer le différend. Ce fut ainſi que les Apôtres s'aſſemblérent avec les Anciens à Jéruſalem, pour terminer la queſtion des Cérémonies de la Loi. Après les Apôtres la même coutume s'établit dans l'Egliſe.

(*a*) Can. 2.
(*b*) Dupin, p. 72.
(*c*) *Inſtit. au Droit Eccléſ.* Tome 11. Part. 3. Ch. 1.
(*d*) Dupin, p. 93.

fe. Les Evêques de chaque Diocèſe, en vertu de leur ſupériorité ſur les Prêtres, exercèrent le jugement des particuliers de ces Egliſes, & des différends qui y naiſſoient, en ſorte cependant qu'ils jugeoient avec le reſte du Clergé, c'eſt-à-dire, avec les Anciens, ou les Prêtres. Du reſte il étoit permis d'en appeller au Métropolitain, qui en décidoit de même avec les autres Evêques de la Province.

Mais dans les occaſions plus importantes, & lorſque les affaires étoient de nature à ne pouvoir être terminées par ces jugemens particuliers, il étoit néceſſaire de convoquer tout le corps des Paſteurs, pour en délibérer; & c'eſt ce qui a fondé la diſtinction des *Conciles* univerſels ou *Oecuméniques*, des *Conciles Provinciaux*, & des *Nationaux*. Nous ne parlerons ici que des prémiers, après quoi nous dirons auſſi un mot des Conciles, ou Synodes Provinciaux.

Le *Concile* eſt une Aſſemblée qui repréſente le corps de l'Egliſe univerſelle, à la différence des Conciles, ou Aſſemblées Eccléſiaſtiques Provinciales & Nationales, qui ne repréſentent qu'une partie de l'Egliſe. Il eſt compoſé de tous, ou preſque tous les Prélats, Docteurs, &c. & Députés des Egliſes particulières, répandues dans les différens Etats de la Chrétienté. Nous diſons de preſque tous, parce que, pour qu'un Concile puiſſe s'attribuer le titre d'Univerſel, ou *Oecuménique*, il ſuffit aſſez pour conſtant, qu'il ſuffit qu'on ait invité toutes les Puiſſances Chrétiennes à y envoïer leurs Députés; qu'il s'y en ſoit trouvé un nombre raiſonnable; & que les déciſions de ces Aſſemblées ſoient enſuite approuvées & acceptées par les Egliſes particulières, qui n'ont point aſſiſté au Concile. Du reſte il faut diſtinguer entre les Peres du Concile, qui ſeuls ont le droit & le pouvoir de décider, & les Théologiens, Ambaſſadeurs, &c. En Janvier 1546 il n'y avoit à *Trente* que 47. Peres, & 20. Théologiens. Dans la ſuite il y eut environ 60. Peres. On en compte plus de 200. dans la troiſième Séance. Ces Peres étoient, à proprement parler, le Concile. Dans le Concile de *Conſtance* (*a*), ſelon M. Lenfant, il dut y avoir 30. Cardinaux, 4. Patriarches, 20. Archevêques, environ 150. Evêques, plus de 100. Abbés, 14. Auditeurs de Rote plus de 150. autres Prélats, tant Généraux d'Ordre, que Prieurs envoïés de divers endroits, & plus de 200. Docteurs.

Le Concile a droit de décider infailliblement de la Doctrine, de travailler à la réformation des mœurs, au rétabliſſement de la Diſcipline Eccléſiaſtique, &c. Cette Aſſemblée a auſſi le pouvoir de cenſurer les Prélats, les Cardinaux, & de dépoſer même les uns & les autres, lorſque le bien de la Religion l'exige. On demande ſi elle a de même l'autorité de cenſurer le Pape, de le dépoſer, &c. en un mot ſi elle eſt ſupérieure au ſouverain Pontife. (*b*) Cette queſtion en renferme trois autres. 1. Savoir ſi le Concile général aſſemblé légitimement, où le Pape eſt préſent, ou bien où il a refuſé de ſe trouver, y étant appellé légitimement, a plus d'autorité que le Pape ſeul, & ſans Concile général; 2. Si le Concile général a la puiſſance de faire des Canons, qui obligent le Pape à obéir; 3. Si le Concile peut juger de la perſonne du Pape, & le dépoſer en cas d'erreur, ou de crime; Les ſentimens ſont partagés ſur ces trois queſtions; & nous n'avons garde d'entreprendre de les décider. Nous obſerverons ſeulement, que les *Ultramontains* tiennent fortement pour la négative & qu'ils ſoutiennent leur opinion par un grand nombre de raiſons. L'affirmative au contraire a prévalu en France, & dans l'eſprit de pluſieurs Théologiens, qui aux raiſons de leurs Adverſaires oppoſent d'autres raiſons, qui ne paroiſſent pas moins ſolides, fortifiées outre cela de faits, d'aveux des Papes, ſur-tout de la déciſion du Clergé de France dans l'Aſſemblée tenue en 1682. & de celle des Conciles de *Piſe*, de *Conſtance* & de *Bâle*, qui ont prononcé formellement pour la ſupériorité du Concile ſur le Pape.

Il en eſt à peu près de même de la queſtion qui regarde le Temporel des Rois. Elle conſiſte à ſavoir, ſi le Concile a quelque puiſſance, quelque autorité directe ou indirecte ſur les Souverains, ou ſur les Roiaumes: s'il peut dépoſer les Rois, & diſpenſer leurs Sujets du ſerment de fidélité. Il paroîtra peut-être ſurprenant, que des Théologiens, gens qui par la lecture de l'Ecriture, des Peres, des Conciles, de quelques Papes même, & de l'Hiſtoire Eccléſiaſtique, doivent être inſtruits de la différence étonnante, que Jeſus-Chriſt & ſon Egliſe ont toujours miſe entre la Puiſſance Civile & Eccléſiaſtique, aient pu tenir pour l'affirmative. Cependant il s'en trouve qui la défendent avec chaleur, fondés ſur quelques exemples, qu'on ne peut regarder que comme des attentats, & ſur quelques Canons du IV. Concile de *Latran*, & du Concile de *Conſtance*, qui n'ont jamais défini cette queſtion.

Le

(*a*) V. la Préface de ſon *Hiſt. du Concile de Conſtance*.
(*b*) Dupin, p. 377.

Le zèle des *Ultramontains* pour le Pape, après leur avoir fait croire, que le Concile n'a d'autre autorité que celle qu'il reçoit de S. S. leur fait penser encore qu'elle seule a le droit de le convoquer. C'est entr'autres ce qu'a entrepris de prouver *Cafalius* dans son Livre des *Cérémonies des anciens Chrétiens*, où il s'efforce de montrer que les Empereurs n'ont jamais eu le droit d'affembler des Conciles fans l'intervention du fouverain Pontife; & il ne manque pas de fubtilités, par lefquelles il effaie d'affoiblir les preuves de ceux qui penfent autrement que lui. Mais de fimples fubtilités ne détruifent point des faits, tels fur-tout que celui du prémier Concile de Nicée, a la convocation duquel il ne paroit nullement que le Pape ait eu aucune part. Il eft probable (a) que dans les prémiers tems de l'Eglife on s'affembloit fans cérémonie. Le S. Efprit préfidoit feul à ces Affemblées, & la charité l'emportoit fur toutes les vues humaines. L'intérêt & le point d'honneur s'y gliffèrent dans la fuite. Le plus habile, ou le plus confidérable par la grandeur de fa Ville, & par la dignité de fon Eglife, voulut diriger l'Affemblée, y propofer les matières, prendre les avis. Lorfque l'Eglife fut entierement affermie, & que la Religion fe vit à couvert fous la Puiffance temporelle, il furvint dans la Doctrine & la Difcipline des difficultés qui troublèrent le repos public, & qui obligérent les Princes & les Magiftrats à fe mêler des Affemblées Ecléfiaftiques. Ils commencérent à les convoquer par droit de police, & de leur chef. Ils y affiftèrent; réglerent leur forme; y propofèrent & donnèrent même des fentences fur les différends qui naiffoient, laiffant cependant à l'Affemblée la décifion de la controverfe principale, qui faifoit le fujet de la convocation. C'eft ce qui fe voit par les Actes de plufieurs Conciles. Il n'y avoit alors ni préliminaires, ni cérémonies; & l'on entroit d'abord en matière.

Telle eft l'idée que *Fra-Paolo* nous donne des prémiers Conciles. Il s'en faut beaucoup qu'il parle auffi favorablement des Cérémonies obférvées à la convocation de celui de *Trente*. Comme il ne s'en eft point célébré depuis, nous allons fuivre la defcription qu'il en fait dans fon Hiftoire de ce Concile.

Il nous apprend d'abord, qu'il n'y eut ni moins de conteftation, ni moins de difficultés pour le rang & la préféance, que s'ils fe fût agi d'une affaire purement civile; que les Pères du Concile demandérent, que le lieu de la Séance fût tendu de tapifferies; fans quoi il étoit à craindre que le Concile fût regardé comme une Affemblée de gens Mécaniques & d'Artifans. Le Pape Paul III. donna une Bulle pour convoquer le Concile, & une autre pour en faire l'ouverture. Ces Bulles y furent lues, & enregiftrées dans la prémiere Seffion, avant laquelle le *Cérémonial Romain* ordonne de célébrer un jeûne de trois jours.

Le jour de l'ouverture, les Légats & les Evêques revêtus de leurs habits Pontificaux, accompagnés de leurs Théologiens, du Clergé de Trente, & de tout le Peuple, fe rendirent en Proceffion à la Cathédrale, où le prémier Légat chanta la Meffe du S. Efprit. (b) Dans les autres Seffions on ne chante pas ordinairement de Meffe folemnelle. Si le Pape affifte lui-même au Concile, S. S. entend une Meffe particuliére, après quoi elle fe rend au lieu de l'Affemblée revêtue du Pluvial rouge, & la Mitre en tête. Le Pape prononce un difcours devant l'Autel, & monte enfuite à fon Trône: alors les Cardinaux lui chauffent les fandales, & l'on chante *Quàm dilecta tabernacula*, &c. Après la Meffe les Légats firent au nom de S. S. un difcours, par lequel, après avoir indiqué les caufes de la convocation du *Concile*, ils exhortoient les Pères à fe dépouiller des paffions & de la partialité; à juger avec juftice; à n'avoir d'autre intérêt en vue que la gloire de Dieu & le bien de l'Eglife: qualités qui femblent faciles à acquérir, lorfqu'on les enfeigne par fpéculation, mais en effet tres-difficiles dans la pratique. Après ce difcours ils fe mirent tous à genoux, firent leur priere tout bas; & le Préfident récita enfuite la priere qui commence *Adfumus, Domine Sancte Spiritus*. C'eft le Pape qui la récite, quand il affifte au Concile. Par cette belle & fainte priere on demande le promt fecours de l'Efprit divin; qu'il lui plaife de guider les pas, & de conduire les démarches du Concile; d'infpirer aux Pères des jugemens équitables; d'éloigner d'eux l'efprit de trouble & de diffenfion; de ne pas permettre que l'ignorance précipite les Pères dans l'erreur, ni qu'ils fe laiffent corrompre par des préfens, ou furprendre à l'aparence des perfonnes. Les Litanies fe chantèrent enfuite: le Diacre lut l'Evangile, *fi peccaverit frater tuus*; & le *Veni Creator* aiant été chanté, les Pères s'affirent félon leur rang. Le Préfident prononça le Decret de convocation, en leur demandant s'il leur plaifoit d'ordonner que le faint Concile général de Trente fût

com-

(a) V. *Fra-Paolo* Hift. du Conc. de Trent. L. 2.
(b) V. le *Cérémonial Romain*, L. 1. feuil. 61. éd. de 1516.

commencé à la gloire de Dieu, &c. Les Péres répondirent par ordre, *Placet*; les Légats les premiers, puis les Evêques & les autres Péres; de quoi des Notaires dreſſérent un Acte public. Enfin on chanta *Te Deum*, & les Légats s'en retournérent chez eux après la premiere Seſſion, précédés de la Croix, & accompagnés des Péres qui avoient quitté leurs habits Pontificaux. Telles furent à peu près les Cérémonies des autres Seſſions.

Ceux qui voudront s'inſtruire à fond de ce que la Cour Romaine ordonne touchant la diſpoſition du lieu & des ſieges deſtinés au *Concile* général, peuvent en lire le détail dans (a) le *Cérémonial Romain*. Nous nous contenterons de remarquer, que la ſale où ſe tient l'aſſemblée doit être toujours proprement ornée; que ſi le Pape y aſſiſte, ſon trône doit être placé dans le fond. On aura ſoin de mettre à droite & à gauche du trône deux ſieges pour les Diacres aſſiſtans. Si l'Empereur ſe trouve en perſonne au *Concile*, les deux Aſſiſtans ſe déplacent, & vont s'aſſeoir vis-à-vis de S. S. A l'égard de l'Empereur, il ſe placera près du Pape & à ſa droite, mais en telle façon qu'il reconnoiſſe la ſupériorité de S. S. Par exemple, ſon ſiége n'aura pas plus d'élevation que (b) le marchepied du ſouverain Pontife. Cet honneur eſt même réſervé uniquement à la Majeſté Impériale; car les ſieges des Rois qui aſſiſtent au Concile, différent fort peu des ſieges des Cardinaux. Il doit y avoir auſſi dans la ſale du Concile un (c) Autel pour dire la Meſſe, & ſous la Table de l'Autel les Reliques de quelque Saint. C'eſt à cet autel que l'on implore la bénédiction du S. Eſprit ſur l'Aſſemblée.

Le *Cérémonial Romain* regle l'ordre & le rang de ceux, qui ont voix délibérative au Concile, en la maniére ſuivante:

1. Le Pape, comme Chef de l'Eglise Chrétienne.
2. Le Collège des Cardinaux.
3. Les Patriarches.
4. Les Primats.
5. Les Archevêques.
6. Les Evêques.
7. Les Abbés.
8. Les Généraux d'Ordres Religieux. Tous ceux-là, comme nous l'avons déja dit, font à proprement parler le Concile. Les Docteurs, les Théologiens, &c. n'y aſſiſtent que pour inſtruire, ou pour guider les Péres par leurs lumiéres & leurs conſeils.

Les Evêques doivent toutes les années tenir un Synode (d) dans leur Diocèſe particulier; & de trois en trois ans le Métropolitain doit en convoquer un dans la Province. C'eſt ce que l'Antiquité a nommé *Concile Provincial*. Ce Synode repréſente l'Eglise de la Province; & l'Archevêque y préſide en qualité de Métropolitain, & de Chef du Clergé de ſa Province. Lui ſeul a droit de le convoquer. Il le fait par des Lettres Circulaires adreſſées aux Evêques ſes ſuffragans, & à tous ceux qui ont droit d'aſſiſter à cette Aſſemblée Eccléſiaſtique. Le Mandement de convocation s'affiche à la porte de la Cathédrale, (e) un mois ou deux avant qu'on s'aſſemble; mais les trois derniers Dimanches les Curés des Paroiſſes doivent diſpoſer les Fidéles à la dévotion, au jeûne, à la pénitence, afin que Dieu répande ſa bénédiction ſur le Synode, & qu'il l'anime de ſon eſprit. Le Clergé lui-même doit travailler pendant quelque tems à changer de vie; éviter les brigues; domter ſes paſſions; s'abſtenir de mauvaiſes œuvres, & ſe revêtir de l'humilité qui n'eſt par un ornement fort commun. Voici quelle étoit la forme de ces Synodes, ſuivant le IV. Concile de Tolède tenu en 633.

„ (f) Dès le matin on faiſoit ſortir tout le monde de l'Egliſe, & on en fermoit tou-
„ tes les portes, hors une où ſe tenoient tous les Portiers. Les Evêques entroient, puis
„ les Prêtres & les Diacres qui devoient aſſiſter au Concile, & qui étoient d'ordinaire
„ ceux de l'Egliſe où il ſe tenoit. On faiſoit entrer auſſi des Notaires, c'eſt-à-dire,
„ des Clercs exercés à écrire en notes, pour lire les actes & rédiger le procès verbal.
„ Les Evêques s'aſſeoient en rond, & les Prêtres derriere eux: les Diacres demeu-
„ roient debout. Après un aſſez long ſilence, l'Archidiacre les avertiſſoit de ſe met-
„ tre en priére. Ils ſe proſternoient tous; & le plus ancien Evêque faiſoit une prié-
„ re invoquant le S. Eſprit, pour obtenir la rémiſſion des péchés, & la grace de ren-
„ dre

(a) Liv. 1. fol. 10.
(b) *Locus ubi ſedet Imperator non ſit altior loco ubi tenet Pedes Pontifex.*
(c) *Altare cum Cruce & Sacra Euchariſtia, ſive reliquiis Sanctorum.*
(d) Picara, Praxis Cærem. L. 1. Sect. 11. Cap. 39.
(e) Cærem. Epiſt. I. 1.
(f) M. Fleury dans ſon *Inſtit. au Droit Ecclef.* Tom. 11. Part. 3. Ch. 1.

„ dre de justes Jugemens, & de ne se laisser fléchir ni par la faveur, ni par les pré-
„ sens, ni par la considération des personnes. Un Diacre faisoit la lecture de l'Evan-
„ gile, ou des Canons, ou de quelque autre livre d'instruction; puis le Métropolitain
„ exhortoit ses Confreres à recevoir avec charité, bonté, & respect tout ce qui seroit
„ dit de leurs devoirs, & a dire aussi leur sentiment avec liberté sans esprit de conten-
„ tion. Les trois premiers jours se passoient ainsi en prieres, & en exhortations; & on
„ permettoit à quelques Laïques d'y assister pour leur édification.
„ Mais quand on venoit à la discussion des affaires, on les faisoit sortir; & l'Archi-
„ diacre se tenoit à la porte, afin que si un Prêtre de dehors, un Moine, ou un Laï-
„ que vouloit faire quelque plainte, ou quelque autre proposition au Concile, il eût à
„ qui s'adresser. Toutes les affaires étant terminées, avant que les Prêtres se retiras-
„ sent, on leur faisoit souscrire tout ce qui avoit été réglé, soit pour les causes parti-
„ culières, soit pour le général de la discipline: on publioit le jour de la Pàque; & on
„ indiquoit le jour du Concile prochain. On concluoit le Concile par des prieres, pour
„ demander la rémission des fautes qu'on y avoit commises, & la conservation de l'es-
„ prit d'union: tous les Evêques se donnoient le baiser de paix, & le Métropolitain
„ donnoit la bénédiction solemnelle.

Aujourdhui voici l'ordre de cette Assemblée. Le Métropolitain a son siege proche
de l'Autel sur une estrade. Les Evêques se placent vis-à-vis de lui en rond. Les Abbés,
& les autres Membres du Clergé sont assis derrière les Evêques: ainsi toute cette Assemblée fait un double demi-cercle.

(*a*) La veille de l'ouverture du Synode, on sonne solemnellement les cloches de la
Cathédrale, & des autres Paroisses du lieu, depuis les prémieres Vêpres jusqu'à ce que
l'Archevêque entre dans l'Eglise, où l'on s'assemble. Le jour du Synode tout le Clergé
se rend de bonne heure chez l'Archevêque, & se revêt des ornemens convenables.
Ceux de l'Archevêque sont l'amict, l'aube, la ceinture, l'étole, & la mitre Archiépis-
copale; ceux de l'Evêque le rochet, l'amict, le pluvial, la mitre Episcopale; ceux de
l'Abbé le Pluvial & la mitre simple; ceux du Chanoine le pluvial, la planète, la dalmatique. Les ornemens doivent être rouges. Apres cela l'Assemblée marche en procession vers l'Eglise au son des cloches, & pendant la musique des Orgues, toujours
priant Dieu, toujours chantant ses louanges. A son entrée dans l'Eglise on lui présente quelques Reliques, qu'elle salue. On chante ensuite la Messe du S. Esprit. La Messe
finie, l'Archevêque quitte une partie de ses ornemens Pontificaux; prend le pluvial;
se met à genoux devant l'Autel, & chante une Antienne que son Clergé, qui est aussi
à genoux, répete après lui. On doit appeller au Synode quelques Théologiens éclairés;
mais ils n'y ont pas ce qu'on appelle *voix délibérative*: ils servent seulement de Conseillers de l'Assemblée, & donnent leur avis.

(*b*) A la fin de chaque Session, le Métropolitain aiant la Croix devant lui, bénit
l'Assemblée. A la fin de la derniere, on confirme solemnellement tous les Decrets du
Synode. Un Diacre dit, *recedamus in pace*, *allons en paix*. Le Métropolitain reçoit
ensuite ses Suffragans au baiser de pais; & ceux-ci font entre eux la même cérémonie
avec une cordialité fort édifiante, si elle étoit toujours sincère. Mais il n'est pas toujours sûr, que la paix Ecclésiastique soit le fruit de ces Assemblées.

Les jugemens sont méprisés, s'ils ne sont accompagnés de quelques punitions contre
les désobéïssans & les coupables. Il ne suffisoit donc pas à l'Eglise d'avoir des Loix, &
des Tribunaux, il falloit encore qu'elle établit des peines, contre ceux qui se rendroient
réfractaires à ses ordres. Telle est l'Excommunication, dont elle se sert pour châtier
les Rebelles. La séverité dont elle use contre eux, en les séparant du reste des Fideles,
est fondée (*c*) sur plusieurs passages de l'Ecriture, & sur un droit naturel qu'ont toutes
les Sociétés, de bannir de leurs Corps ceux qui en violent les Loix, & qui s'opposent
au bien général de la Communauté. Ainsi les Juifs avoient leurs Excommunications,
comme nous l'avons dit en traitant de leurs Cérémonies. Les Sectes Idolàtres avoient
aussi l'usage d'interdire les Mystéres à ceux qui s'étoient souillés de crimes; & cet é-
loignement des Mystéres étoit équivalent à l'Excommunication des Juifs & des Chrétiens. Nous ne disons rien de l'*Interdiction du Feu & de l'Eau*, établie chez les Romains contre les Criminels d'un certain ordre. C'étoit encore une espéce d'Excommunication. L'interdiction des Sacrifices étoit chez les anciens Gaulois une peine capitale.
Ceux qui avoient le malheur de tomber dans cette espéce d'Excommunication, étoient

mis

(*a*) *Carem. Epist.* L. 1.
(*b*) *Pitcaro*, Praxis Carem. L. 1. Sect. 11. Cap. 30.
(*c*) Matth. Ch. 18. V. 27. 2. Ep. de S. Jean, V. 10. 1. Ep. aux Corinth. Ch. 5. V. 11.

mis au rang des impies: tout le monde évitoit de les aborder, de leur parler, d'entrer en commerce avec eux. On les fuioit comme des pestiférés: on leur refufoit les égards que l'on a les uns pour les autres dans la société civile; & on ne daignoit pas même leur rendre justice. C'est ainsi que Céfar s'exprime dans fes Commentaires.

On peut distinguer deux fortes d'Excommunications. L'une regarde ceux qui par leur propre confession, ou par conviction de leur crime, font éloignés de la communion des Fidéles, pour l'exemple, & pour leur fervir de reméde. L'autre fe lance contre les Rebelles, qui perfistent opiniâtrément dans leur erreur; ou qui ne veulent pas confesser leur faute & en gémir. La premiere s'appelle *médicinale*, & l'autre *mortelle*. C'est de cette derniere feulement, que nous entreprenons de parler ici.

Cette Excommunication consiste à être banni par l'Eglife de la société & de l'assemblée des Fidéles. (a) Sur quoi quelques Théologiens obfervent, que quoique le pouvoir d'excommunier appartienne à toute l'Eglife, qui comprend tous les Fidéles en général, c'est-à-dire, le Clergé & les Laïques, il n'y a cependant que les Evêques & les Prêtres, qui puissent excommunier. C'est pourquoi dans les premiers fiécles de l'Eglife ce n'étoient pas les feuls Evêques qui excommunioient, mais aussi les Prêtres avec eux, du confentement du Peuple. Ce fut ainfi que S. Paul excommunia, conjointement avec l'Eglife de Corinthe, l'incestueux qui la fcandalifoit. C'est ainfi qu'il conseille à tous les Fidéles d'Ephefe, de fe feparer de ceux qui vivent dans le défordre, & que S. Jean avertit une femme & fes enfans, de fuir la communion des Hérétiques. Cette difcipline fubfistoit encore du temps de *Tertullien*, de S. *Cyprien*, & du Concile de Carthage, où plufieurs Evêques s'affemblerent pour ce fujet, avec les Prêtres & les Diacres, en préfence d'une grande partie du Peuple. Mais depuis l'ufage voulut, que l'Evêque & le Clergé excommuniassent feuls, fans confulter le Peuple.

A l'égard de la maniére d'excommunier, (b) il faut obferver que dans les premiers fiécles de l'Eglife l'Evêque ne faifoit rien d'important, fans confulter fon Clergé. C'est pourquoi on déféroit ceux qui avoient mérité l'Excommunication, au jugement Eccléfiastique de l'Evêque & du Clergé de l'Eglife, dont ils étoient membres; & s'ils y étoient condamnés & excommuniés, ils ne pouvoient être admis à la communion par aucun autre Evêque. Il leur étoit feulement permis d'avoir recours au Synode de la Province, qui jugeoit de la validité de l'Excommunication, fans qu'aucun autre que lui pût la revoquer, fur-tout lorfqu'il ne s'agiffoit pas de le Foi. Car s'il en étoit question, comme le bien public étoit en péril, les autres Eglifes avoient droit de s'informer, fi l'Excommunication étoit légitime; & s'il fe trouvoit qu'un Synode eût excommunié quelqu'un pour une opinion orthodoxe, elles pouvoient entreprendre la défenfe de l'innocent: ce qui a fouvent excité de grands troubles dans l'Eglife, à caufe de la diverfité des fentimens. On ne trouva point de reméde plus fûr en ce cas, que de convoquer des Synodes généraux pour en décider; & ceux qui ne fe foumettoient pas à leur jugement étoient regardés comme Schifmatiques, & feparés de la communion de l'Eglife. Mais parce que lorfque quelqu'un étoit excommunié par un Synode Provincial pour une Doctrine, qu'une autre Eglife croioit Catholique, cette Eglife fembloit auffi excommuniée, il est fouvent arrivé, que les Excommuniés ont été défendus par d'autres Eglifes; & que cela a donné lieu aux Eglifes particuliéres de s'excommunier mutuellement.

Pour concevoir ce genre d'Excommunication, il faut obferver que toutes les Eglifes du monde étoient jointes enfemble de communion, & ne faifoient enfemble qu'une même Eglife. Mais afin que cette communion fût réunie, elles s'écrivoient les unes aux autres des Lettres de communion, & recevoient ceux qui venoient des autres Eglifes, leur accordant la communion, & participant avec eux aux faints Mystéres, pourvu qu'ils apportaffent des Lettres de recommandation, qui marquaffent qu'ils n'étoient point excommuniés par ces Eglifes. L'ufage de ces Lettres, par lefquelles les Eglifes communiquoient enfemble, est fort ancien. On les appelloit des *Lettres formées*. C'étoit la coutume du Pape, à fon élevation fur le trône de S. Pierre, d'envoyer de ces Lettres aux autres Eglifes. Un des plus forts argumens, dont fe fervoit S. Augustin contre les Donatistes, étoit de dire, qu'ils n'avoient point de Lettres de communion des autres Eglifes.

Mais parce qu'il étoit prefque impossible, que toutes les Eglifes du monde communiquaffent par Lettres, il fallut choisir quelques Eglifes confidérables, dont la communion

étoit

(a) *Dupin*, dans l'Ouvrage que nous avons déja cité, p. 246.
(b) *Idem*, pag. 248.

étoit recherchée par les autres. Ainsi les Eglises d'Orient étoient censées communiquer avec celles d'Occident, pourvu qu'elles communiquassent avec le Pape. Les Egyptiens communiquoient aussi avec lui, par le Patriarche d'Alexandrie; & les Occidentaux, avec les Orientaux & les Egyptiens, en communiquant avec le Pape, qui étoit uni de communion avec eux.

Cela supposé, il est aisé de comprendre comment les Eglises pouvoient s'excommunier réciproquement. (a) Lorsqu'une Eglise remarquoit quelque abus dans la Doctrine, ou dans la Discipline d'une autre, elle renonçoit à sa communion, ou expressément par des Lettres, qu'elle lui écrivoit, ou tacitement, en refusant de communiquer avec ceux qui en venoient. Ce fut ainsi que le Pape *Victor* excommunia les Asiatiques par des Lettres; & que le Pape *Etienne* rompit avec S. *Cyprien* & les Africains, en refusant non pas la communion seulement, mais le logement même à leurs Envoiés.

Il y a trois raisons communes de lancer l'Excommunication. 1. La Doctrine contraire à celle de Jésus-Christ & des Apôtres. Sur quoi on doit observer, qu'on ne doit avoir recours à l'Excommunication qu'en cas d'hérésie manifeste, opiniâtre & contagieuse: que par conséquent on ne doit point excommunier pour des questions peu importantes, qui ne touchent point à la Foi, & où il est permis à chacun de penser à sa fantaisie; & qu'il n'y a que les opiniâtres, qui ne veulent point déférer aux avertissemens qu'on leur donne, contre qui on doive emploier ce remede. 2. La rébellion d'un Particulier contre la Discipline de son Eglise, ou la révolte d'une Eglise particuliere contre la Discipline de l'Eglise universelle. 3. Une vie criminelle & opposée aux préceptes de l'Evangile, sur-tout si les péchés sont énormes, défendus par les Canons, après que les accusés en ont été convaincus, & lorsqu'il n'y a point d'espérance d'amendement.

Mais tous les Pécheurs publics, ou les Hérétiques, ne doivent pas être excommuniés d'abord. L'Eglise doit les avertir auparavant, les exhorter au changement & au repentir, & ne se servir contre eux dans ces commencemens que de l'Excommunication médicinale, selon la Discipline de Jésus-Christ & des Apôtres. Sur quoi S. *Augustin* remarque, que S. Paul est promt à dénoncer des châtimens, & très-lent à punir. Souvent même l'Eglise s'est contentée de lancer l'Excommunication médicinale, dans des cas qui méritoient qu'elle emploiât la mortelle; & les derniers Conciles veulent qu'on se serve toujours de la prémiere, avant que d'en venir à celle-ci, qu'ils appellent *Anathême*. L'Eglise fait connoître par-là, qu'elle ne chasse ses enfans de son sein qu'à regret. C'est pourquoi on voit les Peres apporter tant de précautions, de gémissemens & de larmes dans leurs Excommunications contre les Hérétiques les plus signalés, tels que les *Samosatiens*, les *Arriens*, les *Nestoriens*, les *Eutychiens*, &c.

Tout enfant de l'Eglise peut être excommunié lorsqu'il le mérite. (b) On peut donc excommunier les Laïques, les Ecclésiastiques, les Evêques & les Métropolitains, lorsqu'ils se trouvent dans le cas.

A l'égard des Rois, on demande s'il est aussi permis de les excommunier, comme quelques Papes l'ont fait depuis *Gregoire* VII. en dispensant leurs Sujets du serment de fidélité? Les Défenseurs des Tetes Souveraines ont nié absolument qu'on puisse les excommunier. D'autres prétendent, qu'à *parler exactement*, (c) il faut dire qu'on peut absolument les excommunier de l'Eglise, c'est-à-dire, les déclarer indignes de sa communion dans les choses spirituelles. Ils en rapportent quelques exemples anciens: mais ils soutiennent d'ailleurs, que dans leurs Excommunications les Papes ont passé leur pouvoir, en y comprenant le temporel, parce que l'Excommunication ne peut défendre ce qui est du Droit Naturel & Divin; comme à un pere de famille d'en avoir soin, ou à des enfans de rendre à leurs parens l'honneur qui leur est dû. D'où ils concluent que l'Excommunication ne peut empêcher un Roi de gouverner son Etat, ni dispenser ses Sujets de l'obligation de lui obéir.

Ils ajoutent, que quoiqu'absolument on puisse excommunier les Rois, il n'est jamais à propos de le faire, parce qu'il en arriveroit plus de mal que de bien à la Religion, & qu'on ne peut venir à ces extrémités, sans exposer l'Eglise à des Schismes, & à de grandes calamités. C'est pourquoi, disent-ils, les anciens Evêques n'ont jamais excommunié les Empereurs, quoiqu'ils fussent hérétiques, ou fauteurs d'Hérétiques, & ennemis de la Religion Chrétienne. *Constans*, *Valens*, *Zenon*, persécuteurs des Orthodoxes, protecteurs des Arriens & d'autres Hérétiques, n'ont jamais été excommu-

(a) *Dupin*, dans l'Ouvrage que nous avons déja cité, pag. 253.
(b) *Idem*. p. 277.
(c) *Idem*. p. 278.

muniés, ni par S. *Athanase*, ni par *Osius*; ni par les Papes *Libere*, *Felix* III. & *Gelase*. *Vitalien* non-seulement n'excommunia pas *Constant* Neveu d'*Heraclius*, Hérétique, fratricide & sacrilége, qui avoit chassé le Pape *Martin* de son Siége, qui l'avoit fait mourir de faim dans son exil, & qui avoit exercé de grandes cruautés contre *Maxime* & ses Disciples: il le reçut même honorablement. Les François sur-tout n'ont jamais souffert qu'on excommuniât leurs Rois; (*a*) & lorsque les Papes sont entrepris, le Clergé de France, les Parlemens & les Universités se sont toujours élevés contre ces sortes d'entreprises.

On demande encore, si l'on peut excommunier les Morts? Sur quoi les Théologiens distinguent. (*b*) Si par l'excommunication, disent-ils, on entend une séparation réelle de l'assemblée des Fidéles, il est clair que les Morts n'y sont plus exposés. Si par-là on entend une déclaration qu'on les déteste, à cause du mal qu'ils ont fait pendant leur vie, ils tiennent qu'on peut les anathématiser. C'est ainsi que l'Eglise Grecque a souvent anathématisé les Morts; ce qui s'est aussi pratiqué dans l'Eglise Latine depuis le V. Concile général. Mais ce n'est-là qu'une excommunication impropre. Elle se levoit autrefois, en mettant le nom des Morts dans les *Diptiques*, c'est-à-dire dans les Tables Ecclésiastiques, qu'on lisoit dans l'Office public.

Aujourd'hui lorsqu'une personne excommuniée vient à mourir, avant que d'avoir reçu l'absolution de son excommunication, on commence par examiner, si elle a donné des marques suffisantes d'une véritable contrition, & s'il est a propos de l'absoudre, afin que son corps ne soit pas privé de la sepulture Ecclésiastique, ni son ame des suffrages & des prières publiques de l'Eglise. Voici la forme de cette absolution. Le Curé prend une Etole noire sur le Surplis, & se rend en cérémonie à l'endroit où repose le corps. Il est précédé de ses Clercs en Surplis, dont un porte une Baguette, un autre l'Eau bénite, & un troisiéme la Croix. Si le corps n'est pas encore en terre, le Curé le frappe de sa Baguette à chaque verset du *Miserere*, qui se chante par le Clergé: il lui donne ensuite l'absolution; après quoi on l'enterre dans un lieu saint. Si le corps est enterré dans un lieu profane, on l'en tire, si cela est possible, & on le frappe de même: s'il ne peut être deterré, le Curé se contente de frapper de sa Baguette le lieu de la sepulture.

Passons aux effets de l'Excommunication. Ils sont tous compris dans ces paroles de Jesus-Christ: *Si quelqu'un est désobéissant à l'Eglise, qu'on le regarde comme un Païen & un Publicain*. Au reste, le *Pontifical Romain* distingue trois sortes d'Excommunications: la *Mineure*, la *Majeure*, l'*Anathême*. On peut regarder la *Mineure* comme une espéce de contagion spirituelle, puisqu'elle est l'effet de la seule communication, que l'on a avec une personne excommuniée. Elle prive de la participation des Sacremens, & du droit de pouvoir être élu, ou présenté a quelque Bénéfice ou Dignité Ecclésiastique. Le Curé peut absoudre de cette Excommunication: mais celui qui a eu le malheur de l'encourir, doit s'en confesser promptement. Voici le Formulaire prescrit par le *Pontifical* pour la confession du Fidéle, qui a encouru l'Excommunication *Mineure*. *Je me confesse à Dieu & à vous, mon Pere, comme aiant encouru l'Excommunication, parce que j'ai fréquenté un Excommunié, que je lui ai parlé, que j'ai bû, que j'ai mangé avec lui, &c.*

L'Excommunication *Majeure* se lance par écrit contre ceux qui n'obéissent pas au commandement de l'Eglise, ou du S. Siége, qui ne se soumettent pas à certains points de discipline, qui violent les Immunités Ecclésiastiques, &c. Le Pape emploie l'*Anathême* contre les Hérétiques & les Apostats, contre ceux qui s'emparent des biens Ecclésiastiques; en un mot contre tous les Ennemis de l'Eglise. Cette Excommunication les déclare séparés du Corps sacré de Jesus-Christ, comme des Membres pourris: elle retranche celui qui en est atteint de la société des Fidéles, l'exclut de l'Eglise militante & triomphante, le livre a Satan & à ses Anges, &c.

Les biens spirituels, dont se trouvent privés ceux qui ont encouru l'Excommunication *Majeure* au premier chef, sont au nombre de sept. 1. Ils ne participent plus aux prières publiques, que l'Eglise fait pour les Fidéles. Il est vrai qu'ils n'en sont privés qu'avec certaines restrictions, qu'on peut voir dans les (*c*) Rituels. 2. Ils perdent le droit d'administrer, & de recevoir les Sacremens. 3. Ils sont privés de celui d'assister aux divins Offices. Si le Prêtre voit un Excommunié dénoncé entrer dans l'Eglise pendant l'Office, il doit lui ordonner de sortir: s'il a commencé la Messe, il doit l'interrompre

(*a*) *Dupin*, dans l'Ouvrage que nous avons déjà cité, pag. 280.
(*b*) *Idem*, pag. 290.
(*c*) V. le *Rituel d'Alet*.

terrompre jusqu'à ce que l'Excommunié soit sorti ; & s'il refuse d'obéir , le Prêtre doit quitter les habits sacerdotaux , & cesser la Messe : mais si le Canon de la Messe est commencé , il doit la poursuivre jusqu'à la Communion inclusivement , & se retirer ensuite à la Sacristie , pour achever. Voila ce que le Rituel d'*Alet* prescrit sur cette matiére. A l'égard des Sermons & des Instructions , les Excommuniés peuvent , & doivent y assister. Mais en y assistant , ils ne peuvent communiquer avec aucun autre Chrétien , de peur que cette communication ne corrompe le Fidéle. Ainsi l'Excommunié doit être à l'écart , séparé absolument des autres Chrétiens. 4. Ils sont exclus (*a*) des conversations ordinaires ; des prieres en commun , c'est-à-dire , du privilége de prier avec quelque Fidéle que ce soit ; de la civilité , & de toutes les honnêtetés que l'on se doit les uns aux autres dans la société ; du plaisir d'habiter avec les autres Fidéles sous un même toit ; de negocier & de travailler avec eux ; enfin il est défendu de manger & de coucher avec un Excommunié. Cependant il y a des cas , où il est permis de communiquer avec lui. On les a renfermés (*b*) dans un seul Vers Latin , que nous allons expliquer. On peut communiquer avec l'Excommunié (*Utile*) pour l'instruire de ses obligations , & le ramener à son devoir. Le mot *Lex* exprime tous les devoirs conjugaux , dont on n'est point dispensé par l'Excommunication. Celui d'*Humile* renferme les obligations des enfans & des serviteurs , lesquelles continuent après l'Excommunication. On peut fréquenter un Excommunié sans savoir qui il est (*Res ignorata*) & alors on n'est point coupable. Enfin la nécessité des affaires dans lesquelles on est engagé (*Necesse*) oblige , ou permet de fréquenter les personnes excommuniées. Cette exception s'étend fort loin ; car il n'y a point aujourdhui de Catholique , qui refuse de traiter & de negocier avec un Hérétique. Cependant personne n'ignore que les Hérétiques sont excommuniés & anathématisés par le Pape. On sait que l'Eglise les prive de tous les biens & de tous les secours spirituels dont elle dispose. Cette tolérance de communication est un effet de la nécessité des tems. Le *Necesse* s'est étendu bien loin depuis les bréches , que Calvin & Luther ont faites à l'Eglise. 5. Celui que l'Eglise a frappé de l'Excommunication *Majeure* au premier chef , est privé du droit d'être inhumé en Terre-sainte. 6. Il perd celui d'avoir voix active ou passive aux Bénéfices & aux Dignités Ecclésiastiques ; c'est-à-dire , qu'il ne peut ni y nommer , ni y être nommé. 7. Enfin , il est exclus de l'exercice de la Jurisdiction Spirituelle , & du pouvoir d'agir en Justice devant les Juges Ecclésiastiques.

Lorsque le Pape doit fulminer cette Excommunication solemnelle , (*c*) il se présente devant le grand Autel revêtu des ornemens convenables à cette cérémonie , & accompagné de douze Cardinaux-Prêtres portans tous des cierges allumés. Le Souverain Pontife monte sur son trône placé en face du grand Autel ; & de-là il lance l'Anathéme. Quelquefois un Diacre revêtu d'une Dalmatique noire monte en chaire , & publie à haute voix l'Excommunication : cependant on sonne les cloches , comme si on sonnoit pour un mort. Les Fidéles n'ignorent pas que l'Excommunié est mort par rapport à l'Eglise. Après la fulmination de l'Anathéme tout le Clergé crie trois fois à haute voix : (*d*) *Que cela soit ainsi :* en même tems le Pape & les Cardinaux jettent leurs cierges allumés par terre , & les Acolytes les foulent aux pieds. On affiche ensuite , & l'on publie l'Excommunication avec le nom de l'Excommunié , (*e*) de peur que par ignorance on n'ait communication avec lui.

L'extinction des Chandelles , dit un Auteur , (*f*) marque le souhait que fait le Clergé , que toute grace soit éteinte en celui qui est l'objet de la malédiction , & contre qui l'Anathéme est fulminé (*g*) ,, Et tout ainsi , dit un Missel de l'Eglise de Toul , com-
,, me cette Chandelle jettée à terre est éteinte , ainsi soit-il éteint , & privé de l'amour
,, de Dieu. Dès le commencement du X. Siécle on voit un exemple d'une semblable
,, Excommunication en la personne des meurtriers de Foulques , Archevêque de Rheims.
,, En prononçant les malédictions , les Evêques présens , au nombre de douze , jettoient
,, des lampes de leurs mains , & les éteignoient. Pareil exemple se trouve dans le Siécle
,, suivant en un Concile tenu à Limoges , où au sujet de la malédiction prononcée
,, contre ceux qui refusoient d'écouter les propositions de paix , les Evêques jetterent à
terre

<hr>

(*a*) Tout cela est exprimé par un seul Vers Latin :
Os, Orare, Vale, Communio, Mensa negatur.
(*b*) . . . . *Utile, Lex, Humile, Res ignorata, Necesse.*
(*c*) *Pontif. Rom. Piscara*, Praxis Cærem.
(*d*) *Fiat.*
(*e*) *Ne quis per ignorantiam cum hujusmodi excommunicatis communicet.*
(*f*) *De Vert*, Explication des Cérémonies de l'Eglise, Tom. II. pag. 75.
(*g*) Idem, ibid.

„ terre les cierges allumés qu'ils tenoient, & les éteignirent, le Peuple s'écriant: Ainsi
„ Dieu éteigne la joie de ceux qui ne veulent pas recevoir la paix & la justice.
„ Et encore aujourdhui, dans l'Ordre de Citeaux, l'Abbé fulminant, le Dimanche
„ des Rameaux, en Chapitre, l'Excommunication ordinaire contre les Moines pro-
„ priétaires, jette à terre la bougie allumée qu'il tient à la main, en disant: *Fiat,
Fiat* ".

Lorsque l'Excommunié rentre dans l'Eglise par la voie d'une repentance sincére, (*a*) il doit prêter un nouveau ferment de fidélité, recevoir les peines qu'on lui impose, & faire les satisfactions requises. Il se met d'abord à genoux, pendant qu'on chante les sept Pseaumes pénitentiaux. Après qu'il a été introduit dans l'Eglise, il se met une seconde fois à genoux au pied de l'Autel, ou le conduit celui qui le réconcilie. Ce dernier monte à l'Autel; & se tournant vers le réconcilié, il fait une priere pour lui, & fait sur lui le signe de la Croix. Lorsqu'on réconcilie à l'Eglise un Hérétique, un Infidéle, ou un Apostat, avant que de le recevoir dans l'Eglise, le Pape, ou celui qui fait la Cérémonie de la réconciliation, commence par lui demander quel est le sujet qui l'amène. C'est ce qui fut observé à l'Absolution d'Henri IV. Etant arrivé au grand portail de l'Eglise de Saint Denys, il trouva l'Archevêque de Bourges qui devoit faire la Cérémonie de l'Absolution, placé à peu de distance de la porte au-dedans de l'Eglise, assis en habits Pontificaux dans une chaise couverte de damas blanc aux armes de France & de Navarre, & environné de plusieurs Prélats, & des Religieux de l'Abbaïe. L'Archevêque demanda à ce Prince, *Qui il étoit? Je suis le Roi*, répondit Henri. *Que demandez-vous*, répondit l'Archevêque? *Je demande*, dit le Roi, *d'être reçu au giron de l'Eglise Catholique. Le voulez-vous*, continua l'Archevêque? *Oui*, repartit le Roi, *je le veux & je le desire*. Alors il se mit à genoux, & fit sa Profession de Foi. La formule de cette profession de Foi fut remise au Prélat qui donnoit l'Absolution: l'Archevêque présenta au Roi son anneau à baiser, lui donna la bénédiction, & lui prononça l'Absolution des Censures encourues pour l'Hérésie qu'il avoit professée & défendue. En bénissant le Réconcilié, le Pape, ou le Prélat lui adresse ces paroles: (*b*) *Recevez le signe de la Croix de Jésus-Christ & du Christianisme, que vous aviez porté ci-devant, & que l'erreur qui vous a déçu, vous a fait perdre malheureusement.* De-là il l'introduit dans l'Eglise, en lui disant: *Entrez dans l'Eglise de Dieu, après en être sorti, égaré malheureusement par l'erreur: reconnoissez que vous avez été retiré des filets de la mort: aiez en horreur les Idoles, la Superstition, l'Hérésie; adorez Dieu seul en trois personnes*, &c. Il le conduit ensuite à l'Autel. Là il l'interroge de nouveau sur les articles de la Foi Chrétienne, le reste de la Cérémonie s'achève à l'ordinaire. Si celui qu'on réconcilie a enseigné des erreurs ou des hérésies, on lui fait faire une Abjuration solemnelle.

(*c*) Voici la forme de l'Absolution, que le Pape donne aux Têtes couronnées qui ont encouru l'Excommunication, selon l'usage de la Cour de Rome. Lorsque S. S. doit prononcer cette Absolution solemnelle, on dresse devant la porte de la Basilique de saint Pierre un trône Pontifical orné richement: le saint Pere s'y fait porter en Procession, & y préside, la verge ou la baguette à la main, au milieu de la Cour Apostolique. Un Maître des Cérémonies apporte une douzaine de baguettes, qu'il distribue à douze Cardinaux qui accompagnent le Pape. Les Ambassadeurs du Prince excommunié comparoissent avec humilité devant cette redoutable Assemblée, & se jettent aux pieds du saint Pere: mais malgré l'indignité de celui qu'ils représentent, le Vicaire de Jésus-Christ leur accorde la grace de les baiser. Ensuite un de ces Ambassadeurs demande pardon à haute voix à l'Eglise & au saint Siége: offre au nom de son Maître une réparation convenable, & demande l'Absolution. Le Procureur Fiscal examine alors les pleins-pouvoirs de ces Ministres: un Sécretaire les lit tout haut; & le Procureur leur demande, (*d*) s'ils sont prêts de se conformer aux ordres du saint Siége & de l'Eglise; c'est-à-dire, s'ils sont disposés à se soumettre à tout ce que l'Eglise leur prescrira. Alors le Maître des Cérémonies apporte le Missel; deux Cardinaux Diacres le tiennent devant le Pape: Sa Sainteté porte une main sur le Missel: les Ambassadeurs le touchent avec les deux mains; & promettent, jurent, s'obligent sur les Evangiles, & sur le Crucifix qui est présent, qu'ils observeront inviolablement l'engagement qu'ils pren-

(*a*) *Piscara, Praxis Caerem.*
(*b*) *Accipe signum Crucis Christi atque Christianitatis, quod prius acceptum non custodivisti, sed male deceptus abnegasti.*
(*c*) *Idem, Ibid.*
(*d*) *An velint .... parere mandatis Domini Papae & Ecclesiae, & ipsi ad omnia paratos se offerant.*

prennent au nom de leur Maître: dequoi un Notaire Apostolique dresse sur le champ un Acte solemnel. Cette Cérémonie est suivie de l'Absolution. Le saint Pere & les douze Cardinaux Prêtres chantent le *Miserere*, observant de donner un coup de verge sur les épaules de ces Ministres au commencement de chaque verset du Pseaume. La Cérémonie finit par les prieres, &c. & par l'imposition d'une Pénitence proportionnée à la faute de celui qui vient d'être absous. Enfin les Cardinaux & les Pénitenciers conduisent ces Ambassadeurs à l'obédience avec les Cérémonies accoutumées.

Ce fut là à peu près ce qui s'observa, lorsque le Pape Clément VIII. (*a*) donna l'Absolution à Henri IV. Roi de France. D'*Ossat* & du *Perron*, qui dans la suite furent tous deux Cardinaux, reçurent les coups de baguette ou de verge, que le Roi leur Maître auroit reçus, s'il eût comparu en personne. Pour pénitence, il lui imposé à Sa Majesté de dire tous les jours le Chapelet, le Mécredi les Litanies, le Samedi le Rosaire; de garder les Jeûnes, & les autres Commandemens de l'Eglise; d'entendre la Messe tous les jours, &c. Outre cela le Pape lui ordonna de fonder un Monastère en chaque Province de son Roiaume, sur-tout dans la Province de Bearn, son Domaine particulier.

Le Cérémonial observe, que l'Absolution des Siècles passés étoit beaucoup plus rigoureuse; par exemple, en certains cas plus importans que les autres, (*b*) les Pénitens se présentoient nuds devant le portique de saint Pierre, où douze Prêtres de cette Eglise leur donnoient les coups de verge. On frappoit (*c*) longtems, & tres-rudement les Vassaux qui se rebelloient contre le saint Siège & contre l'Eglise. La flagellation duroit autant que le chant de plusieurs Pseaumes penitentiaux.

Outre l'Excommunication, l'Eglise pour rappeller les Fidéles à leur devoir, emploie encore quelques autres moiens, dont il suffira de donner ici la définition tirée du *Rituel d'Alet*.

Le *Monitoire* est un commandement que l'Eglise fait à ses enfans, de réveler sous peine d'Excommunication, ce qu'ils savent sur quelque fait important, dont il est à propos qu'on lui donne connoissance. Le *Monitoire* est suivi de l'Excommunication en cas de désobéïssance.

La *Suspense* prive pour un certain tems un Ecclésiastique de l'exercice de sa charge, après que l'Eglise l'a trouvé coupable de quelque faute considérable.

L'*Interdit* est une censure Ecclésiastique, par laquelle l'Eglise défend l'usage des Sacremens, les divins Offices en public, & la sépulture Ecclésiastique, pour quelque péché considérable, &c. On distingue l'*interdit* local, l'*interdit* personnel, & l'*interdit* mixte qui tombe sur les personnes & sur les lieux. Il y a *Cessation à divinis*, lorsque pour quelque injure, ou désobéïssance notable faite à l'Eglise, on cesse tous les divins Offices, & l'administration des Sacremens, & l'on prive même les Fidéles de la Sépulture Ecclésiastique. La différence de l'*interdit* à la *cessation*, consiste en ce que pendant l'*interdit* on peut célébrer, & faire ses divins Offices à huis clos, dans les Eglises qui ne sont pas spécialement interdites, & même les célébrer publiquement en certains jours solemnels de l'année: mais dans la *Cessation* on ne peut faire aucun Office. Il est seulement permis pour renouveller les Hosties consacrées, de dire chaque semaine une Messe basse à huis clos dans les Eglises paroissiales; & cela sans sonner les cloches, sans y admettre qu'une ou deux personnes pour la servir. De plus il est permis d'administrer pendant la *Cessation*, le Baptême, la Confirmation & la Pénitence à ceux qui les demandent, s'ils ne sont excommuniés ou interdits. Le Viatique peut être administré aussi: mais on doit omettre les Oraisons & les Prières, qui précédent & qui suivent ordinairement cette cérémonie. La *Cessation* est jettée sur tout un Diocèse, sur une Ville, sur un Village, ou sur une ou plusieurs Eglises particulières. Au reste on doit observer, qu'on a été contraint insensiblement de relâcher tellement la séverité des *Interdits* généraux, qu'ils n'ont plus eu aucun effet. Aussi quoiqu'emploiés pour soutenir l'autorité de l'Eglise, on remarque qu'ils ont toujours eu un succés contraire: car comme l'observent *Soto* & *Boniface* VII. (*d*) „ Quoiqu'ils servent à intimider les Ex-
„ communiés, ils vont d'autre part principalement à faire périr le culte divin; parce
„ qu'alors non-seulement le Peuple se desaccoutume de fréquenter les Eglises, mais il
„ perd

(*a*) En 1595. Voiez le P. Daniel dans son *Histoire de France*.
(*b*) Piccara, Praxis Cærem.
(*c*) *Vassalos Ecclesiæ contumaces, aut rebelles, omninò nudos à Pænitentiariis, verberare, ac durius percuti coluerunt Romani Pontifices, donec plures Psalmi ex pænitentialibus perficerentur, adstantibus ad circulum ante Pontificem Cardinalibus.*
(*d*) Soto in 4. dist. 22. a. q. 3. 1. Bonif. in Cap. Alma mater.

,, perd l'affection & le sentiment, & le Clergé en devient plus lâche & plus pareffeux;
,, les Hérésies croiffent & fe multiplient; les ames font expofées à un grand nombre de
,, périls; & on n'obéit plus aux Eglifes, fans qu'elles en foient coupables. '' On
,, remarque, dit (a) M. *Fleury*, qu'un certain lieu de la Marche d'Ancone avoit été fi
,, long-tems en interdit, qu'après qu'il fût levé, les Hommes de trente & de quarante
,, ans, qui n'avoient jamais ouï la Meffe, fe moquoient des Prêtres célébrans. Quel-
,, quefois les Peuples ne pouvant fouffrir cette honte, fe foulevoient, & en venoient à
,, des violences ouvertes. '' Voici ce que dit (b) un Auteur affez récent de cette peine
Eccléfiaftique.

,, De toutes les peines Eccléfiaftiques que les Papes & les Evêques emploioient contre
,, les Pécheurs, celle de l'Excommunication générale, ou de l'Interdit, quoique peu
,, connue dans la primitive Eglife, étoit alors (vers le milieu du douzieme fiecle) très-
,, fréquente. On s'en fervoit fur-tout contre les Princes réfractaires à l'Eglife: on lan-
,, çoit ces foudres contre leurs Etats: tous leurs Sujets s'y trouvoient enveloppés; &
,, une multitude d'innocens fouffroient pour un feul coupable. La forme & la pratique
,, de cette Sentence n'avoit rien que de trifte, & même de terrible. On dépouilloit
,, entiérement les Autels; on pofoit les Croix, les Reliquaires, les Images, & les
,, Statues des Saints à plate terre, & en ligne de deuil on les couvroit entiérement.
,, L'ufage des Cloches ceffoit, & on les defcendoit même des Clochers. De tous les
,, facremens on n'adminiftroit que le Baptême aux enfans nouveaux nés, & la Con-
,, feffion & la Communion en Viatique aux mourans. La Meffe ne fe célébroit dans
,, les Eglifes qu'à portes fermées; l'ufage de la Viande pendant l'Interdit étoit défendu
,, comme en Carême; & on pouffoit la rigueur jufqu'à défendre de fe faluer, & même
,, de fe rafer, & de faire la tonfure & les cheveux aux Prêtres & aux Clercs. Mais ce
,, qui étoit de plus déplorable, c'eft que des Papes & des Evêques emploioient quelque-
,, fois ces armes fpirituelles contre des Rois & des Princes fouverains, & fouvent mê-
,, me pour des intérêts purement temporels. C'étoit un des plus fûrs inftrumens de
,, leur domination: les Peuples effraiés de fe voir privés de l'exercice extérieur de la
,, Religion, forçoient leurs Souverains par la crainte d'une révolte générale, à plier
,, fous le joug ''.

L'*Irrégularité* eft un empêchement canonique, par lequel on eft rendu inhabile à
recevoir les faints Ordres, ou à les exercer quand on les a reçus. Elle procede du
défaut d'efprit, du défaut de corps, du défaut de naiffance, du défaut de réputation,
du défaut d'âge, du défaut d'obligation, du défaut de Sacremens & du défaut de douceur. Une extrême ignorance eft fans contredit un défaut d'efprit: cependant combien
n'a-t-on pas eu lieu dans certains fiecles de la reprocher au Clergé. Autrefois on a vu
des Curés qui ne favoient pas même dire en Latin *in Nomine Patris*, &c. lorfqu'ils
etoient obligés d'adminiftrer le Baptême. L'*Apologie pour Hérodote* pourroit nous
fournir des exemples fort réjouiffans de cette ignorance: mais l'Auteur eft récufable à
caufe de fon Calvinifme. Il fuffira d'alléguer fur ce fujet pour la fatisfaction du Lecteur,
(c) une Epigramme de la façon d'un Poëte Catholique. A l'égard des défauts du corps,
on diroit prefque fans croire avancer un paradoxe, qu'il eft plus néceffaire de l'éviter
que le défaut d'efprit. Peu de Fidéles verroient avec édification un Prêtre difforme
de corps, borgne ou mutilé, fur-tout au vifage, faifant les fonctions Eccléfiaftiques.
S'il étoit poffible de le fupporter quelque tems, il devroit ce bonheur à la curiofité du
Public; & peut-être n'iroit-on le voir que pour infulter à fes défauts, & fe divertir de
fa Phifionomie. Après tout, Dieu lui-même a récufé fous le Judaïfme les Prêtres diffor-
mes, ou mutilés: il eft jufte que les Chrétiens fuivent un ordre, qui en confervant la
dignité de Sacerdoce, montre aux hommes que Dieu fouverainement parfait veut des
Miniftres auffi parfaits, que la nature humaine peut les produire. L'Eglife Catholique
obferve affez exactement cette regle: mais il s'en faut beaucoup, que la Communion de
Calvin la fuive avec exactitude. Auffi un fameux Auteur a-t-il jugé à propos de fe plaindre

dans

(a) *Inftit. au Droit Eccléf.* Tom. 11. Part. 3. Ch. 21.
(b) L'*Abbé de Vertot* dans fon *Hiftoire de l'Ordre de Malte*, Tom. I. L. 1.
   (c) *Quelqu'un défirant être Prêtre,*
     A l'Evêque fe préfenta,
     Lequel lui dit, fi tu veux l'être,
     Quot funt feptem Sacramenta?
     Puis il dit, tres, l'Evêque, quas?
     Sunt fides, fpes & charitas.
     Parbleu tu as bien répondu:
     Sus, Clerc, qu'on dépêche fon cas;
     Il mérite d'être tondu.

dans (a) un excellent Ouvrage de leur négligence au choix des Pasteurs. Ce n'est pas que ceux de cette Communion ne s'accommodent fort bien de ces Prédicateurs a-gréables & de bonne mine, qui prêchent beaucoup mieux par leur éloquence extérieu-re, & par l'étendue d'une imagination accompagnée de la beauté du visage, que par la régularité de la vie, & par le détachement des choses mondaines: mais quoiqu'il en soit, ils reçoivent & consacrent ceux qui ont des qualités corporelles fort opposées aux talens, dont nous venons de parler. Revenons de cette petite digression. L'Eglise Catholique exclut les bâtards des Ordres sacrés, cependant il y a exception à cette ré-gle; & de nos jours on en a reçu qui étoient publiquement reconnus pour tels. Le dé-faut de réputation, le défaut d'âge, & le défaut de douceur ne souffrent guere moins d'exceptions. Elles sont si connues, qu'il seroit fort inutile d'en alléguer des exemples.
„ Il faut avouer, dit (b) M. Fleury, que dans les derniers siécles on s'est souvent con-
„ tenté pour les Ordinations qu'il n'y eût pas d'irrégularités formelles. On a même
„ trouvé le moien de faire, que les irrégularités ne fussent pas des obstacles invincibles.
„ On en a dispensé d'abord après coup, pour ne pas déclarer nulles les Ordinations dou-
„ teuses, ou vicieuses. Ensuite on a donné la dispense, pour parvenir à l'Ordination;
„ & enfin elles se sont rendues très-communes".

Le *Rituel d'Alet* nous aprend qu'on ne doit point user de censure, pour exterminer les Animaux nuisibles aux biens de la terre, tels que les Rats, les Chenilles, les Saute-relles, &c. L'Eglise se sert d'exorcismes, d'eau bénite, & de quelques priéres instituées à cet effet. Le Curé, ou le Vicaire, dit encore ce Rituel, doit faire rapport à l'Evê-que du dommage, que les Insectes font aux fruits de la terre de sa Paroisse. Alors si l'Evêque le juge à-propos, on emploie quelques priéres contre ces Insectes. Le Curé se transporte en un lieu éminent de la campagne, où ces Animaux font le plus de dé-gât: il s'y revêt du surplis, & de l'étole violette: il a à sa droite un Clerc, qui tient le bénitier & l'aspersoir. De ce lieu éminent, après un signe de Croix, le Prêtre prononce les priéres ordonnées: après quoi il asperse les champs d'eau bénite; & cela trois fois en forme de Croix.

Quoiqu'il soit défendu de se servir de Censures & de l'Excommunication contre les Animaux nuisibles, (c) on ne laisse pas en certains Pais d'excommunier encore les Saute-relles. Nous ne devons pas oublier à ce sujet la Sentence burlesque de l'Officialité de Troies, donnée en 1516. contre les Chenilles du Diocése. L'Official y admoneste gra-vement les Chenilles de se retirer dans l'espace de six jours, faute de quoi elles sont dé-clarées maudites, & comme telles anathématisées. (d) „ Sur la Requête, dit-il, qui
„ nous a été présentée par les Habitans de ce Diocése contre les Chenilles, & autres
„ Animaux vulgairement appellés *Hurebets*, qui depuis plusieurs années mangent le rai-
„ sin au grand dommage desdits Habitans, & de ceux des lieux circonvoisins; ce qui est
„ encore arrivé cette année, à ce que porte le bruit public, & le témoignage de person-
„ nes dignes de foi; la dite Requête tendante à ce que nous emploions les remédes Ec-
„ clésiastiques pour obliger lesdits Animaux à abandonner le territoire; &c. Vu, &c.
„ Nous, en vertu de l'autorité à nous confiée en cette partie, admonétons par ces Pré-
„ sentes lesdites Chenilles & autres Animaux, de quelque nom qu'on les appelle, sous
„ peine de Malédiction & d'Excommunication, de sortir dans six jours dudit territoi-
„ re, & de ne plus y faire aucun dégât. Que si dans ledit terme de six jours lesdits
„ Animaux refusent d'obéir à ces Présentes, Nous en vertu du pouvoir & de l'autorité
„ susdits, les déclarons dès-lors maudits & excommuniés". *Leonard Vair* (e) parle aussi de cette manière de se délivrer des Insectes. „ En quelques endroits, dit-il, on choi-
„ sit pour chasser les Sauterelles, & autre dommageable vermine, un certain Con-
„ jureur pour Juge, devant lequel on constitue deux Procureurs, l'un de la part
„ du Peuple, & l'autre du côté de la vermine. Le Procureur du Peuple demande
„ justice contre les Sauterelles & les Chenilles, pour les chasser hors des champs.
„ L'autre défend... Enfin toutes Cérémonies gardées, on donne Sentence d'Ex-
„ communication contre la vermine, si dans un certain tems elle ne sort". Cette procédure ne nous paroît pas aussi solemnelle, ni par conséquent aussi remarquable que celle de l'Officialité de Troies. Mais que dira-t-on de S. Bernard, qui pour chasser les Mouches, qui persécutoient les Fidéles d'une Eglise qu'il avoit fondée dans le Diocése

de

(a) Mr. *Ostervald* dans son *Traité des sources de la Corruption.*
(b) *Instit. au Droit Ecclef.* Tome 1. Part I. Ch. 4.
(c) *La Mothe le Vayer* Tom. 11.
(d) *Cap. 12. de Menf. & Excomm. p.* 480.
(e) Cité par M. *Thiers* dans son *Traité de Superstitions.*

de Laon, déclara qu'il les excommunioit. Pour trouver un sens orthodoxe à cette expreſſion, il faut croire que par l'Excommunication, le Saint entendoit les prieres de l'Egliſe prononcées avec les Formules & les Cérémonies uſitées en cette occaſion. On trouve au reſte chez les Idolâtres anciens & modernes diverſes maniéres de conjurer les Animaux nuiſibles. On fait les conjurations des *Pſylles*, des *Theſſaliens*, des *Teichines*; & on n'ignore pas celles qui ſont encore en uſage chez les Indiens. Peut-être n'eſt-il pas impoſſible que ces pratiques ſuperſtitieuſes aient introduit des abus à peu près ſemblables dans le Chriſtianiſme, ſur-tout dans des ſiécles & dans des lieux ou régnoit l'ignorance la plus groſſiere.

„ Le Pape *Etienne* V. nous a appris par ſon exemple, dit le P. le Brun (a) dans
„ ſon Hiſtoire Critique des Pratiques ſuperſtitieuſes, comment on doit ſe comporter,
„ lorſque les Campagnes ſe trouvent déſolées par des Sauterelles, ou d'autres Animaux.
„ (b) Vers la fin du neuviéme ſiécle en 885. il y en avoit un tres-grand nombre, qui
„ déſolerent tous les environs de Rome. D'abord pour eſſaier, ſi par des moiens hu-
„ mains on pouvoit faire perir toutes ces bêtes, il fit déclarer qu'il donneroit cinq ou
„ ſix deniers à qui lui en apporteroit un certain nombre. A cette déclaration, les
„ Peuples coururent, & pour tâcher de les exterminer, & pour gagner quelque argent:
„ mais cela ne pouvant faire tarir ces beſtioles, il entra dans l'Egliſe, ſe mit en prie-
„ res, bénit enſuite de l'eau, & en fit jetter dans les champs. Anaſtaſe ajoute, que
„ dans tous les endroits où l'on jetta de l'eau bénite, il ne reſta plus aucune Saute-
„ relle ".

Nous finirons par les Cérémonies de la Dégradation, puiſqu'elle a rapport au ſujet que nous traitons. En effet c'eſt une des peines ordonnées par les Canons contre ceux des Eccléſiaſtiques, qui profanent la ſainteté de leur Etat par leurs crimes & leur mauvaiſe vie. Nous nous attacherons uniquement à décrire la Dégradation d'un Evêque.

(c) Ordinairement on éleve à l'entrée de l'Egliſe une eſpéce de Trône, ou de Tribunal, pour faire avec plus de ſolemnité la Dégradation dont nous parlons. On met à quelque diſtance du *Dégradant* une crédence. Il y a ſur cette crédence les choſes qui déſignent la fonction de celui qui doit être dégradé: par exemple, un vaſe plein de vin, un autre plein d'eau, le Calice, la Paténe & l'Hoſtie pour la Dégradation du Prêtre, le livre des Evangiles, celui des Epîtres, un Chandelier avec une chandelle éteinte pour la Dégradation du Diacre, du Soudiacre, & de l'Acolyte; un Lectional, pour la Dégradation du Lecteur, des clefs, pour celle du Portier; l'Antiphonal, pour celle du Chantre. On met ſur la même crédence des ciſeaux, un couteau, du verre, & les ornemens Pontificaux du Prélat. Autour du *Dégradant* on voit ſes Miniſtres, & le Juge Séculier accompagné de quelques Soldats. On y voit auſſi un Notaire & un Barbier. Toutes ces choſes, & toutes ces perſonnes ſont néceſſaires à la Dégradation. D'abord le coupable eſt conduit en ſes habits ordinaires devant le Pape, ou devant celui qui le répréſente en cette occaſion: enſuite les Clercs l'habillent des ornemens Pontificaux, & le préſentent en cet état au *Dégradant*, qui eſt revêtu de l'amict, de l'aube, de la ceinture, de l'étole, du pluvial rouge, de la mitre ſimple, &c. Le *Dégradant* commence par adreſſer la parole au Peuple ſpectateur de cette Cérémonie, pour lui apprendre le ſujet de la Dégradation: enſuite il prononce le jugement contre celui qu'il va dégrader; après quoi il procéde à l'exécution. *Je vous dépouille de la Mitre Epiſcopale que vous avez ſouillée*, dit-il, en ôtant la Mitre à l'Evêque qu'il dégrade. *Rendez l'Evangile*, ajoute-t-il, lorſqu'on le met entre les mains du Dégradé, *parce que vous êtes indigne de le prêcher*. En lui ôtant l'anneau Pontifical, on lui dit qu'il a violé l'Egliſe, qui eſt l'Epouſe de Dieu. Il ſeroit inutile de s'étendre ſur toutes les piéces qui ſont les marques de la dignité Epiſcopale. Après qu'on l'a dépouillé de tous les ornemens Pontificaux, le *Dégradant* racle avec un couteau, ou avec un morceau de verre, les doigts du Dégradé, en lui diſant, que le pouvoir de conſacrer, de bénir & de ſanctifier lui eſt ôté: il efface de la même façon la Tonſure. Le Lecteur ſuppoſe aſſez que le Calice, la Paténe, l'Hoſtie, l'eau, le vin, &c. ſont ôtés avec les mêmes Cérémonies à celui qui a le malheur d'être dégradé. Enfin, lorſqu'il ne s'agit plus que de le dégrader de l'état de Clerc, le *Dégradant* commence à effacer la Tonſure, en lui coupant les cheveux avec des ciſeaux; & le Barbier acheve d'en ôter les marques, en raſant entiérement la tête du
Dé-

(a) Tom. 1. p. 422.
(b) *Anaſtaſ.* in vita Steph.
(c) *Pontif. Rom.*

Dégradé. Cela se fe fait en lui difant, *qu'il est chassé de l'héritage du Seigneur, comme un fils ingrat: qu'il perd la Couronne, qui est la marque de la Sacrificature Royale, à caufe de fa mauvaife administration.* Après cela on donne au *Dégradé* un habit laïque, & on l'abandonne au bras féculier: mais en même tems le *Dégradant* implore la miféricorde de ce Juge temporel, *parce que l'Eglife abhorre le fang.*

Nous alléguerons pour exemple de cette Dégradation celle du fameux Jean *Hus.* (a) On le revêtit de tous les habits Sacerdotaux: on lui fit prendre un Calice, comme s'il eût dû dire la Messe..... ensuite on lui ôta tous ses habits l'un après l'autre, en prononçant sur chacun d'eux quelque parole de malédiction.... mais on hésita si pour lui ôter les marques de la Tonsure, on emploieroit le rasoir ou les ciseaux. Les ciseaux l'emportèrent à la fin sur le rasoir: on lui coupa les cheveux en croix, afin qu'il ne parût aucune trace de couronne; & même on le lava, pour mieux enlever les marques de la Tonsure. „ Une telle Dégradation, dit l'Auteur que nous avons cité, après avoir allégué „ le Droit Canon, met le Prêtre dégradé au rang des Laïques; & quoiqu'elle ne lui „ ôte pas le caractère, qui est indélébile, elle le rend pour jamais incapable d'exercer „ les fonctions de la Prêtrife". On ajouta pour plus grande flétriffure à la Dégradation de *Jean Hus,* une Mitre de Papier peinte de figures de Diables. Après qu'on lui eut mis sur la tête cette Mitre ignominieuse, les Prélats dégradans, ou témoins de la Dégradation, dévouèrent son ame à Satan. Enfin l'Eglife fe deffaifit de lui: il fut déclaré Laïque, & comme tel livré au bras féculier.

REMARQUES

fur la Couronne, & fur l'Habit Eccléfiaftique.

PUifque nous avons parlé du Clergé, il est à propos de dire un mot de ce qui le diftingue, du moins à l'extérieur, des fimples Fidéles. Voici ce que nous apprenons de l'origine de la Couronne, que portent tous les Eccléfiaftiques qui font dans les Ordres & qui est tellement propre & affectée à leur état, que parmi les Laïques aucun jufqu'ici ne s'est encore avifé de les imiter en ce point.

(b) „ Tous les Chrétiens dans les prémiers fiécles portoient également les Cheveux „ courts, les Laïques auffi bien que les Clercs; mode qu'ils avoient prife des Romains, „ qui commencèrent à les porter auffi environ quatre ou cinq cens ans après la fondation „ de leur Ville. Les Francs, & autres Barbares aiant enfuite inondé l'Empire Romain „ vers le IV. fiécle, la plupart des Laïques laifferent croître leurs Cheveux à l'imitation „ de ces Peuples, qui au contraire des Romains, les portoient fort longs. Mais les „ Clercs qui étoient prefque tous Romains, & auffi les Moines, & avec eux encore „ quelques Laïques, ou Séculiers des plus réguliers, même des Païens, ne voiant point „ de raifon d'innover, & ne voulant point par conféquent fuivre cet exemple, conti- „ nuerent toujours à fe les couper eux-mêmes, ou à fe les faire couper par d'autres; „ en un mot à les porter courts à leur ordinaire. On remarque, que les Empereurs „ furent des derniers à quitter cette Couronne; & qu'encore au commencement du „ VII. fiécle, Heraclius étant proclamé fe fit auffi-tôt couper les cheveux fort courts. „ Et même au XII. fiécle, l'Empereur Frederic I. obfervoit encore de fe faire tondre „ jufqu'aux oreilles. A l'égard des Clercs, on voit que ceux qui voulurent fe confor- „ mer alors aux Laïques, & s'attacher à la mode, furent auffi-tôt réprimés par les „ Conciles, fur-tout par le IV. de Carthage tenu au IV. fiécle, qui fit défenfes expref- „ fes aux Clercs de laiffer croître leurs cheveux. Il paroît même, que ce qui engagea „ le Concile d'Agde, au commencement du VI. fiécle, à ordonner que les Clercs au- „ roient les cheveux courts, ce fut pour les diftinguer des Barbares & des Nations E- „ trangères qui les portoient fort longs. En effet le Concile de Bragne tenu fur la fin „ du même fiécle dit nettement, que *les Clercs ne porteront point de grands cheveux,* „ *comme les Païens.* Cette coutume qu'obferverent les Clercs de porter les cheveux „ courts, les diftingua tellement du commun des Laïques, que dans la fuite des tems „ cette Tonfure devint Cléricale & Monacale, c'est-à-dire, affectée aux Clercs, & aux „ Moines; de telle forte que lorfqu'on recevoit quelqu'un dans le Clergé, ou dans l'E- „ tat Monaftique, la première chofe qu'on faifoit, étoit de lui couper les cheveux auffi „ courts, que les portoient les Clercs & les Moines, & généralement autrefois, & dans

„ la

<hr>

(a) *Hiftoire du Concile de Conftance par Lenfant,* L. 3.
(b) *Dom Claude de Vert,* Explic. des Cérém. de l'Eglife, Tom. II. 434.

„ la naissance de l'Eglise, les Laïques & les gens du monde. C'est ainsi qu'une partie
„ des devoirs qui avoient été communs à tous les Fidéles, avec le tems devinrent par
„ leur négligence propres & particuliers aux Clercs.

„ Les cheveux en cet état, reguliérement se coupoient en rond par le bas même par-
„ mi les Laïques. Aussi les Historiens remarquent, que sous Clodion surnommé le
„ *Chevelu*, parce que contre l'usage jusques-là pratiqué par les Rois, il portoit de longs
„ cheveux, le reste des François avoient les cheveux coupés en rond un peu au-dessous
„ des oreilles. C'est ainsi que S. Louis se voit représenté à la grande porte des Corde-
„ liers de Paris, & en d'autres endroits, c'est-à-dire en cheveux courts, & coupés en
„ forme de cercle, ce qui s'appelloit être coupé en rond, *in gyrum*, en façon de cou-
„ ronne, *instar coronæ*, *ad formam coronæ*, comme s'expriment une infinité d'Ordon-
„ nances Ecclésiastiques, de Rituels & de Cérémoniaux; *in rotæ speciem*, dit (a) Si-
„ donius Apollinaris: toutes expressions emploiées pour marquer la maniére de cou-
„ per le bas des cheveux en forme de couronne, c'est-à-dire, orbiculairement, & en
„ rond.

„ Ces cheveux ainsi coupés en rond par le bas ne passoient point, sur-tout aux Clercs
„ & aux Moines, le haut des oreilles; & telle est encore la forme de la Tonsure parmi
„ la plupart des Moines & des Religieux Mendians, tels que les Bénédictins réformés,
„ les Feuillans, les Chartreux, les Jacobins, les Carmes, &c. Dans ces Ordres on ob-
„ serve toujours de couper par le bas les cheveux en rond, & en maniére de couron-
„ ne, autour des tempes, & au-dessous des oreilles: tandis que les Evêques & les Clercs
„ Séculiers, & à leur exemple, les Jésuites, les Barnabites, les Theatins, &c. se con-
„ tentent de porter les cheveux courts, sans s'assujettir à les couper au dessus des oreil-
„ les & à les arrondir par le bas, comme tout le Clergé séculier & regulier le pratiquoit
„ autrefois. On prétend que ce n'est que de nos jours, que les Papes ont aussi laissé
„ croître leurs Cheveux comme les autres; & on rapporte ce changement à Alexandre
„ VII. Quoiqu'il en soit, il paroit que c'est à ce relâchement qu'on doit attribuer la lon-
„ gueur excessive des Cheveux de la plupart des Ecclésiastiques séculiers, & même de
„ quelques Réguliers d'aujourdhui. Car depuis qu'on eut abandonné l'ancienne forme
„ de la Tonsure, & qu'on ne se crut plus astraint à la porter au-dessus des oreilles, il
„ n'y eut plus de mesure ni de régle. Aussi voit-on que les Evêques ne trouvant plus
„ rien de fixe là-dessus, se reduisent dans leurs Synodes, & dans leurs Ordonnances, à
„ exhorter en général les Clercs à porter les Cheveux courts & modestes, *tonsuras con-*
„ *decentes*, sans descendre dans aucun détail, ni déterminer jusqu'où ces Cheveux doi-
„ vent être coupés. Nous avons cependant quelques Statuts Synodaux du siecle dernier,
„ qui prescrivent encore la Tonsure des Clercs au-dessus des oreilles. Tels sont entr'au-
„ tres ceux de *Lescars* de 1637. ceux de *Cabors* de 1638. & le manuel de *Rouen* de
„ 1650.

„ Il y a des exemples que quelquefois on se coupoit les Cheveux soi-même: mais ré-
„ guliérement on se les faisoit couper par d'autres. C'étoient ordinairement les parens
„ qui les coupoient à leurs enfans, lorsqu'ils les offroient aux Monastieres. Quelque-
„ fois aussi on referoit cette cérémonie à des personnes d'une qualité distinguée, & on
„ se faisoit un honneur de recevoir la Tonsure de leur main. Dans la suite on en fit une
„ cérémonie Ecclésiastique; & la Tonsure fut absolument reservée aux Evêques à l'ex-
„ clusion de tous autres, depuis qu'elle fut devenue l'entrée de la Clericature. La rai-
„ son d'attribuer par préférence cette fonction se prenoit apparemment de la coutume
„ de ce tems-là, selon laquelle la premiere Tonsure étoit une espéce d'adoption, que
„ faisoit celui qui coupoit les Cheveux; ce qui convenoit davantage aux Evêques, par-
„ ce qu'étant déja les peres communs des Fidéles, ils le devenoient encore plus spécia-
„ lement par-là de ceux qui entroient dans le Clergé.

„ Les Evêques non contens de couper le bas des Cheveux de ceux qu'ils tonsuroient,
„ porterent encore dans la suite les ciseaux sur le haut de la tête, pour décharger pa-
„ reillement cet endroit, qui paroissoit toujours en effet trop garni par rapport au reste
„ des Cheveux. C'est ce qu'ils observent encore aujourdhui, en tonsurant les Clercs;
„ telle est la Rubrique du Pontifical Romain. Or par-là il ne leur laisserent plus qu'un
„ cercle ou cordon, un tour de Cheveux large de trois ou quatre doigts, tel que le por-
„ tent encore les Religieux mendians, & quelques autres, & comme en usoient tous
„ les Clercs, tant Séculiers que Réguliers, il n'y a pas plus de 200. ans. Aussi les
„ Clercs & les Moines, dans le tems même que leur tonsure étoit la plus réguliere, a-

„ voient-

(a) Ep 13 L. 4.

„ voient-ils l'usage du peigne, dont ils se servoient pour arranger ce tour de Cheveux, &
„ le tenir proprement. Ainsi *Pierre le vénérable*, Abbé de Clugny, exhorte un Moine
„ reclus à faire des peignes pour l'usage des Freres. Ainsi voit-on que chez les Chartreux,
„ qui ne portent aujourd'hui qu'un simple filet de Cheveux presque imperceptible, cet-
„ te Couronne ou ceinture des Cheveux étoit autrefois assez épaisse, pour que leurs Sta-
„ tuts comptent un peigne au nombre des petits meubles de leurs cellules.

„ C'est donc ce cordon, ce cercle, ce tour, & pour ainsi dire, cette ceinture de
„ Cheveux que laisse nécessairement la tonsure qui se fait sur le haut de la tête, qu'on
„ appella communément la *Couronne*. Dans la suite on a donné ce nom à la tonsure
„ même. Il est aussi arrivé que les Clercs séculiers, & même quelques réguliers, non
„ contens de porter les Cheveux fort longs par le bas, ont encore tellement raccourci
„ & rétréci cette tonsure, en laissant avancer sur cette partie rase les Cheveux qui
„ leur entourent la tête, que cette Tonsure, ou Couronne, n'est plus aux Evêques
„ que de quatre ou cinq pouces de largeur. Aux simples Prêtres elle a encore beau-
„ coup moins de circonférence; aux Diacres moins qu'aux Prêtres; & ainsi des Sou-
„ diacres & des Acolytes, par rapport aux Ordres supérieurs. Et de-là peut-être est
„ venue la différence des Couronnes, qui vont toujours, dit-on, en augmentant, sui-
„ vant les différens degrés des Ordres.

„ Du reste il est difficile de trouver aucune autorité, qui fasse remonter l'origine de
„ la *Couronne* au-delà du IV. siècle. Jusques là il n'avoit été question que de tondre,
„ & de couper simplement les Cheveux en rond par le bas, & de les porter courts. Un
„ Concile de *Carthage* tenu à la fin du IV. siècle défend seulement de les laisser croitre;
„ & nous voions dans S. *Jérôme* (a) que les Cheveux des Clercs de son tems n'étoient
„ ni rasés, ni même tondus de près, mais seulement coupés courts, & également de
„ tous côtés. A l'égard des Moines, ni S. *Benoît* ou S. *Aurelien*, ni même S.
„ *Isidore* qui composa sa Régle au VII. siècle, ne font aucune mention de la Couron-
„ ne. Elle n'a commencé proprement à se déclarer, que dans le IV. Concile de To-
„ lède assemblé vers le milieu du VII. siècle, où sans doute pour l'uniformité, il fut or-
„ donné à tous les Clercs de porter une Couronne, c'est-à-dire, (b) un cercle de Che-
„ veux autour de la tête tondue au-dessus.

„ Il en a été à-peu-près de l'Habit, comme de la Tonsure. Les Clercs qui dans les
„ prémiers siécles avoient tout l'extérieur des Romains, ainsi que le reste des Chrétiens,
„ gardérent soigneusement l'Habit de ces Peuples, qui (c) étoient vêtus de long; tan-
„ dis que les Laïques prirent communément dans la suite l'Habit court & serré de la Na-
„ tion dominante, c'est-à-dire, des Francs (d) & autres Barbares. Ce changement
„ établit une nouvelle distinction entre les uns & les autres; & cela vers le VI. siécle:
„ je dis vers ce tems-là, parce qu'il est clair par la Décretale (e) du Pape S. *Celestin* aux
„ Evêques de *Vienne* & de *Narbonne*, qu'encore au commencement du V. siécle, où
„ cette Lettre fut écrite, les Ecclésiastiques, & les Evêques mêmes n'avoient pas en-
„ core d'Habit particulier en Occident, du moins hors de l'Eglise; puisque ce saint Pa-
„ pe blame les Evêques d'avoir voulu se singularifer sur ce point, en portant un man-
„ teau de Philosophe, & une ceinture. *Il faut nous distinguer du Peuple*, dit ce Pape,
„ *non par l'habit, mais par la doctrine & par les mœurs.* Encore au XIV. siécle, en
„ France, en Italie & en Espagne, tout le monde, & sur-tout les honnêtes gens, étoient
„ presque vêtus de long, même les Rois & les grands Seigneurs. Enfin l'Habit long
„ étant devenu l'Habit Clérical, on crut devoir aussi le recevoir des mains de l'Evê-
„ que, avec des prieres & des Cérémonies Ecclésiastiques: non que depuis le change-
„ ment introduit à cet égard, plusieurs Laïques n'aient aussi conservé l'Habit long;
„ mais c'est que sur ce point, ainsi que sur la Tonsure, ils se sont toujours trouvés moins
„ gênés que les Clercs. Témoin les Gradués appelés *Gens de Robe*, ou de *Robe* lon-
„ gue, qui il n'y a pas encore un siécle, avoient le même extérieur que les Clercs,
„ Cheveux courts, petit Collet, Soutane ou Robe longue, & qui depuis ont pour la
„ plupart quitté l'Habit long dans l'usage civil & ordinaire".

II

(a) Dans son *Commentaire sur Ezechiel*, Ch. 44.

(b) *Omnes Clerici vel Lectores, sicut Levitæ & Sacerdotes, detonso superius toto capite, inferius solam circuli coronam retinquant.*

(c) *Quisquis dimissam ad talos togam in urbe habet*, portoit la Loi des Romains. V. le P. *Thomassin* en sa *Discipline de l'Eglise*, & M. *Fleury* dans son *Institution au Droit Ecclésiastique.*

(d) *Strictius affueta vestis procera coercent Membra virilia*, dit Sidonius Apollinaris, en parlant de l'habillement des Francs. Et dans la description qu'il fait de celui des Goths, il dit que leurs vestes étoient si serrées, qu'elles laissoient voir la forme de leur corps, & si courtes, qu'elles ne passoient pas le genou.

(e) *Ep. 2. Tom. 11. Concil.*

Il ne nous reste plus qu'à dire un mot du *Rabat*, ou *petit Collet* qui fait partie de l'Habit Ecclésiastique. Ce mot de *Rabat* vient de celui de *rabattre*, parce qu'en effet dans son origine ce n'étoit autre chose que le Collet de la Chemise rabattu de la largeur d'environ un doigt sur le collet de l'Habit, comme le portent encore aujourd'hui quelques Païsans, avec cette différence, que le collet de ces Païsans est beaucoup plus large. Le Rabat étoit donc dans son origine un ornement commun aux Clercs & aux Laïques, comme on peut le remarquer dans les anciens Tableaux. Mais il est bon d'observer, que cette invention même du Rabat étoit une innovation. Originairement le collet de la Chemise étoit caché & renfermé sous l'habit. De-là vient que les Jésuites, les Barnabites, & les Théatins, ne laissent point encore sortir hors du bord du collet de la Robe le collet de la Chemise, parce que dans le temps de l'institution de ces Congrégations, le Rabat étoit encore peu en usage, sur-tout dans les Païs où ces Communautés ont commencé à se former. Mais ces ornemens de toile ne tardèrent guere à s'introduire. Dès le milieu du XVI. siècle on vit insensiblement paroître le collet de la Robe garni du collet de la Chemise. On détacha ensuite ce collet; ou plutôt au-lieu de le rabattre sur le bord de la Robe, on lui substitua une pièce de toile très-fine, qu'on fit régner par ornement autour du collet de l'Habit. C'est à ce degré de changement, & à cette mode, que s'en tiennent encore aujourd'hui, avec quelques différences cependant pour la hauteur de la toile, les Peres de l'Oratoire, les Doctrinaires, les Religieux de S. Antoine, &c. & en général presque tous les Ecclésiastiques d'Italie, d'Espagne, d'Allemagne, de Pologne, & des Païs-Bas. Il n'y a guere qu'en France, où depuis environ cent ans les Ecclésiastiques ont élargi & allongé cette bande de toile, & donné enfin au Rabat la forme que nous lui voyons. Encore n'est-elle pas trop stable, puisqu'elle semble prendre tous les jours de nouvelles dimentions.

Observons avant que de finir, ce qui se remarque à ce sujet dans les portraits de quelques grands hommes des derniers tems, qu'on voit à Paris à la Bibliothèque du Roi. *Budée* y porte le collet comme les Jésuites: *Charles V. Muret*, & *Buchanan*, comme les PP. de la Doctrine Chrétienne: le premier Président de *Harlay* & *Ronsard* ont le collet de l'Oratoire: *Casaubon* & le Cardinal *du Perron* celui de la Million, ou de S. Lazare: *Heinsius*, *Rigaut*, Jaques & Pierre du *Puy* celui de MM. de S. Nicolas du Chardonnet. Le Président de *Thou* s'y trouve en petit collet fraisé, de la largeur d'un travers de doigt. N'oublions pas le portrait d'Etienne *Pasquier*, représenté à la tête de ses *Recherches de la France*, rasé comme un Moine, couvert d'un Bonnet quarré plus étroit par devant que par derrière, les cornes de ce Bonnet assez basses; & du reste en collet de l'Oratoire, & en Soutane, ou Robe longue.

DISSERTATION

concernant les Ordres Militaires.

IL y a une grande différence entre la Chevalerie Militaire, & les Ordres Militaires de Chevalerie. Les Chevaliers des Ordres Militaires font un Corps, ou une Société qui a un Chef, & qui se gouverne par des Statuts. On confère ces Ordres avec de grandes cérémonies, & en certains tems. Enfin les Chevaliers de tous ces Ordres ont une marque qui les distingue les uns des autres. Il n'en est pas de même de la Chevalerie Militaire. On la conféroit ordinairement avant ou après une bataille, pendant un siége, au passage d'un pont ou d'une rivière, quand on devoit entrer sur les terres des Ennemis, lorsqu'il falloit combattre sur une breche, &c. C'étoit une dignité qui s'accordoit, ou pour relever le courage, ou pour récompenser la valeur. Elle a précédé de long-tems les Ordres, ou Religions Militaires érigées par les Princes Chrétiens, qui quoiqu'elles soient aussi honoraires, ne doivent pas être confondues avec cette ancienne marque d'honneur.

On peut considérer deux espéces de vues différentes dans l'établissement des Ordres Militaires. Les Rois & les Princes n'étant pas toujours assez puissans pour récompenser les belles actions, sans épuiser leurs finances, inventèrent ces Ordres de Chevalerie, pour contenter ceux qui n'estiment rien tant que l'honneur. Tel est l'unique but qu'on s'est proposé dans l'institution de l'Ordre *du S. Esprit* en France, de ceux *de la Toison d'Or* en Bourgogne, *de la Jarretière* en Angleterre, &c. Quelquefois aussi les Instituteurs se sont proposé une fin plus noble, telle que le soutien de l'Eglise, la défense de la Religion, ou quelque exercice particulier de piété; & cette classe renferme tous

les

les Ordres établis pour le bien du prochain, pour la défense des Pélerins, pour le foulagement des Malades, & pour la fûreté des Etats Chrétiens contre les incursions des Infidéles & des Barbares.

A l'égard du tems, où ces Ordres ont commencé à s'établir, on doit remarquer qu'il leur est arrivé ce qu'on a reproché plus d'une fois à quelques Ordres Monastiques. Les uns & les autres se sont rendus ridicules par leur entêtement à vouloir faire remonter leur origine jusqu'à la prémiere antiquité. Les *Carmes* ont cru primer, en prenant leur origine du Prophète *Elie*: mais un Frere *Hospitalier* a humilié leur vanité, en faisant remonter son Ordre de neuf cens ans au-dessus de celui des Carmes, & choisissant pour ses Fondateurs *Abraham*, *Loth*, & *Laban*. La jalousie d'antiquité ne se rencontre pas moins dans les Ordres Militaires. Cependant il est presque démontré, que pour trouver leur véritable origine, il faut descendre au tems des Croisades, c'est-à-dire, au XII. siecle.

„ Jusques là, dit (a) M. *Fleury*, on s'étoit contenté de croire la profession des ar„ mes permise aux Chrétiens & compatible avec le salut: mais on ne s'étoit pas encore
„ avisé d'en faire un état de perfection, & d'y joindre les trois vœux essentiels à la vie
„ Religieuse. En effet l'observation de ces vœux demande de grandes précautions contre
„ les tentations ordinaires de la vie; la solitude, ou du moins la retraite, pour éloigner
„ les occasions de peché; le recueillement, la méditation des vérités éternelles, & la
„ priere fréquente, pour arriver à la tranquilité de l'ame & à la pureté de cœur. Or
„ il semble bien difficile d'allier ces pratiques avec la vie militaire toute d'action & de
„ mouvement, où l'on est continuellement exposé aux tentations les plus dangéreuses,
„ ou du moins aux passions les plus violentes.

„ C'est pour cela que les Guerriers auroient plus besoin que les autres Hommes de
„ cultiver leur esprit par la lecture, la conversation & les sages réflexions. Comme je
„ les suppose naturellement hardis & courageux, le bon usage de leur raison leur est
„ plus necessaire qu'aux autres, pour bien employer leur courage, & le contenir dans
„ de justes bornes. La valeur seule ne fait que des brutaux; la raison seule ne fait pas
„ des braves: elles ont besoin l'une de l'autre. Or nos anciens Chevaliers étoient sans
„ aucune étude, & ne savoient pas lire pour la plupart: d'où vient que la priere or„ dinaire des Templiers ne consistoit qu'à assister à l'Office chanté par leurs Clercs. Je
„ doute que d'ailleurs ils fussent assez en garde contre les tentations inseparables de
„ l'exercice des armes; & que dans les combats même ils conservassent assez de sang
„ froid, pour ne se laisser emporter à aucun mouvement de colére ou de haine, à au„ cun désir de vengeance, à aucun sentiment qui ne fût conforme à l'humanité & à la
„ justice.

„ Je veux croire que les Templiers, & les autres Chevaliers des Ordres Militaires
„ ont donné de grands exemples de vertu dans leur prémiere ferveur: mais il faut
„ convenir qu'elle se rallentit bientôt, & qu'on voit de grandes plaintes contre eux
„ dès le douzieme siecle, peu après leur institution. Ils abusoient de leurs priviléges,
„ les étendant à l'infini, méprisant les Evêques dont ils étoient exemts, & n'obéissant
„ au Pape même qu'autant qu'il leur plaisoit. Ils ne gardoient point les Traités avec
„ les Infidéles, & quelquefois ils s'entendoient avec eux pour trahir les Chrétiens. Plu„ sieurs menoient une vie corrompue & scandaleuse. Enfin les crimes des Templiers
„ vinrent à un tel excès, qu'on fut obligé de les abolir au Concile général de Vienne,
„ avant les deux cens ans accomplis depuis leur institution; & les faits dont ils furent
„ accusés sont si atroces, qu'on ne peut les lire sans horreur, & qu'on a peine à les
„ croire, quoique prouvés par des procédures autentiques.

„ Quant aux Ordres Militaires qui subsistent, je respecte l'autorité de l'Eglise qui
„ les a approuvés, & la vertu de plusieurs particuliers de chaque corps. Nous avons
„ vu de notre tems des Chevaliers de Malthe pratiquer une haute perfection. Mais je
„ laisse à la conscience de chacun à examiner s'il vit en vrai Religieux, & s'il observe
„ fidélement sa régle. Je prie sur-tout ceux qui embrassent ce genre de vie, & les
„ parens qui y engagent leurs enfans, de le faire avec grande connoissance de cause,
„ sans se laisser entraîner à l'exemple des autres. De considérer attentivement devant
„ Dieu quelles sont les obligations de cet Etat, suivant les intentions de l'Eglise, non
„ suivant le relâchement qu'elle tolére; & sur-tout quels sont les motifs de l'engage„ ment: si c'est d'assurer son salut éternel, & de tendre à la perfection Chrétienne,
„ ou de participer aux biens temporels de l'Ordre, & d'obtenir des Commanderies;

„ car

(a) *Sixiéme Discours sur l'Hist. Eccles.* Tom. XVIII.

„ car c'est un étrange renversement, de faire vœu de pauvreté comme un moien d'ac-
„ quérir un jour des richesses ".

Notre dessein n'est point d'entrer ici dans le détail des différens Ordres Militaires. On peut consulter sur cette matiere ce qu'en ont écrit l'Abbé *Giustiniani*, le P. *Bonanni*, le P. *Heliot*, le P. *Honoré de Sainte Marie*, &c. Nous ne parlerons donc point des Ordres apocryphes & supposés, tels que celui *de l'Ange d'Or* institué, dit-on, par le grand Constantin, ceux *de S. Remi*, ou *de la Sainte Ampoule* en France, *de la Table ronde* en Angleterre, *de S. Michel* à Naples, *de Sainte Brigitte* en Suede, *de S. Antoine* en Ethiopie, &c. Nous ne dirons rien de ceux qui ont été seulement pro-jettés, & non exécutés, ou qui aiant subsisté pendant quelque tems, se sont éteints, dans la suite, tels que l'Ordre du *Porc-epic* en France, ceux *du Bain* en Angleterre, *de l'Hermine* en Bretagne, *du Chêne* en Navarre, *de S. Sauveur* en Arragon, *de l'Aile de S. Michel* en Portugal, *de la Chausse*, ou *de la Calza* à Venise, *du Croissant* à Naples, *de l'Ours* en Suisse, *des Fous* au Duché de Cleves, *des Séraphins* en Suede, &c. Nous mettrons dans le même rang ceux qui ont été supprimés, ou réunis à quel-qu'autre Ordre, tels que celui des *Templiers* institué en 1119. & aboli en 1312. dans le Concile de *Vienne*; celui des Chevaliers de *Christ Porte-Glaives*, ou *des deux Epées*, établi en Livonie en 1197. & supprimé en 1550. sous le Roi Sigismond Auguste; celui *de l'Etoile* institué en France par le Roi Jean en 1351. & aboli par Charles VIII. celui *de S. Lazare* réuni par Henri IV. à celui de Notre-Dame du Mont-Carmel, &c. Enfin nous garderons même le silence sur plusieurs autres qui subsistent encore, mais qui nous engageroient dans un trop grand détail. Tels sont en France les Ordres *de S. Michel & de S. Louis*; en Espagne ceux *de S. Jaques*, *de Calatrava* & *d'Alcantara*; celui *d'Avis* en Portugal; ceux *de l'Annonciade* & *de S. Maurice* en Savoie; ceux *des Freres joieux* en Italie, *de l'Eperon d'or* à Rome, *de S. Etienne* en Toscane, *de S. Marc* & *de l'Etoile d'or* à Venise, *de S. Hubert* au Duché de Juliers, *de l'Aigle-blanche* en Pologne, &c. Nous ne traiterons donc ici que de quelques-uns des Ordres Militaires les plus célébres, & les plus connus. Ce que nous en dirons suffira pour donner une idée générale de tous les autres.

L'Ordre de Malthe est le plus ancien que l'on connoisse entre les Religions Militaires. La Croisade qui se fit sous Godefroi de Bouillon donna lieu à son institution. En 1099. la dévotion & la charité de quelques Marchands d'Amalfi les engagerent à bâtir une Eglise proche du Temple de Salomon, & à y joindre un Hôpital, qu'ils consacrerent à S. Jean l'Aumônier, afin de recevoir les Malades & les Pélerins, qui venoient en foule visiter le S. Sépulcre. (a) Comme c'étoient des Marchands Latins qui avoient fondé ce lieu, & qu'ils y conserverent leur Langue & leur Rit dans le Service, on l'appella le *Mona-stere de la Latine*. Le nombre de ces Hospitaliers s'étant accru insensiblement, & eux-mêmes s'étant divisés en Chevaliers Ecclésiastiques & Militaires, une partie s'emploia à exercer les œuvres de miséricorde, tandis que l'autre se consacra à la défense & à la sûreté des Pélerins, qui alloient visiter les SS. Lieux. Bientôt ces nouveaux Guerriers, qui avoient pris le nom de *Chevaliers de S. Jean de Jérusalem*, se distinguerent par des actions de valeur, qui en peu de tems leur attirerent une grande reputation. En 1118. l'Ordre fut confirmé par le Pape *Gélase* II. & Raimond du Puy en fut élu le premier Grand-Maitre.

On peut appliquer à ces premiers Chevaliers la description, que S. Bernard, Ecrivain comtemporain, nous a laissée (b) du genre de vie des Templiers, dans laquelle il nous a tracé une espéce de tableau vivant de la conduite des Religieux Militaires de ces tems-là. „ Ils vivent, dit ce saint Abbé dans une Société agréable, mais frugale; sans fem-
„ mes, sans enfans, & sans avoir rien en propre, pas même leur volonté: ils ne sont
„ jamais oisifs, ni répandus au dehors; & quand ils ne marchent point en Campagne,
„ & contre les Infideles, ou ils raccomodent leurs armes, & les harnois de leurs Che-
„ vaux, ou ils sont occupés dans de pieux exercices par les ordres de leur Chef. Une
„ parole insolente, un ris immoderé, le moindre murmure ne demeure point sans une
„ sévere correction. Ils détestent les jeux de hazard: ils ne se permettent ni la chasse,
„ ni les visites inutiles: ils rejettent avec horreur, les spectacles, les boufons, les dis-
„ cours ou les chansons trop libres: ils se baignent rarement; sont pour l'ordinaire
„ négligés, le visage brulé des ardeurs du Soleil, & le regard fier & sévere. A l'ap-
„ proche du combat, ils s'arment de foi au dedans, & de fer au dehors, sans orne-
„ mens

(a) *Guillaume de Tyr*, L. xviii. C. 5. & 6.
(b) S. Bern. *Exhortat. ad Milites Templi.*

„ mens ni sur leurs habits, ni sur les harnois de leurs Chevaux; leurs armes sont leur
„ unique parure: ils s'en servent avec courage dans les plus grands périls, sans craindre
„ ni le nombre, ni la force des Barbares. Toute leur confiance est dans le Dieu des
„ Armées, & en combattant pour sa cause ils cherchent une victoire certaine, ou
„ une mort sainte & honorable". Il seroit à souhaiter que leurs Successeurs eussent
„ tous les jours ce portrait devant les yeux.

Depuis ce tems-là les Chevaliers rendirent de si grands services aux Princes Chrétiens dans la Palestine, qu'en reconnoissance ceux-ci donnerent à l'Ordre plusieurs Villes, Païs & Forteresses; ce qui en peu de tems les rendit très-puissans. Cependant tous leurs efforts ne purent empêcher, que dans la suite les Infidèles ne regagnassent pied à pied ce que les Chrétiens leur avoient enlevé dans la Terre Sainte. Ceux-ci furent même pressés si vivement, qu'en peu de tems ils se virent réduits à la seule Ville de *Ptolémaïde*, autrement appellée la Ville d'*Acre*. C'est de-là que les Chevaliers qui s'y étoient retirés avec eux, prirent le nom de *Chevaliers de S. Jean d'Acre*. Cet azile leur fut même bientôt enlevé. Les Chrétiens furent chassés de toute la Palestine; & les Chevaliers obligés d'abandonner la Syrie étoient fort embarrassés du lieu qu'ils choisiroient pour leur retraite, lorsque l'Empereur des Grecs leur fit présent de l'Isle de *Rhodes*.

Ce fut vers l'an 1308. que les Chevaliers se mirent en possession de cette Isle, d'où ils furent appellés *Chevaliers de Rhodes*. Alors l'Ordre devint fort puissant, tant par l'union qui y fut faite d'une partie des biens que les Templiers avoient possédés, que par les prises fréquentes que les Chevaliers firent sur les Infidèles, & par diverses Places qu'ils leur enleverent. Ces progrès leur attirerent les armes des Turcs. L'Histoire parlera à jamais du fameux Siège qu'ils mirent devant Rhodes en 1480. & que le Grand Maître *Pierre d'Aubusson* soutint avec tant de prudence & de valeur, que les Infidèles furent obligés de se retirer, après avoir perdu la plus grande partie de leurs Troupes. Ce mauvais succés ne les découragea point. En 1523. l'Ordre aiant à sa tête *Philippe de Villiers l'Isle-Adam*, Soliman II. vint mettre de nouveau le Siège devant Rhodes, & s'en rendit maître. Après cette perte, l'Empereur Charles V. donna aux Chevaliers l'Isle de *Malthe*, dont ils portent aujourdhui le nom. Cette cession leur fut faite en 1523. Ils soutinrent encore en 1565. de la part des Turcs un Siège long & vigoureux, dans lequel le Grand Maître *Jean de la Valette* ne se distingua pas moins, que d'Aubusson l'avoit fait à Rhodes.

(*a*) L'Ordre de Malthe possède donc aujourdhui en Souveraineté l'Isle qui lui a donné le nom, & quelques autres petites aux environs. Les principales sont le *Goze* & *Comino*. Le Gouvernement en est Monarchique & Aristocratique. En effet le Grand Maître est Souverain sur le Peuple dans l'Isle de Malthe & ses dépendances. Tous les Chevaliers de l'Ordre, quelque autorité qu'ils aient, doivent lui obéir en tout ce qui n'est pas contraire à la Règle, & aux Statuts de la Religion. Mais d'ailleurs dans les affaires importantes l'autorité absolue se trouve partagée entre le Grand Maître & le Conseil, & le Grand-Maître n'y a que deux voix.

On distingue entre le Conseil *ordinaire*, & le Conseil *complet*. Au Conseil ordinaire assistent le Grand Maître, le Prieur de l'Eglise, les Baillifs Conventuels, les Grands-Prieurs, & les Baillifs Capitulaires. Le Conseil complet est composé outre cela des Grands-Croix, & des deux plus anciens Chevaliers de chaque Langue.

Les Langues sont les différentes Nations, dont l'Ordre est composé. On en comptoit huit, avant que l'Angleterre se séparat de l'Eglise Romaine. Aujourdhui il n'y en a que sept, qui sont les Langues de *Provence*, d'*Auvergne*, de *France*, d'*Italie*, d'*Arragon*, d'*Allemagne* & de *Castille*. Ces Langues ont leurs Chefs à Malthe, & on les nomme Pilliers & Baillifs Conventuels. Le Pillier de la Langue de Provence est *Grand Commandeur* de l'Ordre: celui d'Auvergne est *Grand Maréchal*: celui de France est *Grand Hospitalier*: celui d'Italie est *Grand Amiral*: celui d'Arragon est *Grand Conservateur*: celui d'Allemagne est *Grand Bailli*, & celui de Castille *Grand Chancelier*. Telles sont les premières Charges de l'Ordre. L'Hôtel de chaque Langue se nomme *Auberge*, parce que tous les Chevaliers qui dépendent de cette Langue peuvent y aller manger. Le Trésor de l'Ordre fournit à chaque Chef, ou Pillier, une somme, soit en argent, en grains, ou en huile, pour les alimens des Religieux de son Auberge: (*b*) mais avec tout cela les Religieux seroient souvent mauvaise chere, si le Pillier de l'Auberge ne suppléoit de ses propres fonds à ce qu'il tire du Trésor.

Dans

(*a*) Tiré de l'Hist. du P. *Heliot*.
(*b*) L'Abbé de *Vertot* dans son *Hist. de Malthe*, Tom. IV. *Dissert. sur le Gouvern.* p. 19.

Dans chaque Langue il y a plusieurs *Grands-Prieurés*, & *Baillages* Capitulaires. Chaque Grand Prieuré renferme aussi un certain nombre de *Commanderies*, appellées Magistrales, de Justice, ou de Grace. Les *Magistrales* sont annexées à la Dignité de Grand Maître, afin que celui qui en est revêtu puisse la soutenir avec plus d'éclat. Il y en a une de cette espéce dans chaque Grand-Prieuré. On nomme Commanderies de *Justice*, celles qu'on posséde par droit d'ancienneté, ou par améliorissement; & Commanderies de *Grace* celles que donnent les Grands-Prieurs par un droit qui appartient à leur Dignité.

L'Ordre de Malthe est partagé en trois Classes toutes différentes. La prémiere est composée des *Chevaliers de Justice*, qui font preuve de Noblesse, & qui seuls peuvent parvenir aux prémieres Charges de l'Ordre. ,, Le tems, dit M. de Vertot, souvent ,, l'auteur des abus & du relâchement, a introduit l'usage d'admettre dans le rang de ,, ces Chevaliers, des personnes qu'on appelle *Chevaliers de Grace:* ce sont ceux qui ,, étant issus de peres nobles par leur extraction, & de meres roturieres, ont tâché de ,, couvrir un défaut si remarquable par quelque dispense du Pape". Dans la seconde Classe sont les Religieux *Chapelains* attachés par leur état à l'Eglise Primatiale de S. Jean, où ils font le Service Divin. La troisieme comprend les *Freres servans d'armes*, qui sans être ni Prêtres, ni Chevaliers, ne laissent pas, soit à la Guerre, ou dans l'Infirmerie, de servir sous les ordres des Chevaliers, & font comme eux quatre Caravanes de six mois chacune. Ceux qui entrent dans ces deux dernieres Classes font seulement obligés de prouver, qu'ils sortent d'une famille honnête, & qu'ils sont nés d'un légitime mariage.

Les preuves des Chevaliers de Justice doivent être testimoniales, littérales, locales & secretes. La preuve *testimoniale* résulte du rapport de quatre Témoins nobles, & Gentilshommes de nom & d'armes. La preuve *littérale* se tire des titres, contrats, aveux, dénombremens que le Présenté produit. La preuve *locale* consiste dans les informations que les Commissaires députés doivent faire en personne sur le lieu de la naissance du Présenté. Enfin on appelle preuve *secrete*, l'enquête que les Commissaires font à l'insçu du Présenté. Quand par ces quatre sortes de preuves on démontre huit quartiers de Noblesse, les Commissaires en dressent un Proces verbal, qu'ils remettent au Chapitre du Prieuré. Dela il passe entre les mains de deux nouveaux Commissaires, qui, après s'être assûrés de son exactitude, l'envoient à Malthe avec ses preuves, & le blason figuré des huit quartiers: après quoi il vient un ordre de donner l'Habit de la Religion au Présenté.

Les Chevaliers font reçus à trois âges differens. On les reçoit de *Majorité* à seize ans, & ils paient pour le droit de passage environ 260. écus d'or, valant cent sous en espéce. On peut entrer *Page* du Grand Maître dès douze ans, en paiant à peu près le même droit. Enfin depuis environ un siecle on fait des Chevaliers de *Minorité*, & au berceau, moiennant une dispense du Pape. Ceux-ci paient pour le passage 338. pistoles & un tiers, au prix courant des pistoles d'Espagne. Le *droit de passage* tire son origine d'une somme d'argent, qu'un jeune Gentilhomme qui vouloit aller prendre l'Habit à Jérusalem, ou à Rhodes, paioit au Patron qui l'y conduisoit. C'est dans ce droit que consiste le revenu de l'Ordre, dans les prises qu'on fait sur les Infideles, dans les Responsions qu'on tire sur les Prieurés, les Baillages & Commanderies, dans le Mortuaire & le Vacant. On appelle *Mortuaire* les effets d'un Chevalier mort, & s'il est Commandeur, le revenu du reste de l'année depuis son decès jusqu'au premier jour de Mai suivant. Le *Vacant* s'ouvre au profit de l'Ordre, & dure encore une année.

Voici à-peu-près les cérémonies qui s'observent à la *Réception* & à la *Profession* des Chevaliers. Le Postulant aiant reçu du Grand Maître & du Conseil la permission de prendre l'Habit, & de faire Profession, & le jour aiant été choisi pour cette cérémonie, il se rend à l'Eglise, vêtu d'une Robe longue & du Manteau à bec. Là s'étant mis à genoux devant l'Autel, & tenant un cierge allumé à la main, il remet son épée nue au Prêtre, qui doit faire la cérémonie. Celui-ci la reçoit; & la tenant à la main, il dit au Postulant: *Recevez cette sainte épée au nom du Pere, & du Fils & du S. Esprit. Ainsi soit-il. Et servez-vous en pour votre défense, & de la sainte Eglise de Dieu, à la confusion des Ennemis de la Croix de J. C. & de la Religion Chrétienne*, &c. Le Prêtre remet ensuite l'épée au côté du Chevalier, en lui disant: *Mettez votre épée à votre côté, & soutenez-vous que ce n'est pas tant par les armes que les Saints ont acquis des Roiaumes, que par leur grande foi.* Il donne après cela quelques avis au nouveau Chevalier; après quoi on commence la Messe.

Avant l'Evangile, le Chevalier qui doit recevoir les vœux du Postulant, lui dit: *Que*

de-

demandez-vous? A quoi celui-ci aiant répondu, qu'il demande l'Ordre de Chevalier, le Chevalier lui en expose les obligations, qui consistent principalement à défendre l'Eglise, les pauvres Femmes veuves, & les Orphelins; & le Postulant aiant promis de les remplir, le Chevalier lui met à la main l'épée dans le fourreau, en lui disant: *A celle fin que maintenez tout ce qu'avez promis, prenez cette épée au nom du Pere*, &c. Ensuite il tire l'épée du fourreau, & la donnant au Postulant, il lui dit: *Prenez cette épée. Par son lustre elle est enflammée de la Foi; par la pointe d'Espérance, & par ses gardes de la Charité, de laquelle userez vertueusement pour la défense votre, & de la Foi Catholique*, &c. Il ceint après cela l'epée au Postulant: il lui fait une exhortation sur les Vertus Cardinales; & aiant tiré du fourreau l'épée du Postulant, il lui donne trois coups sur l'épaule, en lui disant: *Je vous fais Chevalier au nom de Dieu, de la Vierge Marie, de Monsieur S. Jean-Baptiste, & de Monsieur S. George.* Il lui donne ensuite un petit soufflet, & lui dit: *Reveillez-vous, & ne dormez aux affaires: mais veillez en la foi de J. C.* &c. Un autre Chevalier attache les éperons dorés au Postulant; & il retourne à sa place, où il continue d'entendre la Messe.

Après la Communion, le Postulant s'étant rapproché de l'Autel, le Chevalier qui reçoit ses vœux lui expose d'abord les obligations & les peines de l'etat qu'il embrasse: après quoi il s'informe de lui si aucun empêchement ne s'oppose à son entrée dans l'Ordre. Le Postulant aiant répondu pertinemment à tout, le Chevalier lui déclare qu'on le reçoit dans l'Ordre; *& ne vous promettons*, ajoute-t-il, *que pain & eau, simple vêtement, travail & peine.* Après cela il commande au Postulant d'aller prendre le Missel sur l'Autel, & lui aiant fait passer les mains sur le Canon de la Messe, le Postulant prononce ses vœux, par lesquels il promet *d'observer & garder vraie obédience à celui qui sera commandé par Dieu & par la Religion, de vivre sans propre, & de garder chasteté.* Alors le Chevalier lui dit: *Or à ce que commenciez par obeïssance, je vous commande de reporter ce Missel sur l'Autel.* Le nouveau Profès obéit; & à son retour le Chevalier lui dit; *Maintenant nous vous connoissons être un des Défenseurs de l'Eglise Catholique, & Serviteurs des Pauvres de J. C. de l'Hôpital de S. Jean de Jérusalem.* Il donne ensuite le Manteau à bec & la Croix au Profès, à qui il la fait baiser auparavant, accompagnant chaque action d'avis convenables; après quoi la Cérémonie finit.

Tout Chevalier, de quelque rang qu'il soit, est obligé après sa profession de porter sur le côté gauche du Manteau, ou de l'Habit, la Croix de toile blanche à huit pointes, qui est le véritable Habit de l'Ordre, la Croix d'or n'étant qu'un ornement extérieur. Lorsque les Chevaliers vont combattre contre les Infideles, ou qu'ils font leurs Caravanes, ils portent sur leur Habit une *Sopraveste*, ou Casaque rouge ornée pardevant & parderrière d'une grande Croix blanche pleine, qui est la Croix des Armes de la Religion. A l'égard du Manteau à bec dont nous avons parlé, & qui se donne à la Profession, il est noir, & s'attache au cou avec le cordon de l'Ordre, qui est de soie blanche & noire, & où sont figurés les Mystéres de la Passion du Sauveur entrelassés de paniers représentant la charité, que l'Ordre fait profession d'exercer envers les Pauvres. Il y a à ce Manteau deux manches longues d'environ une aune, larges par le haut de demi-pied ou environ, & se terminant en pointe. Autrefois elles se rejettoient sur les épaules, & se noüoient ensemble sur les reins.

Nous ne parlerons point ni des Habits que les Chevaliers Grands-Croix portent au Chœur ou au Conseil, ni de ceux du Grand Maître des Cérémonies de son Election, des Statuts de l'Ordre, &c. Ceux qui voudront s'instruire de tous ces détails, pourront consulter les Auteurs qui en ont traité particulierement.

L'ordre Chronologique, que nous avons résolu d'observer dans ce que nous dirons de quelques Ordres Militaires, nous conduit naturellement à parler ici de celui de CHRIST. Il fut établi l'an 1317. par *Denis* Roi de Portugal, qui l'enrichit des biens que les Templiers avoient possédés dans ce Roiaume. Dans leur origine les Chevaliers de cet Ordre faisoient les trois Vœux solemnels de la Régle de Cîteaux, & ne pouvoient rien posséder en propre: mais le Pape *Alexandre* VI. les dispensa de cette Régle. Il leur permit de se marier, & de disposer de leurs biens par testament, à condition qu'ils donneroient à l'Ordre le tiers de leurs revenus. Le Roi *Alphonse* V. l'enrichit encore, en lui donnant la jouissance de tous les biens Ecclésiastiques situés dans ses Terres d'Outremer; & le Roi *Emanuel* y ajouta encore plusieurs Commanderies en Orient & dans les Indes. Dans toutes les Terres appartenantes à l'Ordre le Grand-Prieur a droit de nommer aux Bénéfices, de fulminer des Censures, des Interdits & autres peines Ecclésiastiques, avec la même autorité, dont les Evêques jouissent dans leur Diocèse.

En

En 1550. le Pape *Jules* III. unit pour toujours la Grande Maîtrise de l'Ordre à la Couronne de Portugal. Il possede plus de 450. Commanderies, qui rapportent quinze cens mille livres de rente & davantage. Personne ne peut y être reçu qu'il n'ait combattu pendant trois ans contre les Infideles. L'Ordre est composé de Commandeurs, de Grands-Croix, de simples Chevaliers, & de Prêtres qui résident dans la maison de *Thomar* Chef-lieu de l'Ordre proche de *Santaren*. L'Habit de cérémonie de ces Chevaliers consiste en une grande robe de laine blanche, qui s'attache au cou avec deux cordons blancs pendans jusqu'à terre. Ils portent sur le côté gauche de leur habit la Croix de l'Ordre, qui est pattée de gueules, au milieu de laquelle il y en a une autre d'argent.

L'Ordre de la Jarretière. Cet Ordre fut institué en 1350. par *Edouard* III. Roi d'Angleterre. Mais les Ecrivains ne s'accordent point sur le sujet de son institution. Les uns disent, que dans un Bal que le Roi donnoit à toute sa Cour, la Jarretière de la Comtesse Jeanne de Salisbury étant tombée, tandis qu'elle dansoit, Edouard qui aimoit cette Dame, la releva; & que toute la Cour aiant paru surprise de cette action, le Prince qui comprit ce qu'on en jugeoit, s'écria, *Honni soit qui mal y pense*, jurant en même tems, que tel qui s'étoit moqué de cette Jarretière, s'estimeroit bientôt fort heureux d'en porter une semblable. D'autres pretendent que c'étoit la Reine même qui avoit perdu sa Jarretière, & que le Roi la raillant à ce sujet, elle lui répondit, *Honni soit*, &c. sur quoi ce Prince résolut d'instituer un Ordre à ce sujet, & de faire mettre ces paroles autour d'une Jarretière, pour perpetuer la mémoire de cette avanture. D'un autre côté *Elie Ashmole* Hérault de Windsor dans la description de cet Ordre, dit avoir trouvé dans les Lettres Patentes de l'institution, que dans les jours de magnificence Edouard & le Prince de Galles son fils se paroient volontiers de cette Jarretière; que dans une course de bagues qui se fit à la Cour d'Angleterre, & où se trouverent les plus grands personnages de l'Europe, le Roi eut dessein de renouveller l'Ordre de la Table Ronde: mais que les grands frais qu'il eût fallu faire pour cela le déterminarent à fonder celui-ci. Enfin Gregorio Leti dans son Théatre Britannique prétend, qu'Edouard aiant pris *Calais*, & gagné la fameuse bataille de *Crecy* par l'invocation de S. George, à son retour il fit bâtir une magnifique Eglise en l'honneur de ce Saint dans le Château de Windsor, où il avoit pris naissance; & que ce fut là qu'il institua aussi l'Ordre de la Jarretière, à cause que le mot de la bataille de Crecy avoit été *Garter*, qui en Anglois signifie *Jarretière*, prétendant honorer par cette marque ceux de ses Guerriers, qui s'étoient distingués à cette journée. Sur quoi, s'il nous est permis de dire notre sentiment, nous ferons observer, que de ces quatre opinions les deux dernieres paroissent avoir d'autant moins de fondement, qu'elles n'expliquent point le dicton de cet Ordre, *Honni soit*, &c. d'où il semble qu'on pourroit conclure, qu'il faut donc en revenir aux deux premieres, & attribuer l'institution de l'Ordre dont nous parlons, à la Jarretiere perdüe, ou tombée.

Quoiqu'il en soit, Edouard aiant fait bâtir à Windsor une magnifique Eglise, & une Maison de Communauté pour les Chevaliers, sous l'invocation de S. George Patron de l'Angleterre, y créa vingt-cinq Chevaliers, dont se il déclara le Chef & le Grand Maître. Il établit en même tems cinq Officiers de l'Ordre: le *Prélat*, ou Grand Aumônier, le *Chancelier*, le *Garde des Regîtres*, ou *Greffier*, le *Roi d'Armes*, ou hérault, & le *Porte-Verge*, ou Huissier de l'Ordre. Il y joignit quatorze Chanoines pour servir l'Eglise, treize Vicaires, treize Ecclésiastiques, & quatorze Chantres, & leur donna des revenus si considérables, qu'ils en pouvoient encore entretenir douze Chevaliers de noble extraction, dont le nombre s'est accru jusqu'à vingt-six. En même tems par ses Lettres Patentes il avoit distrait de la Justice séculiere les Chevaliers Chanoines & autres Suppôts de l'Ordre. Le Pape *Clément* VI. voulut même qu'ils fussent exemts de toute Juridiction Ecclésiastique, & leur accorda de relever immédiatement du S. Siege.

Pour être admis dans cet Ordre, il faut faire preuve de Noblesse de trois races, & rapporter des Certificats de vie & mœurs. Le nombre des Chevaliers est fixé à vingt-six, y compris le souverain Chef de l'Ordre, & n'a point encore été augmenté. Selon les Statuts, la veille de S. George ces Chevaliers sont obligés de se trouver en Habits de cérémonie dans la Chapelle de ce Saint, & d'y demeurer jusqu'au lendemain. Chacun est aussi tenu, s'il est hors de la Maison de Communauté, d'y faire porter un fauteuil de Prince, avec les Armes de S. George, & une autre chaise avec ses propres Armes. Les Chevaliers devoient encore assister à la célébration des Messes, qui se disoient pour les Chevaliers morts, s'ils n'en étoient empêchés par des raisons légitimes. Si le Roi avoit dessein de conférer l'Ordre à quelque Prince, ou Seigneur étranger, il

*Tome VII. Part. II.*Hlui

lui en donnoit avis par une Lettre. Si l'Etranger l'acceptoit dans le terme de quatre mois, le Roi lui envoioit les Habits, la Jarretiére, & le Collier de l'Ordre, & dans les six mois suivans l'Etranger devoit faire savoir qu'il les avoit reçus. Il nommoit pour cela un Procureur, qui étoit tenu d'apporter en même tems le Manteau de velours bleu, la Banniére, l'Epée, le Casque, & l'Ecu du Chevalier étranger, pour le représenter, & tenir sa place.

A l'égard de l'Habit de l'Ordre, il consiste dans un Justaucorps de soie blanche, avec les bas de même couleur, montant à la moitié des cuisses. Par-dessus le Justaucorps les Chevaliers portent un Surtout cramoisi doublé d'une etoffe de soie blanche, avec un Manteau grand & ample de velours bleu, attaché au cou avec deux grands cordons de soie bleue, ouvrages d'or, qui pendent jusqu'à terre. Autrefois chacun doubloit ce Manteau de fourures à sa fantaisie, & suivant sa qualité. Le Roi se servoit d'hermine, & les autres des peaux qui leur convenoient le plus: mais la Reine *Elizabeth* ordonna que toutes les doublures seroient de damas blanc. Le derriére du Manteau étoit aussi garni originairement d'un long capuchon cramoisi, qui pendoit sur le dos. Aujourdhui dans les Cérémonies les Chevaliers portent sur l'epaule droite un Chaperon d'écarlate, comme les Présidens & les Conseillers des Parlemens de France. La Jarretiére s'attache sous le genou gauche. Elle est d'un bleu céleste, bordée d'or, & brodée de perles & de pierreries. On lit dessus ces paroles en broderie, *Honni soit qui mal y pense.* Les Jarretiéres que *Charles* II. distribua, etoient ornées de son portrait avec l'image de S. George. Enfin les Chevaliers portent un bonnet de velours noir, autour duquel il y a un cercle d'or garni de pierreries. Il est aussi orné de deux plumes, l'une blanche & l'autre noire. Pour ce qui est du Collier de l'Ordre, il est d'or, & doit peser trente onces. Il est fait en forme de plusieurs Jarretiéres entrelassées, & parsemées de roses blanches & rouges, les blanches aiant des feuilles rouges, & les rouges des feuilles blanches. Ces roses sont liées ensemble par des nœuds d'or; & au bout du Collier pend l'image de S. George monté sur un Cheval blanc, & terrassant le Dragon. Outre cela les Chevaliers portent sur le côté gauche de leur Habit, ou de leur Manteau une Croix rouge au milieu d'une Jarretiére entourée de raions. La marque distinctive de l'Ordre est un Cordon bleu en forme d'echarpe, qui descend de l'epaule gauche jusqu'à la hanche droite. Au bout pend une Médaille d'or, sur laquelle est représentée d'un côté l'image de S. George dans un cercle d'or garni de diamans. On fait mettre de l'autre côté quelques ornemens à sa volonté. C'est ce qu'on appelle le *George;* sur quoi il est bon d'observer que cette Médaille est creuse, & que quelques Chevaliers y conservent le portrait de leur Maitresse.

On compte au nombre de ceux qui ont reçu l'Ordre de la Jarretiére cinq Empereurs, cinq Rois de France, savoir, *François* I. *Henri* II. *Charles* IX. *Henri* III. & *Henri* IV. plusieurs Rois d'Espagne, de Portugal, de Pologne, de Naples, de Dannemarck, & de Suede, des Ducs de Bourgogne, de Savoie, de Milan, de Ferrare, d'Urbin, & plusieurs Princes Souverains d'Allemagne. Au reste, comme en Angleterre les Femmes succédent à la Couronne, elles sont aussi Chefs de cet Ordre, & en donnent l'Habit. La Reine *Elizabeth* fit sous son Régne vingt-trois Chevaliers, du nombre desquels furent trois Rois de France, deux Empereurs, & un Roi de Dannemarck. On a fait graver l'ordre de la marche d'une Procession de ces Chevaliers qui se fit sous le Régne de cette Princesse, & au commencement du dernier siécle, le jour de la Fête de S. George. La Reine y est représentée avec l'Habit & le grand Collier de l'Ordre.

L'*Ordre* de la *Toison d'or.* Philippe le *Bon* Duc de Bourgogne, & Comte de Flandres, institua cet Ordre à Bruges, le jour même qu'il épousa Elizabeth fille de Jean I. Roi de Portugal, & s'en déclara le Chef & le Grand Maitre. Il n'est pas aussi aisé de savoir la vraie raison de cette Institution. Quelques-uns ont cru, qu'en instituant l'Ordre de la Toison d'or, Philippe avoit fait allusion à la Toison de *Gédéon,* dont l'histoire est représentée dans les anciennes tapisseries de ce Prince, qu'on expose encore tous les ans à Bruxelles dans l'Eglise de S. Gudule. D'autres prétendent qu'il eut en vue l'histoire de *Jason,* parce que la Toison d'or a plus de rapport à celle-ci, qu'à celle de Gédéon, & qu'elle représente fort bien la fertilité du Païs, que Philippe possédoit. Il y en a qui soutiennent que le Duc institua cet Ordre dans la vue d'aller faire la guerre au Turc en Syrie. Il témoignoit, disent-ils, beaucoup d'ardeur pour ce Voiage, comme on le remarque par un Vœu qu'il fit à Lille le jour d'une grande Fête. Peut-être sera-t-on bien aise de savoir dans quels termes ce Vœu étoit conçu. Les voici.

» Je voue prémierement à Dieu mon Créateur, & à la glorieuse Vierge Marie sa
mere

„ mère, & après aux Dames & aux Paſſans, que ſi le deſſein du très-Chrétien & très-
„ victorieux Prince, Monſeigneur le Roi, eſt de prendre Croiſée, & expoſer ſon corps
„ pour la défenſe de la Foi Chrétienne, & reſiſter à la damnable entrepriſe du Grand-
„ Turc & des Infidéles, ainſi lors je voue loiale enſeigne de mon corps; je la ſervirai
„ de ma perſonne & de ma puiſſance audit ſaint Voiage le mieux que Dieu m'en don-
„ nera la grace. Et ſi les affaires de mondit Seigneur le Roi étoient telles, qu'il n'y pût
„ aller en ſa perſonne, & ſon plaiſir eſt d'y commettre aucun Prince de ſon Sang, ou
„ autre Seigneur Chef de ſon Armée, je à ſondit Commis obéirai, & ſervirai audit ſaint
„ Voiage le mieux que je pourrai, & ainſi que ſi lui-même en étoit en perſonne. Et ſi
„ pour de grandes affaires il n'étoit diſpoſé d'y aller, ne d'y envoier, & qu'autres Prin-
„ ces Chrétiens à puiſſance convenable emprennent le ſaint Voiage, je les y accom-
„ pagnerai, & m'emploierai avec eux à la défenſe de la Foi Chrétienne le pius avant
„ que je pourrai, pourvu que ce ſoit du bon plaiſir & congé de Monſeigneur le Roi, &
„ que les Païs que Dieu m'a commis en Gouverneur, ſoient en paix & en ſûreté. A quoi
„ je travaillerai, & me mettrai en tel devoir de ma part, que Dieu & le monde connoî-
„ tront, qu'à moi n'aura tenu, ne tiendra. Et ſi durant le ſaint Voiage je puis par quel-
„ que voie, ou manière que ce ſoit, ſavoir ou connoître, que ledit Grand-Turc ait
„ volonté d'avoir affaire à moi corps à corps, je pour ladite Foi Chrétienne le combat-
„ trai, à l'aide de Dieu tout-puiſſant, & de ſa très-douce Vierge mère; leſquels j'ap-
„ pelle toujours en mon aide. Fait à Liſle le 17. jour de Février, & de l'Incarnation de
„ Notre Seigneur mil quatre-cens cinquante-trois. Seigné de ma main. Et étoit
„ ſigné: PHILIPPE. ”

Mais ſi quelques Auteurs ont prétendu, qu'en inſtituant l'Ordre de la Toiſon d'or,
le Duc de Bourgogne eut pour motif la propagation de la Foi, pluſieurs autres n'en
ont pas penſé auſſi favorablement. Ils ont ſoutenu au contraire, que Philippe imagina
cet Ordre à l'imitation de celui de la Jarretière, en conſidération d'une Dame qu'il aimoit paſſionnément, & ils lui donnent en effet une origine pour le moins auſſi peu dévote. Ils confirment même leur ſentiment par ce mot, qui ſelon eux, eſt la deviſe de
cet Ordre: *Autre n'aurai*.

Quoiqu'il en ſoit, le Duc de Bourgogne aiant inſtitué cet Ordre au mois de Janvier
1429. il tint le prémier Chapitre l'année ſuivante à Liſle, où furent créés vingt-quatre
Chevaliers. Dans la ſuite le nombre en fut fixé à cinquante & un par l'Empereur *Charle* V. & depuis *Philippe* II. il a été permis au ſouverain Chef de l'Ordre de l'augmenter
autant qu'il lui plairoit. Les Statuts que ces Chevaliers doivent obſerver, contiennent
ſoixante & ſix Articles, auxquels on a auſſi fait dans la ſuite pluſieurs changemens.
L'Habit de l'Ordre eſt un Chaperon, & un Manteau de velours cramoiſi, doublé de ſatin blanc, & bordé d'une broderie d'or, repréſentant des fuſils & des pierres à fuſil,
d'où ſortent des étincelles. A l'égard du Collier, il conſiſte dans une chaîne d'or, compoſée de même de fuſils & de pierres à fuſil, d'où partent des étincelles de feu, avec la
Toiſon d'or au bout. Autrefois les Chevaliers étoient obligés de le porter tous les jours
en public, excepté lorſqu'ils aloient en campagne. Aujourdhui hors des Cérémonies
de l'Ordre, ils portent ſeulement la Toiſon d'or attachée à un ruban.

Cet Ordre a obtenu pluſieurs grands Priviléges des Papes & des Rois d'Eſpagne. *Leon*
X. accorda au Chancelier le pouvoir d'abſoudre les Chevaliers & les Officiers de l'Ordre, & de les diſpenſer de leurs Vœux. Il leur permit auſſi de manger des œufs & du
lait en Carême; de faire dire la Meſſe dans leurs Chapelles particulières, & il donna à
leurs femmes & enfans le droit d'entrer dans toutes ſortes de Couvens. Charles *le Hardi*, *Maximilien* I. & *Philippe* II. leur accorderent le pas devant toutes ſortes de perſonnes, excepté les Princes du Sang des Têtes couronnées. *Philippe* IV. leur permit auſſi
de ſe couvrir en préſence du Roi, de même que les *Grands d'Eſpagne*, & leur donna
toutes leurs entrées.

Charles dernier Duc de Bourgogne, & fils du Fondateur de cet Ordre, ne laiſſa à ſa
mort qu'une fille unique, nommée Marie, qui hérita de ſes Etats. Elle avoit épouſé *Maximilien* Archiduc d'Autriche, & de ce mariage ſortit *Philippe* d'Autriche, qui aiant é-
pouſé *Jeanne* fille des Rois Catholiques *Ferdinand* & *Iſabelle*, unit par ce moien les
Etats du Duc de Bourgogne à la Monarchie d'Eſpagne. Depuis ce tems-là les Rois
d'Eſpagne ont toujours conféré l'Ordre de la Toiſon d'or, dont ils ont envoié le
Collier à un grand nombre de Souverains. Car ſans parler des Empereurs qui ont
ſuccédé à *Charles* V. *François* II. & *Charles* IX. Rois de France, *Edouard* IV. *Henri* VII. & *Henri* VIII. Rois d'Angleterre, des Rois de Bohême, de Hongrie, de
Naples, de Sicile, de Portugal, de Pologne, de Dannemarck & d'Ecoſſe, & plu-

fieurs Princes Souverains d'Allemagne & d'Italie fe font fait un honneur d'être de cet Ordre.

L'*Ordre* de l'*Eléphant* en *Dannemarck* eft du nombre de ceux, dont on ne connoît point l'origine. Les uns la font remonter jufqu'au tems de *Chriftierne* I. D'autres prétendent qu'on ne doit la placer que fous le Régne de *Chriftierne* IV. D'autres enfin la fixent fous celui de *Frideric* II. Mais l'opinion la plus commune eft que *Chriftierne* I. a été l'inftituteur de cet Ordre l'an 1478. felon quelques-uns, ou 1474. felon d'autres. *Elie Ashmole* que nous avons déja cité, dit avoir vu une Lettre écrite l'an 1537. par le Chancelier de *Jean* Roi de Dannemarck, dans laquelle ce Miniftre marque, que Chriftierne I. étant à Rome, demanda au Pape *Sixte* IV. la permiffion d'inftituer cet Ordre en l'honneur de la Paffion de Notre Seigneur Jéfus-Chrift, & que les Rois de Dannemarck en fuffent toujours les Chefs. Il ajoute, que ce Prince fonda une Chapelle magnifique dans la grande Eglife de Rofchild, lieu de la fépulture des Rois de Dannemarck, éloigné de quatre lieues de Coppenhague, où tous les Chevaliers doivent s'affembler.

Le même Auteur décrivant le Collier de cet Ordre dit, que ce n'étoit d'abord qu'une Chaîne d'or, au bas de laquelle pendoit un Eléphant, qui fur le côté portoit la figure d'une Couronne d'épines, & de trois Clouds enfanglantés, en mémoire de la Paffion du Sauveur: que dans la fuite ce Collier fut compofé de Croix entrelaffées d'Eléphans, & qu'au bas pendoit encore un Eléphant tenant fous fes pieds une image de la Vierge, en l'honneur de qui, felon quelques-uns, cet Ordre avoit auffi été inftitué. D'autres décrivent ce Collier différemment; & il eft certain qu'il a fouffert divers changemens, fur-tout depuis que le Dannemarck s'eft fouftrait à l'obéiffance de l'Eglife Romaine. Celui que les Chevaliers portent préfentement, eft compofé de plufieurs Eléphans entrelacés de tours, chaque Eléphant aiant fur le dos une houffe bleue; & au bas du Collier pend un Eléphant d'or chargé de cinq gros diamans, en mémoire des cinq plaies de Notre Seigneur. Il eft émaillé de blanc, & porte un petit Maure fur fon dos.

Quant à l'Habillement, dans les jours de Cérémonie les Chevaliers portent un grand Manteau de velours cramoifi doublé de fatin blanc, dont la queue traîne de deux aunes, avec un Chaperon par derriere attaché au Manteau. Les cordons qui attachent le Manteau font d'argent & de foie rouge; le haut-de-chauffes & le pourpoint de fatin blanc, & les bas de couleur de perle. Le côté gauche du Manteau eft chargé d'une Croix en broderie entourée de raions. Leur Chapeau eft de velours noir, avec un bouquet de plumes rouges & blanches. L'Habillement du Roi n'eft diftingué, qu'en ce que les plumes de fon Chapeau font blanches, avec une aigrette noire, & que fon Manteau eft doublé d'hermine. Quelques Auteurs, tels que Favin & autres, fe font trompés, lorfqu'ils ont affuré que les Rois de Dannemarck ne conférent cet Ordre que le jour de leur Couronnement.

L'*Ordre du Saint Efprit.* Le *Laboureur* dans fes *Additions aux Mémoires de Caftelnau* dit, que *Henri* III. Roi de France & de Pologne paffant par Venife à fon retour de Pologne, pour venir prendre poffeffion de la Couronne de France, & aiant reçu en préfent de la République l'Original des Statuts de l'Ordre du *Saint Efprit au droit defir*, inftitué par Louis de Tarente, Roi de Jérufalem & de Sicile, réfolut de s'approprier cet Ordre, comme s'il eût été de fon invention; & qu'après en avoir copié & commenté les Statuts, il donna ordre au Chancelier *de Chiverni* de les brûler; mais que ce Miniftre, quoique très-fidéle à fon Maître, ne fe crut pas obligé d'exécuter ce commandement, & conferva le Manufcrit, qui, outre fon antiquité, étoit encore fort eftimable pour les belles mignatures en vélin, où l'on a repréfenté ce qui eft contenu en chaque Chapitre des Statuts: que ce Livre échut enfuite en partage à *Philippe Hurault* Evêque de Chartres, fils de Mr. de Chiverni, & qu'il tomba enfin entre les mains de Mr. le Préfident *de Maifons.* Quelques Auteurs, comme le P. *Heliot*, fe font élevés contre ce fentiment, & ont prétendu qu'il n'avoit aucune vraifemblance. Le P. *Daniel* Jéfuite, dans fon *Hiftoire de France*, a au contraire tranché le mot, & a dit, que cette Chevalerie n'étoit pas de l'invention du Roi Henri III. mais qu'il en avoit pris l'idée dans le plan de Louis d'Anjou, dit de Tarente.

Quoiqu'il en foit, ce ne fut que plus de quatre ans après le retour de ce Prince en France, & fur la fin de 1578. qu'il inftitua l'Ordre Militaire, dont nous parlons. Voici ce qu'en dit M. de *Thou* au Livre LXVIII. de fon excellente Hiftoire.

,, Tandis que la Guerre faifoit de l'Orient le théâtre de fes ravages, Henri s'occu-
,, poit en France de projets tout différens. L'Ordre des Chevaliers de S. Michel
,, établi

LA CÉRÉMONIE DES CHEVALIERS DU St ESPRIT.

„ établi par ſes Prédéceſſeurs, commençoit à être fort avili. L'honneur d'y être ad-
„ mis, qui ſembloit devoir être réſervé pour la Nobleſſe, & les Officiers qui ſe ſeroient
„ diſtingués au Service, avoit été proſtitué à toutes ſortes de gens ſans mérite & ſans
„ nom. Dans ces circonſtances ce Prince naturellement ennemi des coutumes ancien-
„ nes, & qui ne trouvoit de l'attrait que dans ce qui avoit quelque air de nouveau-
„ té, ſongea à fonder un autre Ordre Militaire ſous le nom du S. Eſprit; & il fit la
„ première Cérémonie de ce nouvel Etabliſſement le dernier jour de Décembre.
„ Il étoit compoſé de cent Chevaliers, y compris le Roi Grand Maître de l'Ordre,
„ quatre Cardinaux, quatre Prélats, le Grand Aumônier de France, le Chancelier, le
„ Prévôt ou Maître des Cérémonies, le Grand Tréſorier, le Greffier, le Hérault, &
„ l'Huiſſier de l'Ordre. Les Chevaliers furent appellés Commandeurs, parce que le
„ deſſein de Sa Majeſté avoit été d'abord de dépouiller les plus riches Abbaïes de ces
„ grands revenus qu'elles poſſedent, pour les mettre en Commande, ainſi qu'il ſe pra-
„ tique en Eſpagne. C'étoit le fruit des conſeils du Cardinal de Lorraine. Ce Prélat
„ qui tenoit de la libéralité de nos Rois les plus beaux Bénéfices de France, avoit inſpi-
„ ré ce projet à Henri, quatre ans auparavant, à ſon avénement à la Couronne, dans
„ l'eſpérance, dit-on, de perpétuer par-là dans ſa famille ces gros revenus Eccléſiaſti-
„ ques, ſous le titre de Commanderies. Cela lui fut reproché par le Clergé quelque
„ tems avant qu'il mourût; ſes amis mêmes le lui écrivirent alors. Après la mort du
„ Cardinal, le Roi fit agir ſes Ambaſſadeurs à la Cour de Rome, pour engager le Pa-
„ pe à accorder la permiſſion de faire cette réunion. On lui repréſenta que cet Ordre
„ étoit ſur-tout inſtitué pour la propagation de la Religion Catholique, Apoſtolique
„ & Romaine, & l'extirpation de l'héréſie, & que c'étoit un des principaux Articles
„ contenus au ferment, que prêtoient les Chevaliers le jour de leur Réception. Mais
„ le Clergé s'oppoſa aux prétentions de la Cour, & on ne put rien obtenir de Sa Sain-
„ teté. Cependant le nom en demeura à ceux qui furent revêtus de ce nouveau titre
„ de diſtinction; & dans les Statuts de l'Ordre, qui furent publiés au mois de Décem-
„ bre ſuivant, ils prirent le nom de Chevaliers Commandeurs de l'Ordre du S.
„ Eſprit. ”

De ce récit nous apprenons 1. ce qui engagea Henri III. à faire ce nouvel Etabliſſement. 2. De quel nombre de Chevaliers & d'Officiers il eſt compoſé. 3. En quoi
conſiſtent ſes revenus. 4. Quand ſe tint la première Aſſemblée de l'Ordre.

La principale raiſon qui porta Henri à inſtituer l'Ordre du Saint Eſprit, fut, ſelon M.
de Thou, que l'Ordre *de Saint Michel* ſe trouvoit extrêmement avili par le grand nombre de ceux à qui on l'avoit donné, ſans égard ni au rang, ni aux ſervices, ni à la
naiſſance, juſques-là que par une eſpèce de Proverbe, on appelloit le Collier de cet
Ordre, le *Collier à toutes bêtes.* Mais, ſi nous en croions le P. Daniel, le Roi ſe pro-
poſa encore une autre fin dans l'Etabliſſement de ſon nouvel Ordre. Ce fut de retirer
du Parti Calviniſte par l'eſpérance de cet honneur, les Seigneurs qui y étoient engagés; parce qu'un des Statuts de cet Ordre porte, que perſonne n'en ſeroit honoré,
qu'il ne fît profeſſion de la Religion Catholique, Apoſtolique & Romaine. Le même
Auteur ajoute, comme une choſe qui lui paroit fort vraiſemblable, que ce Prince avoit
pareillement en vue dans cette Inſtitution, de donner atteinte à la Ligue, d'autant
que par un autre Statut le Chevalier doit faire vœu & ſerment *de ne prendre gages,*
penſions, ni état d'autre Prince quelconque, ni de s'obliger à autre perſonne du monde
que ce ſoit, ſans l'expreſſe permiſſion du Roi. Au reſte on voit par ce que nous venons
de dire, qu'il n'eſt pas vrai, comme quelques Ecrivains l'ont avancé témérairement,
que par ſon nouvel Ordre Henri III. eût deſſein d'abolir tacitement celui de S. Michel.
Au contraire par les Lettres Patentes qu'il donna pour l'Inſtitution de l'Ordre du S.
Eſprit, il déclare qu'il veut & entend, que celui de S. Michel demeure en ſa force &
vigueur, & ſoit obſervé de la même manière, qu'il l'a été depuis ſon Inſtitution. Auſſi
aucun Chevalier Commandeur n'eſt admis à l'Ordre du S. Eſprit, qu'il ne ſoit auſſi
Chevalier de celui de S. Michel. C'eſt pourquoi la veille du jour qu'il doit recevoir
l'Habit & le Collier du S. Eſprit, il eſt fait Chevalier de l'Ordre de S. Michel. Il ſe met
à genoux devant le Roi, qui le frappe légèrement ſur les épaules avec une épée nue,
en lui diſant: *De par S. George & de par S. Michel, je vous fais Chevalier.*

L'Ordre fut compoſé, comme nous l'avons vu, de cent Chevaliers, y compris le
Roi, qui s'en déclara Chef & Souverain, uniſſant la Grande Maitriſe à ſa Couronne.
Nul ne peut être admis dans l'Ordre, s'il ne fait profeſſion de la Religion Catholique,
Apoſtolique & Romaine, & s'il n'a, pour les Princes vingt-cinq ans accomplis, &
trente-cinq pour les autres. D'abord il ſuffiſoit que tous les Chevaliers euſſent vingt

ans accomplis; & c'est un des changemens qui ont été faits aux Statuts. On a de même innové pour les Fils de France, à qui on donne le Collier dès le berceau. Au reste tous les Chevaliers Commandeurs doivent être Gentilshommes de nom & d'armes de trois races paternelles pour le moins. Il n'y a que le Grand Aumônier, qui est Commandeur né de l'Ordre, sans être obligé de faire preuve de Noblesse, comme les autres. Le Chancelier, le Prevôt, le Grand Trésorier, & le Greffier, font Chevaliers Commandeurs: mais il n'en est pas de même du Hérault & de l'Huissier, non plus que du Généalogiste de l'Ordre, dont l'Office fut créé en 1595.

A l'égard des revenus de l'Ordre, nous avons vu que l'intention d'Henri III. étoit de lui attribuer des Commanderies sur les Bénéfices du Roiaume; mais le Clergé s'y étant opposé, ce Prince, pour entretenir l'Ordre, & donner moien aux Chevaliers & Prélats Commandeurs de se maintenir honorablement selon leur état, voulut qu'il y eût un fond de six-vingt mille écus, qui devoient être partagés & paiés tous les ans en plein Chapitre. Pour remplir en partie cette somme, il accorda à l'Ordre par une Déclaration du 7. Décembre 1581. le cinquième des dons & aubaines, confiscations, amendes, lods & ventes, rachats & autres droits Seigneuriaux; & par une autre Déclaration de l'année suivante, il ordonna encore, que les deniers qui proviendroient du droit du Marc d'or (espéce d'hommage & de reconnoissance, que les Officiers du Roiaume rendent au Roi, lorsqu'ils sont pourvus de leurs Offices) seroient affectés & hipotéqués au paiement des frais de l'Ordre. En 1628. *Louis* XIII. en faveur de l'Ordre augmenta le droit du Marc d'or; & en 1634. il ordonna, que sur les deniers qui en proviendroient, les Chevaliers ou Prélats Commandeurs, & les Officiers de l'Ordre recevroient tous les ans trois mille livres de pension. Enfin en 1656. *Louis* XIV. augmenta du double le droit du Marc d'or & le céda à perpétuité à l'Ordre du St. Esprit.

La prémiere Assemblée de l'Ordre se tint, comme nous l'avons dit, le dernier jour de Décembre de l'an 1578 dans l'Eglise des Augustins de Paris. Henri III. s'y rendit sur les deux heures aprés midi; les Evêques & Abbés qui avoient été mandés, s'y trouvérent, ainsi que les Princes & Seigneurs, qui devoient être reçus dans l'Ordre, tous revêtus de chausses & de pourpoints de toile d'argent sous leurs habits ordinaires. Dans le Chœur de l'Eglise, à main droite, on avoit dressé pour le Roi un Trône couvert de drap d'or & d'argent semé de fleurs de lys, avec un dais de même étoffe; & au pied du Trône on avoit disposé des bancs pour les Officiers. A l'entrée du Chœur, à main gauche de Sa Majesté étoient placés les Princes & Seigneurs, qui devoient être faits Chevaliers, chacun selon son rang. Il y avoit d'autres bancs pour les Ambassadeurs, & les Seigneurs de la Cour. Aprés que les Vêpres eurent été chantées par la Musique du Roi, ce Prince se leva, descendit de son Trône, & accompagné des Officiers de l'Ordre, il se rendit au pied du grand Autel, ou s'étant mis à genoux, le Grand Aumônier assisté de cinq Evêques en habits Pontificaux, l'un tenant la vraie Croix, & un autre le Livre des Evangiles, présenta au Roi son vœu & serment de Chef & Grand Maître souverain de l'Ordre du St. Esprit, que ce Prince prononça, promettant de vivre & mourir en la Foi & Religion Catholique, Apostolique & Romaine, de maintenir à jamais l'Ordre du St. Esprit, d'en observer les Statuts & Ordonnances, & de les faire observer exactement par ceux qui y seroient reçus, &c. Il finit par ces paroles: *Ainsi le jurons, vouons & promettons sur la sainte vraie Croix, & les saints Evangiles touchés.* Ce serment est encore le même, ou à peu près, que font aujourdhui tous les Rois de France immédiatement aprés leur Sacre, en qualité de Chefs & Grands Maîtres de l'Ordre. Aprés avoir prononcé ce vœu, & l'avoir signé de sa main, le Roi fut revêtu du Manteau de l'Ordre, qui lui fut donné par un Gentilhomme de sa Chambre. Ensuite le Grand Aumônier lui mit le Collier au cou, & récita quelques priéres, après lesquelles ce Prince se leva, & descendit un peu plus bas, où on lui avoit préparé un siége. Alors le Chancelier *de Chiverny* se présenta devant Sa Majesté pour être fait Chancelier de l'Ordre. Il se mit à genoux, & aiant ses mains sur le Livre des Evangiles, il fit le serment; après quoi le Roi lui donna le Manteau & le Collier. Ensuite Sa Majesté lui remit les Sceaux de l'Ordre. On observa les mêmes Cérémonies pour les autres Officiers. Après qu'ils furent créés, le Prevôt ou Maître des Cérémonies, accompagné du Hérault & de l'Huissier, alla prendre le plus ancien des Princes & Seigneurs, qui devoient être faits Chevaliers; & après qu'il eut reçu l'Ordre, on alla de même aux autres, qui se présentérent ainsi successivement, chacun à leur rang. Cette premiere promotion fut de vingt-huit Chevaliers.

Voici les Cérémonies qui s'observent à la Réception d'un Chevalier Commandeur de l'Ordre. Le jour qu'il doit être reçu, il se rend à l'Eglise dans l'habit de Novice; c'est-à-dire, avec les chauſſes & le pourpoint de toile d'argent, la cape & la toque noires. Là il ſe met à genoux devant le Roi, à qui le Chancelier de l'Ordre préſente le Livre des Evangiles, ſur leſquels le Novice fait ſon vœu & ſerment, promettant de vivre & mourir dans la Foi & Religion Catholique, Apoſtolique & Romaine; de porter entiére & parfaite obéïſſance au Roi; de défendre & ſoutenir de tout ſon pouvoir l'honneur & les droits de Sa Majeſté envers & contre tous; de la ſuivre à la Guerre, lorſqu'il ſera mandé, & de la ſervir contre qui que ce ſoit ſans nulle exception; de ne jamais ſortir du Roiaume, entrer au ſervice, ou prendre penſion, gages, ou état d'aucun Prince étranger, ou d'autre perſonne vivante, que de Sa Majeſté, ſans ſa permiſſion expreſſe; de lui révéler tout ce qu'il ſçaura importer à ſon ſervice, ou à la conſervation de l'Ordre; d'en obſerver religieuſement les Statuts & Ordonnances, &c. Après que le Chevalier a prononcé ce vœu, & qu'il l'a ſigné de ſa main, le Prevôt préſente le Manteau & Mantelet de l'Ordre au Roi, qui en le donnant au Chevalier, lui dit: *L'Ordre vous revêt, & vous couvre du Manteau de ſon aimable Compagnie, & union fraternelle, à l'exaltation de notre Foi & Religion Catholique. Au nom du Pere, &c.* Le Grand Tréſorier préſente enſuite à Sa Majeſté le Collier, qu'elle met au cou du Chevalier Commandeur, en lui diſant: *Recevez de notre main le Collier de notre Ordre du Benôt St. Eſprit, auquel nous, comme ſouverain Grand Maître, vous recevons; & êtes en perpétuelle ſouvenance la Mort & Paſſion de notre Seigneur & Rédempteur Jeſus-Chriſt. En ſigne de quoi nous vous ordonnons de porter à jamais couſue à vos habits extérieurs la Croix d'icelui, & la croix d'or au cou avec un ruban de couleur bleue céleſte: Et Dieu vous faſſe la grace de ne contrevenir jamais aux vœux & ſermens, que vous venez de faire, &c.* A quoi le Chevalier répond: *Sire, Dieu m'en donne la grace, & plutôt la mort que jamais y faillir,* remerciant très-humblement Votre Majeſté de l'honneur & bien, qu'il vous a plû me faire. En achevant, il baiſe la main du Roi.

Suivant les Statuts, la Fête de l'Ordre doit ſe célébrer tous les ans le prémier jour de Janvier, dans l'Egliſe des Auguſtins de Paris, à moins que le Roi ne ſoit abſent de cette Ville. Cette Cérémonie commence la veille à Vêpres, & les Cardinaux, Prélats, Commandeurs & Officiers de l'Ordre doivent accompagner le Souverain depuis ſon Palais juſqu'à l'Egliſe. L'Huiſſier marche devant, le Hérault après l'Huiſſier, enſuite le Prevôt aiant à ſa droite le Grand Tréſorier, & le Greffier à ſa gauche, & le Chancelier ſeul après eux. Puis marchent les Commandeurs deux à deux, ſelon le rang de leur Reception, & enſuite le Souverain & Grand Maître, qui eſt ſuivi des Cardinaux & Prélats de l'Ordre. Le Grand Maître & les Commandeurs ſont vêtus de longs Manteaux de velours noir ſemés de flammes d'or, & bordés tout autour du Collier de l'Ordre en broderie d'or & d'argent. Ce Manteau eſt garni d'un Mantelet de toile d'argent verte, entouré auſſi du Collier de l'Ordre en broderie. Le Manteau & le Mantelet ſont doublés de ſatin orangé. Les Manteaux ſe portent retrouſſés du côté gauche, & ouverts du côté droit. Sous ces Manteaux les Commandeurs portent les chauſſes & le pourpoint de ſatin blanc, & par deſſus le Collier de l'Ordre, avec une toque de velours noir garnie d'une plume blanche. A l'égard des Officiers, le Chancelier eſt vêtu comme les Commandeurs, avec cette difference, qu'il ne porte point le Collier de l'Ordre, mais ſeulement la Croix couſue ſur ſon Manteau, & la Croix d'or pendue au cou. Le Prevôt, le Grand Tréſorier & le Greffier ſont habillés comme le Chancelier: mais leurs Manteaux & leurs Mantelets ſont ſeulement bordés de flammes, & d'une petite frange d'or. Le Hérault & l'Huiſſier ont le Manteau de ſatin noir, & le Mantelet de velours vert, auſſi bordés de flammes. Ils portent au cou la Croix de l'Ordre: mais celle de l'Huiſſier eſt plus petite que celle des autres Officiers. Le lendemain on ſe rend à l'Egliſe dans le même ordre pour entendre la Meſſe. A l'Offertoire le Roi offre autant d'écus qu'il a d'années, & les Commandeurs chacun un. La Meſſe étant finie, les Commandeurs reconduiſent Sa Majeſté en ſon Palais, où il leur donne à diner, ainſi qu'au Chancelier de l'Ordre. Et il faut obſerver, qu'ils mangent à la table du Roi. A l'égard du Prevôt, du Grand Tréſorier, du Greffier, du Hérault & de l'Huiſſier, on les ſert à une table à part. Après le diner on retourne à l'Egliſe, pour aſſiſter aux Vêpres des Morts. Alors les Commandeurs ont des Manteaux de drap noir, & le Roi un Manteau violet. Enfin ils aſſiſtent tous le lendemain au Service qui ſe célèbre pour le repos de l'Ame des Commandeurs décédés; & à l'Offertoire de la Meſſe, le Roi & les Commandeurs offrent chacun un Cierge du poids d'une livre. Cette Cérémonie, telle qu'on vient de la décrire, ne s'eſt point célébrée depuis l'an 1662. Mais tous les ans le jour de la Purification, & à la Pentecôte, il ſe fait une Proceſſion où le Roi aſſiſte avec tous les Prélats & Commandeurs; après quoi la Meſſe eſt célébrée par un Prélat de l'Ordre.

Il ne nous reste plus qu'à dire un mot des Habillemens. Nous avons déja parlé des principaux. A l'égard du Collier de l'Ordre, il doit être du poids de deux cens écus, ou environ, & ne peut jamais être orné de pierreries. Il devoit être composé de fleurs de lys & de nœuds d'or, entre trois divers chiffres d'argent, le tout semé de flammes d'or. Ces chiffres étoient des doubles M. des doubles *Delta*, & des H. ou des doubles L. Au bout du Collier pend la Croix de l'Ordre faite en forme de Croix de Malthe, toute d'or, émaillée de blanc par les bords, & accompagnée d'une fleur de lys dans chaque angle. Dans le milieu ceux qui sont Chevaliers de l'Ordre de S. Michel, & tous les Chevaliers Commandeurs le font, portent d'un côté un S. Michel & de l'autre une Colombe. Mais les Cardinaux & Prélats étant seulement Commandeurs de l'Ordre du S. Esprit, ils portent la Colombe des deux côtés. Ce Collier a fait donner à l'institution de cet ordre des interprétations assez malignes, puisqu'on l'a plutôt attribué à des mystéres d'amourettes, qu'à une véritable piété. Le vert naissant, dit *le Laboureur*, le jaune doré, le bleu & le blanc étoient les couleurs de la Maitresse d'Henri III. Les doubles M. qu'il fit mettre au Collier de l'Ordre, désignoient son nom; & les deux lettres Grecques qu'on appelle *delta*, entrelacées ensemble, qui dans la rencontre du cercle formoient un Φ Grec, devoient servir d'assurance de cette fidélité qu'il lui avoit jurée, & qu'il ne garda pas long-tems. Les H. qui furent ajoutées aux chiffres des doubles M. marquent le nom du Roi; & les fleurs de lys dans les flammes repésentoient le feu de son amour. Le P. *Daniel* lui-même ne dissimule pas, qu'à l'égard des chiffres du Collier, il y en avoit deux qui marquoient les noms de quelques personnes, que Henri laissa à deviner, & qu'on soupçonna malignement désigner quelques Maitresses. Aussi cet Historien croit-il, que c'est vraisemblablement pour cette raison, qu'en conservant les H. on a changé depuis les deux autres chiffres en d'autres symboles plus convenables à la valeur & à la Religion des Rois de France.

Quoiqu'il en soit, ce Collier n'est en usage que dans les grandes Cérémonies. Les autres jours, les Cardinaux, Prélats, & Officiers de Robe portent la Croix de l'Ordre pendue au cou, attachée à un ruban bleu large de quatre doigts. Les Chevaliers Commandeurs la portent aussi attachée à un ruban bleu, qui descend en écharpe de l'epaule droite jusqu'à la garde de l'epée. Outre cela les uns & les autres portent en tout tems sur le côté gauche de leurs habits & de leurs manteaux, la même Croix en broderie d'argent, au milieu de laquelle il y a une Colombe figurée, & dans les angles des raions & des fleurs de lys aussi en broderie d'argent. Il n'y a que l'Huissier, le Hérault & le Généalogiste qui n'ont point cette Croix brodée sur leurs habits, & qui portent seulement la Croix d'or pendue à un ruban bleu attaché à la boutonniere. Par tout ce que nous avons dit il paroit, que soit pour la majesté des Cérémonies, soit pour la magnificence des Habits, l'Ordre *du S. Esprit* est le plus célebre de tous les Ordres de France, & peut-être de l'Europe entiére.

La Bénédiction *des* Drapeaux, &c.

Nous finirons cet Article & ce Volume par une Cérémonie qui ne peut guere mieux trouver sa place qu'ici par le rapport qu'elle a avec quelques-unes de celles que nous venons de décrire: C'est la *Bénédiction de ceux qui sont destinés à la Guerre Sainte, comme les Chevaliers*, &c. & celle *des Drapeaux*; toutes deux représentées dans la Planche que l'on voit ici. Voici ce qu'elles ont de remarquable.

(*a*) Lorsque le Pape ou l'Evêque fait la Cérémonie de bénir un nouveau Chevalier, il lui met en main l'épée nue, qu'il a bénite & consacrée auparavant par quelques priéres & l'aspersion de l'Eau. En lui donnant cette épée, le Prélat l'exhorte à s'en servir contre les Ennemis de l'Eglise & de la Religion, pour la défense des Veuves & des Orfelins, &c. Après quoi l'épée est remise dans le fourreau; & l'Evêque lui-même la ceint au Chevalier. Celui-ci qui étoit à genoux pendant cette Cérémonie, se réleve, tire l'épée du fourreau, la tourne trois fois en l'air, & la passe ensuite sur son bras gauche. L'Evêque prend alors l'épée, en donne trois petits coups à celui qui doit la porter, & l'exhorte à être un (*b*) *Soldat pacifique*. Après cela le Prélat remet l'épée dans le fourreau, donne un leger soufflet au Novice, & l'exhorte à se tenir alerte (*c*) & éveillé dans la profession des Armes qu'il embrasse; après quoi il lui donne enfin le baiser de Paix. Cependant les Confréres de cet Initié dans la Milice lui chaussent les éperons. Ensuite l'Evêque fait chanter une (*d*) Antienne, après laquelle il se léve de son
siége,

(*a*) Tiré du *Cérémonial Romain*.   (*b*) *Esto Miles pacificus.*   (*c*) *Excitaris à somno.*
d) Elle commence par ces mots: *Speciosus forma*, &c. Vous êtes le plus beau des hommes: Ceignez votre épée sur votre cuisse, ô très-puissant!

fiége, & bénit de nouveau celui qu'il vient de confacrer à la Guerre. Ce nouveau
Chevalier baife la main du Prélat, ôte l'épée & les éperons, & fe retire.

La Bénédiction des Drapeaux fe fait avec beaucoup de Cérémonie & d'éclat, au
bruit des tambours, des trompettes & de la Moufqueterie des Troupes qui font fous les
Armes. Si la Cérémonie fe fait dans une Ville, elles fe rendent en Corps à l'Eglife Cathédrale, ou du moins à la plus confidérable du lieu. Là l'Evêque ou quelque Eccléfiaftique confidérable bénit & confacre les Drapeaux qui ont été portés pliés, par quelques
prières, plufieurs fignes de Croix, & l'afperfion de l'Eau bénite. On déploie alors les
Drapeaux, & les Troupes les reportent en Cérémonie.

DISSERTATION

fur les Rits & Cérémonies de l'Eglife Catholique.

LE mot de *Rits* vient du Latin *Ritus*, qui fignifie manières, cérémonies, coutumes: terme de Religion plus ordinairement emploié dans les facrifices; *Rité* ou
ritu, felon la coutume, à la façon ordinaire, bien, comme il faut, d'une manière
convenable. De là vient que Ciceron & les autres anciens Auteurs appellent *Rituales
libros*, les livres qui contenoient les Cérémonies facrées. On donne encore à préfent
dans l'Eglife le nom de *Rituels* aux livres, qui renferment l'ordre & la manière des
Cérémonies, qu'on doit obferver dans l'adminiftration des Sacremens, & dans la célébration de quelques parties du Service Divin.

Ces Rits, ou Cérémonies de l'Eglife Catholique ont été fouvent l'objet de la critique & de la raillerie de fes ennemis; & il eft incroiable combien les Ecrivains Proteftans,
& même, quelques Catholiques hardis (a) ont travaillé à les tourner en ridicule. Ils
veulent qu'elles n'aient été inventées la plupart, que pour furprendre & féduire les fimples, amufer la crédulité des fots, & faire refpecter les Eccléfiaftiques. Mais quoi! les
auteurs de cette idée bifarre prennent-ils donc les Catholiques-Romains pour des dupes
& des imbécilles, qui fe laiffent éblouir par des actions & des mouvemens? L'ufage des
Cérémonies dans le culte Religieux eft-il même tellement propre de l'Eglife Catholique,
qu'il ne fe retrouve pas dans toutes les autres Communions? Les Proteftans Evangéli-
ques eux-mêmes, qui fe vantent d'avoir épuré le culte qu'on doit rendre à Dieu de tout
ce qu'il avoit de groffier & d'extérieur, ne les voit-on pas tous les jours dans leurs
Temples tantôt joindre les mains, & tantôt les féparer, s'affeoir en priant, fe tenir
debout ou à genoux, quelquefois couverts, quelques autres fois la tête nue? Ne les voit-
on pas élever les mains & les yeux dans l'adminiftration du Baptême, &c. Et certes
on ne peut pas dire, que le Fils de Dieu lui-même fût fans action & fans mouvement
dans les fonctions extérieures de fon miniftère. N'a-t-il jamais levé les yeux au Ciel,
en s'adreffant à fon Père, foit qu'il bénit, qu'il rendit graces, ou qu'il priat devant le
peuple? Ne mettoit-il pas les mains fur ceux pour qui il prioit, fur les enfans, fur les
malades; afin, dit S. Jérôme, de fes bénir de la main comme de la parole? Les Apôtres & leurs Difciples n'en ont-ils pas ufé de même? Enfin à en juger fainement & fans
prévention, peut-on trouver de la fineffe, du deffein, du myftère à accompagner une
expreffion de quelque gefte qui y ait rapport, & qui fymbolife avec ce qu'elle fignifie;
par exemple, à lever les yeux en haut lorfqu'on parle du Ciel, à les baiffer quand il
s'agit de la terre, &c. Peut-on croire que par ces mouvemens les Miniftres de l'Eglife,
dont on exalte tant ici la fineffe & l'habileté, aient en vue d'en impofer aux fimples,
de faire illufion aux fots, & d'abufer de leur crédulité?

Car on doit remarquer, que les Cérémonies de l'Eglife bien loin d'être auffi myfté-
rieufes, que fes adverfaires voudroient le faire croire, ont en effet une origine fort
fimple & très-naturelle. Ce font des actions, des mouvemens, des poftures, des gef-
tes, qui ont rapport au difcours, qui naiffent des chofes mêmes qu'on recite; fe font
une autre efpéce de langage très-expreffif, qui vient au fecours des paroles, & en dit
autant qu'elles. Le *Manuel* de Bourdeaux de 1611. marque précifément dans l'Exhortation prife du Catéchifme du Concile de Trente fur le Baptême, "qu'il fe fait plu-
„ fieurs cérémonies dans l'adminiftration de ce Sacrement, afin que ce qui a été dit
„ ne foit pas feulement déclaré par parole, mais auffi mis par l'action même devant
„ les yeux, afin que cela s'imprime mieux dans la mémoire ".

En

En effet l'homme aime naturellement à représenter ce qu'il dit , & à l'accompagner de signes extérieurs , d'actions , & de mouvemens qui conviennent au sujet dont il parle , qui rendent , & expriment le sens même & la signification des termes dont il se sert , & qui peignent de nouveau , pour ainsi dire , les idées & les choses déja signifiées par les mots ; ce qui constamment donne plus d'énergie & de force aux expressions , les soutient , & les rend plus animées & plus sensibles. On ne s'explique pas seulement par " des paroles , dit le Jésuite (a) *Scorcia* à l'occasion du signe de la „ Croix , mais encore par des signes & par des gestes". Ainsi S. *Augustin* rapporte (b) que de son tems , lorsqu'on prononçoit dans l'Eglise le mot de *Confiteor* , ou celui de *Confessio* , les Auditeurs croiant qu'il s'agissoit de Confession , se frappoient aussi-tôt la poitrine (c) suivant la coutume de ceux qui confessoient alors leurs péchés: tant cette action est naturelle à tout homme repentant. *Origène* parlant des actions qui accompagnent la prière , dit aussi , que quoique l'on puisse prier en mille postures différentes , il ne faut point douter que la plus convenable de toutes ne soit d'étendre les mains , en élevant les yeux vers le Ciel ; puisque cette attitude extérieure du corps exprime en quelque sorte les dispositions intérieures , dans lesquelles l'ame doit être pendant l'Oraison.

Tel est donc depuis plusieurs siècles l'usage constant & presque uniforme de toutes les Eglises , d'accompagner & de revêtir , pour ainsi dire , les prières & les paroles de l'Office divin d'actions & de mouvemens propres , convenables & proportionnés ; ce qui fait même , au sentiment de *Suarez* (d) une espèce de grace & de beauté , & donne je ne sai quel agrément.   C'est ainsi que le même Suarez rapporte à une régle de la bienséance , de ne pas tenir une main en l'air , ainsi que le défendent en effet les Rubriques , tandis que l'autre est en mouvement , & occupée à quelque action. „ Lorsqu'il est marqué , dit cet Auteur , que le Prêtre faisant le signe de la Croix de „ la main droite , doit porter la gauche à la poitrine , il paroît que c'est seulement „ pour une plus grande décence. " Et ailleurs: " Lorsque le Prêtre bénit le pain & „ le vin , il pose la main gauche sur l'Autel , parce que de cette manière son action se „ fait avec plus de facilité & plus de grace.   Car enfin il ne faut pas croire , que tou-„ tes les cérémonies de la Messe représentent des Mystéres.   Il y en a quelques-unes „ qui n'ont été instituées , que pour célébrer le S. Sacrifice avec décence , avec dignité , „ & avec toute la révérence qui lui est due ".   M. le Cardinal de *Richelieu* dans sa *Méthode de convertir les Protestans* dit de même , que " la plupart des cérémonies „ ne sont instituées que pour la bienséance des Mystères".

Voilà donc en deux mots la source & l'origine constante & certaine de la plupart des Rits & des Cérémonies de l'Eglise.   Comme les paroles conduisent & menent naturellement à certaines actions , on a voulu joindre & rapporter ces actions aux paroles ; prêter , pour ainsi dire , du corps au discours , & l'assortir de mouvemens qui lui conviennent : „ afin que l'action réponde à la parole , " dit *Suarez*. (e) " Pour que le „ geste se rapporte au discours , " dit aussi M. *de Saintes* Evêque d'Evreux , dans son *Traité de l'Eucharistie*.   Aussi le Cérémonial de *Chezal-Benoit* porte-t-il que „ le Prê-„ tre en lisant l'Epître & le Graduel , aura les mains jointes sur le Missel , à moins qu'il „ ne soit déterminé par quelques paroles à leur donner une autre disposition ; telle , „ par exemple , que de les joindre , & en même tems se mettre à genoux , comme „ lorsqu'en Carême il dit ce dernier verset du Trait, *Adjuva nos Deus salutaris noster„*. C'est-à-dire en un mot , que dans le Service divin les Ministres de l'Eglise doivent accommoder leurs actions & leurs mouvemens au discours ; que les Cérémonies doivent suivre la lettre des prières , & être conformes au sens & à la nature des paroles. Telles sont en effet la plupart des Cérémonies de la Messe ; Cérémonies parlantes , qui disent ce que les paroles signifient & soutiennent l'attention.   Il est vrai que pour le bien de l'ordre & pour l'uniformité , les Evêques à qui il appartient de droit de juger ce qu'il est à propos de pratiquer en cette matière , aiant depuis fixé & déterminé les actions & cérémonies convenables , on doit s'en tenir aux *Rubriques* , c'est-à-dire aux régles qu'ils ont prescrites , ne point suivre les propres idées , & ne rien donner à son caprice , ou à son goût particulier.   Qu'un Prêtre , par exemple , en proférant ces mots

du

(a) Du *S. Sacrifice de la Messe* , L. 1. Ch. 3.
(b) Serm. 29. in v. 1. Psal. 117. & in Psal. 104.
(c) C'est ce que S. *Grégoire de Nazianze* dans l'Oraison funébre de Pulchérie appelle, *pectus manibus verberare.*
(d) In 3. part. Tom. V. Disp. 48. Sect. 2.
(e) En parlant de l'inclination de tête , qui accompagne le mot *adoramus* du *Gloria in excelsis.*

du Canon de la Messe, *ex hac altaris participatione*, se sente porté à exprimer cette *participation à l'Autel* par l'attouchement de sa main, il ne doit point s'écouter là-dessus, mais se conformer à la régle & à la pratique générale, d'accompagner ces paroles de l'application de la bouche sur l'Autel, c'est-à-dire d'un baiser.

A regarder les Cérémonies de l'Eglise dans ce point de vue, dans lequel nous venons de les exposer, on ne peut nier que bien loin de pouvoir être tournées en ridicule, elles sont au contraire extrêmement raisonnables. Aussi tant qu'elles auront cet air simple, ce caractere naturel, tant qu'elles ne serviront qu'à donner de la grace, de la beauté & de l'attention, *Calvin* veut bien nous les passer; & dans son *Traité de la Cène* il déclare, qu'il ne prétend nullement condamner celles qui servent à l'honnêteté & à l'ordre public. Aussi un des plus fameux Ministres (a) des Réformés, a-t-il été obligé de reconnoître, que la convenance, & la conformité des actions avec les paroles de la Messe, ne visent & ne tendent qu'à représenter doublement les choses. » Il semble, dit-il, que la plupart des actions que le Prêtre fait à la Messe, ne servent » qu'à exprimer le sens & la signification de ses paroles. Par exemple, lorsqu'après » le *Memento* des vivans il abaisse & étend les mains, en disant ces mots, *& omnium* » *circumstantium*, ce geste fait connoître que les personnes dont il parle, sont celles » qui l'entourent & l'environnent, en un mot que ce sont les assistans. Et ensuite » dans le *Communicantes*, lorsqu'en prononçant le nom de Jésus-Christ il fait une in-» clination au Crucifix, ce mouvement dénote que Jésus-Christ dont il est parlé, est » celui-là même qui est attaché à la Croix: de sorte que sa langue & sa tête, si j'ose » ainsi m'exprimer, nous disent la même chose, quoique d'une maniere différente; » sa langue par la parole, & sa tête par le geste. De même en parlant de Jésus-Christ » à la consécration, lorsque le Prêtre dit *elevatis oculis in coelum*, il éleve aussi les » yeux au Ciel; & parlant aussi de ce divin Sauveur à ces mots, *tibi gratias agens*, » il incline tant soit peu la tête; & par ce geste qui accompagne ordinairement l'ac-» tion de graces, ce que sa bouche fait entendre aux oreilles, il l'écrit & l'exprime, » pour ainsi dire, aux yeux en d'autres caractéres. Ensuite continuant toujours à par-» ler de Jésus-Christ, & disant *benedixit*, il fait lui-même un signe de Croix, pour » représenter cette benediction par l'action de sa main, comme par la parole de sa bou-» che. A la consécration du Calice, quand il vient à dire *accipiens & hunc praecla-» rum Calicem*, il exprime cette même chose tout à la fois, & par ses paroles, & par » son action; car en prononçant ces mots, il porte en même tems ses mains au Cali-» ce, pour le prendre. De même encore après la consécration, à la sixiéme Oraison » qui commence, *Nobis quoque peccatoribus*, il se frappe la poitrine avec la main droi-» te, & sa main s'accorde alors avec sa langue; car en se frappant, il démontre ceux » dont il parle; & parce qu'il le fait en se frappant, il confesse en même tems, que » ceux dont il parle sont des pécheurs. Quand il veut aussi faire une priére, il y ex-» horte le peuple par sa parole & par son action; par sa parole, en disant *Oremus*; » par son action, en joignant les mains à la maniere des suppliants. C'est pour la mê-» me raison, qu'il se prosterne, lorsque le jour de l'Epiphanie il lit ces paroles de l'E-» vangile, *& se prosternant ils l'adorérent*; aussi bien que le Mercredi de la quatriè-» me semaine du Carême, en lisant celles-ci, *& se prosternant il l'adora*; & encore le » Dimanche des Rameaux, en lisant ces paroles de S. Paul, *qu'au nom de Jésus tout* » *genou fléchisse*, &c. il se prosterne, dis-je, à tous ces différens endroits; & il est » visible que ce n'est que pour mieux exprimer ce qu'il dit. Enfin on a peine à trou-» ver dans la Messe des paroles un peu importantes, qui ne soient accompagnées de » quelques gestes qui les expliquent. De sorte qu'il paroit, que tant de diverses cé-» rémonies n'ont été d'abord prescrites au Prêtre dans la célébration de la Messe, que » pour le faire parler en deux maniéres, lui faire dire la même chose par ses paroles » & par ses actions.

Voila donc de l'aveu du Chef des Réformés, & d'un de leurs Ministres des plus éclairés & des plus sages, les Cérémonies de l'Eglise Catholique justifiées du reproche odieux qu'on leur fait, de n'être que des imaginations, des momeries, des grimaces & des gesticulations. Ce sont des actions très-simples & fort naturelles, qui d'abord se sont produites d'elles-mêmes pour accompagner les priéres, & qu'on a retenues & consacrées dans la suite comme très-raisonnables, & très-propres à donner aux paroles plus d'ame, plus de force & de graces, & à tout le culte divin plus de décence & d'agrément. Du reste comme ces actions appartiennent au corps sensible de la Religion,

(a) Le Ministre *Daillé*, *Cult. Latin.* L. 9. C. 20.

K 2

gion , on doit les regarder comme de véritables Cérémonies , c'est-à-dire , comme des usages , qui servent à rendre le culte plus complet , plus instructif , plus édifiant , plus auguste , plus vénérable , & plus solemnel. Aussi faut-il avouer, qu'un Ministre qui accompagne les prières du Service divin de cérémonies faites avec décence , avec raison , & avec gravité , touche , anime , & excite tout autrement ceux qui sont présens , que non pas la contenance morte & languissante d'un autre , qui prieroit froidement & séchement , les yeux toujours baissés & les mains jointes.

De ce que nous venons de dire de l'origine des Cérémonies de l'Eglise , il résulte que la plupart sont fondées sur des raisons de nécessité , de bienséance , ou de commodité. Quelques-unes ont aussi été prises des usages des Payens & des Juifs , d'autres du rapport des actions avec les paroles. C'est , par exemple , une nécessité de dire à voix intelligible les derniers mots des prières , qui doivent être suivies de *l'Amen* de celui qui sert la Messe. La bienséance exige de même de ne pas ténir une main en l'air , tandis que l'autre est en mouvement & occupée à quelque action. C'est pour la commodité que l'on est assis aux Leçons de Matines , après être resté debout pendant toute la Psalmodie qui a précédé. C'est une coutume imitée des Payens & des Juifs , de se laver & se purifier avant que de prier ; avec cette différence cependant , que l'eau dont se servent les Chrétiens pour cet usage , est sanctifiée par la parole de Dieu & par la prière. Enfin ce sont des actions attirées & amenées par les paroles , que de joindre & unir les mains en disant *in unitate* ; que de les élever en prononçant *sursum* , &c. On peut dire la même chose d'une infinité d'autres pratiques , qui toutes ont une source & un origine très-raisonnables.

Aussi voions-nous que dans tous les tems on a interprété les pratiques & les usages dont il s'agit , dans leur sens propre , primitif & nécessaire , & qu'on en a rendu , au moins autant qu'on a pu les pénétrer , des raisons simples & naturelles préférablement à celles qu'on appelle mystiques & figurées; quelquefois même à leur préjudice & à leur exclusion. S. Jérôme , par exemple , pouvoit ainsi que beaucoup d'autres , regarder dans les Religieuses d'Egypte & de Syrie la pratique de se faire couper les cheveux , comme une marque du retranchement & du dépouillement des choses temporelles & superflues , auxquelles ces Vierges renonçoient : mais au-lieu d'emploier cette raison morale , il va précisément à la raison physique , & atribue cette tonsure (a) à la netteté & à la propreté. C'est ainsi que les Savans de notre tems , entr'autres le P. *Thomassin* & M. *Fleuri* , rapportent la tonsure des Clercs & des Moines à la coutume qu'avoient les Romains de porter les cheveux courts. Il en est de même de l'habit long , que les mêmes Auteurs démontrent avoir été long-tems commun aux Clercs , aux Moines , & aux Laïques. Ils ont prouvé même , que dans leur origine les habits sacrés n'étoient point des vêtemens particuliers aux Ministres de l'Autel.

Les Peres , les Conciles , & une infinité de Théologiens se sont expliqués de même sur l'origine des Cérémonies de l'Eglise. S. Augustin dans sa Lettre à S. Paulin (b) dit que l'Hostie se partage à la Messe , *pour être distribuée aux fideles :* raison simple & naturelle de la fraction de l'Hostie , bien différente des raisons allégoriques auxquelles on a recours , pour expliquer cette cérémonie. S. Isidore qui écrivoit dans le VII. siécle , nous apprend aussi (c) que le lavement des Autels , qui se pratique encore aujourdhui en une infinité d'Eglises le Jeudi & le Vendredi saint , c'est-à-dire à l'approche de la Fête de Pâque , se fait à dessein d'ôter de ces tables la poussière & les ordures, qui pourroient s'y être amassées pendant l'année. Aussi ne se contentoit-on pas autrefois de laver les Autels : on purifioit de même les murailles & les vases sacrés ; enfin on balaioit & on nétoioit toute l'Eglise depuis la voute jusqu'au pavé, & l'on préparoit toutes choses pour la solemnité.

Mais que pense-t-on qu'allégue S. Thomas , pour répondre à l'objection qu'il se fait lui-même sur l'usage de l'encens dans l'Eglise ? C'est , dit ce Docteur , pour chasser & dissiper les mauvaises odeurs. Raison adoptée par les Théologiens (d) & confirmée par l'ancien Missel de l'Abbaïe de S. *Denys* en France , où dans la prière
que

(a) *Vel quia lavacrum non adeunt , vel quia eleum nec capite nec ore norunt , ne à parvis animalibus , quæ inter cutem & crinem gigni solent , & convertis sordibus exprimantur.* Hieron. Epist. ad Sabinian.
(b) Lettre 149.
(c) L. 1. C. 28.
(d) Soto , Genebrard , le Cardinal Bellarmin , Scortia , Gavantus , &c.

que faisoit le Prêtre en bénissant l'encens, on ne demandoit autre chose à Dieu, sinon (a) qu'il lui donnât la vertu de chasser toute mauvaise odeur. M. *Théraise* Licencié de Sorbone dit aussi (b) que l'usage des encensemens peut venir des Pais, où l'Eglise a pris naissance, c'est-à-dire des Orientaux, lesquels étant fort passionés pour les parfums, encensent continuellement dans leurs Temples & dans leurs maisons.

Nous ne finirions point, si nous voulions parcourir chaque cérémonie de l'Eglise en particulier, & faire voir qu'il n'y en a point qu'on n'ait expliquée d'une façon très naturelle. Ainsi *Amalaire* non content des diverses raisons mystiques qu'il rapporte de la coutume de ne réserver que le Corps de Jésus-Christ le Jeudi saint, sans réserver le sang, conclud au rapport de M. *Bossuet* (c) qu'on peut dire encore plus simplement, que c'est parce que cette espéce s'altère plus facilement que le pain. Le même Auteur dit aussi (d) que si le Prêtre lave ses mains à la Messe, c'est uniquement pour les nétoier, & les purifier des ordures qu'elles auroient pu contracter par l'attouchement des pains reçus à l'Offrande. Témoignage d'autant moins suspect dans Amalaire, que cet Auteur n'est certainement point accusé de rechercher trop les raisons simples & naturelles dans l'explication des Cérémonies, sur lesquelles au contraire le Cardinal *Bona* lui reproche d'avoir quelquefois trop subtilisé & trop rafiné.

D'un autre côté *Gavantus*, célèbre Commentateur des Rubriques Romaines, voulant rendre raison de l'usage de porter le Manipule au bras gauche, dit simplement (e) que comme cet ornement étoit orignairement un linge destiné à s'essuier & à se moucher, on s'en servoit beaucoup plus commodément en le prenant de la main droite, & par conséquent en le portant au bras gauche. Ailleurs le même Auteur enseigne, (f) que si lorsque le Prêtre étend les mains à la Messe, il les éleve à la hauteur des épaules, c'est uniquement pour la décence; (g) que si après l'offertoire on place le Calice du côté de l'Epitre, ce n'est pas non plus qu'il y ait là du mystére, mais parce que les burettes sont posées de ce côté-là; (h) que si l'on se sert de lumiéres à la Messe, c'est parce que les premiers Chrétiens s'assembloient ordinairement, & célebroient les SS. Mystéres dans des caves, ou lieux souterrains, &c. D. Mabillon dans son Commentaire sur l'Ordre Romain, (i) voulant expliquer, pourquoi les Ordinations étoient autrefois plus fréquentes à Rome au mois de Décembre, suivant ces termes perpétuellement répetés dans la vie des premiers Papes; *fecit Ordinationes mense Decembri*; & pourquoi elles étoient plus rares en Carème, à la Pentecôte, & au mois de Septembre; ce Savant Religieux repond de même, non pas en cherchant des allégories, mais d'une maniére & simple naturelle, que " c'est parce que pendant le Carème le Pape étoit trop » occupé, que les chaleurs étoient excessives vers la Pentecôte, & que le mois de Sep- » tembre est la saison des vendanges ".

Que dit l'Eglise Romaine elle-même dans les rubriques de son Missel, sur ce que le Prêtre, en se mettant à genoux après le *Flectamus genua*, appuie les mains sur l'Autel? Ne-dit-elle pas, que (k) c'est pour se soutenir? De même au sujet de l'élévation de l'Hostie & du Calice qui se fait aussitôt après la consecration, & qui est regardée par quelques Auteurs mystiques, comme le symbole de J. C. élevé à la Croix, les Rubriques se contentent de marquer, que c'est pour attirer aux sacrés symboles les adorations & les hommages qui leur sont dûs. L'Eglise ne nous apprend-elle pas encore dans la Bénédiction du cierge Pascal, que l'usage de ce cierge (l) est de brûler & d'éclairer pendant la nuit? Enfin le Concile de Trente (m) n'enseigne-t-il pas avec toute la Tradition, que si à la Messe on mêle de l'eau au vin dans le Calice, c'est à l'exemple de N. S. J. C. qu'on croit l'avoir pratiqué de la sorte?

Voilà sans doute plus d'autorités qu'il n'en faut, pour prouver que les Cérémonies de l'Eglise ont toutes leur source & leur origine dans quelqu'une des cinq raisons, dont

nous

(a) *Hoc incensum, ad omnem foetorem nocturnum extinguendum, Dominus benedicat, & in odorem suavitatis ascendat.*
(b) Dans ses *Questions sur la Messe.*
(c) Dans son *Livre de la Communion sous les deux espéces*, p. 167.
(d) *De Eccl. Offic.* L. 1. C. 19.
(e) Tit. 5. Num. 3. litt. l.
(f) *Ad decentiam morde, non ad mysterium.* Tit. 4 Num. 3. litt. n.
(g) Tit. 7. Num. 2. litt. y.
(h) *Quia in cryptis fiebat Missa.* Part. 1. Tit. 20. litt. y.
(i) Num. xvi.
(k) *Manibus super altare extensis, ut seipsum ad altare sustineat.*
(l) *Cereus iste in honorem tui nominis consecratus, ad noctis hujus caliginem destruendam, indeficiens perseveret.*
(m) *Quòd Christum Dominum ita fecisse credatur.* Sess. 22. de sacrif. Miss. C. 7.

nous avons parlé plus haut, toutes fort simples & très naturelles. Il y a même des Auteurs, qui ne peuvent en gouter d'autres, & qui rejettent absolument toute raison mystique de ces pratiques, regardant comme impraticables les différentes applications, qu'on voudroit en faire.

Il est vrai que comme tout ce qui est de Rit & de Discipline, est aussi de sa nature sujet à un perpétuel changement, il est en effet assez difficile d'attacher des mystéres aux usages & aux pratiques de l'Eglise. Supposons par exemple, que la chasuble autrefois toute ronde, & traînante à terre, servît de symbôle a la charité, qui, comme le dit S. Pierre, couvre le grand nombre des péchés: aujourdhui que ce vêtement est fort raccourci par le bas, ouvert & rétréci par les côtés, à quoi voudra-t-on qu'il ait du rapport? Il en est de même des Cardinaux Evêques, qui étant originairement au nombre de sept, pouvoient bien marquer alors les sept Anges, ou Eglises d'Asie, dont il est parlé dans S. Jean: mais à présent qu'ils ne sont plus qu'au nombre de six, que représenteront-ils? Au siécle dernier, les nouvelles Congrégations, Séculiéres & Réguliéres, ont introduit plus de changement dans les usages de l'Eglise, qu'ils n'en avoient peut-être souffert depuis le tems de St. Grégoire. Quel moien de trouver de nouveaux sens & de nouveaux symboles à toutes ces innovations? Dans l'Ordre de S. Benoît, par exemple, toute la Communauté communioit autrefois le Vendredi Saint; peut-être pour annoncer la mort du Seigneur, le jour même qu'elle est arrivée: mais les Nouvelles Réformes de cet Ordre, excepté dans l'Abbaie de Cluni, ont jugé à propos d'abolir cette pieuse coutume; & où aller chercher du mystére à cette abrogation? Tel est l'embarras ou l'on se jette, en voulant chercher des allégories sur des pratiques toujours disposées à varier.

Ce n'est pas, comme le dit (a) le P. *Garnier* Jésuite, qu'il y a une si grande provision de raisons mystiques, & qu'on en a tant imaginé de toutes les sortes, qu'il n'est guére possible, que chacun n'en trouve quelqu'une qui bien ou mal puisse servir à son dessein. Mais il est incroiable, combien d'ailleurs ces Mystiques, ou Allégoristes, ont fait de tort à nos cérémonies. ,, Il faut convenir, dit M. *Grancolas* (b) que l'on avoit ,, si fort négligé l'étude des anciennes pratiques, que si d'un côté on peut excuser ,, l'ignorance, dans laquelle le Clergé est à leur égard, par le peu de secours qu'il avoit ,, pour s'en instruire; on ne peut assez se plaindre de ceux qui les ont si fort défigurées ,, lorsqu'ils ont entrepris de les exposer. Les Scholastiques n'en ont donné que des ,, idées très superficielles. D'autres Ecrivains les ont si fort embrouillées, en donnant ,, des raisons allégoriques, & qu'ils appellent mystérieuses, de ces pratiques, que leurs ,, Ouvrages étoient plus capables de rendre nos mystéres méprisables, que d'inspirer ,, pour eux de la vénération. Et c'est pour cela, que les Protestans ont souvent cru ,, insulter à l'Eglise, en rapportant les mauvais raisonnemens que ces faux mystiques ,, ont donnés de nos Cérémonies. "

Que si l'on est curieux de savoir l'origine de ces explications mystiques, M. *Theraire* nous apprendra (c), qu'elles n'ont été inventées, qu'après que la longueur du tems ,, aiant fait perdre les traces de l'Histoire, en a fait oublier les raisons littérales & his- ,, toriques. " En effet il paroît que la plûpart des raisons mystiques ne viennent qu'au défaut des autres, (d) manque de les savoir, & pour n'avoir pas étudié les vues que l'Eglise peut avoir eues en instituant ses usages & ses rits, & quel a été alors son objet. Et plût à Dieu, qu'on en fût demeuré la! Mais il est souvent arrivé, (e) que ces raisons mêmes imaginées après coup n'ont pas laissé d'être proposées sérieusement, comme étant du premier dessein de l'Eglise, & comme aiant en effet donné l'origine à certaines pratiques.

De tout ce que nous venons de dire on doit conclure, que notre dessein n'a jamais été d'autoriser, & de canoniser, pour ainsi dire, toutes les explications mystérieuses que nous avons données, ou que nous donnerons dans la suite des cérémonies de l'Eglise. Parmi un assez petit nombre d'édifiantes, qui nous sont ordinairement proposées par l'Eglise même, ou par les Peres, il s'en trouve une infinité d'autres inventées par les Mystiques, toutes si fades, si bisarres, si pueriles, que bien loin de faire honneur à la

reli-

(a) *Rationes mysticas tam varias varii excogitarunt, ut nemo non possit aliquam pro se uti.* Lib. diurn. Rom. Pontif. in Append. ad not. 6. 4.
(b) Dans sa Préface sur *l'ancien sacramentaire de l'Eglise.*
(c) Dans sa Préface sur les *Questions de la Messe.*
(d) *Quorum originem cum recentiores ignorent, varias conantur congruentias, & mysticas rationes invenire.* Bona, Liturg. L. II. C. 7. n. 3.
(e) *Isti, ut scité Hieronimus de Origene dixit, ingenii sui adinventiones faciunt Ecclesiæ sacramenta.* Idem Ibid.

religion; on peut dire qu'au contraire rien n'est plus capable de la deshonorer, & de la rendre méprisable.   On peut fort bien appliquer à ce sujet ce mot, dont Cicéron s'est servi (a) en parlant des Philosophes, *qu'il n'y rien de si absurde & de si impertinent, que les Mystagogues n'aient imaginé.*

Cependant sur ce fondement on ne doit pas croire que rien empêche de regarder les pratiques & les Cérémonies de l'Eglise sous diverses faces aussi bien que les paroles de l'Ecriture, & qu'on ne puisse en prendre occasion d'en faire des applications pieuses. Car pourquoi ne pourroit-on pas dire, que comme le S. Esprit a dans l'intention tous les différens sens Catholiques, dont l'Ecriture est susceptible: de même dans l'usage de ses Cérémonies, outre les raisons d'institution, l'Eglise peut encore avoir en vue les différens sens spirituels, que les Peres & les Auteurs mystiques donnent ordinairement à ces cérémonies; qu'elle se propose en cela d'aider par des choses sensibles la pieté des Fidéles, & de relever même la majesté de ses divins Offices? On ne détruit pas pour cela ces raisons d'institution, qui sont comme l'ame de la lettre: au contraire on les suppose, puisque c'est dans la lettre même, que se rencontre l'analogie & le fondement de ces allégories & de ces rapports.   Ainsi on n'a aucune raison de rejetter ces sens spirituels & mystiques, lorsqu'ils ne détruisent point celui de la lettre, lorsqu'on les contient dans de justes bornes, qu'on ne les donne que pour ce qu'ils sont, c'est-à-dire, pour des pensées pieuses & édifiantes, pour des pensées arbitraires, si l'on veut, mais dans lesquelles on trouve cependant de quoi s'instruire & s'exciter à la pieté; enfin lorsqu'on établit & qu'on suppose la lettre, comme le fondement de toutes ces explications.

En effet lorsqu'on voit, par exemple, un ruisseau couler, qui empêche qu'à l'occasion de ce ruisseau qui coule on ne s'applique à considérer la fragilité des choses humaines, & qu'on ne fasse attention, que nos années s'écoulent sans retour comme ces eaux? Cette idée ne se présente-t-elle pas d'elle-même à l'esprit? Cette pensée si necessaire & si utile n'est-elle pas fondée sur des rapports très-justes de cet effet physique avec ce qu'il nous représente? Enfin l'Ecriture (b) ne fait-elle pas elle-même la comparaison de l'un à l'autre? Il n'y a donc qu'à en demeurer là: du reste, pourvu qu'on convienne de la cause naturelle de cet effet, qu'on ne la perde point de vue, qu'on la suppose, qu'on la regarde comme une pure cause occasionnelle de nos réflexions, qui les renferme par un simple rapport allégorique; en un mot pourvu qu'on n'aille point jusqu'à dire, que ces eaux ne coulent que pour nous représenter notre fragilité, il est permis sans contredit de tirer de nos réflexions à ce sujet toute l'instruction possible.

Il en est de même à peu pres de nos pratiques & de nos Cérémonies.   On sait, par exemple, que les cierges n'ont été d'abord introduits dans l'Eglise, que pour éclairer, parce que dans les premiers temps, & pendant la rigueur des persécutions, les Fidéles n'osoient s'assembler que dans le silence de la nuit, & dans le secret des lieux souterrains. Mais cette raison litterale & historique une fois posée, pourquoi trouveroit-on mauvais, qu'on s'appliquât à chercher dans ces cierges & dans ces lumières de quoi élever son cœur & son esprit; qu'on les regardât par une autre face; qu'on entrât dans les vues de morale & de spiritualité, où peut conduire l'analogie; qu'y trouvant des rapports & des convenances avec celui qui se rend témoignage à lui-même (c) qu'il est la lumière du monde, on en fût touché; qu'on s'en occupât; qu'on se nourrit des pensées saintes & des réflexions édifiantes, que fournit cette idée spirituelle & allégorique; qu'enfin on écoutât les bons mouvemens, qu'elle peut exciter dans l'esprit & dans le cœur? N'est-il pas même évident, que l'Eglise, depuis qu'elle a cessé de célébrer ses mystéres la nuit, & dans des lieux souterrains, n'a pu être portée à conserver l'usage des cierges, que par des vues autres que celles de la necessité?

Les sens mystiques que l'on peut donner à nos Cérémonies, ne détruisent donc point le sens littéral & historique: ils le supposent au contraire comme leur fondement. D'où l'on doit conclure, qu'il n'y a aucun inconvénient à les joindre l'un à l'autre.   Telle est la conduite que l'Eglise a tenue au Concile de Trente, (d) lorsque voulant rendre raison du mélange de l'eau & du vin dans le calice, elle a commencé par établir le sens littéral & historique de cette pratique.   Elle enseigne donc d'abord, que ce mélange est une imitation naturelle de ce que la tradition nous apprend, que Jesus-Christ lui-même observa dans la derniere Céne; après quoi elle passe aux raisons mystérieuses & allégoriques, c'est-à-dire, aux vues de spiritualité auxquelles l'analogie conduit naturellement.

(a) *Nihil tam absurdè dici potest, quod non dicatur ab aliquo Philosophorum.* Cicero *de Divin.* L. 2.
(b) 2. Reg. 14. 14.
(c) Joan. C. 8.
(d) Sess. 22. *de Sacrif. Miss.* C. 7.

ment, & dans lesquelles elle découvre le symbole de l'eau, qui sortit avec le sang du côté du Sauveur dans le temps de sa Passion, & celui de l'union des Fidéles avec Jésus-Christ. C'est ainsi que Saint Thomas (a) se faisant une objection sur l'usage de l'encens dans l'Eglise, répond que cet usage est établi, 1. Pour répandre de bonnes odeurs; voilà le sens litteral, & la raison d'institution: 2. Pour exprimer la grace dont Jésus-Christ a été rempli; voilà le sens mystique.

On a donc cru que sans préjudice des raisons physiques, formelles, litterales & immédiates des Rits & des Cérémonies, & sans en détruire ni ruiner le premier sens, le sens simple, propre, naturel & nécessaire, qu'au contraire on suppose toujours comme la base & le fondement de toute métaphore & de toute allégorie; on pouvoit par de secondes intentions, & des motifs subordonnés dont il est aisé de convenir, attribuer encore à ces pratiques des significations mystiques & figurées; les accompagner d'idées spirituelles & symboliques, de réflexions saintes & édifiantes; & en faire des applications convenables, pour nourrir & aider la piété des Fidéles, les toucher, les instruire, élever leur cœur & leur esprit, & y porter je ne sai quelle lumiére & quelle onction; en un mot joindre l'esprit à la lettre, le moral au physique, & enter la figure & la métaphore sur le simple & le naturel: „ afin, dit (b) le Concile de Trente en parlant „ des Cérémonies de la Messe en particulier, d'exciter l'esprit des Fidéles par ces signes „ sensibles de piété & de religion, à la contemplation des grandes choses qui sont ca- „ chées dans le Sacrifice ”. Rien ne paroît en effet plus excellent, ni d'un plus grand usage, que ces sens pieux & moraux, pour s'animer & se soutenir dans l'exercice des pratiques de la Religion, & faire toutes choses en esprit, avec goût & avec sentiment. Rien n'imprime davantage au peuple la vénération profonde, avec laquelle il doit assister à la célébration des saints Mystéres.

Il est vrai d'ailleurs, que dans ces explications mystiques & ces allégories on doit être extrêmement attentif, d'un côté à s'attacher principalement à celles qui nous sont proposées par l'Eglise & par les Peres, de l'autre à ne pas donner dans des vues trop bisarres & trop écartées, telles que celles dont se plaint *Albert* le Grand dans son Traité *du Sacrifice de la Messe*. Ce célèbre Théologien, surnommé *le Grand* à cause de l'étendue de son érudition, traitant des motifs qui peuvent porter à réciter une ou plusieurs Oraisons à la Messe: „ plusieurs ont donné, dit-il, différentes raisons, toutes „ inutiles, touchant ce qui a été ordonné de ne dire qu'une ou trois, ou cinq, ou sept „ Collectes. Lorsqu'on n'en récite qu'une, disent certains Auteurs, c'est à cause de „ l'*unité* de substance des trois personnes divines. On en récite trois, à cause du mys- „ tère de la *Trinité*; cinq, à cause des *cinq* plaies de Jésus-Christ; sept, à cause des „ *sept* dons du Saint-Esprit. Mauvaises raisons; car sur ce principe il faudroit donc „ aussi en dire neuf, à cause des *neuf* chœurs des Anges; onze, à cause des *onze* Dis- „ ciples qui s'en allèrent en Galilée; treize, à cause de Jésus-Christ & des Apôtres; & „ quinze, à cause des *quinze* dégrés de vertus, que l'on compte dans le progrès que „ nous faisons en l'Oraison. C'est pourquoi semblables raisons ne méritent pas qu'on „ s'y arrête. Ce sont de pures moqueries ”. Le Pere *Guyet* Jésuite ne peut goûter, non „ plus qu'Albert le Grand, qu'on cherche du mystére dans ce nombre de trois, de „ cinq, ou de sept des Oraisons de la Messe. „ Quoique je n'ignore point, dit (c) ce Jé- „ suite, que les Saints Peres s'arrêtent souvent aux nombres, & qu'ils y trouvent des „ mystéres, qui regardent la foi & les mœurs, cependant pour ce qui concerne nos „ Rubriques, il faut avouer que toutes les raisons qui sont tirées des nombres, ne sont „ le plus souvent que de foibles & légeres convenances, qui n'ont nullement donné „ lieu à l'institution de la chose, ou qui sont si vagues & indéterminées, qu'on peut „ aussi les adapter, comme l'on veut, à tout autre sujet. En effet par-tout où le nom- „ bre d'un, de trois, de cinq, ou de sept se rencontrera, chacun ne pourra-t-il pas „ en donner des raisons semblables à celles qu'on a ci-dessus rapportées ”?

Au reste on ne doit point être surpris que les Cérémonies de l'Eglise n'aient pas été les mêmes dans tous les temps, & qu'elles varient même quelquefois suivant les lieux. „ Comme la Religion Chrétienne, dit Monsieur *Fleury* (d) ne dépend point des Cé- „ rémonies, & que Jésus-Christ ne nous a prescrit que celles, qui sont essentielles aux „ Sacremens, tout le reste a été établi par les Apôtres, & par les Pasteurs de l'Eglise; „ & la différence des temps & des lieux y a produit une très grande diversité. Chaque
„ Nation

(a) Part. 3. q. 83. a. 5. ad. 2.
(b) Sess. 22. de Sacrif. Miss. c. 5.
(c) Dans son *Heortologie,* ou *Discours sur les Fêtes*, dédié à l'Assemblée du Clergé de France de 1655.
(d) *Institution au Droit Ecclésiastique.* Part. II. Ch. 2.

„ Nation célébroit du commencement les Divins Offices en la Langue la plus généra-
„ le de chaque Pais, comme étoit le Latin dans tout l'Occident.   La longueur du
„ temps a fait que ces Langues ont cessé d'être vulgaires; ce qui n'a pas empêché que
„ l'Eglise ennemie de tout changement ne les ait gardées dans son usage public.   La
„ diversité est plus grande dans les Cerémonies, sans toutefois altérer l'unité de l'Egli-
„ se, parce qu'elles ne touchent point à la Foi, ni aux maximes de la Morale.   Ainsi
„ les Grecs & les autres Chrétiens Orientaux, quoique Catholiques, gardent leur Rit
„ tres different du nôtre: ainsi la plupart des Eglises Cathédrales de France ont leurs
„ usages particuliers; & les Moines de Saint Benoît ont un Office qui leur est propre.
„ C'est un effet de la liberté Ecclésiastique autorisée par Saint Grégoire, lorsqu'il con-
„ seille à Saint Augustin son Disciple d'établir en Angleterre ce qu'il trouvera de meil-
„ leur, soit dans l'Eglise Romaine, soit dans celles des Gaules ".

En effet comme la Religion Chrétienne est toute intérieure & spirituelle, il y a
toujours eu une grande liberté dans ces pratiques extérieures; & puisque le détail des
Cerémonies n'est que d'institution humaine, il est évident qu'on peut les changer pour
des causes importantes; par exemple, pour abolir des histoires fabuleuses, ou des usages superstitieux, que l'ignorance auroit introduits.   La regle la plus sure à suivre en
cette matiere, dit l'Auteur que nous venons de citer, est que chaque Eglise retienne
constamment son usage, s'il n'a quelque chose qui répugne à la doctrine de l'Eglise Universelle.   Que s'il paroit nécessaire de faire quelque changement dans ces pratiques extérieures, on doit s'en rapporter à l'autorité des Pasteurs, qui à plus forte raison, ont
droit d'empêcher les nouveautés, & de réprimer ceux qui sous pretexte de dévotion,
mais en effet par ignorance, ou par intérêt, veulent ajouter au Service public, & introduire dans la Religion des modes nouvelles.

Nous ne pouvons abandonner cette matiere, sans déplorer avec un savant Evêque (a) du XVI. siécle, la négligence affectée de la plupart des Ecclésiastiques, qui
bien loin de s'appliquer à rechercher l'origine véritable & historique de nos Cérémonies, sont souvent hors d'état d'en donner même une explication raisonnable. „ Puis-
„ que l'esprit & l'intention, dit ce Prélat écrivant à un Cardinal, sont le fondement
„ du culte que nous rendons à Dieu, certainement c'est être absolument indigne de
„ servir aux saints Autels, d'ignorer ce qu'on y fait.   Combien de gens se couvrent
„ tous les jours des Ornemens sacrés, sans savoir pourquoi ils sont si différens & en si
„ grand nombre?   Combien de Prêtres ont célébré la Messe pendant des années nom-
„ breuses; combien de Prélats exercent depuis très longtemps les fonctions du sacré
„ Ministére, qui si vous leur demandez la raison des Cerémonies qu'ils ont observées
„ tant de fois, demeureront muets, sans pouvoir vous répondre" ?   Y a-t-il rien
de plus scandaleux, que de voir des Prêtres & des Pasteurs ignorer ce que leur Ministére les oblige indispensablement de savoir, & d'enseigner aux autres.

Sur la *Forme des Eglises*.   Nous ajouterons ici quelques remarques concernant les E-
glises &c. avant que de finir cette Dissertation sur les Rits, &c. Mr. *Fleury* dit, (b) que
l'Eglise doit être tournée de sorte, que le Prêtre étant à l'Autel, regarde l'Orient.   En
effet l'ancien usage étoit de prier à l'Orient; ce qui pouvoit venir de ce que les Fidéles
se mettant à la priére dès le grand matin, il leur étoit naturel de se tourner alors du
côté d'où venoit le jour, (c) & qui étoit le plus éclairé.   Aussi raconte-t-on de certains
Peuples, & St. *Augustin* le rapporte à peu près des Manichéens, que pour profiter du
grand jour, ils se tournoient dans leurs priéres tantôt vers le Levant, tantôt vers le
Midi, ensuite vers le Couchant; suivant le cours du Soleil sur l'Horison.

Tel fut vraisemblablement l'origine de l'ancienne coutume des Chrétiens, aussi bien
que des Païens, de prier réguliérement à l'Orient.   Et parce que non contens de prier
vers ce côté du Ciel, ceux-ci adoroient aussi le Soleil, ils prirent de-là sujet de croire,
que le Soleil étoit également le Dieu des Chrétiens.   C'est ce que *Tertullien* réfute habilement dans son *Apologétique*, en faisant voir, que quoique cette pratique de prier
vers l'Orient fut commune aux uns & aux autres, la raison & le motif (d) en étoient fort
différens chez les Chrétiens.   *Philon* remarque, que les prémiers Chrétiens d'Alexandrie étoient aussi tournés vers l'Orient dans leurs Assemblées, & que lorsqu'ils voioient
lever le Soleil, ils levoient les mains au Ciel pour demander un jour heureux.

De

(a) *Louis Lippoman* Evêque de Bergame, Nonce en Allemagne & en Pologne.
(b) Instit. au Droit Ecclésiastique, Part. II. Ch. 7.
(c) *Devenit rebus operantes in eam cœli plagam ora convertimus, à qua lucis exordium est.* Pacat. in Paneg.
Theodos.
(d) *Alia longè ratione, quam religione Solis.*

De cette coutume de prier à l'Orient vint bientôt celle de tourner les Eglises, & même les Temples vers cette Partie du Monde. Cependant parmi les Païens, comme chez les Chrétiens, quelques-uns ne laissèrent pas malgré l'usage contraire de les tourner à l'Occident, persuadés que l'une ou l'autre de ces pratiques étoit très indifférente, & fort arbitraire. En effet quelque exposition qu'on donne à un Temple, ou à une Eglise, on peut toujours en priant s'y tourner vers l'Orient, soit pour adorer le Soleil levant suivant l'usage des Païens, soit pour ne pas se mettre à contre jour; ce que les Chrétiens pouvoient avoir principalement en vue dans leurs Assemblées du matin. Aussi sans parler des Eglises anciennes de Tyr & d'Antioche, on sait que les prémieres & les principales Eglises de Rome, celles de St. Jean de Latran, de St. Pierre, de Sainte Marie Majeure, de St. Marc, de St. Clement, de St. Laurent *in Damaso*, sont tournées à l'Occident.

En France au contraire on suivoit la coutume opposée, sur-tout depuis le règne de *Charlemagne*, & celui de Louis *le Débonnaire*; & toutes les Eglises étoit regulierement tournées à l'Orient. Cet usage avoit même tellement prévalu dans ce Roiaume (*a*) que l'Eglise Collégiale & Paroissiale de St. Benoît à Paris, qui d'abord avoit été tournée au Couchant, fut dans la suite, & sous le règne de *François I.* retournée au Levant. Mais il y a plus de cent ans qu'on est absolument revenu de ce goût, puisqu'un Auteur (*b*) qui vivoit au commencement du dernier siécle, observe que de plusieurs Eglises, qui de son temps avoient été construites à Paris, à peine y en avoit il une ou deux, qui fussent tournées du côté de l'Orient. Tant on se fait peu une affaire de changer sur cela l'ancienne tradition, & de célébrer indifféremment la Messe vers les quatre Parties du Monde, parce qu'en effet (*c*) Dieu est également par-tout. Ce qu'il y a de certain, est qu'aujourdhui, pour bâtir une Eglise, on s'accommode beaucoup plus qu'autrefois à la nature du lieu qu'on a choisi: on consulte davantage la situation & le terrein, & on suit autant qu'il est possible la maxime de *Vitruve*, qui veut que du Temple on puisse découvrir une grande partie de la Ville, & que si on le bâtit proche d'une grande Ville, tout le Monde puisse le voir & le saluer en passant. Telle étoit la situation de l'Eglise de Tyr, dont l'entrée, au rapport d'*Eusébe*, se faisoit remarquer de si loin, qu'elle attiroit les regards mêmes des Infidéles. Il paroît aussi qu'à Paris, lorsque les Jésuites de la Maison Professe, les Minimes de la Place Roiale, & les Théatins firent bâtir leurs Eglises, les uns au Midi, les autres au Nord, & les derniers à l'Occident, les uns & les autres n'eurent en cela d'autre vue, que d'en placer l'entrée sur de grandes rues, & de ménager la commodité des Peuples, auxquels il est à propos d'épargner la peine d'aller chercher la porte d'une Eglise dans une rue obscure & peu fréquentée.

A l'egard de la figure des Eglises, comme on ne s'astraint point aujourdhui à les bâtir sur le même modéle, il n'est pas possible d'en donner une juste idée. En général les Eglises anciennes se ressembloient davantage: aussi est-il plus aisé d'en faire la description. Voici en quoi elles consistoient.

L'Eglise étoit ordinairement construite au milieu d'une enceinte fermée d'un mur, en dedans duquel on élevoit souvent des logemens pour l'Evêque, pour les Prêtres, les Pauvres, les Veuves, &c. Au milieu de cette espéce de cour, entre l'entrée & la porte de l'Eglise, il y avoit quelquefois des fontaines qui fournissoient de l'eau abondamment, pour la commodité de ceux des Fidéles, qui avoient la dévotion de se laver avant que d'entrer dans le lieu Saint. La façade de l'Eglise étoit ornée d'un Portique, qui servoit de vestibule. Les colonnes de ces Portiques étoient souvent d'un très beau marbre; & la voute étoit incrustée d'ouvrages à la mosaïque. De ce vestibule on entroit dans l'Eglise par trois portes, dont celle du milieu étoit plus haute & plus élevée que les deux autres. Cette principale porte conduisoit dans la Nef, ou le corps de la Basilique; les deux autres dans les bas côtés, ou les ailes qui l'accompagnoient. On pouvoit diviser tout le corps de l'Eglise en trois parties principales; la Nef avec ses bas côtés, le Chœur, & le Sanctuaire.

I. La Nef étoit séparée du Chœur par le Dégré, *Gradus*, qu'on appella depuis (*d*) *Tribune* (*e*) *Ambon* (*f*) *Pupitre* (*g*) *Lutrin* (*h*) *Jubé*. Ce n'étoit d'abord qu'un simple mar-

---

(*a*) De Vert. *Explic. des Cérém.* Tom. IV. p. 71.
(*b*) Dom *Hugues Ménard* dans les *Notes sur le Sacramentaire de St. Grégoire.*
(*c*) *Nisa ne omnem partem celebramus, quia Deus ubique est.* Gavant. De Reb. Eccles. Cap. IV.
(*d*) Lieu élevé, d'où l'on haranguoit chez les Romains.
(*e*) Toute eminence ronde élevée sur un plan uni.
(*f*) Lieu élevé chez les Grecs & chez les Romains, d'où l'on parloit en public; où l'on faisoit des Déclamations, & sur lequel les Acteurs venoient réciter.
(*g*) Ou *letrin* de *lectrinum*, diminutif de *lectrum*, dérivé de *lego*: le lieu où l'on fait les lectures.
(*h*) Ainsi nommé de ce qu'avant les Leçons de Matines & l'Evangile qui s'y lisent, le Lecteur ou le

marchepied un peu élevé, pour mettre la voix du Lecteur ou du Chantre à portée d'être entendue de plus loin. En effet c'étoit sur cette Tribune, qu'on lisoit l'Ecriture au Peuple, c'est-à-dire l'Epitre & l'Evangile. Dans la suite on multiplia les marches, de sorte que ce lieu devint fort exhaussé. *Léon* Cardinal d'Ostie parlant de *Didier* Abbé du Monastère de Moncassin, depuis Pape sous le nom de Victor III. dit qu'il fit élever hors du Chœur un Jubé de bois en forme d'Ambon d'une structure assez belle, pour y lire les Leçons pendant la nuit, & les Epitres & Evangiles des grandes Fêtes.

Le Peuple remplissoit le corps de la nef, & les bas côtés. Les Fidéles en occupoient l'espace le plus considérable, & le plus voisin du Chœur; avec cette différence, que les hommes étoient sur la main droite, séparés des femmes qui étoient toutes rassemblées à gauche. Le reste de la nef étoit destiné aux Penitens, & à tous ceux à qui il n'étoit pas permis de participer aux Saints Mystéres; avec cette subordination cependant, que les *Consistans* qui n'étoient obligés de sortir qu'à la communion, étoient placés immédiatement après les Fidéles; les *Prosternés* ensuite, avec les Cathécumenes & les Possedés; enfin les *Ecoutans*, qui occupoient tout le bas de la nef jusqu'à la porte. A l'égard des *Pleurans* ils étoient absolument exclus de l'Eglise, & se tenoient hors du vestibule.

II. Le *Chœur* occupoit beaucoup moins d'espace que la nef. Il étoit placé entre l'Ambon & le Sanctuaire, & étoit garni de bancs rangés à droite & à gauche, pour asseoir les Chantres.

III. Une balustrade de bois travaillée à jour séparoit le Chœur du *Sanctuaire*, appellé souvent pour cette raison *Cancelli*. On le nommoit aussi *le Saint des Saints*, parce que c'étoit là que se faisoit la consécration de l'Eucharistie; & quelquefois l'*Abside*, du nom d'une des parties qui le composoient. Il occupoit tout le fond de l'Eglise; & on y rémarquoit deux parties principales, l'Abside & le Presbytère.

L'*Abside* étoit une voute en forme de niche élevée en arc, placée au milieu du Sanctuaire, & soutenue par quatre colonnes fermées par le bas d'une balustrade à jour, de fer ou de bronze. L'*Autel* étoit placé sous cette voute. C'étoit une espece de table de pierre appuiée sur quatre pilastres, & entourée de voiles ou rideaux d'étoffe destinés à conserver les châsses, & qu'on a depuis appellés paremens d'Autel. Cette table étoit ordinairement placée sur la sepulture d'un Martyr, ou d'un Confesseur. C'est pourquoi elle étoit appellée *confession*. A droite étoit la *crédence*, ainsi nommée de l'Italien *credenza*. C'est une espece de petite table, ou de buffet, sur lequel on met les chandeliers, le bassin, les burettes, le linge, & autres choses semblables, qui servent à la Messe, ou aux Cérémonies de l'Eglise.

On appelloit *Presbytère* le demi-cercle qui formoit le fond du Sanctuaire derrière l'Autel. C'étoit-là que se voioit élevé au fond de l'Abside le trône de l'Evêque. Les Prêtres l'environnoient assis à ses côtés sur des bancs à droite & à gauche. Les Diacres étoient debout sur deux lignes devant les Prêtres, & les Soudiacres derrière l'Autel.

Dans les bas côtés du Sanctuaire étoient, à droite la *Sacristie* ou l'on serroit les livres d'Eglise, les vases & les ornemens sacrés, &c. & à gauche le *Baptistére*. Chacun de ces retranchemens avoit deux portes, l'une pour y entrer par les ailes de l'Eglise; l'autre qui conduisoit de-là dans le Sanctuaire.

(*a*) Pour batir une nouvelle Eglise, ou consacrer un batiment destiné auparavant à d'autres usages, il faut une cause & l'autorité de l'Evêque. Une des causes principales est la nécessité; comme si un Pays est nouvellement converti à la foi; si ses habitans sont tellement multipliés, qu'une seule Eglise ne peut les contenir; si le chemin pour y arriver est trop long, ou trop difficile. L'établissement d'un Monastère, ou d'une nouvelle Communauté, est encore une cause légitime. On peut même fonder une Eglise par dévotion, pour accomplir un vœu, ou pour garder quelque relique précieuse. On voit dès les premiers tems grand nombre d'Eglises à Rome, & dans les autres grandes Villes, quoique l'assemblée des Fidéles ne se tînt qu'en un lieu, tantôt en une Eglise, tantôt en l'autre. Par les raisons contraires, on peut supprimer les Eglises devenues inutiles, & les réunir à d'autres.

Avant que de permettre la construction d'une Eglise, il faut que l'Evêque voie de bons Contrats, ou d'autres Titres, par lesquels il paroisse que l'Eglise est suffisamment dotée, c'est-à-dire pourvue d'un revenu assuré pour l'entretien de la fabrique, ou des bati-

le Diacre demande à l'Officiant sa Bénédiction en ces termes, *Jube, Domne, Benedicere*; Monsieur, ayez la bonté de me bénir.

(*a*) Tiré de *M. Fleury* Instit. au Droit Eccl. Part. II. Chap. 7.

bâtimens, pour le luminaire, les ornemens, & la subsistance des Clercs, afin que le service s'y fasse avec toute la bienséance convenable. Que si quelqu'un prétend que la nouvelle fondation lui fasse préjudice, son opposition doit être reçue & jugée.

Le plan de l'Eglise étant tracé, l'Evêque plante une Croix de bois au lieu ou doit être l'Autel; ou s'il ne le fait pas lui-même, il charge un Ecclésiastique de cette fonction. Le jour suivant on prend une pierre quarrée, & angulaire. C'est elle qui doit être la première pierre, & la fondamentale de l'edifice. Pour proceder à la cérémonie de la bénédiction, (a) le Prélat revêtu du rochet, ou du surplis s'il est Régulier, de l'amict, de l'aube, de la ceinture, de l'étole, du pluvial blanc, & de la mitre simple, & tenant à la main son bâton pastoral, se rend sur le terrain destiné à la construction de la nouvelle Eglise, où il benit le sel & l'eau, &c. Le reste de la Cérémonie a été décrit dans le Volume qui traite des Cérémonies des Catholiques.

A l'égard de la Dedicace de l'Eglise, & de l'Autel, (b) l'EGLISE, à parler proprement, n'éleve des Autels, & ne bâtit des Temples ni ne les consacre qu'à Dieu seul. C'est ce que Saint *Augustin* nous apprend en plusieurs endroits de ses Ouvrages, lorsqu'il prouve que les Temples appartiennent au culte de Latrie, qui n'est dû qu'à Dieu seul. C'est pourquoi il assure, que (c) nous n'élevons pas des Temples ni des Autels, & que nous n'offrons pas des victimes ni des sacrifices aux Martyrs, parce que c'est le Dieu qu'ils adorent qui est notre Dieu, & non pas eux. C'est encore sur ce même principe qu'il enseigne, que (d) les Temples, les Autels, les Sacrifices, & tout ce qui leur appartient ne sont dûs qu'au vrai Dieu; & que s'il érigeoit un Temple de bois ou de pierre à quelque Ange, quoique tres-excellent, il seroit anathématisé par la vérité de Jésus-Christ & par l'Eglise de Dieu, d'autant qu'il rendroit à la Creature un culte qui n'est dû qu'à Dieu seul.

Tous les Peres de l'Eglise n'ont point d'autres sentimens que Saint Augustin sur ce sujet, quoiqu'ils ne s'en expliquent pas d'une manière si claire ni si précise. C'est dans ce sens que parle l'Auteur du Livre des *Dogmes Ecclésiastiques* faussement attribué à S. Augustin, lorsqu'il (e) proteste, qu'on doit aller avec une affection tres-pieuse & une dévotion tres-fidèle dans les Basiliques, qui portent le nom des Martyrs, comme dans des lieux Saints destinés au culte de Dieu. De-là vient que Saint Jean de Damas (f) remarque fort à propos, que les Temples sont érigés à Dieu sous le nom des Saints. Aussi ne ne s'appellent-ils *Basiliques*, c'est-à-dire *Maisons Roiales*, que parce que les Fidèles y offrent leurs vœux & leurs Sacrifices à Dieu, qui est le Roi de toute la Terre. C'est pour la même raison qu'en une infinité d'endroits des Conciles & du Droit Canon, ils sont nommés, tantôt *des Maisons de Dieu* ou *du Seigneur*, tantôt *des lieux consacrés à Dieu* ou *au Seigneur*, & non pas aux Saints ou aux Saintes.

Lors donc qu'on appelle les Eglises du nom de la Vierge, & de ceux des Anges, des Saints & des Saintes; lorsqu'on dit qu'elles sont bâties & consacrées en leur nom, en leur mémoire, ou en leur honneur: c'est ou afin de les distinguer plus facilement les unes des autres par les noms différens qu'on leur impose, ce qui ne pourroit pas se faire

(a) Au lieu des paroles suivantes on lit celles ci dans l'Edition de Hollande: *le Pontife, si c'est lui qui s'acquitte à Rome de ce devoir religieux, sera revêtu du Rochet & des paremens convenables à la solemnité de l'action: mais un Ecclésiastique inférieur aura, outre le Surplis, l'Amict, l'Aube, &c.* & au mot *Ecclésiastique* on a ajouté cette note: *le Pontifical dit Religiosus.* La bévue est risible. Car 1°. où l'Auteur Protestant a-t-il appris, que jamais un simple Ecclésiastique ait mis l'Aube & l'Amict par dessus le Surplis? 2°. Où a-t-il trouvé dans le Pontifical Romain, qu'il a suivi dans la Description de cette Cérémonie, qu'il s'agisse ici ni de Rome, ni du Pontife Romain? Son erreur est venue de ce que le Latin du Pontifical, quoique fort aisé, a été pour lui inintelligible. Voici ce qu'on y lit; *Pontifex paratus supra Rochetum, vel, si sit religiosus, supra superpelliceum, amictu, alba,* &c. L'Auteur Hollandois a pris le *Pontifex* pour le Pape; & parce que le mot de *Religiosus* l'embarrassoit, il n'a pas cru devoir nous l'expliquer. Il l'a relégué dans une note, & lui a substitué dans son texte un *Ecclésiastique inférieur.*

Il n'est pas difficile de repondre à cette remarque, qui, à en juger par la manière, dont elle est exprimée, a fort rejoui les deux Abbés qui l'ont produite: 1°. *Pontifex* dans le *Pontifical* & dans un nombre infini d'Auteurs dont peut-être ils ne connoissent pas même le nom, signifie le Pape, & non un simple Prélat. Outre cela qui leur a dit que la Cérémonie ne se fait pas à Rome par le Pape même? On les défieroit de prouver que la chose est sans exemple. 2°. Par un *Ecclésiastique inférieur* on entendoit une Ecclésiastique inférieur au Pape. Ces deux derniers mots font les omissions de l'Imprimeur. On supposoit avec raison que cet *Ecclésiastique inférieur* au Pape étoit un Prélat, & ces termes étoient substitués au mot *Religiosus*, que les savans Abbés n'ont pas mieux expliqué que le prétendu Hollandois.

(b) Tiré d'une *Dissertation sur l'Inscription du Grand-Portail du Couvent des Cordeliers de Reims*, publiée en 1672, & inférée dans les *Pratiques superstitieuses du P. le Brun*, Tom. IV.

(c) *De Civit. Dei*, Lib. VIII. Cap. ult.

(d) Ep. 49. quest. 3.

(e) Cap. 7.

(f) De fide orthod. Lib. IV. Cap. 16.

re si elles portoient toutes le nom de Dieu; ou pour faire voir que la mémoire des Saints dont on leur donne le nom, y est particulièrement honorée; ou parce que Dieu y a opéré de grandes merveilles par leur entremise; ou parce que ces Saints les ont eux-mêmes consacrées à Dieu par l'effusion de leur sang; ou parce que nous voulons y célébrer leurs vertus à l'honneur & à la gloire de Dieu, qui, selon l'Apôtre (*a*) est *l'Auteur & le Consommateur de leur foi*; ou enfin parce qu'ils en sont les Patrons, les Titulaires, & les Protecteurs après Dieu. En un mot on ne prétend point dire par-là, que ces Eglises sont consacrées aux Saints; mais qu'elles sont consacrées à Dieu sous leur invocation, en leur nom, en leur mémoire, en leur honneur, afin que nous l'y prions & l'y adorions par leur intercession & par leurs mérites. Cette explication est d'autant plus véritable, qu'elle est conforme à la plupart des prieres qui se font pour la consécration des Eglises; car on y dit assez fréquemment, que les Temples, ou les Autels, sont consacrés à Dieu & à son honneur, au nom ou à la mémoire d'un tel Saint.

Il est vrai qu'il se trouve des Eglises & des Autels, où l'on voit des Inscriptions, qui témoignent qu'ils sont consacrés à la Sainte Vierge, aux Saints & aux Saintes. Mais quelque rapport qu'on imagine entre la Sainte Vierge & Jésus-Christ son Fils, à quelque dégré de gloire que les Saints soient parvenus dans le Ciel, quelque explication qu'on donne à ces Inscriptions, c'est une espèce d'Idolâtrie & de superstition d'élever à tout autre qu'à Dieu des Temples & des Autels, qui ne sont destinés que pour l'adoration & pour le sacrifice. Sur ce principe il est aisé de juger ce qu'on doit penser de cette Inscription, qui dans le siècle dernier parut gravée en lettres d'or sur une Table de marbre, au haut du grand Portail du Couvent des Cordeliers de Reims:

Deo Homini & Beato Francisco, utrique crucifixo.

Nous laissons aux Auteurs qui l'ont attaquée le soin de justifier qu'elle est *fausse*, *impie*, *blasphématoire*, *erronée* & *scandaleuse*. Mais on ne peut nier du moins qu'elle ne soit très-contraire à la foi de l'Eglise.

Si par le terme de *Dédicace* on entend la consécration que l'on fait à Dieu d'une certaine Maison par la prière, on doit regarder cette pratique comme très-ancienne, & établie même par les Apôtres. A l'égard du grand nombre des Cérémonies qui l'accompagnent aujourdhui, il est probable qu'elles n'ont commencé à être en usage que lorsque l'Eglise a été délivrée des persécutions de ses ennemis. Quoiqu'il en soit, il est certain que dès le tems d'*Eusèbe* la Dédicace des Eglises étoit célébrée avec beaucoup d'appareil, & qu'à présent c'est encore la plus longue & la plus solemnelle des Cérémonies Ecclésiastiques.

Les Eglises doivent encore être fournies de *Livres de chant*, qui sont le Pseautier, l'Antiphonier, le Graduel, le Processionel; de *Lectionnaires*, ou de Bréviaires pour y suppléer, de *Rituels*, ou Manuels, & de *Missels*, qui contiennent les prieres de la Messe. „ Ceux qui croient *l'autenticité des Constitutions de S. Clement*, dit l'Auteur „ de l'Edition faite en Hollande, ne doutent pas que S. *Pierre* ne soit l'institnteur „ du Missel, & qu'il n'en ait recommandé l'usage à S. *Clement* son successeur ". Nous ne voions pas à qui en veut cet Ecrivain. Pour nous, il ne nous semble pas probable qu'il se trouve aujourdhui personne, qui croie que le Missel tel que nous l'avons, doive son origine à S. *Pierre*.

Nous ne devons pas oublier non plus une particularité assez remarquable, qui regarde les anciens Missels: c'est que dans les Calandriers qui sont à la tête, on inséroit autrefois (*b*) beaucoup d'impertinences qui n'eussent jamais dû y être mises. Par exemple, dans le Missel Romain imprimé à Venise en 1513. on lit au mois de Janvier (*c*) que ce mois doit être consacré à la joie & aux festins; au mois de Février (*d*), qu'il fait bon planter; au mois de Mars (*e*), que dans ce mois-là on doit acheter des bœufs, & faire couvrir ses jumens; au mois d'Avril (*f*), qu'on doit alors se faire saigner & purger; au mois de Mai (*g*), qu'il faut couper les veaux, tondre les bre-

---

(*a*) Hebr. 12.
(*b*) V. M. *Thiers* dans son *Traité des Superstitions.* Tom. IV. L. 8. Ch. 5.
(*c*) *Poculis læta joco amat & conviviis Janus.*
(*d*) *Fac sepes, statuas, oliveta, vineta spargе.*
(*e*) *Boves tunc compara, equos maribus subdas.*
(*f*) *Ventrem soleas, minuasque cruorem.*
(*g*) *Vituli castrantur, ovesque tunduntur, caseus premitur.*

brebis, & faire des fromages, &c. Ne faut-il pas avouer, que ce sont là des conseils & des observations bien dignes de se trouver à la tête d'un Missel? Il y a pis; car on inséroit même dans ces Calendriers les jours périlleux de chaque mois, comme cela se voit dans les Missels de l'Ordre de Cluni de 1523 & de 1550. & dans celui des Chartres de 1511. qui sont des folies, dit M. *Thiers*, que l'Eglise a toujours condamnées.

Sans repeter ce qui a déja été dit de l'*Eau-bénite*, dont on fait que l'usage est fort ancien, & peut avoir succédé à l'eau lustrale des Païens, que l'Eglise a sanctifiée; ajoutons ici, que l'eau pour faire des sortiléges & des maléfices, ainsi que le pratiquent, dit-on, quelques Sorciers, c'est une superstition criminelle. Mais il n'en est pas de même, au sentiment de M. Thiers (*a*), d'en boire pour recouvrer la santé, lorsqu'on l'a perdue, d'en faire des aspersions dans les terres & dans les champs pour les rendre plus fertiles, & d'en donner à boire aux animaux pour les délivrer des maladies qui les tourmentent, puisqu'elle est d'un grand usage *pour exterminer les Démons, pour chasser les maladies, pour dissiper le mauvais air & les mauvais vents, pour purifier les maisons & tous les autres lieux ou elle est répandue & pour en éloigner tout ce qui peut troubler la paix & la tranquillité des Fidèles qui les habitent*. Ce sont là en effet les propres paroles, dont l'Eglise se sert dans la bénédiction de l'eau. D'où cet Auteur conclud, qu'il n'y a nulle superstition à faire boire de l'Eau-bénite aux hommes & aux bêtes malades, ni à en jetter dans les maisons & sur les terres des Chrétiens, pourvu qu'on le fasse avec une foi pure, & une confiance entière en la bonté & en la Toute-puissance de Dieu.

A l'égard des *Cierges*, voici ce que nous en trouvons dans une note (*b*) de l'Edition de Hollande. ,, La coutûme d'avoir des lampes, ou des flambeaux dans les Tem-
,, ples & aux Autels, s'est toujours pratiquée dans le Judaïsme & le Paganisme. Elle
,, subsiste dans le Judaïsme moderne, puisqu'il y a jour & nuit à la Synagogue une
,, lampe allumée devant l'*Hécal*. Les anciens Payens observoient exactement cette
,, pratique, qui dans le fond n'a rien de choquant ni de ridicule, que l'abus qui s'en
,, peut faire parmi les petits dévots, qui croient leurs priéres beaucoup meilleures, par-
,, ce qu'ils prient Dieu, ou se recommandent à quelque Saint à la clarté d'une chan-
,, delle, qui brule devant son image. Si l'on ôtoit la chandelle à cette sorte de dé-
,, vots, ils se perdroient dans leurs Heures, & tous les ressorts de leur dévotion
,, seroient derangés ''.

On ne devoit pas s'attendre à un autre langage de la part d'un Ecrivain Protestant, toujours disposé à traiter de superstition, & à fronder tous les usages de l'Eglise Catholique. Nous n'avons garde d'approuver les abus qu'il condamne ici : mais il s'en faut beaucoup que nous ne soions de son sentiment sur l'origine du luminaire dont on se sert aujourdhui dans l'Eglise, que nous ne regardons pas avec lui comme une pratique imitée du Paganisme, mais comme un usage, que la nécessité seule a introduit.

(*c*) En effet on ne peut douter que la persécution, & la crainte de tomber entre les mains des Tyrans, n'obligeassent les prémiers Chrétiens de s'assembler dans des grottes ou cavernes, des lieux souterains éloignés des Villes, tels que les Cimetiéres & les Catacombes, que l'on voit encore à Rome & aux environs. Ils ne s'y rendoient même que la nuit, & y célébroient les Saints Mystéres dans le silence & les ténèbres, pour les soustraire à la connoissance des Payens, & pour se dérober eux-mêmes aux rigueurs de la persécution. Or on sait que pendant le nuit il n'est pas possible de se passer de lumiéres : d'où il est arrivé, que depuis même que la persécution eut cessé, on continua dans plusieurs Eglises à se servir toujours de luminaire. Car il est aisé de concevoir, que le luminaire attaché d'abord à des Offices & à des lectures qui se faisoient la nuit, ait naturellement & presque insensiblement suivi ces Offices & ces Lectures, à quelque heure qu'on les ait faites depuis ; sur-tout si l'on considère, que l'Eglise ennemie de tout changement souffre plus volontiers, que ce qui dans l'origine n'étoit que pour la nécessité, tourne dans la suite & dégenere en simple usage, que de retrancher ou ajouter, changer & innover perpétuellement. De-là vient qu'on se sert de lumiéres à Matines, à Laudes, & à Vépres, parce que ces Offices se récitoient autrefois à des heures, où en effet on avoit besoin de lumiere ; au-lieu qu'à Primes, Tierces, Sextes & None, qui presque par-tout ont toujours été des Offices de jour, on ne

se

(*a*) Trait. des Superst. Tom. II. L. 1. Ch. 2.
(*b*) Tom. I. Part. II. p. 92. Not. 4.
(*c*) V. Dom de Vert dans son Explic. des Cérém. Tom. IV. p. 192.

se sert point de luminaire, si ce n'est dans quelques Eglises souterraines, ou d'ailleurs si sombres & si obscures, qu'il n'est pas possible, même en plein jour, de se passer de lumière, si l'on veut y faire quelque lecture. De-là vient encore que l'on a conservé aussi le luminaire à la Messe, parce que, comme nous l'avons dit, les saints Mystères ne se célébroient d'abord que la nuit, ou dans des lieux souterrains, & que lorsque la paix fut rendue à l'Eglise, comme on continua à dire des Messes le soir, ou la nuit, ou bien au point du jour, même en plein jour, mais dans des lieux sombres & obscurs, tels qu'étoient presque toutes les anciennes Eglises, l'usage des cierges ne fut pas moins nécessaire alors, qu'au tems même de la persécution. On peut voir dans l'ouvrage d'où nous tirons ceci, un détail assez curieux de toutes les autres preuves, dont l'Auteur se sert pour appuier son sentiment. Observons seulement après lui, 1. Que dans l'Eglise de Chartres l'usage est de placer le luminaire à côté de l'Autel pendant la Messe, & de le porter hors du Sanctuaire & proche du Chœur à Matines & à Vêpres: usage qui paroit n'avoir d'autre fondement, que la nécessité d'éclairer les Ministres de l'Autel à la Messe, & le Chœur pendant l'Office. 2. Que suivant le Cérémonial, l'usage du bougeoir qui se porte devant les Evêques, n'a été introduit, que pour le besoin, & au cas (a) que le Prélat voulût s'en servir; ce qui semble prouver encore, qu'originairement l'Eglise n'a institué le luminaire, que pour la nécessité.

A l'égard de l'*Encens*, il paroit par les prémiers Ordres Romains, qu'il n'a d'abord été introduit dans l'Eglise, que pour purifier le lieu & le parfumer. Tel semble avoir été originairement l'usage primitif de l'encens. C'étoit proprement la suffumigation des Anciens, nécessaire sur-tout dans les Eglises, ou Basiliques, à cause de la grande multitude de peuple qui s'y assemble, mais plus nécessaire encore lorsque les Chrétiens s'assembloient dans des caves, des cimetiéres & des lieux souterrains, sujets à pousser des exhalaisons & des vapeurs puantes & malignes. Tel est sur l'usage de l'encens le sentiment des Peres, de saint Clément d'Alexandrie, de Tertullien, d'Arnobe, de Lactance, de saint Augustin, &c. Tous ont pensé que l'encens n'étoit emploié dans les prémiers siécles de l'Eglise, qu'à cause de son effet le plus naturel, qui est de dissiper les mauvaises odeurs: au-lieu que les Payens en offroient à leurs Idoles; & que chez les Juifs, le parfum étoit consacré au Seigneur d'une maniere si particuliere, qu'il n'étoit pas même permis d'en composer de semblable, pour en sentir l'odeur. Aussi, dit saint Thomas, l'Eglise n'emprunte-t-elle point précisément son encens de l'usage de la Synagogue. Elle le tient de toutes les Nations, qui pour chasser le mauvais air d'un lieu, & y répandre de bonnes odeurs ont toujours emploié des gommes odoriférantes & aromatiques.

On oppose à ce sentiment l'usage de la bénédiction (b) qui se récite en mettant l'encens dans l'Encensoir; celui d'encenser l'Evêque & les Ministres à l'Autel, ou au Chœur; d'encenser l'Autel à l'Offrande; d'encenser le Saint Sacrement dans les Processions, où on le porte en Cérémonie; d'encenser des Cendres, des Cierges, des Rameaux, &c. lorsqu'on les bénit. Mais on répond, que la bénédiction de l'Encens paroit d'un usage assez moderne, puisqu'encore aujourdhui les Chartreux se contentent de mettre l'Encens dans l'Encensoir, sans accompagner cette action ni de priere, ni de signe de croix: que de même la coutume d'encenser l'Autel à l'Offrande n'étoit pas encore en usage à Rome au IX. siecle, & que d'ailleurs elle n'a pour objet que de parfumer les Offrandes: qu'on doit dire la même chose de l'usage d'encenser le Saint Sacrement dans les Processions, puisqu'à Lyon & à Vienne en Dauphiné, pendant toute la marche de la Procession de la Fête-Dieu, les Thuriféraires ne cessent de donner du mouvement à leur Encensoir, sans le diriger une seule fois vers le Saint Sacrement: ce qui marque que c'est le chemin par où passe le Saint Sacrement, & non le Saint Sacrement même qu'on encense: qu'on n'encense l'Evêque & le Clergé, que pour leur faire recevoir l'odeur du parfum; ce qui est si vrai, qu'au-lieu de les encenser par le mouvement de l'Encensoir, en le dirigeant vers eux, comme cela se pratique aujourdhui, autrefois on le leur portoit tout fumant au nés, comme cela se fait encore chez les Jacobins, & chacun en attiroit la vapeur avec la main: qu'enfin si on encense des Cendres, des Cierges, des Rameaux, &c. c'est pour leur faire prendre de bonnes odeurs, & les parfumer, pour les (c) enfumer, comme le dit le *Pontifical de Verdun*; pour les purifier, dit un *Sacramentaire de Salsbourg*, en parlant aussi des Rameaux.

Sur les *Ornemens Sacerdotaux* nous remarquerons d'abord, que le fils de Dieu ne prit
point

(a) *Allata ante eum libra, & candela, si ea uti voluerit.*
(b) *At illo benedicente, in cujus honore cremaberis.*
(c) *Rami infumantur.*

N 2

point d'autres vêtemens, pour célébrer la sainte Céne avec ses Disciples, que ceux qu'il portoit ordinairement. De même dans la naissance de l'Eglise on disoit la Messe sans beaucoup de cérémonies, & en habits communs & ordinaires. C'est le sentiment général de tous les Savans, entr'autres de Mr. *Fleury* & du Pere *Thomassin*; & c'est ce qu'on reconnoîtra sans peine par un petit détail, au sujet des ornemens, dont les Ministres de l'Eglise Catholique se servent à l'Autel.

L'*Amict* vient du Latin *Amictus*, qui signifie en général tout ce qui sert à couvrir la tête. C'étoit en effet dans son origine une espéce de coëffure, ou de couvre-chef, également commune aux Ecclésiastiques & aux Laïques, qui voiloit (a) une partie du visage. Aussi l'Evêque observe-t-il toujours à l'Ordination, d'en couvrir la tête du Soudiacre. Cependant l'incommodité d'avoir la tête ainsi serrée & enveloppée, a fait dans la suite retomber l'Amict sur le cou; & ce n'est plus aujourdhui qu'une piéce de toile à peu près quarrée, dont on se couvre les épaules. Seulement par un reste d'impression de l'ancien usage, & pour exprimer par l'action ce que signifie la priére (b) qui l'accompagne, quelques Ecclésiastiques observent encore de faire toucher cet habillement à leur tête, avant que de le mettre sur le cou. Il n'y a plus que les Religieux & quelques Chanoines Séculiers, qui en célébrant la Messe ont retenu l'ancien Capuce, ou Capuchon d'étoffe, qui mettent l'Amict sur la tête. On le porte aussi sur la tête pendant l'hiver dans quelques Eglises, comme dans le Diocése de Paris, &c.

L'*Aube* ainsi appellée à cause de sa blancheur, est une espéce de Robe de toile, qui descend jusqu'à terre, & dont les manches sont étroites, sur-tout vers le poignet. Autrefois elle étoit indifferemment de toile ou de laine, & étoit commune aux Clercs & aux Laïques, comme le prouvent le Pere *Thomassin* dans son Livre *de la Discipline de l'Eglise*, & Mr. *Fleury* dans les *Mœurs des Chrétiens*, où de ce que l'Empereur *Aurélien* fit présent au Peuple Romain de Tuniques blanches, il conclud que l'Aube n'étoit pas d'abord un habit particulier aux Clercs. Il ajoute dans son Histoire Ecclésiastique (c) que „ la première mention qu'il a trouvée d'Aube destinée au service de l'Autel c'est dans „ le IV. Concile de Carthage, tenu à la fin du IV. siécle". Quoiqu'il en soit, les Clercs portoient l'Aube continuellement; & ils en avoient de rechange pour le service de l'Autel. C'est ce qui paroît par les Constitutions Ecclésiastiques, où il leur est recommandé d'avoir des Aubes qui ne servent qu'à l'Autel, afin qu'elles soient plus blanches & plus nettes. On voit même que lorsque les Evêques commencérent à négliger de porter cet habit dans l'usage civil & ordinaire, les Conciles (d) ne manquérent pas de le leur faire reprendre aussi-tôt. Enfin le Pape pratique encore cet usage, ainsi que la plupart des Chanoines Réguliers, qui par-tout, & même en voiage, sont toujours revêtus de l'Aube, quoique plus courte que celles qui sont destinées au service de l'Autel. C'est cette Aube ainsi raccourcie, qu'on appelle communément *Rochet*.

La *Ceinture* sert à arrêter, & à serrer l'Aube autour des reins, & même au besoin à la retrousser, si elle est trop longue. C'est ainsi que les Juifs & les Romains, qui portoient leurs habits fort longs, étoient obligés de les replier à la ceinture, pour pouvoir agir & marcher plus commodément.

Le terme de *Manipule* vient du Latin *Mappa*, qui signifie *une serviette*. De-là le diminutif *Mappula*, d'où par corruption on a fait *Manipula*, ou *Manipulus*, car tous les deux se disent également pour signifier le Manipule. Ce n'étoit en effet originairement qu'un simple linge plus long que large, souvent garni de frange par le bas; proprement une serviette, dont on se servoit pour essuier les vases sacrés, & pour divers autres usages concernant la propreté: à peu près comme on voit les Maîtres d'Hôtel, & en général tous ceux qui servent à table, porter leur serviette sur l'épaule. Aussi le Manipule se met-il au bras gauche, afin que la main droite soit plus à portée de le prendre, & de s'en servir, & que n'étant point chargée, elle ait plus de liberté pour agir. Tel étoit d'abord le Manipule; & alors il étoit commun à tous ceux qui servoient à l'Autel. Les choses changérent vers le X. siécle. On commença par convertir la toile en une étoffe de laine, ou de soie: la frange de fil devint ensuite une frange de soie, d'or ou d'argent; enfin vers le XII. siécle le Manipule se trouva converti en une piéce de satin, de damas, ou de brocard, chargé assez souvent de broderie, & devint un Ornement sacerdotal affecté particuliérement au Soudiacre, qui est le seul à

qui

(a) *Sacerdos amictu caput suum obnubit,* porte le Missel de Lyon de 1556.
(b) *Impone, Domine, capiti meo galeam salutis,* &c.
(c) L. 20.
(d) Entr'autres le Concile de Montpellier de 1214. Le IV. de Latran de 1215. Celui de Bude de 1274. Celui de Milan de 1565, &c.

qui on le donne dans l'Ordination, quoique le Diacre & le Prêtre le portent de même à l'Autel.

L'*Etole* est un Ornement consistant depuis longtemps en deux larges bandes d'étoffe de laine, ou de soie, souvent couvertes de broderie, qui pendent par devant depuis le cou jusqu'en bas. Les Savans croient que ces bandes ont été détachées de l'ancien vêtement, ou manteau ouvert pardevant, appellé *Stola*, d'où elles ont retenu le nom d'Etole. Elle ont pris aussi celui d'*Orarium*, du mot *ora*, qui signifie bord, lisière, extrémité; parce que ces bandes jointes à l'habit en terminoient les bords, & en ornoient les deux extrémités pardevant. C'étoit ce que les Romains appelloient *Laticlave*, ou *Angusticlave*, selon la différente largeur de ces paremens. L'Etole est l'Ornement des Evêques, des Prêtres & des Diacres; & ordinairement les Prêtres la croisent sur la poitrine en disant la Messe : mais aucun ne s'est encore avisé de la croiser sur le Rochet, ni sur le surplis. Les Evêques au contraire la portent toujours pendante. A l'égard des Diacres, quoiqu'originairement ils la portassent pendante par devant, à présent, & depuis longtemps ils la mettent de gauche à droite en façon d'écharpe, „ afin d'avoir le côté droit libre pour le Service ”, dit le IV. Concile de Tolede. Nous observerons encore, qu'autrefois les Evêques & les Prêtres portoient toujours l'Etole, même en voiage; & qu'assez souvent les uns & les autres portent encore cet Ornement hors de l'Autel, en prêchant, en administrant les Sacremens, en recevant la Communion de la main d'un autre, aux enterremens, aux synodes, aux Processions, &c. Le Pape ne le quitte même jamais, non plus que sa Barette, son Camail, & son Rochet, ni à table, ni dans ses appartemens, ni dans ses promenades, ou entretiens familiers, ni enfin dans les rues de Rome. On dit même de quelques Papes, entr'autres de *Pie* II. qu'ils portoient aussi l'Etole à la campagne. *S. Thomas de Cantorberi* ne la quittoit ni le jour, ni la nuit.

Les Diacres se servent encore à l'Autel d'une *Tunique*, ou *Dalmatique*. C'étoit originairement un habit vulgaire, commun même aux Laïques; & c'est encore aujourdhui l'habit de cérémonie des Hérauts d'Armes, des Jurés-Crieurs, & des Bedeaux de Confrérie. Autrefois les manches des Dalmatiques étoient fermées; & elle l'étoit elle-même par les côtés. Depuis on l'a fendue; & après en avoir racourci les manches, on les a encore ouvertes par-dessous. Tout cela étant indifférent, on a cherché la commodité.

La *Chasuble* étoit dans son origine une espèce de manteau, ou d'habit de dessus tout uni, fermé pardevant, & n'aiant ni bandes, ni galons, ni paremens. Elle couvroit tout le corps; & étoit commune aux Clercs, aux Moines, & aux gens du monde. *S. Augustin* fait mention (a) d'un Artisan, qui avoit égaré sa Chasuble, & qui n'avoit pas le moien d'en acheter une autre. Autrefois la Chasuble étoit toute ronde, & trainante à terre, fermée de toutes parts, & aiant seulement par le haut une ouverture propre à passer la tête. On en voit encore de cette ancienne forme en une infinité d'Eglises. Depuis, pour l'aisance & la commodité, peut-être aussi pour éviter la superfluité, on a ouvert cet habillement par les côtés, & on l'a rogné de toutes parts; en sorte que la Chasuble ne consiste plus aujourdhui qu'en une bande devant & une bande derriere, de la largeur à peu près d'un scapulaire de Moine.

Nous ne parlons ni du bonnet quarré, ni de l'aumusse, ni du surplis & du Rochet, ni du Camail, &c. On peut consulter sur tout cela l'Auteur (b) que nous suivons ici. Nous ajouterons seulement encore un mot au sujet de quelques-uns des Ornemens Episcopaux, qui comme on le verra, ne sont pas si particuliers à l'Evêque, qu'ils ne conviennent aussi aux simples Prêtres.

Les *Sandales* & les *Caliges* font la chaussure de l'Evêque. La sandale étoit originairement composée de simples semelles, attachées par-dessus avec des cordons, ou courroies de cuir, pour garnir la plante du pied, & la défendre des pierres, des boues & du froid. Les Caliges étoient une espèce de bottines, qui couvroient le pied & la jambe. Telle étoit en général la chaussure des Anciens : & parce qu'on n'eut eu garde de souffrir, que les Prêtres se servissent à l'Autel des mêmes bas & des mêmes souliers, qu'ils portoient ordinairement, presque toujours sales & crotés, la bienséance exigea une chaussure particulière plus propre, & plus décente pour les fonctions de l'Autel. De-là l'usage général de changer de chaussure, commun à tous les Ministres qui en approchoient, & qui n'a cessé vraisemblablement qu'à cause de la pauvreté des simples Prêtres, qui ne leur a pas toujours permis d'avoir ainsi deux paires de souliers & de bas,

(a) Dans la Cité de Dieu. L. XXII. Ch. 8.
(b) Dom de Vert. *Explic. des Cérém.* Tom. II. pag. 242. & suiv.

bas, pour changer. Ainſi ce privilége eſt reſté aux ſeuls Evêques; avec cette différence, qu'ils ont métamorphoſé les Caliges en bas, & les Sandales en ſouliers. Il n'y a plus que quelques Religieux mendians, qui changent encore de ſandales pour dire la Meſſe.

La *Mitre* étoit anciennement un habillement de tête purement profane, commun à toutes les Nations, & propre aux femmes comme aux hommes. C'étoit auſſi la coeffure des Prêtres Idolatres. Vers le X. ſiecle les Eccléſiaſtiques, ſur-tout les Evêques commencèrent à ſe l'approprier. Ceux-ci la portoient continuellement, même dans leurs repas. Les Papes l'avoient auſſi aux Audiences publiques, au Conſiſtoire, &c. Enfin elle n'a plus été d'uſage dans la ſuite, qu'à l'Autel, aux Proceſſions, & dans quelques-autres fonctions Epiſcopales. Il n'y a donc aujourdhui que les Evêques & les Abbés Réguliers, qui ſoient en poſſeſſion de cette forme de bonnet, qui s'eſt auſſi conſervé dans quelques Egliſes, où il ſubſiſte toujours, même parmi le Clergé inférieur, & juſqu'aux Chantres ou Choriſtes. Telles ſont celles de Lyon, de Châlons-ſur-Saone, &c. Les Enfans de Chœur de l'Egliſe de Vienne en Dauſiné la portoient encore au commencement du XVI. ſiecle (*a*). Au reſte la Mitre n'étoit d'abord qu'une eſpèce de bonnet rond, aiant des cordons qui ſervoient à le ſerrer autour de la tête, garni depuis par-devant & par derriere de deux cartons terminés en pointe, pour le tenir en état, avec un fond de toile, de taffetas, ou de quelque autre étoffe, qui n'aiant pas aſſez de conſiſtance, s'eſt abaiſſée inſenſiblement; en ſorte que le devant & le derriere du bonnet ont été ſurmontés par les cartons, dont les pointes ſe ſont enfin élevées peu à peu juſqu'à la hauteur où nous les voions. Les deux fanons, ou bandes qui ſont au derriere de la Mitre, & qui pendent ſur les épaules, ſemblent auſſi n'être autre choſe que les cordons, qui ſervoient autrefois à lier le bonnet autour de la tête.

A l'égard des *Gants*, c'eſt encore aſſez l'uſage parmi quelques Moines anciens de l'Ordre de Cluni, que les Prieurs en portent hors de l'Autel, lorſqu'ils officient. Il en eſt de même des Chantres en pluſieurs Egliſes, comme à St. Gatien de Tours, &c. Mais il y a, dit-on, cette différence entre les Gants des Evêques & ceux des ſimples Prêtres, que ceux-ci ſont de cuir & couſus, au-lieu que ceux des Evêques ſont de ſoie & faits ſur le métier.

Je finis par les *Autels Privilégiés*. Ce que nous avons dit ailleurs touchant les Autels ſeroit imparfait, ſi nous oublions de parler des *Autels Privilégiés*. Voici ce que *M. Thiers* nous apprend (*b*) de leur origine, dont il fixe l'époque après la concluſion du Concile de Trente, c'eſt-à-dire, depuis l'an 1563.

(*c*) „ La prémiere idée en eſt venue vraiſemblablement à quelque Moine Mendiant,
„ qui aiant jugé que cette dévotion pouvoit n'être pas inutile à ſon Couvent, en a
„ ſollicité, ou fait ſolliciter l'établiſſement à Rome… Enſuite il a trouvé accès à la
„ Daterie: il y a propoſé la choſe de la manière la plus inſinuante: il y a obtenu un
„ Bref d'Autel Privilégié: il l'a fait approuver par l'Ordinaire: il l'a fait imprimer, af
„ ficher, publier par-tout: il a fait faire des tableaux avec cette Inſcription en gros ca
„ ractères, en lettres d'or, *Autel Privilégié*: il en a fait mettre au haut de l'Autel
„ deſtiné pour les Indulgences, au-deſſus des Portes de ſon Egliſe, au-deſſus de la prin
„ cipale de ſon Couvent: il a fait ſonner & carillonner: il a envoyé des billets par les
„ maiſons: on a paré magnifiquement l'Egliſe, ſur-tout l'Autel Privilégié: on a préco
„ niſé les Indulgences: le Peuple eſt venu en foule pour les gagner: il a demandé des
„ Meſſes à l'Autel Privilégié: les Moines qui auparavant en avoient peu, en ont eu de
„ reſte: on a augmenté la Communauté pour les acquitter; en un mot on s'eſt bien
„ trouvé de cette nouvelle invention.

„ Il n'en a pas fallu davantage pour exciter la ſainte jalouſie des autres Mendians.
„ Ils ſe ſont donné tous les mouvemens néceſſaires, pour arriver au même but. Ils ont
„ écrit, ils ont envoié, ils ont ſollicité en Cour de Rome; & ils ont tant fait par leurs
„ journées, qu'ils ont enfin obtenu des Autels privilégiés.

„ Des Egliſes des Mendians ils ont paſſé dans celles des autres Réguliers; de-là dans
„ quelques-unes de celles des Moines rentés, dans les Paroiſſes, dans les Collégiales,
„ dans quelques Cathédrales même. On s'eſt apperçu qu'ils attiroient des Meſſes aux
„ Mendians. Les autres Réguliers, ont jugé que ce moien n'étoit point à négliger.
„ Ils ont de même expoſé des Ecriteaux d'Autels Privilégiés. Quelques-uns ont enchéri

„ chéri sur ces Ecriteaux , & y ont ajouté: *Ici on délivre une ame du Purgatoire à cha-*
„ *que Messe.* D'autres tandis qu'on disoit des Messes à leurs Autels Privilégiés, prin-
„ cipalement depuis la Consécration jusqu'à la fin de la Communion, faisoient jouer
„ derrière de petits feux d'artifice, pour marquer que dans ce moment une ame sortoit
„ du Purgatoire, pour s'envoler au Ciel.

„ Comme il y a toujours quelques Moines dans les Couvents, quelques Prêtres dans
„ les Paroisses, quelques Chanoines ou quelques Chapelains dans les Collégiales, &
„ dans les Cathédrales, qui savent un peu mieux que les autres s'insinuer dans l'esprit
„ des bonnes gens, parer les Autels, sonner ou faire sonner les cloches, on les char-
„ ge ordinairement de la Sacristie, du Registre & du compte des Messes ; & pour bien
„ mériter de leurs Supérieurs ou de leurs Confreres, & faire valoir leur commission,
„ un de leurs prémiers soins est d'avoir … un Autel Privilégié, afin de faire venir des
„ Messes à la Sacristie, sous prétexte de faire gagner des Indulgences, & de délivrer
„ des ames du Purgatoire. Les plus sensés & les plus éclairés de ces Communautés
„ font semblant de ne pas s'appercevoir de ces adresses spirituelles ; & quand on leur
„ en parle à dessein d'en arrêter le cours, & d'en bannir au moins les abus, ils répon-
„ dent d'un ton indifférent & d'une maniere négligée, qu'ils ne se mêlent pas de ces
„ sortes de choses ; que c'est le Pere tel, M. tel qui en a soin ; qu'on le laisse faire ; qu'il
„ a bonne intention. Cependant ils ne sont pas fâchés, que leurs Sacristies profitent
„ des émolumens qui en reviennent, & de se voir par-là dispensés de fournir à la dé-
„ pense qu'ils seroient obligés de faire pour entretenir leurs Eglises d'Ornemens, de
„ luminaire & de réparation… Voilà l'utilité des Autels Privilégiés. Et c'est pour cela
„ qu'un Moine … se faisant interroger à Paris pour la Licence de Théologie, & un de
„ les Examinateurs s'étant avisé de lui demander (a) ce qu'il pensoit des Autels Privi-
„ légiés ; il lui répondit d'une voix ferme, qu'il n'en savoit qu'une chose, qui étoit
„ qu'il leur en revenoit beaucoup de profit ".

Il faut cependant demeurer d'accord, que les plus illustres Eglises Cathédrales n'ont
point voulu recevoir d'Autels privilégiés. Il n'y en a jamais eu à Saint Jean de Latran
à Rome, où tous les Autels font si remplis d'Indulgences. Il n'y en a jamais eu non
plus à Lyon, à Sens, à Paris, à Chartres, ni en plusieurs autres Cathédrales de
France.

Voilà ce que nous apprend l'Auteur que nous avons cité, de l'origine des Autels privilégiés. Il ajoute qu'il y en a de deux sortes : les uns à perpetuité ; les autres pour un
temps qui est ordinairement de sept ans. Les prémiers font plus rares, & plus difficiles à obtenir ; au-lieu que les autres s'accordent sans peine à ceux qui en demandent.
D'ailleurs le stile des uns & des autres se ressemblent assez ; avec cette différence cependant, que les prémiers commencent toujours par cette clause : *Ad perpetuam rei memoriam* ; & les derniers par celle-ci : *Ad futuram rei memoriam.* Outre cela aux prémiers on délivre une ame du Purgatoire, toutes les fois qu'on y dit la Messe des
Morts : au-lieu qu'aux derniers on n'en peut délivrer, qu'en l'y disant aux jours fixés
par le Bref.

Nous n'entrerons point dans le détail des raisons que l'Auteur allègue, pour prouver qu'il n'est nullement défendu de douter, qu'en disant des Messes des Morts à un
Autel privilégié plutôt que d'autres Messes, en les y disant plutôt qu'à d'autres Autels,
en les y disant à certains jours plutôt que dans d'autres, on délivre infailliblement des
ames du Purgatoire. Nous rapporterons seulement après lui un passage de *Maldonat*,
qui fera voir ce qu'on doit penser à ce sujet. „ Le Pape & les Evêques, dit (b) ce
„ savant Théologien, peuvent délivrer les ames du Purgatoire, pourvu qu'ils ordon-
„ nent pour elles autant de suffrages, qu'il leur en faut pour être délivrées. Cepen-
„ dant ils ne peuvent, ni ne doivent jamais se servir de cette formule : quiconque
„ fera ceci, ou cela, délivrera une ame du Purgatoire ; parce qu'ils ignorent de com-
„ bien de peines cette ame qui doit être délivrée, est redevable, pour pouvoir juger si
„ les suffrages qu'ils ordonnent pour la délivrance, sont suffisans, & que ne le sachant
„ pas, ils ne sauroient dire sans témérité, celui qui fera telle chose, délivrera une
„ ame du Purgatoire. Ils le peuvent encore moins faire, lorsqu'ils n'enjoignent que
„ de très légers suffrages, comme de dire une fois ou deux l'Oraison Dominicale, ou
„ de dire une Messe à un Autel, ou à un autre. Car assurément Dieu seroit très
„ cruel, si parce qu'on n'auroit pas dit un *Pater noster*, il retenoit une ame, pour
„ laquelle

(a) *Quid censes de altaribus privilegiatis? Hoc unum scio, quod ex illis multi sunt nobis proventus.*
(b) *De Pœnit.* Tom. II. Tit. *de Indulg. 6. q. in fine.*

" laquelle il a répandu son sang, dans d'aussi rigoureuses peines que sont celles du Pur-
" gatoire.

On peut lire dans le même Auteur une histoire fort curieuse d'un Religieux de Reims, qui étoit lui-même *Autel Privilégié.*

D I S S E R T A T I O N

Sur la Messe.

LA Messe est ce que nous appellons l'Eucharistie considérée comme Sacrifice, ou le Sacrifice de l'Eucharistie; parce que c'est dans la Messe que Jésus-Christ rend à son Pere, & que l'Eglise rend à Dieu par Jésus-Christ le plus grand de tous les hommages qui peuvent lui être rendus, & la plus parfaite comme la plus excellente de toutes les actions de graces.

Ce que nous appellons *Messe* a toujours été, & dès l'origine de l'Eglise célébré sous d'autres noms, de l'aveu même de *Calvin* (a) & des Centuriateurs de Magdebourg. Sur-tout on lui a donné souvent ceux de *Collecte* & de *Synaxe*, de cela seul que pour y assister tous les Fideles s'assemblent dans un même lieu. C'est donc un pitoyable argument contre l'antiquité de la Messe, que de dire avec les Protestans que le nom en est nouveau. C'est comme si de ce que le mot de *Prêche* pour signifier *le Sermon*, la *Prédication*, n'a eu cours en France qu'au seizième siècle, on vouloit en conclure qu'avant le Calvinisme il n'y avoit ni Sermon ni Prédication dans le Roiaume. L'Eglise, lorsqu'elle le juge à propos, exprime par des termes nouveaux les vérités les plus anciennes; témoin le *Consubstantiel* introduit par le Concile de Nicée, le *Theotocos* adopté par celui d'Ephése, &c.

Quoiqu'il en soit, la Messe est ainsi appellée du mot latin *Missa*, ou *Missio*, qui signifie congé, permission, ou ordre de se retirer, de sortir, &c. En effet on sait qu'autrefois avant l'action du Sacrifice on faisoit sortir de l'Eglise & on renvoioit les Cathécuménes, les Possédés, & certaines classes de Pénitens, ceux en un mot à qui il n'étoit pas permis d'assister aux saints Mystéres; de même, dit (b) le Jésuite *Scortia*, que chez les Païens on rejettoit des Sacrifices tous ceux qui n'étant pas initiés dans les Mystéres, étoient encore regardés comme profanes. C'est ce que Virgile témoigne par ces vers: (c)

> *Procul, ô, procul este, profani,*
> *Conclamat vates, totoque absistite luco.*

Ce renvoi étoit solemnel, dénoncé à haute voix, & se faisoit à diverses fois. En voici les formules. Sortez, Cathécuménes. S'il y a ici quelque Cathécuméne, qu'il se retire. Que les Cathécuménes s'en aillent en paix. Sortez, Energuménes. Sortez, Compétans. Sortez, Pénitens, &c. Et voici l'ordre dans lequel on sortoit. Aprés le Sermon ou l'explication de l'Evangile, les Infidéles sortoient d'abord, & aprés eux les Auditeurs; c'est-à-dire les Cathécuménes de la prémiere classe, & les Pénitens de la seconde. Ensuite venoient les Cathécuménes de la seconde classe qu'on mettoit en priéres, & qui aprés avoir reçu la bénédiction du Pontife, se retiroient. On faisoit de même la priére des Energuménes, puis celle des Compétans ou Cathécuménes du troisiéme rang, enfin celle des Pénitens de la troisiéme classe, & on les congédioit; en sorte qu'il ne restoit avec les Fidéles que les Pénitens du quatriéme dégré, qu'on nommoit les Consistans.

Cette Cérémonie, & tout ce qui s'y trouvoit renfermé, c'est-à-dire, les priéres & les bénédictions qui se faisoient, tant sur les Cathécuménes que sur les Possédés & les Pénitens, avant que de les congédier, s'appelloit la Messe ou le renvoi des Cathécuménes. C'est le nom que lui donne le IV. Concile de Carthage, lorsqu'il permet aux Hérétiques, aux Juifs & aux Payens d'entrer dans l'Eglise, & d'y rester jusqu'à la (d) *Messe des Cathécuménes* exclusivement; & c'est en ce tens que St. Augustin dit (e) qu'aprés

le

(a) *Instit.* Lib. IV. Cap. 18.
(b) *De Sacrosanct. Miss. Sacrif.* Lib. I. Cap. 1.
(c) *Æneid.* Lib. VI.
(d) *Usque ad Missam Catechumenorum.* Can. 84.
(e) *Serm. de temp.* 237.

le Sermon, ou la Prédication, on fait la Messe, c'est-à-dire, la Cérémonie de congédier les Cathécuménes. Il paroit même que dans la suite on donna ce nom de Messe des Cathécuménes à tout ce qui précédoit leur renvoi, & tout ce qui se chantoit ou se récitoit avant que de les congédier, comme l'Introit, le *Kyrie*, la Collecte, les Prophéties ou l'Epître, le Trait ou le Graduel, & l'Evangile. (*a*) Et parce que la fin de cette Messe faisoit en même tems le commencement de la Liturgie, à laquelle les Fidéles seuls avoient droit d'assister, le nom de Messe a aussi insensiblement & naturellement passé à cette seconde partie, soit qu'elle ait d'abord été appellée *Messe des Fidéles*, par opposition à celle des Cathécuménes, soit qu'on se soit contenté de l'appeller simplement du nom de Messe sans autre addition. C'est ainsi que l'appelle St. *Ambroise* dans sa lettre à Marcelline sa sœur, où il raconte „ que le Dimanche des Rameaux, après la Lecture „ des Saintes Ecritures, le Sermon fini, les Cathécuménes étant congédiés, comme „ il expliquoit le symbole à quelques Compétens dans le Baptistere de la Basilique, on „ vint l'avertir qu'on avoit envoié du Palais des Huissiers, pour suspendre ou attacher „ les Banniéres de l'Empereur dans la Basilique Porcienne, & que déja une partie du „ peuple y couroit; mais qu'il ne laissa pas de continuer ses fonctions, & de (*b*) com„ mencer la Messe ". Aussi St. *Isidore*, dit-il, que „ la Messe commence au temps „ du Sacrifice, c'est-à-dire, lorsque le Diacre renvoie les Cathécuménes, en leur di„ sant: *S'il y a encore ici quelque Cathécuméne, qu'il sorte*; & que c'est de-là que vient „ le mot de Messe ".

Enfin ces deux parties venant à ne plus faire qu'un seul & même corps de Liturgie, on les a toutes deux comprises & réunies sous le nom de Messe qui a prévalu, & qui seul est resté plus communément dans le langage de l'Eglise, & toujours dans la bouche du Peuple. Ce n'est pas que la formule *Ite. Missa est*, qui termine la Liturgie, n'ait pu aussi contribuer à faire donner ce nom de Messe au Sacrifice. Toute l'action n'aura peut-être été ainsi dénommée, que de ces derniers mots de la Messe des Fidéles.

Après avoir parlé légerement du nom de Messe, il est à propos que nous apprenions ce qu'on entend par le mot de Liturgie. Et parce que M. *Simon* a traité fort (*c*) au long cette matiére, nous nous contenterons de rapporter ce qu'il en dit.

Le mot de *Liturgie* a été pris du Nouveau Testament, où il signifie pour l'ordinaire, Office ou Ministére public; & en ce sens il est appliqué au Ministére de l'Evangile, tant pour la Prédication, que pour l'administration des Sacremens. C'est pourquoi S. Paul (*d*) voulant marquer que Dieu l'avoit destiné à ce saint Ministére, dit en parlant aux Fidéles de Rome: Que Dieu lui avoit fait la grace de le choisir pour être le *Leitourgos* ou Ministre de Jésus-Christ pour annoncer l'Evangile aux Nations. Mais l'Eglise Orientale a restraint ce mot à l'Office particulier de la Messe, qu'elle appelle Leiturgie.

Si l'on considére cet Office de la Liturgie dans son origine, on ne peut nier qu'il ne fût plus simple, aussi bien que tous les autres Offices auxquels on a ajouté quelque chose dans la suite, sans pourtant en changer ce qui étoit essentiel. La Liturgie a toujours consisté dès le commencement en certaines priéres, accompagnées de louanges & d'actions de graces qu'on faisoit sur le pain & sur le vin, pour les bénir & les consacrer, en les changeant au Corps & au Sang du Fils de Dieu par les paroles Sacramentales que le Prêtre prononçoit; à l'imitation de ce que Notre-Seigneur avoit observé dans l'action de la Pâque qu'il fit avec ses Apôtres. On rompoit ensuite ce pain, & on le distribuoit à tous ceux qui assistoient à la Cérémonie, à laquelle le Prêtre ou Ancien présidoit; de la même maniére que parmi les Juifs le Pere de famille, ou le plus qualifié de la Compagnie bénit le pain & ensuite le vin de la coupe, & qu'après avoir pris de l'un & de l'autre, il les distribue à ceux qui sont à table avec lui.

Il n'y a point de doute que Notre-Seigneur, dans la derniére Pâque qu'il fit avec ses Disciples, & qui est décrite par les Evangélistes, n'ait suivi lorsqu'il bénit & consacra le pain & le vin, les usages que les Juifs observoient en ce temps-là dans la célébration de la Pâque. Il se servit de priéres, de bénédictions & d'actions de graces semblables à celles, dont ils se servoient dans la Cérémonie de l'Agneau Pascal, qu'ils appelloient la sanctification ou consecration de la Pâque. C'est pourquoi Notre-Seigneur leur commanda d'observer toujours cette Cérémonie en sa mémoire, comme les Juifs faisoient

(*a*) V. le Glossaire Latin de Mr. *du Cange* sur le mot *Missa Cathecumenorum*.
(*b*) *Ego tamen mansi in munere; Missam facere cœpi.*
(*c*) Supplément à la Dissert. de *Léon de Modène*, Chap. 18. & 19.
(*d*) Epît. aux Rom. Ch. 15. V. 16.

Tome VII. Part. II.   P

faisoient la Pâque en mémoire de ce qui se passa, lorsqu'ils sortirent d'Egypte. Et ce qui rend encore ces deux Cérémonies plus semblables, est que comme la Pâque des Juifs est la représentation de ce qui arriva à leur sortie de l'Egypte, quand ils furent entierement délivrés de la captivité où ils étoient; de même l'Office de la Liturgie parmi les Chrétiens contient les principaux Mystéres de notre Religion, principalement de la mort & de la Résurrection de Notre-Seigneur, qui les a délivrés de la captivité du péché. C'est ce qu'on peut remarquer dans tous les Ouvrages des Auteurs Grecs, qui ont écrit sur la Liturgie.

Outre les priéres, les louanges, les bénédictions & les actions de graces, en quoi consiste proprement la Liturgie, on lit l'Epitre & l'Evangile, qui autrefois étoient accompagnés de quelque chose des Prophéties & des Pseaumes, dont il reste même encore des marques dans la Messe, laquelle aiant été abregée depuis quelque temps, on n'a retenu que certains versets des Pseaumes, qu'on chantoit ou recitoit autrefois tout entiers. Ce qu'on appelle présentement *Antienne* vient de ce que dans les commencemens, le Pseaume dont l'Antienne d'aujourdhui n'est le plus souvent qu'un Verset, se chantoit entier. Le mot Antienne tire son origine du mot Grec *Antiphona*, parce qu'on récitoit ces Pseaumes alternativement dans les Assemblées. C'est aussi pour cette raison qu'on trouve dans la Messe certains versets des Prophéties & des autres Livres de la Bible, parce que ceux qui ont abregé la Messe, n'ont retenu qu'une partie d'un discours qui étoit plus long. Ce qui paroît évidemment dans l'Antienne qu'on nomme *Offertoire*, & qui ne consiste pour l'ordinaire qu'en un verset ou deux de quelque Pseaume; au-lieu qu'au commencement on chantoit les Pseaumes entiers, pendant que le Peuple faisoit ses Offrandes.

On remarquera néanmoins que la lecture des Livres du Vieux-Testament, de l'Epitre & de l'Evangile, & le chant même des Pseaumes, ne sont point des choses singuliéres à l'Office de la Messe: mais toutes les fois que les prémiers Chrétiens s'assembloient, ils ne manquoient point de faire ces lectures, comme il paroît par les Epitres de S. Paul, & les Ouvrages des SS. Peres. On ne peut douter que cette coutume ne soit venue des Synagogues Juives, où l'on faisoit exactement la lecture de la Loi, & de quelques endroits des Prophéties. Il y a même de l'apparence, que la coutume de lire l'Epitre & l'Evangile au Pupitre tire aussi son origine de ce qui s'observe dans les mêmes Synagogues, où le Lecteur est placé dans un lieu un peu élevé, & en forme de Pupitre.

En un mot, pour peu de réflexion qu'on fasse sur l'ancienne maniére de faire la Liturgie, selon qu'elle se trouve dans les Livres de S. Justin Martyr, & des autres prémiers Peres de l'Eglise, on trouvera que la meilleure partie vient des usages qui s'observoient dans les Synagogues, & que les Apôtres ont retenu dans les prémieres Assemblées des Chrétiens. Mais le tems y a apporté quelque changement, & cela differemment selon les différens lieux; ce qui n'empêche pourtant pas que toutes les diverses Liturgies qui sont répandues dans tout le monde, ne conviennent en substance, & dans ce qui fait le fond principal de la Liturgie. Venons au détail, & examinons en particulier cette diversité de Messes, ou Liturgies.

On peut les diviser en général en Orientales & Occidentales. Sous le nom de Liturgies Orientales on comprendra les Liturgies des Grecs & des Melchites, lesquelles sont l'origine & la source de toutes les autres du Levant; celles des Chaldéens ou Syriens, qui sont les Nestoriens, les Jacobites, & les Maronites; celles des Cophtes ou Chrétiens d'Egypte, & celles des Ethiopiens; celles des Arméniens qui sont écrites en vieil Arménien; celles des Ibériens ou Georgiens & des Mengréliens écrites en leurs Langues; celles des Albanois, des Sclavons & des Moscovites, auxquels on peut joindre les Circassiens & les autres Chrétiens qui sont dans la Tartarie. D'où il est aisé de juger combien est grande l'étendue des Nations Chrétiennes, qui suivent encore aujourdhui le Rit Oriental dans la forme de leurs Liturgies.

Cette différence de Rit entre les Chrétiens d'Orient & d'Occident pour la Liturgie, consiste principalement dans une certaine Priére que les Orientaux appellent l'Invocation du S. Esprit, & dans laquelle, selon eux, consiste en partie la consecration du Pain & du Vin, & non pas dans ces seules paroles, *Ceci est mon Corps*, & le reste. Cette priére ou invocation se trouve presque en mêmes termes dans les Liturgies de toutes les Nations que nous venons de nommer; au-lieu que pas une des Messes Latines, qui sont en usage dans l'Eglise d'Occident, ne la contient. Sous le nom des Messes Latines, nous comprenons aussi les Eglises qui ont accommodé leur Rit à celui de Rome. Une partie des Sclavons, par exemple, qui habitent le long de la côte de

Dalma-

Dalmatie, ont traduit l'Office Romain en langage Sclavon , & y ont conformé leur
Liturgie. Les Grecs de plus , qui font dans la dépendance des Evêques Latins , ont
aussi introduit quelques changemens dans l'ancienne Liturgie Grecque. On peut dire
la même chose des Liturgies des Maronites , d'une partie des Nestoriens & des Arméniens , qui ont aussi réformé leurs Liturgies , pour approcher davantage de la Messe
des Latins : mais il n'est pas difficile de découvrir ces changemens , en les conférant
avec d'autres Liturgies de ces mêmes Nations , & d'en séparer tout ce qui appartient
au Rit de l'Eglise occidentale.

Pour ce qui est des prémiers Auteurs de la Liturgie , & de la Langue dans laquelle
elle a été prémierement écrite, on a dit bien des choses sur ce sujet , qui n'ont aucune
apparence de vérité. Il est fort probable que tout ce que nous avons de Liturgies tire
son origine des Grecs; car les expressions en font Grecques, & paroissent avoir été
traduites du Grec. Il ne faut pourtant pas s'imaginer que les Apôtres aient célébré en
Grec la Liturgie de la maniere qu'elle est aujourdhui , remplie de termes & de façons
de parler qui n'étoient point en usage dans les prémiers siécles de l'Eglise. Mais de l'observation que nous venons de faire , que toutes les Liturgies paroissent avoir été traduites du Grec , on en tirera cette conséquence , que les Eglises Grecques ont été les
prémieres qui ont composé un corps de Liturgies, sur lesquelles les autres Nations
Chrétiennes se sont ensuite reglées. Il est même fort vraisemblable , que les Apôtres
dans les prémieres Assemblées ont célébré la Liturgie en Grec , parce que la Langue
Grecque étoit alors la Langue la plus étendue de l'Empire , & que dans Rome même
plusieurs l'entendoient ; outre que l'on parloit Grec dans la plupart des prémieres E-
glises qui ont été fondées par les Apôtres : & c'est la raison pourquoi ils n'ont jamais
écrit aux Fidéles, même à ceux qui étoient à Rome, qu'en cette Langue.

On peut encore ajouter à cela , que dans les prémieres Assemblées des Chrétiens la
lecture du Nouveau Testament se faisoit en Grec, avant que chaque Nation l'eût traduit en sa Langue, & je ne doute point que l'on n'y chantât aussi ou récitât les Pseaumes dans la même Langue, en ce tems-là principalement qu'on lisoit la Version Grecque des Septante dans la plus grande partie des Synagogues.

Il est vrai que la Langue maternelle de la plupart des Apôtres étoit la Langue Syriaque, & que les Juifs de Jérusalem & des autres lieux voisins lisoient apparemment la
Bible en Hébreu dans leurs Synagogues : mais cela prouve tout au plus que quelques-
uns des prémiers Chrétiens ont célébré la Liturgie en langage Chaldéen ou Syriaque,
& que la lecture des Prophéties & la récitation des Pseaumes se faisoit dans leurs Assemblées en Hébreu. Ce qui n'est rien , si on le compare avec tous les autres lieux où la
Langue Grecque étoit en usage. De plus il n'y avoit pas alors de corps de Liturgies
écrites en Syriaque ou en Hébreu, comme quelques Auteurs se le font imaginé. Il n'y
a rien de si mal fondé que ce que ces Auteurs prétendent , que S. Pierre & quelques
autres Apôtres ont célébré la Messe en Hébreu; car il y avoit long-tems que la Langue
Hébraïque n'étoit plus en usage parmi les Juifs. Or S. Paul nous enseigne , que dans
les prémieres Assemblées des Chrétiens la Liturgie & les autres priéres se faisoient dans
une Langue qui étoit entendue de ceux qui y assistoient ; (a) & cela même est confirmé par le Cardinal *Bona* , qui assure que les Apôtres faisoient les priéres de la Liturgie dans la Langue du Pais ou ils se rencontroient.

Mais il ne faut pourtant pas conclure avec ce Cardinal , que les Apôtres soient en
effet les prémiers Auteurs de toutes les Liturgies qui font répandues en tant de Langues dans toute l'Eglise; car il est constant que les Liturgies en Langage Chaldéen ou
Syriaque , par exemple , celle des Nestoriens, des Jacobites & des Maronites, ne font
point les mêmes Liturgies que les Apôtres ont pu célébrer en cette Langue dans le
territoire de Jérusalem , d'autant que le Syriaque de ces Liturgies est différent du Syriaque que les Apôtres parloient en leur tems & en leur Pais : outre que comme il a
déja été remarqué , ces Liturgies Syriaques ont été traduites du Grec. Ce qu'on doit
aussi observer dans les autres Liturgies.

Sous prétexte que les Apôtres ont célébré la Liturgie dans la Langue des Eglises
qu'ils ont fondées , il ne s'ensuit pas qu'ils soient en effet les Auteurs des Liturgies qui
portent aujourdhui leur nom dans les Eglises d'Orient. Il suffit de jetter les yeux sur
ces Liturgies , pour être convaincu qu'elles ne peuvent avoir été en usage que plusieurs siécles après les Apôtres. Les Grecs en ont trois célebres , qui portent les noms
de S. Jacques, de S. Basile, & de S. Jean Chrysostome : mais ils ne se servent dans
l'usa-

(a) Lib. 1. *Liturg.* C. 5.

P 2

l'ufage ordinaire que des deux dernieres. Si on recherche avec foin les raifons qu'ils ont eues de donner ces noms à ces trois Liturgies, on n'en trouvera point d'autres que celles qu'ils tirent d'une tradition peu certaine, & à laquelle on ne doit pas ajouter foi aifément, parce que les plus favans Grecs n'en demeurent pas d'accord entr'eux. Je fai qu'on appuie ce fentiment fur l'autorité de *Proclus*, qui affure que S. Jaques eft le prémier Auteur de la Liturgie Grecque, & que cette Liturgie s'étant beaucoup augmentée dans la fuite des tems, (*a*) Saint Jean Chryfoftome & S. Bafile trouvérent à propos de l'abreger, d'où font venus les noms de Liturgie de S. Jean Chryfoftome & de S. Bafile. Mais nous n'avons pas aujourdhui de Livre de *Proclus* où cela eft rapporté; on en produit feulement un fragment, dont on n'eft pas certain s'il eft véritablement de lui. (*b*) L'Auteur qui a fait imprimer à Rome en Grec & en Latin quelques Ouvrages de ce *Proclus*, Archevêque de Conftantinople, en parlant de ce fragment, fe contente de dire que le Copifte qui a décrit les Liturgies Grecques, a fait feulement un extrait de quelque Lettre ou Traité de *Proclus* qu'il a mis à la tête de ces Liturgies, pour leur donner plus d'autorité, & qu'il a rapporté à fa manière les paroles de *Proclus*, & non pas le Texte même.

Il femble néanmoins qu'on doit confidérer ce fragment de *Proclus* comme étant de lui, ou du moins que ce qui y eft rapporté n'eft pas appuié fur le fimple témoignage du Copifte, qui a voulu donner quelque autorité aux Liturgies qu'il publioit. Car les Evêques Grecs affemblés dans le fixiéme Concile qu'on nomme *in Trullo*, (*c*) attribuent à S. Jaques la Liturgie que nous avons fous fon nom, & la plupart des Auteurs Grecs qui ont vécu depuis, font auffi la même chofe non feulement à l'égard de cette Liturgie, mais auffi à l'égard des deux autres qu'ils croient être en effet de S. Jean Chryfoftome, & de S. Bafile. A quoi je répons que les Peres de ce Concile ont fuivi en cela le fentiment commun, qui n'étoit appuié que fur une tradition populaire, fans l'examiner à fond.

Cela eft fi vrai, que Theodore *Balfamon*, à qui on demanda par Lettres fi les Liturgies qu'on lifoit dans (*d*) les Eglifes de Jérufalem & d'Alexandrie fous les noms de S. Jaques & de S. Marc, étoient véritablement d'eux, fit cette réponfe: *Que ni l'Ecriture Sainte ni aucun Concile n'avoient attribué à S. Marc la Liturgie qui portoit fon nom; qu'il n'y avoit que le trente-deuxiéme Canon du Concile général* in Trullo, *qui attribuât à S. Jaques la Liturgie qui étoit auffi fous fon nom: mais que le 85. Canon des Apôtres, & le 59. Canon du Synode de Laodicée, dans le dénombrement qu'ils ont fait des Livres de l'Ecriture Sainte qui ont été compofés par les Apôtres, & dont on devoit fe fervir dans l'Eglife, ne faifoient aucune mention des Liturgies de S. Jaques & de S. Marc.* On pourroit ajouter plufieurs autres preuves femblables, pour faire voir que ni S. Jaques ni aucun des autres Apôtres ne font point les Auteurs des Liturgies qui portent aujourdhui leurs noms. *Eufebe* & S. *Jerôme*, qui ont écrit des Catalogues affez exacts des anciens Auteurs Eccléfiaftiques, auroient-ils omis ces Liturgies attribuées eux Apôtres, s'il y en eût eu quelques-unes de leur tems?

Je m'étonne que Leon *Allatius* & le Cardinal *Bona* aient cru que celle qui porte le nom de S. Jaques, & qui eft l'origine de toutes les autres Liturgies, foit en effet de lui, & qu'on l'ait feulement augmentée dans la fuite du tems. Mais les preuves qu'ils en apportent ne font nullement concluantes. C'eft pourquoi il y a plus de raifon de dire que ni Saint Jaques, ni Saint Marc, ni Saint Pierre, ni aucun autre Apôtre, ne font les Auteurs des Liturgies qu'on a publiées fous leurs noms, dont on s'eft fervi pour autorifer des Liturgies qui fe font introduites peu à peu en différentes Eglifes, & qui n'ont point d'autres Auteurs que l'ufage, qui a toujours été dans chaque Eglife, dès le tems même des Apôtres, de faire des prières & des actions de graces de la manière qu'il a été expliqué ci-deffus.

Pour ce qui regarde les Liturgies attribuées à S. Jean Chryfoftome & à S. Bafile, on ne peut pas auffi affurer qu'ils en foient les Auteurs, parce que l'Eglife de Conftantinople, & les autres Eglifes Grecques, avoient leurs Liturgies long-tems auparavant. Il peut fe faire que ces deux Peres aient apporté quelque réformation aux anciennes Liturgies: mais il n'y en a point de preuves certaines & évidentes. Enfin l'on trouve auffi dans les Conftitutions qui portent le nom de S. Clement, une forme de Liturgie

gie

(*a*) Procl. *Lib. de Trad. Div. Liturg.*
(*b*) Vincent *Ricard.*
(*c*) Can. 32.
(*d*) Theod. Balf. *Jur. Græc. Rom.* Lib. V.

gie affez ancienne : mais il n'y a pas d'apparence qu'elle foit de lui , non plus que les Conftitutions.

Après avoir parlé des Liturgies Grecques , il eft prefque inutile de traiter de celles des autres Eglifes du Levant, qui n'ont fait autre chofe que traduire en leurs Langues ces Liturgies des Grecs, en les publiant fous differens noms pour leur donner plus d'autorité. On trouve un bien plus grand nombre de Liturgies écrites en Chaldéen ou Syriaque , qu'il n'y en a en Grec. Les feuls Jacobites en ont plus de quarante differentes fous differens noms. Les Maronites qui ont fait imprimer leur Miffel à Rome en 1592. n'y ont mis que douze Liturgies, quoiqu'ils en aient un plus grand nombre, & qu'elles leur foient la plupart communes avec les Jacobites. C'eft à quoi on n'a peut-être pas pris garde, lorfqu'on a imprimé ce Miffel avec quelque réformation ; car on y a inferé la Liturgie d'un certain *Barfufan* célèbre Jacobite.

Les Chaldéens, qui ont une Liturgie de S. Jaques écrite en leur Langue , & qui a été traduite du Grec , croient ordinairement que cette Liturgie eft la fource de toutes les autres, & qu'elle a été véritablement écrite par S. Jaques dont elle porte le nom : mais on ne doit pas les en croire , parce qu'ils n'en donnent aucunes raifons. Ils appuient feulement fur une tradition populaire , fans examiner fi elle eft vraie ou non. Le Miffel des Neftoriens , dont j'ai eu un exemplaire entre les mains, n'en contient pas un fi grand nombre. Celle qui fe fait le plus remarquer dans ce Miffel dont fe fervent les Neftoriens qui font aux environs de Babylone , porte le nom de Neftorius, & elle eft beaucoup plus longue que les autres. S'il eft vrai que Neftorius ait compofé une Liturgie particulière, il l'aura fans doute écrite en Grec. Auffi eft-ce le fentiment d'*Ebed Jefu* dans fon Catalogue des Livres Orientaux , où il remarque que la Liturgie de Neftorius a été traduite de Grec en Chaldéen ou Syriaque par *Thomas* & *Maraba*. Les mêmes Neftoriens ont deux autres Liturgies dans leur Miffel, dont il y en a une attribuée aux douze Apôtres , & différente de celle qui eft fous le même nom dans le Miffel des Maronites. Il ne faut pourtant pas croire que ces deux Liturgies aient été en effet compofées par les Apôtres : mais peut-être leur a-t-on donné ce nom, parce qu'on les difoit en des jours confacrés à la mémoire des Apôtres.

Les Chrétiens des Indes, qu'on appelle ordinairement les Chrétiens de Saint Thomas, font auffi de la Secte de ces Neftoriens. Ils ne reconnoiffent qu'un même Patriarche, à qui ils donnent la qualité de Patriarche de Babylone, dont la Jurisdiction s'étend jufques dans l'Inde. C'eft pourquoi l'on trouve le même Miffel Neftorien à Goa, à Cochim , à Angamala , & dans les autres endroits où il y a des Chrétiens de Saint Thomas. Mais il faut prendre garde qu'Alexis *Menefes* Religieux de l'Ordre de Saint Auguftin, célèbre Miffionaire de ce Pays-là qui fut fait Archevêque de Goa , & qui prit la qualité de Primat de l'Orient, en fit réformer quelques Exemplaires, prétendant qu'il y avoit des erreurs dans leurs Liturgies. Mais après les avoir lues avec foin , je n'y en ai remarqué aucunes , fi ce n'eft qu'ils qualifient Neftorius de Saint. Il n'étoit pas , ce me femble, néceffaire d'apporter tant de changement à la Verfion Latine qu'il fit faire de la Liturgie attribuée aux Apôtres , laquelle Verfion fe trouve imprimée feparément , & dans la Bibliothèque des Peres.

(a) L'Auteur de l'Hiftoire d'Alexis *Menefes* a auffi inferé dans fon Ouvrage cette Meffe des Neftoriens, avec une Préface qui eft au commencement ; & pour faire voir la néceffité qu'il y avoit de réformer cette Liturgie , il affure qu'il y avoit des chofes entièrement *oppofées à la vérité du Sacrement de l'Eucharistie*, avant qu'elle eut été réformée par un Archevêque Neftorien qui rétablit la forme de la confécration , où il étoit marqué que le Sacrement de l'Euchariftie ne contenoit le corps de Notre Seigneur qu'en figure. Et afin qu'à l'avenir on ne put douter de la préfence réelle & véritable du Corps de Notre Seigneur dans ce Sacrement , on ajouta, dit-il, aux paroles ordinaires celles qui fuivent : *Hoc eft in veritate Corpus meum ; Hic eft in veritate calix fanguinis mei, qui pro vobis & pro multis effundetur in debitorum propitiationem & in peccatorum remiffionem.*

Mais je puis affurer que dans les véritables Miffels manufcrits des Neftoriens, qui ont été même écrits avant le voiage de *Menefes* dans les Indes, & dont fe fervent encore aujourdhui les Neftoriens qu'on appelle Schifmatiques , il n'y a rien qui approche de ces erreurs.

Les Jacobites, comme il a été dit ci-deffus , ont auffi un grand nombre de Liturgies

(a) *Hift. Orient. des progrès d'Alex. Menefes en la réduction des Chrét. de S. Thomas.*

gies écrites en même langage que celles des Nestoriens. Il est cependant aisé de les distinguer les unes des autres dans les Exemplaires manuscrits, non seulement parce que leurs caractères sont différens; mais aussi parce qu'ils ont des expressions différentes, principalement quand ils parlent de la Vierge, que les Nestoriens nomment toujours *Mere de Christ*, & jamais *Mere de Dieu*, comme les Jacobites & les Maronites l'appellent. De plus ces Jacobites ne sont pas fort exacts à rapporter les véritables paroles de Notre Seigneur de la maniére qu'elles sont dans les Evangiles. Par exemple, dans un exemplaire manuscrit d'une de leurs Liturgies qu'ils disent être de Matthieu le Pasteur, on lit que Notre Seigneur *prit du pain levé dans lequel étoit caché le mystére de la vie*. Dans la même Liturgie, au-lieu de ces mots, *ceci est mon corps*, il y a *ceci est ma chair*. Dans une autre Liturgie attribuée à saint Pierre on lit, *ce pain est mon Corps*, & non pas *ceci est mon Corps*. Mais ces diversités & quelques autres semblables viennent la plupart, de ce qu'ils ne font aucune difficulté de substituer en la place des paroles de Notre Seigneur l'explication qu'ils donnent à ces mêmes paroles.

On a aussi imprimé à Rome un Missel en langage Chaldéen ou Syriaque, qui contient douze Liturgies sous les noms de Saint Xyste Pape de Rome, de Saint Jean Chrysostome, de Saint Jean l'Evangéliste, de Saint Pierre Chef des Apôtres, de Saint Denys, de Saint Cyrille, de Matthieu le Pasteur, de Jean Patriarche, surnommé Sufan, de Saint Eustache, de Saint Maruta Métropolitain de Tagrit, de Saint Jaques Apôtre & frere de Notre Seigneur, de Saint Marc Evangeliste, & une seconde de Saint Pierre, Chef des Apôtres. Les Maronites, & les Jacobites croient que toutes ces Liturgies ont été en effet composées par ceux auxquels elles sont attribuées; en quoi ils donnent des preuves évidentes de leur ignorance.

On a aussi imprimé en même tems à Rome séparément un autre Livre en Chaldéen ou Syriaque, pour ceux qui servent à la Messe, & qui répondent au Prêtre, ou plutôt qui célébrent avec lui la Liturgie. Car c'est l'ordinaire de tous les Chrétiens du Levant, de ne parler guére moins dans cette action que le Prêtre qui offre le Sacrifice; & afin qu'ils entendent ce qu'ils disent, ce Livre est en Chaldéen & en Arabe, imprimé à deux colonnes; dont l'une est Chaldéenne & l'autre Arabe. Une partie même des rubriques de ce Missel est aussi en Arabe. Ce qu'on n'a point observé dans les Liturgies, si ce n'est dans celle qui est attribuée à Saint Cyrille, qui est de la même maniére en Chaldéen, & en Arabe, parce qu'on a supposé apparemment que les Prêtres Chaldéens, qui célébroient la Liturgie en Langue Chaldéenne, devoient entendre cette Langue, qui est parmi les Maronites la même chose que le Latin est parmi nous. L'Arabe est aujourd'hui leur Langue maternelle; & il y a bien des Prêtres qui savent seulement lire le Chaldéen de la Liturgie sans l'entendre.

Au reste, si l'on veut avoir des Missels Chaldéens à l'usage des Maronites, qui soient exacts, il faut avoir recours aux Exemplaires manuscrits; & plutôt à ceux qui servent aux Jacobites qu'à ceux des Maronites, parce que les Missionnaires qui ont été envoïés de tems en tems au Mont Liban, en ont réformé quelques-uns. Il étoit, ce me semble, inutile de réformer ce Missel dans l'Edition qui en a été faite à Rome, parce que cette réformation tombe principalement sur la priére qu'on appelle invocation du Saint Esprit. Or il est constant, que cette même priére ou invocation se trouve dans la Liturgie Grecque, & que l'on permet aux Grecs dans Rome même de célébrer avec cette Liturgie. Je pourrois m'étendre plus au long sur les Liturgies des Maronites, si je n'en avois déja traité ailleurs dans un Ouvrage particulier.

On ne doit pas mettre les Liturgies Ethiopiennes au même rang que celles qu'on nomme Chaldéennes ou Syriaques, quoique les Ethiopiens appellent l'ancien Ethiopien Langue Chaldéenne ou Ethiopienne. Elles sont très-différentes les unes des autres, tant pour les choses qui y sont contenues, que pour la Langue dans laquelle elles sont écrites. François *Alvarès* qui a assisté à la Messe des Ethiopiens, & qui a vécu parmi eux, assure que leur Liturgie est fort courte; ce qui ne convient pas avec la Messe des Ethiopiens imprimée dans la Bibliothéque des Peres, parce que cette derniére Liturgie est assez longue. C'est pourquoi il y a de l'apparence que les Ethiopiens ont deux sortes de Liturgies, dont les unes sont courtes & les autres longues, & que dans les jours ordinaires ils se servent de la plus courte, principalement de celle qu'ils attribuent à Dioscore Patriarche d'Alexandrie, qui a été imprimée à Londres en Ethiopien & en Latin. (a) On a aussi imprimé à Rome quelques Messes Ethiopiennes en

lan-

(a) En 1548.

langage Ethiopien, où se trouve avec deux autres celle qui a pour titre, *Canon univer-*
salis Æthiopum. Il est à remarquer qu'on imprima au même lieu l'année d'après la
Version Latine de cette Liturgie, qui a été réimprimée ensuite dans la Bibliothèque
des Peres.

Mais je ne sai pourquoi l'Auteur de la Traduction Latine de cette Liturgie n'a pas
suivi avec assez d'exactitude l'Original Ethiopien, dont il s'éloigne quelquefois sans aucune raison. Il est néanmoins aisé de voir que dans la prière, qu'on appelle Invocation du Saint-Esprit, il a voulu accommoder la Traduction d'une manière qui ne pût
pas déplaire à ceux de Rome, ni aux Théologiens Latins, qui croient que la Consécration est déja faite lorsqu'on prononce cette Invocation. Mais les Ethiopiens supposent
avec tous les autres Chrétiens du Levant, que la Consécration n'est faite qu'après que
les paroles de l'Invocation ont été achevées. En effet les Ethiopiens, qui ont fait imprimer le Texte Ethiopien de cette Liturgie, n'y ont rien changé en cet endroit.

Il est certain que quand les Ethiopiens firent imprimer à Rome ces Liturgies, ils
affecterent autant qu'il leur fut possible de paroitre Orthodoxes, & conformes aux sentimens de l'Eglise Romaine, afin de réunir, au moins selon les apparences, leur Eglise avec celle de Rome, dont ils avoient alors besoin à cause des guerres où ils étoient.
C'est pourquoi on doit se précautionner en lisant les Liturgies qu'ils ont fait imprimer,
& avoir recours à de bons Manuscrits sur lesquels on puisse les vérifier.

Outre ces Liturgies, ils en ont d'autres sous les noms de Saint Jean l'Evangéliste,
de Saint Jaques, de Saint Jean Chrysostome, des bienheureux Apôtres, de Saint Cyrille, de Saint Grégoire, & quelques-unes dont les Auteurs ne sont point marquées.
C'est ainsi que les Ethiopiens se flattent d'avoir des Liturgies fort anciennes, comme si
elles avoient été en effet composées par ceux dont elles portent les noms: mais on remarquera que l'Eglise Ethiopienne dépend depuis long-tems de celle des Cophtes qui
sont en Egypte, desquels elle a pris la meilleure partie de ces Livres d'Office.

Ces Cophtes ont aussi des Liturgies particulières en langage Cophte, dont ils ne se
servent aujourdhui que dans leur Office, parce que peu de personnes l'entendent, &
qu'ils parlent présentement Arabe. Cette Langue, que le Jésuite *Kircher* prétend être
une Langue mere & indépendante de toute autre a été beaucoup alterée par la Langue
Grecque, dont elle retient les caractéres, & quantité de mots purement Grecs. On
trouve dans la Bibliothéque des Peres trois de leurs Liturgies qui sont attribuées à Saint
Basile, à Saint Grégoire, & à Saint Cyrille; & elle ont été traduites en Latin par un
Maronite du Mont Liban, sur une Version Arabe. Mais soit que le Traducteur n'ait
pas eu de bons exemplaires de ces Liturgies, ou qu'il n'ait pas assez entendu l'Arabe
qu'il traduisoit, il est constant qu'il se trouve des fautes dans sa Version Latine. Au
reste on remarquera que comme la Langue Cophte est connue de fort peu de personnes, les Cophtes joignent ordinairement à ces Liturgies écrites en Cophte une Version en Arabe, afin de les pouvoir entendre, quoiqu'ils fassent la Liturgie en langage
Cophte.

Victorius *Scialac* Maronite, qui est l'Auteur de la Traduction Latine de ces Liturgies Cophtes, remarque que les dernières Liturgies Cophtes ont été corrigées par les
Latins depuis la réunion de l'Eglise Cophte sous *Clement* VIII. avec l'Eglise Romaine.
Mais il n'y a guere d'apparence à cela, parce que cette réunion qu'on prétend avoir
été faite sous le Pape *Clement* VIII. ne s'est point trouvée véritable. Ce qui est vrai,
est qu'en lisant ces Liturgies, on reconnoît aisément qu'elles ont été prises des Liturgies Grecques.

J'ai cru qu'on pouvoit aussi ranger parmi les Liturgies de l'Eglise Orientale celles qui
sont à l'usage des Arméniens, parce qu'ils ont aussi dans leur Messe la Prière qu'on appelle Invocation du Saint Esprit. (*a*) On a imprimé à Rome un exemplaire de cette
Messe en Langue Arménienne avec la Traduction Latine: mais les Censeurs de Rome
l'ont réformée en quelques endroits sans que cela fût nécessaire. C'est pourquoi l'extrait de la Messe Arménienne, qui est à la fin du premier Tome de la *Perpétuité de la*
Foi, n'est point conforme à cette réformation, quoique le Patriarche Arménien, qui
a envoié cet extrait fût de la Communion des Latins, & que même il demeurât à Rome dans ce temps-là. L'Evêque *Uscan*, qui a aussi donné à l'Auteur du Livre de la
Perpétuité un extrait de la Liturgie Arménienne, paroît avoir eu plus de respect pour
la correction des Censeurs de Rome; car après avoir donné son extrait conforme à
cette réformation, il se contente de dire qu'il y en a d'autres qui lisent autrement dans
leurs

(*a*) En 1642.

Q 2

leurs Liturgies, comme si cette diversité venoit de la différence des Exemplaires, &
non des Cenfeurs de Rome. Outre les Liturgies Arméniennes écrites en langage Arménien, je me souviens d'être autrefois tombé sur un Livre manuscrit, qui contenoit
plusieurs Liturgies Syriaques à l'usage des Jacobites, parmi lesquelles il y en avoit une
écrite en Langue Syriaque, qui étoit à l'usage des Arméniens. Après l'avoir examinée
en particulier, elle me parut n'être autre chose qu'un abregé de la Liturgie Grecque
attribuée à Saint Jaques; ce qui s'accorde assez bien avec ce que quelques anciens Historiens ont rapporté d'une partie des Arméniens qui se servoient autrefois de la Langue Syriaque, aussi-bien que de l'Arménienne.

Les Arméniens, comme on peut voir dans l'Histoire de *Galanus*, font Auteur de
leur Liturgie, & de leurs autres prieres, un de leurs Patriarches nommé Jean, qui vivoit quelque temps après le Concile de Calcédoine. Mais c'est assez parlé des Liturgies
qui font à l'usage des Eglises d'Orient, n'aiant en dessein que d'en donner ici un abregé. J'ajouterai seulement avant que de finir ce discours, que *Brerewood* qui a fait un
chapitre exprès touchant ces Liturgies dans son Livre des différentes Religions, s'est
trompé en plusieurs endroits, comme quand il prétend, pour favoriser les sentimens
des Protestans, qu'il n'y a que trois Langues où la Liturgie se célèbre dans une Langue qui ne soit entendue que des Doctes; lesquelles font la Grecque, la Latine, & la
Chaldéenne ou Syriaque. Mais il n'a pas pris garde que les Cophtes d'Egypte célèbrent
la Liturgie en vieux Cophte, qui n'est presque entendu de personne; que les Ethiopiens
célèbrent en vieux Ethiopien, qui est assez différent du vulgaire. De plus la Langue
Arménienne, dans laquelle les Liturgies des Arméniens font écrites, n'est pas tout-à-
fait la même que l'Arménien qu'ils parlent aujourdhui. Venons maintenant aux Liturgies ou Messes de l'Eglise d'Occident.

La plûpart de ceux qui ont écrit sur la Messe des Latins croient que S. Pierre en est
l'Auteur, & qu'elle a seulement reçu quelques changemens dans la suite du temps:
mais cette grande diversité de Messes, qui a toujours été dans toutes les Eglises d'Occident, même dans la seule Italie, est une preuve manifeste que St. Pierre n'a point laif-
sé à l'Eglise de Rome, non plus qu'à celle d'Antioche, dont il a été aussi-bien Evêque
que de Rome, une forme de Messe particulière. Seroit-il possible, que ni *Eusèbe*, ni
Saint *Jerôme*, qui parlent des Epitres de ce Saint Apôtre, n'eussent point fait mention de cette Messe de Saint Pierre, s'il en eut laissé quelqu'une? Ainsi l'opinion de
ceux qui le font Auteur de la Messe des Latins, est plûtôt appuiée sur une Tradition
peu certaine, que sur de bonnes raisons.

(a) Les Papes se font plaint pendant long-tems de la trop grande diversité d'Offices
qui se trouvoient dans la plûpart des Eglises, qui étoient redevables de leur foi à l'Eglise de Rome. L'Italie, dit le Pape *Innocent* I. en une de ses Epitres, les Gaules, les
Espagnes, l'Afrique, la Sicile & les Isles qui font entre deux, devroient se conformer
à l'Eglise Romaine pour leurs Offices, puisqu'elle est la Mere de toutes ces Eglises.
Tous ces Peuples, ajoute-t-il, devroient garder uniformément ce que Saint Pierre a
établi dans l'Eglise de Rome, & qui s'y est toujours conservé; au-lieu que chacun fût
ce qu'il lui plait le plus. Mais il ne paroit pas que Saint *Grégoire* le Grand, qui a cependant été un des plus zelés défenseurs du Saint Siège, se soit mis si fort en peine
d'introduire l'uniformité d'Office dans les Eglises qui avoient reçu leur créance de Rome. (b) Il écrivit à Augustin, qui étoit alors en Angleterre pour y établir la foi,
qu'il lui laissoit la liberté de suivre les coutumes de Rome ou des Gaules, ou de toutes
autres Eglises; parce qu'en effet la diversité d'Offices & de Ceremonies ne peut apporter
aucun préjudice au fond de la Religion.

Cette uniformité, que nous voions aujourdhui dans la Messe Latine & dans les autres Offices, n'a pas toujours existé. Charlemagne, pour favoriser les Papes, fit tout
son possible pour réduire les différens Offices, qui croient en différentes Eglises, à celui de Rome. Ses Successeurs n'oublierent aussi rien pour introduire l'Office Romain
dans tous les lieux de leur dépendance. Mais malgré tous ces efforts, & quoique les
Papes n'oubliassent rien de leur côté pour cela, il n'est pas croiable combien il y eut de
résistance de la part des Eglises qu'on vouloit soumettre aux usages de Rome. Chaque
Nation alléguoit ses raisons pour ne le point faire, comme s'il se fût agi d'abandonner
la Religion de leurs Pères.

Je ne prétens pas rapporter ici toutes les Messes différentes qui ont été en usage en
diverses Eglises d'Occident, parce qu'il n'en reste de la plûpart que des fragmens. Je
me

<hr>

(a) Innocent. I.   (b) Greg. L. Ep. ad Aug.

me contenterai feulement de faire voir, que la Meffe Romaine ne s'étendoit autrefois
guere au de-là de Rome, & que dans Rome même il eft arrivé là-deffus du changement, parce que la Meffe d'aujourdhui, que nous prétendons être felon le Rit Romain,
n'eft point l'ancienne Meffe de Rome en fon entier, mais un abrégé feulement.

Pour commencer par l'Italie, l'Eglife de Milan a eu une Meffe, & même un Office
entier différent de celui de Rome, lequel fublifte encore préfentement en partie. On
le nomme ordinairement l'Office felon le Rit Ambrofien, pour le diftinguer du Rit Romain. Quelques Auteurs, qui ont écrit fur cette Meffe Ambrofienne, ont marqué en
même temps en quoi elle diffère de la Romaine. (a) Walafridus *Strabo* a prétendu
que Saint Ambroife en étoit l'Auteur, & qu'il la difpofa d'une manière particulière,
tant pour fon Eglife de Milan que pour toutes les autres Eglifes de fon Diocéfe. Mais
il y a de l'apparence qu'avant même Saint Ambroife, l'Eglife de Milan avoit un Office
différent de celui de Rome, auffi-bien que les autres Eglifes d'Italie, qu'il fût plus aifé
de foumettre au Rit Romain que celle de Milan, qui fe mit à couvert fous le nom de
Saint Ambroife.

Il y a eu dans Rome même une grande diverfité d'Offices, comme l'a remarqué Pierre *Abalard*. Il n'y avoit, (b) dit cet Auteur, que la feule Eglife de Latran qui confer-
vât en fon entier l'ancien Office de Rome; toutes les autres Eglifes en avoient de différens. *Radulfe de Tongres* a auffi obfervé, en parlant de l'Office Romain, (c) qu'il
y en avoit de deux fortes à Rome, un long & un court; & que ce dernier, qui avoit
été abrégé de l'autre, fe difoit dans la Chapelle du Pape, au-lieu que l'autre étoit proprement l'Office Romain. Il ajoute enfuite, que les Officiers du Pape changeoient &
abregeoient cet Office felon qu'ils le jugeoient à propos pour la commodité du Pape &
des Cardinaux, & que les Freres Mineurs prirent cet Office abrégé pour fe conformer
à la Cour de Rome. Ils prétendirent apparemment fatisfaire par-là à la Regle que
leur avoit laiffée leur Patriarche, de fuivre l'Ordre Romain. Enfin le même Auteur
remarque que le Pape *Nicolas* III. abolit entièrement cet ancien Office Romain, qui
étoit le véritable Office de Rome, pour autorifer celui des Freres Mineurs: c'eft pourquoi on fubftitua de nouveaux Miffels & d'autres Livres d'Office à la place des anciens;
ce qui s'appelle aujourdhui l'Office Romain, au-lieu qu'il femble qu'on devroit plutôt
le nommer l'Office des Francifcains.

Les Gaules ont auffi eu leur Office particulier, dont il eft fait mention dans les Epitres de Saint *Jerôme* & de plufieurs Papes; & ce fut principalement en ces lieux-là que
Charlemagne & fes Succeffeurs firent tout leur poffible pour y introduire l'Office Romain. Le Pape *Adrien* envoia à Charlemagne le Livre que nous appellons ordinairement le *Sacramentaire* de Saint Grégoire, que cet Empereur avoit demandé pour introduire dans fes Etats la Meffe & les autres Offices felon l'ufage de Rome. Pepin avoit
auffi avant ce temps-là beaucoup travaillé pour le même deffein. (d) L'Abbé *Hilduin*
rapporte l'Origine de la Meffe, qui étoit en ufage en France avant qu'on fe fût conformé au Rit Romain, à Saint Denys, qu'il nomme l'Aréopagite: mais fans qu'il foit
befoin de rechercher cette origine, il eft conftant que dans cette partie des Gaules où
eft maintenant la France, il y a eu une forme de Meffe particuliere & différente de
celle de Rome; & le même Abbé *Hilduin* écrivant à l'Empereur Louis, fait mention
de certains Miffels fort anciens felon l'ufage de l'Eglife Gallicane, dont on fe fervoit
avant que le Rit Romain fût introduit dans cette Eglife.

(e) La Meffe que Matthias *Flaccus Illyricus* fit imprimer à Strasbourg en 1557. a été
eftimée par plufieurs Auteurs être la Meffe de l'Eglife Gallicane: mais le Cardinal *Bona*
a prétendu depuis peu faire voir le contraire par plufieurs raifons, & montrer que cette Meffe eft éloignée de tout ce que les anciens Auteurs ont attribué à la Meffe qui
étoit propre aux Eglifes de France. Il croit de plus que la Meffe qu'on nommoit autrefois Gallicane, a été prife de la Meffe qui étoit en ufage à Toléde & dans toute
l'Efpagne, & laquelle n'eft autre chofe que celle qu'on appelle encore aujourdhui Mo-
farabe. Mais il n'en apporte que des conjectures, qui prouvent feulement que ces deux
Meffes convenoient en plufieurs chofes.

On ne peut pas douter qu'il n'y ait eu en Efpagne une Meffe particuliére dans tous
les lieux qui étoient de la dependance des Gots, puifque cette Meffe fe conferve encore

(a) Walafridus *Strabo*.
(b) Abal. *in Epift. Apol. Adv. Bern.*
(c) *Radulfe de Tongres.*
(d) Abbas *Hilduinus.*
(e) *Flaccus Illyricus.* Card. Bona. Lib. I. *Rer. Lit.* Cap. 12.

re préſentement. Quoique *Grégoire* VII. ait ſubſtitué en ſa place preſque dans toute l'Eſpagne, la Meſſe Romaine, il n'a pourtant pu empêcher que quelques Egliſes d'Eſpagne ne l'aient retenue, entr'autres celles de Tolède & de Salamanque, où elle ſe célèbre encore aujourdhui. Les Eſpagnols firent paroître un grand zele pour la conſervation de leurs anciennes Cérémonies, & en même temps beaucoup de fermeté pour ne point recevoir l'Office de Rome. Les Arragonois furent les prémiers qui le reçurent ſous le Pape *Alexandre* II. qui envoia pour cela en Eſpagne un Cardinal en qualité de Légat. (a) Sancius Roi d'Arragon étant devenu Roi de Navarre par les ſoins & par le ſecours du Pape *Grégoire* VII. fit auſſi recevoir dans la Navarre la Meſſe & les autres Offices ſelon l'uſage de Rome, qui étoient déja établis dans l'Arragon; ce qu'on peut auſſi voir dans les Lettres que le même *Grégoire* VII. écrivit au Roi Sancius & aux autres Rois des Eſpagnes.

Alfonſe Roi de Caſtille ne ſe rendit pas ſi facilement aux preſſantes ſollicitations de ce Pape. Le Peuple de Caſtille refuſa auſſi de prendre la Meſſe de Rome; & le Roi même n'y auroit jamais conſenti, ſi la Reine qui étoit venue de France où le Rit Romain étoit en uſage, ne l'eût obtenu de lui à force de priere. Les Eſpagnols ne manquent ni d'Hiſtoires, ni de Miracles pour faire valoir leur ancienne Meſſe Gottique: mais comme ces Hiſtoires m'ont paru approcher de la Fable, j'ai cru qu'il ſeroit inutile de les rapporter. On remarquera ſeulement que cette Meſſe des Eſpagnols eſt celle-là même qui eſt imprimée dans la Bibliothèque des Peres, ſous le nom de *Miſſa Moſarabum*, & qu'elle a été ainſi nommée, à cauſe que les Arabes ont été les Maîtres de l'Eſpagne. On appelloit alors les Chrétiens de ce Païs-là Moſarabes, c'eſt-à-dire, mêlés avec les Arabes.

Il ſeroit inutile de m'étendre plus au long ſur cette diverſité des Meſſes & des autres Offices de l'Egliſe, qui étoient auſſi-bien dans les autres Païs que dans ceux que nous venons de marquer. Le Païs même, que nous appellons aujourdhui Angleterre, avoit ſon Office & toutes ſes Cérémonies différentes, long-temps avant que Saint *Grégoire* y eût envoié Auguſtin pour convertir ces Peuples. Car cet Auguſtin n'eſt pas le prémier qui ait annoncé l'Evangile aux Anglois, dont le Païs étoit connu ſous le nom de Bretagne. Auguſtin n'établit le Chriſtianiſme que dans un certain Canton, une grande partie de l'Iſle l'aiant embraſſé dès-lors depuis long-temps. *Hoc in Eccleſiis tuis faciunt*, dit Saint *Jérôme* en une de ſes Epîtres, *quod Romæ, ſive quod in Oriente, quod in Italia, quod in Creta, quod in Cypro, quod in Africa, quod in Illyrico, quod in Hiſpania, quod in Britannia.* En général, toutes les Egliſes qui reconnoiſſoient l'Egliſe de Rome pour leur Mère, ne convenoient point avec elle dans la Meſſe ni dans leurs autres Offices. Les Evêques mêmes des plus grandes Egliſes prenoient la liberté d'ajouter ou de diminuer à l'Office, ſelon qu'ils le trouvoient à propos, & aſſez ſouvent ſans l'autorité d'aucun Concile. On n'eut pas tant de conſideration pour les Ordonnances de Charlemagne & de ſes Succeſſeurs, qui avoient établi dans leurs Etats l'uniformité d'Office, qu'on n'y changeât de temps en temps quelque choſe. Les Religieux ſur-tout voulurent auſſi s'en diſtinguer par un Office particulier; ce qui a été ſi avant, qu'enfin le Pape *Sixte* V. fut obligé de créer à Rome une Congrégation qu'on appelle *De' Riti*, pour examiner ces nouveaux Offices qui ſe multiplioient tous les jours, & pour empêcher qu'ils ne s'augmentaſſent à l'avenir. Depuis ce temps-là ils ſont obligés d'avoir l'approbation de cette Congrégation des Rits, pour autoriſer leurs nouveaux Offices.

Nonobſtant toutes ces variétés qui ſont peu conſidérables, on peut dire que la ſubſtance de la Meſſe a toujours été la même dans l'Egliſe d'Occident, & que les Meſſes Latines ont eu de tout temps plus de rapport entre elles, qu'avec les Liturgies des Egliſes d'Orient, qui ont toutes, comme il a été déja remarqué, la Priére qu'on appelle l'Invocation du Saint Eſprit, qui ne paroît point dans la Meſſe des Latins; ſi ce n'eſt qu'on veuille dire qu'elle ſe trouve dans cette Priére: *Quam Oblationem tu, Deus, in omnibus quæſumus benedictam, adſcriptam, ratam, rationabilem, acceptabilemque facere digneris, ut nobis corpus & ſanguis fiat dilectiſſimi Filii tui Domini noſtri Jeſu Chriſti.* Il me ſemble que cette priere eſt la même choſe que celle que les Chrétiens du Levant appellent l'Invocation du Saint Eſprit. Toute la différence vient de ce que dans la Meſſe des Orientaux elle ſe fait quelque temps après qu'on a prononcé ces mots, *Ceci eſt mon Corps*, & le reſte: mais dans la Meſſe Latine elle les précede; & cela s'accommode mieux avec l'opinion commune & la plus reçue dans nos Ecoles, que la conſé-

cration

(a) Pet. de Marca in *Hiſt. Bearn.*

cration confiste précifément dans ces mots que nous venons de marquer; au-lieu que les Orientaux croient qu'ils ne font rapportés que comme l'hiftoire de ce qui fe paffa, lorsque Notre-Seigneur fit la derniére Pâque avec fes Apôtres. C'eft pourquoi ils adreffent encore après cela leur priere au Saint Efprit, afin qu'il change le Pain & le Vin au Corps & au Sang de Notre-Seigneur; quoique cela ait été expliqué par les Grecs au Concile de Florence, qui déclarérent croire que ces paroles, *Ceci eft mon Corps*, font la Confécration.

Venons aux Meffes Superftitieufes. Nous tirerons de M. *Thiers* (a) ce que nous allons dire fur cette matiere. Voici de quelle maniére il s'exprime.

(b) „ On trouve dans les anciens Miffels quantité de Meffes votives & autres, qui
„ pour n'avoir pas été approuvées, ou pour avoir été défendues, n'ont pas été mifes
„ dans les nouveaux Miffels; & fi nous recherchons la raifon de ce retranchement,
„ nous verrons qu'il n'a été fait que parce qu'elles contenoient des prieres fuperftitieufes,
„ ou qu'elles n'avoient pas la vérité pour objet & pour fondement, ou qu'elles étoient
„ en trop grand nombre, ou qu'elles étoient de nouvelle invention, ou qu'elles fe di-
„ foient pour des fins irréguliéres, ou qu'elles étoient accompagnées de cérémonies
„ & de circonftances contraires à la véritable piété. Je mets en ce rang celles de Saint
„ Amateur & de S. Vincent; celles des quinze Auxiliateurs; celle du Pere Eternel;
„ le Trentain de Saint Grégoire pour les vivans & pour les morts; celles de Grace;
„ celles des Plaies, ou des cinq Plaies de Notre Seigneur; celle de la Paffion de fon
„ Image; celle de fes clous & de la lance qui lui perça le côté; celles de fa Dent, de
„ fon Prépuce, & de fon Nombril; celle de fa Robe fans couture; celles de Sainte
„ Véronique & de Saint Longis; celle de la Sainte Larme; celle des Onze mille
„ Vierges, & plufieurs autres de même nature, qui paroiffent avoir quelque air de fu-
„ perftition ".

Nous avons parlé ailleurs de la *Dent*, du *Prépuce*, du *Nombril*, & de la *Robe fans couture* de Notre Seigneur, ainfi que de la *Sainte Larme*; & nous avons fait voir combien ces Reliques devoient être fufpectes: d'où il eft aifé de conclure, que les Meffes qui portent leur nom n'ont pas été établies fur un folide fondement. Nous allons auffi dire un mot en particulier de quelques-unes des autres Meffes, que nous venons de rapporter.

Les Meffes de Saint *Amateur* que l'on dit être au nombre de trente, ou de trente-trois, & celles de Saint *Vincent* ont été condamnées par un Concile, non parce qu'elles font fuperftitieufes en elles-mêmes, mais feulement à caufe des Cérémonies & des circonftances dont elles font ordinairement accompagnées. En effet on marque qu'on doit les célébrer avec un certain nombre de cierges, placés en certains lieux, d'une certaine maniére, & avec certaines couleurs. D'où l'on doit conclure par la même raifon, dit (c) Mr. *Thiers*, que toutes les autres Meffes qui font accompagnées de pareilles cérémonies, ne font pas moins fuperftitieufes.

La Meffe des quinze *Auxiliateurs*, celle du *Pere Eternel* & le Trentain de Saint *Grégoire* pour les vivans & pour les morts ont été condamnés par la Congrégation des Rits. Les treize *Meffes de Grace* ne font point non plus approuvées. A l'égard de celle des cinq *Plaies de Notre Seigneur*, „ s'il eft permis, dit (d) Mr. *Thiers*, d'en
„ faire & d'en dire une des cinq Plaies principales de Jéfus-Chrift, pourquoi fera-t-il
„ moins permis d'en faire & d'en dire de toutes les autres bleffures qu'il a reçues"?

La Meffe de *Saint Longis*, ou *Longin*, pris pour le foldat qui perça le côté du Fils de Dieu d'une lance, n'a point la vérité pour objet, puisque, dit (e) notre Auteur,
„ ce foldat n'eft appellé *Longis* ou *Longin*, que par abus & par ignorance; que d'une
„ lance, λόγχη, on en a fait un homme, & de cet homme un Saint, & de ce Saint un
„ Martyr. Mais ce font des rêveries, que Baronius affure n'avoir été tirées que de
„ quelques livres apocryphes ".

On doit penfer la même chofe de la Meffe des *Onze mille Vierges* compagnes de Sainte Urfule, dont l'hiftoire n'eft pas moins fabuleufe. Le favant Pere Sirmond Jéfuite les a réduites à une feule appellée *Undecimilla*, Ondécimille; & voici comment Mr. de Valois qui étoit ami du Pere Sirmond, rapporte le fait. (f) „ Il y a eu une
„ Sainte

(a) *Traité des Superft.* Tom. II. Liv. 4.
(b) *Ibid.* Ch. 4.
(c) *Ibid.*
(d) *Ibid.* Chap. 5.
(e) *Ibid.* Chap. 6.
(f) *In Valefian.* pag. 48. & 49.

» Sainte Urfule Martyre, fuivant la commune opinion. On ignore néanmoins de
» quel temps elle a été: mais je fuis très-humble ferviteur des onze mille Vierges. La
» fable eft un peu trop manifefte, pour pouvoir la fouffrir. Voici fur quoi cette erreur
» eft fondée, fuivant la conjecture du favant P. Sirmond. Ceux qui ont forgé cette
» belle hiftoire aiant trouvé dans quelques Martyrologes manufcrits, SS. URSULA
» ET UNDECIMILLA V. M. c'eft-à-dire, *Sancta Urfula & Undecimilla Virgines
» Martyres*; & s'étant imaginés qu'Undecimilla avec l'U & l'M. qui fuivoient, étoient
» un abregé pour *Undecim millia Virginum Martyrum*, ont fait là-deffus ce Roman
» que nous avons aujourdhui.

Outre ces Meffes, M. *Thiers* parle encore de plufieurs autres, qui fans être fuperfti-
cieufes, font précedées dans les Miffels de certains titres ou préambules qu'on ne peut,
felon lui, excufer de fuperftition. En voici quelques exemples.

1. On trouve dans le Miffel de l'Ordre de la Merci imprimé à Barcelone en 1507.
une Meffe *du Saint Suaire* qui porte ce titre: *Meffe du Saint Suaire de Notre Seigneur
Jéfus-Chrift ; celui qui la dira fouvent ne perdra jamais la vue.* » N'eft-ce pas une fu-
» perftition ridicule, dit (*a*) M. *Thiers*, de dire que ceux qui diront fouvent cette
» Meffe, ne feront jamais privés de la vue, ne feront jamais aveugles? Pour la dire
» fouvent, il faut voir clair & n'être pas aveugle, à moins qu'on ne la dife par cœur.
» Je voudrois bien favoir de l'Auteur de ce beau préambule, d'où il a appris que ceux
» qui diront fouvent la Meffe du Saint Suaire, jouiront de ce rare & infigne privilé-
» ge? En quel endroit des Saintes Lettres il eft rapporté? Quelle eft la Tradition,
» quels font les Conciles & les Peres qui en ont fait mention.

2. La Meffe *du nom de Jéfus* fe trouve dans beaucoup de Miffels imprimés depuis
l'an 1500. & voici les remarques que fait M. *Thiers* fur le préambule qu'on lit à la tête.
(*b*) » 1. Il faut dire cette Meffe pendant trente Vendredis; & c'eft une obfervance
» des jours. Car pourquoi ne feroit-elle pas auffi bonne pendant trente Jeudis ou
» trente autres jours? Pourquoi pendant trente Vendredis? Auroit-elle moins de
» force, fi elle étoit dite pendant 25. 28. 31. ou 32. Vendredis, plus ou moins. 2.
» Ceux qui la difent, ou qui la font dire, ne mourront point fans contrition, fans
» confeffion, fans une digne fatisfaction, fans une fainte Communion. Voilà le Pa-
» radis à bon marché! Pour y aller, il ne faut point de pénitences, point de mortifi-
» cations, point d'aumônes, point de bonnes œuvres. Il n'y a qu'à retenir un Prêtre
» pour dire la Meffe du Nom de Jéfus pendant 30. Vendredis; & on eft affuré de mou-
» rir dans la Grace de Dieu, dans la perféverance finale. 3. On eft affuré que 30.
» jours après qu'on fera mort, on entrera en poffeffion de la béatitude éternelle. Ainfi
» on ne fera que 29. jours en Purgatoire: mais il faudra y être 29. jours, quoiqu'on
» foit mort avec une vraie contrition, après avoir confeffé fes péchés, après en avoir
» fait une digne fatisfaction. Où trouve-t-on dans l'Ecriture & dans la Tradition de
» pareilles affurances du falut ".

Après ce détail, il ne nous refte plus qu'à parler de quelques autres Meffes fuperfti-
cieufes, qui par leur fingularité méritent quelques remarques un peu plus étendues.
Nous choifirons pour cela celles que l'on appelle la Meffe *des Sorciers*, la Meffe *féche*,
& la Meffe *à plufieurs faces*.

Les Sorciers & les Malfaiteurs ont, dit-on, leurs Meffes particlières qu'ils difent,
ou qu'ils font dire, pour rendre hommage au Démon, dont ils font efclaves. Il s'en
célébre une, ajoute-t-on, dans l'affemblée des Sorciers, ou comme on parle ordinairement, au Sabbat, tous les Mécredis & les Vendredis de l'année. En voici la defcription que M. *Thiers* a tirée (*c*) de Florimond de Remond, Confeiller au Parlement de Bourdeaux, qui la décrit dans fon *Anti-Chrift*, ou *Anti-Papeffe*, fur l'aveu
d'une Sorciere qui fut brulée en 1594. par Arrêt du Parlement de cette Ville.

» Tous les Mercredis & Vendredis de chaque mois, le Chapitre général fe tenoit
» au puits de Dome, où elle s'étoit trouvée une infinité de fois avec plus de foixante
» autres perfonnes, tous lefquels portoient une chandelle noire, qu'ils allumoient à
» celle que le Bouc avoit entre fes cornes, à laquelle il avoit donné le feu, le tirant au
» deffous de fa queue. Après cela tous fe mettoient en danfe en rond, le dos tourné
» l'un à l'autre. En cette affemblée on difoit la Meffe à leur mode, tournant le dos à
» l'Autel. Celui qui faifoit l'Office étoit revêtu d'une Chappe noire fans Croix, éle-
» vant

(*a*) *Traité des Superft.* Tom. II. Liv. 4. Chap. 6.
(*b*) *Ibid.* Chap. 7.
(*c*) *Ibid.* Chap. 1.

" vant une tranche de rave teinte en noir au-lieu de l'Hostie , criant tous lors de l'é-
" levation , *Maître*, *aide-nous*. On mettoit de l'eau dans le Calice au-lieu de vin ;
" & pour faire de l'eau bénite, le Bouc pissoit dans un trou à terre , & celui qui fai-
" soit l'Office en arrosoit les Assistans avec un asperges noir. En cette assemblée on
" distribuoit les métiers de sorcellerie ; & chacun rendoit compte de ce qu'il a-
" voit fait ".

On ne sauroit, dit (a) M. *Thiers*, assez exagérer l'exécration d'une telle Messe , ni avoir assez d'horreur pour les profanations , les sacriléges & les idolatries qui s'y commettent , si l'on en doit croire la confession de cette Sorciere.

La Messe séche étoit autrefois en usage en plusieurs Eglises de l'Italie , de France, d'Allemagne & de Flandres. On faisoit même des fondations pour la dire ; car Estius témoigne qu'il a vu une Epitaphe d'un homme mort avant l'an 1472. où il est dit qu'il fonda trois Messes ordinaires & tois Messes séches. J'ai actuellement entre les mains, dit (b) M. *Thiers* , le Titre de la fondation de la Chapelle de la Charbonniere , située dans la Paroisse de Lamenai voisine de Vibraie , par lequel *Noble André de Merderac, Seigneur des Terres & Seigneuries de la Charbonniere & du Grez* , fonde quatre Messes , *à être dites & célébrées en la Chapelle dudit lieu de la Charbonniere, au Diocèse du Mans, & à la fin de chacune desdites Messes, une Messe séche des Trépassés.* Ce Titre est de l'année 1532.

La Messe séche s'appelloit de ce nom, parce qu'elle se disoit sans Oblation, sans Consécration & sans Communion. On l'appelloit aussi *Messe navale* , ou *de navigation*, parce qu'elle se disoit sur la mer & sur les riviéres , dans les vaisseaux où ordinairement il n'est pas permis de dire la vraie Messe , de crainte que le sang de Jésus-Christ ne se répande à cause de l'agitation du Vaisseau. Et c'est pour cela que *Guillaume de Nangis* raconte dans la vie de S. Louis , que ce Prince revenant de son voïage d'Outremer , avoit fait mettre fort proprement le corps de Notre Seigneur dans un endroit de son vaisseau, où il faisoit célébrer tous les jours l'Office Divin , & dire la Messe , à l'exception du Canon. La même Messe s'appelloit aussi *Messe de chasse*, ou *de Chasseurs* , parce qu'elle se disoit assez souvent pour les Chasseurs , qui sont ordinairement pressés d'aller à la chasse , & qui ont peine à trouver le tems nécessaire pour entendre une Messe entiére.

Il nous reste à donner la description de cette Messe. Guillaume *Durand* , Evêque de Mande , cité par l'Auteur , rapporte qu'elle se disoit en deux manieres ; ou simplement avec une étole , ou avec tous les habits sacerdotaux. Avec une étole , en lisant l'Epître & l'Evangile, en récitant l'Oraison Dominicale , & en donnant la Bénédiction. Avec tous les habits sacerdotaux , en disant les prieres ordinaires de la Messe jusqu'à la fin de l'Offertoire ; en laissant ce qui se dit en secret ; en disant la Préface, mais non le Canon ni l'Oraison Dominicale, ni ce qui suit , & qui doit se dire tout bas ; n'aiant ni Calice ni Hostie; ne disant & ne faisant rien de ce qui se dit & se fait sur le Calice & sur l'Hostie , avec la liberté néanmoins de dire *Pax Domini*,&c. & d'achever le reste de la Messe quoiqu'il soit plus à propos , dit-il, de ne pas l'achever.

Estius rapporte (c) qu'un Curé du Diocése de Cambrai la lui a décrite de la maniére suivante. Lorsqu'une nouvelle épouse se présente à l'Eglise pour recevoir la Bénédiction Nuptiale , les Curés qui ont dit la Messe , ou qui ont pris quelque chose , ont accoutumé de dire une Messe basse , qu'ils appellent séche. Ils n'y font point de confession ; mais commençant par l'introït, ils vont jusqu'au Canon qu'ils omettent, puis ils récitent l'Oraison Dominicale & le reste de la Messe , sans communier, parce qu'ils n'ont point consacré.

Que si l'on veut savoir ce que l'on doit penser de cette Messe , le Cardinal *Bona* déclare (d) qu'elle ne vient que de la dévotion indiscréte de quelques Particuliers , & de la trop grande indulgence des Prêtres : qu'elle n'est qu'un fantôme de la vraie Messe: qu'elle est vraiment séche & stérile , n'aiant ni Consécration ni Communion : qu'elle est semblable à ces repas de bois & de pierre, qu'Héliogabale donnoit souvent à ses Convives , selon le rapport de *Lampridius* & des autres Historiens; & qu'elle est aujourdhui entiérement abolie.

Au

(a) *Ibid.*
(b) *Ibid.* Chap. 2.
(c) *Orat.* 13. *Theologic.*
(d) *De Hierarch. Eccl.* Lib. 1. Cap. 7.

Au douziéme siécle, dit (a) M. *Thiers*, il s'introduisit un grand abus touchant les Messes. On en assembloit plusieurs les unes avec les autres, ou, pour user du mot propre, on en *entoit* plusieurs les unes sur les autres en cette manière. On commençoit une Messe du jour, ou telle autre que l'on vouloit ; on la continuoit jusqu'à l'Offertoire : là on en recommençoit de même une seconde, une troisiéme & une quatriéme, ensorte qu'on y en mêloit quelquefois des Trépassés. On récitoit ensuite autant de Secrétes qu'on avoit commencé de Messes, & on achevoit sous un seul Canon ; c'est-à-dire, en récitant une seule fois le Canon, & en disant ensuite autant de Collectes qu'on en avoit dit au commencement. C'est pour cela que ces Messes s'appelloient des Messes (b) à deux, à trois, à quatre, à plusieurs faces, ou à plusieurs têtes.

,, L'avarice des Prêtres, continue (c) M. *Thiers*, inventa ces sortes de Messes ir-
,, régulières. Car comme il ne leur étoit permis ordinairement de dire qu'une Messe
,, par jour, ils s'avisérent d'en assembler plusieurs en une, afin qu'en satisfaisant par ce
,, moïen à la dévotion & aux intentions de plusieurs personnes, qui demandoient qu'on
,, offrît pour elles le redoutable sacrifice de nos Autels, ils en pussent tirer plusieurs ré-
,, tributions ". On peut voir dans l'Auteur que nous citons les raisons qu'il allégue
ensuite, pour prouver l'abus de ces sortes de Messes.

Non seulement il y a des superstitions qui regardent quelques Messes en particulier, il y en a aussi qui regardent les Messes en général, ou quelques parties de la Messe. M. *Thiers* s'est fort etendu (d) sur cette matiére ; & nous serions ennuieux si nous entreprenions de le copier. Nous nous bornerons à celles de ces superstitions qui se sont glissées dans certaines parties de la Messe ; après quoi nous dirons un mot des intentions avec lesquelles on fait dire des Messes.

,, I. Il suffit, dit (e) M. *Thiers*, que l'Eglise approuve un Introît, pour qu'il ne soit
,, pas superstitieux. Mais je ne croi pas qu'elle approuve ceux auxquels la dévotion in-
,, discréte des Moines a ajouté certains Tropes, comme on les nomme ". Entre ces
Tropes, il y en a qui précedent immédiatement l'Introît, & d'autres qui sont mêlés avec les paroles de l'Introît, ensorte qu'un côté du Chœur les chante, tandis que l'autre chante l'Introît. Il y en a aussi qui sont en prose, & d'autres qui sont en vers. Voici un exemple de chacune des deux espéces.

Le prémier pour le jour de la Pentecôte est en prose : *Hodie Spiritus gratiâ Sancti repleantur corda nostra dicite eia :* Spiritus Domini, *Missus à sede Patris,* replevit orbem terrarum, Alleluia, *igneis linguis,* & hoc continet, *penetralia intuendo,* omnia ; *omnipotentia Patri atque Filio aequali,* scientiam habet vocis. *Quòd dies testatur præsens & fidelibus & incredulis.* Alleluia, Alleluia, Alleluia.

Le second est pour le Dimanche des Rameaux, & est en vers. Le voici. *Israël egregius Psaltes clarusque Poëta, sic quondam Christo David cantaverat almo,* Domine ne longè facias miserationes tuas à me, *sed celerem mihi confer opem, Rex inclite cœli.* Ad defensionem meam aspice, libera me de ore leonis, *Qui cupit insontem morsu lacerare ferino.* Et à cornibus Unicornium humilitatem meam.

Le Cardinal *Bona* dit qu'il n'a point vu de ces Tropes dans les Auteurs qui ont traité des Offices divins avant le onziéme siécle. Quoiqu'il en soit, dit (f) M. *Thiers*, toutes ces additions qui ne sont bonnes qu'à allonger les Messes, regardent le culte superflu. Selon lui, on doit faire le même jugement des additions, dont les Moines du treiziéme siécle ont assaisonnée le *Kyrie* & le *Gloria in excelsis.* Car, ajoute-t-il, (g) ces assaisonnemens & ces broderies sont encore de l'invention des Moines, selon le Cardinal *Bona* qui assure qu'ils sont impertinens pour la plupart, & qu'ils n'ont ni sens, ni suite, ni liaison.

2. Quelques défenses que l'Eglise ait faites en divers tems de rien changer dans ses Offices, il y a eu des gens assez téméraires, pour faire chanter à la Messe des Epitres traduites en rimes Françoises. Cela n'étoit pas fort ordinaire, dit (h) M. *Thiers :* cependant cela s'est fait dans l'Eglise de Chartres il n'y a qu'environ deux cens ans. J'ai
vu

(a) *Traité des Superstit.* Tom. II. Liv. 4. Chap. 3.
(b) *Bicipites, Bifaciata, Trifaciata, Quatrifaciata, Multifaciata,* &c.
(c) Ibid.
(d) *Ibid.* Chap. 8. & suiv. Tom. III. Liv. 5.
(e) Tom. II. Liv. 4. Chap. 8.
(f) Ibid.
(g) Ibid.
(h) Ibid.

vu dans la Bibliothéque du Chapitre de cette Eglife un Manufcrit, où il y avoit grand nombre de ces Epitres rimées; & je me fouviens très-bien qu'il y en avoit quelques unes qui avoient pour titre.

Li Apôtres cette leçon
Firent en grand dévotion.

Pour *Lectio Actuum Apoftolorum*. „ Quelque Chanoine, ajoute (a) notre Auteur, „ ou quelque Chapelain Poëte avoit apparemment travaillé à ce bel Ouvrage ; & il „ avoit eu affez de crédit dans fa Compagnie, pour le faire lire publiquement dans „ l'Eglife.
„ Voilà une preuve de la fimplicité, de l'ignorance, de la fauffe dévotion & du „ mauvais goût de ces tems-là; & c'eft de ces quatres fources que font parties tant „ de chofes abfurdes & impertinentes, que l'on lit dans la plûpart des anciens Livres „ de chant, des anciens Miffels & des anciens Breviaires. Quand un Curé, un Vi- „ caire, un Prêtre dans une Paroiffe, un Chanoine ou un Chapelain dans une Eglife „ Cathédrale ou Canoniale, un Moine dans un Monaftère favoit un peu plus de La- „ tin, avoit un peu plus de capacité que les autres, il faifoit une Rubrique, il bro- „ doit un Introït, un *Kyrie eleifon*, un *Gloria in excelfis*, un *Sanctus* & un *Agnus Dei*: „ il faifoit une Profe ou une Hymne; il compofoit un Office entier à fa mode & felon „ fes lumières; & on le chantoit enfuite fur la foi & la parole de fon Auteur fans fe „ mettre en peine s'il étoit dans les régles, s'il y avoit des erreurs, ou s'il n'y en „ avoit pas.
„ De-là font venus ces ridicules Offices que l'on voit dans quelques Livres Ecclé- „ fiaftiques, comme dans l'Ordinaire Mf. de l'Eglife de Rouen, lequel fe trouvoit dans „ la Bibliotéque de feu M. Bigot: l'*Office des Pafteurs* du jour de Noël; l'*Office des* „ *Pélerins* du Lundi de Pâques; l'*Office des Enfans* du jour des Innocens; & *la Pro-* „ *ceffion des Anes* du jour de la Circoncifion. De-là font venues auffi *la Profe de l'Ane*, „ ou *la Profe des Foux*, qui fe chantoit à la Meffe du jour de St. Etienne, & *la Pro-* „ *fe du Bœuf* qui fe difoit à la Meffe du jour de Saint Jean l'Evangélifte, & qui auffi „ bien que *la Profe de l'Ane*, faifoit partie de la *Fête des Foux*, qui en certains lieux „ duroit depuis la Saint Etienne jufqu'à l'Octave de l'Epiphanie ”.
3. Il y a des perfonnes qui fe font dire des Evangiles le bout de l'Etole fur la tête, pour être préfervées ou guéries de quelque maladie corporelle par l'interceffion des Saints, ou des Saintes que l'on réclame certains jours de l'année en certaines Eglifes & en certaines Chapelles. On ne peut pas dire que cette pratique foit fuperftitieufe, puif-qu'elle eft approuvée de l'Eglife: mais M. *Thiers* remarque (b) que ceux qui font dire ces Evangiles ne font cependant pas toujours exempts de fuperftition. Tels font, par exemple,

Ceux qui fe tiennent le menton de la main droite, ou qui tiennent le pied droit élevé, pendant qu'on leur dit des Evangiles.

Ceux qui pour guérir de la gale fe font dire un Evangile de Saint Fiacre, en tenant à leur main une chandelle éteinte, dans la penfée que fi elle étoit allumée la gale s'al-lumeroit & s'échaufferoit davantage. Un Curé de mon voifinage, dit notre Auteur, s'étant apperçu de cette fuperftition, voulut un jour obliger une femme qui la prati-quoit d'allumer fa chandelle, fans quoi il lui déclara qu'il ne lui diroit point d'Evangile. Mais cette femme lui répondit qu'elle n'en feroit rien; & elle aima mieux fe retirer fans fe faire dire d'Evangile.

Ceux qui fe font dire un certain nombre d'Evangiles pour être guéris d'un certain mal, s'imaginant que fi on leur en difoit plus ou moins, ils ne guériroient jamais.

Ceux qui pour guérir de la diffenterie prennent un écheveau de fil tout d'une pièce, font paffer la perfonne malade dans cet écheveau, en commençant par fes pieds, puis lui font dire un Evangile de Saint Fiacre, & donnent l'écheveau de fil au Saint.

Les Nourrices qui pour avoir beaucoup de lait, portent au marché un fromage mou & tout dégoutant, le vendent, & donnent l'argent qu'elles en ont retiré à la Fabri-que de l'Eglife de St. Pantaleon, après s'être fait dire un Evangile de ce faint Martyr. Cela fe pratique affez communément proche Chartres, dans l'Eglife de Lucé dont St. Pantaleon eft Patron.

Ceux qui pour guérir un enfant du mal appellé en certains lieux *de St. Gilles*, lient un liard, un fou, ou une autre pièce de menue monnoie avec un fil de la longueur de
l'enfant,

(a) Ibid.   (b) *Ibid.* Chap. 9.

S 2

l'enfant, le recommandent à Saint Gilles, & font dire un Evangile de ce Saint à son intention.

Ceux qui pour faire marcher sans peine les enfans, lorsqu'ils ont de la peine à marcher seuls, & sans le secours de quelqu'un, leur font dire un Evangile de St. Luperce à certain jour de l'année, dans une Eglise dédiée à Dieu sous l'invocation de ce St. Martyr. Autrefois, dit Mr. *Thiers*, à St. Luperce qui est une Paroisse éloignée de deux lieues & demie de Chartres, on les plongeoit dans une fosse où il y avoit de l'eau, & qu'on appelloit *la Fontaine de St. Luperce*. Mais depuis que la fontaine est tarie, on s'est avisé de leur faire dire un Evangile de St. Luperce.

Ceux qui se font dire des Evangiles de St. Liénard pour des personnes affligées de certaines maladies langoureuses, afin que ces personnes guérissent ou meurent bientôt, parce que, dit-on, par une fade & ridicule allusion, *St. Liénard lie & délie*. „ Dans „ l'Eglise Paroissiale de Mellerai, proche Mont-miral, au Diocèse de Chartres, il y „ avoit autrefois, dit (a) Mr. *Thiers*, une chaîne de fer attachée à la muraille proche „ un Autel de St. Liénard, avec laquelle on lioit par le milieu du corps les hommes „ & les garçons, les femmes & les filles, tandis qu'on leur disoit des Evangiles de „ St. Liénard. Les Prêtres de cette Eglise se trouvoient bien de cette dévotion, par- „ ce qu'elle leur attiroit quantité d'Evangiles & de Messes qu'on leur faisoit dire, & „ dont ils étoient fort bien paiés; & demeurant dans la bonne foi, ils s'épargnoient „ volontiers la peine d'examiner & de consulter si cette pratique étoit superstitieuse, „ ou si elle ne l'étoit pas. Mais un de leurs amis a eu assez de charité, de zèle & de „ lumières pour les retirer de cette erreur, & pour en désabuser le peuple, aiant ôté „ cette chaîne dans le même esprit que St. Martin (b) fit démolir un Autel, qui étoit „ consacré à un voleur que le peuple révéroit comme un Martyr ".

Ceux qui mènent leurs chiens malades de la rage aux Eglises ou Chapelles de St. Pierre, de St. Hubert ou de St. Denys; les plongent dans les puits ou fontaines voisines, ou leur en jettent de l'eau sur le corps; après quoi ils leur font appliquer à la tête les clefs de ces Eglises ou Chapelles, ou un fer chaud, & leur font dire des Evangiles, leur faisant mettre le bout de l'Etole sur la tête.

+ L'Offertoire suit l'Evangile. Pendant qu'on le chante le jour du Dimanche des Rameaux, certaines gens font des Croix du buis ou des autres Rameaux qui ont été bénis au commencement de la Messe, & les mettent ensuite à la campagne, dans les carrefours, & les grands chemins, s'imaginant que les Voiageurs qui rencontreront ces Croix, & les salueront chemin faisant, ne s'égareront point, & n'auront aucune avanture ce jour-là.

Dans certains endroits, pour guérir les chevaux encloués, ou pour empêcher qu'ils ne s'enclouent & qu'ils ne boitent, on porte des clous de cheval; on les met sur un Autel, & on en prend ensuite une partie sans compter; on les offre à la Messe, & on remporte le reste pour servir à ferrer les chevaux. Cela se pratique plus ordinairement dans les Eglises ou Chapelles, où il y a des Images de St. Eloi, ou qui sont dédiées à ce Saint qu'on s'imagine faussement avoir été Maréchal.

5. Il y a des gens qui croient, que quand on peut dire deux dixaines de son Chapelet pendant qu'on chante une Préface, on n'a jamais le hocquet; & que quand on demeure à genoux dans ce tems, & les bras croisés durant sept Messes de suite, on ne meurt point de mort subite, ni sans confession. D'autres dans le tems qu'on dit *Sursum corda* font le signe de la Croix sur leur con, par la seule appréhension de la corde qu'on met au cou des Criminels que l'on pend, & dans la pensée que par ce moien ils éviteront cet accident; comme si *corda* signifioit une *corde*, & que l'allusion de l'un à l'autre eût un juste fondement.

6. La Préface est suivie du *Sanctus*. Voici quelques exemples des superstitions populaires & grossières, qui regardent cette partie de la Messe.

Ramasser à terre pendant le *Sanctus* de la Messe du Dimanche des Rameaux du buis béni ce jour-là; le faire infuser durant trois quarts d'heure, ni plus ni moins, dans un verre d'eau de fontaine, & avaler cette eau ensuite, pour guérir de la colique ou du mal d'estomac.

Demeurer la bouche ouverte pendant le *Sanctus* de la Messe des morts, pour être préservé des chiens enragés.

Ecrire le *Sanctus* sur un morceau de parchemin vierge, & le porter sur soi, pour être heureux à la pêche.

Fermer

___

(a) Ibid.　　(b) Sulp. Sever. *de vit. St. Martin.* Cap. 8.

Fermer les yeux pendant le *Sanctus* de trois Messes, pour guérir de l'onglée.

Se tenir prosterné en terre pendant le *Sanctus*, pour gagner de l'apétit quand on l'a perdu.

Mettre deux fétus en croix pendant le *Sanctus*, puis ensuite les mettre sur un Autel à la fin de la Messe, pour retrouver les choses perdues.

7. On abuse aussi des Messes, soit par les mauvaises intentions avec lesquelles on les fait dire, soit par diverses pratiques superstitieuses dont on les accompagne. En voici des exemples.

En certaines Eglises de Bretagne les Païsans font dire des Messes, pour être guéris ou préservés de certaines maladies. A ces Messes ils offrent des épingles crochues qu'ils mettent sur l'Autel, & à la fin ils se font dire des Evangiles; après quoi ils vont hocher la tête trois fois dans une armoire, ou dans un trou qui est proche de ces Autels.

Pour guérir certains maux particuliers, on mêle quelquefois des Messes avec des remédes naturels, qu'on accompagne d'observances vaines & superstitieuses. Par exem-
,, ple, dit (a) M. *Thiers*, j'ai trouvé dans un recueil manuscrit de bons & de mau-
,, vais secrets, ce reméde contre le mal caduc. Prénez de la Prime-Verre, fleurs,
,, feuilles & racines: arrachez-la sans la rompre: mettez-la dans un pot à contremont:
,, faites-la bouillir: après qu'elle aura bouilli, tirez-en le jus avec un morceau de toile
,, neuve: donnez de ce jus à boire au malade neuf jours durant en même quantité
,, dans un verre neuf: les trois premiers jours qu'il en prendra, faites dire trois Mes-
,, ses à son intention, la première de saint Etienne, la seconde de saint Nicolas, & la
,, troisiéme de saint Jean-Baptiste: qu'à la fin de chacune de ces trois Messes, le Prê-
,, tre qui les dira mette son Etole sur la tête du malade, & lui dise l'Evangile de saint
,, Jean & la Collecte du Saint dont ce jour-là on célébre la Fête; & lorsqu'il aura pris
,, ce reméde, cassez le verre, & donnez le morceau de toile à quelqu'un pour l'hon-
,, neur de Dieu".

La malice de certaines gens va quelquefois à faire dire des Messes, pour mettre de la division entre des personnes qui n'ont rien à démêler ensemble, & pour les obliger de se quereller & même de se battre. Voici ce qu'on fait pour cela. Après le Soleil couché, on prend une . . . . ., on lui coupe les quatre pattes, dont on fait deux croix : on les met l'une sur l'autre dans un sachet de toile neuve, que l'on cache sous la mape d'un Autel: ensuite on fait dire une Messe à cet Autel; & quand on veut que deux personnes se querellent, & se frapent de tout ce qu'elles trouveront sous leurs mains, on met le sachet entr'elles deux, & on assure que l'effet s'ensuit aussi-tôt.

Il y a aussi des personnes qui font dire une Messe du Saint-Esprit dans certaines Eglises & à certains Autels, pour savoir des nouvelles si un tel ou une telle est morte, ou s'il reviendra, ou pour prier pour une telle personne, afin qu'elle se corrige, ou qu'elle meure dans l'année, ou pour savoir quel mari elles auront, ou quelle sera l'heure de leur mort.

A Sées en Normandie, il y a une Chapelle fort obscure, appellée *de saint Louis de la Chartre*. Lorsqu'on veut savoir si des personnes extrêmement malades iront ou viendront, comme on parle, c'est-à-dire, si elles guériront ou mourront de leurs maladies, on y fait dire des Messes. On fait la même chose dans les Eglises & Chapelles de saint Liénard.

Enfin lorsqu'on a été volé, c'est une pratique assez ordinaire de faire dire au plutôt une Messe du Saint-Esprit, pour empêcher que le Voleur ne s'éloigne du lieu où il a commis le vol. C'en est encore une qui n'est guéres moins ordinaire, quand on a perdu ou égaré quelque chose, de faire dire une Messe de saint Antoine de Padoue, pour retrouver ce qu'on cherche. ,, Mais, ajoute (b) notre Auteur, outre que ces pra-
,, tiques n'ont pas le suffrage de l'Antiquité, n'aiant été inventées que depuis que la
,, cupidité a multiplié les Messes au point où nous les voions maintenant, l'Eglise ne
,, s'est point déclarée en leur faveur; & c'est par cet endroit qu'elles me paroissent sus-
,, pectes de la superstition du culte superflu".

8. Finissons par quelques réflexions que fait Mr. *Thiers* sur le grand nombre des Messes. ,, Il est impossible, (c) dit-il, d'aimer l'Eglise d'un amour sincére & désintéressé,
,, & de ne pas gémir devant Dieu dans la vue des abus, que produit le grand nombre
,, de Messes qui se disent aujourdhui dans les Communautés Ecclésiastiques & Réguliè-
,, res, dans les Paroisses & ailleurs. *Alvarus Pelagius*, Evêque de Silvés en Portu-
,, gal,

(a) *Traité des Superstitions*, Tom. III. L. 5. Ch. 12.
(b) *Ibid.*   (c) *Ibid.* Chap. 7.

Tome *VII. Part. II.*   T

„ gal, (a) parle de ces abus en ces termes: Il se dit à présent tant de Messes pour de
„ l'argent, par coutume, & par habitude, par complaisance, pour mieux couvrir ses
„ crimes & pour se justifier devant le monde, que le Sacré corps de Jésus-Christ devient
„ méprisable & au peuple, & au Clergé.

„ On n'est que trop persuadé, continue notre Auteur, de ce que dit ce savant
„ Evêque. Car combien y a-t-il de Prêtres, qui ne diroient pas la Messe en beaucoup
„ de rencontres, s'ils n'avoient point de complaisance pour leurs amis, pour leurs Su-
„ périeurs, pour les Grands? Combien y en a-t-il qui regardent le Sacerdoce comme
„ un métier, qui vont à l'Autel comme les Artisans à leur ouvrage, sans attention,
„ sans réflexion, sans préparation, sans piété, sans ferveur, sans fraieur? Et quel fruit,
„ je vous prie, peuvent-ils tirer de leurs Sacrifices?

„ L'argent n'est-il pas souvent la principale fin, qu'une infinité d'autres se proposent
„ en disant la Messe? Combien ceux qui la disent par un principe de dévotion sont-ils
„ en petit nombre? Combien peu la diroient, s'ils n'en espéroient quelque rétribu-
„ tion? La rétribution sert à les faire subsister, à paier leurs pensions dans leurs Com-
„ munautés. Qu'ils soient en état de la dire, ou qu'ils n'y soient pas, c'est de quoi on
„ ne se met pas fort en peine. Il faut qu'ils la disent, parce qu'il faut acquitter les
„ charges de leurs Communautés, ou de leurs Sacristies. S'ils ne la disent pas, il n'y
„ a ni paix, ni pain, ni portion pour eux. Ce n'est donc que par intérêt qu'ils la di-
„ sent. Ils n'ont point d'autre Dieu en la disant, que le *Dieu Teston*, pour me servir
„ de l'expression de Mr. Bourdoise, parlant des Ecclésiastiques qui n'assistoient aux
„ Offices Divins, que quand il y avoit quelque chose à gagner: *Deus Testonus est Deus*
„ *eorum.*

„ Ne fait-on pas encore un honteux commerce des Messes en plusieurs manières?
„ Il y a des Prêtres qui s'en chargent d'un plus grand nombre qu'ils n'en sauroient
„ dire; & ou ils ne les disent point du tout, ou ils les font dire par d'autres Prêtres
„ à qui ils donnent moins qu'ils n'ont reçu: pratique positivement condamnée par l'E-
„ glise. D'autres tirent plusieurs rétributions d'une même Messe; d'autres prennent
„ plus pour une Messe, que la coutume des lieux, ou la taxe des Diocèses ne leur
„ permet de prendre; d'autres disent des Messes par anticipation, quand personne ne
„ leur en a demandé, pour les prémiers qui leur en demanderont dans la suite ".

Remarquons enfin qu'outre les désordres auxquels sont exposées toutes les dévotions
nocturnes, il s'est introduit parmi le peuple plusieurs superstitions au sujet de la Messe
de minuit. En voici quelques-unes, que nous tirons (b) de M. *Thiers.*

1. Croire qu'une buche que l'on commence à mettre au feu la nuit de Noël, ce qui
fait qu'elle est appellée le *trésoir*, ou le *tison de Noël*, & que l'on continue d'y mettre
quelque tems tous les jours jusqu'aux Rois, peut pendant toute l'année garantir d'incen-
die & de tonnerre la maison où elle est gardée sous un lit, ou bien en quelque autre
endroit; qu'elle peut empêcher, que ceux qui y demeurent n'aient les mules aux talons en hiver; qu'elle peut guérir les bestiaux de plusieurs maladies; qu'elle peut délivrer les vaches prêtes à vêler, si on en fait tremper un morceau dans leur breuvage;
enfin qu'elle peut préserver les blés de la rouille, en jettant de sa cendre dans les
champs.

2. Faire boire les chevaux & les bestiaux au retour de la Messe de minuit, avant que
d'entrer dans la chambre où l'on couche, & avant que de parler à personne afin de les
guérir ou de les préserver du mal de....

3. Garder du pain béni de la Messe de minuit, & le porter sur soi, pour n'être point
mordu des chiens enragés, ou pour se préserver des Sorciers.

4. En certains lieux, les Bergers & les Bergères s'empressent à qui ira le prémier à
l'Offrande de la Messe de minuit, dans la persuasion que celui ou celle qui s'y présente-
ront les prémiers, auront cette année-là les plus beaux agneaux de la paroisse.

5. Dans d'autres endroits, chez les Laboureurs, le prémier de la maison qui revient
de la Messe de minuit prend une peltée de cendres, & la met à part: le prémier qui
revient ensuite de la Messe du point du jour, & le prémier qui revient de la Messe du
jour en font de même: ensuite ils mêlent ces trois peltées de cendres avec le blé qui
doit être semé aux semailles prochaines, & s'imaginent que cela empêche la *brouere*,
comme ils l'appellent, c'est-à-dire, la nielle ou l'ivraie, qui rend les blés noirs ainsi
que le pain qui en provient.

6. Il

(a) *De planctu Ecclef.* Lib. II. Cap. 5.
(b) *Traité des Superst.* Tom. I. L. 5. Ch. 4. & Tom. III. L. 5. Ch. 5.

6. Il y en a qui pour le même effet, & dans la même vue, ferment la porte du logis sur eux au retour de la Messe de minuit; ramassent les cendres de la buche de Noël, & les mêlent avec les grains qui doivent servir l'année suivante à ensemencer les terres.

DISSERTATION

Où l'on renferme les Superstitions qui se sont glissées dans l'usage des Sacremens, &c.

Nous rassemblerons ici diverses Superstitions qu'une fausse dévotion & des erreurs populaires ont introduites. Commençons par le Baptême.

I. (a) La nécessité de le recevoir est si bien établie, qu'on ne peut sans superstition croire que l'Ordination, ou l'Eucharistie reçue souvent, & pendant un temps considérable, peuvent suppléer au défaut de ce Sacrement. Saint *Denys* d'Alexandrie semble cependant avoir été de ce dernier sentiment. Ceux-là sont dans la même erreur, qui croient que quand une femme enceinte reçoit l'Eucharistie, l'enfant qu'elle porte dans son sein est tellement sanctifié par la réception de ce Sacrement, qu'il n'a plus besoin de baptême. Telle est la créance des Ethiopiens, suivant leur profession de foi publiée par l'Evêque Zaga-Zabo, Ambassadeur du Roi d'Ethiopie en Portugal. On doit mettre dans le même rang le sentiment du Cardinal *Cajetan*, qui s'est imaginé, que les prieres que des Parens seroient à Dieu pour leurs enfans, en les lui présentant, pourroient leur tenir lieu de baptême, lorsqu'ils seroient dans l'impuissance de le recevoir. Enfin une derniere superstition sur la nécessité du Baptême, seroit de croire, comme les Hérétiques des derniers temps, sur tout les Luthériens, l'imputent faussement aux Catholiques, que la Profession Religieuse puisse tenir lieu de ce Sacrement. Les Catholiques disent à la vérité, que la Profession Religieuse est *un second* Baptême: mais ils n'ont garde de la préférer, ou même de l'égaler à ce Sacrement.

II. (b) L'eau vraie & naturelle est la matiere du Sacrement de Baptême. Qu'elle soit froide ou chaude, douce, amere ou salée, trouble, bourbeuse ou nette, blanche ou verte, noire ou bleue, rouge ou de quelqu'autre couleur, il n'importe, pourvu que ces qualités n'alterent point sa substance, & qu'elle demeure toujours de véritable eau. Mais on ne pourroit sans superstition baptiser avec de l'eau rose, ou d'autres eaux artificielles & de senteur, non plus qu'avec de la bierre, du jus de citron, d'orange ou de grenade, de l'urine, de l'huile, du lait, du vin, du cidre, ou d'autres liqueurs semblables, parce que ces liqueurs ne sont pas de l'eau vraie & naturelle. Ainsi quoique le Pape *Etienne* II semble avoir approuvé le Baptême conféré avec du vin, lorsqu'il ne se trouve point d'eau pour l'administrer, l'Eglise n'a jamais adopté cette pratique. Elle n'a jamais approuvé non plus qu'on baptisât avec du sable, même dans la plus grande nécessité. Cependant il est rapporté dans le *Pré spirituel*, qu'un jeune Juif s'étant trouvé à l'extrémité dans un désert où il n'y avoit point d'eau, & aiant demandé le Baptême à ceux qui l'accompagnoient, l'un d'eux le baptisa, en lui jettant du sable trois fois sur la tête; qu'aussi-tôt après ce Juif fut guéri; qu'ensuite on agita la question sur la validité de ce Baptême; & qu'enfin on l'envoia au Jourdain pour être baptisé.

III. (c) Nous ne parlerons point, ni des différentes combinaisons qu'on peut donner à la forme du Baptême, en la prononçant; ni des formes diverses dont les Hérétiques anciens & modernes se sont servis en administrant ce Sacrement; ni de l'ignorance de ce Prêtre, qui au-lieu de dire, *Ego te Baptizo, in nomine Patris, & Filii, & Spiritus sancti*, disoit, *Ego te Baptizo, in nomine Patria, & filia, & Spiritus sancta*. Ainsi il ne nous reste autre chose à faire observer à ce sujet, sinon que la forme du Baptême doit être prononcée par la même personne, qui en applique la matiere.

IV. (d) L'intention de celui qui baptise, doit être de faire ce que fait l'Eglise dans l'administration du Baptême; & l'intention de celui qui le reçoit, doit se rapporter au même but. Ainsi St. *Augustin* condamne avec raison ceux qui faisoient baptiser leurs enfans, afin qu'ils fussent maintenus en santé, ou guéris de leurs maladies. Il parle aussi de ces Cathécuménes intéressés, qui ne recevoient le Baptême que par des vues

tempo-

(a) *Traité des Superst.* Tom. II. L. 1. Chap. 1.
(b) *Ibid.* Chap. 2.
(c) *Ibid.* Chap. 3.
(d) *Ibid.* Chap. 4.

temporelles, telles que le defir de faire fortune, l'envie d'éviter quelque mal, &c. & il les traite de réprouvés.

V. (*a*) Nous avons dit ailleurs, que dans une preffante néceffité toute perfonne peut adminiftrer le Baptême, même un Infidéle, ou une femme. Ainfi on ne peut excufer de fuperftition le jeune *Valentinien*, frere de l'Empereur *Gratien*, qui aima mieux mourir fans Baptême, que de le recevoir de la main d'un autre que de S. Ambroife. Mais que penfera-t-on de l'idée des Peres & des Meres, qui n'aiant perfonne pour baptifer leurs enfans dans une très grande néceffité, refuféoient de leur conférer le Baptême, de crainte de contracter entre eux une affinité fpirituelle, & de n'être plus en état de fe demander l'un à l'autre le devoir du mariage? L'Eglife a été affez empêchée à les guérir de cette peur.

VI. (*b*) il n'y a point aujourdhui de tems fixé pour l'adminiftration du Baptême. Ainfi ceux-là feroient vraiment fuperftitieux, qui affecteroient de le conférer à certains jours, & à certains tems, dans la penfée qu'il n'auroit nulle vertu, ou qu'il n'en auroit pas tant, s'il étoit adminiftré en d'autres tems & en d'autres jours. C'eft donc une fuperftition aux Grecs, aux Jacobites, aux Maronites, &c. de différer le Baptême de leurs enfans jufqu'au 8. au 40. ou au 80. jours apres leur naiffance. Mais ce feroit une erreur beaucoup plus grande de le remettre à la mort, ainfi que le pratiquoient plufieurs perfonnes dans les premiers fiécles de l'Eglife. Les Peres ont condamné cet abus avec beaucoup de force. On peut confulter fur cela S. *Bafile* dans la treizième de fes *Homélies morales*.

VII. (*c*) L'homme eft le feul fujet capable de recevoir le Baptême, & la grace fanctifiante qui y eft attachée. De-là il réfulte qu'il y a de la fuperftition à baptifer les enfans mort-nés, les Monftres reconnus pour tels, les Energumenes actuellement poffedés du Demon, les enfans qui font encore dans le fein de leurs meres. Les Grecs refufoient auffi autrefois de baptifer les Paiens; & les Maronites ne veulent pas baptifer des garçons & des filles enfemble, dans la penfée qu'ils contracteroient une alliance fpirituelle les uns avec les autres. Mais imagineroit-on qu'on pût douter, fi l'on peut baptifer une femme infidéle qui eft enceinte? Cependant nous en avons un exemple dans S. *Auguftin* Apôtre de l'Angleterre, qui propofa cette difficulté à S. *Grégoire*.

Nous ne parlons point du Baptême conferé à des livres, des philactéres, des plaques & des caractéres, pour des ufages magiques & fuperftitieux. C'eft ce que faifoient les Sorciers de *Mante*, qui par Arrêt du Parlement de Paris furent brufés l'an 1556. au mois de Novembre. S. *Bernardin de Sienne* parle auffi de ceux qui gardent la membrane dans laquelle les enfans viennent au monde, qui la baptifent & l'oignent des faintes Huiles, pour en faire enfuite plufieurs horribles maléfices. On fait que les Sorciers baptifent fouvent des chiens, des chats, des cochons, des crapauts, & d'autres animaux morts ou vifs. *Pierre Grégoire de Touloufe* rapporte qu'un Prêtre du Diocéfe de Soiffons, voulant fe venger de fes ennemis, confulta fur cela une Sorciere, qui lui confeilla de baptifer un crapaut de la même maniére que l'on baptife les Chrétiens, & de lui donner le nom de Jean; de confacrer enfuite une Hoftie, & de la lui faire manger: qu'aiant exécuté cet ordre, la Sorciere prit le crapaut, le déchira par morceaux, & en compofa un poifon, qu'elle ordonna à ce Prêtre de porter dans les maifons de fes ennemis, ce qu'il fit; & que ceux-ci moururent miférablement. Cet Auteur ajoute, que cette infigne méchanceté aiant été découverte, la Sorciere fut brulée en 1460.

Il y a encore des gens affez abandonnés de Dieu, pour baptifer des figures de cire, afin de faire mourir les perfonnes qu'ils haïffent. Voici les Cérémonies qu'ils pratiquent pour cet exécrable maléfice. Ils font une image de cire entiére, & avec tous fes membres: la mettent de fon long dans une boëte qui fe ferme avec un couvercle: prennent de l'eau dans le creux de leur main, & la jettent fur cette image, en difant. *N. N. Ego te baptifo*, &c. Ils récitent enfuite le petit Office de la Vierge; & lorfqu'ils en font au Pfeaume .... entre *generatione* & *generationem*, ils prennent une épine d'O .... de laquelle ils piquent legérement l'endroit du cœur de l'image, & achevent le petit Office. Le lendemain ils font la même Cérémonie; & aux mêmes mots ils enfoncent l'épine plus avant. Le troifiéme jour ils en font autant, enfoncent l'épine

(*a*) Ibid. Chap. 5.
(*b*) Ibid. Chap. 6.
(*c*) Ibid. Chap. 7.

pine toute entiere, & achevent l'Office. Le neuvième jour ils ont, dit-on, ce qu'ils souhaitent.

VIII. (*a*) Dans les Cérémonies qui précédent le Baptême, nous considererons la mere de l'enfant, le Parein & la Mareine, & le nom. Il y a des gens de l'un & de l'autre sexe, sur-tout à la campagne, qui s'imaginent qu'une femme enceinte ne sentira aucune douleur en accouchant, pourvu qu'elle demeure assise pendant l'Evangile de la Messe à laquelle elle assistera quelques jours auparavant. Mais il y a quelque chose de bien plus singulier. Comme on fait des exorcismes sur les enfans avant que de les baptiser, on en fait aussi sur les femmes enceintes, afin qu'elles accouchent sans douleur; & voici les impertinentes Cérémonies d'un de ces exorcismes. Celui qui le fait tient en sa main un cierge béni, l'allume à un feu de . . . & non à un autre; & en l'allumant, il dit: *Notre Seigneur Jésus-Christ étant au Mont d'Olivet avec ses Disciples, a oui une femme qui enfantoit, & dit à S. Jean-Baptiste*, va à l'oreille droite de cette femme, & lui dis; *qu'ainsi comme Anne enfanta Marie, & Marie enfanta le Sauveur du Monde, ainsi enfante cette femme sans douleur, soit mâle ou femelle, ou soit mort ou vif; viens dehors, Christ te demande à sa lumiere ;,,* Jesu Caspar te vocat, Jesu Melchior te ,, petit, Jesu Balthasar te assistit, Jesu memento filiorum Edom, dicunt eximanite, ,, eximanite ". Il faut répéter . . . fois le même exorcisme, & dire à la fin *Pater* & *Ave*, & lorsqu'on le récite, on doit bien prendre garde qu'il n'y ait point de femme grosse présente, parce que, dit-on, elle accoucheroit sur l'heure. Enfin il faut que celui qui le récite soit à genoux, ou qu'il le récite à l'oreille de la femme qui est en travail. Il suffit de rapporter ces impertinences, pour en faire voir la vanité, l'illusion & la folie.

Il s'est aussi introduit quelques superstitions dans la Coutume de choisir des Parreins & des Marreines. Il y a, par exemple, des gens assez simples, pour croire qu'un garçon ne doit pas être Parrein d'un garçon la premiere fois qu'il est Parrein, ni une fille Marreine d'une fille la premiere fois qu'elle est Marreine, parce que, dit-on, s'ils se marient ensuite, ils seront malheureux l'un & l'autre, & au contraire ils seront heureux si la fille est Marreine d'un garçon, & le garçon Parrein d'une fille. D'autres s'imaginent qu'il ne faut pas qu'une femme enceinte soit Marreine, parce que, selon eux, ou l'enfant dont elle est grosse, ou celui dont elle sera Marreine, mourra peu de tems après. *Cambden* rapporte que les Irlandois ont tant de vénération pour les Loups sauvages, qu'ils les prennent pour Parreins de leurs enfans, les appellant *Caricbrist*.

A l'égard des noms qu'on impose aux enfans, ce que nous en avons déja dit pourroit suffire. Cependant on peut encore ajouter, que tous les Conciles, les Synodes & les Rituels condamnent les noms, qui avec la rencontre de ceux de la famille, pourroient former quelque équivoque ou quelque plaisanterie ridicule, messeante, ou injurieuse à ceux qui les porteroient; comme si, par exemple, on donnoit le nom de *Jol* à un enfant qui s'appelleroit *Bim*, celui de *Jean* à quelqu'un qui s'appelleroit *Fichu*, ou *Farine*, parce qu'on doit traiter saintement & sérieusement des choses aussi sérieuses & aussi saintes, qu'est le Sacrement de Baptême. N'oublions pas ce que rapporte S. *Jean Chrysostome*, que des Chrétiens de son tems, lorsqu'il falloit imposer le nom à leurs enfans nouvellement nés, allumoient un certain nombre de cierges, ou de chandelles, à chacune desquelles ils donnoient un nom : ensuite au-lieu d'appeller leurs enfans du nom du Saint, ils les appelloient du nom de la chandelle qui étoit demeurée la derniere & la plus long-tems allumée, afin qu'ils vécussent plus long-tems. M. *de la Roque* dans son *Traité des noms & des surnoms*, dit aussi que les Irlandois sont si superstitieux, qu'ils n'osent donner à leurs enfans les noms de leurs parens qui vivent, de peur de racourcir leurs jours.

IX. (*b*) Nous avons déja parlé des superstitions qui regardent la matiere & la forme du Baptême, l'intention avec laquelle il doit être administré, le Ministre qui doit le conférer, & le Sujet qui doit le recevoit. Ainsi il ne nous reste rien à dire de celles qui concernent les Cérémonies, dont ce Sacrement est accompagné. Nous rapportons seulement un fait singulier & fort extraordinaire, que nous apprend l'*Abbé de Palerme*, au sujet de l'immersion des enfans au Baptême. Vers Montpellier, dit-il, un homme qui portoit un enfant à l'Eglise pour le faire baptiser, voyant qu'il étoit prêt d'expirer, & craignant qu'en effet il ne mourût avant que d'avoir reçu le Bap-

(*a*) *Ibid.* Chap. 8. 9. 10.
(*b*) *Ibid.* Chap. 11.

Baptême, le jetta dans une Rivière ou dans un Puits, avec intention de le baptiser effectivement, & proféra de bonne-foi ces paroles, *Ego te baptizo*, &c. On consulta là-dessus un Professeur en Théologie de l'Ordre des Freres Prêcheurs, qui répondit que cet enfant n'étoit point baptisé. Plusieurs Canonistes eurent horreur de cette réponse, disant que rien ne manquoit pour la validité de ce Baptême, ni la matiere, ni la forme, ni l'intention du Ministre. Mais le sentiment du Professeur fut ensuite confirmé par son Maitre, qui soutint que ce Baptême étoit nul, parce que pour la validité du Baptême, il ne faut pas seulement plonger dans l'eau celui que l'on baptise, mais encore l'en retirer.

X. (*a*) Depuis plus d'un siécle la coutume s'est introduite en quelques Paroisses, sur-tout à la campagne, de sonner les Cloches après le Baptême des enfans. Ce sont, dit notre Auteur, les Sonneurs, les Sacristains, les Fosioieurs, les Bédeaux qui l'ont introduite, par la considération de l'intérêt qui leur en revient. Car ils ont grand soin, ajoute-t-il, les Cérémonies du Baptême étant achevées, de conduire les Parreins & les Marreines au pied du Clocher, de leur présenter les cordes des Cloches, de les leur faire sonner, & de les sonner eux-mêmes, afin d'avoir lieu de leur demander de l'argent pour la récompense de leur peine, avec cette précaution cependant, qu'ils ne sonnent qu'à proportion du profit qu'ils en espérent. M. *Thiers* crie fort contre cet usage, qu'il appelle abus, principalement parce qu'il étoit inconnu à l'ancienne Eglise; & il croit les Evêques d'autant plus obligés d'en arrêter le cours, „ que „ par-là on empêcheroit, dit-il, une infinité de gens simples & grossiers d'offenser „ Dieu, en ce qu'ils s'imaginent que quand on ne sonne point les Cloches, les en- „ fans deviennent sourds, & n'ont point de voix pour chanter, au-lieu que quand on „ les sonne, ils ont l'ouïe subtile, & ils chantent fort bien; ce qui est une vaine ob- „ servance, & une divination des évènemens & des rencontres ".

Le même Auteur rapporte encore qu'autrefois dans certains Diocéses, après que les enfans avoient été baptisés, on les portoit sur un Autel de la Paroisse, d'où on ne pouvoit les retirer, qu'auparavant les Parreins & les Marreines ne les eussent rachetés par présens, & à prix d'argent. Dans d'autres, dit-il, on portoit les enfans de l'Eglise au Cabaret, & on les faisoit racheter par argent, ou l'on paioit du vin à ceux qui les y avoient portés. Ces abus ont été également condamnés par les Synodes & les Rituels de plusieurs Diocéses.

Il s'est aussi glissé plusieurs superstitions dans la Cérémonie de la Bénédiction des femmes après leurs Couches. Elles se trouvent exprimées dans les Rituels, & sur-tout dans celui de Bourges de 1666. qui s'en explique ainsi. „ Le Curé prendra garde de „ ne faire dans cette Bénédiction aucune autre priére, que celles qui sont ordonnées, „ sur-tout de ne pas célébrer la Messe que l'on appelle séche, c'est-à-dire, faire toutes „ les Cérémonies de la Messe, excepté la Consécration & Communion. Il prendra „ garde aussi qu'il ne se passe en cette Cérémonie aucune superstition de la part desdi- „ tes femmes, soit pour le nombre des chandelles, soit pour le baiser des Autels, soit „ pour le choix des jours dont elles estiment les uns heureux, & les autres malheu- „ reux, &c ".

(*b*) Outre ces superstitions particulieres qui concernent la purification des femmes, on en compte encore plusieurs autres, qui ne sont pas moins réprehensibles. Telle é-toit la coutume pratiquée en certains Pays, où lorsqu'une femme étoit morte en couche, la Sage-femme qui l'avoit accouchée, ou une autre femme se présentoit à l'Eglise, & se faisoit relever en sa place; dans la pensée que sans cette cérémonie, ou la défunte ne pourroit pas voir Dieu, ou ne pourroit pas être inhumée en terre Sainte, ou qu'on ne pourroit pas même faire entrer son corps dans l'Eglise. Autrefois on faisoit encore bien pis à Argenteuil proche Paris. On purifioit, non la Sage-femme, ou une autre femme, mais la femme même, qui étoit morte en couche; c'est-à-dire, on faisoit sur sa bierre les mêmes priéres & les mêmes cérémonies que l'on auroit pu faire sur elle-même, si elle eut été en état de venir à l'Eglise, pour y recevoir la Bénédiction.

Voici encore quelques autres superstitions, qui regardent la coutume qu'ont les fem-mes nouvellement accouchées, d'aller se purifier à l'Eglise.

1. Croire qu'une femme accouchée est Juive, jusqu'à ce qu'elle se soit présentée à l'Eglise pour être purifiée, & que jusqu'à-ce tems-là, il ne lui est pas permis de faire du pain, ni aucune autre chose dans son ménage, ni même de prendre de l'eau-bénite

(*a*) *Ibid.* Chap. 12.
(*b*) M. Thiers, *Traité des Superst.* Tom. II. L. I. Chap. 12.

bénite en entrant dans l'Eglise; c'est pourquoi la Sage-femme qui l'accompagne dans cette Cérémonie, lui en jette lorsqu'elle y entre, & elle n'en prend point qu'elle ne soit relevée.

2. S'imaginer qu'une femme accouchée fait un grand crime de sortir de sa chambre, & de regarder le ciel ou la terre, avant que d'être relevée & d'avoir entendu la Messe.

3. Croire que si une femme, en sortant de l'Eglise après ses relevailles, rencontre des gens de bien, ou de méchantes gens, son enfant tiendra infailliblement des uns ou des autres, & que si elle rencontre un garçon, elle accouchera la première fois d'un garçon; ou d'une fille, si elle rencontre une fille.

4. Se persuader que les femmes qui se sont blessées, & qui ont accouché ensuite, ne doivent aller à l'Eglise pour être purifiées, que les Mécredis & les Vendredis; & que si elles y vont dans tout autre jour, elles se blesseront une seconde fois dans leur grossesse.

5. Croire que les femmes ne doivent point relever les Vendredis, & que celles qui relevent ces jours-là n'auront plus d'enfans.

6. S'imaginer que les femmes ne doivent pas relever dans une Eglise le jour qu'on y a fait un mariage, & donné la Bénédiction nuptiale.

A l'égard de la Confirmation l'on prétend que les Malfaiteurs & les Sorciers en abusent quelquefois, pour faire des maléfices & des sortileges; & *Delrio* rapporte, qu'il y en a qui pour ôter un maléfice de haine par un maléfice d'amour, baisent la personne de qui ils veulent se faire aimer, aiant les lèvres frottées de Chrême.

Il y avoit une autre sorte de personnes superstitieuses, qui s'imaginoient qu'on ne pouvoit tirer la vérité de la bouche des criminels, lorsqu'ils s'étoient frottés du saint Chrême, ou qu'ils en avoient bu. Ce fut pour obvier aux inconveniens qui pouvoient naître de cette opinion, qu'en 813. le 3. Concile de Tours ordonna aux Curés de tenir le Chrême enfermé, déclarant que ceux qui en auroient donné pour cette fin seroient déposés, & auroient la main coupée.

Finissons par ce qu'on rapporte de certaines femmes plus malicieuses que superstitieuses, qui étant mécontentes de leurs maris, pour avoir un prétexte de s'en séparer, tenoient leurs propres enfans à la Confirmation. Il s'en trouvoit un nombre assez considérable, pour que le 2. Concile de Châlon tenu en 813. se crut obligé de leur défendre cet usage, sous peine d'être mises en pénitence le reste de leur vie; & pour extirper cet abus plus efficacement & guérir le mal jusqu'à la racine, il déclara que celles qui tiendroient ainsi leurs enfans, ne seroient point pour cela séparées de leurs maris.

Venons à l'Eucharistie. Nous nous engagerions dans un trop grand détail, si nous entreprenions de rapporter toutes les superstitions, qui se sont introduites dans ce Sacrement. Nous nous contenterons de les parcourir légerement, & nous indiquerons seulement quelques-unes des plus singulieres. Elles regardent, 1. la *matiére* de l'Eucharistie; 2. la *forme*; 3. les *sujets* qui la donnent & ceux qui la reçoivent; 4. les *dispositions* corporelles avec lesquelles on doit la recevoir; 5. le *tems* de la recevoir; 6. les *intentions* avec lesquelles on la reçoit, & les *effets* qu'elle produit, avec l'*usage* qu'on doit en faire; 7. enfin la *manière* dont elle est administrée aux malades.

1. Parce que les premiers hommes offroient à Dieu les prémices de leurs fruits & de leurs troupeaux, il y a eu des Hérétiques (a) qui ont célébré l'Eucharistie avec des gâteaux faits de pain & de fromage. Les Catharites, qui étoient une espéce de Manichéens choisis, (b) pétrissoient le Pain Eucharistique avec de la semence humaine. Les Montanistes, ou les Cataphrygiens, (c) le composoient de farine détrempée avec le sang d'un enfant d'un an, qu'ils tiroient de tout son corps, après l'avoir piqué par tous les endroits, croiant que cet enfant seroit un Martyr, s'il mouroit de ses blessures, & s'il n'en mouroit pas, qu'il seroit un Grand-Prêtre. A l'égard du vin, qui est la seconde partie de la matiére de l'Eucharistie, (d) saint *Irenée* parle d'un insigne Magicien, nommé *Marc*, qui affectant de mieux imiter ce que le Fils de Dieu fit le jour de la sainte Cêne, & voulant vérifier à la lettre ce qui est dit des Chrétiens, qu'ils boivent le Sang de Jesus-Christ, par la force de ses enchantemens faisoit paroître le vin du Calice qu'il consacroit, comme si c'eût été de vrai sang. D'un autre côté, au septiéme siécle il se trouvoit des Evêques & des Prêtres, qui, au-lieu de vin, consacroient du lait & des grains de raisins, avec lesquels ils communioient le peuple,

Ces erreurs regardent la matiére du Sacrement: en voici d'autres qui concernent
la

(a) St. August. *Lib. de Haref.* n. 28.
(b) *Ibid.* n. 16.
(c) *Ibid.* n. 26. & 27.
(d) *Adverf. Haref.* Lib. I. Cap. 9.

la matiére de la Communion. Il y a des gens qui fous prétexte d'une plus grande pieté, & en vue de recevoir des graces plus abondantes, quelquefois aussi pour se distinguer du commun des Fideles, ne veulent communier qu'avec une grande Hostie. Sainte *Thérése* avoue dans sa vie, qu'elle avoit été elle-même dans cette erreur; & un Docteur en Théologie (*a*) rapporte à ce sujet une histoire miraculeuse arrivée en 1384. La voici. Ofwald Mulser, Gentilhomme Allemand, vouloit communier d'une grande Hostie, pour se distinguer des autres Laïques qu'on ne communioit que d'une petite. Mais Dieu l'en punit sur le champ, & à l'heure même. Car la terre s'étant entrouverte devant l'Autel où il communioit, comme pour l'engloutir tout vivant, il y tomba jusqu'aux génoux. Il voulut se prendre à l'Autel, pour se soutenir: mais l'Autel s'amolit comme de la cire, & ne lui laissa aucune prise. Enfin il ne put jamais avaler la sainte hostie; ce qui obligea le Curé qui la lui avoit donnée, de la retirer de sa bouche, & de la mettre dans la Sacristie de son Eglise, où elle se voit encore aujourdhui, dit le Docteur, teinte de sang & un peu retrécie par la salive de sa bouche.

Ce pourroit bien être dans le même esprit, dit (*b*) l'Auteur que nous suivons, que certains faux dévots & certaines fausses dévotes veulent qu'on leur donne plusieurs Hosties en les communiant, & qu'ils trouvent des Directeurs assez faciles pour le faire. „ Je connois, ajoute-t-il, un Chanoine de C. l'homme du monde le plus commode „ en matiére de direction, qui ne fait aucune difficulté d'en donner effectivement à „ ses Dévotes, trois, quatre, & même davantage, *selon le dégré de grace*, dit-il, „ *qu'il reconnoît en elles* ".

II. Nous n'avons autre chose à remarquer sur la forme de l'Eucharistie, sinon que notre Auteur (*c*) déclare, qu'il ne peut exemter de superstition ceux qui après avoir long-temps respiré, soufflé, & médité, prononcent les paroles de la Consécration avec tant de peine, d'effort & de violence, que si on n'avoit de la charité & de la compassion pour eux, on les prendroit plûtôt, dit-il, pour des Energumènes & des fous, que pour des gens de bon sens. Il porte le même jugement de ceux qui prononcent deux, trois & quatre fois, chaque parole; *Hoc, Hoc, Hoc*; *est, est, est; enim, enim, enim*, &c. & qui après cette répétition superflue, les prononcent encore une dernière fois tout de suite: & de ceux qui en prononçant ces mêmes paroles, touchent presque l'Hostie de leur bouche, & mettent leur nés & leur bouche sur le Calice, haletant d'une maniére fort indécente sur le pain & sur le vin qu'ils consacrent. „ Toutes ces „ pratiques ne sont prescrites, ajoute-t-il, par aucunes Rubriques, & ne s'accordent „ nullement avec cette régle de l'Apôtre, qui veut que toutes choses se fassent dans la „ bienséance, & selon l'ordre ".

III. L'Eucharistie est le Sacrement des vivans. C'est donc une superstition de la donner aux morts, comme cela s'est pratiqué autrefois en Afrique, en France, & en Orient. Mais c'est une superstition bien plus exécrable de communier les bêtes brutes, ainsi que sont, dit-on, quelquefois les Sorciers & les Malfaiteurs. Témoin ce Curé de Soissons, dont parle *Froissard*, qui baptisa un crapaut, & lui *bailla l'Hostie consacrée*; & qui fut brulé tout vif, (*d*) dit *Bodin*, sans s'arrêter aux Canons, qui excommunient seulement les Prêtres sorciers. Ajoutons qu'au rapport de *Gerson*, les Livoniens étoient autrefois si délicats, qu'ils ne vouloient pas qu'on donnât l'Eucharistie aux Paisans, parce qu'ils étoient mal vêtus; comme si Jésus-Christ n'eût pas institué ce Sacrement pour eux, comme pour ceux qui sont habillés superbement.

IV. Il y a des personnes qui ne voudroient pas communier, dit-on, si elles n'avoient le pied droit sur le pied gauche, les yeux fermés, la tête panchée du côté gauche, & les mains serrées sur l'estomac. D'autres croient ne devoir point communier, s'ils n'ont dormi auparavant.

Ces dévotions sont trop gênantes: en voici de plus commodes. Le Cardinal *Cajetan* rapporte (*e*) qu'il a ouï dire à des personnes dignes de foi, qu'un bon Prêtre avoit accoutumé d'avaler une noix confite, avant que de dire la Messe, en vue, disoit-il, de marquer un plus grand respect pour l'Eucharistie, & de preparer son estomac par la bonne odeur de cette noix, à recevoir ce divin Mystére. On conte aussi d'un bon Frere Laïc, Célerier d'une Maison Religieuse, que toutes les fois qu'il vouloit communier, il prenoit dès le matin un grand verre de vin, afin, disoit-il d'avoir plus de
force

(*a*) Tilman Brédenbach, *Collat. sacrar.* L. I. Cap. 55.
(*b*) *Traité des Superstit.* Tom. II. L. 3. Chap. 2.
(*c*) *Ibid.* Chap. 4.
(*d*) *Démonom.* L. IV. Chap. 5.
(*e*) *In Sum.* V. Communio, n. 2.

force de corps & d'esprit lorsqu'il recevroit son Sauveur, & de le recevoir avec plus de joie. Enfin le Pere *Jean Sanchès* assure (a) qu'il a connu un Prêtre, Docteur en Droit-Canon, qui conseilloit à toutes les femmes & à toutes les filles du lieu où il demeuroit, de manger un petit morceau de Pain-béni, qu'on avoit coutume de leur présenter en entrant dans l'Eglise, afin de se mieux préparer à la Communion.

V. C'est sans doute une superstition d'affecter de communier un certain jour plutôt qu'un autre, dans la pensée que la Communion de ce jour-là sera plus avantageuse & plus abondante en graces; ou de communier plusieurs fois en un même jour. J'ai connu cependant, dit (b) notre Auteur, quelques Visionnaires en matière de spiritualité & de dévotion, qui le faisoient sans scrupule; & le Pere *Nider* rapporte, qu'un Prêtre infame conseilloit aux Dévotes qu'il avoit infatuées de ses erreurs, de communier plusieurs fois en un même jour, afin, disoit-il, d'augmenter par chaque Communion la grace sacramentelle. Il ajoute, que ce malheureux avoit communié secrettement trois femmes toutes nues chacune plus de cinquante fois en un même jour.

Remarquons encore, qu'il se trouve des personnes assez superstitieuses pour ne pas vouloir travailler un jour ouvrable, sous prétexte qu'elles ont communié ce jour-là, dans la crainte de manquer au respect dû à la sainte Eucharistie. D'autres, parce qu'il est de la bienséance de demeurer quelque temps sans cracher après la Communion, s'abstiennent de cracher quand la necessité les y oblige, & quelquefois même ne veulent pas le faire de tout le jour qu'ils ont communié. Quelques-uns croiroient avoir fait un grand crime, si ce jour-là ils avoient marché à terre les pieds nuds, ou s'ils avoient mangé avant que les espéces sacramentelles fussent consumées dans leur estomac. Au contraire il y a des gens d'une dévotion si aisée, que s'ils ont communié un jour de jeûne, ils n'ont garde de jeûner de tout ce jour, de peur, disent-ils, de trop tourmenter leur corps qui a été honoré de la présence de Jésus-Christ, ou de peur de faire jeûner Jésus-Christ lui-même.

VI. Communier par hypocrisie & par intérêt, pour paroître homme de bien, pour sauver les apparences, c'est un sacrilége & une superstition grossiere, qui peut-être n'est que trop commune. Voici quelques traits plus singuliers.

En 1677. dit (c) Mr. *Thiers*, le Pere *Imperialis*, Supérieur des Jesuites de Naples, fit la découverte d'un nouveau Phénomene dans le Ciel de la dévotion. Il obtint un Bref du Pape pour l'érection d'une nouvelle Confrérie en l'honneur de sainte Anne; & il le fit imprimer sous ce beau titre: *Beata Anna Virgo & Mater Matris Domini*; pretendant que sainte Anne étoit Vierge, par la raison que la Mere de Dieu sa fille aiant été conçue sans péché originel, il n'y avoit eu ni commerce d'homme, ni concupiscence dans sa naissance. Un autre Jésuite de Naples fit imprimer en même temps un petit Livre, pour justifier cette prétendue virginité de sainte Anne; & un troisième Jesuite, Préfet de la Congrégation dans la même ville, prêcha pour exhorter les Fidéles à communier le jour de la Fête de sainte Anne, *parce que*, disoit-il, *on recevoit dans l'Eucharistie la propre chair de cette Sainte*; ce qu'il prouvoit par des raisonnemens à perte de vue, qui auroient également fait trouver dans ce divin Mystère la propre chair d'Adam. Par malheur pour ces trois Jésuites, l'éclat de leur nouveau Phénomene éblouit & effaroucha si fort l'Inquisition de Naples, qu'elle le fit aussi-tôt disparoître, en censurant, & l'opinion du Pere *Imperialis*, & le petit Livre, aussi-bien que le Sermon qui avoit été fait pour le soutenir. Un honnête homme de mes amis, ajoute notre Auteur, a entendu autrefois prêcher à un Carme, ,, Qu'afin de communier par ,, dévotion pour la sainte Vierge, il ne falloit pas regarder que c'étoit le Corps de Jé- ,, sus-Christ, que l'on recevoit dans le Saint Sacrement, mais que par un ragoût fin ,, & exquis de spiritualité, on devoit considérer qu'on y recevoit une chair formée du ,, plus pur sang de la sainte Vierge ".

Nous ne parlons point des Communions assez fréquentes, qui se font tous les jours pour les morts, ou pour les vivans. On pourra voir dans notre Auteur (d) les preuves qu'il allégue en grand nombre, pour en montrer l'inutilité. Mais nous ne devons pas omettre ce qu'il apporte ensuite, qu'il a vu à Chartres un Capucin, qui conseilla à un garçon & à une fille qui s'aimoient, de communier à intention d'être mariés ensemble, & qui en effet, lorsqu'il les communia à la Messe qu'il dit pour eux, rompit en deux une Hostie, dont il donna une moitié au garçon, & l'autre moitié à la fille. *Bo-*
sius

(a) Disput. 42. Select. n. 22.
(b) *Traité des Superstit.* Tom. II. L. 3. Chap. 7.
(c) *Ibid.* Chap. 9.
(d) *Ibid.*

fius (*a*) dit qu'en 1273. une femme de la Marche d'Ancône se servit de l'Euchariftie pour la même fin, la réfervant après qu'elle l'eut reçue dans fa bouche, & l'emportant chez elle pour en faire un maléfice, afin de fe faire aimer de fon mari qui la haïffoit.

L'Hiftoire Eccléfiaftique fournit divers exemples de certains ufages qu'on a faits de l'Euchariftie, & qui paffercient aujourdhui pour une vraie profanation. Tels font celui du Pape *Theodore* I. qui dans le Concile de Rome où il dépofa *Pyrrhus*, un des principaux Chefs des Monothélites, pour rendre cette dépofition plus mémorable, la figna avec une plume trempée dans de l'encre, où il avoit fait couler quelques goutes du Sang de J. C. Celui de fainte *Gorgonie*, qui s'étant trouvée au pied du faint Autel, & s'étant appuiée la tête deffus par une pieufe impudence, dit faint *Grégoire de Nazianze*, fon frere, mêla fes larmes avec ce qu'elle avoit réfervé du Corps & du Sang de Jéfus-Chrift, felon l'ancien ufage de l'Eglife, & s'étant frotée enfuite tout le corps de ce mélange, fut guérie à l'heure même de la maladie extraordinaire, inconnue & incurable dont elle étoit attaquée: Celui de St. *Satyre*, qui au rapport de fon frere Saint Ambroife, fe fit attacher au cou la fainte Euchariftie enveloppée dans un linge, & fe jetta enfuite dans la mer, afin de fe fauver du naufrage: Celui que rapporte faint Auguftin d'un certain *Acacius*, aveugle né, que fa mere, qui étoit une femme de vertu & de pieté, guérit par le moien d'un cataplafme qu'elle lui fit avec la fainte Euchariftie, & qu'elle lui appliqua fur les yeux: Celui de faint *Dominique*, qui pour convaincre les Hérétiques des vérités qu'il foutenoit, mit l'Euchariftie dans une fournaife ardente, où elle demeura, dit-on, pendant trois jours fans fe confumer: Celui de faint *Antoine de Padoue*, qui pour convaincre un infigne Héréfiarque de la vérité du Corps & du Sang de Jéfus-Chrift dans l'Euchariftie, préfenta ce myftére terrible à un Mulet qu'on avoit fait jeûner pendant trois jours, & l'obligea de fe mettre à genoux, de baiffer la tête, & de l'adorer. Telle eft encore la coutume, autrefois affez répandue, d'enterrer l'Euchariftie avec les morts. Nous lifons dans la vie de faint *Bafile*, qu'après avoir célébré la prémiere fois les Saints Myftéres, il divifa le pain Euchariftique en trois parties, dont il en réferva une pour être enterrée avec lui après fa mort.

On demande fi l'on peut fe fervir de l'Euchariftie pour conjurer, ou pour appaifer les vents, les orages, les grêles, les tonnerres, les éclairs, les foudres, les ouragans, & généralement toutes fortes de tempêtes, en la portant dans le Ciboire à la porte des Eglifes, & en faifant des fignes de Croix avec, du côté des tempêtes, comme cela fe pratiquoit autrefois affez communément dans certaines Eglifes des Gaules & de Germanie? Mais on répond qu'on doit regarder cette pratique comme un abus introduit par l'ignorance ou la fimplicité des Curés, & condamné expreffément par les Conciles & les Synodes. On doit juger de même de ceux qui portent le faint Sacrement, pour arrêter les incendies, ou les débordemens & les inondations des torrens & des Riviéres.

N'oublions pas l'aventure arrivée à une femme, dont *Céfaire* (*b*) fait mention. Ses mouches à miel ne profitant point, & mourant la plupart, on lui confeilla de faire femblant de communier, de retirer auffi-tôt après la fainte Hoftie de fa bouche, & de la porter dans une de fes ruches. Elle le fit, dit ce Moine; & cela donna lieu à un miracle. Il raconte (*c*) encore d'une jeune fille de l'Ifle de Saint Nicolas, qu'après avoir reçu la fainte Euchariftie, elle la retira de fa bouche, & la rompit en plufieurs parties fort minces & fort petites, qu'elle fema dans fon jardin qui ne lui produifoit aucun profit, quelque foin qu'elle prit de le bien cultiver, à caufe des chenilles qui en mangeoient les herbes & les légumes. Mais pour la punir, Dieu permit qu'elle demeurât longtemps en la poffeffion du Diable.

VII. Autrefois on avoit accoutumé en certains lieux de porter le St. Sacrement aux Malades, pour le leur faire adorer, ou pour le leur montrer feulement, lorfqu'ils n'étoient point en état de le recevoir. Mais cet abus a été expreffément condamné, ainfi que celui de le leur faire baifer. L'Eglife a défendu de même l'ufage qui s'étoit introduit en quelques endroits, lorfque le Malade étoit dans l'impuiffance de recevoir le Viatique, de le donner à une autre perfonne, quand il s'en trouvoit dans la maifon en état de communier.

Nous dirons peu de chofe des Superftitions qui fe font introduites dans le Sacrement de la Pénitence. Ceux qui voudront entrer dans un grand détail fur cette matiére, pourront confulter le *Traité des Superftitions* de Mr. *Thiers*, Tom. III. L. 6. Pour

nous,

(a) *De Notis Ecclef.* L. 14. Chap. 7.
(b) *Illuft. Miracul.* L. 9. C. 8.
(c) *Ibid.* C. 9.

nous, nous contenterons d'en extraire feulement quelques remarques, 1. fur le temps auquel l'on doit s'approcher du Tribunal de la Pénitence; 2. fur le Miniftre & le fujet de ce Sacrement.

I. L'ufage de la Confeffion Sacramentelle, fecrette & auriculaire étoit autrefois auffi rare, qu'il eft devenu fréquent dans les derniers fiécles. On peut apporter cinq raifons de ce changement de Difcipline. 1. Autrefois on recevoit le Baptême fort tard, hors les cas de néceffité : quelques-uns même ne fe faifoient baptifer qu'au lit de la mort. 2. Les Fidéles des prémiers Siécles avoient beaucoup plus de foin de conferver l'innocence & la grace de leur Baptême, que n'en ont ceux de ces derniers tems, où la charité de plufieurs eft fi fort refroidie. 3. Autrefois le nombre des Prêtres étoit rare dans les Eglifes, & encore plus dans les Monaftéres, dans la plupart defquels il n'y avoit aucun Prêtre, ou s'il y en avoit quelqu'un, ce n'étoit pas pour confeffer les Religieux, mais feulement pour leur dire la Meffe. D'où il réfulte que s'il y avoit alors peu de Prêtres, il fe trouvoit encore moins de Confeffeurs. 4. La Pénitence étoit plus rare dans les prémiers tems : mais elle étoit véritable & fincére, & l'ufage des clefs étoit plus public ; au-lieu qu'aujourdhui l'ufage des mêmes clefs eft plus fréquent, pour ne pas dire plus précipité, & plus capable de ruiner le fruit & le mérite de la Pénitence. 5. Comme dans l'ancienne Eglife on n'impofoit point de pénitences que felon la difpofition des Saints Canons, on differoit fouvent de plufieurs années l'abfolution & la participation aux Myftéres facrés : ainfi on fe confeffoit rarement. Dela il réfulte donc, que l'ufage fréquent de la Confeffion ne s'eft introduit dans l'Eglife que par l'abolition de la Pénitence publique, par la corruption du commun des Fidéles, & par la multiplication des Prêtres.

Ce n'eft qu'au douzième fiécle qu'on trouve deux Conciles de Touloufe, qui enjoignent à tous les Chrétiens de l'un & de l'autre fexe de fe confeffer trois fois l'an, favoir à Pâques, à la Pentecôte, & à Noël. Mais M. *Thiers* fait voir (a) que furtout depuis le Concile de Trente les Confeffions fe font fort multipliées, non feulement dans les Maifons Religieufes, mais même parmi les Laïques de l'un & de l'autre fexe, & encore plus, dit-il, du fexe féminin, qui à l'exemple des Religieux & des Religieufes fe confeffent, les uns tous les mois, les autres tous les quinze jours, d'autres tous les huit jours, quelques-uns trois ou quatre fois la femaine, d'autres enfin tous les jours, pour preuve de leur piéte vraie ou fauffe, de leur fragilité, & du peu de foin qu'ils apportent à fe défendre du péché.

Bien loin de blâmer les Confeffions fréquentes, notre Auteur dit expreffément (b) qu'il eft plus fûr de fe confeffer auffi-tôt qu'on fe reconnoît coupable de quelque péché mortel, que de différer fa confeffion. Mais en même tems il croit qu'il feroit fort à fouhaiter que les Confeffions des Laïques ne fuffent pas fi fréquentes, fur-tout celles des filles & des femmes ; & il ne manque pas de marquer certaines circonftances, qui peuvent les rendre mauvaifes & fuperftitieufes: 1. Lorfqu'elles fe font au préjudice de l'état dans lequel on eft engagé ; comme lorfque pour aller fouvent à confeffe, un pere ou une mere néglige le foin de fa famille, un ferviteur ou une fervante le fervice de fon Maitre ou de fa Maitreffe, un Magiftrat le devoir de fa charge, &c. 2. Lorfqu'elles fe font avec une perte de tems confidérable, foit pour les Pénitens, foit pour les Confeffeurs, qui pourroient l'emploier utilement pour la gloire de Dieu & le fervice du prochain : au-lieu que les confeffions de quantité de filles & de femmes fe paffent fouvent en niaiferies, en inutilités, en riens, lorfqu'elles trouvent des Confeffeurs affez complaifans, ou affez idiots pour les écouter. 3. Lorfqu'elles fe font pour avoir le plaifir de s'entretenir plus longtems & plus à fon aife avec le Confeffeur. Car, dit M. *Thiers*, combien y a-t-il de filles & de femmes qui fe font un mérite, peut-être même un plaifir, de parler à leur Confeffeur, afin de lui dire ce qui fe paffe dans le monde, dans les familles particuliéres, qu'il connoît ou qu'il ne connoît pas? Combien y en a-t-il qui n'ont point de plus grande joie, que quand elles peuvent lui donner des marques de leur eftime, de leur confidération, de leur refpect, de leur confiance en fa conduite, de leur attachement pour fa perfonne ?

II. Nous ne parlons point du choix qu'on doit faire d'un Confeffeur. Si dans ce choix on ne recherchoit que fon amandement fpirituel, & le falut de fon ame, il eft certain qu'on ne prendroit pas toujours le plus jeune, le mieux fait, le plus complaifant, le plus éloquent, &c.

Cer-

(a) *Traité des Superft.* Tom. III. L. 6. Chap. 5.   (b) *Ibid.*

(a) Certaines Abbeſſes de Gréce ont cru autrefois, qu'elles pourroient confeſſer leurs Religieuſes avec la permiſſion des Evêques. Elles s'adreſſérent donc au Patriarche d'Antioche, pour lui demander cette permiſſion: mais il la leur refuſa, les aſſurant que le pouvoir de confeſſer n'avoit été donné qu'aux Prêtres. Du tems d'*Innocent* III. il y avoit auſſi des Abbeſſes en Eſpagne, qui outre qu'elles confeſſoient leurs Religieuſes, leur donnoient la bénédiction, leur liſoient l'Evangile, & les prêchoient publiquement; ce que ce Saint Pape traita d'abſurde & de ridicule.

Il n'en eſt abſolument pas de même des Confeſſions faites à des Laïques. On ſait ce que raconte le Sire de *Jointville* au ſujet du Conétable de Chypre, qui s'imaginoit que les Sarazins lui alloient couper la tête. *Encouſte moi*, dit-il, *ſe agenoilla Meſſire Guy d'Ebelin Conétable de Chypre, & ſe confeſſa à moi: & je lui donnai telle obſolution comme Dieu m'en donnoit le pouvoir. Mais de choſe qu'il m'eut dite, quand je fu levé onques ne m'en recordai de mot.* Il eſt certain que ces ſortes de confeſſions ne ſont point Sacramentelles. Cependant on aſſure qu'elles ſont utiles; & S. *Thomas* croit (b) qu'elles peuvent ſe faire dans une extrême néceſſité.

Voici des cas bien plus extraordinaires, dit notre Auteur. *Bonfinius* raconte dans ſon *Hiſtoire de Hongrie*, qu'environ trois ans après la fameuſe journée de Nicopolis, où l'armée de l'Empereur Sigiſmond ſut défaite par celle des Turcs, on entendit dans le champ de bataille une voix qui répétoit de tems en tems les noms de Jéſus & de Marie: Qu'on trouva parmi les corps morts une tête qui cria, *qu'elle étoit d'un Chrétien*, mort dans le combat ſans confeſſion; que la Sainte Vierge qu'il honoroit d'une dévotion ſingulière, l'avoit préſervé des peines de l'Enfer, & qu'elle lui avoit laiſſé l'uſage de la langue & de la parole: Qu'enſuite cette tête aiant prié qu'on lui fit venir un Confeſſeur, on appella un Prêtre du Village le plus voiſin, qui la confeſſa fort bien, & qui lui donna l'abſolution de ſes péchés; après quoi elle démeura ſans mouvement, & ne parla plus.

Quelquefois auſſi on a confeſſé des Morts. Un moine Ciſtercien, dit (c) *Céſaire*, n'aiant pû faire ſa confeſſion à ſon Abbé ſelon la coutume de ſon Ordre, parce que celui-ci étoit abſent, & ſe ſentant preſſé de maladie, la fit au Prieur du Monaſtère, qui lui donna l'abſolution. Etant mort peu de tems après, la nuit ſuivante il s'apparut à ſon Abbé: le pria avec beaucoup de larmes & de témoignages de douleur de le confeſſer; ce qu'il fit, & il lui donna l'abſolution.

Un Démon s'eſt autrefois confeſſé à un Prêtre, ſi l'on en croit le même Auteur. (d) Il ſe mit à genoux devant ce Prêtre: il lui déclara ſes péchés qui étoient effroiables, & en très-grand nombre. Le Prêtre après l'avoir entendu, lui donna pour pénitence de ſe proſterner en terre trois fois par jour, & de dire en cette poſture: *Seigneur Dieu, mon Créateur, j'ai péché contre vous; pardonnez-moi.* Mais le Démon aiant répondu qu'il ne pouvoit ſe réſoudre à faire cette pénitence, le Prêtre indigné lui commanda de ſe retirer; & il diſparut.

Le récit, dit M. *Thiers*, que font de ces miracles Bonfinius & Céſaire, paroît fort ſuſpect. En tout cas ces ſortes d'avantures ne doivent pas être tirées à conſéquence; & s'il ſe préſentoit à moi mille têtes coupées, mille morts, & mille Démons que je connuſſe comme tels, pour les confeſſer, je me garderois bien de le faire, dans la crainte de me rendre coupable de ſuperſtition & de ſacrilège. Je ſerois dans la même crainte, ſi je me confeſſois à une Image, comme fit en 1614. une femme dévote du Pérou, qui dans un tems de peſte, ſe ſentant preſſée de maladie, & ne pouvant avoir de Prêtre, réſolut de ſe confeſſer à une Image de papier de S. Ignace de Loiola, qui étoit attachée à la muraille de ſa chambre, ainſi que le témoigne le P. Philibert *Monet* Jéſuite. Ceux qui ſeront curieux d'en voir l'hiſtoire, la trouveront tout au long dans l'Auteur que nous citons.

Nous ne parlerons point des divers Rits obſervés par les Hérétiques ou les Schiſmatiques dans l'adminiſtration du Sacrement de l'Extrême-Onction. Nous nous bornerons ſeulement à quelques remarques.

I. On ſait que la matiére de l'Extrême-Onction eſt l'huile d'olive bénite par l'Evêque. On croiroit peut-être, qu'il y auroit de la ſuperſtition à ſe ſervir de cette même huile pour oindre, tant les perſonnes ſaines que les malades, hors de l'uſage du Sacre-

cre-

(a) *Ibid.* Chap. 3.
(b) *In Supplem.* q. 8. Art. 2. in c. & ad. 1.
(c) *Illuſtr. Mirac.* L. 3. C. 25.
(d) *Ibid.* C. 26.

crement. Cependant cette pratique est autorisée par de grands exemples de l'Antiquité.

Saint Martin, au rapport (*a*) de *Sulpice Sévère*, guérit à Chartres une fille muette, en lui versant dans la bouche un peu d'huile qu'il avoit bénie.

(*b*) Sainte Géneviéve guérit un Possedé avec de l'huile bénie par l'Evêque, qu'elle gardoit dans une fiole qui d'abord se trouva vuide, mais qui fut ensuite miraculeusement remplie.

(*c*) Saint Eutiche, Patriarche de Constantinople, fit plusieurs guérisons avec de l'huile semblable. Il en frotta une main que le Démon avoit enflée; & elle fut guérie. Il rendit la vue à un Aveugle, en lui en frottant les yeux par trois diverses fois. Il en guérit une personne qui avoit mal aux yeux, & un Hydropique.

(*d*) Le Diacre de Saint Germain, Evêque de Paris, approchant de la ville de Nantes en guérit Damien mari de Técle; & saint Germain lui-même en guérit un autre malade, qui avoit la goutte.

II. Outre les Cérémonies prescrites par l'Eglise pour l'administration de ce Sacrement, plusieurs Rituels anciens font mention d'un usage, qui consistoit à faire coucher les malades sur la cendre, & à les couvrir d'un Cilice pendant qu'on administroit l'Extrême-Onction. Voici ce qu'en disent les Ordonnances Synodales du Diocèse de Grénoble. „ (*e*) Les Curés & les Prédicateurs expliqueront aux peuples la doctrine d'In„ nocent I. qui a écrit que le Sacrement d'Extrême-Onction étoit une espece de Péni„ tence, c'est-à-dire la Pénitence des mourans, & de ceux qui ne sont plus en état „ d'en faire que de cœur par la contrition, & par l'acceptation des maux & des peines „ qu'ils endurent dans leur lit, & que c'est pour cette raison, que la coutume de ce „ Diocèse, qui subsiste encore dans nos Rituels, a été pendant 400. ans de bénir des „ cendres, & d'en faire un lit, où l'on mettoit le malade couvert d'un Cilice béni, „ pour recevoir l'Extrême-Onction, & pour protester en cet état qu'il se reconnoissoit „ pécheur, & que s'il revenoit en santé, il feroit la Pénitence que ses péchés méri„ tent ".

Nous ne parlons point de la coutume d'allumer dans la chambre du malade un certain nombre de cierges, ou de chandelles. Il en est fait mention dans le *Rituel d'Autun* de 1545. en ces termes: „ Cependant que ces choses se feront & diront, les Mi„ nistres feront allumer treize chandelles, qu'on fichera en quelques lieux divers par „ la chambre à l'entour du malade ". Le *Rituel de Périgueux* de 1536. prescrit la même chose; & ces treize chandelles font voir, dit (*f*) Mr. *Thiers*, jusqu'où alloit la simplicité des anciens Rituels, qu'on faisoit & qu'on publioit avec si peu de précaution, qu'on y semoit & autorisoit des superstitions visibles.

III. Nous avons dit quels étoient les véritables effets de l'Extrême-Onction. Croiroit-on, qu'il se soit trouvé des gens qui ne vouloient pas la recevoir, parce qu'ils s'imaginoient qu'après l'avoir reçue il ne leur étoit plus permis, ni de rendre le devoir conjugal à leurs femmes, ni de manger de la chair, ni de marcher pieds nuds? Il faut que cette superstition ait été fort répandue, puisqu'elle a été condamnée (*g*) par divers Synodes & par plusieurs Evêques.

Voici quelques autres superstitions, qui regardent la même matiére. 1. Les uns sont prévenus que s'ils reçoivent le Sacrement de l'Extrême-Onction, ils mourront plutôt. 2. Les autres s'imaginent qu'il diminue la chaleur naturelle. 3. Quelques-uns croient qu'après qu'on l'a reçu les cheveux tombent au malade. 4. D'autres sont dans la pensée que quand une femme enceinte a reçu l'Extrême-Onction, elle a plus de peine à accoucher, & que son enfant aura la jaunisse. 5. Plusieurs soutiennent que les Mouches à miel, qui sont autour de la maison du malade, meurent peu de temps après. 6. Il y en a qui sont persuadés, que ceux qui ont reçu l'Extrême-Onction ne doivent point dancer de tout le reste de l'année, parce qu'ils mourront s'ils dancent. 7. Quelques-uns croient que ce feroit un grand péché de filer dans la chambre du malade à qui on l'auroit administrée, parcequ'il mourroit si l'on cessoit de filer, ou que le fil vînt à se rompre. 8. D'autres enfin prétendent qu'on ne doit point se laver les pieds que

long-

(*a*) Dans son troisième Dialogue.
(*b*) *Apud Surium.* 3 janv.
(*c*) *Ibid* 6. Avr.
(*d*) *In ejus vit.* Tom. I. *Auctor. SS. Ord. S. Bened.*
(*e*) Tit. 6 Art. 7 n. 4.
(*f*) *Trait. des Superst.* Tom. IV. L. 8. Chap. 5.
(*g*) *Ibid.* Chap 7.

Tome VII. Part. II.   Y

longtemps après l'avoir reçue, & qu'il faut avoir toujours une lampe ou un cierge allumé dans la chambre du malade, tant que la maladie dure.

Les abus qui se font introduits dans le Sacrement de l'Ordre, concernent ou sa forme, ou sa matiére, ou le Ministre qui le confére, ou le Sujet qui le reçoit, ou le temps de le recevoir. Nous n'entrerons point dans le détail de ces différens objets, qui sont traités assez au long dans (a) Mr. Thiers, & qui n'emportent avec eux que quelques différences, qu'un Lecteur judicieux remarquera aisément dans la suite de cet ouvrage, lorsque nous parlerons des Hérétiques & des Schismatiques. Nous nous bornons ici à deux réflexions sur cette matiére.

1. La prémiére regarde ceux qui n'entrent dans l'Eglise, que parce qu'ils sont assurés d'un Bénéfice, qu'ils ont attrapé par cette sorte de commerce que la corruption du siecle a introduite, ,, par ces permutations frauduleuses, dit Mr. *Godeau* (b) Evêque
,, de Vence; par ces paiemens anticipés de pensions, & ces remboursemens de frais
,, imaginaires d'un procès, ou de réparations voluptueuses; par ces reserves de fruits
,, contre les dispositions Canoniques; par ces accommodemens de famille dans des ma-
,, riages; par ces résignations cauteleuses, qui ne vont qu'à sauver le Bénéfice. Si
,, c'est par la brigue, par les poursuites, par les services rendus pour cette fin, ou par
,, quelque voie séculiere; je n'estime point qu'il faille douter, que l'on n'est nullement
,, appellé à l'Etat Ecclésiastique. Car les SS. Canons, les Peres & les Théologiens les
,, plus considérables, condamnent toutes ces voies comme iniques ".

Ceux-là sont dans le même cas, qui veulent être Ecclésiastiques, ,, parce que, dit
,, encore (c) ce savant Prélat, ils n'ont pas assez d'esprit, ou assez bonne mine, pour
,, soutenir les avantages de leur naissance. L'Eglise a le rebut du siecle; & ceux qui
,, n'osent paroître dans les compagnies du monde, à cause que leur difformité les y
,, rendroit ridicules, ne font point de difficulté de vouloir paroître à l'Autel, où ils
,, ôtent le respect qu'on doit au Ministére par les défauts des Ministres. Il faut avoir
,, de l'esprit ou du courage pour être l'aîné d'une Maison, afin d'en conserver la splen-
,, deur: mais pour paroitre aux premiers rangs de la famille du Fils de Dieu, il n'est
,, pas besoin d'avoir du sens commun ".

2. Selon Saint *Epiphane* (d) & Saint *Augustin* (e) chez les Quintiliens ou Pépuziens les femmes étoient Evêques & Prêtres, sur cette folle raison, qu'il n'y a point de différence entre l'homme & la femme, & qu'en Jésus-Christ il n'y a ni mâle ni femelle. D'un autre côté *Bloudel* (f) cite 68. Auteurs, qui ont écrit qu'une femme a gouverné quelque-temps l'Eglise Romaine après la mort de *Léon* IV. & avant le Pontificat de *Benoit* III. & qu'elle s'appelloit la *Papesse Jeanne.* Cet Ecrivain Protestant réfute lui-même cette fable par des raisons très-fortes. Cependant elle trouve encore aujourdhui créance parmi quelques Réformés; & cette idée d'une femme à la tête de l'Eglise flate agréablement l'aversion qu'ils ont pour les Souverains Pontifes. Si l'Histoire étoit vraie, il n'y auroit pas moien de sauver le ridicule. Mais en ce cas là-même, Catholiques ou Protestans nous ne nous en devrions guére. N'a-t-on pas vû la Reine *Elizabeth* Chef de l'Eglise Anglicane ordonner des Pasteurs, & donner des pouvoirs pour exercer le Sacré Ministére?

Dans les Superstitions qui regardent le Mariage, nous trouvons plusieurs traits également capables d'instruire & de réjouir le Lecteur. Les abus qui se font introduits dans le mariage, regardent le temps qui précéde le Sacrement, ou celui même qui en accompagne la célébration. Nous parlerons des uns & des autres.

1. (g) La curiosité est une des sources funestes des superstitions, qui précédent le mariage. Pour savoir si deux personnes seront mariées ensemble, si leur mariage prospérera, si elles auront des enfans, &c. à combien de vaines pratiques n'a-t-on pas recours? *Majolus* (h) en rapporte une en cette maniére. Un homme a dessein de se marier. On lui dit de penser à trois personnes, & de souhaiter d'en épouser une des trois, sans s'attacher à aucune en particulier. Après qu'il y a pensé, on fait trois sillons, ou trois raies sur la cendre, & on l'oblige de choisir chacun de ces sillons pour chacune de ces trois personnes, & de se tourner de peur de voir ces sillons. Cependant on les lui mon-

(a) *Traité des Superst.* Tome IV. L. 9.
(b) *Ordres Sacrés*, Discours 2. *de la Vocat. à l'Etat Eccl.* n. 19.
(c) *Ibid.* n. 22.
(d) Lib. II. *Hæres.* 49.
(e) Lib. *de Hæres.* n. 27.
(f) *De Johanna Papissa*, §. 1.
(g) Mr. Thiers, *Traité des Superst.* Tom. IV. L. 10. Chap. 1.
(h) *In supplem. Dierum Canicul.* Colloq. 2.

montre tant de fois avec des pincettes, qu'enfin il en choisit un par trois fois; & on l'assure qu'il épousera la personne désignée par ce sillon.

Le même Auteur en rapporte (a) une autre, qui se tire du cri des pourceaux. Voici comment cela se fait. Lorsqu'on a envie de savoir si on épousera une veuve ou une fille, sur la minuit de la veille de la Fête de Saint André on va tout droit sans saluer qui que ce soit, à une étable à pourceaux, où il y a une truie enfermée avec ses cochons. Lorsqu'on y est arrivé, on frape doucement à la porte. Si la truie grogne la prémiere, c'est une marque certaine qu'on épousera une veuve; mais si les cochons grognent les prémiers, c'est signe qu'on épousera une fille.

Celui qui veut savoir de quelle couleur seront les cheveux de la personne qu'il doit avoir pour épouse, n'a qu'à tourner trois tours autour du feu de la Saint Jean; & lorsque le bois sera à demi consumé, il prendra un tison, il le laissera éteindre, puis il le mettra avant que de se coucher sous le chevet de son lit: le lendemain il trouvera autour de ce tison des cheveux, qui seront de la couleur de ceux de sa future épouse. Il faut que ce ridicule manége se fasse à yeux clos; autrement on n'en a pas le succès qu'on en espére.

Pour savoir quels maris auront les filles, ou les veuves qui sont à marier, il faut dire certaines Oraisons au clair de la Lune, sans regarder derrière soi, & sans s'arrêter en les disant. S'il faut en croire les sots, on arrive à une semblable connoissance, en cassant des œufs sur la tête de quelqu'un, & en les jettant ensuite dans l'eau. Cette admirable recette est également pour les garçons & pour les filles, pour les hommes veufs & les femmes veuves.

A Charelles, village voisin de Soissons, le jour de la Nativité de la Sainte Vierge qui est la Fête de la Paroisse, on publie dans l'Eglise après Vêpres trois branles à danser pour les amoureux, à tant de livres de cire pour l'entretien du luminaire de l'Eglise. Chacun est reçu à son enchère; & à chaque enchère, le Curé & le Chœur chantent sur le ton des Vêpres du Saint-Sacrement le verset, *Deposuit potentes de sede*, &c. Les amoureux s'imagineroient que leurs amours ne réussiroient pas, s'ils n'avoient enchéri, & si on n'avoit pas chanté pour eux.

Ces extravagances sont le fruit de la curiosité: la brutalité n'engage pas dans de moindres folies. Combien pour se faire aimer se servent de philtres, ou maléfices amoureux!

Les uns prennent un os de mort tiré d'une fosse nouvellement faite: le font tremper un jour & une nuit dans de l'eau, & font boire de cette eau aux personnes qu'ils veulent avoir pour femmes.

Les autres mettent furtivement des mouches cantarides sous la nape d'un Autel, à l'endroit où le Prêtre place le Corporal lorsqu'il dit la Messe. Ensuite ils prennent ces mouches, les pulvérisent, & en jettent dans de l'eau, du vin, du cidre, ou toute autre liqueur, qu'ils font boire à ceux dont ils ont intention d'être aimés.

Quelques-uns font des composés de feuilles, de racines, d'herbes, de métaux, de reptiles, de plantes, d'intestins & de membres d'oiseaux, de poissons, d'animaux, &c. & font ensuite certaines ligatures, qu'ils cousent dans la chemise ou dans l'habit de la personne dont ils veulent être aimés, ou qu'ils mettent sous le chevet de son lit, dans la plume de son lit ou dans son matelas, sous le seuil de la porte, &c.

D'autres portent à l'Eglise des Images de cire, de terre, ou de quelque autre mélange: les baptisent au nom des personnes dont ils veulent gagner l'amitié, sous l'invocation du Diable, & avec les Cérémonies consacrées pour le baptême, en proférant certaines paroles deshonnêtes & abominables. Ils ouvrent ensuite la poitrine de ces images, & rendent leur cœur tout enflammé, ou le pressent si fort entre leurs mains qu'il se liquéfie; s'imaginant que le cœur des personnes dont ils veulent être aimés, brulera, s'amollira, & s'attendrira.

Plusieurs font des anneaux de jonc, ou de quelque autre matiére, & en raillant les mettent dans les doigts des filles ou des femmes dont ils veulent se faire aimer, afin de jouir d'elles plus aisément.

Il y a des filles qui mettent de … leurs Amans dans le vin que leurs peres, leurs tuteurs ou curateurs doivent boire, afin de les engager à consentir plus facilement au mariage, qu'elles ont envie de contracter.

Quelques-unes font des Images de pâte, ou de cire, pour se faire aimer de ceux qu'elles

(a) *In Supplem. Dierum Canicul. Colloq.* 2.

les ont deffein d'époufer, & en les faifant, elles pratiquent certaines Cérémonies ridicules, & difent certaines paroles impertinentes.

Il s'en trouve d'affez folles, qui, pour être mariées dans l'an & avoir un mari à leur gré, jeûnent fix Vendredis & trois Mécredis de fuite; ou prennent de vieux clous tombés par hazard des fers d'un cheval dans un territoire étranger, en font faire un anneau le Vendredi pendant la Meffe, difant fur cet anneau l'Evangile de Saint … & tous les jours de l'année, *Pater nofter*, & le portant au doigt de leur main gauche.

Souvent même les garçons & les filles ne font pas difficulté, pour s'attirer de l'amour, de fe fervir des chofes les plus Saintes & les plus Sacrées, telles que l'Eau bénite, les Saintes Huiles, le Saint Chrême, des Rameaux bénits, des Cierges bénits, des Reliques, &c. Ils y emploient même jufqu'à des Hofties confacrées. Nous n'entrons point dans le détail de ces impiétés. On en trouvera des exemples dans l'Auteur que nous fuivons ici.

II. Après la demande, la prémiere démarche pour parvenir au mariage eft le contrat. Cette matiére femble ne nous fournir aucune remarque. Cependant nous allons en rapporter un, qui nous a paru mériter l'attention des Lecteurs. En voici l'hiftoire.

Un Carme Déchauffé d'Orleans, dit (a) M. *Thiers*, appellé en fon nom de guerre *Frere Arnoux de S. Jean-Baptifte*, faifoit contracter à fes Dévotes avec notre Sauveur Jéfus-Chrift une alliance Spirituelle fort finguliére. Voici le Contrat de mariage qu'il leur faifoit paffer, & qu'il recevoit lui-même en qualité, difoit-il, d'indigne Sécretaire de Jéfus. En l'année 1669. il y avoit, continue (b) le même Auteur, un de ces Contrats en original entre les mains de M. le Curé de S. Donatien d'Orleans, qui voulut bien permettre à M. Toinard fi connu par fon érudition profonde, d'en tirer une copie fur laquelle un de mes amis en prit une autre, dont voici la teneur.

„ Je Jéfus, fils de Dieu vivant, l'époux des ames fidéles, prens ma fille Madeleine
„ Gaffelin pour mon époufe, & lui promets fidélité, & de ne l'abandonner jamais,
„ & lui donner pour avantage & pour dot ma grace en cette vie, lui promettant ma
„ Gloire en l'autre & le partage à l'héritage de mon Pere. En foi de quoi j'ai figné
„ le Contrat irrévocable de la main de mon Sécretaire. Fait en préfence de mon
„ Pere Eternel, de mon amour, de ma très-digne Mere Marie, de mon Pere S.
„ Jofeph & de toute ma Cour Célefte, l'an de grace 1650. jour de mon Pere S.
„ Jofeph ".

JESUS l'Epoux des ames Fidéles.

Marie Mere de Dieu.
Jofeph l'époux de Marie.
L'Ange Gardien.
Madeleine la chére Amante de Jéfus.

Ce Contrat a été ratifié de la très-Sainte Trinité, le même jour du glorieux S. Jofeph, en la même année.

Fr. Arnoux de S. Jean-Baptifte, Carme Déchauffé,
indigne Sécretaire de Jéfus.

„ Je Madeleine Gaffelin, indigne fervante de Jéfus, prens mon aimable Jéfus pour
„ mon époux, & lui promets fidélité, & que je n'en aurai jamais d'autre que lui, &
„ lui donne pour gage de ma fidélité mon cœur & tout ce que je ferai jamais, m'obli-
„ geant à la vie & à la mort de faire tout ce qu'il défirera de moi, & de le fervir de
„ tout mon cœur pendant toute l'eternité. En foi dequoi j'ai figné de ma propre main
„ le Contrat irrévocable, en la préfence de la fur-adorable Trinité, de la facrée Vierge
„ Marie Mere de Dieu, mon glorieux Pere S. Jofeph, mon Ange Gardien & toute
„ la Cour Célefte, l'an de grace 1650. jour de mon glorieux Pere S. Jofeph ".

JESUS l'Amour des Cœurs.

Marie Mere de Dieu.
Jofeph l'époux de Marie.
L'Ange Gardien.
Madeleine la chére Amante de Jéfus.

(a) *Traité des Superf.* Tom. IV. L. 10. Chap. 5.
(b) *Ibid.*

Ce

Ce Contrat a été ratifié de la sur-adorable Trinité, le même jour du glorieux S. Joseph, en la même année.

Fr. Arnoux de S. Jean-Baptiste, Carme Déchaussé,
indigne Sécretaire de Jesus.

On défie, continue (a) M. *Thiers*, tous les Notaires & tous les Sécretaires du monde, de faire voir dans leurs Protocoles un Contrat de mariage du stile de celui-ci. Il est singulier; il est unique en son espéce. Mais Mad. Gassélin porta, dit-il, un peu trop loin la fidélité qu'elle avoit promise à Jesus-Christ, & la garda trop littéralement. Car depuis ce Contrat, elle fut un an entier sans vouloir vivre avec le sieur *Duverger* son mari, Procureur au Présidial d'Orleans. Il se plaignit d'elle aux Carmes Déchaussés de cette Ville. Ces bons Peres la firent rentrer dans son devoir, & éloignérent Fr. Arnoux qui méritoit sans doute un châtiment plus rigoureux. ,, Car, ajoute notre ,, Auteur, ce n'est pas punir un Moine, que de l'envoïer seulement d'une maison dans ,, une autre de son Ordre sans autre châtiment, parce que les Moines, comme le dit ,, si bien un Auteur (b) du dernier siécle, en quelque endroit qu'ils soient, sont tou- ,, jours chez eux ".

III. La plûpart des fiancés affectent de ne pas se trouver à l'Eglise, lorsqu'on publie les bans de leur Mariage. Dans les Paroisses où il se dit plusieurs Messes les jours de Dimanche & de Fête, ils n'assistent point à celle où se fait le Prône; & dans celles où il n'y a qu'une Messe ces jours-là, les uns en sortent quand on va faire le Prône, les autres n'entendent point du tout la Messe. Quelques-uns le font par une sotte honte, & plusieurs par superstition, s'imaginant que leur mariage ne seroit pas heureux, s'ils s'entendoient bannir eux-mêmes.

D'autres au contraire sont assez simples, pour croire que leurs fiançailles auront un heureux succès, s'ils touchent de la main gauche la main droite de leurs affidées; si du pied gauche ils leur marchent sur le pied droit; & s'ils laissent tomber leur chapeau à terre, avant que le Prêtre ait reçu leurs promesses.

Selon le Rituel de Périgueux de 1536. les fiançailles étant achevées, & le Curé qui les a faites aiant dit: ,, Or beysas vous en nom de Maridage, que sera si à Diou platz, ,, & que longuement quant y serés y puchias demourar. Amen ": il donne à boire aux Fiancés en faveur du futur mariage.

IV. Nous ne parlons point ici de ceux qui observent les jours & les mois, heureux ou malheureux, pour la célébration des mariages. Ces folies sont des restes du Paganisme, & se trouvent condamnées par plusieurs Conciles & Statuts Synodaux. Que si l'Eglise réserve certains jours & certains temps de l'année, auxquels elle défend de se marier, c'est, disent les Statuts Synodaux du Diocèse de Noyon (c) ,, pour empe- ,, cher, qu'ils ne soient profanés par les divertissemens indécens, que la corruption ,, du siécle rend presque toujours inséparables des Nôces ".

V. A l'égard des Cérémonies des épousailles, nous observerons seulement qu'en certaines Provinces, lorsque les futurs époux sont à l'Eglise pour y recevoir la bénédiction nuptiale, leurs parens & leurs amis font des présens & donnent des étreines à l'épouse, ou devant l'Autel, ou en quelque autre endroit de l'Eglise, soit avant la Messe, soit pendant la Messe, ou apres.

Dans quelques Diocéses, apres la Messe des épousailles le Prêtre bénissoit autrefois du pain & du vin, & il en donnoit à l'époux & à l'épouse, en disant à l'époux : *N. prenez & donnez à votre épouse, en lui faisant aussi bonne part & loïauté que vous voulez qu'elle vous fasse.* On trouve dans les préceptes Synodaux du Diocèse d'Angers, qui sont du troisiéme siécle, la bénédiction du pain & celle du vin séparément; & apres celle du vin il est dit, que le Prêtre fait trois soupes; qu'il les trempe dans le verre de vin béni; qu'il en donne une à l'époux, l'autre à l'épouse, & la troisiéme à l'époux qui en donne la moitié à l'épouse; apres quoi le même Prêtre recite un Evangile & quelques Oraisons. Si nous en croions les Rituels (d) de Maïence, de Wirsbourg, de Wormes, le Prêtre n'y bénit que du vin à la solemnité des nôces; & apres l'avoir béni, il en donne aux nouveaux mariés qui sont à genoux sur la derniére marche de l'Autel, en leur disant: *Bibite amorem Sancti Johannis, in nomine Patris,* &c.

Venons au Nouement d'Aiguillette. Cette matiere est intéressante, mais d'ailleurs le sujet est si délicat, qu'il est difficile d'en parler avec décence.

D'un

(a) *Ibid.*
(b) *Ubicunque sunt, domi sunt.* Erasm. L. de Concord.
(c) Art. 162.
(d) *Rituel de l'an* 1671. *pag.* 243.

Tome VII. Part. II.   Z

D'un côté il semble qu'on ne peut sans témérité s'élever contre toutes les autorités, qui prouvent que cet empêchement du mariage est un véritable maléfice. On a cru très anciennement, dit (a) le P. le Brun, qu'il y avoit des noueurs d'aiguillette. Hérode & Tacite en parlent; & il y a long-temps que des personnes ont recours à des secrets, soit naturels, soit superstitieux, pour s'opposer au mauvais effet de ce sortilége. L'Abbé *Guibert* de Nogent dit (b) que son pere & sa mere avoient été arrêtés par un semblable maléfice qui dura sept ans; & qu'après cet intervalle une vieille femme rompit ce maléfice, qui leur laissa libre l'usage du mariage. *Fevret* dans son *Traité de l'abus* (c) allegue aussi plusieurs raisons & grand nombre d'autorités, pour prouver, *qu'il est aussi aisé par art magique de rendre un homme impuissant à l'œvre du mariage, comme il est facile par sortilége de nouer la langue, & ôter l'usage de la parole.* Mais écoutons sur cela *Bodin* qui, si nous en croions Mr. *Thiers* (d), étoit un homme de bon esprit, de grand sens, de grande érudition & de grande expérience. A ce témoignage on pourroit joindre celui de Mr. de *Thou*. Quoiqu'il en soit, voici les propres paroles de Bodin.

(e) „ De toutes les ordures de la Magie, il n'y en a point de plus fréquente partout,
„ ni de guéres plus pernicieuse, que l'empêchement qu'on donne à ceux qui se marient,
„ qu'on appelle *lier l'aiguillette*, jusqu'aux enfans qui en font métier. Et me souvient
„ avoir ouï dire à Riolé, Lieutenant Général de Blois, qu'une femme à l'Eglise ap-
„ perçut un petit garçon nouant l'aiguillette sous son chapeau, tandis qu'on épousoit
„ deux personnes; & fut surpris avec l'aiguillette, & s'enfuit. Etant aussi à Poitiers
„ aux Grands jours Substitut du Procureur du Roi l'an 1562. on m'apporta quelques
„ procés de Sorciers. Comme je récitois le fait d'un Procés à mon Hôtesse, qui est
„ Damoiselle en bonne réputation, elle discourut comme fort sçavante en telle science,
„ qu'il y avoit plus de cinquante sortes de nouer l'aiguillette: l'une pour empêcher
„ l'homme marié seulement, l'autre, pour empêcher la femme mariée seulement, afin
„ que l'un ennuié de l'impuissance de sa Partie, commette adultére avec d'autres.
„ Davantage elle disoit, qu'il n'y avoit guéres que l'homme qu'on liat. Puis elle disoit
„ qu'on pourroit lier pour un jour, pour un an, pour jamais, ou du moins autant
„ que l'aiguillette dureroit, s'ils n'étoient déliés; & qu'il y avoit une telle liaison,
„ que l'on aimoit l'autre, & néanmoins étoit haï à mort; l'autre moien qu'ils s'aimoient
„ ardemment, & quand c'étoit à s'approcher ils s'egratignoient, battoient outrageuse-
„ ment: comme de fait étant à Toulouse, on me dit qu'il y avoit un homme & une
„ femme qui étoient aussi liés; & néanmoins trois ans après ils se ralliérent, & eurent
„ de beaux enfans, &c.

„ Et ce que je trouve plus étrange est, que la Damoiselle disoit que tandis que
„ l'aiguillette demeuroit nouée, on pouvoit voir sur icelle qu'il y venoit des enflures,
„ comme verrues, qui étoient, comme elle disoit, les marques des enfans qui fus-
„ sent procréés, si les personnes n'eussent été nouées: qu'on pouvoit aussi nouer pour
„ empêcher la procreation, & non pas la copulation. Elle disoit encore qu'il y a des
„ personnes qu'il est impossible de nouer, & qu'il y en a qu'on peut nouer devant le
„ mariage, & aussi après qu'il est consommé, mais plus difficilement. Et passant ou-
„ tre, elle disoit qu'on peut empêcher les personnes d'uriner, qu'ils appellent *chevil-*
„ *ler*, dont il avient que plusieurs en meurent, comme j'ai sû que un pauvre garçon
„ cuida mourir; & celui qui l'avoit cheville ôta l'empêchement, pour le faire uriner
„ en public & se moquer de lui. La Damoiselle nous récitoit aussi les diverses paroles
„ propres à chacune liaison, qui ne sont ni Grecques, ni Hébraïques, ni Latines, ni
„ Françoises, ni Espagnoles, ni Italiennes; je crois qu'elles ne tiennent rien non plus
„ des autres Langues; & de quel cuir, de quelle couleur il falloit que fût l'aiguillette.
„ Jamais tous les Docteurs qui ont écrit sur le titre *de frigidis & maleficiatis*, n'ont
„ rien entendu au prix de celle-là. Et d'autant que cela étoit commun en Poitou,
„ le Juge criminel de Niort, sur la simple déclaration d'une nouvelle épousée, qui
„ accusoit sa voisine d'avoir lié son mari, la fit mettre en prison obscure l'an 1560, la
„ menaçant qu'elle ne sortiroit jamais, si elle ne le délioit: deux jours après la prison-
„ niére manda aux mariés qu'ils couchassent ensemble ".

Enfin

(a) *Discernement des effets naturels*, &c. L. 11. Chap. 2. dans son *Hist. critique des pratiques Superst.* Tom. I. pag. 247.
(b) *De vita sua* L. 1. C. 11.
(c) Lib. V. C. 4. n. 5.
(d) *Traité des Superst.* Tom. IV. Liv. 10. Chap. 7.
(e) *De la demonom.* L. 11. Chap. 1.

Enfin l'Eglife a toujours fuppofé, qu'outre l'imagination qui peut empêcher l'effet du mariage, il peut y avoir auffi par la permiffion de Dieu des maléfices qui caufent cet empêchement, pour punir l'infidelité ou la concupifcence des mariés, (on pourroit ajouter, ou pour éprouver leur vertu). C'eft pourquoi tous les Rituels preferivent des prières & des bénédictions contre ces fortes de maléfices, & fulminent anathême contre ceux qui les emploient. D'où l'on conclut, que puisque l'Eglife qui eft conduite par le S. Efprit, & qui par conféquent ne peut errer, reconnoît que cet empêchement vient de l'opération du Démon, c'eft un maléfice réel & effectif, & non un maléfice fantaftique & imaginaire.

D'un autre côté à ces faits & à ces autorités on oppofe des raifons & des faits contraires. On rapporte cet accident à la force de l'imagination, qui diffipe & tranfporte les efprits, en telle forte que la faculté motrice & fenfitive demeurant deftituée de leur fecours, l'homme fe trouve impuiffant. ,, C'eft l'imagination, dit (a) *Montagne*, qui engendre la défaillance qui furprend les amoureux fi hors de raifon, & ,, par la force d'une ardeur extrême les faifit de glace au giron même de la jouiffan- ,, ce ''. Là-deffus on cite l'Hiftoire d'un certain Promoteur de l'Officialité de Château- dum. Quand deux nouveaux mariés venoient lui dire qu'ils étoient maléficiés, il les conduifoit à un grenier; les attachoit à un pôteau face-à-face, le pôteau cependant entre eux deux; les fouettoit de verges à diverfes reprifes; après quoi il les défioit, & les laiffoit enfemble toute la nuit, leur donnant à chacun un pain de deux fous & une chopine de bon vin, & les enfermant fous la clef. Le lendemain matin il alloit leur ouvrir la porte fur les fix heures, & il les trouvoit fains, gaillards & bons amis. Un Curé de mes amis, dit (b) M. *Thiers*, homme de mérite & de capacité, m'a affuré plus d'une fois, que ce Promoteur qu'il connoiffoit parfaitement bien, guériffoit ainfi les perfonnes qui fe plaignoient à lui d'avoir l'aiguillette nouée.

Le P. le *Brun* nous fournit quelque chofe encore de plus précis dans une Lettre (c) qui lui fut écrite en 1702. au fujet de fon *Hiftoire des Pratiques fuperftitieufes*. Voici comment s'exprime l'Auteur de la Lettre.

,, Il y avoit ici (à Bofcachar, Bourg à fix lieues de Rouen) deux jeunes gens qui ,, fe croioient maléficiés. Ils s'en plaignoient à qui les vouloit entendre. La femme ,, en tomba malade; & le mal dura bien fix mois. C'étoit une langueur qui la tenoit ,, grabataire continuelle, & pour laquelle elle quitta fon mari, & s'en alla chez fes ,, parens. Elle ne vouloit ni voir ni entendre fon mari, difant qu'elle fentoit des pi- ,, qûres en tout fon corps au feul fon de fa voix. Il y a plus: on prétendoit qu'elle fen- ,, toit par ces piqûres quand il approchoit de la maifon, quoiqu'elle ne le vît ni enten- ,, dît. Ces malheureux appellèrent des Bergers pour lever le charme, & firent affez ,, d'autres mauvaifes chofes. J'y fus enfin appellé. Je les repris de leur impiété. Je ,, perfuadai à la jeune femme de fouffrir que je fiffe venir fon mari. Je leur infpirai des ,, fentimens plus Chrétiens & plus raifonnables; les fis prier Dieu enfemble, & me ,, joignis à eux, & leur ordonnai de ne fe plus fuir, mais de réitérer enfemble leurs ,, prières; & dès le même jour ils fe fentirent délivrés. Eft-ce un miracle que j'ai fait? ,, Je ne le crois pas, ni ne l'ai jamais prétendu: mais je crois avoir mieux arrangé ,, leur imagination; car la femme fur-tout l'avoit des plus vives. Il m'en eft encore ,, tombé aux mains plufieurs autres de cette efpèce, que j'ai renvoiés à des Médecins ,, qui les ont parfaitement guéris ''.

Pour concilier des faits & des fentimens fi oppofés, peut-être pourroit-on dire, que fi quelques-uns de ces accidens qui arrivent aux nouveaux mariés, font de vrais maléfices, & viennent de l'opération du Démon, beaucoup d'autres font un pur effet d'une imagination frappée. Mais fans entrer dans une difpute qui n'eft pas de notre reffort, nous nous contenterons de parler de quelques moiens dont on fe fert pour nouer l'aiguilette, des pratiques qu'on met en ufage pour prévenir cet accident, & de celles qu'on obferve pour le faire ceffer.

1. Pour nouer l'aiguillette, on fe fert de divers moiens qu'on peut lire dans le *Marteau des malfaiteurs* du P. Jaques *Sprenger*, & du P. Henri *Inftitor*; dans le P. *Crefpet*, dans *Delrio*, & dans *Maiolus*. Nous ne les rapportons point ici, parce que la plupart ne pourroient s'expliquer avec décence. En voici quelques-uns des plus fimples.

Les

(a) Dans fes *Effais* L. II. Chap. 20.
(b) *Tr. des Superft*. Tom. IV. L. 10. Chap. 8.
(c) Elle fe trouve dans l'*Hift. Crit. des Pratiques Superft*. Tom. III. p. 19.

(*a*) Les uns prennent le nerf d'un loup , & la peau d'un chat ou d'un chien ; la teignent d'une ou de trois couleurs ; la nouent de trois ou de neuf nœuds ; crachent trois fois sur la poussiere ou dans leur sein , & disent tout bas quelques mots barbares & obscurs , pendant que le Prêtre bénit le mariage.

Les autres récitent à rebours un des versets du Pseaume *Miserere* , & prononcent ensuite par trois fois le nom & le surnom des nouveaux mariés , en formant un nœud la prémiere fois , la seconde en le serrant un peu , & la troisiéme en le nouant, tout-à-fait , & en disant pour combien de tems on veut qu'il soit lié ; ce qui s'observe pour ceux qui n'ont point encore été mariés. A l'égard de ceux qui l'ont déja été , on noue l'aiguillette lorsque le Prêtre bénit l'anneau , & on récite le nom & le surnom des nouveaux époux , lorsqu'il le met dans le doigt annulaire de la nouvelle épouse.

Il y en a qui font un nœud à une aiguillette ou à une corde , en disant *Ribald* , & en faisant une prémiere croix ; puis *Nobal* , en faisant une seconde croix & un second nœud ; & enfin *Vanarbi* , en faisant une troisiéme croix & un troisiéme nœud, dans le tems que le Prêtre . . . .

On peut encore , dit-on , nouer l'aiguillette , en liant la . . . d'un loup au nom d'un nouveau marié & d'une nouvelle mariée ; en attachant certains billets , ou certains morceaux de linge ou d'étofe aux habits du nouvel époux , ou de la nouvelle épouse, en leur donant certains coups de la main en certaines parties du corps ; en proférant certaines paroles , lorsqu'ils se prennent la main l'un l'autre dans l'Eglise ; en les touchant avec certains batons , ou certaines baguettes d'un certain bois ; en leur faisant boire certaines liqueurs le jour de leur mariage , ou manger certaines pâtes cuites ; en faisant de la main gauche ou du pied droit certaines figures en l'air ou sur la terre, lorsque le Prêtre les aborde pour les épouser ; en prenant du poil de . . . . & du poil de . . . . & les liant ensemble de toute sa force & avec plusieurs nœuds , dans le tems que le Prêtre leur dit , *ego in matrimonium vos conjungo* , &c.

II. Les moiens dont on se sert pour prévenir le nouement d'aiguillette, ne sont pas moins impertinens que ceux qu'on emploie pour l'opérer. Pour éviter cet inconvénient , les uns passent sous le Crucifix de l'Eglise ou ils doivent recevoir la bénédiction nuptiale , sans le saluer. Les autres passent entre la Croix & la Banniere , lorsqu'on fait la Procession un jour de Dimanche ou de Fête. Quelques-uns mettent du sel dans leurs poches , ou des sous marqués dans leurs souliers , avant que d'aller à l'Eglise pour épouser. D'autres font bénir plusieurs anneaux , lorsqu'ils trouvent des Prêtres assez ignorans , ou assez complaisans pour le faire , & les passent tous dans le doigt annulaire de leurs épouses. Certains passent dans l'anneau qui doit être béni le jour des nôces ; ce que quelques-uns assurent qu'on doit faire par trois fois , en disant à chaque fois *in nomine Patris* , &c. & que ce reméde est spécifique , pour empêcher que les maris ne soient jaloux de leurs femmes.

III. Venons à présent aux moiens qu'on met en usage , pour faire cesser le nouement d'aiguillette. Nous ne parlons point de ceux que l'Eglise propose aux Fidéles , tels que l'usage des Sacremens de Pénitence & d'Eucharistie , les prieres , les jeûnes , les aumônes , les exorcismes , &c. Il n'est question ici que de ceux que la Superstition a inventés. En voici quelques-uns rapportés (*b*) par M. *Thiers*.

1. Prendre sur soi le jour des nôces deux chemises à l'envers l'une sur l'autre , & tenir cachée dans la main gauche pendant la bénédiction nuptiale une petite Croix faite de bois de . . . .

2. Mettre sous les pieds de la future épouse une bague ; l'y laisser tant que la Cérémonie des épousailles dure ; & ne la ramasser que lorsqu'elle est sur le point d'aller à l'Autel ou la Messe doit se dire.

3. Dire *fiat voluntas* pour ceux qui ont eu l'aiguillette nouée par le moien de ces trois paroles , *Ribald* , *Nobal* , *Vanorbi* , & des trois Croix qu'on a faites sur chacune.

4. Attendre que d'autres personnes se marient ; & dans le tems que le Prêtre met l'anneau au doigt de l'épouse , couper le nœud & le jetter au feu , ou sous les pieds , en disant *Tibi soli* , &c.

5. Faire mettre les nouveaux mariés tout nuds sur le pavé ou sur la terre ; faire baiser à l'époux le gros doigt du pied gauche de l'épouse , & à celle-ci le gros doigt du
pied

(*a*) M. Thiers, *Tr. des Superst.* Tom. IV. L. 10. Chap. 7.
(*b*) *Ibid.* Chap. 8.

pied gauche de l'époux ; leur faire faire à chacun un figne de Croix avec les talons, & un autre figne de Croix avec leurs mains , & les obliger de prier Dieu qu'il les délivre du maléfice qu'ils fouffrent.

6. Lorfque les nouveaux mariés font fur le point de coucher enfemble la prémiere nuit de leurs nôces, leur faire écrire fur un billet, *Omnia offa mea* . . . & fur un autre, *Quis fimilis* . . . puis faire lier le prémier billet fur la cuiffe droite de l'époux , & le fecond fur la cuiffe gauche de l'époufe.

7. Percer un tonneau de vin blanc dont on n'a encore rien tiré, & faire paffer le prémier vin qui en fort dans la bague, qui a été donnée à l'époufe le jour du mariage.

8. Faire venir les nouveaux mariés: leur demander leurs noms & leurs furnoms, & leur dire : *Ne croirez-vous pas que ce que le Diable a fait , Dieu le peut défaire ?* Ils répondront , *oui.* Puis dire à la nouvelle mariée : *N'aimez-vous pas votre mari, quoiqu'il ne vous foit rien ?* Elle répondra , *oui.* Enfuite prendre l'anneau béni le jour des époufailles, & s'il fe peut , l'aiguillette dont les chaufles du nouveau marié étoient liées ce jour-là : mettre cet anneau dans cette aiguillette , qu'il faut faire tenir par l'époux & par l'époufe, l'un par un bout & l'autre par l'autre : la leur faire nouer en paffant leurs doigts dans l'anneau: couper le nœud, en difant : *Dieu défaffe ce que le Diable a fait* , & *Quod Deus conjunxit homo non feparet:* mettre l'anneau à une autre main & à un autre doigt, qu'à celui où il fut mis le jour des nôces; & pendant trois jours obliger les nouveaux mariés de ne point coucher enfemble, de s'abftenir de l'œuvre du mariage, de prier Dieu, & de le remercier de fes graces.

9. Dire certaines Oraifons pendant fept matins à Soleil levant, le dos tourné du côté du Soleil.

10. Ecrire fur du parchemin neuf avant le Soleil levé, & en renouvellant pendant . . . jours, ces caractéres *Avigazirtor.*

11. Prendre un fer de cheval qu'on aura trouvé par hazard en fon chemin , & en faire faire une fourche un jour de Dimanche , en difant certaines paroles.

12. Dire trois fois *l'emon* en certain tems, lorfque le Soleil fe léve , & qu'il promet un beau jour en fe levant : moiens également impies , fuperftitieux & criminels.

13. Piffer dans le trou de la ferrure de l'Eglife où l'on a époufé. Quelques-uns difent qu'afin que ce moien ait tout le fuccès qu'on peut en efpérer , il faut piffer par trois ou quatre matins dans ce trou. *Mizauld (a)* témoigne , qu'il faut pour cela que le nouvel époux piffe à travers l'anneau qu'il a donné à fa nouvelle époufe le jour des nôces ; & il cite pour garans trois Médecins & un Chirurgien, qui apparemment, dit M. *Thiers*, ne favoient pas mieux que lui notre Religion.

Difons deux mots de la Croix, ou Médaille appellée de S. Benoît. Les Benedictins d'Allemagne l'ont découverte les prémiers , & l'ont mife en vogue. Les Benedictins de France l'ont préconifée après eux , & en ont publié les merveilles dans un Livret, où *(b)* ils rapportent l'hiftoire & l'explication de cette Médaille en cette manière.

„ La dévotion à la Croix s'eft répandue dans l'Ordre de S. Benoît , à proportion
„ qu'il s'eft étendu. Raban Maur nous en fournit de bonnes preuves dans fon fiécle,
„ par fes Croix ingénieufes qu'il nous a laiffées ; & c'eft peut-être de l'exemple de St.
„ Maur & de St. Placide, qu'on a pris occafion d'unir l'invocation de S. Benoît avec le
„ figne de la Croix , & même de graver fon nom fur des médailles en forme de Croix.
„ La pratique en étoit abolie , & même en auroit été entierement éteinte, fans la
„ découverte qui s'eft faite de nos jours de quelques-unes de ces médailles en Allema-
„ gne, de la manière qui s'enfuit.

„ L'an 1647. comme on fit recherche des Sorciers dans la Baviere, & que même
„ on en executa dans la Ville de Straubingen , quelques-uns d'entr'eux dans leurs In-
„ terrogatoires avouerent aux Juges que leurs fortiléges n'avoient pu avoir d'effet fur
„ les perfonnes, ni fur les beftiaux du Château de Nattremberg, voifin de l'Abbaïe de
„ Metten, de l'Ordre de S. Benoît , à raifon de quelques médailles facrées , qui é-
„ toient aux lieux qu'ils indiquerent. Elles y furent trouvées en effet : mais comme
„ perfonne , ni même les Sorciers , ne pouvoient déchiffrer les caractéres qu'elles
„ portoient gravés , on découvrit enfin un Manufcrit ancien dans la Bibliothéque de
„ cette Abbaïe , qui en donnoit un parfait eclairciffement.   „ On

„ On fit rapport de tout ceci au Duc de Baviere, lequel voulant s'en informer exac-
„ tément, fe fit apporter les médailles & le Manufcrit dans la Ville d'Ingolftad, & de-
„ là à Munich; & après avoir confronté l'un avec l'autre, il affura qu'on pourroit ufer
„ de ces médailles avec fruit, fans foupçon d'erreur ni fuperftition, de quoi il fit dref-
„ fer un procès verbal.

„ Pour ce qui eft des caracteres qui font gravés fur ces médailles, chaque lettre figni-
„ fie un mot. En voici la figure avec l'interprétation.

Dans l'une des faces de la Croix, il faut lire:

Crux facra fit mihi lux:
Non draco fit mihi dux.

„ Ce qui fe peut ainfi tourner en notre Langue:

Que la Croix éclaire mes pas.
Démon, je ne te fuivrai pas.

„ Les quatre lettres qui font aux quatre coins, fignifient ces mots:

Crux fancti Patris Benedicti.
La Croix du bienheureux P. S. Benoît.

„ Dans l'autre face, ces deux vers font marqués:

Vade retro, Sathana; nunquam fuade mihi vana:
Sunt mala quæ libas; ipfe vencha bibas.

Retire-toi, Satan; ceffe de me tenter:
Garde bien ton poifon, je n'y veux pas gouter.

„ Le bruit de cette découverte s'étant repandu dans le Païs, chacun voulut avoir
„ des médailles. On fut obligé d'en faire plufieurs, fur le modéle de celles qui avoient
„ été trouvées, lefquelles aiant été bénites par les Religieux de l'Ordre, ont produit
„ de merveilleux effets, principalement contre les charmes & fortiléges, au rapport
„ de ceux qui s'en font fervis, ou en les portant au cou, ou en les trempant dans
„ l'eau, que venoient boire les animaux enforcelés.

„ On ne peut pas douter que l'ufage n'en foit très utile, fi l'on s'en fert avec la foi
„ & la dévotion requife envers la Sainte Croix, & le glorieux St. Benoît, dont les
„ merveilles font fi connues d'ailleurs; & par les effets fenfibles que produit cette pieu-
„ fe pratique, on peut juger des effets invifibles qu'elle opère dans les ames de ceux
„ qui en ufent avec les difpofitions convenables ".

Voilà, dit l'Auteur (a) de qui nous empruntons ce récit, ce que ces Moines difent
de leur médaille. Il ajoute, que pour donner quelque créance à cette explication, ils
auroient dû y joindre quatre chofes; l'Interrogatoire des forciers de Baviere; le procès
verbal de perquifition de la médaille; le Manufcrit ancien, qui *donnoit un parfait*
éclairciffement des caracteres gravés deffus; & le procès verbal que le Duc de Baviere
fit dreffer de la confrontation de la médaille avec le manufcrit. Il badine enfuite fur
ce que dans ce récit on fait parler ce Duc en favant Théologien, & même en Evêque
qui décide. Enfin il prouve par plufieurs bonnes raifons & par grand nombre d'autorités, que les caracteres de cette médaille, ou *Croix de St. Benoît*, portent des marques vifibles de fuperftition.

A l'égard des Images, peu de Chrétiens ignorent les miracles, & les effets miraculeux

(a) Mr. Thiers, *Traité des Superftitions*, Tom. I. Liv. 5. Chap. 2.

leux que l'on attribue à celles de nos Saints.   Mais à Dieu ne plaise que nous décidions rien sur les superstitions qui se sont glissées avec le temps dans le Culte des Images.   Les incrédules pourront mettre au rang de ces superstitions ce que nous allons rapporter de quelques-unes.   L'Image de JESUS-CHRIST, qu'un impie blessa d'un coup de poignard, & qui se sentant percée porta la main sur la plaie, est célèbre à Naples: mais celle de Notre-Dame, Ouvrage de Saint Luc, fameux Peintre & Évangéliste, ne l'est pas moins; aussi dit-on que les Anges ont chanté fort souvent les Litanies autour d'elle.   Elle est à Rome, dans la Chapelle Pauline.   A Sienne l'Image de Sainte Catherine a chassé le Diable, & produit bien d'autres merveilles.   La Notre-Dame de Lucques attaquée insolemment par un soldat, qui en lui jettant des pierres pensa casser la tête à l'enfant Jésus qu'elle portoit sur le bras droit, le fit passer promptement sur le bras gauche; & l'enfant s'y trouva si bien, que depuis cette avanture il n'a plus changé de situation.

Mais ces prodiges sont peu de chose en comparaison de l'Histoire suivante. (a) Pendant que l'Empereur *Leon l'Isaurien* travailloit à ruiner le culte des Images, St. *Germain* Patriarche de Constantinople ne crut pas, dit-on, l'Image de la Vierge en sureté, parce que l'Empereur faisoit blanchir les murailles des Eglises.   Ainsi il aima mieux la confier aux flots de la mer; & cette miraculeuse Image évitant toutes les Isles de l'Archipel, choisit Rome pour sa retraite.   Elle y fut reçue par le Pape *Grégoire III.* avec toute la joie qu'il est aisé d'imaginer.   Mais cent ans après l'Impératrice *Theodora* aiant fait triompher les Images, celle-ci se rembarqua de son bon gré, & reprit la route de Constantinople, où elle arriva heureusement; en sorte qu'elle fut appellée Romaine à cause de son voiage.

N'oublions pas l'Image merveilleuse de la *Plaie du côté de Notre-Seigneur.*   Elle se trouve dans l'*Embiridion manuale precationum*; & est accompagnée d'une souscription, qui promet merveilles à ceux qui porteront sur eux cette figure.   ,, Le feu ni l'eau, ,, dit-on, le vent ni les tempêtes, les lances ni les épées, le Démon même ne pour,, ront leur nuire.   Ils seront préservés de mort subite; & toute femme en travail qui ,, verra cette Image, accouchera aussi-tôt heureusement ''.   Cependant malgré ces admirables prérogatives, Mr. *Thiers* (b) avertit, que de nos jours il s'est trouvé des Libertins, qui ont voulu faire passer cette Image de la Plaie du Sauveur, pour un objet ridicule & obscène.

Sur les Indulgences voici quelques remarques tirées de Mr. Thiers &c. qui acheveront de mettre le lecteur au fait de cette matiere & de quelques abus qu'on a prétendu y trouver.

Les Indulgences, dans la plus ancienne, la plus commune, la plus solide & la plus sûre opinion des Théologiens sont une relaxation, ou remise des peines imposées dans le Sacrement de Pénitence, ou ordonnées par les Canons de l'Eglise.   Le Concile de Trente en dit huit choses considérables. 1. Que le pouvoir d'accorder des Indulgences a été donné à l'Eglise par Jésus-Christ. 2. Que l'Eglise a usé de ce pouvoir dès les prémiers siécles. 3. Que l'usage des Indulgences étant très-salutaire aux Chrétiens, & approuvé par l'autorité des Saints Conciles, on doit le conserver dans l'Eglise. 4. Que ceux qui disent qu'elles sont inutiles, & que l'Eglise n'a pas le pouvoir d'en donner, méritent d'être frappés d'anatheme. 5. Qu'il ne faut les accorder qu'avec modération, suivant la pratique ancienne & approuvée de l'Eglise. 6. Qu'il s'y est glissé des abus qui ont donné lieu aux Hérétiques de les calomnier, & qu'il est juste de les corriger. 7. Qu'un de ces abus qu'on doit entièrement abolir, est le gain sordide qu'on en peut tirer, & qui est la source de beaucoup d'autres abus. 8. Que la superstition, l'ignorance, l'irrévérence & semblables y ont introduit plusieurs autres abus, dont les Eveques doivent faire le rapport au Pape, afin qu'il puisse statuer ensuite ce qui sera plus expédient pour le bien de l'Eglise universelle.

Après avoir posé ces principes, M. *Thiers* rapporte (c) le célébre Décret de la *Congrégation des Indulgences & des Reliques*, donné à Rome le 17. Mars 1678. & approuvé par le Pape *Innocent* XI. contre une infinité d'Indulgences ou supposées, ou entièrement fausses, ou apocryphes, ou révoquées, ou surannées, & par conséquent nulles.   Il cite ensuite plusieurs Théologiens fameux, qui ont condamné expressément ces Indulgences de plusieurs milliers de jours, de plusieurs milliers d'années, &c. Tels
font

(a) Cette Histoire est tirée d'un Manuscrit anonyme, dont Mr. *du Cange* a donné l'extrait dans ses Notes sur les Annales de *Zonaras.*
(b) *Traité des Superst.* Tom. IV. L. 7. Chap. 10.
(c) *Ibid.* Chap. 2 & 13.

sont *Gerson*, qui dans l'opuscule *de l'absolution de la Confession Sacramentelle* (a) dit que les Indulgences que l'on vante de 20000 ans, aussi bien que celles que l'on s'imagine que l'on peut gagner, en disant, par exemple, cinq *Pater* devant une telle Image, & semblables, sont impertinentes & superstitieuses: *Soto*, qui (b) parlant de ces sortes d'Indulgences, témoigne 1. Que les Indulgences de 100 ans sont monstrueuses. 2. Qu'il n'est jamais entré dans la pensée d'aucun Pape de les donner. 3. Qu'il n'y a personne qui ait besoin, non d'une si grande & si longue satisfaction, mais même de la centiéme partie. 4. Que ces Indulgences excessives sont de l'invention des Quêteurs, qui étant des gens peu religieux, les ont ridiculement proposées aux Fidéles: *Maldonat*, qui assûre (c) que les Indulgences de tant d'années sont de véritables abus, & des tromperies qu'on ne doit point imputer à l'Eglise, mais aux particuliers qui en font commerce: *Estius*, qui dit positivement (d) que les Indulgences de 100 ans & de mille ans sont absurdes; qu'elles ne doivent jamais être attribuées au S. Siége, & qu'elles sont ou inventées à plaisir, ou extorquées avec imprudence, parce que jamais les Canons de l'Eglise n'ont prescrit de si longues pénitences pour les péchés les plus énormes, & qu'ils n'ont pu même les préscrire, à cause de la brieveté de la vie humaine.

Mais, (e) continue M. *Thiers*, si les Indulgences de plusieurs jours & de plusieurs années sont de l'invention des Quêteurs intéressés ou mal intentionnés, si elles sont faussement attribuées au S. Siége, si elles sont absurdes, impertinentes, abusives & superstitieuses, comme le disent librement ces savans Théologiens, quel cas peut-on faire de celles qu'on trouve en tant de Livres? Le Chevalier Edwin *Sandis* rapporte, dit-il, dans le cinquième Chapitre de la *Relation de l'etat de la Religion*, qu'aux Augustins de Padoue il y a une Indulgence pléniere depuis le baptême jusqu'à la derniere Confession avec 28000 ans de plus pour l'avenir, & l'Indulgence d'Alexandre VI. de 30000 ans pour ceux qui diront un *Ave Marie* devant l'Autel de Notre-Dame: qu'à Venise, au Sépulchre de Notre Seigneur, il y a une Indulgence de 80000 ans donnée par Boniface VIII. & confirmée par Benoit XI. pour ceux qui disent une oraison de S. Augustin qui y est attachée, &c.

L'Auteur que nous suivons rapporte ensuite un dénombrement fort ample fait par *Rodrigués*, des Indulgences des Eglises de Rome; & il en marque, dit-il, une si prodgieuse quantité, que les plus habiles Arithméticiens auroient peine à en arrêter le nombre juste. Il parle aussi des fameuses Indulgences qu'on dit qu'Alexandre III. donna aux Habitans de la Ville d'Ancône. Elles étoient pour tous les prémiers Dimanches des mois, & en aussi grand nombre, que ce Pape put ramasser de grains de sable dans ses deux mains jointes ensemble.

De-là notre Auteur passe (f) aux Indulgences pour les Morts. Mr. *Thiers* soutient qu'on doit regarder comme suspectes toutes celles auxquelles on prétend qu'est attachée la délivrance des ames du Purgatoire. Il cite pour appuier son sentiment plusieurs Conciles, entr'autres le Concile de Trente; des Prélats, des Docteurs, sur-tout *Maldonat*, qui dit: ,, Que ni le Pape ni les Evêques ne peuvent, ni ne doivent, en donnant des ,, Indulgences, se servir de cette formule : Quiconque fera ceci ou cela délivrera une ,, ame du Purgatoire; parce qu'ils ne savent pas combien cette ame qu'ils veulent dé- ,, livrer, est redevable à la justice divine, pour juger si le suffrage qu'ils ordonnent ,, est suffisant pour la délivrer, & que ne le sçachant pas, ils ne peuvent assûrer sans ,, témérité, que quiconque fera une telle chose délivrera une ame".

,, On auroit, ajoute M. Thiers, des obligations infinies aux Carmes, s'ils pouvoient ,, ajuster ces décisions avec leur Bulle Sabbatine, qu'ils attribuent à *Jean* XXII. Mais ,, la chose n'est pas si facile à faire. Ils font dire à la Sainte Vierge dans cette Bulle, ,, qu'elle descendra gracieusement en Purgatoire le prémier Samedi d'après la mort de ,, tous ceux qui auront porté son habit, vulgairement appellé *Scapulaire*; qu'elle les ,, délivrera des peines du Purgatoire, & qu'elle les conduira glorieusement à la sainte ,, montagne de la vie éternelle. " Notre Auteur fait voir, que cette Bulle porte en soi plusieurs caractéres de fausseté & de supposition; qu'elle a été soutenue fausse & supposée dans des Théses publiques de l'Université de Paris; que la Sorbonne a obligé plusieurs Carmes de retracter la doctrine contenue dans cette Bulle, lorsqu'ils l'avoient

inse-

(a) Quæst. 2.
(b) In 4. Dist. 21. Q. 2. Art. 1.
(c) Tom. II. *de Pœnit.* 6. Q. *de Indulg.* 2. p. 1. q.
(d) In 4. Dist. 20. §. 10.
(e) *Traité des Superst.* Tom. IV. L. 7. Chap. 13.
(f) *Ibid.* Chap. 16.

insérée dans leurs Thèses; après quoi il conclut ainsi: „ On auroit encore des obliga-
„ tions singuliéres aux Carmes, aux Augustins, aux Jacobins, & aux Franciscains,
„ s'ils pouvoient accorder ce qu'on vient de rapporter contre les promesses de tirer
„ infailliblement des ames du Purgatoire, avec ce qu'ils disent dans les Livres & les
„ Calandriers de leurs Confréries; *un tel jour délivrance de deux ames du Purgatoire.*
„ Pour moi, j'avoue que je n'ai ni assez de génie, ni assez de lumiéres pour concilier
„ des choses qui me paroissent si contraires; & je dirois volontiers avec Martial,

Nobis non licet esse tam disertis,
Qui Musas colimus severiores.

L'aumône a aussi beaucoup de vertu, pour tirer des ames du Purgatoire. Elle en a
tant, dit (a) M. *Thiers*, si l'on en croit quelques Quêteurs Espagnols, qu'on ne l'a
pas plutôt faire en certaine quantité, qu'aussitôt une ame sort du Purgatoire. „ Le
„ Comte de *Villa Mediana*, dit Madame d'*Aunoi* dans son *Voiage d'Espagne*, étant
„ un jour dans l'Eglise de Notre-Dame d'*Atocha*, donna quatre pistoles à un Religieux
„ qui demandoit pour les ames du Purgatoire. Ah! Seigneur, dit le bon Pere, vous
„ venez de délivrer une ame du Purgatoire. Le Comte tira encore une piece de qua-
„ tre pistoles, & la mit dans sa tasse. Voilà, continua le Religieux, une autre ame
„ délivrée. Il lui en donna de cette maniére six de suite; & à chaque piece le Moine
„ se récrioit: l'autre vient de sortir du Purgatoire. M'en assûrez-vous, dit le Comte?
„ Oui, Seigneur, reprit le Moine affirmativement; elles sont à présent au Ciel. Ren-
„ dez-moi donc mes six pièces de quatre pistoles, dit-il; car il seroit inutile qu'elles
„ vous restassent. Puisque ces ames sont au Ciel, il ne faut pas craindre qu'elles re-
„ tournent en Purgatoire. Mais le Moine se garda bien de les lui rendre; & il en
„ auroit fait scrupule".

Les Freres Mineurs avoient autrefois, continue M. *Thiers*, & peut-être ont-ils encore aujourdhui un moien bien plus facile & à bien meilleur marché, de tirer les ames
du Purgatoire. Car ils assûroient qu'on en pouvoit tirer autant qu'on entroit de fois
dans l'Eglise de Notre-Dame des Anges, ou de la Portioncule, proche de la Ville
d'Assise, depuis les prémieres Vêpres du prémier jour d'Aout jusqu'aux secondes Vêpres du jour suivant; ensorte pourtant que pour une entrée & une sortie on n'en tirât
qu'une seule. „ Dieu sçait ce qui en est, continue le Cardinal Boniface *de Amanatis*,
„ qui rapporte le fait: mais enfin les Cordeliers n'ont point de Bulle Apostolique sur
„ cela. Ils disent seulement, qu'ils ont eu de toute ancienneté ce Privilége par une
„ révélation divine. Si cela est ainsi, j'ai tiré du Purgatoire les ames de mes parens
„ & de quantité d'autres personnes, supposé qu'elles y fussent. Car il y a tantôt vingt
„ ans que j'allai ce jour-là à cette Eglise, & à l'imitation des autres, j'y entrai & j'en
„ sortis autant de fois que je voulus tirer d'ames du Purgatoire. Et je sçai fort bien
„ que je me souvins alors d'une belle & honnête Maîtresse, que j'avois eue à Padoue
„ dans le tems que j'y étudiois, & qui étoit morte; que j'entrai dans cette Eglise par-
„ ticuliérement pour la délivrance de son ame. " Voilà, ajoute notre Auteur, une
grande tendresse de ce Cardinal pour son ancienne Maîtresse. Mais il se seroit fort
bien passé de nous apprendre cette particularité de sa vie.

Je finirai cette Dissertation par les Grains Bénis, & les Oraisons superstitieuses.
Nous sommes redevables des Grains bénis à la *Bienheureuse Vierge sœur Jeanne de la
Croix, du Tiers Ordre de Saint François.* Voici en abregé ce que sa vie nous apprend
sur le sujet que nous traitons.

Les Religieuses du Monastére dont la Bienheureuse Jeanne étoit Supérieure, la prièrent un jour d'obtenir que J. C. même bénît leurs Chapelets. La Bienheureuse Jeanne
aiant demandé cette grace, toutes les Religieuses mirent leurs Chapelets dans un coffre, dont une d'entre elles conserva la clef. La B. Jeanne étant en Oraison, un Ange enleva ces Chapelets, & les porta au Ciel; de sorte que la dépositaire de la clef
aiant ouvert le coffre, on n'y trouva point de Chapelets; mais sur la fin de l'Oraison
de la Supérieure, il se répandit une odeur très agréable dans toute la maison. On ouvrit le coffre; & on trouva les Chapelets, que la Supérieure dit à ses Religieuses avoir
été touchés & bénis de la main même de Notre Seigneur Jésus-Christ. On ajoute dans
cette vie, que la Bienheureuse Jeanne avoit obtenu qu'il y eût des graces particuliéres
attachées non seulement à chacun de ces Chapelets, mais encore à chacun des grains
dont

(a) *Ibid.* Chap. 17.

dont ces Chapelets étoient compofés, & que les mêmes graces fuffent attachées à tous les Grains qui auroient touché quelques grains de ces Chapelets bénis, même à ceux qui auroient touché des Grains bénis par l'attouchement des Chapelets; & ainfi à l'infini. Ces graces étoient. 1. De délivrer les Poffédés. 2. D'éteindre les Incendies. 3. De garantir du Tonnerre; d'appaifer les Tempètes; de guérir de la Pefte, de la Fièvre, de la Paralyfie; de délivrer des Scrupules, des Inquiétudes d'efprit, des Tentations contre la Foi, du défefpoir, des Magiciens & des Sorciers.

L'Auteur de cette vie ajoutoit, que les faits qu'il rapportoit étoient avérés dans quatre-vingt-dix informations, par plus de 1400. témoins; que ceux qui vifitoient certains jours l'Eglife de Sainte Croix obtenoient plus d'Indulgences, qu'il n'y avoit à deux milles aux environs de feuilles, de fleurs, de pailles & d'herbes; que la Bienheureufe Jeanne avoit fait la fonction de Docteur & de Prédicateur, & que les Oifeaux venoient de tous côtés pour l'entendre prêcher; que les ames du Purgatoire accouroient à elle, pour fe recommander à fes prières; que les ames faifoient leur Purgatoire dans des vafes de la Cellule où elle mettoit des fleurs, & que les vafes s'inclinoient toutes les fois qu'elle difoit le *Gloria Patri;* enfin que fon Ange Gardien lui avoit révélé qu'un grand Prélat avoit été changé en Colombier pour faire fon Purgatoire, parce qu'un Prélat doit fervir de refuge aux ames foibles, comme le Colombier fert de refuge aux Pigeons contre les Milans.

„ Si des Sçavans, dit (*a*) le P. *le Brun,* entreprennent la défenfe de ces folies, „ outre qu'ils manquent de refpect à l'Eglife, ils méritent qu'on leur montre, qu'ils „ font encore plus l'Euple, plus fuperftitieux & moins raifonnables que le Peuple mê- „ me; parce qu'ils appuient fur des raifonnemens ridicules, ce que le Peuple ne fait que „ par ignorance, par inadvertance, & fur l'autorité de quelques perfonnes qui paffent „ pour habiles".

Ajoutons, qu'en 1614. la Faculté de Théologie de Paris cenfura cette Vie de la Bienheureufe Jeanne dont nous avons parlé, comme contenant plufieurs chofes fauffes, fcandaleufes, fuperftitieufes, fabuleufes, qui ne conviennent point à la Doctrine Chrétienne; & que la Congrégation des Indulgences & des Reliques a fupprimé les Indulgences prétendues, qu'on difoit être annexées aux Grains bénis.

(*b*) Il faut mettre au rang des coutumes fuperftitieufes, l'ufage de porter certaines Oraifons fur foi, ufage que l'on peut regarder comme un refte fuperftitieux des *Amulétes;* celui de prier exactement à la même heure, & toujours dans une même pofture, ou dans la fituation la plus difficile que l'on puiffe imaginer; celui de s'affujettir à réciter une certaine prière pendant un certain nombre de jours, &c. Mais puifque nous fommes fur cette matière, entrons dans quelque détail, & donnons quelques exemples des Oraifons plates, ridicules & impertinentes; des Oraifons auxquelles, foit qu'on les porte fur foi, ou qu'on les récite, on attache certaines promeffes exorbitantes que la Religion ne connoit point; des Oraifons enfin auxquelles la fuperftition attribue certains effets qui n'ont rien de naturel, & qui par-là doivent être réprouvées.

1. Nous mettons dans le premier rang les fept Oraifons appellées les *fept Allégreffes* de la Sainte Vierge, qui ont trouvé place dans la plupart des Heures des bonnes gens. Il n'y auroit pas grand inconvénient qu'on les fupprimât, dit (*c*) M. Thiers; car elles font plates, elles n'ont pas grand fens, & il s'y trouve des chofes que tout le monde n'approuveroit pas.

Mais ceci n'eft rien en comparaifon du jargon myftique, qu'on femble avoir affecté dans quelques Oraifons. Tel eft le ftile d'une prière ridicule adreffée *à la Trinité de J. C. de fa Sainte Mere & de S. Jofeph.* Elle fe trouve dans *Les Saints devoirs de l'Ame dévote,* Livre de pieté imprimé à Paris, & approuvé par la Faculté de Théologie en 1627. En voici un échantillon. „ Trinité fainte qui imitez fans interruption la Trinité „ Divine dans l'Empyrée, Trinité déifiée, honorable & aimable, recevez la Trinité „ qui eft en moi, mon entendement, ma volonté & ma mémoire. Trinité amou- „ reufe du falut des humains, opérez efficacement le mien. A cet effet, Jéfus mon „ Sauveur, préfentez à votre Pere vos plaies, & le fang que vous avez répandu pour „ mon amour: Marie découvrez vos mammelles, & le lait virginal duquel vous avez „ allaité le Verbe incarné: Jofeph, montrez vos mains, & les fueurs à l'aide defquel- „ les Jéfus a été nourri. Que Jéfus verfe fur moi les bénédictions du Ciel ! Que Marie

„ ma

(*a*) *Hift. Crit. des Prat. Superft.* Tome I. L. 3. Ch. 7.
(*b*) Voiez Thiers, *de la plus néceffaire de toutes les Dévotions.* Chap. 21.
(*c*) *Traité des Superft.* Tom. IV. L. 7. Ch. 8.

„ me fasse part des douceurs du fruit de son ventre Sacré ! Que Joseph me remplisse
„ des bénédictions de la terre, qui sont ses sueurs & ses travaux, &c.

Mais rien n'est comparable à l'Oraison qu'un Capucin fit imprimer à Paris en 1668.
sous le titre de *Dévote Salutation des membres sacrés du corps de la glorieuse Vierge
Mère de Dieu*. L'ouvrage est singulier. Ces salutations s'adressent à la tête, aux yeux,
aux oreilles, à la bouche, au visage, au cou, aux mains, aux bras, à la poitrine, &
aux genoux; & par-tout la métaphore, le Phébus & le galimathias triomphent également. On dit, par exemple, *aux Oreilles.* „ Je vous salue, Oreilles intelligentes de
„ Marie, Présidiaux de la Princesse des Pauvres, Tribunaux de leurs Requêtes, salut
„ de l'Audience des misérables, Universités de la Sapience divine, Receveuses généra-
„ les des pupilles, percées des annelets de nos chaînes, emperlées de nos nécessités.
„ *Au ventre.* Je vous salue, Ventre miraculeux de Marie, Officine des prodiges de
„ Dieu, Arche de son alliance avec les hommes, lit nuptial des deux natures corporel-
„ les qui a uni deux métaux insociables, amas de bled environné de Lys, Sphère qui
„ a porté de Soleil, Aurore qui a produit le jour ". Les autres salutations, dit (*a*)
M. *Thiers*, ne sont pas moins impertinentes ; & c'est ce qui a attiré à cette admirable
piéce ces paroles d'indignation de M. *de Valois :* (*b*) „ Que n'auroit pas fait Inno-
„ cent XI. s'il avoit ouï parler de l'impertinente dévotion de ce Moine ? N'auroit-il
„ pas condamné rigoureusement des Supérieurs, qui souffrent qu'un de leurs vision-
„ naires fasse imprimer des Oraisons adressées à toutes les parties du corps de la Sainte
„ Vierge en particulier ? La Religion, la pudeur & le bon sens ne sont-ils pas blessés
„ par une extravagance semblable ?

„ N'oublions pas ces paroles, que l'on chante à Rome à la Fête de Noël: (*c*) *Sainte
Mère de Dieu, qui avez conçu Notre-Seigneur par l'oreille*, &c. L'Auteur du *Projet
d'un nouveau Bréviaire* imprimé en 1720. dit très-bien, qu'il seroit à propos de changer cette expression, & qu'elle a été condamnée il y a plus de 800. ans.

2. Nous ne donnerons que deux ou trois exemples de certaines autres Oraisons par
le moien desquelles, si on les porte sur soi, ou si on les récite dévotement, on est sûr
d'obtenir les plus grandes graces.

Telle est l'oraison des trente jours. „ Elle est en grande vogue parmi le Peuple, dit (*d*)
„ M. *Thiers*, parmi les Dévots & les Devotes du commun. C'est leur Oraison favorite :
„ c'est en elle qu'ils mettent leur confiance, parce qu'on leur fait espérer qu'en la disant
„ pendant trente jours, ils obtiendront de la miséricorde de Dieu tout ce qu'ils lui deman-
„ deront de licite. C'est pourquoi on y lit vers le milieu: *Demandez ici ce qu'il vous plai-
„ ra.* Il faudroit y ajouter : *& vous n'êtes pas assurés de l'avoir.* Car il n'est pas juste
„ d'amuser les simples & les ignorans par de vaines promesses, en leur faisant espé-
„ rer infailliblement de la part de Dieu, ce qu'il n'est pas certain que Dieu leur
„ accorde ".

On doit mettre dans le même rang une Oraison trouvée, dit-on, dans le Sépulchre de Notre-Seigneur. Elle commence par ces mots : *Anima Christi, sanctifica me ;*
& se trouve dans un Livre intitulé : *Pratique pour adorer le très-saint Sacrement de
l'Autel.* On assure que ceux qui la diront, ou la porteront sur eux avec dévotion,
seront délivrés du Diable & de mort subite, seront préservés de peste & de toute
mauvaise maladie ; que ni les Sorciers ni le feu du Ciel ne leur nuiront point ; qu'ils
ne mourront point sans Confession, & que Dieu leur fera la grace d'avoir repentance
de leurs péchés. „ Voilà de grands priviléges, ajoute (*e*) M. *Thiers*: mais pour y
„ croire, il faut renoncer aux principes de la Religion Chrétienne ".

Cet Auteur ne pense pas mieux des *quinze Oraisons, de sainte Brigide, de la Passion
de Notre-Seigneur*, qui se trouvent dans une infinité de mauvais Livres de prières.
Il est dit dans le préambule, que Notre-Seigneur dit à cette Sainte, qu'à ceux qui ré-
citeroient ces Oraisons il donneroit son très-saint Corps avant leur mort pendant
quinze jours ; qu'il les abreuveroit de son Sang précieux ; qu'il seroit marcher devant
eux le signe de la très-victorieuse Croix ; & qu'il viendroit à eux avant leur mort a-
vec sa bien-aimée la Vierge Marie, pour recevoir doucement leurs ames & les conduire dans les joies éternelles. „ Si tout cela est vrai, continue (*f*) M. *Thiers*, qu'a-
„ vous-

<hr>

(*a*) Ibid. Chap. 5.
(*b*) In *Valesian.* p. 46.
(*c*) *Sancta Dei genitrix, quæ concepisti per aurem Dominum nostrum*, &c.
(*d*) Tr. *des Superst.* Tom. IV. L. 7. Ch. 6.
(*e*) Ibid. Chap. 4.
(*f*) Ibid. Chap. 6.

,, vons-nous befoin de la Confirmation , de l'Euchariftie , de la Pénitence , de l'Ex-
,, trême-Onction ?   Les Théologiens, les gens de bien qui favent leur Religion peu-
,, vent-ils lire fans horreur ces impiétés & ces blafphêmes ".

Finiffons cet article par la prière ridicule appellée *la Pate-notre blanche* , dont les zélateurs qui , felon *(a)* M. *Thiers* font en affez grand nombre, fur-tout à la Campagne, promettent infailliblement le Paradis a ceux qui la diront tous les jours. La voici. ,, Petite Pate-notre blanche que Dieu fit, que Dieu dit, que Dieu mit en Paradis. Au
,, foir m'allant coucher , je trouvai trois Anges à mon lit couchés, l'un aux pieds,
,, deux au chevet , la bonne Vierge Marie au milieu , qui me dit que je m'y couchis,
,, que rien ne doutis ; le bon Dieu eft mon pere , la bonne Vierge eft ma mere , les
,, trois Apôtres font mes freres, les trois Vierges font mes fœurs. La chemife ou Dieu
,, fut né, mon corps en eft enveloppé : la Croix de Sainte Marguerite, à ma poitrine
,, eft écrite. Madame s'en va fur les champs à Dieu pleurant, rencontrit Monfieur
,, S. Jean. Monfieur S. Jean d'où venez-vous ? Je viens d'*Ave falus*. Vous n'avez
,, point vu le bon Dieu, fi eft, il eft dans l'arbre de la Croix, les pieds pendans, les
,, mains clouants , un petit chapeau d'épine blanche fur la tête. Qui la dira trois fois
,, au foir , trois fois au matin, gagnera le Paradis à la fin ".

3. Il y a enfin des Oraifons dont on fe fert efficacement , dit-on, pour guérir certaines maladies , pour préferver de certains dangers , &c. De ces Oraifons quelques-unes attribuent à certains Saints ou Saintes des fauffetés manifeftes , & contiennent outre cela quelque chofe de badin & d'impertinent ; ce qui eft un caractere certain de fuperftition. Mais fuffent-elles toutes exemptes de ces défauts , il eft conftant que l'ufage qu'on en fait eft très condamnable. ,, Ce qui me furprend , dit *(b)* M. *Thiers*,
,, eft qu'étant auffi mal digérées , auffi ridicules, auffi extravagantes , auffi vaines &
,, auffi folles qu'elles font pour la plupart , elles trouvent tant de créance dans le mon-
,, de, même auprès de quantité de perfonnes de bon fens , quoique de peu de foi ",. En voici quelques exemples.

Guérir des Fièvres, en donnant aux malades un billet , fur lequel font écrites ces paroles : *Per immaculatam Conceptionem Beatæ Virginis Mariæ* , &c. Il faut couper ce billet en petits morceaux , & les mettre dans un bouillon qu'on fait avaler aux malades.

Porter fur foi l'Oraifon appellée *Paffeport de l'immaculée Conception de la Sainte Vierge*, pour être préfervé de quantité de dangers & de maux.

Ecrire en beaux caractéres ces paroles fur un billet : *Louée foit l'immaculée conception de la très Sainte Vierge* ; mâcher & avaler ce billet un Samedi matin , afin de garder tant qu'on voudra les remédes , & de ne jamais vomir les médecines qu'on aura prifes.

Pour *la brulure* dire, ,, Notre Saint Pere s'en va par une voie, trouve un enfant qui
,, crie : *Pere, qu'a cet enfant ?* Il eft cheut en braife ardent. Prenez du fein de Porc,
,, & trois haleines de votre corps, & le feu en fera dehors ".

Pour *le feu volage :* ,, Feu, je te conjure de perdre ta fureur , comme fit Judas de-
,, vant Notre-Seigneur, &c. *Ou bien :* Je m'en entri dans un bois blanc, j'y trouvi
,, du feu blanc, ce feu blanc fe mourit, fi fera celuiet ". Il faut dire enfuite trois *Pater*. & trois *Ave* en . . . trois fois.

Pour relever la forcelle, l'eftomac ou la poitrine. ,, La bonne Vierge Marie s'en
,, va dans fon Simagot, en fon chemin rencontre Madame Sainte Elifabeth, leurs deux
,, enfans des deux ventres s'en font entre falués , & S. Jean dit à fa . . . je vous prie
,, de relever poitrine, tendon , côté (*il faut ici nommer le mal*) à l'honneur de Dieu,
,, M. S. Côme & M. S. Damien , je vous prie de le foulager du mal qu'il endure , en
,, difant *Ave Maria* . . . fois ".

Je connois un Sergent de Village, dit *(c)* M. *Thiers*, qui fe fert de cette Oraifon pour guérir les maladies des yeux : ,, Monfieur S. Jean paffant par ici trouva trois
,, Vierges en fon chemin ; il leur dit : Vierges que faites-vous ici ? Nous guériffons
,, de la maille. O ! guériffez, Vierges , guériffez l'œil de N. *faifant le figne de la*
,, *Croix, & foufflant dans l'œil* , Maille , feu grief , feu que ce foit , ongles , migrai-
,, ne & araignée , je te commande de n'avoir non plus de puiffance fur cet œil, qu'eu-
,, rent les Juifs le jour de Pâques fur le corps de Notre-Seigneur Jefus-Chrift ". Puis
il

(a) *Ibid.* Tom. I. L. 1. Chap. 10.
(b) *Ibid.* L. 6. Chap. 2.
(c) *Ibid.*

il fait encore le signe de la Croix, & souffle dans l'œil de la personne malade, lui ordonnant de dire trois *Pater* & trois *Ave*, au nom du Pere, & du Fils, & du
St. Esprit.

DISSERTATION

Sur les Epreuves.

NOTRE dessein est de traiter dans cette Dissertation de différens usages introduits
en divers tems, pour découvrir la vérité des faits cachés & inconnus, douteux
ou contestés. Comme la plûpart de ces pratiques étoient ou purement Ecclésiastiques,
ou du moins accompagnées de certaines Cérémonies Religieuses, elles entrent naturellement dans notre dessein. La description que nous en donnerons servira non seulement à instruire le Lecteur, mais encore à perfectionner l'idée que nous avons taché
de lui donner jusqu'ici des Superstitions qui se sont introduites dans la Religion. Nous
réduirons ces usages ou épreuves a quatre espéces, dont nous allons parler sepa-
rément.

Le plus ancien usage d'examiner la vérité d'un fait, dit (a) le P. *le Brun*, lorsqu'on
manquoit de témoins & de preuves, étoit de recourir au Serment. Mais parce qu'on
craignoit qu'on ne se parjurât, on alloit, autant qu'il étoit possible, en des lieux où
il se faisoit des miracles. Pendant les six prémiers siécles de l'Eglise, il s'en faisoit en
beaucoup d'endroits pour punir les parjures. C'est ainsi que Saint Augustin (b) envoia au tombeau de Saint Felix à Nole deux Clercs de son Eglise, parce qu'il ne pouvoit s'assurer d'un fait dont ils se chargeoient mutuellement. Saint *Grégoire* le Grand
dit en général, (c) que les parjures étoient punis, lorsqu'ils venoient jurer sur le tombeau des Martyrs; & Grégoire de Tours assure (d) en particulier du tombeau de S.
Pancrace auprès de Rome, qu'il s'y faisoit des miracles contre les parjures.

C'etoit un usage assez commun dans les Gaules, qu'on allât jurer dans les Eglises:
mais on ne voioit pas toujours que les parjures y fussent punis. Il paroit au contraire
qu'il y avoit des malheureux, qui commettoient effrontément des crimes, dans l'espérance de se purger par le Serment dans une Eglise. Grégoire de Tours (e) parle d'un
scélérat, qui osant ainsi se parjurer, fut une fois obligé d'avouer son crime dès qu'il
entra dans l'Eglise.

Quelquefois la punition n'arrivoit que long-tems après le parjure: communément
on s'attendoit a la voir accomplir sur le champ. Il y avoit un grand nombre de
Villes en France, où se faisoient ces sortes de miracles. Mais comme ils n'arrivoient
pas nécessairement, n'étant pas fondés sur la promesse de Dieu, c'etoit un mal d'en
faire une pratique commune, & de prétendre qu'en jurant sur les saintes Reliques,
les parjures seroient punis infailliblement. De-là vinrent des usages superstitieux &
plusieurs abus. Quelques-uns usoient de tromperie, jurant sur des Châsses d'où ils
tiroient les Reliques, prétendant ensuite qu'ils n'étoient pas tenus à leur serment,
parce que les Châsses étoient vuides. C'est apparemment dans cette idée que le Roi
Robert craignant que les faux sermens faits sur les Reliques ne nuisissent à ses sujets,
(f) fit faire une Châsse bordée d'or sans y enfermer aucunes Reliques. Les Grands
du Roiaume juroient sur cette Châsse, sans être avertis de la pieuse fraude de ce bon
Roi. Il fit faire un autre Reliquaire, sur lequel juroient les Roturiers; & au-lieu de
Reliques, il n'y fit mettre que l'œuf d'un certain Oiseau extraordinaire.

Cette simplicité qui supposoit que les sermens ne pouvoient nuire, que lorsqu'ils é-
toient faits sur des Reliques, étoit une vraie superstition. Souvent il n'arrivoit aucun
mal extérieur à ceux qui se parjuroient sur les Reliques; & quelquefois les parjures
étoient frapés de mort, quoiqu'ils n'eussent pas étendu leurs mains sur des Châsses.
Quelques exemples de cette nature faisoient croire a des gens simples, qu'il en arriveroit toujours de même aux parjures, comme si Dieu devoit à tous momens faire des
miracles; & ceux qui avoient peu de religion, sachant que ces exemples étoient rares,
ne

(a) *Hist. Crit. des Prat. Superst.* Tom. II. L. 5. Chap. 2.
(b) *Ep.* 78. num. 3.
(c) *Homil.* 32. *in Evangel.*
(d) *Glor. Mart.* Cap. 39.
(e) *Hist. Franc. Lib.* 8. Cap. 16.
(f) *Elgalaus ep. du Chêne*, Tom. IV. p. 66.

ne craignoient pas de se parjurer, pour se procurer quelque avantage temporel. C'est ce qui donna lieu à tant de faux Actes & de faux sermens au X. & XI. siécles; car lorsqu'un homme produisoit un faux acte, pour ôter une terre à quelqu'un, le Possesseur avoit beau représenter que le titre étoit faux, il perdoit sa terre, si le faussaire juroit sur les Saints Evangiles qu'il n'y avoit point de falsification dans le titre. L'Empereur *Othon* se trouvant au Concile de Rome sous le Pape *Jean* XIII. condamna cet usage, & l'abolit par une nouvelle Loi : mais ce Prince qui ôta le mal que causoient les sermens, ne voulut pas qu'on se défît de la vérité d'un fait, lorsqu'il étoit prouvé par le serment & par le Duel. C'est pourquoi aiant envoié des Ambassadeurs à Rome (a) pour se purger des crimes qu'on lui avoit imputés, il déclara que si le Pape ne se contentoit pas du serment, les Ambassadeurs prouveroient son innocence par le Duel.

C'est ici une autre superstition, qui a trompé beaucoup de personnes pendant plusieurs siécles. On se persuadoit que quand le Duel étoit joint au serment, la cause n'étoit plus douteuse ; & que celui qui disoit vrai & qui avoit bon droit, devoit toujours se trouver le plus fort dans le combat. Sur la fin du V. siécle, *Gondebaud* Roi des Bourguignons fit mettre par écrit la Loi qui porte son nom ; & il ordonna par cette Loi, qu'un Bourguignon ne seroit jamais jugé sur le serment de qui que ce soit, mais que s'il étoit soupçonné de quelque crime, il se purgeroit par le jugement de Dieu, par le serment, ou par le Duel. *Avitus*, Evêque de Vienne, qui travailla inutilement à la conversion de ce Prince Arien, ne put faire changer cette Loi ; & elle subsista même après la conversion de *Sigismond* fils de *Gondebaud*.

Les François, les Allemands & les Lombards firent des Loix toutes semblables. On voit dans Grégoire de Tours (b) que *Guntchram-Boson* demanda au Roi *Gontran* l'Epreuve du Duel, qu'il appelloit le jugement de Dieu. Frédégaire nous apprend qu'on recouroit même au Duel, pour juger de l'innocence d'une tierce personne. La Reine *Gundeberge*, sœur du Roi *Clotaire*, étant accusée d'avoir voulu empoisonner le Roi *Caroaldus* son Epoux, on convint que deux hommes se battroient, l'un pour la Reine, & l'autre pour le Roi, pour savoir si elle étoit coupable ou non. L'homme de Caroaldus fut vaincu, & la Reine déclarée innocente.

L'Eglise a souvent condamné ces Epreuves : cependant elle les toléroit alors dans les causes civiles. Les Capitulaires de France dressés ordinairement par les Evêques, & recueillis par l'Abbé Ansegise, rapportent la Loi *de falsis testibus convincendis*, qui ordonne qu'on découvrira les faux sermens & les faux témoins par le Duel. Ce Capitulaire veut que cela s'observe dans toutes les causes séculiéres, & même dans celles qui sont miparties entre les Ecclésiastiques & les Séculiers. Il n'y avoit que les causes purement Ecclésiastiques entre Clercs & Clercs, où ces preuves fussent défendues.

Afin que le combat se passât dans les régles, il falloit s'adresser au Juge ; lui porter sa plainte ; déclarer que l'Accusateur avoit menti ; offrir de se battre, & demander jour pour le combat, qu'on fixoit ordinairement au quarantiéme depuis la Requête. On se contentoit quelquefois de jetter le gantelet à terre devant l'Accusateur qui le relevoit : mais l'usage le plus ordinaire étoit d'aller au Juge ou au Souverain.

Lorsque le Juge avoit marqué le jour pour le combat, il falloit donner des gages, dont l'usage étoit différent. Quelquefois on les mettoit entre les mains d'une Partie, parce que la somme étoit destinée à dédommager le Combattant, dont le cheval pouvoit être blessé, les armes percées, ou qui pouvoit faire quelque autre perte. Mais ordinairement on les remettoit au Seigneur.

Par la Coutume de Normandie les deux Combattans devoient entrer dans la prison du Duc, & y demeurer l'un & l'autre jusqu'au jour du combat ; ou bien le Duc devoit les tenir sous une garde bonne & sûre, afin qu'on pût les représenter au tems & au lieu de l'assignation. Cette Loi n'étoit pas généralement observée : mais au moins on devoit demeurer à la suite de la Cour, depuis le jour qu'on avoit donné les gages jusqu'à celui du combat ; celui qui en sortoit, ou qui ne se représentoit pas au jour fixé, demeuroit convaincu du crime dont on l'accusoit.

On marquoit ensuite le champ de bataille, qui devoit être éloigné des maisons, afin qu'on ne pût ni recevoir des avis, ni donner aucun soupçon de secours. On choisissoit
un

(a) *Baron. ad Ann.* 963.
(b) *Hist. Franc.* Lib. 7, Cap. 14.

un lieu plein & uni, de vingt-quatre pieds, qu'on environnoit de cordes, afin que les témoins puffent voir le combat fans peine.

Avant que de combattre, on pratiquoit divers actes de Religion. On paffoit la nuit dans quelque Eglife au pied des Autels: on invoquoit là certains Saints particuliers, comme Saint *George*, le bon Chevalier: on faifoit fa confeffion: on recevoit les Sacremens: enfin on croioit obtenir par ces actes de dévotion de nouvelles forces pour combattre fon ennemi. Anne Comnène rapporte, qu'un Seigneur François qui etoit à fa Cour l'affura, que dans fon païs il y avoit une Eglife où les Duelliftes alloient paffer la nuit en prières, pour obtenir du Saint un fecours extraordinaire. Saint *Drau-fin* de Soiffons étoit fameux pour les fecours miraculeux qu'il accordoit en ces occafions. Les Lorrains & les François étoient perfuadés qu'il repandoit fur eux une vigueur nouvelle. C'eft pourquoi le Comte de Montfort alla l'invoquer dans fon Eglife pendant toute la nuit, avant que de fe battre le lendemain contre Henri Comte d'Effex.

Le jour du combat, le Héraut d'armes paroiffant de la part du Roi appelloit à haute voix l'Accufateur, enfuite le Défendeur. Il y avoit ordinairement autour des barrières un grand concours de monde, pour être fpectateur du combat. Perfonne ne devoit être à cheval que les Combattans, fous peine aux Gentilshommes de perdre le cheval fur lequel ils étoient montés, & aux Roturiers, l'oreille. On ne devoit y être affis ni à terre, ni fur quelque banc élevé, fous peine d'avoir le pied ou le poung coupés, parce qu'on vouloit que tout le monde pût voir le *combat à fon aife*. L'Appellant devoit fe trouver fur le champ de bataille à dix heures du matin, & l'Appellé à midi: s'il tardoit, fa réputation en fouffroit quelque atteinte. Ils devoient venir armés, la vifiére baiffée; car c'étoit un crime puniffable par le Roi que de la lever. A l'entrée de la lice fe trouvoit le Connétable, auquel l'Avocat de l'Appellant, qu'on choififfoit entre les plus habiles, déclaroit à haute voix au nom du Champion: *Je fuis un tel, armé & monté comme un Gentilhomme, qui veux combattre contre un tel à caufe de telle querelle, faux meurtre*, &c. Enfuite il proteftoit de faire fon *devoir à l'aide de Dieu, de Notre-Dame, & de Monfeigneur Saint George le bon Chevalier.* L'Appellé entroit enfuite. Le Pavillon de l'Appellant étoit à la droite du Roi ou du Connétable, & celui de l'Appellé à la gauche.

Nous ne parlerons point du choix des armes. Nous obferverons feulement, que fur cet article on avoit égard à la conftitution des perfonnes à qui certaines armes ne convenoient point, & qu'on y remédioit par des Loix. Un homme qui n'avoit que la main gauche libre, pouvoit obliger fon ennemi à fe fervir de la même main; & on donnoit à celui-ci un braffard, afin de retenir la main droite. Si le Défendeur étoit borgne, on donnoit à l'Attaquant une bourguignotte pour lui fermer un œil, &c.

Si le combat ne fe faifoit pas, il falloit paier une amende au Souverain; & même une partie des gages que les Combattans avoient confignés, lui appartenoit. On voit une donation faite par un Roi de France au Monaftère de Saint Savin, de toutes les fommes qui pouvoient lui revenir du profit des Duels. Si l'Appellant n'avoit pas vaincu ou tué fon ennemi au Soleil couchant, il pouvoit demander le combat pour le jour fuivant. Mais les Juges féparoient quelquefois les Combattans, & décidoient. Enfin celui qui fuccomboit fans perdre la vie fur le champ de bataille, perdoit la tête, ou devenoit l'efclave de fon ennemi, qui abufant de fa victoire, lui impofoit fouvent des fervices vils & bas. En certains lieux ou lui infligeoit d'autres peines, felon l'exigence du cas; car on lui faifoit couper la main, ou bien on l'enfermoit dans une prifon pour plufieurs années: enfin on leur faifoit grace; ce qui étoit rare.

On ne fe contentoit pas d'autorifer les Duels par l'ufage & par les Loix: on y faifoit intervenir Dieu d'une manière extraordinaire. Il y entroit comme Juge; & on vouloit que fe conformant à la fureur des hommes, il fît toujours un acte de juftice exacte, en donnant à l'Innocent l'avantage fur le Coupable. Auffi récitoit-on un grand nombre de miracles que la Providence opéroit, afin d'empêcher l'Innocent de fuccomber fous l'Epée de fon Accufateur. Ce fut ainfi que Dieu précipita l'ennemi de faint Auftragifille, Evêque de Tours, qui avoit reçu le gage de bataille pour fe battre contre lui; car comme il couroit à l'huis de la Baftille, il chut de fon cheval & eut le col percé, dont *moult fut lie le Roi; dont fe tournant vers Auftragifille, lui dit: Beaux Amis, foiez joieux, car Notre-Seigneur eft ton Champion, & ton ennemi ne te peut nuire.* Et cela étoit arrivé, dit-on, parce que Saint Auftragifille en faifant porter fes armes au champ de bataille, étoit allé faire fes Oraifons au Moutier Saint Marcel, & autres Eglifes: il avoit même donné son aumône à un pauvre, & prié le Seigneur qu'il le conseillât; & le fruit de cette sainte œuvre ne périt pas.

En différens tems de savans hommes, des Conciles, des Papes & des Rois s'élevèrent contre cette pernicieuse coutume. Cependant elle a duré long-tems. Elle n'a cessé qu'après des défenses de l'Eglise fort souvent réitérées, & lorsqu'au-lieu de recourir à cette Epreuve comme au Jugement de Dieu, on l'a vu dégénérer en une fureur encore plus condamnable, que toute l'autorité des Puissances les plus respectables a même aujourdhui beaucoup de peine à réprimer.

En plusieurs endroits, dit (a) le Pere *le Brun*, l'Epreuve des Duels qu'on appelloit le Jugement de Dieu, n'a cessé qu'en y substituant celle du Fer chaud & de l'Eau bouillante, qu'on nommoit aussi le Jugement de Dieu. Rien de plus commun depuis le sixiéme siécle jusqu'au treiziéme, que de voir prouver un fait & se justifier d'un crime par l'Epreuve du feu: d'où est venu cette façon de parler assez usitée, *j'en mettrois la main au feu*. Il est évident que cet usage venoit des Païens. En effet nous voions dans les anciens Auteurs, que ces épreuves étoient connues aux Grecs & aux Romains. Il en est fait mention dans (b) Diodore de Sicile, dans (c) Pline, dans (d) la vie d'Appollonius de Thyane par Philostrate, &c. & Strabon (e) parle d'un lieu assez voisin de Rome, où l'Epreuve du feu se faisoit souvent. Voions l'origine de ces Epreuves parmi les Chrétiens, les Cérémonies dont elles étoient accompagnées, & le tems auquel en les a fait cesser.

La premiére Epreuve autentique de cette espéce que l'on trouve parmi les Chrétiens, est rapportée par Grégoire de Tours (f) au sujet de Saint Simplice, Evêque d'Autun. Ce Saint qui vivoit au quatriéme siécle avoit été fait Evêque étant marié. Sa femme qui étoit très-chaste, ne put se résoudre à quitter son époux, quoiqu'Evêque. Elle coucha toujours dans la même chambre: le Peuple en murmura, & accusa le Saint d'user du mariage. Mais l'Epouse entendant murmurer le Peuple sur ce point le jour de Noël, se fit apporter du feu, & l'aiant tenu dans ses habits pendant près d'une heure, le mit ensuite dans ceux de l'Evêque, en lui disant; Recevez ce feu qui ne vous brulera point, afin qu'on voie que le feu de la concupiscence n'agit pas plus sur nous, que ces charbons agissent sur nos habits. (g) Au commencement du cinquiéme siécle, Saint Brice, Evêque de Tours & successeur de Saint Martin, usa d'une pareille Epreuve pour se purger d'un crime qu'on lui imputoit.

Dans la suite ces épreuves devinrent encore plus fréquentes. On les emploia pour découvrir les Hérétiques & les hérésies; & ces expériences atant quelquefois réussi pour prouver la vraie foi, elles donnérent lieu de croire qu'on pourroit de même éprouver les Reliques. Un Concile de Saragosse tenu en 592. ordonna qu'on n'honoreroit que celles que le Feu auroit respectées.

Les merveilles qui se débitoient au sujet de ces épreuves, furent peut-être cause que les François Chrétiens ne furent point surpris de trouver dans les Loix des Frisons, des Ripuariens, & des autres Peuples qu'ils avoient assujettis, qu'on examinoit par ces épreuves les personnes accusées de crimes. Dans une addition (b) que les Rois *Childebert* & *Clotaire* firent en 593. à la Loi Salique, il est dit, qu'un homme accusé de vol en sera jugé coupable, s'il se brule à l'épreuve du feu. En 630. sous le Roi *Dagobert*, après la Préface qu'on mit à la tête des Loix des Allemans, des Bavarois & des Ripuariens, où il est dit qu'on réforme ces Loix, autant qu'il est possible, sur celles du Christianisme, on reçoit (i) la Loi des Ripuariens qui porte, que si quelqu'un est cité devant un Juge pour répondre de la faute de son serviteur, il sera jugé coupable, si la main de son serviteur est endommagée par le feu.

Au huitiéme siécle, les Lombards dont les Loix avoient été mises par écrit au septiéme, vaincus par Charlemagne, répandirent de nouveau ces usages, qui devinrent fort communs au commencement du neuviéme. *Charlemagne* voulut qu'on y ajoutât foi. Louis *le Débonnaire* entra dans les mêmes sentimens que son pere; car en 819. il ordonna, que le serviteur qui examiné par l'eau bouillante se bruleroit, seroit mis à mort.

On

(a) *Hist. Crit. des Prat. Superst.* Tom. II. L. 3. C. 3.
(b) Liv. 2.
(c) Liv. 7. Ch. 2.
(d) Liv. 1.
(e) Liv. 5.
(f) *De Gler. Confess.* Cap. 76.
(g) Idem. *Hist. Franc.* L. 2. Cap. 1.
(h) *Capitul.* Tom. I. p. 15.
(i) *Ibid.* p. 34.

On sait l'éclat que fit en 860, l'affaire de la Reine Thietberge femme du Roi *Lothaire*, qui étant accusée par le Prince son époux d'un horrible inceste avec son frere, (*a*) prouva son innocence par un homme qui fit pour elle l'épreuve de l'eau bouillante sans se bruler. Enfin en 876. Louis *le Germanique* étant mort, & aiant laissé la Germanie à *Louis* son second fils, Charle *le Chauve* qui crut que son frere n'avoit pu en disposer, voulut s'en emparer. Louis tâcha de gagner son oncle; & ne pouvant y réussir, il prouva son droit par l'épreuve de trente hommes, dont dix firent celle de l'eau froide, dix celles de l'eau chaude, & les dix autres tinrent un fer rouge sans se bruler. On ne se rendit pas à cette expérience: cependant il paroit (*b*) qu'elle fut approuvée, comme on le voit dans les Annales de S. Bertin. D'autres anciennes Annales (*c*) ajoutent que le Ciel parut approuver le même droit; car l'armée de Charles le Chauve, quoique de beaucoup supérieure en force & en nombre, fut saisie d'effroi en la présence de celle de Louis. Nuls éperons ne purent faire avancer les chevaux; & l'Historien semble faire entendre, qu'il arriva à cette armée ce qui étoit autrefois arrivé à celle de Sennacherib.

Depuis cette époque toutes ces épreuves devinrent encore plus communes, parce qu'il y eut moins d'Auteurs habiles qui en fissent sentir les inconvéniens. Nous ne finirions point, s'il falloit rapporter toutes celles qu'on trouve dans les Historiens jusqu'au milieu du treizieme siécle. Il suffit que nous marquions en peu de mots la maniere dont se faisoient ces épreuves.

(*d*) L'épreuve de l'eau chaude se faisoit simplement, en plongeant le bras dans une chaudiere pleine d'eau bouillante, pour y prendre un anneau, un clou, ou une pierre qu'on y suspendoit. Il y avoit des causes pour lesquelles on enfonçoit la main jusqu'au poignet, d'autres jusqu'au coude; il est même dit dans les formules de S. Dunstan, qu'on enfonçoit quelquefois la pierre jusqu'à la hauteur d'une aulne. Les Roturiers faisoient l'expérience par eux-mêmes, & les personnes qualifiées pouvoient la faire faire par d'autres. Ceux qui se bruloient étoient jugés coupables, & ceux qui étoient préservés, déclarés innocens.

L'épreuve du fer chaud qu'on appelloit le jugement du feu, se faisoit en diverses manieres. Quelquefois on prenoit à la main un fer rouge, ou plusieurs successivement, qu'on portoit à une certaine distance. Le fer étoit ordinairement semblable à un soc de charue, & s'appelloit pour ce sujet *Vomer*. La seconde maniere étoit de marcher sur ces fers rouges, aiant les pieds & les jambes nues jusqu'au genou. On préparoit quelquefois six de ces fers tantôt neuf, tantôt douze, selon la grandeur du crime imputé. Enfin on se servoit aussi (*e*) d'une espéce de gand de fer rouge, qui alloit jusqu'au coude.

A mesure que ces épreuves devinrent plus fréquentes, on les accompagna de beaucoup de Cérémonies. Au dixiéme & onziéme siécles il y avoit des Abaïes, qui regardoient comme un droit singulier celui qu'elles s'attribuoient de benir le feu, & de conserver les fers & les chaudieres destinés à ces usages. On ne faisoit alors ces expériences qu'après la Messe, & avec des bénédictions & des Exorcismes qu'on trouve (*f*) dans les formules de Marculse & de S. Dunstan. Ces épreuves devoient être faites ordinairement devant l'Official de l'Evêque, accompagné du Clergé, & en présence des Officiers de la justice séculiere, afin qu'il n'y eût point de méprise, & qu'on connût exactement ceux que Dieu déclaroit innocens ou coupables. On obligeoit ceux qui s'y soumettoient à se laver d'abord les mains, le bras ou les pieds avec de l'eau fraîche, de peur qu'on ne les eût frottés de quelque herbe, ou de quelque onguent capable d'arrêter la violence du feu ou du fer embrasé. Le Prêtre jettoit de l'eau bénite sur eux; leur faisoit baiser le saint Evangile, & leur donnoit la bénédiction. Enfin après l'épreuve on enveloppoit la main, le bras ou le pied avec lequel on avoit touché le feu dans un linge, sous le scéllé du Juge, qui ne devoit être levé qu'au bout de trois jours.

On voit après ce tems des exemples fort mémorables de ces sortes d'épreuves, dont le succès étoit admiré du vulgaire. Cependant les merveilles étonnantes qu'on en publioit, ne pouvoient les faire approuver aux personnes éclairées. On en revint enfin.

A la

(*a*) *Apud* Hincmar. *de Div. Loth. & Thiet.*
(*b*) *Duchesne*, Tom. III. p. 249.
(*c*) *Ann. Franc. Baron* 876. Num. 28.
(*d*) *Capitul.* Tom. II. p. 654.
(*e*) *Hist. Danic.* Lib. 10.
(*f*) *Capitul.* Tom. II.

A la fin du XI. siècle Yve de Chartres écrivit plusieurs Lettres (a) contre ces usages. Les Papes *Etienne* V. *Célestin* III. *Innocent* III. *Honorius* III. les condamnèrent. En même tems les Théologiens convinrent qu'on y tentoit Dieu; & tout le monde en parut enfin persuadé.

Cependant vers la fin du quinzième siècle l'usage de ces épreuves sembla vouloir se renouveller à Florence. En voici l'occasion. Jérôme *Savonarole*, Dominicain célébre, & Vicaire Général de la Congrégation de S. Marc, avoit étonné un grand nombre de personnes par la sévérité de ses discours, par la vivacité avec laquelle il préchoit la nécessité de la réformation de tout le Clergé, & sur-tout par des prédictions qu'il faisoit de tems en tems. Le Pape *Alexandre* VI. le censura au mois de Mai 1497. principalement à cause de ses Prophéties; & s'adoucissant ensuite sur des lettres de quelques Magistrats de Florence, il lui défendit seulement de prêcher. Peu de tems après il parut une excommunication en forme contre *Savonarole*. Pendant tout le tems que celui-ci n'osa prêcher, il substitua en sa place un Religieux de son Ordre, nommé Dominique *de Pescia*, qui prit assez le caractère véhément & le stile prophétique de Savonarole, & qui prêcha publiquement que l'excommunication lancée contre ce Docteur étoit nulle. Un Religieux des Freres Mineurs, appellé (b) le P. *François de la Pouille*, prêcha vigoureusement au contraire que l'excommunication étoit valide.

Si l'on en croit Pic de la Mirande, Auteur de la vie de *Savonarole*, le Dominicain s'offrit à prouver la vérité de ses propositions par le feu. D'autres Ecrivains contemporains tels que Nardi, l'Ammirato & Pérulin, font entendre que le Franciscain fut le prémier à demander cette épreuve. Quoiqu'il en soit, ils convinrent qu'on en viendroit à cette expérience, & furent cités devant la Seigneurie. Là, après plusieurs disputes, le Cordelier ne voulant entrer dans le feu qu'avec le P. *Savonarole*, on dressa un Acte (c) le 6 Mars 1498. dans lequel il fut arrêté, que le P. Dominique *de Pescia* entreroit dans un feu duquel il prétendoit sortir sain & sauf, pour soutenir la cause de Savonarole; & qu'en même tems un Frere Mineur présenté par le P. François de la Pouille y entreroit aussi, assurant qu'il s'y bruleroit avec le Dominicain pour détromper le Peuple.

Cet Acte étant devenu public donna lieu à plusieurs disputes pour & contre, qui engagérent les Magistrats de Florence à consulter Rome sur ce point. Le Pape *Alexandre* VI. assembla le Consistoire, où il fut déclaré que ces sortes d'épreuves ne pouvoient être permises. Mais cette décision vint trop tard. Le prémier d'Avril à l'issue d'un sermon pathétique du Dominicain, tous les Religieux & les Associés du Couvent de S. Marc, & un grand nombre de Citoiens dirent hautement, qu'ils étoient prêts d'entrer dans le feu: quelques-uns même s'y engagérent par écrit. Deux ou trois Cordeliers s'obligérent aussi par écrit à la même épreuve; & le Peuple étant impatient de voir lequel d'entre eux se bruleroit, la Seigneurie sans attendre la réponse de Rome, ordonna que l'expérience seroit faite le Samedi suivant, 6 d'Avril, veille du Dimanche des Rameaux, à une heure après midi. Cette nouvelle se répandit de toutes parts, & l'on prépara un bucher d'une dimension étonnante dans la grande Place de Florence, où un monde infini de la Ville & de tous les lieux voisins se rendit, ensorte qu'il fallut mettre beaucoup de Troupes sous les armes, pour garder les avenues & empêcher le tumulte.

Le jour venu, quatre Huissiers de la Seigneurie allèrent annoncer l'heure aux principaux Acteurs du spectacle. Le Cordelier se rendit à la Place sans Cérémonie: mais Savonarole & le Pere Dominique qui avoient passé tout le matin à chanter solemnellement l'Office & la Messe, sortirent de l'Eglise en Procession, suivis d'un très grand monde. Le P. Dominique qui devoit entrer dans le feu aiant un Crucifix à la main, marchoit entre un Diacre & un Soudiacre; & le P. Savonarole portoit le S. Sacrement. Dès qu'ils furent arrivés à la Place, le Franciscain François de la Pouille désapprouvant ce grand appareil, demanda que le P. Dominique n'entrât point dans le feu avec la Sainte Hostie, & voulut même qu'il changeât d'habits, de peur de quelque enchantement. Les habits furent changés; mais on ne rolâcha rien sur l'autre article; & la contestation ayant duré jusqu'au soir, le Peuple fort mécontent de ne voir entrer personne dans le feu, auroit fort maltraité le P. Savonarole & son Compagnon, si le respect dû au S. Sacrement & la crainte qu'excitoient les Soldats n'eussent été pour eux

une

(a) *Epist.* 74. 207. & 252.
(b) *Francisco da Puglia.*
(c) On peut voir cet Acte dans les additions à la vie de Savonarole, imprimées en 1674.

une sauvegarde, qui les mit à couvert de toute insulte jusqu'au Couvent de S. Marc. Ils ne furent pas si heureux le lendemain; car leurs ennemis & le peuple soulevé profitant de cette occasion, engagèrent la Seigneurie à les faire arrêter la nuit du Dimanche des Rameaux au Lundi. Leur Procès fut fait assez vite; & ils furent brûlés vifs le 23. de Mai suivant, dans la même Place où devoit se faire la célèbre épreuve.

(a) L'Epreuve de l'Eau froide, dit le P. *le Brun*, se faisoit en cette manière. On dépouilloit un homme entièrement: on lui lioit le pied droit avec la main gauche, & le pied gauche avec la main droite, de peur qu'il ne pût remuer; & le tenant par une corde, on le jettoit dans l'eau. S'il alloit au fond, comme doit y aller naturellement un homme ainsi lié, qui ne peut se donner aucun mouvement, il étoit reconnu innocent: mais s'il surnageoit sans pouvoir enfoncer, il étoit censé coupable.

Les anciennes Formules que M. *Baluze* a recueillies, & qu'il a fait imprimer dans le second Tome des Capitulaires de France, nous apprennent les Cérémonies de cette épreuve.

Prémièrement on disoit la Messe solemnellement pour les Accusés: on les exhortoit au nom de la Sainte Trinité & par les Reliques des Saints de ne point approcher de l'Autel, s'ils étoient coupables; on leur donnoit ensuite la Communion, en leur disant, que le Corps & le Sang de Jésus-Christ soient aujourd'hui *en épreuve pour vous, à la gloire de Dieu, & à l'édification de l'Eglise*. Après cela, on faisoit de l'Eau bénite, que le Prêtre portoit au lieu de l'épreuve. Il en faisoit boire à tous les Assistans qui étoient à genoux en prières, & sur-tout à celui qu'on alloit jetter dans l'Eau, en lui disant: Cette Eau-bénite vous soit en épreuve par Notre-Seigneur Jésus-Christ, qui est *le véritable & le juste Juge*.

Après cette première Cérémonie on dépouilloit l'Accusé, & on exorcisoit l'Eau dans laquelle il devoit être plongé. On l'adjuroit au nom de Dieu le Père Tout-puissant, Créateur des Eaux, par le nom ineffable de Jésus-Christ, qui avoit marché sur la Mer, qui se servoit de l'Eau pour en faire la matière du Baptême, qui avoit fait passer le Peuple d'Israël au travers de la Mer Rouge, &c. Enfin après avoir dit tout ce qu'on peut imaginer à la louange de l'Eau, on la prioit de ne point recevoir le coupable; mais de le rejetter *par la vertu* de Notre-Seigneur Jésus-Christ, afin que *tous les Fidéles vissent qu'il n'y a ni Crime ni Prestiges qui puissent résister à la vertu Divine, & qui ne soient découverts & manifestés par ce moien*.

On revenoit ensuite à l'Accusé. On lui faisoit de nouvelles adjurations au nom de Dieu, de la Sainte Trinité, des Anges, des vingt-quatre Anciens, du jour redoutable du Jugement dernier, de la Sainte-Vierge, des quatre Evangélistes, des Apôtres, des Saints Martyrs, &c. On lui faisoit baiser l'Evangile; on le lioit, comme nous l'avons dit; & après l'avoir arrosé d'eau bénite, on le jettoit à l'eau: mais & le coupable, & ceux qui le plongeoient devoient être à jeun. *Hincmar* dit (b) qu'on lioit celui qui devoit faire l'expérience, & qu'on le retenoit avec une corde pour deux raisons. La prémière, pour lui ôter tout moien d'user d'artifice: la seconde, pour pouvoir le tirer facilement de l'eau, si étant innocent, il enfonçoit. On faisoit souvent cette épreuve dans une rivière, & quelquefois aussi dans un tonneau plein d'eau. Car la manière dont on lioit celui qui devoit être plongé, le réduisoit à un si petit volume, qu'un tonneau de trois ou quatre pieds de diamètre pouvoit suffire pour l'expérience.

Il n'est pas ici question de discuter la vérité des faits qu'on allègue au sujet de cette épreuve, ni d'examiner si un homme, sur-tout lié de la manière dont nous l'avons dit, & jetté dans l'eau, peut surnager naturellement. Il s'agit seulement de rechercher l'origine de cet usage; & il paroît manifestement qu'il a été tiré des Païens. Pline dit (c) qu'en Scythie & ailleurs ceux qui fascinoient & donnoient la mort par un regard, ce qu'on appelleroit aujourd'hui des Sorciers, n'enfonçoient point dans l'eau. Au contraire chez les Celtes, selon St. Grégoire de Nazianze, on éprouvoit les enfans qui venoient de naître, en les mettant sur le Rhin couverts d'un bouclier. S'ils demeuroient fermes sur l'eau, ils étoient censés légitimes; & s'ils enfonçoient on n'en faisoit aucun cas. C'est de cette épreuve que Claudien a dit:

Et

(a) *Hist. Crit. des Prat. Superst.* Tom. II. L. 6. Chap. 1.
(b) *De Divort. Loth. & Thiet.*
(c) *Hist. Nat.* Liv. VII. Chap. 2.

Dd 2

Et quos naſcentes explorat gurgite Rhenus.

D'un autre côté, depuis un tems immémorial on a baigné à Touloufe les Blafphémateurs dans une cage de fer, qu'on tient toujours fufpendue fur la riviere, & qui s'éleve & s'abaiffe dans l'eau par le moien d'une bascule. Il y a plus d'un fiecle qu'on a étendu cette peine aux femmes de mauvaife vie. L'Exécuteur les promene par la Ville en chemife jusqu'au bas du Pont-neuf, où eft cette cage de fer dans laquelle il les fait entrer, & les plonge ainfi dans l'eau, dont elles ne peuvent éviter de boire quelques traits. Mais cela ne fe fait que pour les punir & leur donner de la confufion, & non pour connoître les crimes, ou découvrir quelque fait caché. Enfin on avoit toujours cru avec raifon dans le Chriftianifme, qu'il falloit un miracle pour préferver ceux qu'on jettoit dans l'eau, fans qu'il leur fut poffible de nager; & des perfonnes innocentes & pieufes implorant le fecours de Dieu, ont été préfervées des eaux où on les avoit jettées pour les noier.

Vers le neuvième fiecle on s'imagina au contraire fort fuperfticieufement, que les coupables de vol ou d'adultère, & généralement tous ceux qui avoient commis quelque injuftice, ne pourroient pas enfoncer dans l'eau. Quelques Auteurs anciens & nouveaux attribuent cette invention au Pape *Eugene* II. qui fut élevé fur le Trône de Saint Pierre à la fin de l'année 824. On pourroit juftifier ce Pape par plufieurs raifons, fur-tout en obfervant qu'il mourut en 827. & que cette même année on parloit de l'épreuve de l'eau froide, comme d'un ufage déja ancien. Quoiqu'il en foit, il eft certain qu'elle étoit fort commune dans ce neuvième fiecle. En 829. l'Empereur Louis *le Debonnaire* la défendit (a) abfolument. Cependant on y revint bientôt après; & fous Charles *le Chauve* on vit des difputes excitées fur ce point entre les Savans: tant il eft vrai que les perfonnes habiles fe laiffent quelquefois furprendre par les fuperftitions populaires. Ce qui les avoit trompées en trompa d'autres. Plufieurs furent entraînés ou par l'autorité de ceux qui approuvoient ces épreuves, ou par le bien qu'ils croioient y appercevoir. D'autres qui auroient pu en porter un jugement folide, aimoient mieux les regarder comme des illufions qui amufoient le Peuple, fans fe mettre en peine d'y remédier.

Il étoit indifférent de jetter dans l'eau les perfonnes qui devoient fe juftifier, ou de prendre un enfant pour faire l'épreuve. Le P. *Mabillon* rapporte (b) qu'en 1021. des perfonnes qui avoient ufurpé des biens appartenans à l'Abbaïe de St. Victor de Marfeille ne furent déterminées à les rendre, qu'après avoir vu qu'on enfant qu'on avoit mis dans l'eau pour prouver leur ufurpation, ne pouvoit enfoncer. Il fe trouvoit auffi des gens, qui examinoient leur confcience par l'épreuve de l'eau froide, & qui cherchoient par cette voie la decifion des cas de confcience. Les Parens du Pape *Leon* IX. examinérent par l'épreuve de l'eau froide, s'ils avoient paié entièrement les dixmes.

On continua donc encore au dixième, onzième & douzième fiecles les épreuves de l'eau froide, quoique fuperftitieufes. On les emploia même pour difcerner les Héretiques; & il paroit que St. Bernard ne desapprouvoit point qu'on en fît cet ufage. Enfin au treifième fiecle on en abolit abfolument la pratique. En 1215. le Concile de Latran défendit aux Eccléfiaftiques de faire ni bénédiction, ni aucun exorcifme pour ces épreuves; & *Durand*, Evêque de Mande, témoigne (c) qu'elles n'étoient plus en ufage de fon tems.

Mais on ne peut pas fe promettre que des pratiques qui ont une fois trouvé des Défenfeurs, ne fe renouvelleront pas dans la fuite, quelque foin qu'on ait pris de montrer qu'elles étoient fuperftitieufes. L'épreuve de l'eau froide recommença vers la fin du feizième fiecle en plufieurs endroits de l'Allemagne, non pas, comme autrefois, pour découvrir les Voleurs & les autres Criminels, mais uniquement pour connoître les Sorciers, & principalement les Sorcières. L'épreuve commença en Weftphalie vers l'an 1560. On s'y perfuada fortement que les Sorciers n'enfonçoient point dans l'eau; & plufieurs Juges approuvant ce prétendu fecret, le mirent en pratique, & condamnérent au feu un grand nombre de femmes, qui jettées dans l'eau, n'enfonçoient point. Cette pratique fut approuvée de quelques Savans & blâmée par d'autres: mais l'autorité de ceux-ci eut peu d'effet. Malgré les difficultés qu'on trouvoit à rendre

raifon

(a) *Conc.* Tom. VII. Col. 1587.
(b) *Ann. Bened.* Tom. VI. pag. 282.
(c) *Ration.* Lib. IV. Cap. 4. N. 10.

EPREUVE par l'EAU.

EPREUVE par la BAGUETTE.

Diverses EXPERIENCES par la BAGUETTE.

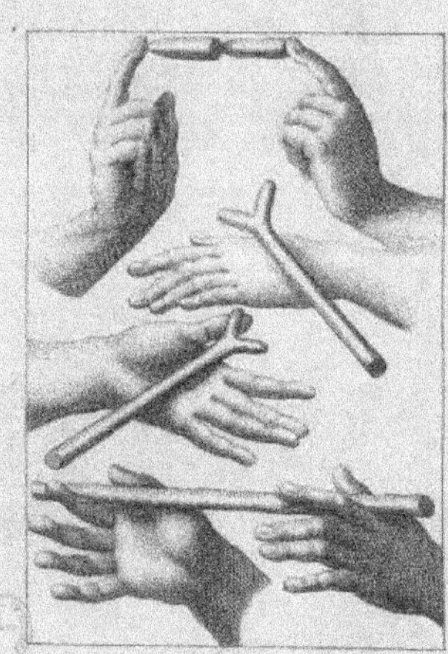

Diverses EXPERIENCES par la BAGUETTE.

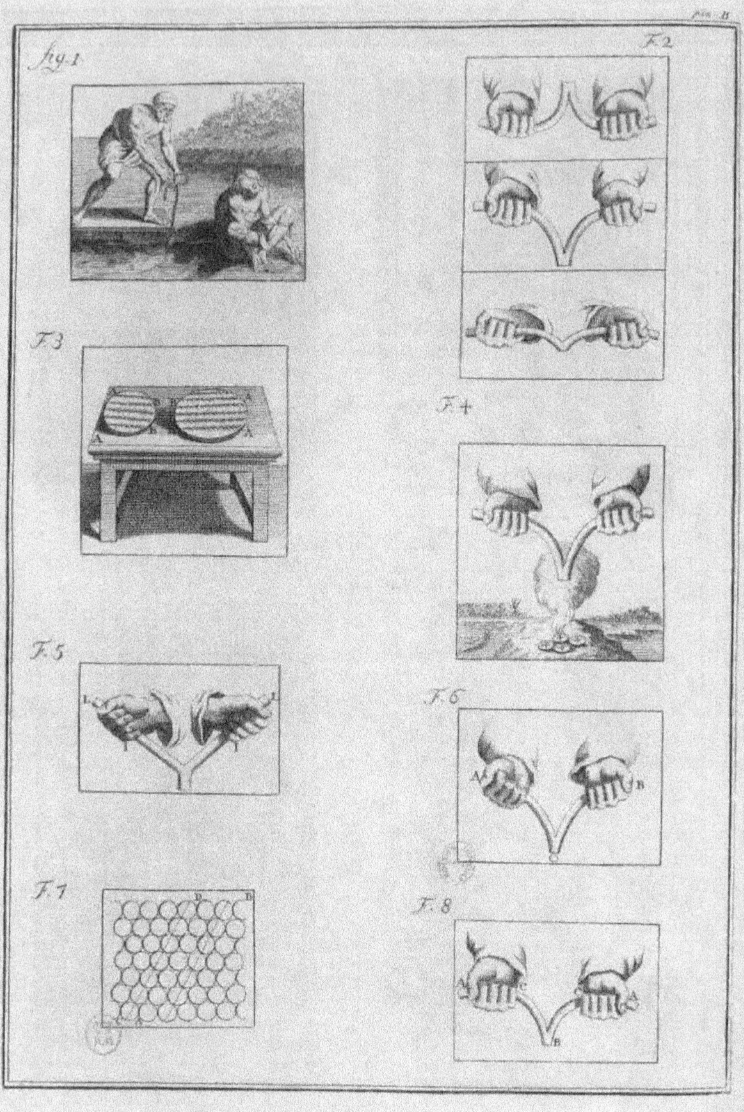
fig.1
F.2
F.3
F.4
F.5
F.6
F.7
F.8

Epreuve du Fer chaud.

Epreuve de l'Eau bouillante.

1.ᵉ Epreuve de l'Eau froide.

2.ᵉ Epreuve de l'Eau froide.

raison de l'expérience, elle devint fort commune en Allemagne, où il y avoit beaucoup de femmes soupçonnées de sorcellerie. Les Juges croyoient le crime certain dès qu'ils avoient réitéré l'épreuve trois fois, & que ces femmes jettées dans l'eau pieds & poings liés, avoient surnagé pendant un espace de tems considérable. Cette pratique subsistoit encore en Allemagne au commencement de ce siecle, puisque des Officiers François assuroient alors, qu'au Diocèse d'Osnabruc ils avoient vu plusieurs femmes subir l'épreuve de l'eau, surnager & encourir la peine du feu.

De l'Allemagne cet usage passa en France sur la fin du dernier siecle : & il devint si fréquent en Anjou, dans le Maine, la Champagne, &c. que le Parlement de Paris fut obligé de s'opposer à cette pratique superstitieuse. C'est ce qu'on voit par un Arrêt de la Tournelle du prémier Décembre 1601, dans lequel *sur les Conclusions de Maître Louis Servin, Avocat du Roi, est défendu à tous Juges de Champagne, & autres du ressort de la Cour, de plus faire d'épreuve par immersion en eau.* Cet Arrêt est joint au Plaidoier de M. Servin, où nous apprenons une particularité remarquable. C'est que les Juges faisoient raser par-tout le corps ceux qui devoient être jettés dans l'eau. C'est ce que demanda le Procureur Fiscal de Dinteville en Champagne le 15. Juin 1594. *Que les accusés mari & femme fussent tondus, & tous le poil qu'ils avoient sur eux rasé, ce fait eux conduits & menés en la riviere, pour y être jettés.* M. Servin montre savamment, que ces sortes d'épreuves n'ont été introduites que par erreur populaire ; qu'elles sont téméraires, pernicieuses & interdites aux Chrétiens.

Malgré les raisons de ce Savant Magistrat & les défenses du Parlement de Paris, l'épreuve n'a jamais cessé en plusieurs endroits de Bourgogne. C'est ce que nous voions par ce qui se passa le 5. Juin 1696. à Montigni le Roi à trois lieues d'Auxerre, où plusieurs personnes de ce lieu, hommes & femmes, accusées depuis long-tems de sortilège, s'offrirent elles-mêmes à être baignées publiquement, & subirent en effet l'épreuve dans la riviere de Senin, près de l'Abbaie de Pontigni, à la vue d'un grand nombre de personnes des lieux voisins, Curés, Religieux, Gentilshommes & autres. Deux des Accusés enfoncèrent dans l'eau : mais tous les autres surnagèrent comme du liége, ou selon l'expression du Notaire qui dressa un Procès-verbal de cette expérience, comme *des Gourdes*, quelques efforts qu'ils fissent pour enfoncer, & quoiqu'on les jettât à l'eau jusqu'à quatre & cinq fois.

Le P. *le Brun* ajoute (a) qu'en 1701. le Curé d'Heri, Paroisse voisine de Montigni le Roi, envoiant à Paris une copie de ce Procès-verbal, écrivoit que dans la Paroisse de Cheu, au Diocèse de Sens, plusieurs personnes de différent sexe, pour se justifier des reproches qu'on leur faisoit qu'ils étoient Sorciers, demandèrent d'être baignées publiquement : qu'on les lia à la maniere ordinaire ; qu'on les jetta dans un endroit profond de la riviere d'Armanson, assez près de S. Florentin ; & que ces malheureux eurent la confusion de demeurer toujours sur l'eau sans pouvoir enfoncer. Il ajoutoit, que l'épreuve s'étoit faite en présence de plus de huit cens personnes.

Cette Lettre, continue le P. *le Brun*, & une autre Relation plus détaillée nous apprennent une maniere singuliére dont on s'est avisé depuis plus de cent ans, de lier ceux qui subissoient cette épreuve. La posture est plus gênante que celle que nous avons exposée plus haut, & plus propre à faire enfoncer dans l'eau. On leur lie les coudes sous le jarret, & les mains avec les pieds, ensorte que le pouce de la main droite est lié au gros orteil du pied gauche, & le pouce de la main gauche au gros orteil du pied droit.

DISSERTATION

Concernant le Sacre & Couronnement des Rois.

NOUS finissons ce qui regarde les Catholiques par une de leurs Cérémonies les plus solemnelles & les plus augustes. Dans tous les tems, différens Peuples soumis au pouvoir Monarchique ont eu certaines Cérémonies d'appareil & d'éclat, dont ils ont affecté de se servir pour célébrer l'avénement de leurs Rois à la Couronne ; & ces Cérémonies quoique différentes, selon les mœurs, les loix & les coutumes de chaque Nation particuliére, ont toutes tendu au même but, qui est d'imprimer au Prince
un

(a) *Hist. Crit. des Prat. Superst.* Tom. II. Liv. 6. Chap. 4.

un Caractère sacré, qui soit la marque de sa grandeur & de son autorité sur ses Peuples, & qui lui en attire la vénération & le respect. C'est ainsi qu'après la mort de leur Roi, les anciens Perses menoient son successeur à Persepolis dans le Temple de Pallas, où il recevoit assis sur le Trône de Cyrus (a) les premiers hommages de ses sujets. On fait aussi que chez nos Ancêtres, à l'avénement des Rois à la Couronne (b) les premiers de l'Etat les élevoient sur un Pavois, ou large bouclier, & que les portant ainsi élevés sur leurs épaules, ils les promenoient par tout le Camp au bruit des acclamations de l'Armée.

Mais le Sacre ou l'Onction des Rois n'est pas seulement une Cérémonie de coutume ou d'usage introduite par les hommes : c'est un acte d'autant plus Saint & Religieux, qu'il est d'institution divine. L'Onction des Rois, dit (c) un Pere de l'Eglise, a commencé par l'Ordre de Dieu à Saül : elle a été continuée en David & en Salomon ; & les Rois de Juda & d'Israel ont tous été sacrés à leur exemple.

C'est donc chez le Peuple Juif, où l'Oint du Seigneur, le Roi des Rois étoit prophétisé & attendu, que se trouve l'origine du Sacre & de l'Onction des Rois. De-là depuis l'établissement du Christianisme, cette Cérémonie Religieuse a passé dans presque tous les Pays Chrétiens. Nous serions infinis, si nous voulions décrire les circonstances dont elle est accompagnée au Couronnement des Empereurs, des Rois d'Espagne, & de Portugal, de Dannemarck, de Suède, de Pologne, &c. Nous nous bornerons donc à donner une légere idée des Cérémonies qui accompagnent le Sacre & couronnement des Rois d'Angleterre ; après quoi nous décrirons plus au long celles du Sacre des Rois de France.

Les Auteurs les plus anciens qui ont écrit l'Histoire d'Angleterre, ne marquent point que les Rois y aient été sacrés avant *Ergar*, ou *Edgar*, qui reçut l'onction Sainte des mains de l'Archevêque de Cantorberi en 959. Depuis ce tems-là tous les Rois d'Angleterre ont été sacrés en Cérémonie. Voici celles qui s'observerent au Sacre de la Reine Anne.

Cette Princesse fut sacrée & couronnée Reine de la Grande-Bretagne & d'Irlande en 1702. le jour de St. George Patron d'Angleterre. La Cérémonie s'en fit dans l'Eglise de Westminster par l'Archevêque de Cantorberi.

Le jour du Sacre, la Reine partit de grand matin du Palais de S. James, & traversa le Parc pour se rendre à l'Eglise, au bruit des Tymbalies & des Trompettes. Les femmes des Barons d'Angleterre ouvroient la marche. Les Vicomtesses venoient après elles suivies des Comtesses, des Marquises & des Duchesses, toutes coeffées & habillées à la Romaine, avec des corps de robes & de longs manteaux attachés sur les épaules avec des agraffes de Diamans. Toutes ces Dames étoient parées d'un grand nombre de pierreries, & portoient à la main des couronnes enrichies de perles & de Diamans, plus ou moins grandes, selon le rang qu'elles tenoient. Apres cette brillante Cour marchoient les Vicomtes, les Barons, les Comtes, les Marquis & les Ducs, habillés aussi à la maniere ancienne, & portant leurs Couronnes à la main. Deux Seigneurs représentant les Ducs de Normandie & d'Aquitaine (d) fermoient la marche. Ils avoient des chapeaux couverts d'un tissu d'or imitant la paille. Le Prince George de Dannemarck, Epoux de la Reine, marchoit seul immédiatement devant elle.

Cette Princesse étoit dans ses habits Roiaux ; & trois Demoiselles des prémieres du Roiaume portoient la queue de son manteau. En cet état elle arriva à l'Eglise, & alla se placer dans le Chœur sous un Pavillon dressé pour cette Cérémonie. Elle y entendit le Sermon de l'Archevêque d'Yorck, qui précha sur ces paroles : *Il leur donnera des Princes pour nouriciers, & des Princesses pour nourices.* Ensuite la Reine communiz, & fit le Serment accoutumé, promettant de défendre l'Eglise selon la forme ordonnée par Edouard VI. de rendre la justice, & de maintenir les Loix du Roiaume ; après quoi elle reçut l'Onction de la main de l'Archevêque de Cantorberi, qui la couronna

(a) *Polistrate* dit que ce trône étoit dressé sous une voute de Saphir, représentant le Ciel avec ses Astres, & que cette voute étoit soutenue par des colomnes d'or enrichies de pierres précieuses. V. aussi *Quinte Curce.* Liv. IV.
(b) *Tacite. Hist.* Liv. IV. *Faites Grégoire de Tours,* &c.
(c) St. Augoft. *in Psalm.* 104. & 44.
(d) Il n'y a qu'en France & en Angleterre, où l'on parle de la présence des Pairs au Sacre des Rois. L'Angleterre a adopté ces dignités pour la Normandie & l'Aquitaine, parce qu'autrefois elle a possédé de ces deux Provinces.

ronna Reine de la Grande Bretagne, de France & d'Irlande. L'Eglise retentit alors des acclamations du Peuple, qui marquoit sa joie par des cris de *House*. Après cette Cérémonie, la Reine sortit avec la Couronne Impériale sur sa tête, portant le Globe d'une main, & de l'autre tenant le Sceptre. Toutes les Dames qui la précédoient avoient aussi mis leurs couronnes. La Reine alla de-là s'asseoir dans la Chaire d'*Edouard* (a) après quoi elle entra dans une grande salle, où le Festin Roial étoit préparé. Il étoit sept heures du soir, lorsqu'elle se mit à table.

Pendant le repas, le Champion parut à cheval, suivant la coutume, armé de pied en cap; & après avoir jetté un de ses gantelets par terre, il fit le défi, en disant: *Si quelqu'un prétend qu'Anne Stuart ne soit pas la Reine légitime de la Grande Bretagne, qu'il ramasse ce gantelet, & il aura affaire à moi.* Personne n'aiant accepté le défi, le Champion fit plusieurs caracolles; & la Reine but à sa santé dans une coupe d'or, qu'elle lui présenta ensuite à demi pleine de vin, & qu'il mit dans sa poche après l'avoir vuidée. Le repas étant fini, la Reine alla prendre Séance au Parlement, d'où elle retourna au Palais dans le même ordre qu'elle en étoit venue.

En 1714. après la mort de la Reine Anne, George I. Electeur d'Hanovre, fut couronné Roi d'Angleterre avec les mêmes cérémonies. Les Jouraux Historiques disent que la Couronne qu'il avoit fait faire, & qui servit à son Sacre, coutoit un million.

Nous pourrions faire ici de longues & belles Dissertations sur l'origine de la Sainte Ampoule, qu'on dit avoir été apportée du Ciel par un Ange; sur celle du Sacre de nos Rois, que quelques-uns font remonter jusqu'à *Clovis* en 496. & que d'autres croient n'avoir commencé qu'à Pepin en 751. ou 754. sur le lieu où doit se faire le Sacre, &c. La matière est ample; mais nous la laissons aux Savans, & nous nous contentons d'observer, qu'ordinairement nos Rois se font sacrer à Reims par les mains de l'Archévêque de cette Ville.

Anciennement le Roi aiant arrêté le jour de son Sacre, le faisoit publier dans tous les Parlemens du Roiaume. S. M. envoioit aussi (b) des Lettres circulaires à tous les Gouverneurs de Province, afin que tous les Officiers nécessaires pour la pompe de cette cérémonie, la marche, la suite & la garde du Roi se rangeassent à leur devoir. Mais depuis le Sacre de *Henri* III. ces publications & invitations sont abrogées. Le Roi se contente d'avertir par une Lettre l'Archevêque de Reims de se trouver auprès de sa personne au jour marqué; & par une autre adressée aux Magistrats de cette Ville, il est ordonné aux Habitans de se disposer à recevoir Sa Majesté.

Pendant que cette Ville fait tous ses efforts pour orner ses rues, enrichir ses Portes qu'elle change en Arcs de Triomphes, le Grand Maitre des Cérémonies, suivant les ordres qu'il a reçus du Roi, marque les lieux où S. M. doit être reçue, fait dresser le Trône, & préparer l'Eglise pour le jour du Sacre. On pare des plus beaux meubles de la Couronne le Palais Archiépiscopal, où le Roi doit loger. On fait apporter du Trésor de S. Denis les Ornemens Roiaux. En un mot tous les Officiers de la Garde, de la Chambre, de la Garderobe, des Ecuries & de la Bouche du Roi donnent les ordres nécessaires, pour que pendant cette Fête rien ne manque à la sûreté, à la commodité, à la pompe & à l'abondance.

Le Roi fait toujours son entrée à Reims trois ou quatre jours avant celui du Sacre. Anciennement la coutume étoit qu'environ à un quart de lieue de cette Ville nos Rois quittassent leur carosse, & montassent sur un cheval blanc richement enharnaché, pour faire leur entrée; ce qui ne se pratiqua point aux Sacres de Louis XIV. & de Louis XV. qui traversèrent la Ville dans leurs carosses. A la porte de Reims le Gouverneur & le Lieutenant Général de la Province, à la tête du Corps de Ville, en présentent les Clefs à S. M. Aux anciens Sacres (c) cette Cérémonie se faisoit par une jeune fille vêtue d'habits très riches, qu'on appelloit *la Pucelle*. Cette porte par où le Roi fait son entrée, est toujours parée de festons, d'emblèmes, & d'inscriptions convenables à la cérémonie & à la joie publique.

Lorsque le Roi fait son entrée à cheval, au prémier pas qu'il fait dans la Ville, il y est reçu sous un riche dais porté par quatre des plus notables Habitans. Voici l'ordre qui s'observa à l'entrée de Louis XV.

Les détachemens des deux Compagnies des Mousquetaires qui avoient accompagné le Roi pendant le voiage, ouvroient la marche. Ils étoient suivis d'un Carosse du

Duc

(a) Dit le *Vieil*, qui monta sur le Trône d'Angleterre l'an 900.
(b) V. *Marlot* dans son *Théatre d'honneur*, & *Godefroi* dans son *Cérémonial*.
(c) Voiez *Godefroi* & *Marlot*.

Duc de Chartres, de deux autres du Duc d'Orléans, d'un Carosse du Roi, du Vol du Cabinet, & d'un autre Carosse de S. M. dans lequel étoit le Prince Charle de Lorraine Grand Ecuier, le Prince de Turenne Grand Chambellan, le Duc de Gêvre premier Gentilhomme de la Chambre, & les principaux Officiers de la Maison de S. M. On voioit ensuite les Pages de la Grande & de la petite Ecurie, & après eux le Roi dans son magnifique Carosse, accompagné des Ducs d'Orléans, de Chartres & de Bourbon, du Comte de Clermont, du Prince de Conti, & du Duc de Charôt Gouverneur de S. M. Le Prince de Rohan Gouverneur de Champagne, & le Marquis de Grandpré Lieutenant Général de la Province marchoient à cheval devant le Carosse; & à la Portière, du côté du Roi, étoit à cheval le Duc d'Harcourt Capitaine des Gardes en quartier. Autour du Carosse de S. M. marchoient vingt quatre Valets de pied. Le Guet des Gardes du Corps, les Grenadiers à cheval, les quatre Compagnies des Gardes du Corps, les deux Compagnies des Mousquetaires, les Chevaux Légers suivoient le Carosse du Roi; & les Gendarmes de la Garde fermoient la marche.

Ce fut avec ce magnifique cortége, que le Roi traversa la grande rue du Faubourg de Vesle, bordée des deux côtés des Régimens des Gardes Françoises & Suisses rangés en haie depuis la Porte de Vesle jusqu'à l'Eglise Métropolitaine. La S. M. étant descendue de Carosse, fut reçue à la porte de l'Eglise par l'Archevêque Duc de Reims à la tête de son Chapitre, dont tous les Chanoines étoient en chapes de drap d'or, & assisté des Evêques de Soissons, de Chalons, de Laon, de Senlis, de Beauvais, d'Amiens & de Noïon ses suffragans, tous revêtus Pontificalement.

Le Roi se mit à genoux à la porte de l'Eglise, sur un riche carreau qui lui étoit préparé. Il y fit une courte prière; reçut l'Eau-bénite qui lui fut présentée par l'Archevêque de Reims; baisa le Livre des Evangiles porté par un Chanoine en habit de Diacre; se leva, & reçut debout le compliment de l'Archevêque. Ensuite le Chantre entonna le Répons *Ecce ego mitto*, &c. & pendant qu'il fut continué par la Musique, le Clergé rentra en ordre de Procession dans le Chœur; & le Roi marchant le dernier après les Prélats, fut conduit sur un Prie-Dieu dressé sous un dais au milieu du Chœur, devant le grand Autel, où S. M. assista au *Te Deum* chanté par la Musique & l'Orgue, au bruit d'une salve générale de Canons & de la Mousqueterie, & des acclamations de tout le Peuple.

Pendant le *Te Deum*, un Chanoine conduit par le Maître des Cérémonies apporta de la Sacristie un magnifique Soleil d'Argent doré, du poids de cent vingt cinq marcs, dont le Roi faisoit présent (*a*), suivant la coutume, à l'Eglise de Reims. Il étoit couvert d'une Tavaiole brodée d'or. Le Duc d'Orléans l'aiant reçu des mains du Duc de Villequier, premier Gentilhomme de la Chambre, à qui le Chanoine l'avoit remis, le présenta à S. M. qui le posa sur l'Autel.

Le *Te Deum* étant fini, l'Archevêque de Reims, après quelques prières, donna la Bénédiction, après laquelle le Roi se retira au Palais Archiépiscopal, qu'il trouva paré, comme nous l'avons dit, des plus beaux meubles de la Couronne. S. M. y reçut aussitôt après les très-humbles respects du Chapitre de Reims. Le Corps de Ville apporta aussi au Roi les présens ordinaires; & S. M. fut aussi complimentée le même jour par l'Université, le Présidial & l'Election de Reims.

(*b*) L'Eglise depuis les hautes Galleries jusqu'au bas, tant dans le Chœur, que dans la Nef & les deux ailes, est tendue des plus riches tapisseries de la Couronne. Le marche-pied de l'Autel & tout le pavé du Chœur sont couverts des plus beaux tapis de Turquie; & le grand Autel est paré des magnifiques ornemens, dont le Roi fait présent à l'Eglise (*c*) la veille de son Sacre. Sur le même Autel est posée une riche Chapelle d'or massif toute couverte de Diamans & de pierreries, laquelle appartient à la Couronne, & s'apporte exprès du Gardemeuble du Roi où elle est conservée. C'est celle qui fut donnée au Roi Louis XIII. par le Cardinal de Richelieu.

Au pied de l'Autel, & en face du Chœur, est posée la Chaire qui doit servir à l'Archevêque de Reims dans la Cérémonie, couverte comme tous les autres bancs ou siéges dont nous parlerons, de velours violet semé de fleurs de lys d'or. Vis-à-vis, & environ à huit pieds de distance, est dressée une estrade de huit pieds en quarré & d'un pied de haut, couverte d'un tapis; & sur cette estrade un Prie-Dieu couvert aussi d'un tapis,

(*a*) *Louis* XIII. offrit le Chef de S. Louis porté par deux Anges, du poids de 64 marcs d'argent. *Louis* XIV. donna le Chef de S. Remi porté par deux Anges, du poids de cent marcs d'argent doré.
(*b*) Extrait de *Marlot*, & du *Cérémonial de France* par *Godefroi*.
(*c*) Les Ornemens donnés par le Roi *Louis* XV. étoient de drap d'argent galonné d'or, & chargé des Armes de France & de Navarre en broderie.

tapis, un fauteuil & deux carreaux, avec un dais fufpendu au deffus, le tout de pareille étoffe. C'eft-là ce qu'on appelle le petit Trône. Au milieu, entre le fauteuil de l'Archevêque & le Prie-Dieu, il y a un grand carreau de cinq quarts de long de la même étoffe, fur lequel le Roi doit fe profterner avec l'Archevêque de Reims, pendant qu'on chante la Litanie. Derriere, à cinq pieds du fauteuil du Roi, eft un fiége pour le Connétable, ou pour l'ancien Maréchal de France qui le repréfente; un autre, trois pieds plus loin, pour le Chancelier, ou pour le Garde des Sceaux; & plus en arriére un autre pour le Grand Maître de la Maifon du Roi, le Chambellan & le prémier Gentilhomme de la Chambre.

Au côté droit de l'Autel on place un banc pour les Pairs (a) Eccléfiaftiques. Derriere celui-là il y en a un autre pour les Cardinaux; plus loin deux autres pour les Prélats qui n'officient point: plus bas encore, au deffous des Pairs Eccléfiaftiques & des Prélats, font difpofés des bancs pour les Confeillers d'Etat, les Maîtres des Requêtes & les Sécretaires du Roi invités à la Cérémonie. Au-deffus du banc des Pairs Eccléfiaftiques, on en met un à côté de l'Autel pour les Evêques qui doivent chanter la Litanie; & derriére deux autres bancs pour les douze Diacres & Soudiacres Affiftans. Du même côté, à douze pieds de haut, eft dreffée une Tribune pour la Reine, ou pour les Princeffes qui doivent fe trouver à la Cérémonie du Sacre.

Vis-à-vis du banc des Pairs Eccléfiaftiques, & au côté gauche de l'Autel, eft un banc pour les Pairs Laïcs, derriére lefquels font placés les Maréchaux de France; plus bas les Sécretaires d'Etat, & plus bas encore, en arriére, les Officiers de la Maifon du Roi. De ce même côté on éleve un échafaut à douze pieds de haut, pour le Nonce du Pape & les Miniftres des Princes Etrangers invités au Sacre.

Les hautes Chaires du Chœur font refervées pour les Chanoines; excepté les quatre prémieres à droite, deftinées pour les quatre Chevaliers de l'Ordre qui doivent porter les Offrandes; & les quatre prémieres à gauche, refervées pour les quatre Barons qui doivent conduire la Sainte Ampoule.

Depuis l'entrée qui eft au milieu des Chaires des Chanoines, on dreffe de part & d'autre deux grands efcaliers de fix pieds de large montant au Jubé, aiant chacun cinquante marches, couverts d'un tapis de trois largeurs, deux de drap d'or, & celle du milieu de velours violet femé de fleurs de lys d'or. Au milieu du Jubé eft élevé le Trône fur une eftrade de trois marches de haut, de huit pieds de long & de cinq de large. Sur le devant de l'eftrade eft un Prie-Dieu, un fauteuil fur le derriere, & au-deffus un grand dais, le tout de velours violet femé de fleurs de lys d'or; enforte que le Roi étant dans ce Trône peut être vu également du Chœur & de la Nef. Au pied du Trône eft un fiége pour le Connétable, ou celui qui le répréfente. A la droite, fur la feconde marche du Trône, eft la place du grand Chambellan; & à gauche, fur la derniére marche, celle du prémier Gentilhomme de la Chambre. Sur un petit échafaut qui avance un peu dans le Chœur, & qui eft de plein pied avec le Jubé, eft un fiége à droite pour le Chancelier ou le Garde des Sceaux; & un autre à gauche pour le Grand Maître de la Maifon du Roi. Contre les baluftres du Jubé qui regardent la Nef, à la droite du Roi, eft un banc pour les Pairs Eccléfiaftiques; & un autre à gauche pour les Pairs Laïcs. Au bout du Jubé, à droite, on dreffe un Autel fur lequel un Aumônier du Roi doit dire une Meffe baffe, auffi-tôt que la grande Meffe eft commencée.

Depuis le Jubé jufqu'aux petites portes du Chœur, on éleve de part & d'autre au-deffus des Chaires des Chanoines des Galleries en amphithéatre pour les perfonnes de Condition; & derriére le grand Autel on dreffe un échafaut tenant toute la largeur de l'Eglife pour la Mufique du Roi.

Les Habits & Ornemens qui fervent au Sacre de nos Rois ont été dépofés par Saint Louis au Tréfor de l'Abbaïe de Saint Denis, où on les conferve, & d'où ils font apportés à Reims pour le Sacre par le Grand Prieur, le Tréforier & un des anciens Religieux de cette Abbaïe. Ces ornemens font:

1. *La grande Couronne Impériale* de Charlemagne. Elle eft d'or, enrichie de gros rubis, faphirs & émeraudes; & parce qu'elle eft trop grande & trop pefante pour être portée par nos Rois, qui ordinairement font facrés & couronnés affez jeunes, ils en font faire une autre proportionnée à leur âge & à leur taille, dont ils font préfent en-

---

(a) Ce fut au Sacre de Philippe *Augufte*, que les Pairs affiftérent pour la prémiere fois, faifant leurs fonctions de Pairs du Roiaume, ainfi qu'il avoit été réglé par Louis VII. en 1173.

ensuite au Tréfor de Saint Denys, ou à (a) quelqu'autre Eglise.

2. *L'Epée* de Charlemagne, appellée communément *la joieuse*, parce qu'elle ne sert que dans des jours de réjouissance. La poignée, la garde & le haut du foureau en sont d'or massif enrichi de pierreries. Le foureau est de velours violet garni de perles.

3. *Le Sceptre* aussi de Charlemagne. Il est de six pieds de haut, surmonté de la figure en relief de cet Empereur assis en une Chaire garnie de deux Lions & de deux Aigles. Charlemagne y est représenté portant le Sceptre d'une main, & le Globe de l'autre, avec la Couronne Impériale sur la tête, le tout d'or massif, émaillé & enrichi de perles.

4. *La Main de Justice* de Charlemagne. C'est une Verge d'or d'une coudée de haut, au bout de laquelle est la figure d'une main faite d'ivoire, aiant au quatrième doigt un anneau d'or enrichi d'un beau saphir. Sous la main est un cercle à feuillages garni de grenats, de saphirs & de perles: au milieu & au bout d'en bas sont encore des cercles & des feuillages pareils, enrichis de perles & de pierres précieuses.

5. *Les Eperons* sont aussi ceux de Charlemagne. Ils sont d'or émaillé d'azur, semés de Fleurs de lys & ornés de grenats. Les deux boucles sont aussi d'or à tête de Lion.

6. *L'Agraffe* servant à tenir le Manteau Roial est une losange d'or, garnie au dedans d'une Fleur de lys d'or, & enrichie de diamans, de perles & de pierreries.

7. *Le Livre* qui contient les prières du Sacre. Il est couvert d'argent doré, garni de perles & de pierreries. Ces sept Ornemens ne changent point, & servent à tous les Sacres de nos Rois.

A l'égard des autres Habits Roiaux, qui sont *les Bottines, la Tunique, la Dalmatique, le Manteau Roial*, ils ont été quelquefois de satin bleu, comme au Sacre de Henri II. Mais ordinairement ils sont de velours violet, doublé d'hermines & semé de Fleurs de lys d'or.

Ce jour-là le Roi suivi de toute sa Cour se rend après le dîner à l'Eglise Cathédrale, pour y assister aux prémières Vêpres du Sacre, qui y sont chantées par la Musique de S. M. & par celle du Chapitre. L'Archevêque de Reims y office pontificalement, & prend sa place à droite, dans la prémière Chaire du Chœur. A l'égard des autres, voici ce qui s'observa au Sacre de Louis XV.

Le Roi étoit placé sur son petit Trône, dressé dans le Chœur en face de l'Autel, aiant les Princes du Sang à sa droite, à sa gauche son Gouverneur, & les principaux Officiers de sa Maison autour de son fauteuil. Le Cardinal de Rohan Grand Aumônier étoit à la droite du Prie-Dieu, & les Cardinaux de Bissy, du Bois & de Polignac à la gauche. Les Prélats invités à la Cérémonie étoient placés proche de l'Autel à droite; & les places de l'autre côté étoient occupées par les Seigneurs de la Cour.

Après les Vêpres le Roi entend le Sermon (b) qui se fait sur la Cérémonie du Sacre. Ensuite S. M. retourne au Palais Archiépiscopal, où elle se prépare à la Cérémonie du jour suivant.

Si le Roi n'a pas encore reçu le Sacrement de Confirmation, il le reçoit le même jour, avant ou après les Vêpres, de la main de l'Archevêque de Reims; & il y est préfenté par un Prince & une Princesse du Sang, qui lui servent de Parrein & de Marreine, comme il se pratiqua au Sacre de Louis XIII.

Anciennement le Roi, & tous ceux qui devoient être faits Chevaliers le jour du Sacre passoient dans l'Eglise la nuit qui précédoit cette Cérémonie. C'est ce qu'en termes de Chevalerie on appelloit *la veille des Armes*. Froissart en parle en ces termes dans la vie (c) de Charles VI. *Et le Samedi ouît le Roi les Vêpres en l'Eglise de Notre-Dame de Reims; & veilla en l'Eglise, ainsi qu'usage en est, la greigneur partie de la nuit, & tous les enfans qui Chevaliers vouloient être avec lui.*

Le jour du Sacre, vers les cinq heures du matin, les quatre Barons ou Seigneurs nommés par le Roi pour conduire la Sainte Ampoule, partent du Palais Archiépiscopal, & se rendent (d) à l'Abbaïe de Saint Remi où elle est gardée. En même tems

l'Arche-

<hr>

(a) *Louis* XII. donna sa Couronne à la Sainte Hostie de Dijon. *Henri* IV *Louis* XIII. *Louis* XIV. & *Louis* XV. firent préfent des leurs à l'Abbaïe de S. Denis.

(b) Le P. Coton prêcha au Sacre de *Louis* XIII. L'Evêque de Dol à celui de *Louis* XIV. & celui d'Angers au Sacre de *Louis* XV.

(c) Tom. II. Ch. 60.

(d) Quelques-uns s'imaginent, que ces quatre Barons demeurent en ôtage à l'Abbaïe de St. Remi, jusqu'à ce qu'on y ait rapporté la sainte Ampoule; ce qui est faux. Ils sont destinés seulement à l'escorter.

LE SACRE DU ROY

l'Archevêque de Reims en rochet, aiant l'Etole & la Chape avec la Mitre & la Croſſe, aſſiſté de deux Chanoines en Chapes, ſe rend à la Cathédrale, précédé des Evêques Aſſiſtans, & de tout le Chapitre en Chapes de drap d'or. Des Evêques Aſſiſtans, deux ſont revêtus en Diacre & en Soudiacre, pour chanter l'Epitre & l'Evangile ; les autres qui doivent chanter les Litanies, ſont en Chapes & en Mitre.

L'Archevêque aiant ſalué l'Autel, va s'aſſeoir dans la Chaiſe qui lui eſt préparée devant le petit Trône, tandis que les Evêques & les Chanoines prennent leurs places dans les ſieges qui leur ſont deſtinés, comme nous l'avons dit, en parlant de la diſpoſition de l'Egliſe. En même tems arrivent les cinq Pairs (a) Eccléſiaſtiques en habits Pontificaux. Enſuite viennent les ſix Pairs (b) Laïes, revêtus de veſtes ou tuniques de toile d'or & d'argent & ſoie aurore, du Manteau Ducal d'écarlate violette doublée d'hermines, ouvert ſur l'épaule droite, & enrichi à l'ouverture de boutons de diamans, avec l'épitoge ou colet rond auſſi d'hermines mouchetées, & la Couronne Ducale dorée ſur un bonnet de ſatin violet. Les uns & les autres ſont conduits aux ſieges qui leur ſont prepayés, par le Grand-Maitre & le Maitre des Ceremonies, qui placent enſuite les Dames (c) & Princeſſes de la Cour, les (d) Miniſtres Etrangers accompagnés des Introducteurs des Ambaſſadeurs, les Cardinaux en Rochet & Chape de tabis rouge, les Archevêques & Evêques en Rochet & Camail violet, les quatre Chevaliers du Saint-Eſprit qui doivent porter les Offrandes, en grand Manteau de l'Ordre avec le grand Collier par-deſſus, le Surintendant ou Controlleur Général des Finances, les Secretaires & Conſeillers d'Etat, &c. ſelon l'ordre que nous avons décrit, en parlant de la diſpoſition de l'Egliſe.

Chacun aiant pris place, les ſix Pairs Laïes & les cinq Pairs Eccléſiaſtiques s'approchent de l'Archevêque de Reims, & députent de concert les Evêques de Laon & de Beauvais, à qui cette prerogative appartient, pour aller querir le Roi. Auſſi-tôt ces deux Prélats partent de l'Egliſe précedés de deux Clercs portant les Croix, des Habitues & Chanoines de l'Egliſe de Reims, du Chantre & Sous-Chantre avec la Muſique, du Grand-Maitre des Ceremonies, & de trois Enfans de Chœur en Chapes, dont l'un porte le bénitier, & les deux autres chacun un chandelier garni d'un cierge allumé. En cet ordre ces deux Evêques traverſent une grande gallerie dreſſée de plein pied depuis la porte de l'Egliſe juſqu'à la grande Salle de l'Archevêché ; & étant arrivés à la porte de la chambre du Roi qu'ils trouvent fermée, le Chantre y frappe avec ſon baton d'argent. Le Grand-Chambellan, ſans ouvrir, dit: *Que demandez-vous* ? L'Evêque de Laon répond: *le Roi*. Le Grand-Chambellan répart: *le Roi dort*. Le Chantre aiant frappé & l'Evêque demande le Roi une ſeconde fois, le Grand-Chambellan fait la même réponſe : à la troiſiéme fois l'Evêque de Laon répond : *Nous demandons N * * * que Dieu nous a donné pour Roi*. Alors la porte s'ouvre. Les deux Prélats précedés du Chantre, du Sous-Chantre & de l'Enfant de Chœur qui porte le bénitier, entrent dans la chambre de S. M. & s'approchent du lit ſur lequel le Roi eſt couché, vêtu d'une camiſole ou tunique de ſatin cramoiſi garnie d'or, & par-deſſus d'une longue robe de toile d'argent, avec une toque ou chapeau de velours noir garni d'un cordon de diamans, d'une plume, & d'une double aigrette blanche attachée avec une enſeigne de pierreries. L'Evêque de Laon préſente l'eau bénite au Roi, & dit une Oraiſon, apres laquelle les deux Prélats, l'un à droite & l'autre à gauche, ſoulevent le Roi de deſſus ſon lit, & le conduiſent à l'Egliſe par la même gallerie, pendant que le Clergé chante le Répons *Ecce ego mitto*, &c. entonné par le Chantre. Voici l'ordre de cette marche.

Le Grand-Prevôt de l'Hôtel à la tête de ſa Compagnie ouvre la marche. Il eſt ſuivi du Clergé, apres lequel viennent les Cent-Suiſſes de la Garde conduits par leur Capitaine vêtu de tabis blanc, aiant un manteau de drap noir doublé de toile d'argent.
Ce

(a) Ces Pairs ſont l'Evêque Duc de Laon, l'Evêque Duc de Langres, l'Evêque Comte de Beauvais, l'Evêque Comte de Châlons, l'Evêque Comte de Noion. L'Archevêque Duc de Reims fait le ſixiéme.

(b) Au Sacre de *Louis* XV. le Duc de Bourgogne étoit repréſenté par le Duc d'Orléans, le Duc de Normandie par le Duc de Chartre, le Duc d'Aquitaine par le Duc de Bourbon, le Comte de Toulouſe par le Comte de Charolois, le Comte de Flandres par le Comte de Clermont, & le Comte de Champagne par le Prince de Conti, tous Princes du Sang.

(c) Madame aſſiſta au Sacre de *Louis* XV. avec Madame la Ducheſſe de Lorraine, l'Infant Dom Emanuel frere du Roi de Portugal, & les Princes & Princeſſes de Lorraine, qui s'étoient rendus à Reims incognito.

(d) Le Nonce du Pape, avec les Ambaſſadeurs d'Eſpagne, de Sardaigne & de Malthe, ſe trouverent au Sacre de *Louis* XV.

Ff 2

Ce cortége eſt ſuivi des Hautbois, Trompettes & Tambours du Roi habillés de taffe-tas blanc. Enſuite paroiſſent les Hérauts d'Armes en habit de velours blanc, les chauſ-ſes trouſſées & les bas de ſoie de même couleur, avec la Cotte-d'armes par deſſus & la toque de velours blanc. Ils ſont ſuivis des cent Gentils-hommes au Bec de Corbin con-duits par leur Capitaine. Après eux marche le Grand-Maître des Cérémonies en pourpoint de toile d'argent, les chauſſes trouſſées, & les bas d'attache de ſoie, le ca-pot de drap noir doublé de toile d'argent & chamarré de galons d'argent, & la toque de velours blanc. Enſuite viennent les Chevaliers & Officiers de l'Ordre du Saint-Eſprit en habit de cérémonie, avec le Grand-Collier de l'Ordre ſur leur Manteau. Immédiatement devant le Roi marche le Connétable, ou (a) celui qui le repréſente, portant en main l'épée nue, vêtu de même que les Pairs Laïcs. Il a à ſes côtés les deux Huiſſiers de la Chambre du Roi vêtus de ſatin blanc, portant leurs Maſſes d'ar-gent doré.

Le Roi marche ſeul au milieu des deux Evêques députés; & un Seigneur de diſtinc-tion (b) tel qu'il plait à S. M. de le choiſir, porte la queue de ſa Robe. C'eſt lui qui dans la Cérémonie porte auſſi la queue du Manteau Roïal. Le Chancelier, ou le Gar-de des Sceaux faiſant les fonctions de Chancelier ſuit immédiatement le Roi, vêtu d'u-ne Soutane de ſatin cramoiſi, de ſon manteau & épitoge d'écarlate rouge, rebraſſé & fourré d'hermines, & aiant ſur la tête le Mortier de drap d'or bordé d'hermines. Il eſt ſuivi du Grand-Maître (c) de la Maiſon du Roi, tenant à la main ſon bâton de Commandement, aiant à la droite le Grand-Chambellan, & à ſa gauche le premier Gentilhomme de la Chambre en quartier. Le premier Capitaine des Gardes du Corps commandant la Garde Ecoſſoiſe tenant la droite, & le Capitaine des Gardes en quar-tier tenant la gauche, marchent derriere le Roi, ſuivis des ſix Gardes de la Manche vêtus de taffetas blanc, avec leurs Hoquetons de velours blanc brodés d'or & d'argent.

S. M. étant arrivée à la porte de l'Egliſe, le Clergé s'arrête à l'entrée de la Nef, pendant que l'Evêque de Beauvais chante une Oraiſon. Enſuite le Chantre entonne le Pſeaume *Domine in virtute tua lætabitur Rex*, &c. qui eſt continué par les Muſiciens en faux-bourdon, pendant que le Roi précedé du Clergé s'avance dans le Chœur au ſon de ſix Trompettes d'argent, qui marchent devant S. M. Le Roi eſt préſenté par les Evêques de Laon & de Beauvais à l'Archevêque de Reims, qui ſe levant de ſon ſiè-ge, tandis que S. M. ſe met à genoux devant lui, chante une Oraiſon, après laquelle le Roi eſt conduit par les deux Prélats ſur ſon petit Trône. Les Seigneurs qui l'ont ac-compagné, ſe placent auſſi ſuivant l'ordre que nous avons marqué, en parlant de la diſpoſition de l'Egliſe. L'Archevêque de Reims préſente enſuite l'Eau bénite au Roi & à toute l'Aſſemblée, & la Muſique chante le *Veni Creator*.

Après l'Hymne, le Chanoine ſemainier commence *Tierce*. Cependant la Sainte Am-poule arrive à la porte de l'Egliſe au bruit des tambours & des trompettes, toutes les rues par où elle paſſe étant ornées de tapiſſeries. Elle eſt portée par le Grand-Prieur de l'Abbaïe de St. Remi revêtu de l'Aube, de l'Etole, & d'une Chape de drap d'or; monté ſur un cheval blanc de l'écurie du Roi couvert d'une moire de toile d'argent, que deux Palefreniers de la grande Ecurie conduiſent par les rênes, ſous un daix auſſi de toile d'argent. Ce daix eſt porté par les quatre Barons de la ſainte Ampoule. Aux quatre coins marchent à cheval les quatre Seigneurs députés par le Roi, avec chacun ſon Ecuier devant ſon portant un Guidon de taffetas blanc, chargé d'un côté des Armes de France & de Navarre, & de l'autre de celles du Seigneur à qui il ap-partient.

L'Archevêque de Reims étant averti de l'arrivée de la Sainte Ampoule, part de l'Au-tel accompagné de ſes deux Evêques Aſſiſtans, & précedé de tout ſe Clergé de l'E-gliſe; & va à la porte la recevoir des mains du Grand-Prieur de St. Remi, à qui il promet en parole de Prélat de la remettre auſſi-tôt après le Sacre. Le Chantre enton-ne enſuite une Antienne, pendant laquelle le Clergé rentre dans le Chœur, & l'Ar-chevêque de Reims porte la Sainte Ampoule ſur l'Autel. Les quatre Seigneurs qui l'ont conduite ſe placent dans les quatre premieres hautes ſtales des Chanoines du côté gau-che,

---

(a) Au Sacre de *Louis* XV. ce fut le Maréchal Duc de Villars qui repréſenta le Connétable.
(b) Ce fut le Prince Charles de Lorraine, Grand-Ecuier de France, qui porta la queue du manteau de *Louis* XV. Le Prince Eugène de Savoie l'avoit portée au Sacre de *Louis* XIV.
(c) Au Sacre de *Louis* XV. le Prince de Rohan fit la Charge de Grand-Maître, à la place de M. le Duc de Bourbon qui, comme nous l'avons dit, repréſentoit un des Pairs Laïcs.

che , leurs Ecuiers tenant devant eux les Guidons de leurs Armoiries dans les basses ſalles.   Le Grand-Prieur de St. Remi , & le Treſorier de cette Abbaïe qui l'a accompagné , ſe rendent au côté droit de l'Autel , pour y préparer la Sainte Ampoule. Vis-à-vis d'eux , à gauche , ſont placés les Religieux de Saint Denys , qui doivent diſpoſer ſur l'Autel les Habits & Ornemens Roïaux.

Cependant le Chanoine ſemainier commence *Sexte* ; & l'Archevêque de Reims va derrière l'Autel ſe revêtir des Ornemens neceſſaires pour dire la Meſſe.   Il en revient précedé des douze Diacres & Soudiacres Aſſiſtans ; & étant accompagné des Evêques de Laon & de Beauvais, il s'approche du Roi de qui il reçoit des promeſſes de protection, que S. M. fait pour toutes les Egliſes ſoumiſes à la Couronne.   Pendant cette Cérémonie le Roi eſt aſſis & couvert.   Les Evêques de Laon & de Beauvais le ſoulevent enſuite de deſſus ſon fauteuil , & le montrant à l'Aſſemblée , demandent, ſuivant l'ancien uſage , aux Seigneurs & au Peuple, s'ils acceptent N . . , pour leur Roi. Le conſentement ſe donne par un reſpectueux ſilence : après quoi l'Archevêque de Reims préſente au Roi le Serment du Roïaume, avec ceux des Ordres du S. Eſprit & de S. Louis , & celui de l'obſervation de l'Edit contre les Duels.   Le Roi prononce ces Sermens tout haut, aſſis & tête couverte , tenant les mains ſur le Livre des Evangiles.

Après le Serment reçu , l'Archevêque de Reims s'étant remis dans ſa chaiſe, le Roi eſt conduit devant lui par les Evêques de Laon & de Beauvais.   Là le premier Gentilhomme de la Chambre lui ôte la toque & la longue robe de toile d'argent , ne lui laiſſant que la camiſole de ſatin cramoiſi.   Enſuite on lui approche un fauteuil, ou s'étant aſſis, le grand Chambellan lui chauſſe les *Botines* : après quoi celui des Pairs Laïcs qui repréſente le Duc de Bourgogne lui met les *Eperons*, & les lui ôte à l'inſtant. Après cela le Roi étant debout , l'Archevêque de Reims fait la bénédiction de l'*Epée* de Charlemagne qui eſt dans le fourreau.   Enſuite il la ceint au Roi par deſſus ſa camiſole , & la lui ôte ſur le champ : puis la tirant du fourreau , il la préſente nue à S. M. en lui diſant : (a) *Recevez cette Epée*, &c.   Cependant le Chœur chante l'Antienne, *Confortare & eſto vir*, &c.   Le Roi aiant reçu l'epée, la baiſe, & l'offre à Dieu en la poſant ſur l'Autel, ou l'Archevêque la reprend , & la remet encore au Roi qui la reçoit à genoux , & qui la dépoſe entre les mains de celui qui repréſente le Connétable. Depuis ce moment celui-ci la porte nue devant S. M. dans tous les actes du Sacre.

L'Archevêque de Reims aiant enſuite recité quelques Oraiſons, met ſur l'Autel la Patène d'or du Calice de St. Remi ; & le Grand-Prieur de St. Remi lui aiant préſenté la Sainte Ampoule avec une aiguille d'or , ce Prélat en tire du Baume environ de la groſſeur d'un grain de froment, qu'il met ſur la Patène.   Il y mêle auſſi du St Chrême, qu'il prend de même avec une aiguille : enſuite après quelques Antiennes & Oraiſons, le Roi ſe proſterne devant l'Autel ſur le grand carreau dont nous avons parlé, aiant l'Archevêque auſſi proſterné à ſa droite.   Alors les Evêques chantent les Litanies. Après le verſet *Ut obſequium*, &c. l'Archevêque s'étant levé , la Mitre en tête & la Croſſe à la main , & ſe tournant vers le Roi proſterné devant lui , prie Dieu (b) de bénir le Roi, de l'élever & de le conſacrer , accompagnant cette prière de pluſieurs ſignes de Croix.   Enſuite il ſe proſterne de nouveau juſqu'à la fin des Litanies.

Elles ſont ſuivies de quelques prières que recite l'Archevêque ; après quoi le Roi demeurant toujours à genoux, l'Archevêque de Reims aſſis comme à la conſecration d'un Evêque , aiant la Mitre en tête , & tenant la Patène d'or ſur laquelle il a mis l'onction ſacrée , en prend avec le pouce droit , & commence d'oindre le Roi, 1. ſur le ſommet de la tête, en faiſant le ſigne de la Croix, & diſant, (c) *Je t'oins Roi de l'Huile Sainte, au nom du Père, du Fils & du Saint-Eſprit*, répétant les mêmes paroles & les mêmes ſignes de Croix aux onctions ſuivantes ; 2. ſur l'Eſtomac ; 3. entre les deux Epaules ; 4. ſur l'Epaule droite ; 5. ſur l'Epaule gauche ; 6. aux plis & jointures du bras droit ; 7. aux plis & jointures du bras gauche. A chaque Onction, les Evêques de Laon & de Beauvais ouvrent la chemiſe & la camiſole du Roi aux endroits ou elle doit ſe faire.   Cependant les Muſiciens chantent une Antienne , qui eſt ſuivie de quelques Oraiſons ; après quoi l'Archevêque de Reims, aidé des Evêques de Laon & de Beauvais, referme les ouvertures de la chemiſe & de la camiſole du Roi avec des lacets d'or.

Enſuite

(a) *Accipe hunc gladium , &c.*
(b) *Ut hunc præſentem famulum tuum N . . . in Regem coronandum benedicere . . . ſublimare . . . & conſecrare digneris, &c.*
(c) *Ungo te in Regem de Oleo ſanctificato, in nomine Patris , &c.*

Enfuite le Roi s'étant levé, le Grand-Chambellan lui donne les trois vêtemens dont on a parlé, l'un par-deffus l'autre ; favoir la Tunique, la Dalmatique & le Manteau Roial. Après cela S. M. se mettant de nouveau à genoux devant l'Archevêque de Reims, ce Prélat fait la huitième Onction fur la paume de fa main droite, & la neuvième fur celle de la main gauche. Ces Onctions font suivies de la benédiction des *gands*, que l'Archevêque met au Roi. Il benit auffi l'*Aneau*, qu'il paffe au quatrième doigt de la main droite de S. M. Enfuite il donne le *Sceptre* au Roi qui le prend de la main droite, & lui dit : (a) *Recevez le Sceptre de l'autorité Roiale*, &c. Enfin il lui met la *Main de Justice* à la main gauche, en lui difant : (b) *Recevez la Verge de vertu*, &c.

Alors le Chancelier, ou en fon abfence le Garde des Sceaux, (c) monte à l'Autel du côté de l'Evangile, & fe tournant vers le Chœur, appelle les Pairs felon leur rang, les Laïcs les prémiers, enfuite les Eccléfiaftiques, en cette forte : *M. le Prince*, ou *M. le Duc N... qui repréfentez le Duc de Bourgogne, préfentez-vous à cet afte ;* fe fervant de la même formule pour appeller les autres Pairs. Cette convocation faite, il retourne à fa place ; & l'Archevêque de Reims prenant fur l'Autel la *Couronne* de Charlemagne, la foutient feul à deux mains fur la tête du Roi. Auffi-tôt tous les autres Pairs y portent les mains ; & l'Archevêque la tenant toujours de la main gauche récite une Oraifon convenable au fujet, après laquelle il met feul la Couronne fur la tête du Roi, en lui difant : (d) *Recevez la Couronne du Roiaume, au nom du Pere*, &c. après quoi il dit encore quelques Oraifons.

Ces prieres étant finies, l'Archevêque de Reims prend le Roi par le bras droit, pour le conduire au Trône dreffé au Jubé. S. M. eft précédée des Hérauts d'Armes, des Pairs Laïcs & Eccléfiaftiques conduits par le Grand-Maître & le Maître des Cérémonies ; & immédiatement devant elle marche le Connétable, ou celui qui le repréfente, portant l'épée nue. Le Roi revêtu des Habits Roiaux, aiant fur la tête une petite Couronne faite exprès pour le Sacre, & tenant en fes mains le Sceptre & la main de Justice, eft conduit par l'Archevêque de Reims précédé de fa Croffe, & affifté de deux Chanoines en Chapes. Les deux Capitaines des Gardes, précédés des fix Gardes de la Manche, font aux côtés du Roi ; & la queue du Manteau Roial eft portée par le Seigneur nommé pour cet emploi. Le Chancelier ou Garde des Sceaux marche feul derrière le Roi ; & après lui le Grand-Maître, entre le Grand-Chambellan & le prémier Gentilhomme de la Chambre.

Le Roi monte à fon Trône par l'efcalier qui eft du côté de l'Evangile. Lorfqu'il eft arrivé au Prie-Dieu qui y eft préparé, les Pairs & autres Seigneurs aiant pris leurs places, fuivant l'ordre qui a été marqué en parlant de la décoration de l'Eglife, l'Archevêque de Reims tenant le Roi debout, le vifage tourné vers l'Autel, lui dit : (e) *Prenez, & confervez la poffeffion de la place que vous avez occupée jufqu'ici par fucceffion paternelle, & qui vous eft venue par droit d'Héritage*, &c. Enfuite aiant fait affeoir le Roi fur le Trône, & le tenant par la main, il ajoute : (f) *Que Dieu vous affermiffe fur ce Trône*, &c. Il quitte fa Mitre, fait une profonde révérence au Roi, le baife, & dit tout haut par trois fois : *Vivat Rex in æternum*: les Pairs Eccléfiaftiques & Laïcs font enfuite la même chofe, chacun à leur tour. Cependant les portes de l'Eglife s'ouvrent, pour donner entrée au peuple qui s'empreffe de voir fon Roi, & de lui témoigner fa joie par fes acclamations réitérées de *Vive le Roi* ; ce qui fe fait au fon des Trompettes, des Tambours & autres Inftrumens qui font dans le Chœur. Le Régiment des Gardes rangé en bataille dans le Parvis de l'Eglife répond à ces acclamations par trois falves de Moufqueterie, pendant lefquelles le Chancelier ou Garde des Sceaux, le Grand-Chambellan & les Hérauts font largeffe dans le Chœur & dans la Nef de Médailles d'or & d'argent frappées pour le Sacre. Enfuite l'Archevêque de Reims retourne à l'Autel, où il entonne le *Te Deum*, qui eft continué par la Mufique ; après quoi il commence la Meffe. En même tems un des Chapelains de S. M. commence une Meffe baffe à l'Autel qui a été préparée au Jubé.

Après

(a) *Accipe Sceptrum Regiæ poteftatis*, &c.
(b) *Accipe Virgam virtutis*, &c.
(c) L'Archevêque de Reims a fait quelquefois la convocation des Pairs, en l'abfence du Chancelier. Voiez Godefroi dans fon *Cérémonial*.
(d) *Accipe Coronam Regni, in nomine Patris*, &c.
(e) *Sta, & retine amodo ftatum, quem huc ufque paterna fucceffione tenuifti, hereditario jure tibi delegatum*, &c.
(f) *In hoc Regni folio confirmet te*, &c.

Après l'Evangile, l'Evêque qui l'a chanté, le porte à baiser au Roi en cet ordre. Les Hérauts d'Armes marchent à la tête, suivis du Maître & de l'Aide des Cérémonies, après eux vient le Grand Maître des Cérémonies, ensuite le Grand Aumônier, & derrière lui un Chanoine Diacre portant le Livre des Evangiles couvert d'une Tavaïole de satin blanc en broderie d'or.   L'Evêque qui a chanté l'Evangile marche après le Diacre, & est suivi d'un autre Diacre Assistant.   Le cortége part de l'Autel après les révérences ordinaires, & s'avance vers le Jubé.   Au pied de l'escalier l'Evêque fait une révérence au Roi, une nouvelle au milieu, & une troisième lorsqu'il est arrivé au Trône. Là il prend le Livre des mains du Diacre, & le remet au Grand Aumônier qui le présente à baiser au Roi, & qui le rend ensuite au Diacre qui l'a apporté.   Après cela on retourne à l'Autel dans le même ordre.

Pendant l'Offertoire, les Hérauts vont prendre à la Sacristie les Offrandes accoutumées, & les présentent ensuite sur des Tavaïoles de damas rouge à franges d'or, aux quatre Seigneurs (a) nommés pour les porter.   Ceux-ci les aïant reçues, partent de leurs places, & se rendent au Trône par le côté de l'Evangile.   Ensuite ils en descendent par l'escalier opposé ; & après eux marche le Grand Maître, puis le Chancelier ou Garde des Sceaux, ensuite le Connétable portant l'épée nue, accompagné des deux Massiers.   Le Roi suit précédé des Pairs Ecclésiastiques à la droite, & des Laïcs à sa gauche, aïant à ses côtés les deux Capitaines des Gardes avec les six Gardes de la Manche.   Le Grand Chambellan & le premier Gentilhomme de la Chambre demeurent auprès du Trône, pour le garder dans l'absence de S. M. Le Roi étant arrivé à l'Autel, remet le Sceptre & la Main de Justice (b) aux deux Seigneurs nommés pour les tenir. Ensuite il se met à genoux sur un carreau devant l'Archevêque de Reims assis dans sa chaise. En même tems les quatre Seigneurs portant les Offrandes, les remettent l'un après l'autre à S. M. qui les présente en cet ordre.   1. La bourse dans laquelle sont treize pièces d'or.   2. Le pain d'or.   3. Le pain d'argent.   4. Le vin dans un vase d'argent doré, en baisant la main de l'Archevêque à chaque Offrande.   Ensuite le Roi reprend le Sceptre & la Main de Justice, & remonte à son Trône par le côté de l'Evangile, dans le même ordre qu'il en est descendu.

Au *Pax Domini* de la Messe, après la Bénédiction solemnelle donnée par l'Archevêque de Reims, le Grand Aumônier va recevoir de lui le baiser de paix.   Ensuite étant monté au Jubé dans le même ordre, & avec les mêmes Cérémonies qui s'observent pour l'Evangile, il s'approche du Roi, & lui présente la Paix par le même baiser, que les Pairs Ecclésiastiques & Laïcs viennent ensuite recevoir de Sa Majesté.

La Messe étant finie, le Roi descend de son Trône pour la Communion, dans le même ordre qui s'est observé pour l'Offrande.   S. M. étant arrivée au pied de l'Autel, remet le Sceptre & la Main de Justice aux deux Seigneurs, qui les ont portés pendant l'Offrande.   En même tems le premier Prince du Sang représentant le Duc de Bourgogne (c), lui ôte la Couronne, qu'il remet au Seigneur (d) nommé pour la porter. Les Pairs Laïcs ôtent aussi leurs Couronnes.   Le Roi entre ensuite sous un Pavillon fait par bandes de drap d'or & de velours violet semé de Fleurs de lys d'or, dressé à gauche de l'Autel, où il se réconcilie. Ensuite il vient se mettre à genoux au pied de l'Autel, où l'Archevêque de Reims lui donne l'absolution, & le communie sous les deux espèces.

Au Sacre de Louis XV. pendant la Communion du Roi, la Nape étoit tendue du côté de l'Autel par le Grand Aumônier, & par l'Evêque de Metz premier Aumônier de S. M. & du côté du Roi par le Duc d'Orléans & le Duc de Chartres, premiers Princes du Sang.

Après la communion, l'Archevêque de Reims remet à Sa Majesté la grande Couronne de Charlemagne, que le Roi garde quelque tems à genoux, en faisant son Action de graces, pendant que l'Archevêque fait la Purification du Calice.   Lorsqu'elle est achevée, le Roi se leve, l'Archevêque lui ôte la grande Couronne, & lui remet celle qu'il avoit quittée.   La grande Couronne est mise alors entre les mains du Seigneur

---

(a) Au Sacre de *Louis* XV. le Maréchal Duc de Tallard porta le vase d'argent doré où étoit le vin ; le Comte de Matignon porta le pain d'argent, le Comte de Medavi le pain d'or, & le Marquis de Goesbriant la bourse avec les treize pièces d'or.

(b) Le Roi *Louis* XV. remit le Sceptre au Maréchal de Tessé, & la Main de Justice au Maréchal d'Uxelles.

(c) Au Sacre de *Louis* XIV. ce fut Monsieur, Frere unique du Roi, qui lui ôta la Couronne, quoiqu'il ne représentât point le Duc de Bourgogne, qui étoit représenté par le Duc d'Anjou.

(d) Le Maréchal d'Etrées fit cette fonction au Sacre de *Louis* XV.

gneur qui doit la porter devant S. M. sur un riche carreau. Cependant le Roi reprend le Sceptre & la Main de Justice, & aiant fait une profonde révérence à l'Autel, S. M. retourne au Palais de l'Archevêché dans l'Ordre qui suit.

Voici l'Ordre qui s'observa dans ce retour au Sacre du Roi Louis XV. Le Comte de Montsoreau Grand Prévôt de l'Hôtel, à la tête de sa Compagnie ouvroit la marche. Il étoit suivi des Cent Suisses, aiant à leur tête le Marquis de Courtenvaux leur Capitaine; des Haut-bois, Tambours & Trompettes du Roi; des Hérauts d'Armes, du Grand-Maître, du Maître & de l'Aide des Cérémonies; des quatre Chevaliers de l'Ordre qui avoient porté les Offrandes; & des Maréchaux de Tessé & d'Uxelles, qui avoient porté le Sceptre & la Main de Justice, aiant au milieu d'eux le Maréchal d'Etrées portant la grande Couronne de Charlemagne sur un carreau de velours bleu semé de Fleurs de lys d'or. Le Maréchal Duc de Villars représentant le Connétable précédoit le Roi, portant l'épée haute dans son fourreau de velours bleu, & aiant à ses côtés les deux Huissiers de la Chambre, portant leurs Masses.

Le Roi revêtu des Ornemens Roiaux, aiant la Couronne sur la tête, & tenant son Sceptre & la Main de Justice, marchoit au milieu des Pairs Laïcs & Ecclésiastiques rangés en deux files, & vêtus comme nous l'avons dit. L'Archevêque de Reims étoit à la droite du Roi qu'il soutenoit par le bras, étant précédé de sa Croix & de sa Crosse, & assisté de deux Chanoines en Chapes. Le Prince Charles de Lorraine portoit la queue du Manteau Roial. Les Ducs de Villeroi & d'Harcourt Capitaines des Gardes, & les six Gardes de la Manche marchoient aux côtés de S. M. ainsi que le Duc de Charôt son Gouverneur. Derrière le Roi marchoit seul le Garde des Sceaux, faisant les fonctions de Chancelier. Après lui venoit le Prince de Rohan faisant la Charge de Grand-Maître de la Maison du Roi, aiant à sa droite le Prince de Turenne Grand Chambellan, & à sa gauche le Duc de Villequier premier Gentilhomme de la Chambre. Les Officiers des Gardes du Corps fermoient cette marche, qui tenoit depuis l'Eglise jusqu'à la Chambre du Roi.

Pendant que le Roi retourne à l'Archevêché, le Grand Prieur de Saint Remi reporte la Sainte Ampoule, dans le même ordre, & avec les mêmes Cérémonies qui se font observées en l'apportant; & les quatre Seigneurs qui l'ont accompagnée attachent la Bannière de leurs Armes au Tombeau de S. Remi, en mémoire du Sacre, & du devoir qu'ils ont rendu à cette Cérémonie.

Le Roi étant rentré dans sa Chambre, quitte ses gands & sa chemise, qu'il donne à son premier Aumônier (a) pour les bruler, parce qu'ils ont touché à l'Onction sacrée.

C'est toujours dans la grande Sale de l'Archevêché, que se fait le Festin Roial; & parce que les Cérémonies en sont réglés & toujours les mêmes, nous allons décrire celles qui s'observèrent au Sacre de Louis XV.

On avoit préparé cinq tables dans la Sale, dont nous venons de parler. Celle du Roi fut dressée, selon la coutume, au devant de la cheminée, vis-à-vis la porte de l'appartement de S. M. sur une estrade élevée de quatre marches, d'environ deux pieds de haut, & sous un dais de velours violet semé de Fleurs de lys d'or. Les deux Tables des Pairs Laïcs & Ecclésiastiques étoient placées à droite & à gauche, à quelque distance de celle du Roi, & de deux pieds environ plus basses. Au bout de la table des Pairs Ecclésiastiques qui étoit à droite, on en mit une sur la même ligne pour les Ministres Etrangers; & à gauche, au bout de la table des Pairs Laïcs, une cinquième appellée la table des honneurs.

Ces Tables étant préparées, le Duc de Brissac Grand Pannetier de France fit mettre le couvert, & apporta du Gobelet le cadenas de S. M. Il étoit accompagné du Marquis de Lanman Grand Echanson, qui portoit la sou-coupe, les verres & les carasses du Roi; & du Marquis de la Chesnaie Grand Ecuier Tranchant, portant la grande cueiller, la fourchette & le grand couteau. Ces trois grands Officiers étoient vêtus d'habits & de manteaux de velours noir, doublé de toile d'argent.

Le Grand Maître des Cérémonies aiant averti le Grand Maître de la Maison du Roi que la viande du Roi étoit prête, le Prince de Rohan qui faisoit cette charge, alla prendre l'Ordre de S. M. après quoi il se rendit où les plats étoient préparés, & fit porter le premier service en cet ordre. Premierement marchoient les Haut-bois, les
Trom-

(a) Au Sacre de *Louis* XIII. la Reine Marie de Medicis sa Mere eut la piété de les demander, pour les conserver precieusement dans son cabinet; ce qui lui fut accordé. V. *Morlet* dans son *Théatre d'honneur*.

Trompettes & les Flutes de la Chambre du Roi, suivis des Hérauts d'Armes, du Grand Maître & du Maître des Cérémonies, des douze Maîtres d'Hôtel du Roi, marchant deux à deux, & tenant leur bâton, & du Marquis de Livri premier Maître d'Hôtel. Le Prince Rohan faisant la fonction de Grand Maître, & tenant son bâton de Commandement, précédoit immédiatement le service, dont le Duc de Brissac grand Pannetier portoit le premier plat. Il étoit suivi des Gentilshommes Servans de S. M. portant les autres plats. Le Marquis de la Chesnaie Grand Leuier Tranchant rangea les plats sur la table, les découvrit, en fit l'essai & les recouvrit.

Cependant le Prince de Rohan, précédé du même Cortége, alla avertir le Roi qu'on avoit servi; & S. M. se rendit à la table du festin en cet ordre. Les Hautbois, les Trompettes & les Flutes ouvroient la marche. Ils étoient suivis des six Hérauts d'Armes; du Grand-Maître & du Maître des Cérémonies; des douze Maîtres d'Hôtel; du premier Maître d'Hôtel; des quatre Chevaliers de l'Ordre qui avoient porté les Offrandes; & du Maréchal d'Etrées portant la Couronne de Charlemagne, au milieu des Maréchaux de Tessé & d'Uxelles qui avoient porté le Sceptre & la Main de Justice. Le Prince de Rohan, en qualité de Grand Maître, marchoit entre le Prince de Turenne Grand Chambellan, & le Duc de Villequier premier Gentilhomme de la Chambre. Le Maréchal Duc de Villars accompagné des deux Huissiers Massiers portoit l'épée nue devant le Roi, qui marchoit revêtu de tous les Ornemens de la Roiauté, entre les Pairs Ecclésiastiques à sa droite en Chapes & en Mitres, & à sa gauche les Pairs Laïcs vêtus comme nous l'avons dit. Les deux Capitaines des Gardes & le Gouverneur de S. M. marchoient auprès d'elle, & les Gardes de la Manche étoient sur deux lignes, à la suite des Pairs. L'Archevêque de Reims conduisoit le Roi par dessus le bras; le Prince Charles portoit la queue du Manteau Roial; & le Garde des Sceaux fermoit la marche.

Dès que le Roi fut arrivé à sa table, l'Archevêque de Reims fit la bénédiction ordinaire, & pendant que la grande Couronne, le Sceptre & la Main de Justice furent posés sur des carreaux de velours violet au coin de la table, à droite & à gauche, les Pairs allèrent se placer à celles qui leur étoient préparées, chacun selon leur rang, & tous du même côté. Le Prince de Rohan présenta la serviette au Roi; & pendant tout le repas, il se tint debout à la droite de S. M. proche de la table. Le Maréchal de Villars portant l'épée nue se plaça devant la table, vis-à-vis le Roi, avec les deux Huissiers. Le Prince Charles se mit derrière le fauteuil du Roi, aux deux côtés duquel se tinrent les deux Capitaines des Gardes. Les trois Maréchaux de France se placèrent chacun proche des honneurs qu'ils avoient portés. Le Grand Pannetier, le Grand Echanson & le Grand Ecuyer Tranchant restèrent devant la table, pour faire leurs fonctions.

A la table des Pairs Ecclésiastiques, l'Archevêque de Reims avoit derrière lui les deux Channoines Assistans en Chapes, & vis-à-vis deux Ecclésiastiques en Surplis tenant sa Croix & sa Crosse. Les Evêques de Soissons, d'Amiens & de Senlis ses Suffragans, en Rochet & Camail, se placèrent à la même table vis-à-vis les trois derniers Pairs Ecclésiastiques.

A la table des Ambassadeurs, le Nonce prit la première place. Vis-à-vis de lui se mit l'Ambassadeur d'Espagne, celui de Sardaigne à côté du Nonce, celui de Hollande vis-à-vis celui de Sardaigne, & celui de Malthe, après celui de Hollande. Le Garde des Sceaux se plaça vis-à-vis l'Ambassadeur de Malthe, au dessous duquel étoient le Chevalier de Sainctot & le Sieur de Rémond, Introducteurs des Ambassadeurs.

A la table des Honneurs se mirent sur la même ligne le Grand Chambellan, le premier Gentilhomme de la Chambre, & les quatre Chevaliers de l'Ordre qui avoient porté les Offrandes.

Tous les services de la table du Roi furent apportés par les Officiers de S. M. dans le même ordre, & avec les mêmes Cérémonies que le premier. Les autres tables furent servies par les Officiers du Corps de Villa, & par les Notables Bourgeois.

Aussi-tôt que le Roi eut dîné, l'Archevêque de Reims s'approcha de la table, & dit les Graces: ensuite S. M. reprit le Sceptre & la Main de Justice, & se retira dans son appartement, où aiant été reconduite dans le même ordre & avec les mêmes cérémonies qu'elle en étoit sortie, elle congédia tous les Pairs, Grands Officiers & Seigneurs qui l'avoient accompagnée. Les Seigneurs & autres Officiers qui avoient servi ou assisté au Sacre & à la table du Roi, se rendirent de-là à l'Hôtel de Ville aux Tables qui leur étoient préparées, & qui furent aussi servies par les Officiers du Corps de la Ville, & les notables Bourgeois de Reims. Le

Le lendemain du Sacre, le Roi suivi de toute sa Cour va en cavalcade à l'Abbaïe de S. Remi, pour y entendre la Messe. L'après dinée du même jour S. M. fait la Cérémonie des Chevaliers de l'Ordre du S. Esprit.

Trois jours après le Roi part de Reims, suivant l'ancien usage, pour aller à Crobenit, ou Corbigni, visiter l'Eglise de (a) S. Marcoul, & y toucher les malades des écrouelles: ou si quelques raisons ne permettent pas de faire ce voiage, S. M. en fait apporter en Procession la Châsse du Saint, qui est déposée dans l'Abbaïe de S. Remi, où se fait la Cérémonie.

Le jour destiné pour cela, le Roi se rend à l'Abbaïe de St. Remi vêtu d'un Manteau de drap d'or, avec le grand Collier de l'Ordre par dessus. Il y entend une Messe où il communie. Ensuite S. M. s'approche des malades, qui ont tous été visités auparavant par ses prémiers Médecin & Chirurgien, & qui sont rangés dans la nef de l'Eglise, ou s'ils sont (b) en trop grand nombre, dans les allées du Parc de l'Abbaïe. Le Roi commence par les Espagnols, & finit par les François dans l'Ordre qui suit. S. M. est précedée des Gardes de la Prévôté de l'Hôtel, des Cent Suisses, des Gardes du Corps & d'un grand nombre de Seigneurs; après lesquels sont les deux Huissiers de la Chambre portant leurs Masses, le prémier Médecin, & plusieurs Médecins & Chirurgiens de S. M. Deux Capitaines des Gardes marchent aux côtes du Roi, autour duquel sont aussi les six Gardes de la Manche. Le Grand Aumônier suit immédiatement S. M. Le Roi est découvert, & touche les malades, en leur étendant la main droite du front au menton & d'une joue à l'autre, formant ainsi le signe de la Croix, & prononçant ces paroles: *Dieu te guérisse, le Roi te touche.* Pendant cette Cérémonie, le prémier Médecin appuie sa main sur la tête de chacun des Malades, que le Roi touche; & à mesure qu'ils sont touchés, le Grand Aumônier leur distribue les Aumônes.

Les Cérémonies du Sacre finissent par un acte de Clémence digne de la Majesté de nos Rois: c'est un pardon général (c) qu'ils accordent à tous les Criminels. Depuis *François* I. c'est le Grand Aumônier de France qui est chargé de les délivrer. Pour cet effet ce Prélat en Rochet & en Camail, assisté de deux Aumôniers du Roi, se rend dans toutes les prisons de la Ville de Reims qu'il fait ouvrir, & où il annonce à ceux qui y sont retenus, les Ordres que S. M. a donnés pour faire expédier *gratis* toutes leurs graces, & pour fournir des secours à ceux qui en ont besoin pour retourner chez eux. Cette nouvelle est suivie d'un discours, par lequel il les exhorte à mériter la grace que le Roi leur accorde.

Comme ce pardon général est connu par toute la France, une infinité de coupables ne manquent pas de se rendre dans les prisons de Reims quelque tems avant le Sacre, pour obtenir (d) leur grace. Au Sacre de Louis XIV. on compta jusqu'à dix mille Prisonniers, qui furent élargis en conséquence de cette abolition générale, & plus de six cens au Sacre de Louis XV.

DISSERTATION

Sur les Schismes (e).

SAint Paul a dit (f) qu'*il est nécessaire qu'il y ait des Hérésies*; & certes quand cette parole ne seroit pas sortie de la bouche de ce grand Apôtre, quand elle ne seroit pas fondée sur le témoignage de celui qui ne peut tromper, il suffiroit de consulter la raison, pour convenir de cette nécessité. En effet, soit qu'on considère la Religion en elle-même & comme venant de Dieu, soit qu'on la regarde du côté des hommes qui la professent, on est obligé de reconnoître qu'il est moralement impossible qu'il ne naisse

(a) Ce Saint qui vivoit dans le sixiéme siécle, étoit de l'Ordre de St. Benoît, & fut chef d'un grand nombre de Religieux. Il fit plusieurs miracles pendant sa vie pour la guérison des écrouelles, que quelquesuns appellent pour cela le mal de St. *Marcoul*. D'autres le nomment le mal Royal.

(b) *Louis* XV. toucha à son Sacre plus de deux mille malades.

(c) Saül accorda la grace à tous ceux qui étoient coupables de mort, le jour qu'il força le Roi des Ammonites à lever le siége de Jabès-Galaad. Les Empereurs Romains, au rapport de *Suétone*, avoient aussi coutume de délivrer les Prisonniers à leur avénement à l'Empire.

(d) On nomme ordinairement quatre Maîtres des Requêtes, pour examiner sur les informations ceux qui doivent être admis au pardon, & ceux qu'on doit en exclure.

(e) Les détails qu'on donne dans cette Dissertation ne sont guere qu'une compilation formée d'extraits de Fleury.

(f) Corinth. C. 16. v. 19.

naisse dans son sein des erreurs & des divisions, qui souillent la pureté de la foi & troublent la tranquilité des fidéles.

Il est vrai que la Religion est une source de lumiére, de paix & de sainteté, & que Dieu qui l'a révélée n'a pu se proposer en la donnant aux hommes d'autre but digne de lui, que celui de leur apprendre à le connoître, à l'aimer & à le servir dans l'esprit d'union & de vérité. Mais d'ailleurs, comme le remarque fort bien (a) un Auteur judicieux, il étoit convenable à l'état où nous nous trouvons, que la bonté & la miséricorde de Dieu couvrissent la révélation de quelques obscurités, pour exercer notre foi; pour humilier une raison superbe, qui s'enfle de ses connoissances; pour régner sur nous par la soumission de nos esprits, qui croient des vérités incroiables à la raison humaine, parce que c'est lui qui les révéle, & par celle de nos cœurs, qui reçoivent des objets tristes & mortifians parce qu'il le veut; pour ôter à notre orgueil toutes ses pretentions, en le mettant dans la nécessité de reconnoître que tout notre bien vient de Dieu; enfin pour éprouver ceux qui lui sont fidéles. (b) „ Il permet „ que toute l'Egypte soit couverte de ténébres, afin que la merveille de sa protection „ paroisse davantage, lorsqu'il éclaire la terre de Gossen (c) de la lumiére de la véri- „ té; c'est-à-dire, qu'il nous donne une Religion accompagnée d'une évidence, que „ les hommes mondains & charnels n'appercevront jamais, parce qu'ils sont mondains „ & charnels, & que leur cœur tire de sa propre corruption les voiles & les nuages „ qui leur dérobent la vérité. Dieu éclaire les hommes: mais les hommes s'aveu- „ glent; & Dieu le permet ainsi pour les confondre, & nous montrer qu'il est le Pere „ des lumiéres". Aussi est-ce pour cette raison, que cette Religion d'un côté si sainte, si parfaite & si lumineuse, est d'ailleurs remplie de Mystéres, si hauts, si sublimes, si impénétrables à l'esprit humain, & en même tems si choquans, si contraires à la nature présente & aux idées grossiéres de l'homme ignorant, borné, corrompu, qu'il étoit plus que moralement impossible, qu'elle ne devînt pour les hommes méchans une source de divisions & d'erreurs.

On peut donc avancer sans crainte, que la prémiere & la principale source des Hérésies sont nos passions, qui aiant intérêt à nous faire haïr la Religion, autorisent tous les doutes qui les favorisent, toutes les erreurs & les chiméres qui nous éloignent du chemin de la vérité. L'orgueil sur-tout, qui de toutes les passions est la plus dangéreuse & la plus invétérée, ne nous permet point de perséverer dans la disposition que Dieu veut que nous aions pour sa révélation. Elle consiste à recevoir toutes les vérités qui nous sont révélées; & à les recevoir, quoique nous ne les comprenions pas, sans vouloir trop sonder les abimes de Dieu. L'orgueil nous fait rejetter des vérités qui devroient frapper nos yeux; & la curiosité déréglée, compagne inséparable de l'orgueil, nous empêche de respecter les saintes obscurités qui les environnent. On ne se contente pas de savoir les choses: on veut encore savoir la maniére; & parce que c'est la maniére que Dieu ne veut point que nous sachions, en cherchant à la connoître, on donne dans tous les égaremens, dans toutes les chiméres auxquelles est sujet un esprit déréglé & livré à lui-même. A la curiosité est jointe essentiellement la témérité, qui abhorre sur-tout le *je ne sai*, ou *je ne comprens point* : mots si terribles, qu'il n'y a rien qu'on n'invente pour se dispenser de les prononcer. On imagine pour cela mille distinctions frivoles, mille subtilités contraires à la simplicité Evangélique; & cela dans la voe d'anéantir les obscurités sacrées que la sagesse de Dieu à répandues sur les mystéres, & de sauver par la sagesse humaine ceux que Dieu veut conduire à la vie éternelle par la folie de la prédication. Au secours de la témérité vient la Philosophie, entassant spéculations sur spéculations, changeant les doutes en certitudes, par l'envie que nous avons de changer en doute la certitude de la Religion, & formant en nous l'habitude de juger de tout par nous-mêmes. Enfin la curiosité & la témérité sont encore secondées par la superstition; & celle-ci se forme insensiblement par l'effort des passions, qui cherchent des voiles extérieurs pour se cacher, & des prétextes pour éluder la severité de la Morale Chrétienne.

C'est à ces trois principes, la curiosité dereglée, la temérité de l'esprit, & la superstition, que doivent leur naissance cette multitude de Sectes, qui dans tous les tems se sont elevées dans le Christianisme; comme ces trois principes viennent eux-mêmes d'une source plus ancienne, qui est le déréglement de nos passions. Notre dessein n'est point de discuter à fond tous les Schismes & toutes les Hérésies qui
ont

(a) Abbadie, *de la vérité de la Religion Chrétienne*, 2. Part. Sect. iv. Chap. 8.
(b) Ibid.
(c) C'est le pais que les Israëlites habiterent en Egypte.

ont déchiré l'Eglise dès son berceau, & qui par leurs guerres intestines, leurs divi-sions & leurs erreurs auroient pû souiller la pureté de sa Doctrine, & sapper les fon-demens de son unité, si Jésus-Christ son divin époux n'avoit promis (a) que les portes de l'Enfer ne prevaudront point contr'elle. On peut en lire l'Histoire dans les Auteurs Ecclésiastiques. Nous nous proposons seulement de donner une connoissance généra-le & abrégée des Sectes nombreuses, qui sont nées dans les différens siécles de l'Eglise. Si nous entrons dans quelque détail plus circonstancié au sujet de quelques-unes, ce ne sera qu'autant qu'elles auront du rapport à celles qui subsistent aujourdhui, & qu'elles pour-ront servir à faire connoître leur origine. Voions auparavant ce que M. *Fleury* nous apprend en général du Schisme & de l'Hérésie.

(b) ,, On appelle Hérésie, l'attachement opiniâtre à quelque Dogme condamné par
,, un Jugement de l'Eglise Universelle; soit par les Décrets d'un Concile œcuménique,
,, comme l'Hérésie d'Arius condamnée au Concile de Nicée; soit par la décision du
,, Pape reçue de toute l'Eglise, comme celle de S. Innocent contre Pélage; soit par
,, un Concile particulier reçu de toute l'Eglise, comme le Concile d'Antioche
,, qui condamna Paul de Samosate. Il y a donc en cette matiére deux juge-
,, mens: celui de la question de droit, pour savoir si une telle opinion est orthodoxe
,, ou hérétique; & celui-là appartient uniquement à l'Eglise, c'est-a-dire, à l'Evê-
,, que, au Concile de la Province, ou au St. Siége. L'autre jugement est de la
,, question de fait, si un tel en particulier est hérétique.

,, Les Juges Laïques prétendent en France que ce jugement leur appartient, quand
,, l'hérésie est manifeste, sans préjudice du jugement de l'Eglise; parce qu'il ne s'agit
,, que d'exécuter les Loix des Princes, & faire punir ceux que l'Eglise a condamnés.
,, Or les Princes ont établi des peines temporelles contre ce crime, parce qu'il trouble
,, la tranquilité publique, en divisant les esprits. Car il est moralement impossible,
,, qu'il y ait de la concorde entre des gens, qui prenant la Religion aussi sérieusement
,, qu'on le doit, se regardent les uns les autres comme sacriléges ou superstitieux. Il
,, ne faut point dire, que le Prince n'a point de droit sur les cœurs & sur les opinions
,, des hommes: il a droit au moins que l'on n'en fasse paroître de mauvaises; & il ne
,, doit pas être plus permis de parler contre l'honneur de Dieu & les Dogmes de la Re-
,, ligion, que contre le respect qui est dû au Prince, contre les maximes fondamenta-
,, les de l'Etat, ou contre les bonnes mœurs.

,, L'Hérésie se purge par l'abjuration de l'erreur, & la profession de la Foi Catholi-
,, que. Mais si le coupable retombe ensuite, soit dans la même Hérésie, soit dans une
,, autre, on l'appelle Relaps, & l'Eglise se rend bien plus difficile à lui accorder l'ab-
,, solution, pour ne pas profaner les Sacremens. On condamne aussi les Fauteurs des
,, Hérétiques, c'est-a-dire, ceux qui les retirent, les aident & les favorisent en quel-
,, que manière que ce soit. L'Hérésie est punie des plus grandes peines Canoniques:
,, de la déposition pour les Clercs, de l'excommunication pour tous; & ceux qui meu-
,, rent en cet état sont privés de la sépulture Ecclésiastique. La peine s'étend jusqu'à
,, leurs enfans, & ils sont irréguliers pour les Ordres & les Benefices; au prémier dé-
,, gré seulement à cause de la mere, au second dégré à cause du pere. Quant aux
,, peines temporelles, les Princes les ont imposées plus ou moins rigoureuses, selon les
,, tems & la qualité des Hérétiques plus ou moins seditieux; des amendes pecuniaires,
,, la confiscation des biens, en tout ou en partie; des peines afflictives, le bannissement,
,, la mort.

,, Comme les Hérétiques & les Infidèles sont préoccupés de leurs erreurs, on ne peut
,, les empêcher de faire dans les pays où ils sont les maîtres, des Loix contre la véri-
,, table Religion. Mais ces sortes de Loix n'ont jamais détourné les vrais Chrétiens
,, d'y habiter, & d'y travailler à la conversion des ames, sachant qu'il faut obéir à
,, Dieu plutôt qu'aux hommes, & qu'il est défendu de craindre ceux qui ne peuvent
,, tuer que le corps. C'est ainsi que la Religion Chrétienne s'est établie; & cet état
,, de persécution sera toujours la preuve la plus sûre, pour connoître les vrais Chré-
,, tiens.

,, Les Canons mettent les Schismatiques en même rang que les Hérétiques, parce
,, que, comme dit S. Cyprien, celui qui ne garde pas l'unité de l'Eglise, ne garde pas
,, non plus la Foi. Le Schisme est une division qui déchire l'Eglise, lorsqu'une partie
,, du Peuple ou du Clergé se revolte contre son Pasteur légitime, se retire de la com-
,, munion

(a) Matth. C. 16. v. 18.
(b) *Instit. au Droit Eccles.* Tom. II. 3. Part. Chap. 8.

» munion, & de son autorité propre se donne un faux Pasteur. Les peines du Schis-
» me sont les mêmes que de l'Hérésie; entr'autres la cassation des Ordinations, & de
» tous les Actes de Jurisdiction faits par les Prélats Schismatiques. Toutefois les Hé-
» rétiques, ni les Schismatiques ne perdent pas le pouvoir qu'ils avoient d'administrer
» les Sacremens, non plus que les autres pécheurs. Le caractère du Sacerdoce ne s'ef-
» face non plus que celui du Baptême. Seulement ils péchent, en exerçant ces pou-
» voirs hors la communion de l'Eglise. Donc comme le Baptême administré par un
» Hérétique ou un Schismatique est valable, aussi-bien que celui qui est administré par
» un ivrogne ou un impudique: ainsi les Prêtres ordonnés par un Evêque Hérétique
» ou Schismatique sont Prêtres, pourvu que l'Evêque eût été lui-même ordonné va-
» lidement. Car ceux que les Laïques ou de simples Prêtres auroient prétendu établir
» Evêques ou Pasteurs, sous quelque nom que ce soit, ne seroient jamais que des Laï-
» ques. La nullité prononcée par les Canons contre les Ordinations des Schismati-
» ques s'explique donc par une interdiction perpétuelle, dont l'Eglise peut dispen-
» ser ".

Nous avons cru ces Préliminaires d'autant plus nécessaires, qu'ils donnent une idée générale de la nature du Schisme & de l'Hérésie, de leur différence, de leur origine, & des précautions que l'Eglise & l'Etat ont cru devoir prendre, pour prévenir ou arrêter les maux que l'un & l'autre pourroient causer. Après cette introduction nous entrons en matière; & nous commençons par ce qui regarde les principaux Schismes, qui se sont élevés depuis la naissance du Christianisme.

(a) I. Nous ne parlons point de celui, qui pensa diviser l'Eglise dès son berceau au sujet des Observances légales. Cette question qui partagea d'abord les Disciples du Sauveur, n'eut aucunes suites. (b) Les Apôtres assemblés à Jérusalem prononcèrent avec confiance: *Il a semblé bon au S. Esprit & à nous*. Tout le monde se soumit à cette décision; & l'union fut rétablie.

Celui qui vers la fin du second siècle (c) s'éleva dans l'Eglise au sujet de la Pâque, fut plus difficile à éteindre. Cette question avoit déja été agitée quelques années auparavant (d) entre le Pape *Anicet* & St. *Polycarpe* Evêque de Smyrne, qui s'étoit rendu à Rome pour ce sujet. Mais après avoir conféré ensemble, quoique ni l'un ni l'autre n'eussent voulu abandonner la pratique de son Eglise, ils étoient convenus de ne point rompre les liens de la charité pour cette dispute. Elle se réveilla dans le tems dont nous parlons, & fut poussée très-vivement. Suivant une ancienne tradition, les Eglises d'Asie vouloient que la Pâque fût célébrée le même jour, qu'il avoit été commandé aux Juifs d'immoler l'Agneau, c'est-à-dire le quatorziéme de la Lune, en quelque jour de la semaine qu'il se rencontrat. Les autres Eglises répandues par tout le monde gardoient la coutume qu'elles tenoient de la tradition Apostolique, de finir le jeûne, & de célébrer la Pâque le jour que le Sauveur est ressuscité, c'est-à-dire le Dimanche. Il se tint à cette occasion plusieurs Conciles à Rome, en Palestine & dans les Gaules; & tous décendèrent unanimement que la Pâque devoit être célébrée le Dimanche. Au contraire Polycrate Evêque d'Ephèse assembla dans cette ville un Concile des Evêques d'Asie, qui tous conclurent de continuer à célébrer cette Fête le même jour que les Juifs, c'est-à-dire, le quatorziéme de la Lune. Le Pape *Victor* qui étoit alors sur la Chaire de St. Pierre, voiant cette résistance, voulut retrancher de sa Communion les Eglises de toute l'Asie, & des environs, comme tenant une Doctrine particulière, & les nota par ses Lettres, déclarant excommuniés tous les freres de ces quartiers-là. Mais, dit (e) M. *Fleury*, les autres Evêques n'approuvèrent pas tous cette conduite, & l'exhortèrent fortement à conserver la paix & la charité. Plusieurs lui en écrivirent; entr'autres St. Irenée, qui lui adressa sur cela une Lettre au nom des freres qu'il gouvernoit en Gaule. Il paroit que ces remontrances eurent leur effet, & que le Pape s'adoucit en faveur de la paix & de l'union. Au reste la coutume de célébrer la Pâque le quatorziéme de la Lune, dura encore quelques siécles en Asie & en Orient.

Dans le troisiéme siécle, l'Eglise de Carthage fut troublée par plusieurs Schismes. Le premier fut celui des *Novatiens*. Voici quel en fut le sujet. (f) Il y avoit un Prêtre nommé Novat, homme inquiet, amateur des nouveautés, & suspect aux Evêques pour

la

<hr>

(a) Des Schismes qui ont divisé l'Eglise.
(b) Act. xv. 5.
(c) L'an 197. de J. C. *Euseb.* in Chron. Lat.
(d) L'an 158.
(e) Dans son *Histoire Ecclésiastique*. Liv. iv.
(f) V. M. Fleury, *Histoire Ecclésiastique*, Tom. II. L. 6.

la foi; préfomptueux, avare, flateur, féditieux, ennemi de la paix. Les fidéles préfoient pour le faire punir de plufieurs crimes atroces dont on l'accufoit: il devoit être dépofé, & même excommunié. Le jour de fon jugement approchoit, lorfque la perfécution qui s'eleva alors, le mit en fûreté, en empêchant les Evêques de s'affembler. Pour prévenir leur jugement, il fe fépara, & excita les autres à fe féparer de l'Evêque, qui étoit alors St. Cyprien, & fit ordonner pour fon Diacre un nommé Félieiffime. Celui-ci ne valoit pas mieux que Novat. Il forma un parti, à la tête duquel il fe mit avec cinq Prêtres, & commença à ériger un autel à part, & à tenir des affemblées. St. Cyprien aiant excommunié ces Schifmatiques, Novat paffa à Rome, où il fe fépara de l'Eglife un Prêtre nommé Novatien. St. *Corneille* venoit d'être élevé fur le fiege de St. Pierre. Novatien fe déclara contre cette élection; fépara quelques fideles de la communion du Pape; & paffant plus avant, il fe fit ordonner lui-même Evêque de Rome. Tel fut le prémier Antipape, & le chef du prémier Schifme dans l'Eglife Romaine. Au Schifme il joignoit l'héréfie, foutenant que l'Eglife ne pouvoit accorder la paix à ceux qui avoient une fois fuccombé à la perfécution, quelque pénitence qu'ils fiffent. Il condamnoit auffi les fecondes noces. Ses Difciples fe nommerent en Grec *Cathares*, c'eft-à-dire, purs, & affecterent de porter des habits blancs. Il fe tint à ce fujet plufieurs Conciles à Rome, en Afrique, & dans les autres Provinces, où Novatien & les Sectateurs furent condamnés. Cependant cette fecte dura plus d'un fiecle.

A ce Schifme fuccéda celui de *Fortunat*, qui ne paroît pas avoir eu de grandes fuites. Mais vers le même tems (*a*) & fous le Pontificat du Pape St. *Etienne*, il s'émut entre les Evêques Catholiques une grande queftion, qui penfa caufer beaucoup de fcandale dans l'Eglife. (*b*) C'étoit au fujet du baptême des Hérétiques. Ce fut prémierement en Afrique qu'elle fut agitée; & St. Cyprien fut le prémier de ce tems-là, qui foutint que le baptême des Hérétiques étoit nul, & qu'il falloit les baptifer de nouveau, lorfqu'ils revenoient à l'Eglife. Il tenoit cette doctrine de fon Prédeceffeur Agrippin Evêque de Carthage, qui avoit été le prémier à changer l'ancienne coutume. St. Denys Evêque d'Alexandrie étoit dans les fentimens de St. Cyprien. Au contraire le Pape St. Etienne tenoit pour l'opinion oppofée. Cette difpute fut pouffée de part & d'autre avec beaucoup de chaleur. St. Cyprien tint à Carthage plufieurs Conciles des Evêques d'Afrique, qui tous déciderent pour la nullité du baptême des Hérétiques. Le Pape rejetta ces décifions, & (*c*) déclara qu'il ne communiqueroit plus avec St. Cyprien & les autres Evêques du même fentiment, s'ils ne l'abandonnoient. (*d*) „ On ,, ne fait point, dit Mr. *Fleury* quel fut alors l'événement de cette difpute. Il eft cer- ,, tain qu'elle duroit encore fous le Pape St. *Sixte* fucceffeur de St. Etienne; & il ne ,, paroît pas que St. Cyprien ait changé d'avis. Toutefois St. Cyprien eft compté en- ,, tre les plus illuftres Martyrs, même dans l'Eglife Romaine. Ce qui fait que fon er- ,, reur ne nuit point à fa fainteté, c'eft qu'il conferva toujours de fa part l'unité de ,, l'Eglife & la charité, & qu'il foutint de bonne foi une mauvaife caufe qu'il croioit ,, bonne, & fur laquelle il n'y avoit point encore de décifion reçue par un confente- ,, ment unanime de toute l'Eglife. Le fentiment du Pape St. Etienne a prévalu, par- ,, ce qu'il étoit le plus ancien & le plus univerfel, & par conféquent le meilleur. C'é- ,, toit l'ancienne tradition de l'Eglife à laquelle ce St. Pontife rappelloit fans ceffe St. ,, Cyprien & ceux qui fuivoient fon opinion, en leur difant, *nihil innovemus, fed quod* ,, *traditum eft fervetur*. Enfin cette queftion fut entièrement terminée par l'autorité ,, du Concile univerfel, c'eft-à-dire, pour le plus tard au Concile de Nicée".

Mais un des plus longs & des plus dangereux Schifmes qu'ait fouffert l'Eglife d'Afrique, eft celui des *Donatiftes*. Il commença avec le quatrième fiecle, (*e*) au fujet du choix qu'on fit de Cécilien pour être Evêque de Carthage. Botrus & Celeufius qui afpiroient à cette chaire, irrités de n'avoir pas été élus fe joignirent à ceux qui défaprouvoient cette ordination; appellerent à Carthage jufqu'à foixante & dix Evêques de Numidie; & ayant ainfi groffi leur parti, ils érigerent autel contre autel, & tinrent un Concile dans lequel ils dépoferent Cécilien. Après cela regardant le fiege de Carthage comme vacant, ils procéderent à une nouvelle élection, & ordonnerent un nommé Majorin. Enfuite ils écrivirent des Lettres de tous côtés en Afrique, pour détourner les fideles de la communion de Cécilien. Telle fut l'origine du Schifme des
Dona-

<hr>

(*a*) V. l'an 254.
(*b*) Eufeb. *Hift.* L. VII. Ch. 3.
(*c*) Cypr. *Ep.* 74. *ad Pompei.*
(*d*) *Hift. Ecclef.* Tom. II. L. 7.
(*e*) Optat. Milev. *cont. Parm.* L. 1.

Donatistes en Afrique. On leur donna ce nom, à cause de Donat des Cases noires, qui étoit à la tête de ce parti, & d'un autre Donat plus fameux, qui succeda à Majorin dans la dignité d'Evêque de Carthage. En-vain l'Empereur Constantin se donna beaucoup de soins pour réunir ces Schismatiques à l'Eglise. Il se tint à ce sujet (a) un Concile à Rome, (b) & un autre à Arles, où les Donatistes furent condamnés. Ils en appellerent à l'Empereur, qui (c) les condamna de nouveau, & fit contre eux des Loix très-severes. Malgré cela ils se soutinrent encore sous les Empereurs suivans. Il falloit que leur parti fût puissant, même à la fin du IV. siécle, puisque S. Augustin se crut obligé d'écrire contre eux. Cependant ils donnoient dès lors beaucoup de prise sur eux par leurs divisions domestiques; ce qui n'empêcha pas qu'au commencement du V. siécle (d) l'Empereur Honorius ne fût contraint de faire encore contre eux des Loix très severes, pour réprimer leurs violences. Enfin la conférence tenue à Carthage en 411. porta le coup mortel à ce Schisme; & depuis ce tems-là les Donatistes vinrent en foule se réunir à l'Eglise.

On peut mettre encore au nombre des Schismatiques de ce siécle les *Lucifériens*. En effet ce fut vers l'an 362. que Lucifer Evêque de Cagliari (e) ne pouvant se résoudre à recevoir ceux qui avoient souscrit au Concile de Rimini, résolut de se séparer même de ceux qui les recevoient après une satisfaction convenable. Du reste on ne lui reproche autre chose que sa dureté inflexible, & on ne l'accuse d'aucune erreur dans la Foi. La grande réputation de Lucifer lui fit quelques Sectateurs, entr'autres Hilaire Diacre de l'Eglise Romaine, qui poussa le Schisme jusqu'à rebaptiser ceux qui avoient été baptisés par les Ariens. Quoique peu nombreux, les Lucifériens (f) eurent des Evêques à Rome, & le plus fameux de ce parti étoit Grégoire d'Elvire, à qui ses partisans attribuoient le don des miracles. En 385. ils obtinrent de l'Empereur Théodose qu'ils avoient surpris, un Rescrit en leur faveur. Mais on ne voit pas qu'il ait eu un grand effet; & ce Schisme s'éteignit peu de tems après.

Le Concile général de Chalcédoine qui se tint au milieu du cinquiéme siécle, fut aussi une occasion de nouveaux Schismes. Quoiqu'en proscrivant l'Eutychianisme, il eût en même tems renouvellé la condamnation de Nestorius, les partisans secrets d'Eutychès cherchant toutes les voies de diminuer l'autorité de cette sainte assemblée, ne manquerent pas de la calomnier, comme si en reconnoissant deux natures en Jésus-Christ, elle eût en même tems autorisé l'erreur des deux personnes. Un des plus habiles & des plus puissans adversaires de ce Concile fut Theodore Evêque de Cézarée en Cappadoce. Celui-ci voyant l'Empereur Justinien fort zélé pour donner la paix à l'Eglise, lui fit entendre qu'il y avoit un moyen très-court de réunir les restes du parti d'Eutychès avec les Catholiques; que ce qui choquoit ces premiers dans le Concile de Chalcédoine, étoit qu'il avoit reçu Theodoret, malgré son écrit contre les douze Anathêmes de S. Cyrille, & qu'il avoit approuvé ceux de Théodore de Mopsueste avec la Lettre d'Ibas, dont la doctrine étoit entièrement Nestorienne; que si on condamnoit ces écrits, le Concile seroit justifié, & reçu de tout le monde. Justinien ne s'apperçut pas de l'artifice de cet imposteur; & se laissant tromper à ses raisons, il publia un Edit (g) ou Lettre adressée à toute l'Eglise en forme de Confession de foi, par laquelle il condamnoit les trois Chapitres, c'est-à-dire, les écrits de Theodore de Mopsueste, celui de Theodoret contre S. Cyrille, & la Lettre d'Ibas.

Cet Edit fut le signal du Schisme. Comme on obligeoit tout le monde à y souscrire, qu'on récompensoit liberalement ceux qui le recevoient, & qu'au contraire ceux qui s'y opposoient étoient déposés ou envoyés en exil, plusieurs Evêques eurent la foiblesse de consentir à la condamnation qu'il contenoit. D'autres refuserent constamment d'obéir à cette Loi de l'Empereur. De ce nombre furent les Evêques d'Afrique; mais comme cette affaire eut de grandes suites, & que le détail nous meneroit trop loin, nous renvoyons ceux qui voudront s'en instruire, à l'Histoire Ecclésiastique de ce tems-là.

Mais le plus long sans contredit, le plus étendu, & par conséquent le plus déplorable de tous les Schismes qui ont affligé le Christianisme, est celui qui divise encore aujourd'hui l'Eglise Grecque des Catholiques. Il dure depuis au moins près de neuf cens ans,

& a

(a) En 313.
(b) En 314.
(c) En 316.
(d) En 405. & 410.
(e) August. & *Hieron.*
(f) *Liban. Marc. & Fauft.*
(g) Tom. V. Concil p. 683.

Ii 2

& a été marqué par tout ce que peuvent imaginer l'ambition, la jalousie, la haine,
l'aigreur & l'animosité jointes à la fourbe & à l'artifice. Nous n'entrerons point dans
l'Histoire de ce Schisme. Elle a été écrite par de très-savans Ecrivains (a) qu'on peut
consulter : d'ailleurs l'occasion se présentera naturellement d'en parler dans la suite de
cet ouvrage, lorsque nous traiterons des Cérémonies Religieuses des Grecs Schismatiques. Nous nous contenterons donc de faire ici seulement quelques remarques sur
l'origine & les causes de cette malheureuse division.

Quoique plusieurs fixent le commencement de ce Schisme à l'élévation de Photius
sur le Siége Patriarchal de Constantinople, vers le milieu (b) du neuvième siécle, il est
certain qu'il eut une origine beaucoup plus ancienne. Le Concile de Chalcédoine tenu
quatre cens ans auparavant en fut la véritable époque. Dans cette assemblée, aprés
avoir dressé vingt-sept Canons qui sont encore aujourd'hui reconnus & approuvés de
toute l'Eglise, on en composa un vingt-huitième, dans l'absence & à l'insçu des Légats
du Pape, par lequel on donna le second rang aprés Rome à l'Eglise de Constantinople.
Les Légats eurent beau se plaindre de cette décision qui avoit été faite sans leur participation; ils eurent beau protester contre : les Patriarches de Constantinople jaloux
d'un rang qui les élevoit presque à la première place, & se voyant d'ailleurs soutenus
dans leur prétention par les Empereurs Grecs, qui croyoient leur honneur intéressé à
soutenir la dignité de l'Evêque de leur Ville Impériale, n'eurent aucun égard, ni à
la protestation des Légats, ni aux remontrances réiterées des Souverains Pontifes.

Telle fut la première étincelle, qui produisit depuis ce grand embrasement. Je sai
que quelques Ecrivains Protestans en attribuent la cause à l'ambition des Papes, qui
s'opposerent à la prétention des Patriarches de Constantinople, jusqu'a se séparer (c) de
leur communion pour ce seul sujet. Mais si on considére les choses sans préjugé, on
avouera sans contredit, que l'ambition & la prévarication étoit toute entière du côté
des Patriarches de Constantinople, & la justice du côté des Souverains Pontifes. En
effet on ne peut nier que le vingt-huitième Canon du Concile de Chalcédoine ne fût
irrégulier dans la forme, aiant été dressé par les Evêques Orientaux, tout dévoués à
l'Empereur & au Patriarche de Constantinople, & jaloux de la gloire de leur Nation;
& cela à l'insu & contre les protestations des Légats. Il étoit d'ailleurs injuste dans le
fond, & contraire aux anciens Canons, sur-tout à ceux du Concile de Nicée, qui ré-
glant le rang des Eglises, avoient attribué le second à celle d'Alexandrie. Le vingt-
huitième Canon du Concile de Chalcédoine avoit donc été fait au préjudice d'un tiers;
ce qui seul autorisoit le Pape chargé de veiller à l'observation des Canons, à s'opposer
à l'exécution de celui-ci. D'ailleurs que les Patriarches de Constantinople ou ceux
d'Alexandrie tinssent le second rang dans l'Eglise, il est évident que la chose étoit égale pour les Souverains Pontifes, & que ne s'étant pas opposé à l'un, ils auroient pu
de même acquiescer à l'autre, si la justice & le bon ordre l'eussent permis. L'ambition
& la jalousie du prémier rang furent donc les seuls fondemens des prétentions des Patriarches de Constantinople, & par conséquent les prémieres causes du Schisme. Aussi
ne se tinrent-ils pas même long-tems satisfaits de la seconde place, qui leur avoit été
accordée par le Concile de Chalcédoine. Le titre d'Evêque universel qu'ils s'attribuerent dans la suite, (d) les mettant au-dessus de tous les Evêques du monde, manifesta
toute l'étendue de leurs prétentions, & fit voir avec combien de justice & de raison les
Souverains Pontifes s'y étoient opposés d'abord.

On peut ajouter, que les erreurs qui depuis ce tems-là infecterent l'Eglise Grecque,
& auxquelles les Papes s'opposerent toûjours vigoureusement, ne contribuerent pas peu
à entretenir la jalousie, l'aigreur & la division entre les Grecs & les Occidentaux, &
préparerent insensiblement les esprits au Schisme qui éclata depuis. En proscrivant
Eutychès, le Concile de Chalcédoine n'éteignit pas son Hérésie. La conduite que tint
Acace dans le siége de Constantinople, les violences de Pierre le Foulon à Antioche,
celles de Pierre Monge à Alexandrie, le fameux *Hénoticon* (e) de l'Empereur Zenon, la
per-

<hr>

(a) P. M. Fleury dans son *Hist. Eccles.* & Maimbourg, *Hist. du Schisme des Grecs.*
(b) En 858.
(c) En 483. le Pape refusa pour ce sujet de communiquer avec Acace Patriarche de Constantinople.
(d) Jean, surnommé *le Jeûneur* Patriarche de Constantinople, fut le prémier qui s'attribua ce titre
dans un Concile particulier qu'il tint à Constantinople. Le Pape S. Grégoire s'opposa vigoureusement à
cette entreprise, & ordonna même à ses Légats de ne point communiquer avec Cyriaque Successeur de
Jean, parce qu'il tenoit la même conduite.
(e) Ou Edit d'union. Par cet Edit, en recevant les Conciles de Nicée, de Constantinople & d'E-
phèse, l'Empereur rejettoit celui de Chalcédoine, & sembloit même lui attribuer des erreurs. L'*Hénoticon* de l'Empereur Zenon fut publié en 478.

perſécution que ſouffrirent les Catholiques ſous Anaſtaſe ſon Succeſſeur; tout cela prouve que l'Eutychianiſme avoit jetté de profondes racines dans l'Egliſe Grecque. Nous avons vu plus haut, que dans l'affaire des trois Chapitres on avoit eu principalement en vûe d'autoriſer cette erreur. Celle des Monothelites dont nous parlerons, & qui parut depuis, en étoit encore une ſuite. Enfin l'Héréſie des Iconoclaſtes qui dura plus d'un ſiecle, acheva le Schiſme. On peut auſſi avancer ſans crainte, que la perte que les Grecs firent dans cet intervalle de l'Empire d'Occident, porta le coup mortel à l'union des deux Egliſes.

Telles furent, à mon avis, l'origine & les cauſes du Schiſme des Grecs. Nous n'avons point parlé ici de pluſieurs Schiſmes particuliers, parce qu'ils durerent peu, & n'intéreſſerent l'Egliſe que médiocrement. Nous ne dirons rien non plus des Schiſmes aſſez fréquens, ſur-tout depuis le huitième ſiecle, cauſés par l'ambition des Antipapes. Outre que ce ſujet demanderoit une Hiſtoire particuliere, il eſt ſi ſterile en evenemens, & ſi ſertile en répétitions, qu'il rebuteroit facilement les Lecteurs. Enfin nous renvoyons ce qui regarde le Schiſme d'Anglettere, à l'Article ou nous traiterons des Cérémonies Religieuſes des Proteſtans. Le peu que nous avons dit des principaux Schiſmes, qui en divers tems ont introduit la diviſion dans l'Egliſe de Dieu qui eſt eſſentiellement une, ſuffira pour en donner une legere idée, ainſi que de leur origine, & des cauſes qui les ont produits. Il nous reſte à parler des Héréſies; & parce que de toutes celles qui ſe ſont élevées depuis la naiſſance de l'Egliſe, pluſieurs ont eu de grandes ſuites, nous nous étendrons davantage ſur cette matiere.

(*a*) II. La prémiere & la plus ancienne de toutes les Héréſies eſt celle de Simon, ſurnommé le Magicien. Celui-ci voyant que par l'impoſition des mains des Apôtres on recevoit le S. Eſprit, qui ſe rendoit alors ſenſible par le don des Langues, des guériſons & des autres miracles, offrit de l'argent aux Apôtres, & leur dit: *Donnez-moi auſſi ce pouvoir, que tous ceux à qui j'impoſerai les mains reçoivent le S. Eſprit.* Saint Pierre lui dit: Que ton argent periſſe avec toi, puiſque tu crois pouvoir acheter le don de Dieu; & il l'exhorta à faire pénitence. Mais Simon ne ſe convertit point: au contraire il abuſa du nom de Jéſus-Chriſt pour faire une Secte particuliere. (*b*) Il diſoit qu'il étoit la ſouveraine puiſſance, qui ſouffroit d'être nommée comme les hommes vouloient: qu'il avoit paru entre les Juifs comme Fils, à Samarie comme Pere, chez les autres Nations comme S. Eſprit. Il menoit avec lui une femme nommée Hélene, ou *Sélene*, c'eſt-à-dire Lune, qu'il avoit achetée à Tyr, ou elle étoit eſclave proſtituée. Il la nommoit la prémiere conception de ſon eſprit, la mere de toutes choſes, &c. Pour s'attirer plus de Sectateurs, en les délivrant du danger de la mort auquel les Chrétiens s'expoſoient, il leur enſeigna d'être indifferens pour l'idolâtrie. Ils l'adorerent lui-même ſous la figure de Jupiter, & Sélene ſous celle de Minerve. Leurs Prêtres vivoient dans la débauche, & s'appliquoient à la Magie, aux enchantemens, aux charmes pour donner de l'amour, à l'explication des ſonges, & à toutes les vaines curioſités. Cette Secte ne fut point perſecutée; cependant deux cens ans après elle ne paroiſſoit plus en aucun lieu du monde.

Nous ne nous ſommes un peu étendus ſur cette matiere, que pour faire voir comment dès ſa naiſſance la Religion fut déshonorée par les erreurs, que la malice & la corruption des hommes inventerent à deſſein de la faire ſervir à leurs paſſions, & d'établir à l'ombre de ſon autorité reſpectable toutes les viſions de leur eſprit déréglé & tous les déſordres de leur cœur. Outre cette Héréſie, le prémier ſiecle de l'Egliſe vit encore naître celle des *Nicolaïtes*, qui prirent leur nom de Nicolas un des ſept prémiers Diacres de Jéruſalem, & qui abuſerent d'une parole (*c*) & d'une action fort innocentes de ce Diacre, pour mépriſer les regles du mariage, & s'abandonner à l'incontinence; celles d'*Ebion* & de *Cérinthe*, qui tous deux nioient la divinité de Jéſus-Chriſt, & contre leſquels principalement S. Jean écrivit ſon Evangile: celle de *Ménandre*, le principal diſciple de Simon le Magicien, qui diſoit comme lui (*d*) que la Vertu Inconnue l'avoit envoyé pour le ſalut des hommes & que perſonne ne pouvoit être ſauvé, s'il n'étoit baptiſé en ſon nom, mais que ſon baptême étoit la vraie réſurrection, en ſorte que ſes diſciples ſeroient immortels, même en ce monde.

Dans

(*a*) Des Héréſies qui ſe ſont élevées dans l'Egliſe.
(*b*) Irén. Liv. 1. Ch. 20 pag. 115. Edit. de 1639.
(*c*) Les Apôtres lui ayant reproché qu'il étoit jaloux de ſa femme, qui étoit fort belle, il la préſenta aux freres, & lui permit d'épouſer qui elle voudroit. Il diſoit qu'il falloit abuſer de la chair, voulant dire qu'il falloit la mortifier.
(*d*) Irén. L. 1. Ch. 21.

Dans le second siécle, lorsqu'il ne se trouva plus sur la terre aucun des prémiers Disciples, qui avoient vu Jésus-Christ de leurs yeux, & entendu sa Doctrine de leurs oreilles, les Hérésies, qui jusques-là s'étoient tenues dans les ténébres, commencerent à lever la tête, & à se produire avec plus d'impudence. Un nommé Elxaï, Juif d'origine, forma une Secte particuliere de Juifs demi-Chrétiens, ennemis de la virginité & de la continence, & qui contraignoient au mariage. Ils disoient (a) que l'on pouvoit sans péché céder à la persécution, adorer les Idoles, & professer au dehors ce que l'on vouloit, pourvu que le cœur n'y eût point de part. On les appella *Osséniens*, ou *Osséens*. Ils gardoient la Circoncision & le Sabath. Après eux vinrent les *Gnostiques* partagés sous différens Chefs, Saturnin, Basilide & Carpocras disciples de Ménandre, mais qui se réunirent dans le dessein de souiller par leurs rêveries la pureté de la Foi. Valentin renchérit sur leurs visions, & composa une Doctrine mêlée de la Philosophie Platonicienne & des Mystéres des Nombres, avec la Théogonie d'Hésiode & l'Evangile de S. Jean, qui étoit le seul qu'il reçût. Nous n'entrerons point dans la discussion de la fable ridicule (b) de ses *Eones*. Elle montre jusqu'où les plus beaux esprits se sont égarés, quand ils ont suivi leurs pensées dans l'explication de l'Ecriture. ,, La maladie de tous ,, ces Hérétiques, dit (c) M. *Fleury*, étoit de trouver trop simple la Doctrine de l'E- ,, glise Catholique, & de vouloir relever plus haut le Dieu qu'ils reconnoissoient pour ,, Souverain. ,, Le nom de Gnostiques qu'ils s'attribuerent signifie *Savans*, ou *Illuminés*; & les Catholiques l'appliquoient aux Chrétiens les plus parfaits. Après eux parut l'impie *Marcion*, que la jalousie & le dépit jetterent dans le mauvais parti, & qui marchant sur les traces de *Cerdon* son maître, (d) établit deux Principes, l'un bon, l'autre mauvais. Il nioit la Résurrection des corps, & condamnoit le Mariage, ne baptisant que ceux qui faisoient profession de continence. Ses Sectateurs s'abstenoient de la chair des animaux & du vin, & n'usoient que d'eau dans le Sacrifice. Ils jeûnoient le Samedi en haine du Créateur; & ils poussoient la haine de la chair jusqu'à s'exposer eux-mêmes à la mort, sous prétexte de Martyre. Environ vingt ans après (e) *Montan* s'étant associé deux femmes débauchées, Priscilla & Maximilla, prétendit (f) que lui & ses Prophétesses avoient reçu la plénitude de l'Esprit de Dieu, qui n'avoit été communiqué qu'imparfaitement aux autres. Il se faisoit appeller le Paraclet, & prétendoit enseigner une plus grande perfection que les Apôtres. Il condamnoit les secondes nôces comme une débauche, ordonnoit de nouveaux jeûnes, défendoit de fuir dans la persécution, & ne recevoit presque point de pécheurs à pénitence. On appella sa doctrine l'Hérésie des Phrygiens, ou selon les Phrygiens *Cata-Phryges*, parce que Montan étoit de la Phrygie. Ses partisans se diviserent en plusieurs Sectes, dont quelques-uns dans leurs prieres mettoient le doigt devant leur nés, pour se fermer la bouche & marquer leur application. Nous passons les *Encratites* ou *Continens*, dont Tatien fut le Chef; les *Marcosiens* auxquels se joignirent les *Ascodroutes* ou *Ascodroupites*, & les *Artotiques*, qui tous renchérirent sur les rêveries de Valentin. Enfin vers la fin de ce siécle, *Hermogéne* Peintre & Philosophe quitta la Doctrine de l'Eglise pour celle des Stoïciens. Il soutint (g) que la matiére étoit éternelle & incréée; que les Démons seroient un jour remis à la matiére; & que le Corps de Jésus-Christ étoit dans le Soleil.

Au commencement du troisiéme siécle vivoit Origéne que nous ne mettrons point au nombre des Hérétiques, quoique l'Eglise ait condamné plusieurs de ses opinions, puisqu'on peut l'excuser, en disant qu'il ne les a avancées qu'en doutant, & les soumettant au jugement du Lecteur. C'est ainsi qu'on peut le justifier sur les sentimens qui sont constamment de lui; car il y en avoit d'autres qu'il désavouoit absolument, se plaignant que les Hérétiques avoient falsifié ses Ouvrages. Au reste les erreurs qu'on lui a reprochées se trouvent principalement dans son *Traité des Principes*, où il avance des opinions hardies & singuliéres sur la Trinité; sur la nature des Anges, qu'il croit composés d'ame & de corps très-subtils; sur celle des Astres, qui selon lui, sont animés; sur l'état des Démons, qu'il dit devoir un jour cesser d'être ennemis de Dieu; sur la pluralité des Mondes, qu'il pense avoir existé de toute éternité, & devoir éternellement se succéder les uns aux autres. Vers l'an 248. il fut appellé à un Concile de plusieurs Evê-

(a) *Epiph.* Hæres. 19. & 20.
(b) V. *Iren.* L. I. Ch. 1. & Tertull. *adv. Valent.* Ch. 7. 8. 9. &c.
(c) *Hist. Eccles.* Tom. I. L. 3.
(d) *Iren.* L. I. Ch. 29.
(e) Vers l'an 171. de Jésus-Christ.
(f) V. S. Jérôme, *Epist.* 54. *ad Marcell.*
(g) *Tertull. in Herm.* C. I.

Evêques, tenu en Arabie contre des Hérétiques, (a) qui difoient que les ames montoient en même tems que les corps, & reffufciteroient en même tems. Il combattit auffi d'autres Hérétiques, nommés *Helcéfaites*, qui avoient renouvellé les erreurs d'Elxaï, dont nous avons parlé plus haut.

On compte parmi les Hérétiques de ce même fiécle les *Aquariens*, contre lefquels écrivit St. Cyprien, & qui furent ainfi appellés, parce que (b) par ignorance ou par fimplicité ils n'employoient que de l'eau dans le Sacrifice, de peur d'être reconnus pour Chrétiens à l'odeur du vin; & les *Millénaires*, contre lefquels S. Denis d'Alexandrie compofa un Traité. Leur principal Auteur avoit été l'Evêque *Népos*, (c) qui prenant trop judaïquement les promeffes des faintes Ecritures, difoit que Jéfus-Chrift régneroit fur la terre pendant mille ans, & que pendant ce tems les Saints jouiroient de tous les plaifirs du corps.

Ce même fiécle vit naître l'Héréfie de *Sabellius*, qui étoit la même dans le fond que celle de Praxeas & des Patropaffiens, qui nioient la Trinité, & la diftinction réelle des Perfonnes divines. Auffi Sabellius l'avoit-il apprife (d) de Noëtius dont il étoit difciple, & qui l'avoit prêchée dans le Levant, tandis que Praxeas l'enfeignoit en Occident. Cette Héréfie s'étendit fort loin. A peu près dans le même tems (e) vivoit *Paul de Samofate* Evêque d'Antioche, qui enfeignoit que le Fils de Dieu n'étoit point avant Marie, mais qu'il tenoit d'elle le commencement de fon être, & que d'homme il étoit devenu Dieu.

Enfin fur la fin de ce fiécle (f) parut l'Héréfiarque *Manès*, dont la doctrine étoit la même que celle de Cerdon & de Marcion, (g) & rouloit fur la diftinction des deux Principes; le bon, qu'il appelloit Prince de la lumiere; & le mauvais, qu'il nommoit Prince des ténébres. Et il ne prenoit pas métaphoriquement ces mots de lumiere & de ténébres, mais au pied de la Lettre, car il ne reconnoiffoit rien que de corporel. Le monde avoit été fait du mélange de ces deux natures du bien & de mal. Le Soleil & la Lune étoient deux vaiffeaux voguans dans le Ciel, comme en une grande mer; le Soleil compofé du bon feu; la Lune de la bonne eau. C'eft ainfi qu'ils expliquoient la Trinité Divine. Le Pere habitoit dans une lumiere reculée, le Fils dans le Soleil, la Sageffe dans la Lune, & le St. Efprit dans l'air. En haine de la chair qui étoit du mauvais Principe, il falloit empêcher la génération, & par conféquent le Mariage. Il ne falloit point donner l'aumône, ni honorer les Reliques des Saints, ce qu'ils traitoient d'idolâtrie, ni croire que Jéfus-Chrift fe fût incarné, & qu'il eut fouffert. Ils avoient un Baptême, mais corrompu. Ils célébroient auffi l'Euchariftie, mais avec un mélange fi exécrable, qu'on n'ofe l'écrire. Telle étoit la doctrine de Manès & des *Manichéens*. Quelque abfurde qu'elle fût, elle ne laiffa pas de s'étendre, & de durer tres-long-tems. Vers le commencement du onzième fiécle on découvrit des Manichéens en France, comme il paroît par un Concile d'Orléans tenu en 1022. qui les condamna au feu. On brûla de même ceux de cette Secte, qui furent trouvés ailleurs, particuliérement à Touloufe. Adémar Moine d'Angoulême, Auteur Contemporain, dit que ces Emiffaires de l'Antechrift, c'eft ainfi qu'il appelle ces Hérétiques, étoient répandus en différentes parties de l'Occident, & fe cachoient avec foin, féduifant tous ceux qu'ils pouvoient. Il ajoute, qu'ils commettoient en fecret des abominations, qu'il n'eft pas même permis d'écrire. Deux ans après il s'en trouva auffi à Arras: mais ceuxci abjurerent leurs erreurs; & on leur pardonna. Il y en avoit auffi dans le Diocéfe de Soiffons au commencement du douzième fiécle; & l'on voit que le Concile général de Latran tenu en 1139. fe crut obligé de les condamner. Ils étoient auffi fort répandus alors en Orient, où l'on les connoiffoit fous les noms de Bulgares & de Bogomilles; & nous lifons que vers 1111. l'Empereur Alexis Comnéne (h) fit brûler Bafile leur Chef. Ils reparurent en France vers le milieu du douzième fiécle, fous les noms de *Poplicains* ou Publicains, de *Bons-hommes*, de *Henriciens*, de *Cathares*, &c. Leurs principaux Chefs furent Pierre de *Bruis* brûlé en Languedoc (i) par les Catholiques, & Henri fon difciple, qui de Moine Apoftat devint l'Apôtre de cette Secte. Ces deux Hé-

(a) Eufeb. *Hift.* L. VI. C. 37.
(b) V. S. *Cypr.* Epift. 63.
(c) Eufeb. *Hift.* L. VII. C. 24.
(d) Epiph. *Hæref.* 72. n. 1.
(e) Eufeb. *Hift.* L. VII. C. 27.
(f) L'an de J. C. 277.
(g) Epiph. *Hæref.* 66. N. 13. &c.
(h) Annal. Comn. L. XV. p. 486.
(i) Vers l'an 1147.

Hérétiques aiant parcouru le Dauphiné, la Provence & le Languedoc, infecterent ces Provinces de leurs erreurs. Leurs Sectateurs devinrent très-puiſſans a Toulouſe : mais ce fut principalement à Albi qu'ils ſe multiplierent davantage ; d'où on donna depuis à toute la Secte le nom d'*Albigeois*. Nous en parlerons dans la ſuite.

L'état de l'Egliſe étoit tel que nous l'avons dit, lorſque vers le commencement du quatriéme ſiécle (*a*) elle fut attaquée par la plus grande tentation qu'elle eût éprouvée juſqu'alors. Ce fut l'Hérélie d'*Arius* Prêtre d'Alexandrie, & chargé dans cette ville de la Prédication & du Gouvernement d'une Egliſe. Il avoit prétendu à l'Epiſcopat, & ne pouvoit ſouffrir qu'Alexandre qui venoit d'être élevé ſur la Chaire d'Alexandrie, lui eût été préféré. Ne trouvant rien à reprendre en ſes mœurs, il chercha à calomnier ſa doctrine, & il s'en préſenta une occaſion. Alexandre (*b*) parlant de la Sainte Trinité en préſence des Prêtres & des autres Clercs, ſoutint qu'il y avoit unité dans la Trinité. Arius prétendit que c'étoit introduire l'Héréſie de Sabellius, & donna dans l'extrêmité oppoſée, diſant que ſi le Pere a engendré le Fils, celui qui eſt engendré a un commencement de ſon être ; d'où il concluoit, que le Fils de Dieu eſt ſa créature & ſon ouvrage, capable de vertu & de vice par ſon libre arbitre.

Arius ne répandit d'abord ſa doctrine que dans les entretiens particuliers, en ſorte que le mal demeura quelque tems caché : mais lorſqu'il ſe vit écouté & ſoutenu d'un grand nombre de Sectateurs, il la prêcha publiquement, & attira à ſon parti un grand nombre de Vierges, douze Diacres, ſept Prêtres, & même quelques Evêques. „ Il „ avoit, dit (*c*) M. *Fleury*, de grands talens pour ſéduire. Il étoit déja vieux ; on „ croioit voir en lui de la vertu & du zéle. Son extérieur étoit compoſé, ſa taille „ extraordinairement grande, ſon viſage ſérieux & abatu, comme de mortification, „ ſon habit auſtére. D'ailleurs ſa converſation étoit douce & agréable, propre à ga- „ gner les eſprits : il étoit inſtruit de la Dialectique & des Sciences profanes ”. Saint Alexandre eſſaia d'abord de le ramener par des avis charitables : mais voiant enfin que ſes erreurs paſſoient d'Alexandrie dans les autres villes, il aſſembla un Concile, où Arius fut excommunié tout d'une voix, & dépoſé. Celui-ci ſe voiant ainſi condamné, ſortit d'Alexandrie & ſe retira en Paleſtine, où il trouva de l'appui auprès de quelques Evêques. Son plus puiſſant protecteur étoit Euſébe de Nicomédie. On comptoit encore parmi ſes Partiſans Euſébe Evêque de Céſarée, Théodore de Laodicée, Paulin de Tyr, Grégoire de Béryte, Aëtius de Lydda, &c.

Conſtantin travailloit à établir ſolidement la paix & le repos de l'Egliſe, lorſqu'il apprit la diviſion qui commençoit en Egypte & dans les Provinces voiſines, à l'occaſion des dogmes d'Arius. Ce n'étoient pas ſeulement les Evêques & les Prêtres qui diſputoient : les Peuples entiers étoient diviſés. Le déſordre vint à tel point, que dans leurs ſpectacles les Paiens tournoient le Chriſtianiſme en ridicule. Ces nouvelles affligerent ſenſiblement Conſtantin : mais comme il n'étoit encore ni baptiſé, ni ſuffiſamment inſtruit des Myſtéres, & qu'Euſébe de Nicomédie avoit beaucoup de crédit auprès de lui, il fut aiſé à cet Evêque de lui faire entendre, que cette diviſion des Egliſes n'avoit d'autre fondement, que des diſputes de mots & de vaines ſubtilités, qui n'intéreſſoient point le fond de la Religion ; & que le plus grand mal étoit l'aigreur des eſprits, & en particulier l'averſion de l'Evêque Alexandre contre Arius. Prévenu de cette idée, l'Empereur ſe contenta d'abord d'envoier à Alexandrie Oſius Evêque de Cordoue, en qui il avoit une confiance particuliére, avec une Lettre adreſſée conjointement à Alexandre & à Arius, par laquelle il les exhortoit à la réunion. Mais les ſoins de ce grand homme n'aiant pas produit ce que Conſtantin en avoit eſpéré, ce Prince par le conſeil des Evêques (*d*) réſolut d'aſſembler ce Concile célébre pour avoir été le prémier Oecuménique, & plus encore peut-être par le nombre & la qualité des perſonnes qui le compoſérent. Ce fut à Nicée que ſe rendirent (*e*) pour ce ſujet près de trois cens Evêques Catholiques ; Saint Alexandre Evêque d'Alexandrie accompagné du jeune Diacre Athanaſe, Potamon d'Héraclée ſur le Nil, Saint Paphnuce, Saint Spyridion, Saint Jaques de Niſibe, & pluſieurs autres, dont les noms ſont fameux dans l'Hiſtoire Eccléſiaſtique. On y en compta juſqu'à vingt-deux du parti d'Arius. L'Empereur en perſonne ſe trouva au Concile : Oſius y préſida (*f*) de la part du
Pape

(*a*) Environ l'an de J. C. 325.
(*b*) Socrat. *Hiſt.* L. I. C. 5. Sozom. *Hiſt.* L. I. C. 15.
(*c*) *Hiſt. Eccl.* Tom. III. L. 10.
(*d*) Sozom. Hiſt. L. I. C. 17.
(*e*) L'an de J. C. 325.
(*f*) *Gelaſ.* L. XI. C. 5.

Pape Silvestre ; & après avoir entendu Arius, après avoir examiné ses raisons & celles de ses Partisans, les Peres ne trouvant point de terme plus propre pour prévenir les subtilités & la mauvaise foi des Ariens, par rapport à la Divinité de J. C. que celui de *Consubstantiel*, l'insérerent dans le célèbre Symbole qu'ils composerent, & auquel souscrivirent enfin tous les Evêques, même les deux Eusebes & les autres du parti d'Arius. Théonas de Marmarique & Second de Ptolémaïde furent les seuls, qui demeurerent opiniatrément attachés à cet Hérésiarque. Aussi furent-ils également condamnés par le Concile, avec sa personne & ses écrits. En même tems l'Empereur écrivit deux Lettres (*a*) pour publier les Ordonnances du Concile, & exila Arius avec les deux Evêques qui étoient demeurés attachés à son parti.

Mais à peine le Concile fut-il terminé, & les Peres retirés chacun dans leur Siége, qu'on vit clairement que ces deux dont nous venons de parler, n'étoient pas les seuls qui n'eussent point renoncé à l'erreur. Notre dessein n'est point d'entrer dans le détail de tous les évenemens qui suivirent cette Hérésie, sur laquelle nous ne nous sommes déja étendus, que parce qu'elle a été renouvellée de notre tems, comme on le verra dans la suite de cet ouvrage, lorsque nous parlerons des Sociniens. Nous n'entreprendrons donc point de représenter le changement de Constantin, qui par sa facilité à prêter l'oreille aux discours des Evêques Ariens, pensa détruire ce qu'il venoit d'edifier à Nicée, & porta certainement un coup dangereux à la personne de St. Athanase (*b*) qu'il exila; les emportemens de l'Empereur Constantius son fils, qui se déclara ouvertement pour l'erreur, qui la favorisa, & qui travailla à l'établir par toutes les voies les plus capables de seduire ou d'intimider le retour d'Arius justifié par (*c*) un Concile Hérétique, & puni presque en même tems d'une mort tragique (*d*) dont Dieu se plait quelquefois à se servir, pour se venger de ses ennemis; les violences de ses Partisans; les calomnies qu'ils inventerent, & la persecution qu'ils susciterent contre les plus illustres Prélats Orthodoxes, qu'ils chargerent de fers & chasserent de leurs Siéges, tandis qu'à la place de ces Saints Evêques ils mettoient de jeunes débauchés (*e*) encore Paiens, ou à peine Cathécumenes, qui achetoient l'Episcopat à prix d'argent, & en professant l'Hérésie; la fermeté au contraire des Papes & des Evêques Catholiques, qui dans plusieurs Conciles (*f*) soutinrent avec vigueur les Décrets de Nicée; la chute ensuite du grand Osius & du Pape Libere, qui sans autoriser l'erreur, semblerent la favoriser, en souscrivant une formule de foi (*g*) dictée par les Hérétiques, mais qui réparerent ensuite glorieusement cette faute, le prémier par un prompt repentir, le second, en reprenant courageusement la défense de la vérité (*h*) lorsqu'elle paroissoit presque abandonnée; le scandale enfin causé par plus de quatre cens Evêques assemblés à Rimini, (*i*) qui trompés par leurs adversaires, vaincus par la misère & par l'ennui, sans s'appercevoir du venin caché qu'on leur présentoit, autoriserent l'Hérésie par leurs signatures, & ne reconnurent leur erreur, que lorsqu'ils virent avec douleur les Ariens triompher de leur foiblesse, & se prévaloir de leur excès de bonne foi.

Nous remarquerons seulement, que dans l'espace d'environ vingt-cinq années, qui s'écoulerent depuis le Concile de Nicée jusqu'à la mort de Constantius, arrivée en 361, il se tint à ce sujet vingt Conciles, dans lesquels les Hérétiques eurent presque toujours le dessus; & que dans ce court intervalle on peut compter jusqu'à seize professions de foi différentes composées par les Ariens; ce qui marque l'incertitude de leur Doctrine, & combien peu ils convenoient entr'eux de ce qu'ils devoient enseigner; caractère qui dans tous les tems a été inséparable de l'erreur. Aussi les Hérétiques dont nous parlons furent-ils divisés presque dès leur origine; les uns, qui étoient les Ariens purs, regardant le Fils de Dieu comme une simple créature, tandis que les autres en le mettant au-dessous de Dieu, lui donnoient cependant quelque chose au-dessus de l'humanité. Cette Secte perdit beaucoup à la mort de Constantius. Il est vrai que Va-

lens

(*a*) Socrat. *Hist.* L. I. Ch. 9. & 18.
(*b*) *Athanas.* Apol. 2.
(*c*) Le Concile de Jérusalem tenu par les Ariens en 335.
(*d*) Socrat. *Hist.* L. I. Ch. 38.
(*e*) Athanas. *ad Solit.*
(*f*) Deux de Rome, deux de Milan, un d'Alexandrie, un d'Arles, & sur-tout celui de Sardique tenu en 347.
(*g*) Socrat. *Hist.* L. II. Ch. 31. & Sozom. L. IV. Ch. 12.
(*h*) Après le Concile de Rimini.
(*i*) Sev. Sulp. L. II.

lens la protégea encore (*a*) pendant quelque tems : les Ariens obtinrent même dans les prémieres années du régne du jeune Valentinien (*b*) une Loi qui autorifoit leurs assemblées. Mais ces protections ne furent que passagéres ; & ils furent constamment persécutés par tous les autres Empereurs. Cependant cette Hérésie subsista toujours, & infecta même toute la Nation des Goths (*c*) qui la porterent ensuite dans tout l'Occident.

Dans le même siécle, c'est-à-dire vers l'an 325. parurent aussi les *Audiens*, ainsi appellés du nom d'*Audius* leur Chef. Ce n'étoit d'abord qu'un simple Schisme ; & ils faisoient profession d'une morale très-sévere, sans errer dans la foi. Mais bientôt ils devinrent *Quartodécimains* (*d*) célébrant la Pâque le quatorze de la Lune, comme les Juifs, & ensuite *Antbropomorphytes*. Ces Hérétiques prenant trop à la lettre ce qui est dit dans l'Ecriture, que l'homme est fait à l'image de Dieu, sans distinguer si cette image est selon l'ame ou selon le corps, se figuroient Dieu corporel & sous une forme humaine, lui donnant un visage, des yeux, des mains, &c. Cette erreur se répandit ensuite dans les Monastéres d'Egypte (*e*) où elle causa de grands mouvemens entre les Grands Freres, c'est-à-dire, ceux des Moines qui passoient pour les plus parfaits. On peut voir dans l'Histoire Ecclésiastique (*f*) les suites facheuses que cette dispute eut pour St. Jean Chrysostome.

Le même siécle vit encore naître l'Hérésie de *Photin*, (*g*) qui joignant les erreurs de Sabellius & de Paul de Samosate, nioit la Trinité, & qui aiant été condamné d'abord par le Concile d'Antioche tenu en 345. par les Demi-Ariens, le fut encore dans la suite par plusieurs autres ; celle d'*Apollinaire*, (*h*) qui consistoit principalement à soutenir, que Jésus-Christ n'avoit point eu d'entendement humain, mais seulement la chair, que son corps étoit descendu du Ciel, & que par conséquent il étoit d'une autre nature que le nôtre ; celle des *Antidicomarianites*, ou adversaires de Marie, & des *Collyridiens*, (*i*) dont les prémiers disoient que Marie n'étoit pas demeurée Vierge, & qu'après la naissance de Jésus-Christ elle avoit eu des enfans de S. Joseph, tandis que les autres faisoient passer la sainte Vierge pour une espéce de Divinité ; celle des *Priscillianistes*, (*k*) dont le fond de la doctrine étoit celle des Manichéens, mêlée des erreurs des Gnostiques & de plusieurs autres, & dont le Chef fut le premier des Hérésiarques, que les Loix du Prince (*l*) condamnerent à la mort, malgré les instances de S. Martin pour lui sauver la vie ; celle de *Jovinien*, qui aux erreurs des Antidicomarianites joignoit une doctrine douce & commode, dont l'appas lui attira grand nombre de Sectateurs ; celle des *Massaliens*, qui commencerent à paroître dès le régne de Constantius, (*m*) & qui faisoient consister dans la priere seule l'essence de la Religion, croiant du reste que la science & la vertu des hommes pouvoit arriver non seulement à la ressemblance, mais à l'égalité de Dieu, ensorte que ceux qui étoient parvenus à cet état de perfection, ne pouvoient plus pécher, pas même de pensée ou par ignorance ; enfin celle des *Macédoniens*, dont le Chef, nommé *Macedonius*, avoit tenu le Siége de Constantinople. (*n*) Il étoit du nombre des Ariens mitigés : mais il nioit avec les purs Ariens la divinité du St. Esprit, soutenant que ce n'est qu'une créature semblable aux Anges, mais d'un rang plus élevé. Cette erreur fut condamnée dans le Concile de Constantinople, qui est le second Oecuménique tenu en 381. sous l'empire de Théodose.

Le V. Siécle ne fut pas moins funeste à l'Eglise que le précédent. Ce fut au commencement de ce siécle, que l'Hérésie des *Pelagiens* commença à se faire connoître en Occident. Un Syrien, nommé Rufin, l'apporta à Rome vers l'an 400. Comme il étoit fin, rusé & artificieux, caractére de tous les Hérésiarques, il n'osa pas la publier lui-même, de peur de se rendre odieux : mais il l'inspira au Moine Pélage, qui étoit alors dans cette Ville, & fort renommé pour sa doctrine. Celui-ci commença donc

à pré-

(*a*) Socrat. *Hist.* L. IV. Ch. 6. & *Sozom.* L. VI. Ch. 8.
(*b*) *Sozom.* L. VII. Ch. 13.
(*c*) *Theodor.* L. IV.
(*d*) *Epiphan.* Hæref. 70. N. 9. 10.
(*e*) Socrat. *Hist.* L. VI. Ch. 7. & *Sozom.* L. VIII. Ch. 11.
(*f*) V. l'*Hist. Eccles.* de M. *Fleury*, Tom. V. L. 21.
(*g*) *Epiphan.* Hæref. 71. V. aussi *Sozom.* L. XI. Ch. 18.
(*h*) *Epiphan.* Hæref. 77.
(*i*) *Idem.* Hæref. 77. 78. 79.
(*k*) *August.* Hæref. 70. V. aussi *Sev. Sulpice*, L. I. II.
(*l*) En 348. V. *Sev. Sulpice*, L. II. & *Orose* L. VII. Ch. 24.
(*m*) *Epiphan.* Hæref. 80.
(*n*) V. *Sozom.* L. IV. V. VII. & *Socrat.* L. II. & V.

à prêcher contre la grace & le péché Originel : mais il prenoit grand soin de diffimu-
ler fes erreurs. (a) „ Il les faifoit propofer plus clairement par fes difciples, pour voir
„ comment elles feroient reçues, & les approuver ou les condamner, felon qu'il ju-
„ geoit utile pour fes deffeins ”. Par cette adreffe Pélage étendit beaucoup fa doctrine en peu de tems. Son principal difciple fut *Celeftius*. Lui & fon maître avoient beaucoup d'efprit & de fubtilité. Ils quitterent Rome, & pafferent en Afrique, où Celeftius aiant voulu dogmatifer, fut condamné par un Concile tenu à Carthage. Celeftius en appella au St. Siége, & fe retira à Ephéfe.

St. Auguftin qui avoit déja fignalé fon zéle contre les Donatiftes, ne négligea pas
encore cette occafion ; & il compofa plufieurs écrits, où il établit la vérité du péché
Originel & la néceffité de la Grace contre les erreurs de Pélage. Celui-ci s'étoit retiré en Paleftine, où fa doctrine aiant été déferée à un Concile tenu à Diofpolis en 415.
il y fut abfous, parce qu'il parut Catholique, & qu'il y condamna lui-même ce qu'il
enfeignoit. Mais il ne le condamna que de bouche ; car il ne changea point de fentimens, & en impofa aux Evêques. Auffi ceux d'Afrique ne s'y laifferent pas tromper ; car dans un Concile qu'ils tinrent à Carthage en 416. ils anathématiferent fa
doctrine, & même fa perfonne, au cas qu'il refufât de rétracter fes erreurs. En même tems ils écrivent au Pape St. *Innocent*, pour le prier de joindre à leur décifion l'autorité du Siége Apoftolique ; & en conféquence le Pape leur répondant l'année fuivante, condamna la doctrine de Pélage, de Celeftius & de leurs Sectateurs, les déclarant féparés de la communion de l'Eglife. Malgré cette condamnation Pélage &
Celeftius trouverent encore moyen d'en impofer au Pape Zozime, qui les regarda
comme des gens calomniés & perfecutés, & écrivit même en leur faveur aux Evêques d'Afrique. Mais ceux-ci ne fe laifferent pas tromper aux rufes & aux détours de
ces Hérétiques. En 418. s'étant affemblés à Carthage en Concile plénier, ils renouvellerent la condamnation qui avoit été prononcée contre les Pélagiens, & dreffe-
rent contre eux huit Articles fameux qui furent depuis une régle. Le Pape Zozime
mieux inftruit (b) les approuva. Il envoya fur cela fes Letttes à toutes les Eglifes du
monde ; & tous les Evêques Catholiques y foufcrivirent. De cette Secte fortirent depuis les *Sémi-pelagiens*, qui fans nier abfolument la néceffité de la Grace, croyoient
qu'au moins le commencement du mérite venoit de nous. Cette erreur commença chez
les Moines d'Adrumet, à l'occafion des Livres de St. Auguftin contre les Pélagiens.
De-là elle fe communiqua aux Moines de Lérins, nommés communément les Moines
de Marfeille, & fit depuis de grands progrès.

A peine l'Eglife eut-elle profcrit l'Héréfie des Pélagiens, (c) qu'il s'en éleva une
autre encore plus dangereufe, puifqu'elle a infecté depuis, & infecte encore aujourdhui
une partie de l'Orient. Ce fut celle de *Neftorius*, qui tenoit alors le Siége de Conftantinople. Elle confiftoit en ce que cet Hérétique nioit qu'on dût appeller Marie
mere de Dieu, *Theotocos*, & vouloit qu'on reconnût deux perfonnes en Jefus-Chrift.
Delà plufieurs prirent occafion de l'accufer de renouveller les erreurs de Paul de Samofate & de Photin. L'Hiftorien Socrate (d) l'en juftifie : mais, dit-il, il avoit peur du
mot de *Theotocos* comme d'un phantôme, & cela lui arriva par fon extrême ignorance,
car comme il étoit naturellement éloquent, il fe croyoit favant, quoiqu'il ne le fût
pas en effet, & dédaignoit d'étudier les Livres des anciens Interprétes de l'Ecriture,
enflé par fa facilité de parler, & s'eftimant au deffus de tous les autres.

Quoiqu'il en foit, la doctrine de Neftorius excita de grandes difputes tant en Orient
qu'en Occident. Le Pape S. *Celeftin* crut pouvoir appaifer ces troubles, en condam-
nant cette Héréfie dans un Concile qu'il tint à Rome pour ce fujet l'an 430. Elle fut
encore profcrite la même année par un autre Concile, que S. Cyrille, un des plus zélés
défenfeurs de la doctrine Catholique contre les Neftoriens, affembla à Alexandrie dont
il étoit Evêque, en exécution de la commiffion du Pape ; & ce fut à cette occafion,
qu'il publia les douze fameux Anathêmes qui firent depuis tant de bruit, & qui dans
la fuite donnerent lieu aux partifans de l'erreur de calomnier la doctrine de ce Savant
Evêque. Enfin ces remédes lents ne pouvant arrêter le mal, l'Empereur Theodofe
(e) convoqua le Concile d'Ephéfe, qui fut le troifiême Oecuménique. Nous n'entrerons
point

____

(a) Mr. Fleury, *Hift. Ecclef.* Tom. V, L. 22.
(b) Mar. Merc. *Commonit. ad Imper.*
(c) En 428.
(d) Socrat. *Hift.* L. VII. Ch. 32.
(e) Evagr. *Hift.* L. I. Ch. 7.

point dans le détail de ce qui se passa à cette assemblée. Nous dirons seulement, que Nestorius ayant refusé de comparoître, fut condamné & déposé par plus de cent Evêques; & que sur ces entrefaites Jean d'Antioche, ami de Nestorius, & qui avoit déja été choqué des douze Anathèmes de S. Cyrille, étant arrivé, tint de son côté un Conciliabule composé de quarante-trois Evêques, où sur des accusations vagues, sans preuves & sans examen, S. Cyrille fut déposé lui-même comme Hérétique; & que celui-ci fit ensuite excommunier par le Concile Jean d'Antioche & ses partisans. Cette division pouvoit avoir de grandes suites. Cependant elle s'appaisa (a) l'année suivante. Jean d'Antioche se réconcilia avec S. Cyrille, & approuva la condamnation de Nestorius. La plupart des autres Evêques en firent de même. Enfin en 435. l'Empereur publia une Loi, par laquelle il ordonna que les Sectateurs de cet Hérésiarque seroient nommés Simoniens, comme imitateurs de Simon le Magicien, & que ses Livres seroient supprimés & brulés publiquement, avec défenses à ses partisans de tenir aucune assemblée. Nestorius mourut en exil (b) accablé de vieillesse & d'infirmités; & on dit que sa langue fut rongée de vers. On verra par la suite de cet ouvrage, que son Hérésie ne mourut pas avec lui, & qu'elle subsiste encore en Orient dans quelques Communions des Grecs Schismatiques.

Cette Hérésie fut bientôt après suivie de celle d'*Eutychès*, qui lui étoit toute opposée. Eutychès étoit Prêtre, & Abbé d'un monastère de 300. Moines voisin de Constantinople. Il avoit été un des plus zélés adversaires de Nestorius, & les amis de S. Cyrille le comptoient entre ceux qui pouvoient agir utilement pour la défense de la Foi. Mais sous le nom de Nestoriens, cet Hérétique attaquoit en effet les Catholiques qui reconnoissoient deux natures en Jésus-Christ. Eusèbe Evêque de Dorylée en Phrygie avoit lié une étroite amitié avec lui; mais il connut enfin par ses discours qu'il outroit la matière, & que non seulement il nioit qu'il y eût deux personnes dans Jésus-Christ, conformément à la décision de l'Eglise contre Nestorius, mais qu'il ne lui attribuoit pas même les deux natures. Il essaia d'abord de le ramener: ensuite le trouvant opiniâtre, il renonça à son amitié, & se rendit son accusateur; prétendant (c) qu'il renouvelloit l'Hérésie d'Apollinaire, en disant que la Divinité du Fils de Dieu & son humanité ne font qu'une nature, & attribuant ainsi les souffrances à la Divinité.

Eusèbe porta d'abord son accusation devant un Concile de trente-deux Evêques qui étoient assemblés à Constantinople en 448. Eutychès y fut examiné; & sur le refus qu'il fit de reconnoître deux natures, il fut condamné & excommunié. Il en appella au Pape: mais cet appel fut pour lui d'un foible secours. Le S. Siège étoit alors occupé par le Pape S. *Leon*, qui ayant été instruit par Flavien Evêque de Constantinople de ce qui s'étoit passé dans le Concile, confirma par une Lettre qu'il lui écrivit (d) la condamnation de l'erreur, & établit solidement la doctrine contraire. Cependant Eutychès ayant eu le crédit de mettre dans son parti Dioscore Evêque d'Alexandrie (e) celui-ci assembla à Ephése en 449. un Concile composé de cent trente Evêques, auquel il présida, & où assistèrent les Légats du Pape. Là sans vouloir entendre la lecture des Lettres de S. Leon, sans s'arrêter à ce que purent représenter ses Légats & à leur opposition, sans avoir égard aux remontrances de plusieurs des Peres, Dioscore fit condamner tout ce qui s'étoit passé à Constantinople: Eutychès fut justifié, sa doctrine approuvée, Flavien condamné & déposé. Après le Concile Dioscore osa même prononcer une excommunication contre le Pape S. Leon, qu'il fit souscrire par environ dix Evêque d'Egypte qui l'avoient suivi.

Ce Concile, plus connu sous le nom de brigandage d'Ephése, eut des suites très-funestes. Il est vrai qu'aussitôt que S. Leon en eut appris la nouvelle, il tint un Concile à Rome, où ce qui venoit de se passer fut condamné tout d'une voix. En même tems l'Empereur Theodose que les partisans d'Eutychès avoient mis dans les intérêts de cet Hérétique, étant mort, & Marcien qui lui succéda voulant signaler son avénement à l'Empire par son zéle pour la défense de la saine doctrine, il se tint à Chalcédoine (f) un Concile composé des Légats du Pape & de trois cens cinquante-six Evêques, qui confirmèrent tout ce qui s'étoit fait dans celui de Constantinople tenu sous Flavien, rétablirent la mémoire de cet Evêque proscrit par les Hérétiques, souscrivirent

à la

(a) En 435.
(b) Evagr. ubi supra.
(c) Facund. L. VIII. Ch. 5.
(d) Leo. Ep. 24. al. 10.
(e) Niceph. L. XIV. Ch. 47.
(f) Evagr. Hist. L. II.

à la Lettre qui lui avoit été adressée par S. Leon, anathématiserent également Nestorius & Eutychès, leur doctrine & leurs Sectateurs, condamnerent Dioscore & le déposerent. L'Empereur publia même plusieurs Lois contre les Sectaires, & pour faire exécuter les décisions du Concile. Cependant, comme nous l'avons dit plus haut, ce Concile même qui est le quatrième Oecuménique, est en quelque sorte l'Epoque du Schisme déplorable qui sépare aujourdhui l'Eglise Grecque d'avec les Catholiques. Du reste il ne put empêcher l'Hérésie d'Eutychès de se répandre en Egypte, & dela dans plusieurs contrées de l'Orient où elle subsiste encore de nos jours, comme on le verra dans la suite de cet Ouvrage.

On peut même dire, que ce fut la même erreur un peu déguisée, qui reparut vers le commencement du septième siècle sous le nom d'Hérésie des *Monothelites*. En effet quoique ces Hérétiques reçussent en apparence le Concile de Chalcedoine, ils soutenoient cependant qu'on ne devoit reconnoître qu'une volonté & une opération dans Jésus-Christ, comme une suite de l'unité de personne. Theodore Evêque de Pharan en Arabie fut le prémier Auteur de cette opinion; & elle fut reçue par Sergius Patriarche de Constantinople, qui la communiqua aisément à Cyrus Patriarche d'Alexandrie, & à ce qui restoit d'Eutychiens en Orient. Nous n'enterons point dans le détail des subtilités & des distinctions, sur lesquelles ces Hérétiques fondaient leur erreur. Il suffit de dire que cette Hérésie fut condamnée dans le sixieme Concile Oecuménique.

Mais la paix que ce Concile avoit rendue à l'Eglise, ne fut pas de longue durée. Environ quarante ans après (*a*) l'Empereur Leon l'Isaurien s'étant mis dans l'esprit, que l'honneur que l'on rendoit aux Images de Jésus-Christ & des Saints étoit une véritable idolatrie, résolut de les abolir. Dans ce dessein, au commencement de l'année 730. il tint un Conseil, où il fit un décret contre les Images, & n'ayant pu obliger S. Germain Patriarche de Constantinople à y souscrire, il le chassa de son Siége. Ensuite il ordonna que toutes les Images fussent abatues dans tout l'Empire, & exerça à cette occasion de grandes violences contre ceux qui refuserent d'obéir. Il refusa même de voir les Lettres, que *Grégoire* III. lui écrivit à cette occasion; & ce Pape ayant tenu à ce sujet un Concile à Rome (*b*) où les ennemis des Images furent excommuniés, non seulement l'Empereur n'en tint aucun compte, mais il n'en devint même que plus irrité & plus furieux contre l'Eglise & les Catholiques.

Tels furent les commencemens de l'Hérésie des *Iconoclastes*, qui dura environ six vingts ans. Constantin Coprènyme fils & successeur de Leon, ne fut pas moins ennemi des Images que l'avoit été son pere. En 754. il assembla à Constantinople un Concile de trois cens trente-huit Evêques, qui autoriserent l'erreur par leur décision, en abolissant le culte des Images. La persécution commença à cette occasion, & fut poussée jusqu'aux plus grands excès. Le second Concile de Nicée, qu'on compte le septième Oecuménique, tenu ensuite (*c*) sous l'Empire de Constantin & d'Iréne, ne fut pas même capable de guérir le mal, en rétablissant le culte des Images. Au commencement du neuvième siècle, l'Empereur Leon surnommé l'Arménien se déclara de nouveau contre elles, & fit tenir à Constantinople (*d*) un Concile, qui cassa tout ce qui avoit été fait à Nicée. On voit même par le Concile de Francfort tenu en 794. & par l'Assemblée de Paris tenue en 825. que les François furent assez long-tems sans recevoir le second Concile de Nicée, ni se soumettre en ce point à l'autorité du Pape qui l'avoit approuvé, quoiqu'ils demeurassent toujours unis avec le S. Siège. Cette Hérésie finit en 842. sous l'Empire de Michel & de Theodora sa mere.

On compte encore au nombre des Hérésies du huitième siècle, (*e*) celle d'*Elipand* Archevêque de Toléde, & de *Felix* Evêque d'Urgel, qui enseignoient que selon la nature humaine, Jésus-Christ n'étoit que fils adoptif de Dieu. Cette Hérésie se répandit dans les Asturies, dans la Galice & le Languedoc, & fut condamnée dans plusieurs Conciles (*f*) particulièrement dans celui de Francfort tenu en 794. & celui de Rome tenu sous le Pape *Leon* III. en 799.

En parlant des Pélagiens, nous avons dit que S. Augustin composa plusieurs Ouvrages contre ces Hérétiques, & que quelques-uns abusant de ces écrits, donnerent commencement à la Secte des Semi-Pélagiens. L'Hérésie des *Prédestinatiens* eut la même
origine.

_____

(*a*) En 726.
(*b*) En 732.
(*c*) En 787.
(*d*) En 815.
(*e*) Elle commença vers l'an 792.
(*f*) Ceux de Narbonne & de Frioul tenus en 791. & celui de Ratisbonne tenu l'année suivante.

Tome VII. Part. II.					M m

origine. Quelques perfonnes prenant trop à la lettre ce que ce Saint Docteur avoit écrit contre Pelage au fujet de la Grace du Libre Arbitre & de la Predeftination, en tirerent des conféquences très contraires au véritable efprit de S. Auguftin, & à la Doctrine conftante de l'Eglife. C'eft ce que nous voyons par un Concile tenu, à ce qu'on croit, à Arles vers la fin du cinquième fiécle, où Faufte de Riez obligea (a) un Prêtre, nommé Lucidus, de rétracter quelques erreurs qu'il avoit avancées fur cette matière. Dans ce Concile Lucidus reconnut (b) que Jéfus-Chrift eft mort pour tous les hommes; que Dieu ne prédeftine perfonne à la damnation; que le Libre Arbitre n'a pas péri en Adam; & que la Grace de Dieu n'exclut pas l'effort de l'homme pour y coopérer.

Depuis ce tems-là nous ne trouvons dans l'Hiftoire de l'Eglife aucunes traces de cette Heréfie, jufques vers le milieu du IX. fiécle (c) qu'elle fut renouvellée par Gothefcalc, Moine d'Orbais, dans le Diocéfe de Soiffons. Il étoit très-verfé dans la lecture des Peres, principalement de S. Auguftin, dont il apprit par cœur un grand nombre de paffages: mais il pouffoit trop loin fa curiofité. Raban Archevêque de Mayence, qui vivoit dans le même tems, lui attribue (d) d'enfeigner que Dieu prédeftine pour le mal comme pour le bien, & qu'il y a des hommes qui ne peuvent fe corriger, comme fi dès le commencement Dieu les avoit fait incorrigibles. Mais ce rapport ne paroit pas exactement conforme à l'écrit, que Gothefcalc préfenta au Concile de Mayence, tenu en 848. par le même Raban, où il dit feulement, (e) qu'il y a deux prédeftinations; & que comme avant la création du monde Dieu a prédeftiné incommutablement tous fes élus à la vie éternelle, par fa grace gratuite: de même il a prédeftiné à fa mort éternelle tous les méchans à caufe de leurs démerites. Quoiqu'il en foit, la doctrine de Gothefcalc fut rejettée par le Concile de Mayence, dont nous venons de parler; & par un autre Concile tenu à Quiercy fur Oife, il fut jugé Hérétique & incorrigible, comme tel dépofé de l'Ordre de Prêtrife, & candamné à être fouetté de verges & mis en prifon. Cette difpute produifit plufieurs écrits de part & d'autre. D'un côté Ratram Moine de Corbie, Loup Evêque de Chalons & Prudence Evêque de Troyes entreprirent hautement la défenfe de Gothefcalc & de fa doctrine, prétendant que c'étoit la doctrine même de S. Auguftin: de l'autre Hincmar Archevêque de Reims & Pardule Evêque de Laon engagerent un Diacre nommé Amalarius, & Jean furnommé Scot à la combattre par leurs écrits. Par ces Ouvrages il paroît que la doctrine de Gothefcalc fe réduifoit à ces fix chefs. 1. Qu'aucun de ceux qui font rachetés par le fang de Jéfus-Chrift ne peut périr. 2. Que les Sacremens ne font donnés que pour la forme à ceux qui périffent, & ne produifent en eux aucun effet. 3. Qu'encore qu'extérieurement ils aient été baptifés, & aient reçu les autres Sacremens, ils n'ont jamais été membres de l'Eglife. 4. Que les réprouvés font tellement prédeftinés au mal, qu'aucun d'eux ne peut jamais être fauvé. 5. Que la prédeftination des réprouvés à leur perte eft auffi irrévocable, que Dieu eft immuable. 6. Que Dieu & les Saints fe réjouiffent de la perte des reprouvés. A cette doctrine Hincmar oppofa quatre Articles, qui furent reçus & foufcrits par l'Affemblée tenu à Quiercy en 853. & confirmés enfuite par un Concile affemblé la même année à Verberie. Mais dans un Concile de Valence tenu deux ans après par Rémy Archevêque de Lyon, ces quatre Articles furent réfutés par fix autres, approuvés en 859 par les Conciles de Langres & de Savonières. ,, Nous n'avons point dans ce neuvième fiécle (f) dit M. Fleury, de ,, décifion autentique touchant la Grace & la Prédeftination, que ces fix Canons pu- ,, bliés en trois Conciles. Car nous ne voyons point que la matière ait été agitée en ,, un Concile poftérieur: au contraire il femble que ces fix Canons aient été confirmés ,, à Rome, puifqu'un Annalifte du tems dit fur cette année 859. (g) Le Pape Nicolas ,, confirme la Doctrine Catholique touchant la Grace de Dieu & le Libre Arbitre, la ,, vérité de la double Prédeftination, & le Sang de J. C. répandu pour tous les ,, Croyans.

Ce fut auffi vers le milieu du neuvième fiécle, qu'on commença à répandre quelques erreurs au fujet de l'Euchariftie. Jufques-là la Foi de l'Eglife avoit été conftante & u-
niforme

(a) *Ep. Fauft.* Tom. IV. Concil. p. 1042.
(b) *Libell. Lucid.* Ibid. p. 1044.
(c) En 848. *Annal. Fuld.*
(d) *Ap. Hincmar de Prædeft.* C. 2.
(e) *Ibid.* C. 5
(f) *Hift. Ecclef.* Tom. X. L. 41.
(g) *Annal. Bertin.*

niforme sur cette matiére. Mais vers l'an 859. Jean Scot dont nous venons de parler, écrivant contre Pascase Ratbert Abbé de Corbie, qui quelques années auparavant avoit composé un Traité de l'Eucharistie, osa avancer, que le Sacrement de l'Autel (a) n'est pas le vrai Sang du Seigneur, mais seulement la mémoire du vrai Corps & du vrai Sang. Ce Livre de Jean Scot qui ne se trouve plus, occasionna alors plusieurs disputes entre les Catholiques, dont aucune cependant n'interessoit l'essentiel de la Foi, dont tout le monde convenoit également. Ce ne fut que vers le milieu de l'onziéme siécle, que *Bérenger* ressuscita les erreurs de Scot, & osa nier publiquement la présence de Jésus-Christ dans l'Eucharistie.

Bérenger enseignoit alors a Tours. Chagrin de voir que tous ses Ecoliers l'abandonnoient pour aller prendre des leçons de Lanfranc Moine du Bec en Normandie, il se mit à publier des opinions singuliéres de Theologie, ausquelles il n'avoit pas fait tant d'attention dans sa jeunesse. Il cherchoit les Dogmes, qui par leur nouveauté pouvoient le faire admirer, & lui attirer des Disciples. C'est ainsi que M. Fleury (b) parle de cet Herétique, & de l'origine de ses erreurs; & ce témoignage est confirmé par un Auteur Contemporain (c) qui écrivit contre Bérenger, & qui nous donne une idée assez exacte de son génie & de sa doctrine, pour que nous croyons devoir insérer ici ce qu'il en rapporte.

Il commence par le portrait de Bérenger. Etant, dit-il, dans les Ecoles, il faisoit peu de cas des sentimens de son Maître, comptoit pour rien ceux de ses compagnons, & méprisoit les Livres des Arts Libéraux, qui véritablement étoient alors peu connus en France. Bérenger ne pouvant donc atteindre par lui-même à ce que la Philosophie a de plus profond, car il n'étoit pas fort pénétrant, cherchoit à se donner la réputation de Savant par de nouvelles définitions de mots, par une démarche pompeuse, par une chaire plus élevée que les autres; feignant de méditer long-tems, & tenant la tête enfoncée dans son capuce, d'où sortoient enfin des paroles lentes d'un ton plaintif. C'est ainsi qu'il passoit chez les ignorans pour un grand Docteur dans les Arts, quoiqu'il en eût peu de connoissance. Mais aiant été confondu par Lanfranc sur une assez petite question de Dialectique, & se voiant abandonné de ses disciples après que ce savant homme eut fait revivre les Arts liberaux, il se mit à expliquer les Saintes Ecritures, qu'il avoit jusques-là peu étudiées; & cherchant les Dogmes qui pouvoient le faire admirer par leur nouveauté, il combattit les Mariages légitimes, soutenant que l'on pouvoit user de toutes sortes de femmes, & le Baptême des enfans comme nul. En même tems il attaqua la vérité du Corps de Notre Seigneur dans l'Eucharistie, afin que ceux qui veulent pécher ne fussent point retenus par le respect de la Sainte Communion. Et voiant que les deux autres erreurs étoient insoutenables, même devant les méchans, il s'appliqua tout entier à soutenir celle-ci, qui paroissoit en quelque façon appuyée sur le témoignage des sens, & qui n'avoit pas été si amplement réfutée par les Peres, parce qu'il n'en avoit pas été besoin de leur tems.

Le même Auteur remarque ensuite la diversité de sentimens qui se trouvoit entre les *Bérengariens*. Tous, dit-il, s'accordent à dire, que le pain & le vin ne sont pas changés essentiellement: mais ils différent en ce que les uns enseignent, qu'il n'y a rien absolument du Corps & du Sang de Notre Seigneur dans le Sacrement, & que ce n'est qu'une ombre & une figure. D'autres tiennent que le Corps & le Sang de Notre Seigneur y sont en effet contenus, mais cachés par une espéce d'impanation, afin que nous puissions les prendre. Quelques-uns croient que le pain & le vin sont changés en partie. D'autres disent qu'ils sont entiérement changés, mais que quand des indignes viennent pour communier, la Chair & le Sang de notre Seigneur redeviennent pain & vin.

On voit par cet exposé, que cette doctrine est précisément celle que suivent aujourdhui les Protestans Luthériens & Calvinistes sur l'Eucharistie, & c'est en effet ce qui nous a engagés à nous etendre sur cette matiére. Bérenger fut condamné avec ses complices dans trois Conciles tenus en 1050. l'un à Rome par le Pape *Léon* IX. l'autre à Verceil, & le troisiéme à Paris. On y condamna aussi le Livre de Scot, d'où Bérenger avoit tiré ses erreurs; & on ordonna qu'on obligeroit ce dernier à se rétracter. En effet Bérenger s'etant présenté à un Concile qui se tint à Rome en 1359.

fous

____

(a) *Ibid.* An. 855.
(b) *Hist. Eccles.* Tom. XII. L. 59.
(c) Gumont Moine de la Croix Saint Leufroi, dans le Diocése d'Evreux. V. *Bibl. PP. Paris.* Tom. VI. p. 325.

fous le Pape *Nicolas* II. & qui fut compofé de cent treize Evêques, (*a*) y figna une profeffion de foi dreffée par le Cardinal Humbert, & approuvée par tous les Peres du Concile. Mais à peine en fut-il forti, qu'il écrivit contre cet écrit, & chargea d'injures celui qui en étoit l'Auteur. Il ne laiffa pas cependant de fe trouver encore à Rome en 1079. où fe tint un Concile de cent cinquante Evêques. (*b*) Là il retracta de nouveau fes erreurs, demanda pardon & l'obtint; ce qui n'empecha pas qu'à fon retour en France il ne défavouât encore ce qui venoit de fe paffer, & ne recommençât à dogmatifer comme auparavant. Auffi fut-il encore condamné l'année fuivante par un Concile tenu à Bourdeaux. Il mourut en 1088. „ Quoiqu'on ne „ voie point d'Acte autentique de fa derniere *rétractation*, dit (*c*) M. Fleury, il eft „ certain qu'il mourut dans la Communion de l'Eglife; & on tient pour conftant, „ qu'il paffa les huit dernieres années de fa vie dans la pénitence en l'Ifle de St. Côme „ près de Tours". Quoiqu'il en foit, fon Herefie fut encore condamnée en 1094. dans un Concile tenu à Plaifance, par le Pape *Urbain* II. & on y déclara, que le pain & le vin, quand on les confacre fur l'Autel, font changés non feulement en figure, mais véritablement & effentiellement au Corps & au Sang de Notre Seigneur.

Nous ne parlons point ici des erreurs de Pierre *Abailard* & de Gilbert *de la Porrée*, qui vivoient tous deux vers le commencement du XII. Siécle. On les accufa de tenir des opinions contraires au dogme de la Trinité. C'étoient des diftinctions fondées fur quelques fubtilités de Dialectique, peu propres à corrompre le cœur, mais tres-capables de gâter l'efprit de ceux qui ont un génie tourné à ces difputes fcolaftiques. Abailard fut condamné dans plufieurs Conciles, entr'autres dans celui qui fe tint à Sens en (*d*) 1140. & fe retracta peu de tems après. Gilbert de la Porrée reconnut auffi fes erreurs au Concile de Reims affemblé huit ans après, & acquiefça au jugement qui y fut prononcé contre fa doctrine.

Ce fut auffi vers ce même tems que parut Arnaud de *Breffe*, puifqu'on trouve la condamnation de fes erreurs dans le Concile de Latran (*e*) qu'on compte pour le dixiéme Concile général, tenu en 1189. Il ne manquoit pas d'efprit, (*f*) dit Mr. Fleury, & parloit avec plus de facilité que de folidité, aimant les opinions nouvelles & finguliéres. Etant revenu en Italie après avoir étudié long-tems en France, il fe revêtit d'un habit de Religieux pour fe faire mieux écouter, & commença à déclamer contre les Evêques, fans épargner le Pape, contre les Clercs & les Moines, ne flattant que les Laïques. Il difoit qu'il n'y avoit point de falut pour les Clercs qui avoient des biens en propriété, pour les Evêques qui avoient des Seigneuries, ni pour les Moines qui poffédoient des immeubles; que tous ces biens appartenoient au Prince, que lui feul pouvoit les donner, & feulement à des Laïques; que le Clergé devoit vivre des dîmes & des oblations volontaires des Peuples, fe contentant de ce qui fuffit pour une vie frugale. On difoit d'ailleurs, qu'il n'avoit pas de bons fentimens fur le Saint Sacrement de l'Autel & le Baptéme des enfans. Se voyant condamné par le Concile de Latran, il s'enfuit de Breffe, paffa les Alpes, & fe retira à Zuric, où il recommença à dogmatifer, & en peu de tems infecta tout le pays de fes erreurs. Enfin étant repaffé en Italie, il fut pris & envoyé à Rome en 1155. où fuivant le jugement du Clergé, le Préfet le fit attacher à un poteau (*g*) & bruler publiquement. On jetta enfuite fes cendres dans le Tibre, de peur que le peuple n'honorât fes reliques comme celles d'un Martyr.

En parlant des Manichéens, nous avons dit un mot des *Albigeois*, reftes de ces anciens Herétiques, & nous avons marqué quelle fut leur origine. Ce fut vers ce tems-ci qu'ils infecterent le Languedoc, c'eft-à-dire, vers le milieu du XII. Siécle. Leur doctrine étoit la même pour le fond que celle des anciens Manichéens. Voici ce qu'en rapporte (*h*) Henri Cardinal & Evêque d'Albane, qui fut envoyé contre eux avec une armée en qualité de Legat en 1181. par le Pape *Alexandre* III. Leurs Docteurs, dit-il, ont confeffé, que quoiqu'ils prêchent l'Evangile aux fimples pour les tromper, ils ne croyent pas cependant que Jéfus-Chrift ait été vrai homme; qu'il ait bu, mangé, fait ou enduré le refte de ce qui appartient à la nature humaine; qu'il ait fouffert; qu'il

ait

(*a*) Lanfr. *de Corp.* C. 1. 2.
(*b*) Mabill. Præf. 2. Sæc. 6. N. 23. 29. &c.
(*c*) Hift. Ecclef. Tom. XIII. L. 63.
(*d*) Tom. X. *Concil.* 1018.
(*e*) Ibid. p. 1017.
(*f*) Hift. Ecclef. Tom. XIV. L. 68.
(*g*) Sous le Pape Adrien IV.
(*h*) Chron. *Vofienfe*, p. 326. Tom. II. *Bibl. Lab.*

ait été crucifié ; qu'il soit mort ou resfuscité ; mais que tout ce que l'Evangile en raconte ne s'est passé qu'en apparence. Ils rejettent & condamnent absolument tout ce que l'Eglise Romaine enseigne & observe touchant le Sacrifice de l'Autel, le Baptême des enfans, le Mariage, les autres Sacremens & les Offices Divins. Ils soutiennent que le grand Satan ou Lucifer, est le Créateur & le Dieu des Anges, & de toutes les choses visibles & invisibles, & que c'est lui qui a donné la Loi à Moïse. Ils disent que toute union des sexes est également criminelle, soit entre parens ou autres. Les femmes qui sont entr'eux font périr leur fruit ; & quoique plusieurs d'elles soient devenues grosses, on ne voit point leurs enfans. Telle est l'idée que cet Auteur nous donne de ces Hérétiques. Nous apprenons encore d'une Lettre adressée en 1223. à l'Archevêque de Rouen & à ses Suffragans par le Cardinal Conrad, Evêque de Porto, alors Légat en France, que ces Sectaires avoient un Chef, qu'ils appelloient leur Pape. Il demeure, (a) dit le Légat, aux confins de la Bulgarie, de la Croatie & de la Dalmatie; & les Albigeois s'adressent à lui pour le consulter. Un nommé Barthélemi natif de Carcassone, Evêque des Hérétiques, & Vicaire de cet Anti-Pape, lui a cédé par respect le lieu nommé Porlos ; a passé au territoire de Toulouse, & envoie par-tout des Lettres avec ce titre : Barthélemi serviteur des serviteurs de la sainte Foi, à un tel, salut. Il crée des Evêques, & prétend régler les Eglises. Ce témoignage joint à celui que nous venons de rapporter, suffit pour nous donner une idée du génie de ces Hérétiques, & de leurs erreurs. Elles furent condamnées dans plusieurs Conciles (b) : mais leurs Partisans étoient devenus trop formidables, pour pouvoir être réprimés par la seule autorité de l'Eglise. Il fallut encore y employer celle des Puissances séculieres, & faire marcher des armées, pour détruire ces ennemis de la vraie Foi. Il y eut pour cela des Croisades publiées, à la tête desquelles on vit même (c) un Roi de France. Personne n'ignore ce qu'il en couta au Comte de Toulouse, pour avoir pris le parti des Albigeois, & que ce fut à l'occasion de ces Hérétiques qu'on établit le Tribunal de l'Inquisition, qui en fit des exécutions terribles. Le vendredi d'avant la Pentecôte de l'an 1239. on en brûla dans le Diocése de Châlons en Champagne cent quatre-vingt-trois ; ce qui, (d) dit un Auteur du tems, fut un holocauste agréable à Dieu. Il ajoute, qu'ils avoient entr'eux une vieille de grande réputation nommée Gisle, native de Provins, qu'ils qualifioient l'Abbesse, dont l'exécution fut différée, parce qu'elle promit à Frere Robert Jacobin & Inquisiteur, d'en découvrir encore un grand nombre.

Ce fut dans le tems que les Albigeois se rendoient redoutables dans la Province le Languedoc, que commença (e) la Secte des Pauvres de Lyon, plus connus sous le nom de *Vaudois*. Voici quelle en fut l'occasion. Plusieurs notables Bourgeois étant assemblés à Lyon, un d'eux mourut subitement en leur présence. Pierre Valdo qui étoit de la compagnie, fut tellement frappé de cet accident, qu'il distribua aussi-tôt aux pauvres une grande somme d'argent ; ce qui en attira un grand nombre à sa suite. Il les exhorta à embrasser la pauvreté volontaire à l'imitation de Jésus-Christ & des Apôtres ; & comme il étoit un peu lettré, il leur expliquoit le texte du Nouveau Testament en Langue vulgaire. Les Ecclésiastiques l'entreprirent, l'accusant de témérité : mais il méprisa leurs réprimandes, & continua d'enseigner, disant à ses Disciples, que le Clergé corrompu dans ses mœurs envioit leur sainte vie & leur doctrine. On les nomma Vaudois, du nom de leur Maître ; ou *Léonistes*, à cause de la ville de Lyon ; ou *Sabatés* & *Insabatés*, à cause de leur chaussure singuliere, soit qu'ils portassent des sabots, ou des souliers découpés en croix par-dessus.

On ne voit point que ces nouveaux Hérétiques eussent alors d'autre erreur, que l'estime de la pauvreté oisive, & le mépris de l'autorité du Clergé. Dans la suite ils y en ajoutérent plusieurs autres au sujet du ministére de la parole, des Sacremens de Pénitence & d'Eucharistie, &c. Vingt-quatre ans après leur origine (f) ils furent condamnés conjointement avec plusieurs autres Hérétiques dans un Concile tenu à Vérone par le Pape *Lucius* III. & les Inquisiteurs nouvellement établis contre les Albigeois leur firent, ainsi qu'à ces derniers, une guerre longue & cruelle. Poursuivis & persécutés de toutes parts, ils se réfugiérent dans les Vallées de la Savoie & du Dauphiné. Ils y subsistoient encore du tems de Calvin, & furent des premiers à embrasser sa nouvelle doctrine.   Nous

(a) *Ap. Matth. Paris.* An. 1223.
(b) Tels furent celui d'Albi tenu en 1176. & le Concile National de Paris tenu en 1226.
(c) Louis VIII. qui se croisa dans le Concile de Paris, dont on vient de parler.
(d) *Alberic.* p. 569.
(e) *Reiner. cont. Vald.* C. 5. Ce fut en 1160.
(f) En 1184. V. *Nang. Chron.* An. 1258. & Tom. X. *Concil.* p. 1737.

Nous allons parcourir légérement quelques autres Héréfies, qui infectérent auffi le XIII. Siécle. En 1232. on découvrit en Allemagne un grand nombre d'Héretiques, dont plufieurs furent brulés. On les nommoit *Stadingues*, (a) du nom d'un Peuple qui habitoit fur les frontiéres de Frife & de Saxe. Ces gens aiant été excommuniés pendant plufieurs années pour leurs crimes, entr'autres parce qu'ils refufoient de payer les dimes, fe révoltérent & témoignerent ouvertement leur mépris pour l'autorité de l'Eglife. Voici les abominations dont on les accufoit, fuivant une Lettre du Pape Grégoire IX. (b) adreffée à l'Archevêque de Mayance. On dit que quand ils reçoivent un Novice, & qu'il entre la premiere fois dans leur affemblée, il voit un crapaut d'une grandeur énorme, comme un oie, ou plus; que les uns le baifent à la bouche, les autres par derriere : puis le Novice rencontre un homme pale avec des yeux très-noirs, fi maigre qu'il n'a que la peau & les os; il le baife, & le fent froid comme glace, & après ce baifer il oublie entiérement la Foi Catholique. Enfuite ils font enfemble un feftin, après lequel un chat noir defcend derriere une ftatue, qui eft ordinairement dans le lieu de l'affemblée. Le Novice baife le premier ce chat par derriere, puis celui qui préfide à l'affemblée, & les autres qui en font dignes : les imparfaits reçoivent feulement le baifer du Maitre. Ils promettent obéiffance; après on éteint les lumieres, & ils commettent entr'eux toutes fortes d'impuretés. Ils reçoivent tous les ans à Pâques le Corps de Notre Seigneur, & le portent dans leur bouche jufqu'à leur maifon, où ils le jettent dans le privé. Ils difent que le Maitre du Ciel a injuftement & frauduleufement précipité Lucifer dans les Enfers. Ils croient en celui-ci, & difent qu'il eft le Créateur des chofes céleftes, & qu'il rentrera dans fa gloire après avoir détruit fon adverfaire. C'eft par lui & avec lui qu'ils efperent entrer dans la béatitude éternelle. On voit que ces impiétés reffemblent fort à celles des Manichéens. Quoiqu'il en foit, comme ces Hérétiques étoient braves & nombreux, on fut obligé de publier contre eux une Croifade. Il fe donna un combat, dans lequel il en périt plus de fix mille. Les autres qui refterent fupliérent le Pape de leur donner l'abfolution, déclarant qu'ils étoient prêts de fe foumettre & de fatisfaire à l'Eglife; ce qui leur fut accordé.

Ce n'etoit pas feulement la corruption du cœur, qui enfantoit alors les Héréfies : l'ignorance & la fuperftition, filles du déréglement de l'efprit & d'une piété mal entendue, y eurent auffi beaucoup de part. C'eft ce qu'on voit dans l'Héréfie des *Joachinites*, auffi nommés de l'Abbé Joachim, dont ils renouvellerent les erreurs. Leur Chef fut Jean de Parme, qui aiant été élu Général des Freres Mineurs en 1247. fut dépofé neuf ans après, à caufe des plaintes & des accufations intentées contre lui. Ses erreurs fe trouvoient répandues dans un Livre qu'il avoit compofé, & qu'il avoit appellé l'*Evangile Eternel*. En voici la fubftance. La doctrine de l'Abbé Joachim eft au-deffus de celle de Jéfus-Chrift, & par conféquent de l'Ancien & du Nouveau Teftament. Car l'Evangile de Jéfus-Chrift, & le Nouveau Teftament ne ménent point à la perfection : il doit être aboli comme l'Ancien, & ne durera que jufqu'à l'an 1260. Ce troifiéme état du monde fera le tems du St. Efprit. Ceux qui vivront alors feront dans l'état de perfection : ce fera un autre Evangile & un autre Sacerdoce; & les Prédicateurs de ce dernier état feront de plus grande autorité, que ceux de la primitive Eglife. L'intelligence du fens fpirituel du Nouveau Teftament n'a point été confiée au Pape, mais feulement celle du fens littéral. Les Grecs ont bien fait de fe féparer de l'Eglife Romaine; & ils marchent plus felon l'efprit que les Latins : comme le Fils opere le falut des Latins, ainfi le Pere Eternel opere le falut des Grecs. Quelque affliction que Dieu envoye aux Juifs en ce monde, il les fauvera, & les délivrera à la fin de toutes les attaques des autres hommes, quoiqu'ils demeurent dans le Judaïfme. Jéfus-Chrift & fes Apôtres n'ont pas été parfaits dans la vie contemplative : c'eft depuis l'Abbé Joachim qu'elle a commencé à fructifier. Jufques-là c'étoit la vie active qui étoit utile : maintenant elle ne l'eft plus; d'où il s'enfuit que l'Ordre Clérical périra, & entre les Religieux s'élévera un Ordre plus digne que tous les autres, prédit par le Pfalmifte (c) quand il a dit : Les cordes de mon partage font excellentes. Auffi nul homme purement homme n'eft capable d'inftruire les autres dans les matiéres fpirituelles, s'il ne va nuds pieds.

L'Auteur de ce Livre difoit encore : Ce troifiéme ordre de perfonnes, c'eft-à-dire,
les

(a) Godef. Chron. An. 1232. & 1234.
(b) VII. Ep. 27. ap. Raïn. 1233. N. 42.
(c) Pf. XV. 6.

les Religieux, ne sont point obligés comme les autres hommes de s'exposer à la mort pour la conservation de la Foi. Ils passeront chez les Infidèles, lorsqu'ils seront persécutés par le Clergé; & il est à craindre qu'ils n'y passent, pour les obliger à faire la guerre à l'Eglise Romaine, comme il est dit (a) dans l'Apocalypse. Voilà les erreurs extraites de l'Evangile éternel. Les Députés de l'Université de Paris qui étoit alors en dispute avec les Moines Mendians, se trouvant à Rome en 1256. y poursuivirent vivement la condamnation de ce Livre; (b) & le Pape *Alexandre* IV. le condamna & le fit bruler. Quatre ans après l'Archevêque d'Arles tint un Concile (c) de sa Province, où il condamna les Joachimites.

Enfin en 1290. le Pape *Nicolas* IV. renouvella la condamnation de certains Religieux, qui se nommoient *Apostoliques*, & qui avoient été déja proscrits par *Honorius* IV. (d) On compte pour Auteur de cette Secte un nommé Gérard Ségarelle natif de Parme, de basse condition, sans lettres & de peu de sens, qui vers l'an 1246. étant encore jeune, demanda à être reçu chez les Freres Mineurs. N'étant pas écouté, il ne laissoit pas de demeurer dans leur Eglise autant qu'il pouvoit, & regardoit attentivement une peinture, où les Apôtres étoient représentés enveloppés de manteaux avec des sandales aux pieds, comme on les peint ordinairement. Sur cette peinture, ce pauvre idiot se mit en tête d'imiter la vie des Apôtres. Il laissa croître sa barbe & ses cheveux, se fit faire un habit de biset, avec un manteau blanc de grosse étamine; prit une corde pour ceinture, & des sandales comme les Freres Mineurs. Puis il vendit sa petite maison; & en ayant reçu le prix, monta sur une pierre d'où le Podestat de Parme haranguoit autrefois. Il appella quelques canailles, qui jouoient aux dés là auprès dans la Place, & leur jetta son argent, en criant: Prenne qui voudra, c'est pour lui. Les joueurs le ramasserent promptement, & retournerent à leur jeu qu'ils continuerent, blasphémant le nom de Dieu en présence de Gérard.

Après qu'il eut demeuré quelque tems seul à Parme, un nommé Robert, qui avoit servi les Freres Mineurs, se joignit à lui, & bientôt il eut jusqu'à trente Compagnons. Mais comme il vouloit toujours demeurer oisif, sans prendre aucun soin de ses Sectateurs, un d'eux nommé Gui Patage aussi Parmésan, se mit à leur tête: mais ne pouvant le souffrir, ils choisirent pour Chef un nommé Mathieu. Ils étoient deja répandus en plusieurs villes d'Italie; & cette premiere division arriva à Fayence, où se trouvoit alors Gérard Ségarelle, qui y commit de grandes infamies. Ses Disciples à son imitation s'abandonnoient à toutes sortes d'impuretés, ce qui contribua à multiplier la Secte, & elle s'étendit presque par toute l'Europe: mais Ségarelle demeura à Parme. L'Evêque de cette ville le fit arrêter vers l'an 1280. & le retint quelque tems en prison: mais il contrefit l'insensé, & l'Evêque l'ayant tiré de prison, le retint dans son Palais, où il fut le jouet de tout le monde. Mais ensuite le Prélat étant bien informé de ses crimes, & de ceux des autres faux Apôtres, les chassa de Parme & de tout le Diocèse en 1286. Enfin quatorze ans après Ségarelle fut repris par ordre du même Evêque & de l'Inquisiteur Mainfroi, & fut condamné & brulé le dix-huit de Juillet de l'an 1300.

Voilà ce que nous avions à dire des Hérésies. Nous ne parlons point de celles qui se sont élevées dans l'Eglise depuis le treizième siècle: l'occasion s'offrira de les faire connoître dans la suite de cet Ouvrage. Que si nous nous sommes particulièrement étendus au sujet de celles qui parurent depuis environ le milieu du neuvième siècle, nous l'avons fait pour deux raisons; premierement, pour donner une idée de l'ignorance & de la grossièreté qui régnoient dans ces siècles, où l'amour des Sciences, le goût de la vraie Philosophie & de la saine méthode de raisonner, la connoissance de la Morale, l'étude de l'Ecriture & des Peres avoient fait place à la barbarie, à la corruption, à la superstition, & à une étude sèche & stérile de la Dialectique, qui avoit fait de la Théologie, non plus une science propre à soutenir les Dogmes de la Religion par des autorités & des raisonnemens solides, mais un composé de subtilités & de distinctions, capables d'ébranler la Foi, & de renverser les fondemens les plus sûrs de la Morale Chrétienne. Notre dessein a été aussi de faire voir, que toutes les erreurs qui ont infecté ces siècles d'ignorance ont tant de rapport avec celles qui ont été embrassées depuis par les Sectaires modernes, qu'on peut dire que ce sont les mêmes Dogmes ressuscités; en sorte qu'il étoit très-nécessaire d'en bien fixer l'époque, & d'en découvrir l'origine, afin d'en faire connoître la nouveauté.

Car

(a) *Apoc.* C. XVII. 16.
(b) *Matth. Paris.* p. 806. 807.
(c) *Geli. Concil.* Tom. I. p. 59. Tom. XI. *Concil.* p. 1359.
(d) Pegna in *Direct. Inquis.* p. 271.

Car si l'on nous demande, par où nous avons connoissance que la Doctrine que nous suivons est la vraie: Nous répondons (a) après M. Fleury: Par une succession suivie „ de Docteurs & de Disciples; & par des Ecrits publiés d'âge en âge, & conservés de „ main en main; par des Traditions qui ont passé des peres aux enfans; par des assem- „ blées solemnelles en chaque Province & en chaque Ville, pour l'exercice de cette „ Religion; & par les bâtimens destinés à ces usages, dont quelques-uns subsistent „ depuis mille ans. Depuis que S. Pierre & S. Paul ont fondé l'Eglise Romaine, il y „ a toujours eu à Rome un Pape Chef des Chrétiens: nous en savons toute la suite & „ tous les noms. Nous avons la suite de tous les Evêques de Jérusalem, d'Antioche, „ d'Alexandrie, de Constantinople, &c. & les Eglises même dont l'origine est plus „ obscure, ont une succession connue depuis plus de mille ans. C'est la preuve la plus „ sensible de la vraie Religion. Toute Eglise qui remonte jusqu'aux premiers siecles, „ montrant une suite de Pasteurs toujours unis avec les autres Eglises, & principalement „ avec l'Eglise Romaine; toute Eglise qui a cet avantage, est Catholique. Au con- „ traire on connoît les sociétés des Hérétiques, parce qu'en remontant, on trouve „ plutôt ou plus tard le tems précis auquel ils se font séparés de l'Eglise ou ils étoient „ nés. La Doctrine nouvelle ou particuliere est fausse: la véritable est celle qui a tou- „ jours été enseignée par toute l'Eglise ". En-vain s'est élevé des erreurs dans tous les siecles, depuis le tems des Apôtres jusqu'à nos jours; on les a vues naître, & dis- paroître l'une après l'autre. Telle Hérésie, peut-on dire avec confiance, n'existoit pas dans tel siecle: on connoît son origine: son Epoque est marquée dans les Fastes de l'Eglise, & on y trouve en même tems l'Histoire de sa condamnation. Une autre Hérésie naquit des cendres de celle-là; & elle rentra comme elle dans les ténebres d'où elle étoit sortie. Pour l'Eglise Catholique, elle a toujours subsisté la même depuis Jésus-Christ jusqu'à présent, toujours unie au Chef visible qui représente Jésus-Christ. Fon- dée sur cette pierre angulaire qui la fait remonter jusqu'à Moïse, & de-là jusqu'à Adam, seule elle a dans le monde cette perpétuité, dont nulle autre ne peut se vanter; & il est vrai à la lettre de dire, que quoiqu'elle ait souvent beaucoup souffert de la puissance, de la fourberie, & des vaines subtilités de quelques Hérésiarques, les portes de l'Enfer n'ont jamais prévalu contre elle, suivant la promesse de son divin Maître. Entrons maintenant dans le détail des Schismes & des Hérésies des derniers tems, qui subsistent encore aujourdhui.

DISSERTATION

Sur les Wiclefites, Hussites, &c. qui ont précédé la Réformation, selon les idées des Catholiques, & compilée par les Editeurs de Paris des Auteurs de leur Communion (b).

PErsonne n'ignore que les Protestans n'ont cessé d'alléguer, comme des motifs de Réformation, cette tirannie & cette corruption des gens d'Eglise. A ces deux motifs ils ont ajouté la prétendue corruption des dogmes & du Culte extérieur. A l'égard de celui-ci, on a remarqué que le mélange des Peuples & l'indulgence qu'on a eue pour les Prosélytes sortis des Payens, l'ont surchargé de cérémonies & de pratiques, ausquelles le Peuple s'est plus facilement accoutumé qu'aux devoirs de la morale Chré- tienne. Cependant le mal auroit été moins dangereux, dit-on, si ce grand appareil de culte qui donne beaucoup de Majesté à la Religion, n'eût pas usurpé les droits de cette Religion, pour mieux servir l'avarice & l'ambition de l'Eglise. Osera-t-on dire, que dans les derniers tems le Christianisme étoit semblable à un marché, où l'on voyoit des marchandises à vendre, des Bateleurs & des Charlatans qui amusoient le Peuple, beaucoup de clinquant, beaucoup d'ornemens qui cachoient les défauts de la marchandise. Pour les dogmes, il est certain, ajoute-t-on, que la décadence du La- tin, le mélange des Peuples Barbares, & la corruption qu'ils introduisirent dans les Langues de l'Europe, les subtilités des anciens Philosophes, celles des nouveaux, le jargon des Mystiques & des Dévots, celui des Ecoles & des Cloîtres altérerent en plusieurs manieres la Théologie & la Religion, & firent naître des disputes, qui en

aug-

(a) *Préface de son Hist. Ecclef. Tom. I.*
(b) Tout ce qui concerne les Hussites est pris à peu près mot à mot de l'*Histoire du Concile de Constance*, par Lenfant.

augmentant de jour en jour l'obscurité des Dogmes & l'ignorance des Chrétiens, donnoient lieu de plus en plus aux pratiques artificieuses & mercénaires du Clergé. Tels
sont les deux chefs, sur lesquels les Protestans ont cru pouvoir fonder le prétexte de
leur Réformation; la corruption dans les mœurs & dans la doctrine. Nous ne nous
arrêtons point à justifier l'Eglise de ces accusations: nous avons déclaré qu'il ne nous
appartenoit point de prendre parti dans ces controverses. Nous remarquerons seulement, que ces allégations de ces Réformateurs modernes sont précisément les mêmes,
dont dans tous les tems les Hérétiques & les Schismatiques les plus méprisés se sont servis pour autoriser leurs erreurs, & colorer leur révolte contre l'Eglise; & nous ferons
voir dans la suite de cet Ouvrage, que c'est aussi sur les mêmes motifs que se sont fondées les Sectes les plus fanatiques & les plus odieuses, pour réformer la Réformation, & se
rendre indépendantes de ceux qui n'avoient pas voulu se soumettre à l'autorité légitime.

Après avoir donné cette idée générale des principes & de la croyance des Prétendus
Réformés, connus sous le nom de Protestans, voyons dans quel fond ils ons puisé les
dogmes sur lesquels roule principalement leur doctrine. Nous avons déja parlé ailleurs
(a) des Bérengariens, des Prédestinatiens, des Vaudois, des Albigeois, des Apostoliques, &c. & nous avons remarqué à cette occasion, que la plupart des erreurs soutenues alors par ces Sectaires sur la Prédestination & la grace, sur l'efficacité des Sacremens, sur l'intercession des Saints & le mérite des bonnes œuvres, sur la présence de
Jésus-Christ dans l'Eucharistie, sur l'autorité des Pasteurs & du Clergé, &c. ont été
renouvellées de nos jours par ceux dont nous entreprenons de traiter ici. Le détail
où nous allons entrer au sujet de quelques autres Hérésies qui précédèrent immédiatement la Réformation, achevera de nous conduire sûrement à la source où elle a puisé,
& nous instruira de l'état où étoit l'Eglise, lorsque les Chefs des Réformateurs se soule-
verent contre son autorité & sa doctrine.

Ce fut, selon un Ecrivain fameux (b) en l'année 1374 que l'Hérésie commença
dans l'Angleterre, à l'occasion de l'Evêché de Winton. ,, Jean *Wiclef*, Curé de En-
,, thelrod au Diocése de Lincoln, prétendoit, dit-il, à cet Evêché, & croyoit avoir si
,, bien pris ses mesures, qu'il ne lui pouvoit autrement échaper, que par une de ces
,, rencontres extraordinaires, que la prudence humaine ne sauroit prévoir. Il étoit
,, savant dans la Théologie de l'Ecole, qu'il enseignoit publiquement dans l'Univer-
,, sité d'Oxford en qualité de Professeur Royal, & comme il excelloit entre ses Collé-
,, gues, son Auditoire étoit des mieux remplis. On élevoit ordinairement à l'Evêché
,, les gens de sa sorte; & s'il y avoit de l'ambition à s'en juger digne, c'étoit une
,, chose si commune en ce tems-là dans l'Ile de la Grande Bretagne, & qui paroissoit
,, si raisonnable, que personne ne s'en scandalisoit. Les Chapitres mêmes étoient dis-
,, posés à préférer les Professeurs de Théologie aux autres, lorsque l'élection dependoit
,, absolument de leurs suffrages, parce qu'ils n'en connoissoient point de plus habiles.
,, Mais comme la Cour de Rome intervenoit dans ces sortes d'affaires, à cause de l'in-
,, térêt qu'elle avoit de remplir de personnes affidées le Clergé d'Angleterre qui avoit
,, alors la principale autorité dans les Parlemens, afin de n'être pas traversée par eux
,, à lever le Denier de St. Pierre, qu'elle tiroit tous les ans de chaque feu de ce
,, Royaume, il arriva que ses Officiers s'opposèrent à l'élection de Wiclef, soit qu'il
,, leur fût suspect, ou qu'ils en favorisassent un autre.

,, On n'a pas sçu précisément si l'exclusion qui lui fut donnée vint de plus loin:
,, mais il est constant qu'il l'imputa toute au Saint Siege, & qu'il chercha les vo-
,, yes de s'en venger. Il n'y en avoit qu'une dont il fût capable; & elle consistoit
,, à décréditer le Pape, encore falloit-il y travailler avec l'adresse des gens qui ti-
,, rent à la rame, & tourner le dos au lieu où l'on prétendoit arriver. Il y avoit
,, à craindre pour Wiclef d'être incontinent opprimé, s'il se declaroit contre la
,, Cour de Rome avant que d'être appuié d'une puissante protection; & il connut
,, assez la nécessité de demeurer dans le silence, jusqu'à ce qu'il lui fût permis de par-
,, ler impunément. Il attendit une conjoncture favorable, & s'occupa cependant à lire
,, les livres Schismatiques de ceux qui avoient défendu les Empereurs ou les Anti-Papes
,, contre les Papes. Il s'instruisit avec soin des sentimens des derniers Hérétiques (c)
,, qui s'étoient séparés de la Communion de l'Eglise; & tirant de ces deux sources
,, envenimées les erreurs qui pouvoient plus facilement être insinuées aux Anglois, il
,, résolut

(a) Dans la *Dissert. sur le Schisme & sur l'Hérésie.*
(b) Varillas. *Histoire de l'Hérésie*, Liv. I.
(c) Il n'est pas nécessaire d'avertir que ceci n'est que de stile, & qu'après ce qui a été dit de Wiclef, il devoit déja naturellement être instruit de tout cela.

„ réfolut enfin de prêcher contre la Tranfubftantiation, la Hiérarchie, la vocation des
„ Pafteurs, & l'inégalité des biens. Mais avant que de s'expliquer fur ces quatre prin-
„ cipes, il avança des propofitions, dont il prétendoit tirer des conféquences auffi
„ préjudiciables à l'Eglife qu'à l'Etat. Il foutint que les Anglois pouvoient en conf-
„ cience fe difpenfer de payer le Denier de St. Pierre; & que ceux qui s'en exemte-
„ roient par adreffe ne feroient point obligés à reftitution. Il attaqua le titre, en vertu
„ duquel les Commiffaires exigeoient ce Denier; & comme il manquoit de preuves pour
„ le convaincre de fauffeté, il fe mit en devoir de montrer qu'il étoit injufte en toutes
„ fes parties: c'eft-à-dire, tant du côté du Pape *Innocent* III. qui l'avoit accepté, que
„ de la part du Roi Jean *Sans-Terre* qui l'avoit offert: Que Sa Sainteté n'avoit aucun
„ droit d'impofer un tribut fur l'Angleterre: Qu'elle n'avoit été ni conquife par les
„ armes, ni délivrée d'aucune tirannie; & que le pouvoir du Roi Jean, quelque fou-
„ verain qu'on fe l'imaginât, ne s'étoit pas étendu jufqu'à rendre fa Couronne tribu-
„ taire de fes intérêts particuliers: Que quand il en eût eu la puiffance, elle n'auroit
„ tout au plus duré qu'autant que fa vie, & n'eût point engagé fes Succeffeurs, qui
„ n'ayant pas comme lui fait mourir fon Neveu, ne fe trouvoient pas réduits à la né-
„ ceffité d'acheter fi cher l'abfolution des Cenfures qu'ils n'avoient point encourues.
„ Wiclef fe mit enfuite à chercher l'origine des biens Eccléfiaftiques, & foutint qu'en-
„ core que la pieté des Fidéles fût excufable de les avoir accordés par le bon ufage
„ qu'on en faifoit de leur tems, l'excès de l'abus qui s'y étoit introduit depuis devoit
„ porter le Parlement à le retrancher, en employant la meilleure partie de ces biens à
„ fubvenir aux néceffités de l'Etat, & à décharger d'autant le menu Peuple. Il ajouta
„ que l'Eglife poffédant de très-grands biens dans le Royaume, il étoit étrange qu'elle
„ fût entièrement exemte de toutes fortes de contributions, & qu'elle jouît fans qu'il
„ lui en coutât rien d'un repos qui dégéneroit en molleffe dans le plus grand nombre
„ de fes Miniftres: Que la différence de ces Miniftres ne fe tiroit pas du caractère qu'elle
„ leur donnoit, mais feulement de la fainteté de leur vie, & de la pureté de leur doc-
„ trine: Que la peine de travailler leur avoit été impofée depuis le péché d'origine
„ auffi bien qu'aux autres, & que les Décimes n'étoient que des aumônes qui pouvoient
„ être refufées à ceux qui ne les exigeoient que pour vivre dans la molleffe, au-lieu de
„ faire pénitence de leurs crimes publics.

„ Ces nouveautés prêchées avec une vigueur artificieufe par un homme fort empor-
„ té de fon naturel, pafferent aifément pour un zéle extraordinaire, & acquirent à
„ Wiclef une telle réputation, que le Duc de Lancaftre eut la curiofité de l'entendre".
Ce Prince étoit alors l'aîné des fils d'*Edouard* III. Roi d'Angleterre: mais il n'en avoit
pas plus de droit à la Couronne. Le Prince de Galle, fi célébre dans l'Hiftoire par
la prife de Jean Roi de France, & par le rétabliffement de Pierre le Cruel fur le Trône
de Caftille, étoit né avant lui. Il étoit mort à la vérité: mais il avoit laiffé un fils
fort jeune, qui avoit hérité de la vive inclination que les Anglois avoient eue pour fon
pere, & que les Loix d'Angleterre faifoient regarder de toute la Nation comme l'héritier préfomptif de la Couronne. Le Duc de Lancaftre avoit affez d'ambition, pour
fouhaiter de l'en exclure: mais pour le fupplanter il n'y avoit que deux moyens. Le
prémier étoit d'accoutumer les Anglois à parler fi fouvent & fi favorablement du Duc,
qu'on leur fit oublier infenfiblement le Prince de Galle. Le fecond confiftoit à faper
l'autorité du Clergé alors fort riche, & par conféquent très-puiffant en Angleterre; à
affoiblir celle de la Nobleffe, & à attacher le Peuple au Duc par un lien fi puiffant,
que bien loin de le refufer pour fon Roi, il fe portât de lui-même à le demander. Ce
Prince crut (*a*) que la doctrine que Wiclef avoit commencé d'enfeigner, & qui facri-
fioit au Peuple les intérêts du Clergé & de la Nobleffe, lui offroit une occafion favorable d'exécuter fes deffeins. Auffi à peine l'eut-il entendu, qu'il devint fon Difciple,
& fe déclara ouvertement en fa faveur. Il fut fecondé par la Maîtreffe du Roi. C'étoit
une Efpagnole nommée Alix Perez, dont Edouard étoit tellement paffionné, qu'elle
gouvernoit prefque tout fous le nom & du confentement de ce Prince. Comme elle
s'étoit rendue odieufe à la Nation dont elle craignoit le reffentiment après la mort du
Roi, elle s'étoit attachée aux intérêts du Duc de Lancaftre, dont elle efperoit plus de
fecours, au cas qu'il montât fur le Trône, que d'un enfant peu capable de la protéger.
Enfin le Roi même à qui fon fils & fa Maîtreffe vantoient fans ceffe l'éloquence & le
mérite de Wiclef, s'accoutuma infenfiblement à la nouveauté de fes erreurs; & s'il
ne les appuia pas hautement, ce ne fut que dans la crainte de s'attirer l'indignation du
S. Siege. Wiclef

(*a*) *Varillas*, ubi fuprà.

Wiclef continua donc de dogmatiser avec toute sorte de sécurité; & lorsque sur les instances du Pape *Grégoire* IX. qui avoit été instruit de cette nouveauté, l'Archevêque de Cantorberi & l'Evêque de Londres citerent cet Hérétique dans les formes Ecclésiastiques, pour rendre raison de sa doctrine, il se présenta hardiment, plutôt dans la posture d'un homme qui attendoit récompense (a) que d'un coupable qui méritoit châtiment. Il étoit accompagné des amis du Duc de Lancastre & de la Maîtresse du Roi, qui sollicitoient ouvertement son absolution; & les deux Prélats surpris du nombre & de la qualité de ces Intercesseurs se laisserent persuader par le discours préparé de Wiclef, qui leur fit entendre que jamais il n'avoit eu dessein d'attaquer les vérités Chrétiennes, & que si contre son intention il lui étoit échapé quelque proposition qui leur fût contraire, il la révoquoit sincérement, il en demandoit pardon, il entendoit qu'elle demeurât éternellement supprimée, & se soumettoit à la pénitence & à la correction publique. Contens de cette déclaration, & d'une explication favorable que Wiclef donna aux principaux articles dont on l'accusoit, les deux Prélats le renvoyerent absous, après qu'il leur eut donné sa parole de ne plus soutenir en public aucune proposition équivoque.

Encouragé par ce succès, cet homme vain abusa bientôt de la facilité de ses Juges. Il commença à prêcher que le Corps de Jésus-Christ n'étoit plus présent dans le Sacrement après le Sacrifice; que l'Eglise Romaine n'avoit aucun avantage sur les autres Eglises; que les Seigneurs temporels seroient damnés irrémissiblement, s'ils n'ôtoient aux Eglises les biens dont elles abusoient. Voilà dans un Anglois le prémier modéle de la Réformation Anglicane, & de la déprédation des Eglises. Le Pape informé de cette rechute se plaignit de l'indulgence des Prélats Anglois; & pour leur donner l'exemple, il condamna les propositions de Wiclef. Les Prélats honteux d'avoir été prévenus s'assemblerent à Cantorberi en forme de Concile, & prononcerent anathême contre cet Hérétique & sa doctrine: mais le nombre de ceux qu'il avoit attirés étoit déja si grand, qu'il leur fut impossible de se saisir de sa personne.

Cependant Edouard étant mort, & *Richard* son petit-fils aiant été élevé sur le Trône, Wiclef profita si habilement de la minorité de ce Prince, & du crédit du Duc de Lancastre son Protecteur, pour lequel on avoit beaucoup de ménagemens, que le nombre de ses Sectateurs se multiplia jusqu'à plus de cent mille. Ce fut alors (b) que leur Chef n'aiant plus rien à craindre, acheva de publier ses erreurs, en attaquant la Jurisdiction Séculière après l'Ecclésiastique. „ Il supposa que le péché mortel ne privoit
„ pas moins des biens civils que de ceux de la grace, & conclut sur cette dangereuse
„ maxime, qu'un Seigneur, après l'avoir commis, n'avoit plus de droit d'exiger aucune redevance de ses Vassaux. Il rendit ces mêmes Vassaux Juges de la conscience
„ de leurs Seigneurs, en assurant qu'il suffisoit de les voir jurer ou commettre quelque
„ action notablement mauvaise, pour être dispensé de les reconnoître. Il ne limita pas
„ même cette proposition séditieuse aux Têtes couronnées: il l'étendit aux Prêtres,
„ aux Evêques & aux Juges. Il les dégrada pour la moindre faute, & passant enfin jus-
„ qu'à l'impudence de vouloir établir dans le monde l'égalité & la communauté des
„ biens, il soutint que personne ne pouvoit rien posséder en propre sans péché ”. On verra dans la suite de cet Ouvrage, que c'est dans cette source empoisonnée que les Anabaptistes puiserent depuis leur Fanatisme.

„ Ces derniers sentimens de Wiclef attirerent à son parti l'homme le plus turbulent
„ & le plus séditieux d'Angleterre. C'étoit un Prêtre appellée Jean *Balée*, qui s'étoit
„ sauvé de la prison où son Evêque l'avoit enfermé. Il appréhendoit d'être repris; &
„ comme il n'avoit point de qualités capables de le faire subsister hors de l'Angleterre,
„ il n'y pouvoit aussi demeurer qu'en y allumant la guerre civile. Il étoit réduit à l'une
„ de ces deux extrémités lorsqu'il alla trouver Wiclef, qui le reçut à bras ouverts, &
„ lui permit après deux ou trois conférences qu'ils eurent ensemble, de prêcher sa doc-
„ trine. Le Disciple enchérit bien-tôt sur le Maître, & se fit plus considérer que lui,
„ en ajoutant à l'impudence une rebellion ouverte. Il expliqua le texte de l'Evangile
„ qui commande d'arracher l'ivroye de peur qu'elle ne suffoque le bon grain, en l'ap-
„ pliquant à la Noblesse d'Angleterre & aux Magistrats, quelque grande que fût leur
„ naissance. Il enseigna qu'il falloit commencer une œuvre si nécessaire, en extermi-
„ nant les principaux de ces deux Corps, parce qu'il seroit ensuite plus facile d'oppri-
„ mer le reste & de rétablir le peuple dans la félicité dont il jouissoit autrefois, lorsque
„ ces

(a) Idem. *ibid.*
(b) *Varillas*, ubi sup.

„ ces fangſues ne s'engraiſſoient point du plus pur de ſa ſubſtance. La poſtérité aura
„ de la peine à croire, que des deux cens mille perſonnes qui ſuivirent ce nouveau Pro-
„ phéte, il n'y en eut aucune qui le ſoupçonnât de tromperie, quoiqu'il fût aſſez évi-
„ dent qu'il affectoit la tirannie, ſous prétexte de rétablir une égalité imaginaire par-
„ mi les hommes. Au contraire l'audace de ſes Diſciples croiſſant à proportion que
„ leur nombre augmentoit, ils le jugérent digne des deux prémieres dignités d'An-
„ gleterre pour le ſpirituel & pour le temporel, & réſolurent de le mettre à la place
„ de Simon de Suberia Archevêque de Cantorberi & Chancelier d'Angleterre ".

Ce Prélat, comme nous l'avons vu plus haut, intimidé par les amis puiſſans que
Wiclef avoit à la Cour, perſuadé d'ailleurs que ſon parti ſe détruiroit de lui-même, a-
voit d'abord agi aſſez mollement contre l'erreur. Mais bien-tôt après ſon intérêt perſonnel & ſa conſcience le rappellérent à ſon devoir, & l'anathême qu'il oſa lancer contre la nouvelle doctrine, joint à la découverte qu'il fit d'une conſpiration (a) dans laquelle les partiſans de l'héréſie ne ſe promettoient pas moins que de ſe ſaiſir de la perſonne du Roi, de maſſacrer les principaux Seigneurs de l'Etat, d'exterminer tout ce
qu'il y avoit d'Officiers & de Magiſtrats du Royaume, & de réſerver pour derniére victime de leur cruauté les Curés, les Chanoines & les Evêques, fit prendre à ces furieux
la réſolution de s'en défaire. Ils entrérent à main armée dans le Palais de l'Archevêque, forcérent l'appartement de ce Prélat, & le maſſacrérent.

Ce commencement de révolte ſe communiqua aux Provinces d'Eſſex, & de Kent,
& paſſa enſuite dans celles de Norfolc, de Suffolc, d'Erfolc & de Cambridge. Les Séditieux commencérent à ſe déclarer par le ſerment qu'ils exigérent de ne plus obéir
qu'au Roi, & de ne rien payer qu'à la Nobleſſe. Ceux qui refuſérent de le prêter y
furent contraints par la déſolation de leurs biens, & par l'embraſement de leurs maiſons. On fit enſuite main-baſſe ſur les Officiers de la Juſtice, & on brula les Archives
publiques, afin de faire périr les titres des redevances. Après cette prémiere expédi-
tion, les Wiclefites s'avancérent vers la ville de Londres en ſi grand nombre, qu'il
étoit impoſſible de les compter; & leur marche eut des circonſtances ſinguliéres. Ils
ne furent à charge à perſonne, payérent réguliérement ce qu'ils prirent, & punirent,
de mort ceux de leur parti convaincus d'avoir déſobéi. Ils ne gardérent pas la même
modération à Londres, où le peuple les introduiſit en dépit du Magiſtrat. Après avoir
brulé le Palais du Comte de Lancaſtre, ceux des Conſeillers d'Etat, & ceux où l'on rendoit la Juſtice, ils inveſtirent la Tour où le Roi & la Cour s'étoient réfugiés, & demandérent que Sa Majeſté leur livrât ſes principaux Miniſtres, menaçant en cas de refus d'attenter à ſa propre perſonne. Le jeune Roi d'Angleterre *Richard* II. ne ſe trouvant pas en état d'employer la force contre ces furieux, crut devoir ſe ſervir de la prudence pour les réduire. Par la propoſition qu'il leur fit faire de leur accorder une am-
niſtie telle qu'ils pouvoient la ſouhaiter, il jetta la diviſion parmi les mutins. Ceux du
Comté d'Eſſex ſe retirérent; & ceux qui reſtérent voiant enſuite le Roi en état de leur
donner la loi, ſe crurent fort heureux qu'on leur permît de prendre le même parti.
Balée échapé au châtiment qu'il méritoit n'en devint que plus fanatique. Il continua à
dogmatiſer, & à ſoulever les payſans contre les Grands & la Nobleſſe, juſqu'à ce qu'a-
yant été arrêté à Coventry, il fut exécuté à St. Albans en préſence du Roi, chaque
partie de ſon corps fut envoyée dans les principaux endroits où il avoit prêché.

Wiclef n'avoit paru ni dans les Aſſemblées des ſeditieux; ni à l'aſſaſſinat de l'Archevêque de Cantorberi, ce qui lui donna moyen de continuer tranquillement à répandre
ſes erreurs. Il n'oſoit cependant le faire que ſourdement: mais en 1382. il crut avoir
trouvé une occaſion des plus favorables pour ſon parti. Le Parlement d'Angleterre
s'étant alors aſſemblé au ſujet du fameux Schiſme d'Urbain VI. & de Clement VII.
pour réſoudre lequel des deux il reconnoîtroit pour Souverain Pontife, Wiclef lui fit
préſenter des propoſitions ſous le titre ſpécieux de remédes contre le Schiſme. Quoiqu'il eût eſſayé de deguiſer ſes véritables ſentimens, elles tendoient évidemment (b) à
l'oppreſſion du Clergé, & à ſouſtrare les Anglois à l'obéïſſance du Saint Siége. Auſſi
furent-elles rejettées avec mépris par le Parlement, qui en même-tems ſe déclara pour
Urbain.

Wiclef rebuté de ce côté-là, & n'oſant plus paroître en public, ſe retira dans la Province de Galles. Il continua à y enſeigner ſes erreurs, & y excita de ſi grands troubles dans le Clergé, que Guillaume de Courtenai, qui avoit ſuccédé au malheureux Simon

(a) Idem. ibid.
(b) Voyez *Varillas*, ubi ſup.

mon de Suberia dans l'Archevêché de Cantorberi, crut être obligé d'en prendre connoissance. Ce Primat d'Angleterre assembla donc un Concile à Londres (a) „ où furent condamnées ces propositions tirées des Livres de Wiclef, & principalement de son Trialogue: „ Que la substance du pain & du vin demeuroit après la consécra-
„ tion de l'Eucharistie: Que Jésus-Christ n'y étoit point d'une présence corporelle:
„ Que les Prêtres & les Evêques en état de péché mortel n'administroient validement
„ aucun Sacrement: Qu'il étoit inutile de se confesser lorsqu'on avoit la contrition:
„ Que la Messe n'étoit pas d'institution divine: (b) Que Dieu étoit quelquefois obli-
„ gé d'obéir au Démon: (c) Qu'un méchant Pape n'avoit point d'autre puissance sur
„ les Fidèles, que celle qui avoit été donnée à son prédécesseur Sylvestre par l'Empe-
„ reur Constantin: Qu'après la mort d'Urbain VI. l'Angleterre devoir vivre à la mo-
„ de des Grecs, & ne plus reconnoître de Souverains Pontifes: Que l'Ecriture Sain-
„ te défendoit aux Ecclésiastiques la possession des biens temporels: Que les Prélats
„ ne doivent excommunier que ceux qu'ils savoient que Dieu avoit excommuniés, &
„ que s'ils faisoient autrement, cela suffiroit pour les rendre Hérétiques: Que les Evê-
„ ques étoient criminels de lèze-Majesté divine & humaine, s'ils excommunioient un
„ Clerc qui avoit appellé de leur Tribunal à celui du Roi: Que les Censures n'empê-
„ choient de pécher ni d'entendre la parole de Dieu: Que les Prêtres & les Diacres
„ n'avoient besoin d'aucune mission du Saint Siége ni de leur Evêque pour prêcher:
„ Que les Fiefs Ecclésiastiques retournoient aux Seigneurs par forfaiture, aussi bien
„ que les Séculiers: Que le peuple avoit droit de corriger les personnes de qualité
„ dont la vie étoit scandaleuse: Que les Dixmes n'étoient que des aumônes, dont les
„ Paroissiens pouvoient frustrer leurs Curés vicieux, & les donner à d'autres pauvres:
„ Que les Prieres appliquées par les Ecclésiastiques aux personnes particulières ne pro-
„ fitoient pas davantage à ces personnes, que les générales: Qu'en entrant en Reli-
„ gion on devenoit moins capable d'observer les Commandemens de Dieu; & que les
„ Fondateurs de tous les Ordres, principalement ceux des Mendians, avoient offensé
„ Dieu en les instituant: Que la vie qu'on y menoit étoit contraire à l'Evangile; &
„ qu'on ne pouvoit s'y sauver, à moins que d'y subsister de son propre travail". Mr.
de Meaux ajoute à ces erreurs, (d) que dans son Trialogue Wiclef faisoit un Dieu dominé par la nécessité, & ce qui en est une suite, un Dieu Auteur & Approbateur de tous les crimes, c'est-à-dire un Dieu que les Athées auroient raison de nier. Du reste (e) il consentoit à l'Invocation des Saints, en honoroit les Images, en reconnoissoit les mérites, & croioit le Purgatoire.

Après que la doctrine de Wiclef eut été condamnée par le Concile de Londres, sa personne y fut citée dans les formes; & cette procedure se fit dans une conjoncture si peu favorable pour cet Hérésiarque que le Duc de Lancastre avoit abandonné, qu'il ne put se dispenser d'obéir. Mais quoiqu'il eut protesté plusieurs fois à ses Disciples, que les tourmens ne seroient pas capables d'arracher de sa bouche la moindre rétractation, il ne se vit pas plutôt seul devant ses Juges naturels, qu'il abjura tout ce qu'il avoit enseigné de contraire à leurs sentimens sans en rien excepter. Cette Palinodie ne parut pas même encore suffisante au Concile. On l'obligea de mettre sa rétractation par écrit; après quoi (f) l'Archevêque de Cantorberi se transporta à Oxford avec l'Evêque de Vinchestre, pour faire chasser Wiclef de l'Université.

On procéda ensuite à la condamnation de ses Disciples, qui, suivant un Auteur Protestant (g), n'eurent pas d'abord plus de fermeté que lui. Selon ce même Ecrivain, la honte qu'il eut de sa lâcheté, ou bien de s'être écarté des sentimens reçus alors, lui fit rompre commerce avec les hommes. Aussi après sa rétractation on n'entend plus parler de lui. Il mourut dans sa Cure, & dans l'exercice de sa charge; ce qui démontre, aussi-bien que

---

(a) Idem. Ibid.

(b) Voyez de quelle manière Mr. de Meaux tâche de montrer contre Mr. de la Roque, que Wiclef avoit en effet soutenu cette proposition, Hist. des Variations Tome II. Liv. II. §. CLV. Edit. in 12. de 1730.

(c) Mr. de Meaux fait voir Ibid. §. CLVI. que Wiclef avoit enseigné, Qu'un Roi cessoit d'être Roi par un péché mortel: Qu'une vieille pouvoit être Roi & Pape, si elle étoit meilleure & plus vertueuse que le Pape & que le Roi; qu'alors la vieille diroit au Roi: Levez-vous; je suis plus digne que vous d'être assise sur le trône: & encore: Que celui qui étoit par sa vertu le plus digne de louange, étoit aussi le plus digne en dignité, & que la plus sainte vieille devoit être mise dans le plus saint Office.

(d) Hist. des Variations, Tome II. Liv. 11. §. CLIII.

(e) Ibid. §. CLVII.

(f) V. Bayle dans son Dictionn. à l'Article Wiclef.

(g) Mr. de la Roque, Neut. Accus. cont. M. Varillas.

que sa sépulture en terre Sainte, qu'il étoit mort à l'extérieur dans la communion de l'Eglise.

Varillas entre dans un plus grand détail sur la fin de Wiclef. Il prétend (a) que n'ofant plus enseigner ce que l'Université & l'Eglise d'Angleterre avoient condamné, il examina d'autres matières, qui n'étoient ni moins délicates ni moins dangereuses: Qu'il foutint que la Philosophie étoit néceffaire, pour éclaircir les paffages obfcurs du Vieux & du Nouveau Testament; & que les vérités qui n'étoient contenues en termes exprès ni dans l'un ni dans l'autre, ne pouvoient paffer pour Articles de Foi: Qu'il mit en la place de la Tradition qu'il rejettoit, des révélations particulières qu'il difoit avoir eues, & prétendoit que le Baptême étoit une vocation fuffifante à la Prêtrife: Qu'il accufa Saint Sylveftre d'avoir le prémier introduit dans l'Eglise la poffeffion des Seigneuries, & blâma Saint Thomas de Cantorberi d'avoir répandu fon fang pour une fi injufte querelle. ,, Dans cette penfée, continue le même Hiftorien, il avoit ,, préparé deux Sermons, ou pour mieux dire, deux Satyres, qu'il devoit prononcer ,, les Fêtes de ces deux Saints, les vingt-neuf & trente-unième de Décembre de l'an- ,, née 1384. mais la prémiere étant arrivée, il fut faifi d'une paralyfie univerfelle, qui ,, lui défigura le vifage, l'empêcha de parler, lui caufa d'horribles convulfions, & ne ,, lui permit pas de faire d'autres fignes que ceux que l'on obferve dans les perfonnes ,, défefpérées. Il mourut le matin de la feconde Fête, fans être revenu à foi, & fans ,, avoir reçu aucun des Sacremens. Ses Difciples ne laifferent pas de le reconnoître ,, pour Saint, & de lui attribuer de faux miracles ".

Telle fut, felon cet Ecrivain, la fin de Wiclef. Ceux qui font curieux de favoir ce que *Melancton* penfoit de cet Héréfiarque, le trouveront dans la Préface de l'Ouvrage qu'il intitule, *Lieux communs* (b) où il dit, qu'on ,, peut juger de l'efprit de ,, Wiclef par les erreurs dont il eft plein. Il n'a, ajoute-t-il, rien compris dans la ,, juftice de la foi; il foutient qu'il n'eft pas permis aux Prêtres d'avoir rien en propre; ,, il parle de la Puiffance civile d'une manière féditieufe & pleine de fophifterie; par ,, la même fophifterie il chicane fur l'opinion univerfellement reçue touchant la Cène du ,, Seigneur ". Voilà le jugement qu'un des prémiers Difciples de la Reforme portoit d'un homme, dont elle a adopté prefque tous les principes, & qu'elle a fait gloire de reconnoître pour un de fes principaux Auteurs.

Cependant la mort & la condamnation de Wiclef n'éteignirent pas abfolument fes erreurs. Elles furent portées en Bohême par Pierre *Peine* un de fes Difciples, qui s'é-toit déclaré trop ouvertement en faveur de l'Héréfie, pour n'être pas obligé de quit-ter l'Angleterre après qu'elle y eut été profcrite. La pauvreté l'incommoda bientôt dans le lieu de fa retraite, parce qu'il n'y avoit rien apporté de plus précieux que les écrits de fon Maître. La néceffité lui fit imaginer d'en tirer parti. Le nom de Wiclef n'étoit pas inconnu en Bohême, où quelques-uns de fes Ouvrages avoient pénétré & étoient recherchés. Sur ce principe Peine s'imagina qu'un Recueil complet de tous les écrits ne pourroit manquer de faire fortune dans ce pays, & réfolut de les tranfcri-re de fa main, fous prétexte de n'ofer confier l'original. Il ne fe fut pas plutôt vanté de les avoir tous, qu'on lui donna de quoi travailler; & la preffe fut fi grande, que la main de Peine ne pouvant fuffire à tant d'occupation, il fut obligé de prendre fous lui plufieurs Copiftes. Ceux qui lurent les prémiers cahiers de ces écrits, ne purent s'empêcher de parler des diverfes propofitions nouvelles qu'ils y avoient remarquées, & leur indifcrétion paffa jufqu'à en nommer l'Auteur.

Il n'en fallut pas davantage pour donner l'alarme aux Docteurs, qui rempliffoient alors les principales Chaires de l'Univerfité de Prague, & qui n'ignoroient pas que la doctrine de Wiclef avoit été condamnée en Angleterre. Cette Univerfité étoit alors très-floriffante, & on y comptoit jufqu'à vingt-cinq ou trente mille Ecoliers. Elle avoit été fondée par l'Empereur Charles IV. Roi de Bohême, à l'imitation de celle de Paris; & comme celle-ci étoit compofée de quatre différentes Nations, de même celle de Prague communiquoit à ceux de Saxe, de Bavière & de Pologne les mêmes dignités & les mêmes appointemens qu'aux originaires de Bohême. De-là l'émulation, & enfuite la jaloufie qui fe mirent entre les Docteurs Bohémiens & ceux de la Nation Allemande, fur-tout de celle de Saxe, qui feule fourniffoit plus de gens favans que les trois autres enfemble. Le défordre étoit allé au point qu'il ne reftoit plus aucun Profeffeur du pays dans l'Univerfité de Prague, dont toutes les Chaires étoient occupées par les Docteurs
Alle-

Allemans; & que pour se maintenir dans cette possession, ceux-ci mettoient tout en
œuvre pour exclure du Doctorat les Bohémiens mêmes les plus capables d'aspirer
à cette Dignité.

(a) „ Celui qui paroissoit le plus entr'eux étoit *Jean Hus*, homme de si basse naiß-
„ sance, (b) que ne sachant de quel pere il étoit sorti, il avoit été contraint de pren-
„ dre le surnom de son village. Il n'avoit pas moins d'ambition que d'esprit; & s'il
„ avoit accommodé sa passion à sa fortune, ce n'étoit qu'en attendant une conjoncture
„ favorable pour la pousser plus loin. Il avoit eu la commodité d'étudier, en portant
„ à l'Ecole les livres d'un jeune Gentilhomme qu'il servoit; & on lui avoit donné
„ pour recompense de quoi se faire passer Maître-ès-Arts. Il avoit enseigné long-
„ tems en cette qualité la Grammaire, avec un succès qui lui avoit attiré une mul-
„ titude innombrable d'Auditeurs, & le titre de Maître Jean par excellence". Un
autre Auteur (c) nous apprend qu'il étoit plus subtil qu'éloquent, mais que la modestie
& la sévérité de ses mœurs, sa vie rude, austère & entiérement irreprochable, son
visage pâle & exténué, sa douceur & son affabilité envers tout le monde, même jusqu'aux moindres personnes, persuadoit plus que la plus grande éloquence.

„ Après s'être ainsi distingué de ses Collegues, & avoir fait provision de quelque
„ argent, il avoit aspiré ouvertement au bonnet de Docteur, & s'en étoit rendu d'au-
„ tant plus capable, que se trouvant désormais trop accredité pour étudier sous les
„ autres, il avoit été reduit à s'instruire lui-même. Il avoit quelquefois lû dans les
„ bons livres: mais il ne les avoit point assez examinés, pour y découvrir toutes les
„ vérités & tous les préservatifs contre l'hérésie, qui y sont renfermés. Il avoit encore
„ lû les Ouvrages de Wiclef; & comme il y avoit trouvé quelques alun blâmés avec
„ beaucoup de force, il avoit aussi d'abord conçu de l'estime pour la mémoire de cet
„ Hérésiarque, d'où il étoit passé insensiblement jusqu'à l'approbation de sa doctrine
„ (d). Il ne venoit que d'entrer dans cette disposition, lorsque les Professeurs Alle-
„ mans lui resuserent la qualité de Docteur; & l'on ne doute point qu'il ne sût sorti de
„ l'aveuglement où il étoit, ou par son inconstance naturelle, ou par une lecture des
„ Saints Peres, si le désir de se venger dont il étoit possédé, ne lui eût représenté la
„ doctrine des Wiclefites comme un moien infaillible de chasser de Bohême les Doc-
„ teurs Allemans, en divisant l'Université de Prague". Pour y réussir, il commença
par soulever les Régens de Grammaire de sa Nation, en leur représentant qu'ils
seroient des lâches, s'ils se laissoient enlever plus long-tems les priviléges de leur païs
par des Etrangers qui n'avoient pas plus de capacité qu'eux, & s'ils ne rentroient pas
dans les Chaires de Théologie qu'on avoit usurpées sur eux. En même tems il leur
fit entendre qu'au cas que l'affaire fût portée à la Cour, il avoit déja pris ses mesures
auprès de l'Empereur par le moien de deux Gentilshommes autrefois ses Disciples, qui
étoient devenus favoris de ce Prince. Par ces discours il les disposa à semer adroitement
la division entre les Ecoliers de leur Nation & les Allemans. Comme rien n'étoit plus
facile que de commettre de jeunes gens, qui dans le fonds du cœur portoient une secrete antipathie les uns pour les autres, les Régens en vinrent à bout en peu de jours.
Le trouble commença dans le Collége de Rozenoire, où les Ecoliers ne se battirent
pas long-tems sans attirer leurs Maîtres dans la querelle. Pour l'appaiser, les Allemans
s'adresserent à l'Empereur Wenceslas Successeur de Charles IV. son pere à l'Empire & à
la Couronne de Bohême. Mais bien loin de trouver l'appoi qu'ils espéroient auprès de ce
Prince peu propre aux affaires, & prévenu d'ailleurs par l'intrigue des deux amis de Jean
Hus, il renvoia l'affaire au Magistrat de Prague plutôt qu'à l'Archevêque de cette Ville, quoiqu'en qualité de Conservateur des Priviléges de l'Université, celui-ci eût droit
d'en connoître préférablement à tout autre. Les Docteurs Allemans resuserent de comparoître devant le Tribunal du Magistrat, qu'ils soutenoient leur être étranger; mais
Jean Hus assuré d'y trouver son compte ne manqua pas d'y présenter sa Requête. Elle
sut aussi-tôt signée; & les favoris de l'Empereur y aiant fait mettre sur le champ l'attache de Sa Majesté, en qualité de Roi de Bohême, on la signifia aux Allemans, qui en
conséquence surent obligés de sortir le même jour des logis affectés à leurs Chaires. La
jeunesse de Bohême naturellement violente les outragea même à un point, que la crainte
d'être massacrés leur sit prendre le parti de sortir de ce Roiaume. Ils se retirerent dans la
Mis-

(a) *Varillas*, ubi suprà.
(b) Voiez comment cet endroit est relevé dans l'*Histoire du Concile de Constance par Lenfant*, Tome I.
Liv. I. §. XX.
(c) *Balbinus*, Jésuite cité par *Lenfant*, ubi suprà.
(d) On verra plus bas, que ceci doit s'entendre avec quelque restriction.

Misnie & dans la Thuringe, où on leur offrit une retraite, emmenant avec eux quatre mille de leurs Ecoliers, qui servirent à peupler les Universités de Leipsic & d'Erford.

(a) Ce succès plus heureux que Jean Hus ne l'avoit espéré, puisque ses adversaires lui quittoient la partie, donna à ses Collègues une haute opinion de son crédit, & lui fit prendre à lui-même la résolution d'en profiter. Il ne trouva point pour cela de moien plus prompt & plus efficace, que d'enseigner aux Ecoliers de l'Université les sentimens de Wiclef, qui par la grace de la nouveauté tiendroient les esprits en suspens, jusqu'à ce qu'on trouvât à propos de les entretenir d'autres matières. L'expédient aiant été approuvé de tous les Professeurs, Jean Hus dans le prémier discours qu'il fit sur ce sujet, soutint impudemment que le feu dont on avoit brulé les Ouvrages de Wiclef, l'avoit échauffé à les lire. Il traduisit en la Langue du pais les plus pernicieux des livres de cet Hérésiarque; & il en fit distribuer des copies aux principaux Seigneurs de Bohême. Ses Collègues ravis du succes de ses leçons publiques l'imitèrent, chacun en sa manière. *Jerôme de Prague* se contenta d'enseigner la même doctrine: mais *Jacobel* passa plus avant. Résolu de joindre à la réputation du plus célèbre Prédicateur de Bohême qu'il avoit acquise, celle d'avoir apperçu dans le Clergé un défaut, qui avoit échapé à la connoissance de Wiclef, il ne parla plus dans ses Prédications que du retranchement qu'on avoit fait du Calice dans l'administration du Sacrement de l'Eucharistie. Il publia même un Livre sur ce sujet, qui devint dès lors la matière à la mode; & bientôt il ne fut plus question en Bohême que du larcin des Ecclésiastiques, qu'on accusoit d'avoir volé la moitié du Sacrement. (b) Le mal devint d'autant plus contagieux, que des Ecclésiastiques d'illustres Maisons, accrédités dans le Roiaume, mais d'une conduite déréglée, accablés de dettes & sujets à la correction de l'Eglise pour les crimes dont ils étoient convaincus, se déclarerent pour Jacobel, & l'exciterent à faire Schisme. Jean Hus y consentit; & les Assemblées clandestines commencerent ainsi dans Prague. Le Magistrat de cette Ville, à la sollicitation de l'Archevêque, crut devoir emploier la sévérité contre ces nouveaux Sectaires. On les épia au sortir de leurs Assemblées secrètes: on en arrêta trois des plus séditieux, & après leur avoir fait leur procès, on les condamna à la mort comme Hérétiques & Perturbateurs du repos public. Les Hussites qui n'avoient pu les soustraire à la rigueur de la Justice, s'attrouperent au prémier bruit de leur supplice, enleverent leurs corps du lieu où on les avoit exposés, les porterent en triomphe par les rues de Prague, & les déposerent dans une des Eglises de cette Ville dont ils étoient les maîtres, où ils furent exposés à la vénération des Fidèles comme de saints Martyrs de Jésus-Christ.

Jean Hus avoit eu trop de part à cette action, pour n'être pas au nombre de ceux qui en étoient complices. Aussi décerna-t-on contre lui un Decret de prise de corps, qui l'obligea de sortir de Prague. Il se retira dans le Village dont il portoit le nom, après en avoir perverti le Seigneur qui lui offrit une retraite dans son Château. Ce fut dans cette maison qui pouvoit passer pour une Forteresse, que le parti des Hussites acheva de se formér en l'année 1409. Aussi-tôt après la Communion sous les deux espèces fut établie dans la plupart des Eglises de Bohême, de Silésie, de Luzace & de Moravie. Alors les Hérétiques se virent par leur multitude à couvert d'insulte; & les Catholiques, au-lieu de penser à les détruire, réduisirent toute leur prudence à s'empêcher d'être eux-mêmes exterminés.

L'Eglise étoit alors malheureusement engagée dans ce long Schisme, qu'avoient allumé les deux élections opposées (c) d'Urbain VI. & de Clément VII. & qui ne fut éteint que dans le Concile de Cansiance. Cependant le Pape Jean XXIII. irrité de l'insolence de Jean Hus, crut devoir s'opposer à ses progrès. Dans cette vue il écrivit à l'Archevêque de Prague d'assembler un Concile des Prélats de sa Nation; d'y inviter les Docteurs & les Ecclésiastiques les plus habiles, afin de le rendre plus célèbre; & d'y citer Jean Hus pour rendre raison de sa foi. Le Concile fut donc assemblé au commencement de l'année 1410. (d) „ Personne ne s'attendoit que Jean Hus dût compa-
„ roître; & tout le monde fut également surpris de le voir entrer dans l'Assemblée
„ dès le prémier jour. On ne sçait si la présomption de se voir suivi de tant de personn-
„ nes en fut la véritable cause, ou s'il eut seulement dessein de faire montre de la force
„ de son parti. Ce qu'il y a de certain est qu'il n'avoit apparemment rien à craindre,
„ & qu'il n'estimoit pas assez les personnes dont le Concile étoit composé, pour se
présen-

(a) *Varillas*, ubi suprà.
(b) Idem ibid.
(c) En 1378.
(d) *Varillas*, ubi suprà.

„ préfenter devant elles par un motif de refpect.   Quoiqu'il en foit, il ne fe contenta
„ pas de répondre modeftement de fa doctrine : mais il defavoua de plus ce qu'on lui
„ imputoit de contraire à la foi Catholique.   Il protefta que les erreurs qu'on lui im-
„ putoit étoient autant de calomnies; & lorfqu'on le preffa de faire une profeffion de
„ Foi qui fut entendue de tous les Affiftans pour l'édification du Public, il hauffa le
„ ton de fa voix, & prononça en des termes prefque tous tirés de l'Ecriture fainte,
„ que pour obéir aux Prélats qui lui repréfentoient la perfonne de Jéfus-Chrift, dans
„ une matiere auffi importante à un homme Chrétien qu'étoit celle de déclarer fa
„ croiance, il avouoit fincérement l'autorité de la même Eglife fur tous les Fidéles qui
„ en étoient les membres, & par conféquent fur lui-même; & déclaroit qu'il étoit
„ prêt de répandre jufqu'à la derniere goute de fon fang pour en foutenir les decifions,
„ bien loin d'enfeigner ou prêcher le contraire.   Il defcendit enfuite dans le parti-
„ culier, & dit: Que puifque fes ennemis l'avoient finfement accufé devant le S.
„ Siege, de croire que la fubftance du pain & du vin demeuroient dans le Sacrement
„ après la confecration; que le Corps & le Sang de Jéfus-Chrift ne s'y rencontroient
„ qu'à l'inftant de l'élévation de l'Hoftie & du Calice; que les Pretres en péché mortel
„ ne confacroient point; que les Séculiers pouvoient rentrer dans la poffeffion des
„ biens donnés par leurs ancêtres aux Ecléfiaftiques; que les Dîmes n'étoient que de
„ fimples aumônes, & les Indulgences qu'une pure invention pour avoir de l'argent:
„ il déclaroit en plein Concile, & demandoit acte de cette profeffion de Foi qui étoit
„ la fienne; Qu'il y avoit une véritable & entiere tranfubftantiation dans l'Euchariftie;
„ Que le Corps & le Sang de Jéfus-Chrift demeuroient fous les efpéces après la Con-
„ fecration; Que les Sacremens ne dépendoient ni de la bonne ni de la mauvaife vie
„ de leurs Miniftres; Que l'Eglife ne pouvoit être privée fans injuftice de ce qu'elle
„ tenoit de la pure liberalité des Fidéles, non plus que des terres qu'elle avoit achetées
„ de fon épargne; Qu'il n'y avoit ni caufe ni prétexte valable pour s'exemter de païer les
„ Dîmes; Qu'il y avoit dans l'Eglife un pouvoir folide d'accorder des Indulgences,
„ & que les Tribunaux Ecléfiaftiques étoient abfolument indépendans des Sécu-
„ liers".

Cette déclaration de Jean Hus n'étoit pas abfolument illufoire, fi ce n'eft peut-être
dans ce qui regardoit les Miniftres des Sacremens & l'autorité Eccléfiaftique.   Du refte
nous verrons dans la fuite, & on peut le voir dans M. de Meaux (a), qu'il a été prouvé (b) par les Auteurs contemporains, par le témoignage des premiers Difciples de
Hus, & par fes propres écrits qu'on a encore, que s'il a foutenu la Doctrine de Wiclef,
il ne l'a pas fuivie en tout; qu'il l'a expliquée; qu'il l'a mitigée; qu'au refte il a cru la
Tranfubftantiation & tous les autres articles de la croiance Romaine, fans en excepter
un feul; qu'il a invoqué les Saints, honoré leurs images, reconnu les mérites des bonnes œuvres, les fept Sacremens, la Confeffion facramentale & le Purgatoire; & qu'il
a perfifté dans ces fentimens jufqu'à la mort; en un mot que fes erreurs fe réduifoient à
la Communion fous les deux efpéces; à l'autorité, & fur-tout l'autorité Eccléfiaftique,
qui, felon lui, fe perdoit par le péché, fur quoi il foutenoit des chofes auffi outrées
que celles que Wiclef avoit avancées; enfin à fes déclamations contre le Clergé en
général, & en particulier contre le Pape & l'Eglife Romaine qu'il appelloit l'Eglife de
l'Antechrift.

Quoiqu'il en foit, le Concile de Prague fe contenta de la déclaration de Jean Hus,
le rétablit dans la Communion de l'Eglife, & lui défendit feulement pour quelque tems
les fonctions de la Prêtrife.   Mais au-lieu de donner de véritables marques de pénitence, il n'obferva pas même la legére fufpenfion qui lui étoit impofée.   Il célébra la
Meffe auffi-tôt que le Concile fe fut féparé; il prêcha plus hautement que jamais la
Doctrine qu'il avoit enfeignée, & publia plufieurs Ouvrages pour la foutenir.   Le Pape
Jean XXIII. informé de cette rechute le cita à comparoître à la Cour de Rome; &
fur fon refus il l'excommunia.   Hus en appella à Jéfus-Chrift, (c) & continua à dogmatifer malgré l'excommunication.

Nous avons conduit l'hiftoire de cet Héréfiarque jufqu'au Concile de Conftance, auquel il eut beaucoup de part: il refte à rapporter ce qui fe paffa à fon fujet dans cette
célèbre Affemblée.   Nous en abrégerons le détail autant qu'il nous fera poffible, &
nous

____

(a) *Hiftoire des Variations* Tom. II. Liv. II. §. CLXIII. CLXIV. & CLXV.
(b) Voi. M. de la Roque dans fon *Hift. de l'Euchariftie* II. P. Ch. 19. & dans fes *Nouv. Acuf. cont.*
Varillas.
(c) Voi. fon Acte d'Appel dans l'*Hiftoire du Concile de Conftance* par *Lenfant* Tom. I. Liv. I. §. 23.
Edit. de 1727.

nous le tirerons d'un Auteur (*a*) eſtimé dans tous les partis, aſſez impartial, & ſur-tout Proteſtant; qualité qui doit nous mettre à couvert du ſoupçon de chercher à déguiſer la vérité.

Sigiſmond, Roi de Hongrie, aiant été élevé à l'Empire en 1410. s'appliqua tout entier à rétablir les affaires de l'Egliſe, qu'un Schiſme de près de quarante années avoit miſes ſur le point de leur ruïne. Il y avoit alors trois Papes; Benoît XIII. Grégoire XII. & Jean XXIII. Les deux premiers avoient été dépoſés par le Concile de Piſe. Sigiſmond crut donc pour le grand deſſein qu'il méditoit de rendre la paix à l'Egliſe, devoir ſe lier avec Jean qui étoit preſque univerſellement reconnu; & pour y réuſſir, tous deux convinrent de convoquer un Concile dans la Ville de Conſtance.

L'ouverture s'en fit au mois de Novembre 1414. Ce Concile, dit l'Auteur que nous ſuivons (*b*), fut ſans doute un des plus mémorables qu'on eût aſſemblés juſqu'alors, ſoit par rapport aux grandes affaires qui s'y traitèrent, ſoit par rapport au nombre, à la dignité & aux divers caractères de ſes membres. Il n'y eut ni Roiaume, ni République, ni preſque aucune Ville ou Communauté dans l'Europe qui n'y eût ſes Ambaſſadeurs ou ſes Députés. Il s'y trouva trente Cardinaux, trois ou quatre Patriarches, vingt-ſept Archevêques, deux cens ſix Evêques, trente-trois Evêques Titulaires, deux cens trois Abbés, plus de cent cinquante autres Prélats tant Généraux d'Ordres que Prieurs, dix-huit Auditeurs du Sacré Palais, tous Docteurs, quatre cens quarante-quatre autres Docteurs, tant en Théologie qu'en Droit, &c. On y vit préſider deux Papes, l'un au commencement, l'autre à la fin. L'Empereur y fut preſque toujours préſent. On y compta quatre Electeurs, pluſieurs autres Princes Souverains, & une infinité de Comtes, de Barons, & de Gentilshommes. Enfin la dépoſition de deux Papes (*c*), l'abdication volontaire ou forcée d'un troiſième (*d*), l'élection & le couronnement d'un autre (*e*), avec des circonſtances & des précautions juſqu'alors inuſitées, pluſieurs déciſions ſur des matières qui intéreſſoient toute la Chrétienté, la ſupériorité des Conciles Généraux établie par un Décret ſolemnel, le ſupplice de Jean Hus & de Jérôme de Prague; tout cela rendra cette Aſſemblée à jamais célèbre.

Nous avons dit plus haut que malgré la défenſe du Concile de Prague & l'excommunication du Pape, Jean Hus continua à dogmatiſer & à écrire pour la défenſe de ſes erreurs. Il publia entr'autres un *Traité de l'Egliſe*, dont on tira depuis preſque tous les Articles qui ſervirent à ſa condamnation, & un autre petit Ouvrage qu'il fit afficher à la porte de l'Egliſe de Béthléem, ſous le titre de *ſix erreurs*. Ce Livre fut reçu avec d'autant plus d'avidité par la plus grande partie de la Bohême, qu'il n'attaquoit proprement que le Clergé, qui depuis quelque tems étoit devenu extrêmement odieux. Le Clergé de ſon côté aiant combattu cet Ouvrage de toute ſa force, la Bohême devint en peu de tems le Théâtre d'une guerre inteſtine. Comme on ſe flattoit que le Concile convoqué à Conſtance pourroit appaiſer ces troubles, Jean Hus y fut cité; & il s'y rendit en effet le 3. de Novembre 1414. treize jours avant qu'on en fît l'ouverture.

Si nous en croyons Varillas (*f*) il n'eſt pas facile de deviner la raiſon qui lui fit entreprendre ce voyage. „ Jean Hus, dit-il, étoit peut-être ſi fortement perſuadé de „ ſa doctrine, qu'il crut pouvoir la ſoutenir en plein Concile. Il fut peut-être aſſez „ téméraire pour eſpérer de la faire approuver, & aſſez préſomptueux pour recher- „ cher par cette voie la réputation d'habile homme dans une occaſion ſi éclatante. Son „ impudence alla peut-être juſqu'à s'imaginer, qu'il imprimeroit les erreurs de Wiclef „ & ſes propres égaremens dans l'eſprit de pluſieurs Théologiens; & ſi l'on a trop de „ peine à croire que ſa folie ait été ſi déplorable, on peut en tout cas s'imaginer qu'il „ avoit aſſez bonne opinion de ſoi-même, ou qu'il s'eſtimoit aſſez conſommé dans la „ Dialectique pour ſe tirer d'affaire, en inſpirant au moins de l'eſtime pour ſa perſon- „ ne, s'il ne réuſſiſſoit pas à perſuader ſa doctrine ". L'Auteur que nous ſuivons combat au contraire très-fortement (*g*) ces incertitudes, ces ſupoſitions & ces peut-être de Varillas; & il a raiſon. Il paroît par la précaution que prit Jean Hus de demander & de ſe faire expédier un ſauf-conduit par l'Empereur, qu'il ne croyoit pas qu'il y eût pour lui trop de ſureté dans ce voyage, & que par conſéquent s'il eût été libre, il eût pu

ne

(*a*) *Lenfant* dans ſon *Hiſt. du Concile de Conſtance.*
(*b*) Ibid. *Préface de la prem. Edition.*
(*c*) Benoît XIII. & Grégoire XII.
(*d*) Jean XXIII.
(*e*) Martin V.
(*f*) *Hiſt. de l'Héréſie*, ubi ſup.
(*g*) Ubi ſup. §. XXIII.

ne pas l'entreprendre. Mais il est vraisemblable que Sigismond aiant écrit à Wenceslas Roi de Bohéme de l'envoyer au Concile, Jean Hus n'osa & ne put se dispenser d'obéir aux ordres de son Maître.

Quoiqu'il en soit, avant que de se mettre en chemin, il fit afficher des Ecrits (a) aux portes de toutes les Eglises, & de tous les Palais de Prague, pour notifier son départ, & pour inviter tout le monde à venir à Constance être témoin de son innocence ou de sa conviction. Il fit publier de pareilles affiches dans toute sa route; & on ne peut nier qu'il n'y eût dans toute cette conduite beaucoup de vanité & de présomption. Aussi quoique l'Auteur que nous suivons, tâche de justifier Jean Hus du caractére de *fanfaron*, que *Maimbourg* lui donne dans son Histoire du grand Schisme d'Occident, il paroît par quelques fragmens d'une Lettre (b) qu'il écrivit à ses amis pendant son voyage, qu'il n'étoit pas absolument exemt des deux vices que nous lui imputons.

Jean Hus muni du sauf-conduit de l'Empereur qui lui fut envoyé dans sa route, étant arrivé à Constance, le fit aussi-tôt notifier au Pape Jean XXIII. par deux Seigneurs de Bohéme qui l'avoient escorté, savoir Jean de Chlum & Henri de Latzenborek; & il jouit d'abord d'une assez grande liberté, sans que cependant il lui fût permis de paroître ni de parler en public, afin d'éviter le scandale & les émotions populaires. Cette précaution n'étoit pas inutile; car soit vanité, soit espérance de faire approuver sa doctrine, cet Hérétique s'attendoit en effet de prêcher, comme on le voit par deux Sermons séditieux qu'il avoit composés dans cette vue, & qui se trouvent parmi ses œuvres. Mais on ne lui permit pas d'exécuter son dessein. Ses Accusateurs étant arrivés observerent curieusement la conduite particuliére qu'il tenoit dans sa maison; & ils découvrirent qu'il y parloit avec assez de liberté, soutenant sa doctrine, soit dans ses conversations, soit dans les Ecrits qu'il composoit. Il disoit même la Messe tous les jours auprès de son poele, en présence de tout le voisinage qui y accouroit avec beaucoup d'empressement. Ces Assemblées tumultuaires firent croire au Concile qu'il étoit à propos de s'assurer de la personne de Jean Hus, afin de prévenir les fâcheuses suites qu'elles pouvoient avoir. En effet dans une audience qu'il eut des Cardinaux assemblés en Congrégation chez le Pape, on lui donna des Gardes, & le même jour il fut conduit chez le Chantre de la Cathédrele de Constance, où on l'enferma. Il y demeura huit jours, au bout desquels on le mena en prison au Monastére des Dominicains, où il tomba malade. En même tems ses Accusateurs présenterent contre lui au Pape six Articles, qui, selon eux, renfermoient toute sa doctrine. Ils contenoient 1. Qu'il faut communier sous les deux espéces. 2. Que les Ministres en péché mortel ne peuvent administrer les Sacremens, & qu'au contraire toute autre personne peut le faire, pourvu qu'elle soit en état de grace. 3. Que par l'Eglise il ne faut pas entendre le Pape, les Cardinaux, les Archevêques & le Clergé, & que c'est une mauvaise distinction inventée par les Scolastiques : que l'Eglise ne doit point posséder de biens temporels, & que les Seigneurs Séculiers peuvent impunément les ôter aux Eglises & aux Ecclésiastiques : que Constantin & les autres Princes ont erré en dotant l'Eglise. 4. Que tous les Prêtres sont égaux en autorité, & qu'ainsi les Ordinations & les Cas réservés au Pape & aux Evêques ne sont qu'un pur effet de leur ambition. 5. Que l'Eglise n'a plus la puissance des Clefs, quand le Pape, les Cardinaux, les Evêques & tout le Clergé sont dans l'erreur, ce qui peut arriver. 6. On imputoit à Jean Hus de mépriser l'Excommunication, aiant toujours célébré l'Office divin pendant son voyage. Ses Accusateurs pretendoient prouver la verité de ces Articles par ses propres Ecrits, par sa conduite, par celle de ses Disciples, & par ce qui s'étoit passé en Bohéme depuis qu'il y avoit répandu sa doctrine. Ils l'accusoient outre cela, d'avoir été la cause de la dissipation de l'Université de Prague, en se servant de l'autorité séculiére pour opprimer les Allemans; D'avoir été seul à soutenir les erreurs de Wiclef contre toute l'Université qui les condamnoit; D'avoir persécuté le Clergé, & commis entr'eux les Ecclésiastiques & les Séculiers, en amorçant l'avarice & la cupidité des uns au préjudice des biens & des revenus des autres; Enfin de n'être suivi que par des Hérétiques & des Ennemis de l'Eglise Romaine. En conséquence de cette accusation, le Pape nomma une commission pour informer contre Jean Hus, & examiner sa doctrine. Elle fut composée de sept Cardinaux, savoir les Cardinaux d'Ostie, de Palestrine, de Brancas, de Venise, de S. Marc, de Chalant & de Florence; du Patriarche de

Con-

(a) Voyez des modéles de ces affiches. *Ibid.* §. XXIV.
(b) *Ibid.* §. XXV.

Conftantinople ; des Evêques d'Adria ou d'Atri , de Lebus , de Caftel , & de S. Paul de Léon ; des Généraux des Dominicains , des Francifcains , & des Servites , & de quatre autres Docteurs.

Cependant l'Empereur Sigifmond s'étant rendu à Conftance , les Seigneurs Bohémiens lui écrivirent des Lettres très-amples & très-fortes (a) au fujet de ce qui s'y paffoit dans le Concile. Ils y repréfentoient à ce Prince : Que Jean Hus eft allé de fon bon gré au Concile , pour réfuter les fauffes accufations intentées contre lui & contre la Bohême : Qu'il defire paffionnément , & qu'il demande avec inftance d'être oui en plein Concile , pour y mettre en évidence la pureté de fa doctrine , déclarant qu'il eft prêt à fe retracter fi on peut le convaincre d'erreur : Que quoiqu'il foit de notoriété publique qu'il eft allé à Conftance muni d'un Sauf-conduit de Sa Majefté Impériale , on n'a pas laiffé de le confiner dans une affreufe prifon : Qu'il n'y a ni petit ni grand qui ne voie avec étonnement & avec indignation , que le Pape ait ofé entreprendre de faire ainfi emprifonner un homme innocent contre la foi publique , fans en alléguer aucune raifon : Qu'une entreprife d'un auffi dangereux exemple peut autorifer tout le monde à n'avoir plus aucun refpect pour la foi publique , & expofer les plus gens de bien aux infultes des méchans. Ils concluent & fupplient inftamment l'Empereur de faire élargir Jean Hus , afin qu'il puiffe être ou juftifié , s'il eft innocent , ou puni s'il eft coupable. Cette Lettre ne produifit aucun effet , & Jean Hus demeura en prifon chez les Dominicains pendant deux mois. De-là on le transféra chez les Francifcains , où il fut gardé par les gens du Pape dont il fe loue extrêmement dans une Lettre ; enfin il fut conduit à la Fortereffe de Gotleben (b) où on l'enferma.

Je ne fai fi ce ne fut point la tentative que Jean Hus fit , dit-on , en ce tems-là pour fortir de Conftance , qui obligea les Peres du Concile à le refferer plus étroitement. Voici comme on raconte le fait. (c) Jean Hus voyant qu'on l'obfervoit de près , prit la réfolution de s'enfuir au mois de Mars 1415. Afin d'exécuter ce deffein , il prit un pain & une bouteille de vin , & alla fe cacher dès le matin dans un chariot de Henri de *Latzenborck* qu'on avoit préparé pour aller l'après-midi chercher du foin dans quelque Village. A l'heure du dîner , *Latzenborck* , a qui Jean Hus avoit été confié , ne le voyant point , demanda inutilement où il étoit , parce que perfonne ne put lui en donner des nouvelles. Allarmé de cette abfence , il courut en avertir le Conful , qui fit auffi-tôt fermer les portes de la Ville , & commanda des Archers pour aller pourfuivre le fugitif. Comme on fe préparoit à cette pourfuite , Jean Hus aiant été trouvé caché dans le chariot , fut conduit à cheval avec fon Chapelain & plufieurs Bohémiens qui étoient auffi à cheval , par *Latzenborck* lui-même au Palais du Pape. Jean Hus s'étant apperçu qu'on parloit de le mettre en prifon , defcendit de cheval , dans l'efpérance de fe fauver à la faveur de la foule prodigieufe de monde qui s'étoit attroupée à ce fpectacle. Mais les Gardes du Pape s'étant apperçus de fon deffein , on l'enferma fous bonne garde dans le Palais Pontifical.

Ce fait eft rapporté par deux Auteurs contemporains , tous deux préfens au Concile , & qui de l'aveu (d) de l'Hiftorien que nous fuivons , font d'un caractere à n'être point foupçonnés d'ignorance ou de mauvaife foi. Après cet aveu , n'eft-il pas furprenant que fur des preuves purement négatives cet Ecrivain s'inferive en faux contre ce récit , & trouve mauvais que Maimbourg & Varillas en aient fait ufage ? La prifon de Jean Hus arrivée précifément dans le tems qu'il dit avoir fait cette tentative pour fe fauver , confirme encore le rapport de ces deux Auteurs non fufpects , & femble ne plus laiffer aucun lieu de le contefter.

Quoiqu'il en foit , Jean Hus aiant été transféré à Gotleben , le Concile de concert avec l'Empereur , commença tout de bon à inftruire fon procès. On condamna d'abord (e) la doctrine de Wiclef , & tous les Livres de cet Héréfiarque en général & en particulier. Le Concile profcrivit fa mémoire , & ordonna que fes os feroient déterrés pour être jettés à la voirie. Il procéda enfuite à l'examen de Jean Hus. On lui fit fubir plufieurs Interrogatoires particuliers , dans lefquels on lui préfenta trente Articles , lui demandant s'il vouloit les défavouer ou les défendre. A n'en juger que par le rapport des Commiffaires , il fembleroit que Jean Hus eût répondu alors purement & fimplement , *qu'il fe foumettoit à la décifion du Concile.* Ses amis mêmes paroiffent

inquiets

(a) Voyez ces Lettres dans *Lenfant*, ubi fup. §. LIX. & LX.
(b) Au mois de Mars 1415.
(c) *Lenfant* ubi fup. §. LXI.
(d) *Ibid.*
(e) Dans la Seffion VIII. Voyez *Lenfant*, ubi fup, Liv. II. §. LIX. & fuiv.

inquiets de cette réponse, parce qu'elle s'étoit répandue dans le Public sous l'idée d'une espèce de rétractation. Mais on en jugera autrement si on s'en rapporte à ses Lettres. Dans la XV. qu'il écrivit depuis son audience publique, il dit, ,, qu'il n'a ja-
,, mais promis de se soumettre au Concile que conditionnellement, & qu'il a protesté
,, en plusieurs audiences particulières, comme il a fait depuis en public, que quant à
,, ce qu'on exigeoit de lui qu'il se rétractât, il vouloit se soumettre à l'instruction, à la
,, direction & à la justice du Concile, *quand on lui feroit voir* qu'il a écrit, enseigné
,, & répondu quelque chose de contraire à la vérité ". C'est la résolution qu'il soutint en effet jusqu'à la fin. La plupart des Protestans, même l'Auteur que nous suivons, admirent cette conduite comme l'effet d'une fermeté & d'une constance inébranlable: cependant à la considérer sans préjugés, & même selon les principes de leurs Synodes, on n'y verra que beaucoup d'orgueil, d'entêtement & d'opiniâtreté. Car se soumettre au Concile conditionellement, n'est-ce pas croire ses lumieres supérieures à celles de cette Assemblée; & se soumettre à l'instruction quand on pourra être convaincu de s'être éloigné de la vérité, n'est-ce pas dire qu'on ne veut être ni instruit, ni convaincu, ni ramené au chemin de la vérité? Il n'y a point d'homme résolu de ne céder & de ne se retracter jamais, qui ne se prêtât volontiers à une soumission semblable.

Aussi parut-il dans les quatre audiences publiques que le Concile accorda ensuite à Jean Hus les 5. 7. 8. & 9. Juin, qu'il n'étoit rien moins que déterminé à se soumettre. Dans la seconde il soutint opiniâtrement (*a*) les erreurs de Wiclef au sujet des biens Ecclésiastiques. Dans la troisième (*b*) il reconnut de même pour sa doctrine celle-ci; Que l'Eglise est l'Assemblée des seuls prédestinés; Que St. Pierre n'a été ni n'est le Chef de l'Eglise; Que la dignité Papale doit son origine aux Empereurs; Que le Pape s'il n'imite la vie de Jésus-Christ est un Antechrist & un Judas; Que les Censures Ecclésiastiques sont Antichrétiennes; Que l'excommunication du Pape ou d'un Concile Général ne préjudicie point à *celui qui en appelle* à J. C. Qu'un Pape, un Evêque, un Roi en péché mortel, n'est ni Pape, ni Evêque, ni Roi. Il expliqua ces articles & tous les autres qu'on l'accusoit d'avoir enseignés: il prétendit pouvoir en montrer la vérité: il ne se défendit point (*c*) d'avoir excité des troubles & des séditions dans la Bohême par ses prédications; & quelque instance que pussent faire le Concile & l'Empereur pour le porter à se rétracter, il protesta toujours qu'il ne se sentoit point coupable, ajoutant (*d*) qu'il aimeroit mieux qu'on lui *mît une meule d'âne au cou & qu'on le jettât dans la mer*, que de scandaliser son prochain, & qu'ayant prêché la patience & la constance aux autres, il vouloit en donner l'exemple. C'est ainsi que cet homme vain honoroit ses vices du titre des plus belles vertus. L'Empereur fut si indigné de son obstination, qu'il déclara (*e*) qu'au cas qu'il refusît de rétracter tout ce qu'il avoit avancé, son sentiment étoit qu'il fût brûlé. On travailla donc encore à l'ébranler (*f*); & on commença par condamner ses ouvrages au feu, pour l'intimider par ces avant-coureurs de son sort. Mais il n'en devint que plus opiniâtre. Il compara le sort de ses Livres à celui qu'avoient éprouvé ceux de Jérémie & de la Loi, & déclara le 21. de Juin que sa dernière intention étoit de ne point reconnoître pour erronés les extraits fidèlement tirés de ses ouvrages, & de ne point abjurer ceux qui lui avoient été imputés.

Jusques-là Jean Hus avoit toujours eu quelque espérance d'éviter la mort; & il la fondoit cette espérance (*g*) sur les avis qu'il avoit reçus de l'arrivée prochaine de quelques Seigneurs Bohémiens fort zélés pour son parti. Il étoit dans ces dispositions lorsque le 6. Juillet l'Archevêque de Riga l'alla prendre dans la prison, pour l'amener au Concile. Le Cardinal de Viviers (*h*) présidoit à cette Session (*i*): l'Empereur étoit présent avec tous les Princes de l'Empire; & une multitude incroiable de Peuple étoit accourue à ce spectacle. On avoit dressé au milieu de l'Eglise une table fort élevée sur laquelle étoient les Ornemens Sacerdotaux, afin d'en revêtir Jean Hus & de l'en dépouiller ensuite. On le fit mettre devant cette table sur un marchepied assez haut, afin qu'il pût être vu plus aisément de tout le monde. Ensuite l'Evêque de *Lodi* commença un Sermon

(*a*) *Hist. du Concile de Constance par Lenfant*, Tom. I. Liv. III. §. V.
(*b*) *Ibid.* §. VII.
(*c*) *Ibid.* §. XI.
(*d*) *Ibid.* §. X. & XV.
(*e*) *Ibid.* §. XII.
(*f*) *Ibid.* §. XXXI.
(*g*) *Ibid.* §. XXXVIII.
(*h*) *Jean de Brogni*, Evêque d'Ostie.
(*i*) C'étoit laquinzième.

mon sur ces paroles de St. Paul, *afin que le corps du péché soit détruit.*

Après le Sermon, quatre Evêques députés des Nations, & un Auditeur de Rote, produisirent Jean Hus en public, pour être condamné. On lut environ 60. Articles tirés de Wiclef, qui furent condamnés. Le Concile prononça ensuite sa Sentence contre les Livres de Jean Hus; après quoi il se condamna lui-même comme Hérétique opiniâtre & incorrigible, ordonnant qu'il fût déposé & dégradé de l'Ordre de la Prêtrise & des autres Ordres dont il étoit revêtu, & commettant pour l'exécuter l'Archevêque de Milan, avec les Evêques de Feltre, d'Ast, d'Aléxandrie, de Bangor & de Lavaur.

Jean Hus écouta la lecture de sa Sentence sans se mettre en devoir de l'interrompre, parce qu'il s'imagina qu'on lui permettroit ensuite de haranguer l'Assemblée: mais on le fit taire aussi-tôt qu'il se mit en devoir de parler, & on procéda à sa déposition. Nous n'en décrirons point les Cérémonies, que nous avons déja rapportées ailleurs (*a*). Elles se terminérent par lui mettre sur la tête une couronne ou Mitre de papier haute d'une coudée en forme de pyramide, sur laquelle on avoit peint trois Diables d'une figure affreuse avec cette inscription, *L'Hérésiarque.* Dès ce moment l'Eglise se dessaisit de lui: il fut déclaré Laïque, & comme tel livré au bras Séculier pour être conduit au supplice. Par cette Sentence du Concile, „ Le sacré Synode de Constance déclare que „ Jean Hus doit être livré au bras Séculier & l'y livre en effet, attendu que l'Eglise de „ Dieu n'a plus rien à faire à son égard".

Après la dégradation de Jean Hus l'Empereur en ayant été saisi en qualité d'Avocat & de Défenseur de l'Eglise, avoit commandé à l'Electeur Palatin Vicaire de l'Empire de faire pour lui cette fonction & de mettre cet Hérétique entre les mains de la Justice. Ce Prince remit donc Jean Hus au Magistrat de Constance, qui aussi-tôt le livra aux Valets de Ville, & à l'Exécuteur de la Justice, lui ordonnant de le brûler avec ses habits, & généralement tout ce qu'il avoit sur lui, sa ceinture, son couteau, sa bourse, sans lui ôter quoi que ce soit. Jean Hus marcha donc au supplice entre deux Officiers de l'Electeur Palatin sans être enchaîné, ayant seulement deux Valets de Ville devant lui, & deux derrière. Les Princes suivoient avec une escorte de huit cens hommes armés (*b*), sans compter une multitude de peuple si prodigieuse, qu'il fallut la faire arrêter jusqu'à ce que l'escorte de Jean Hus eut passé un certain pont un à un, de peur qu'il ne rompît. Lorsqu'il fut au Palais Episcopal où on l'avoit fait passer pour voir brûler ses livres, il ne put s'empêcher de rire de cette exécution, parce qu'il la trouvoit également injuste (*c*) & irrégulière, comme il l'avoit déja témoigné. En marchant il déclaroit au Peuple en Allemand que ce n'étoit point pour aucune Hérésie qu'il étoit condamné, mais par l'injustice de ses ennemis qui n'avoient pu le convaincre d'aucune erreur, quoiqu'il l'eût demandé si souvent & avec tant d'instance. Il disoit vrai; car comment venir à bout de convaincre qui est résolu de ne pas écouter? Etant arrivé proche du lieu du supplice il se mit à genoux, & récita quelques-uns des Pseaumes Pénitentiaux, répétant souvent ces paroles: *Seigneur Jésus, ayez pitié de moi. O Dieu, je remets mon esprit entre vos mains.* Quelques-uns lui ayant demandé s'il vouloit un Confesseur, & Jean Hus y ayant consenti, on appella un Prêtre, homme en réputation de savoir & de probité. Ce Prêtre dit à Jean Hus, que s'il vouloit renoncer aux erreurs pour lesquelles il étoit condamné, il étoit prêt de le confesser, mais que s'il refusoit de faire cette abjuration, il n'ignoroit pas lui-même que selon le Droit Canon, un Hérétique ne peut ni administrer ni recevoir les Sacremens. Jean Hus ayant entendu cette condition, répondit qu'il n'avoit pas besoin de se confesser, parce qu'il ne se sentoit coupable d'aucun péché mortel. Et comme il vouloit profiter de cette occasion pour parler au Peuple en Allemand, l'Electeur Palatin l'en empêcha, & ordonna en même tems qu'on le brûlât. Alors Jean Hus se mit à prier tout haut en ces termes: *Seigneur Jésus, j'endure avec humilité cette cruelle mort pour votre cause, & je vous prie de pardonner à tous mes ennemis.* Ensuite ayant demandé permission de parler à ses Gardes & l'ayant obtenue, il les remercia en Allemand du favorable traitement qu'il en avoit reçu, & déclara qu'il espéroit regner avec Jésus-Christ, puisqu'il souffroit pour la cause de son Evangile. C'est ainsi que tous les Hérésiarques, & plus encore ceux des derniers tems ont cherché à colorer leur révolte par de faux noms, en honorant leurs erreurs & leur esprit

(*a*) *Cérémonies Religieuses des Catholiques*, Tom. I. de cet Ouvrage.

(*b*) Les Rélations varient beaucoup sur le nombre des gens armés: mais le fait est de peu d'importance.

(*c*) Il prétendoit qu'elle étoit injuste parce qu'il s'étoit, disoit-il, toujours montré prêt à corriger ses Livres, si on lui en faisoit voir les erreurs; ce qu'il soutenoit qu'on n'avoit pu faire. Il la croyoit irrégulière, parce que le Concile n'avoit pas lire ses Ouvrages qui étoient écrits en Bohemien. Mais *Lenfant* lui-même fait voir que cette dernière prétention étoit mal fondée.

esprit d'indépendance des titres spécieux de reformation de l'Eglise, de pure doctrine de l'Evangile, de cause de Dieu; comme si eux seuls eussent été sages & zélés, eux seuls éclairés, eux seuls inspirés; & qu'à l'exception de ce peu d'hommes vains, brouillons, & souvent aussi corrompus que les autres dans leur conduite, tout le reste du genre humain eût conspiré d'anéantir la Doctrine & la Morale de Jésus-Christ. Quoiqu'il en soit, Jean Hus fut attaché à un poteau, qu'on avoit dressé pour cette exécution. Mais comme il avoit d'abord le visage tourné à l'Orient, quelques-uns le trouvèrent mauvais, parce qu'il étoit Hérétique, & on le lui tourna du côté de l'Occident. Un Auteur remarque qu'on lui avoit attaché le cou à ce poteau avec une chaîne noire & sale, qui avoit servi de cremaillere. Jean Hus en sourit encore, & fit à cette occasion quelques réflexions, par lesquelles il osoit comparer l'ignominie de ses souffrances à celles de la mort de Jésus-Christ. On arrangea cependant le bucher autour de lui: mais avant qu'on y mit le feu, l'Electeur Palatin accompagné du Comte d'Oppenheim Maréchal de l'Empire s'avança, pour l'exhorter encore à se retracter. Mais Jean Hus déclara que c'étoit avec joie qu'il signoit de son sang tout ce qu'il avoit écrit ou enseigné, ne l'ayant fait, dit-il, que pour arracher les ames d'entre les mains du Demon, & pour les delivrer de la tirannie du péché. Après cette réponse l'Electeur s'étant retiré, on alluma le feu, & Jean Hus fut bientôt étouffé, *ayant imploré jusqu'à la fin la miséricorde de Dieu*, dit l'Auteur (a) que nous suivons, & on pourroit ajouter ayant persisté jusqu'à sa mort dans son opiniâtreté. Les Bourreaux déchirèrent en pièces ce qui restoit de son corps afin qu'il fût plutôt consumé. Ayant trouvé son cœur, ils le brisèrent de coups, l'attachèrent à un pieu pointu, & le brulèrent séparément. Ils s'étoient saisis de ses habits contre l'ordre qu'ils avoient reçu: mais l'Electeur leur ordonna de les jetter dans le feu, & leur promit de les dédommager de cette perte. Ses cendres furent soigneusement ramassées, & on les jetta dans le Rhin, de peur que ses Sectateurs ne les emportassent en Bohème pour en faire des Reliques. Mais si on en croit *Æneas Sylvius*, (b) cette précaution fut inutile, puisque les Hussites raclèrent la terre dans l'endroit où leur Maître avoit été brulé, & l'emportèrent precieusement à Prague, où il prétend que Jean Hus & Jérôme de Prague n'étoient pas en moindre vénération que St. Pierre & St. Paul.

Après le supplice de Jean Hus, il restoit encore à décider du sort d'un de ses premiers & de ses plus fameus disciples. C'étoit ce *Jérôme de Prague* dont on vient de parler. Il n'étoit ni Moine ni Ecclésiastique; mais seulement Bachelier & Maître en Théologie. (c) „ Tous les Auteurs rendent un témoignage fort avantageux à ses „ talens: on prétend même qu'il passoit Jean Hus en savoir & en subtilité dans la „ dispute, quoiqu'il fût plus jeune que lui". Il avoit étudié dans la plupart des plus célèbres Académies de l'Europe; & au retour de ses voiages il s'étoit attaché à Jean Hus, qui de son côté ne fut pas fâché de trouver un aussi bon second dans le dessein qu'il avoit de reformer les abus qu'il croyoit remarquer dans l'Eglise. Jérôme de Prague avoit en vraisemblablement la plus grande part aux violences & aux excès qui se commirent à Prague avant le Concile. On prétend même (d) que ce fut par son ordre qu'en 1411. une femme publique accompagnée de quelques Moines feints ou véritables, courut un jour les rues de Prague portant des indulgences pendues à son cou, & donnant la bénédiction au Peuple comme si c'eût été le Pape, & que Jérôme brula ces Indulgences de sa propre main. On l'accuse encore d'avoir foulé aux pieds l'année suivante des Reliques qui étoient sur l'Autel de sainte Marie de Prague, en déclamant contre ces Reliques; & on ajouta que deux Religieux, l'un Carme & l'autre Dominicain, ayant voulu s'opposer à cette violence, il se saisit d'un qu'il fit mettre en prison, & jetta l'autre dans la Moldave, où il se seroit noyé si on ne fût venu à son secours.

Quoiqu'il en soit de la vérité de ces faits, attestée par plusieurs témoins, lorsque Jean Hus fut sur le point de partir de Prague pour se rendre au Concile, Jérôme l'exhorta à soutenir constamment ce qu'il avoit avancé de vive voix & par écrit, sur-tout contre l'orgueil, l'avarice & les autres déréglemens des Ecclésiastiques, & lui promit d'aller lui-même à Constance pour l'appuier dès qu'il apprendroit qu'il y seroit arrivé. C'est ce qui obligea Jean Hus à prier ses amis dans quelques-unes des Lettres qu'il leur écrivoit en prison, d'exhorter Jérôme de Prague à ne point venir à Constance, de peur qu'il n'y fût traité de la même manière. Cependant Jérôme voulut tenir sa parole, à quelque

que

(a) *Hist. du Conc. de Constance*, Tom. I. Liv. 3. §. XLVIII.
(b) *Hist. Bohem.* Cap. 36.
(c) *Hist. de Conc. de Constance*, Tom. I. Liv. 2. §. XXI.
(d) Bohus. Balb. *Epit. Rer. Bohem.*

que prix que ce fût; & il y avoit même des gens à Prague qui trouvoient à redire,
qu'il tardât si long-tems à aller au secours de son ami & de son compatriote.

Il arriva à Constance le 14. d'Avril 1415. avec un de ses Disciples. Un Auteur
contemporain (a) ajoute qu'ils y entrérent clandestinement, & sans que personne les
reconnût à cause du Peuple nombreux qu'il y avoit dans cette Ville. Mais Jérôme n'y
fit pas un long séjour. Dès qu'il eut appris le traitement qu'on faisoit à Jean Hus, il
se retira le même jour avec son Disciple à Uberlingen. On prétend même que sa retraite fut si précipitée qu'il laissa son épée dans l'Hôtellerie, où apparemment, il s'étoit
fait connoître. Car on s'informa aussi-tôt de ce qu'il étoit devenu : mais quelque per-
quisition qu'on en fît, on ne put en apprendre aucune nouvelle. Arrivé à Uberlingen
Jérôme de Prague écrivit à l'Empereur & aux Seigneurs de Bohéme qui étoient au
Concile, pour demander un Sauf-conduit: mais l'Empereur le refusa absolument. Ensuite le Concile ayant été prié de lui en donner un, il offrit bien de le lui accorder pour
venir à Constance, mais non pas pour retourner en Bohéme. Jérôme n'eut pas plutôt
reçu cette réponse, qu'il envoia afficher à la porte de toutes les Eglises & de tous les
Monastéres de Constance un écrit en Latin, en Allemand & en Bohémien, adressé à
l'Empereur & au Concile, par lequel reconnoissant le Concile pour Oecuménique (b)
il demandoit un Sauf-conduit pur & simple, & protestoit contre toutes les violences
qu'on lui feroit au contraire. Cet écrit n'ayant pas produit plus d'effet que ses Lettres,
il prit le parti de se retirer dans son pais: mais comme dans toute sa route il ne cessoit
de déclamer contre le Concile, il ne pouvoit manquer d'être bientôt arrêté. Un Auteur que nous avons déja cité (c) dit que Jérôme étant arrivé dans une Ville de la Forêt
Noire, où il fut invité chez le Curé du lieu qui ce jour-là régaloit ses Confrères, se
déchaîna contre le Concile qu'il appelloit *une Ecole du Diable & une Synagogue d'iniquité*,
se vantant d'ailleurs d'avoir confondu les Docteurs, & produisant pour le prouver un écrit
signé par soixante-dix personnes. Ce même Ecrivain ajoute que les Ecclésiastiques
scandalisés des discours de Jérôme de Prague, le dénoncèrent au Commandant de la
Ville, qui leur ordonna de garder le silence, & d'attendre jusqu'au lendemain; Qu'en
effet le jour suivant le Commandant arrêta Jérôme, lui déclarant qu'il falloit qu'il re-
tournât à Constance pour y rendre raison des discours injurieux qu'il avoit tenus contre le Concile; Que Jérôme soutint qu'il n'avoit rien avancé que de véritable, & que
d'ailleurs on n'étoit pas en droit de l'arrêter, parce qu'il avoit un Sauf-conduit: mais
que cet Officier lui avoit répondu que *Sauf conduit ou non*, il falloit aller à Constance,
& qu'en effet il l'y fit ramener. D'autres disent qu'il fut arrêté à Hirsaw par des Officiers du Duc de Sultzbach; que de-là ayant été mené à Sultzbach, il y fut gardé en
attendant les ordres du Concile, à qui on donna avis de sa détention; & qu'aussi-tôt
qu'ils furent arrivés, on le conduisit à Constance. Quoiqu'il en soit (d), il est certain
qu'il fut ramené dans cette Ville le 23. de Mai chargé de chaînes. En cet état il fut
remis à l'Electeur Palatin, qui le conduisit lui-même comme en triomphe dans le ré-
fectoire des Freres Mineurs, où l'on avoit assemblé une Congrégation générale pour
l'examiner. De-là après un Interrogatoire assez court, il fut mis entre les mains des
Officiers de la Ville pour être conduit en prison. On prétend (e) que quelques-uns de
ses amis l'aiant alors exhorté par une fenêtre à soutenir la vérité jusqu'à la mort, il
répondit courageusement qu'il ne craignoit point de mourir, & qu'il tiendroit tout ce
qu'il avoit promis étant en liberté. Nous allons voir comment il s'en acquitta.

Le 19. de Juillet le Concile avoit fait subir un nouvel Interrogatoire à Jérôme de
Prague, dans l'espérance que la condamnation & le supplice de Jean Hus l'auroient
intimidé. Mais cette seconde tentative ne produisit encore aucun effet. Enfin a-
yant comparu pour la troisiéme fois (f) dans une Congrégation publique, (g)
on fit tant par promesses & par menaces, qu'il signa un Ecrit par lequel il se
soumettoit au Concile, & approuvoit la condamnation des erreurs de *Wiclef*, &
de *Jean Hus*, s'excusant sur ce qu'il n'avoit pas cru d'abord, que les Articles qu'on imputoit à ce dernier fussent véritablement de lui. Mais parce que cet Ecrit contenoit des
termes vagues & ambigus, les Peres du Concile crurent devoir exiger de Jérôme une
rétractation plus formelle & plus précise. Elle se fit dans la Session XIX. qui se tint le
23. Sep-

(a) *Reichental.*
(b) Voiez cet Ecrit dans l'*Hist. du Conc. de Constance*, ubi sup. §. XXII.
(c) *Reichental.*
(d) *Hist. du Conc. de Constance*, ubi sup. §. LXXXIII.
(e) Ibid.
(f) Le 19. Juillet.
(g) *Hist. du Conc. de Constance*, Liv. 4. §. XXIX.

23. Septembre. Le Cardinal de Cambrai y lut publiquement l'Acte de rétractation, (a) écrit de la propre main de Jérome. Ensuite celui-ci aiant harangué le Concile, pour le prier d'accepter cette offrande, qu'il faisoit, disoit-il, *de tout son cœur*, lut lui-même à haute voix cette rétractation. Après cette lecture il déclara, que s'il eût été mieux informé, il n'eût jamais tenu ces erreurs; qu'au reste il n'avoit jamais rien soutenu opiniâtrément contre la doctrine de l'Eglise, mais seulement par manière de dispute, & n'étant pas encore bien instruit; qu'enfin il ne faisoit point cette déclaration par contrainte, & comme étant en prison, mais qu'il s'y seroit porté également s'il eût été en pleine liberté. Sur le sujet de Jean Hus, il protesta qu'il n'avoit pas cru d'abord (b) que les Articles qu'on lui imputoit fussent de lui: mais que les aiant lus lui-même dans des Ecrits de la propre main de ce Docteur, il reconnoissoit qu'ils avoient été justement condamnés, comme extravagans & hérétiques. Enfin il promit & jura par la Sainte Trinité & par les saints Evangiles de persister toujours dans la *vérité de la Foi Catholique*, & anathématisa ceux qui croioient le contraire, ajoutant que si dans la suite il lui arrivoit de rien enseigner contre sa rétractation, il se soumettoit à toute la sévérité des Canons & à la peine éternelle.

Après une rétractation aussi formelle & aussi autentique, le Concile permit à Jérome de Prague de voir toutes sortes de personnes, & de s'entretenir familiérement & sans témoins avec ceux qui auroient la curiosité de le voir; „ c'est-à-dire, ajoute (c) Varil-„ las, qu'on lui donna sans y penser l'occasion de se perdre. Car au-lieu d'user dif-„ crétement de la condescendance qu'on avoit pour lui, en attendant la dissolution „ du Concile, après laquelle il n'eût plus eu rien à craindre, il se découvrit trop tôt, „ & ne différa de se vanter de la feinte dont il usoit que jusqu'à ce que les Hussites „ députerent vers le Concile pour se plaindre hautement de la mort de leur Chef, & „ pour en demander réparation. Ce procédé inspira tant de présomption à Jérome de „ Prague, qu'il crut pouvoir dire impunément ce qu'il pensoit devant ses Compatrio-„ tes, sans prendre garde que tous ne lui étoient pas favorables. En effet il s'en „ trouva qui le décelerent, & l'accuserent de rechute dans l'hérésie. Le Concile irrité „ de l'inconstance de ce Prothée, qui ne faisoit scrupule ni de mentir ni de se parjurer, „ l'obligea de comparoître le 27. Avril 1416. & des témoins irréprochables lui sou-„ tinrent, qu'il avoit voulu leur persuader les erreurs de Wiclef depuis qu'il les avoit „ condamnées". Une contravention si manifeste & une rechute si précipitée aiant ouvert le champ à ceux qui prétendoient le convaincre de quelque crime que ce fût, vieux ou nouveau, l'Orateur du Concile lui reprocha dans cette audience, & dans deux autres qu'on lui donna encore depuis, les erreurs qu'il avoit travaillé à répandre dans l'Allemagne, la Hongrie, la Pologne & la Bohême; ses déclamations satyriques contre le Clergé & contre le S. Siège; les violences qu'il avoit commises ou fait commettre à Prague contre les Ecclésiastiques & les Religieux de cette Ville; la profanation des Eglises & des Monastères; son mépris pour les Images, les Indulgences & les Censures; la vénération qu'il avoit eue pour Jean Hus après son supplice, l'aiant fait peindre couronné de raions comme un Saint, & dans la même forme que l'Eglise Catholique révere les Martyrs de Jésus-Christ, &c. Jérome ne répondit à ces accusations que par une invective sanglante contre l'avarice, le faste & la molesse du Pape, des Cardinaux, & de tout le Clergé en général. Il déclara qu'il désavouoit sa rétractation comme le plus grand crime qu'il eût jamais commis, ajoutant que l'horreur du feu l'y avoit obligé, mais qu'il étoit ravi de pouvoir expier par le même supplice la faute qu'il avoit faite alors. Enfin il protesta qu'il étoit résolu d'adhérer jusqu'au dernier soupir à la doctrine de Wiclef & de Jean Hus, comme étant aussi saine & aussi pure, que leur vie avoit été sainte & irréprochable. Il en excepta seulement le sentiment de Wiclef sur l'Eucharistie, qu'il désaprouva.

Il n'en falloit pas davantage, pour l'envoyer sur le champ au supplice. Cependant le Concile différa jusqu'au 30. de Mai, où dans la Session vingt & uniéme, l'Evêque de Lodi prononça un Sermon dans lequel il fit une longue réprimande à l'accusé, & conclut enfin à sa condamnation. Celui-ci, après l'avoir écouté, monta sur un banc, & le réfuta d'un bout à l'autre avec beaucoup de force & de hardiesse. Il déclara encore, qu'il n'avoit rien fait en sa vie dont il eût ressenti un déplaisir si cuisant, que celui qu'il avoit de sa rétractation; qu'il la révoquoit de tout son cœur, aussi bien que la

Lettre

(a) Voiez cet Acte. *Ibid* §. XXXI.
(b) Il y avoit de la mauvaise foi dans cette excuse; car on n'avoit rien extrait des Livres de *Jean Hus*, que Jérôme de Prague ne lui eût entendu enseigner plus d'une fois. *Lenfant*, ubi sup.
(c) *Hist. de l'Hérésie*, Liv. I.

Lettre qu'on lui avoit fait écrire en Bohême à ce sujet ; qu'il avoit menti comme un malheureux en faisant cette rétractation, & qu'il tenoit Jean Hus pour un saint homme. Mais il protesta en même tems (a) qu'il avoit toujours été religieusement attaché aux sentimens de la Sainte Eglise Catholique ; qu'il ne se sentoit coupable d'aucun crime, à moins qu'on n'appellât de ce nom les reproches qu'il avoit faits aux Ecclésiastiques sur leurs déréglemens ; que si après cette déclaration on persistoit à ajouter foi aux faux témoignages qu'on avoit rendus contre lui, il ne pouvoit plus regarder les Peres du Concile que comme des Juges iniques & indignes de toute créance.

Un des anciens Auteurs de la vie de Jérome de Prague (b) rapporte, que comme on le menaçoit du supplice s'il ne donnoit des marques de repentir, il répondit prophétiquement en ces termes : ,, Vous avez résolu de me condamner malicieusement & iniquement, sans m'avoir convaincu d'aucun crime : mais après ma mort je laisserai ,, dans vos consciences un aiguillon & un ver immortel. J'en appelle au Souverain Juge, devant lequel vous me répondrez DANS CENT ANS D'ICI ". *Lenfant* remarque (c) que d'autres ont attribué cette même Prophétie à Jean Hus. C'est ce qui se voit par une Médaille, où d'un côté est représenté le buste de Jean Hus avec cette Inscription, JOA. HUS. & dans le contour, CREDO ESSE ECCLESIAM SANCTAM CATHOLICAM. Au revers on voit ce même Hérésiarque sur le bucher, avec cette Légende, CONDEMNATUR JO. HUS ANNO A CHRISTO NATO 1415. & dans le contour on lit, CENTUM REVOLUTIS ANNIS DEO RESPONDEBITIS ET MIHI. Mais *Lenfant* lui-même fait voir fort au long (d) que cette prophétie, & une autre qu'il rapporte, par lesquelles on veut que Jean Hus & son Disciple aient prédit la naissance du Luthéranisme, sont fort douteuses, que vraisemblablement elles ont été fabriquées après coup, & qu'on ne doit y ajouter aucune foi.

Quoiqu'il en soit, Jérome de Prague aiant persisté opiniâtrément dans ses erreurs, le Patriarche de Constantinople lut publiquement sa Sentence, par laquelle il fut déclaré Hérétique, relaps, excommunié, anathématisé, & comme tel condamné. On le livra ensuite au bras séculier.

Les Historiens contemporains conviennent, (e) dit M. *Lenfant*, qu'on donna à Jérôme comme à Hus, une Couronne de papier, ou une Mitre sur laquelle étoient représentés des Démons, & qu'aiant jetté son chapeau au milieu des Prêtres qui l'environnoient, il se la mit lui-même sur la tête, disant qu'il la portoit volontiers pour l'amour de celui qui en avoit porté une d'épine. Après cela les Sergens se saisirent de lui, & le traînerent au supplice. En y allant, il chantoit à haute voix & d'un visage fort gai le Symbole des Apôtres, & des Hymnes. Lorsqu'il fut arrivé à l'endroit où Jean Hus avoit été exécuté, il se mit à genoux au pied du poteau où il devoit être attaché, & fit à voix basse une prière assez longue. Ensuite les Bourreaux le dépouillerent de ses habits, & lui jetterent un linge sale sur les épaules ; après quoi l'aiant attaché, ils lui mirent du bois & de la paille jusqu'au cou. Cependant Jérome élevant sa voix chanta l'Hymne Paschal :

> *Salve festa dies toto venerabilis aevo,*
> *Qua Deus infernum vicit, & astra tenet.*

Quand il eut achevé de chanter, il récita en vers une Profession de foi Catholique, & dit, s'adressant au peuple qui l'environnoit : ,, Sachez, mes chers amis, que je ne ,, crois autre chose que ce que je viens de chanter. Ainsi je ne suis condamné à la ,, mort, que pour n'avoir pas consenti au Concile des Prêtres qui ont condamné Jean ,, Hus. Car pour ne point parler de l'intégrité de sa vie, & de la douceur qu'il a ,, fait paroître dans ses mœurs dès le berceau, c'étoit un fidele Prédicateur de la Loi, ,, & de l'Evangile de Jésus-Christ ". Ensuite les Bourreaux aiant mis le feu au bucher y jetterent ses habits, pendant qu'il chantoit tout haut en Latin : *Seigneur, je remets mon esprit entre vos mains.* Quoiqu'il fût presque étouffé par la flamme, il ne laissa pas de s'écrier en langage Bohêmien : *O Seigneur Dieu Tout-puissant, aiez pitié de moi,*

(a) Protestations familiéres à tous les Hérétiques, mais toujours vaines & toujours fausses, lorsqu'on refuse opiniâtrément de reconnoître les vérités que l'Eglise enseigne, & de se soumettre à son autorité.
(b) Op. Hist. Tom. II. fol. 357. & Theob. Cap. XXV.
(c) Hist. du Concile de Constance, Tom. I. Liv. 4. §. LXXXIV.
(d) Ibid.
(e) Ibid. §. LXXXV.

noi, & me pardonnez mes péchés. Car vous savez que j'ai été amateur de votre véri-
té. C'est ainsi qu'il rendit son dernier soupir, après avoir souffert environ un quart
d'heure. Pendant ce tems-là on apporta de la prison son lit & ce qu'il avoit de meubles, comme ses bottes, son bonnet, &c. On les jetta dans le feu & ses cendres
dans le Rhin.

Ainsi moururent les deux Précurseurs de la Réforme en Bohême. *Lenfant* que nous
avons presque toujours suivi dans ce récit, s'étend beaucoup au sujet de Jean Hus sur
deux traits qui le regardent personnellement, son sauf-conduit & sa doctrine. En
montrant que celle-ci a été parfaitement conforme à celle de l'Eglise Romaine, & que
l'autre a été manifestement violé par le Concile : le dessein de cet Historien est, sinon
de justifier Jean Hus, du moins de convaincre les Juges qui l'ont condamné d'une insigne prévarication, & de l'avoir traité de la maniere *la plus inhumaine & la plus
cruelle.* C'est ce qui nous oblige à faire ici quelques réflexions sur cette condamnation.

A l'égard du sauf-conduit, après s'être beaucoup récrié (*a*) sur ce que Maimbourg
& Varillas ont avancé à ce sujet, l'un dans son Histoire du Schisme d'Occident, l'autre dans son Histoire de l'Hérésie, Mr. Lenfant se radoucit ensuite, & entre en accommodement. „ Ce ne fut pas tant, dit-il (*b*), par le dernier supplice de Jean Hus
„ que par son emprisonnement, que le sauf-conduit de l'Empereur fut violé. Car si
„ après un examen juridique le Concile eût trouvé Jean Hus Hérétique, il étoit en
„ droit, selon l'usage d'alors, de le condamner au feu ". Cet aveu est remarquable,
& sans qu'il soit nécessaire d'avoir recours à aucune autre explication, détruit absolument ce que ce même Historien ajoute, que d'avoir emprisonné Jean Hus avant que
de l'avoir examiné, c'étoit une infraction manifeste de la Foi publique. Car si le
Concile étoit en droit de citer Jean Hus, de l'obliger à se sister pour rendre raison de
sa conduite, & de le condamner au cas qu'il se trouvât coupable, peut-on lui contester
celui de s'assurer de sa personne, pour l'empêcher de se soustraire à l'autorité de ses Juges ? Peut-on disconvenir, que l'intention de l'Empereur n'ait été d'obliger Jean Hus
à rendre compte de sa doctrine devant le Concile ? Jean Hus lui-même a-t-il pu croire que son sauf-conduit fût capable de l'en dispenser ? Et dès-lors n'a-t-on pas été en
droit de prendre des mesures, pour l'empêcher d'éviter cet examen ? On ne pouvoit
même en prendre de plus modérées, puisque, comme nous l'avons remarqué plus
haut, il est probable que la prison de Jean Hus fut d'abord assez libre, & qu'on ne pensa depuis à le resserrer, que parce qu'il avoit tenté de sortir de Constance & de se
sauver.

Pour ce qui est de la Doctrine de cet Hérésiarque, que Lenfant prétend (*c*) avoir
été en tout conforme à celle de l'Eglise Romaine, nous renvoyons à ce que nous en
avons dit d'abord. On y verra que si en quelques Articles ses sentimens s'accommo-
doient avec la foi de l'Eglise, il s'en écartoit assez dans quelques autres, pour mériter la condamnation & les anathêmes fulminés contre lui dans le Concile.

Peut-être pourroit-on encore examiner ici la question, s'il est permis de se servir de
la puissance du glaive contre les ennemis de l'Eglise & de la saine doctrine. Mais cette
question doit être aujourdhui décidée entre les Catholiques & les Protestans. Luther &
Calvin ont fait des Livres exprès (*d*) pour établir sur ce point le droit & le devoir du
Magistrat. Calvin en vint même à la pratique contre Servet & Valentin Gentil.
Mélanchton en approuva la conduite par une Lettre qu'il lui écrivit à ce sujet. On
trouve parmi les Articles de la Discipline de l'Eglise de Genève, que les Ministres doivent déférer au Magistrat les incorrigibles qui méprisent les peines spirituelles, & en
particulier ceux qui enseignent de nouveaux Dogmes. Enfin on peut dire que la pratique universelle de toutes les Eglises Protestantes autorise l'exercice de la puissance du
glaive dans les matiéres de la Religion & de la conscience.

Au reste puisque nous nous sommes engagés à donner ici une idée de l'état où se trouvoit l'Eglise au tems de la Réformation, nous devons ajouter à ce que nous avons déja
dit, que long-tems avant Luther & Calvin on s'étoit plaint des désordres qui régnoient
dans le Clergé. S. Bernard avoit reproché aux Ecclésiastiques de son tems, *qu'ils ne cherchoient point le salut des ames; qu'on prenoit la tonsure, qu'on fréquentoit les Eglises,*
qu'on

<hr>

(*a*) Ibid. Liv. 1. § LVII. & LVIII.
(*b*) Ibid. Liv. 4. § XXXII.
(*c*) Voyez l'Hist. du Conc. de Constance, Tom. I. Liv. 3. § XLIX. & suiv.
(*d*) Luth. de Magist. Tom. III. & Calvin. Opusc. p. 592.

S s 2

qu'on *célébroit la Messe pour l'amour du gain.* Depuis S. Bernard on n'avoit pas moins crié contre la licence des mœurs du Clergé, le relâchement de la Discipline & le refroidissement de la véritable piété. On avoit proposé & éludé la Réforme de l'Eglise aux Conciles de Pise, de Constance & de Bâle. Nicolas de Clémangis qui vivoit du tems de celui de Pise, avoit composé un Traité *de l'état corrompu* de l'Eglise, dans lequel il représentoit vivement la nécessité de la réformer. Le célèbre Gerson & le Cardinal Pierre d'Ailli Evêque de Cambrai son Maitre avoient aussi écrit fortement sur le même sujet; & le second Concile de Pise tenu en 1505. s'étoit proposé le même but. A ce dernier on se déclara expressément pour la nécessité de réformer l'Eglise *dans la foi & dans les mœurs, dans le Chef & dans les membres, afin d'éteindre les Schismes & les Hérésies.*

C'est ainsi que depuis plusieurs siècles on soupiroit après la Réformation. Mais, comme le (a) remarque M. *de Maux*, il y avoit deux sortes d'esprits qui la demandoient. „ Les uns vraiement pacifiques & vrais enfans de l'Eglise en déploroient les maux „ sans aigreur, en proposoient avec respect la réformation, dont aussi ils toléroient „ humblement le délai; & loin de la vouloir procurer par la rupture, ils regardoient „ au contraire la rupture comme le comble de tous les maux. Au milieu des abus ils ad„ miroient la divine Providence, qui savoit selon ses promesses conserver la foi de „ l'Eglise; & si on sembloit leur refuser la réformation des mœurs, sans s'aigrir „ & sans s'emporter, ils s'estimoient assez heureux de ce que rien ne les empê„ choit de la faire parfaitement en eux-mêmes. C'étoient-là les forts de l'Eglise, dont „ nulle tentation ne pouvoit ébranler la foi, ni les détacher de l'unité. Mais il y a„ voit outre cela des esprits superbes, pleins de chagrin & d'aigreur, qui frappés des „ désordres qu'ils voioient régner dans l'Eglise, & principalement parmi ses Ministres, „ ne croyoient pas que les promesses de son éternelle durée pussent subsister parmi ces „ abus. Au-lieu que le Fils de Dieu avoit enseigné à respecter *la Chaire de Moïse*, mal„ gré les mauvaises œuvres *des Docteurs & des Pharisiens assis dessus*, ceux-ci devenus „ superbes, & par-là devenus foibles, succomboient à la tentation qui porte à haïr la „ chaire en haine de ceux qui y président; & comme si la malice des hommes pouvoit „ anéantir l'œuvre de Dieu, l'aversion qu'ils avoient conçue pour les Docteurs leur fai„ soit haïr tout ensemble & la doctrine qu'ils enseignoient, & l'autorité qu'ils avoient „ reçue de Dieu pour enseigner".

Tels furent les Albigeois & les Vaudois, dont nous avons parlé ailleurs: tels étoient Wiclef & Jean Hus, dont nous venons de tracer l'histoire; & telles furent les dispositions qui préparerent les esprits à ces révolutions du seiziéme siécle, que Luther, Calvin & quelques autres eurent la hardiesse d'exciter en qualité de *Réformateurs.* Pour autoriser le droit qu'ils s'attribuoient de réformer & de retrancher, ils alléguerent, outre l'ignorance des Peuples, la vie scandaleuse & l'avarice des Ecclésiastiques, les mauvaises instructions qu'on donnoit aux fideles, les superstitions, l'excès des Cérémonies, les faux miracles, les fausses Reliques, &c. Mais ils s'attachoient sur-tout à inspirer de la haine & du mepris pour les Pasteurs de l'Eglise, afin de rendre plus aisément la Doctrine qu'ils prêchoient odieuse & méprisable. Cependant Luther & les autres Réformateurs ne penserent serieusement à leur Réforme, qu'après que plusieurs considérations humaines eurent mis plusieurs Princes dans leur parti. Ainsi l'ouvrage de la Réformation fut proprement le fruit de la Politique, & la *Mission* des Réformateurs celui de la haine qu'ils avoient eu soin d'inspirer à toute l'Europe pour la Monarchie du Pape, & les émissaires de la Cour de Rome. Il ne faut donc pas être surpris que l'uniformité, la patience, la douceur & l'humilité aiant si peu accompagné cette grande Révolution, qui par conséquent, quoiqu'en aient publié quelques Ministres Protestans, n'est nullement comparable aux merveilleux progrès du Christianisme sous les Apôtres & leurs Successeurs. La preuve de ce qu'on avance se trouve dans la diversité d'idées & d'opinions des Chefs de la Réformation, dans la différence des Dogmes qui forma bientôt des Sectes & des partis, dans la violence des moiens qui servirent à établir le nouvel Evangile, dans le peu de fruit qu'il produisit pour la réformation des mœurs, & dans l'aigreur des Controverses. Personne n'ignore que dans cette *grande & solemnelle réparation des brèches que l'Antechrist avoit faites à la Vigne du Seigneur*, (c'est ainsi que parloient les Protestans) on emploioit assez ordinairement les termes les plus durs & les expressions les plus injurieuses contre cette Eglise dont on s'étoit séparé. On trouve dans les Ecrits de Luther (b) des déclamations violentes contre le Pape & contre l'Eglise Romaine: il ne craint pas même de mettre les armes

à la

(a) Hist. des Variations, Tom I. Liv. I. §. V.
(b) Voi. Tom. I. & II. des *Œuvres de Luther* in folio Edit. de Wittemberg.

à la main de ses Sectateurs contre les Souverains Pontifes & les Cardinaux ; jusques-là qu'il invite les siens à tremper leurs mains dans le sang de ce qu'il appelle cette *racaille de la Sodome Romaine.* Tel est le nom dont il honore le Clergé Romain.

Abregé Historique du Schisme d'Angleterre.

Le Schisme s'insinua dans la Grande-Bretagne par la même voie, qui a souvent causé la ruine des plus grands Empires ; c'est-à-dire, par la voie de l'amour. Henri VII. régnoit en Angleterre avec une sagesse, qui l'avoit fait nommer le Salomon de la Grande-Bretagne. En 1501. il avoit fait épouser à Artus Prince de Galles, son fils aîné, Catherine d'Arragon, dernière fille des Rois Catholiques Ferdinand & Isabelle. Mais la joie que causa cette alliance n'avoit pas été de longue durée. Le Prince, alors âgé de quinze ans, étoit extraordinairement mal-sain. On prétend même (a) que lors de son mariage il étoit actuellement incommodé d'une fièvre lente, ce qui donna occasion de douter s'il l'avoit consommé. Certe la question paroit assez problématique. Quoiqu'il en soit, Artus étant mort au bout de cinq mois, le Roi d'Angleterre fit proposer à Ferdinand & Isabelle le mariage de Catherine avec Henri son second fils, qui n'avoit encore que douze ans, & ils y consentirent, à la charge qu'on obtiendroit pour cela une dispense du Pape. La chose fut long-tems examinée par les Théologiens & les Jurisconsultes des deux Roiaumes. Elle fut proposée aux Papes Alexandre VI. & Pie III. que la mort empêcha de terminer cette affaire. Enfin en 1503. Jules II. leur successeur fit expédier la dispense qu'on demandoit, dans la forme la plus ample & la plus favorable qu'on pouvoit desirer. Sa Sainteté ne se contentoit pas de dispenser en général de l'honnêteté, & de toutes les autres circonstances qui, suivant les Canons, pouvoient mettre obstacle à l'alliance dont il s'agissoit : elle déclaroit encore, que le Prince & l'Infante ne seroient pas moins habiles à s'épouser, (b) quoique le mariage de celle-ci avec le Prince de Galles eût été consommé. Henri VII. ne fut pas assez heureux, pour voir la conclusion d'un mariage qu'il avoit extrêmement souhaité. Il mourut en 1509. dans le tems qu'il faisoit travailler à l'appareil des nôces, & laissa le Roiaume à Henri son fils.

(c) „ Le nouveau Roi d'Angleterre étoit, sans le flater, le plus accompli de ceux
„ qui régnoient alors dans le monde ; & l'Histoire lui doit ce témoignage, que les
„ trois premiers Edouards qui l'avoient précédé, n'étoient pas montés sur le trône,
„ avec tant de belles qualités que lui. Il n'y avoit pas de mémoire qu'aucun Prince,
„ ni même aucun homme l'eût jamais égalé en bonne mine ; & la Majesté éblouissante
„ qui rejaillissoit de toutes les parties de son corps, le faisoit si promtement connoître
„ pour ce qu'il étoit, que quoiqu'il ne portât pas souvent les marques extérieures qui
„ serviroient à le distinguer d'avec les Courtisans, personne ne s'avisa jamais de deman-
„ der en sa présence où étoit le Roi. Il avoit fait un progrès inconcevable dans les
„ sciences les plus élevées, sans excepter la Théologie ; & il avoit tiré cet avantage
„ d'être né cadet, parce que ce n'étoit pas alors la mode de faire étudier les aînés des
„ Maisons Souveraines. Sa doctrine étoit si nette, & si contraire aux expressions
„ envelopées dont les Docteurs & les Ecrivains d'Angleterre avoient accoutumé d'user,
„ qu'il se faisoit d'abord entendre, & n'en étoit cependant devenu ni plus présomp-
„ tueux ni moins traitable. La familiarité qu'il affectoit avec les petits, aussi-bien
„ qu'avec les Grands, ne diminuoit rien du profond respect que les uns & les autres
„ avoient également pour lui. Son éducation pour l'Etat Ecclésiastique ne l'empê-
„ choit pas d'être tout-a-fait propre pour les armes. Il étoit plus heureux à la guerre,
„ qu'aucun autre de ses Prédécesseurs : mais c'est le foible des qualités éminentes,
„ d'être obscurcies par un seul défaut. Le Duc d'Yorc ne fut pas long-tems Roi sous
„ le nom de Henri VIII. sans donner des marques qu'il y avoit en lui des vices, qui
„ tôt ou tard obscurciroient l'éclat de ses plus grandes vertus. Le moindre de ses re-
„ gards jetté négligemment & sans dessein sur un objet aimable, suffisoit pour allumer
„ dans son cœur un feu illégitime ; & ce feu n'y étoit pas plutôt allumé, qu'il deve-
„ noit incapable de retenue. Les obstacles qu'il y trouvoit servoient à augmenter sa
„ passion, au-lieu de l'éteindre. Il cherchoit à se satisfaire sans distinction & sans réserve,
„ & la pudeur la plus austère ne contribuoit que trop souvent à l'irriter".
Ces défauts ne parurent pas dans toute leur étendue au commencement de son règne,

(a) Sanderus, *Hist. du Schisme d'Angl.* L. I.
(b) *Etiamsi matrimonium fuerit par carnalem copulam consummatum.*
(c) Varillas, *Hist. de l'Hérisie.* L. IX.

gne, parceque la multitude des affaires dont il étoit alors presque accablé, le détournoit de penser ailleurs. La principale étoit d'achever son mariage avec l'Infante. La solemnité s'en fit le 3 Juin 1509. La Dispense de Jules II. fut lue à haute voix dans l'Eglise en présence de Leurs Majestés & de la plus importante Noblesse d'Angleterre. Elle fut universellement applaudie; & quoiqu'auparavant (a) le Roi eut témoigné de l'aversion pour ce mariage, bien loin de trouver à redire à la Dispense, il jouit pendant six ans entiers du privilège qu'elle lui donnoit. Il eut cinq enfans de la Reine: mais les quatre premiers ne vécurent que peu de tems, & laissèrent à Marie leur cadette toute l'espérance de la succession d'Angleterre. Après sa cinquième grossesse la Reine ne conçut plus; & le Roi dont la passion dominante étoit d'avoir un fils capable de lui succéder, n'en espérant plus de sa femme, commença à s'en dégouter. Le dégout dégénéra insensiblement en froideur, la froideur en mépris, & le mépris en une séparation de lit. Le Roi ne pouvoit vivre sans aimer, & les affections criminelles occupèrent bientôt dans son cœur la place des légitimes. Il s'attacha d'abord à deux ou trois filles de la Reine; & il eut d'Isabelle Blunte un fils, à qui il donna le nom de Duc de Richemond.

Au-lieu de chercher à le gagner par les attraits innocens que le mariage fournit aux habiles femmes, la Reine contribuoit indirectement & sans y penser aux dereglemens de son mari. (b) ,, Elle vivoit sur le trône, comme si elle eut fait profession de la
,, Regle de Sainte Claire dans la plus étroite Observance. Elle s'enfermoit souvent
,, dans les Monastères de son sexe, & dès qu'elle y étoit entrée, il sembloit qu'elle eut
,, entièrement oublié ce qu'elle étoit. Elle se levoit à minuit pour assister à Matines.
,, Elle s'habilloit à cinq heures comme la plus simple femme, & sans aucune des paru-
,, res convenables à la Roiauté. Elle portoit l'habit de Saint François sous une robe
,, si modeste, & elle s'étoit mise du Tiers Ordre de ce Saint. Elle jeunoit les Vendre-
,, dis & les Samedis; & le seul repas qu'elle prenoit les veilles des Fetes de la Sainte
,, Vierge, n'étoit que de pain & d'eau. Elle se confessoit deux fois la semaine, &
,, communioit tous les Dimanches. Elle recitoit tous les jours l'Office de la Vierge:
,, elle donnoit à la prière six heures du matin: elle se faisoit lire après diner durant
,, deux heures des Livres Spirituels: elle en conféroit avec ses Dames d'honneur afin
,, de les instruire, ensuite elle retournoit à l'Eglise pour y emploier le reste du jour".
Cette vertu de la Reine donnoit de l'admiration à Henri. Cependant il mettoit tous ses soins à faire élever d'une autre manière leur fille commune. On doutoit si peu alors de la validité du mariage de ce Prince, que les plus grands Monarques de l'Europe, Charle V. & François I. recherchèrent en mariage la Princesse Marie, qui étoit généralement regardée comme l'héritière présomptive du Roiaume de la Grande Bretagne.

Celui qui porta le premier coup à ce mariage fut Thomas Volsey, Chancelier & prémier Ministre d'Angleterre. (c) C'étoit un homme d'une très-basse naissance, fils d'un Boucher; mais au reste le plus capable de s'avancer par de bonnes & de mauvaises voies. Il avoit de l'esprit, de la patience, de l'ambition & de l'impudence. Personne ne paroissoit plus simple, & ne savoit pourtant mieux tromper que lui quand il le vouloit: mais aussi personne ne savoit mieux passer d'une douceur feinte à un air impérieux qui inspiroit de la crainte aux ames les plus hardies, lorsqu'il avoit fait de vains efforts pour les gagner par d'autres voies. Il réussissoit admirablement en toutes sortes de négociations; & son humeur enjouée se changeoit tout d'un coup en gravité, lorsqu'il étoit question de vaquer aux affaires sérieuses.

Quelques Historiens ont cru que Volsey s'étoit avancé, en devenant le Confident & même le Ministre des amours de son Maître. D'autres (d) n'y trouvent pas de vraisemblance. Ce qu'il y a de certain est, qu'il ne fut d'abord redevable qu'à son industrie de la charge de Chapelain du Roi, qu'il obtint par une Harangue savante qu'il fit à Sa Majesté, & qu'ensuite il fut fait grand Aumônier à la sollicitation de l'Evêque de Vinton son ami. Ce Prélat lui procura encore le don des fruits de l'Evêché de Tournai, lorsque Henri se rendit maitre de cette Ville. Après cela il posséda successivement les Evêchés de Lincoln, de Durham & de Vinton. Il obtint toutes les riches Abbaiés qu'il demanda; & le comble de sa faveur parut en ce que le Roi le gratifia de l'Archevêché d'Yorc, que Sa Majesté avoit tenu avant que de monter sur le Trône. Enfin il fut Chancelier, prémier Ministre, Cardinal, & Légat *à Latere* dans dans tout le Roiaume d'Angleterre, décidant à sa fantaisie de toutes les plus importantes affaires qui se pro-

po-

(a) Sander. ubi sup.
(b) Varillas, ubi sup.
(c) Dans les Favoris de M. Dupuis, cité par Varillas, ubi sup.
(d) Varillas, ubi sup.

pofoient dans le Confeil, & faifant rechercher fon amitié par les plus grands Monarques de l'Europe.

Cependant toutes ces grandeurs ne fatisfaifoient pas encore l'ambition de ce Favori: la Papauté étoit devenue la paffion dominante. Charles V. fut la flater ; & par-là il le mit dans fes intérêts. Volfey fut long-tems la dupe de ce Monarque également habile & peu fcrupuleux fur fes promeffes. Après la mort de Léon X. auquel il s'étoit flaté de fuccéder, il attendit patiemment celle d'Adrien VI. qu'il regardoit déja comme une porte fûre pour arriver au Pontificat. La prife de François I. devant Pavie, en faifant tomber le voile de la diffimulation dont Charles avoit ufé jufqu'alors avec le Favori, ouvrit en même tems les yeux à celui-ci. Il reconnut qu'on fe moquoit de lui; & dès-lors l'affection que jufques-là il avoit fait paroître pour les intérêts de l'Empereur, dégénéra en une haine irréconciliable. Il porta fa vengeance auffi loin qu'alloit fa fureur. Non content d'avoir mis fon Maître à la tête de la formidable Ligue qu'il venoit de former en faveur du Roi prifonnier, il crut n'avoir pas encore fait par-là à l'Empereur tout le mal qu'il pouvoit lui faire. Charles pouvoit recevoir à la face de toute l'Europe un affront très-fenfible. La Reine Catherine fa tante pouvoit être répudiée en Angleterre ; & à cette première infulte on pouvoit ajouter celle de faire fuccéder à Catherine dans la couche de Henri, la Ducheffe d'Alençon, fœur du Roi rival & ennemi de Charles. Volfey en forma le deffein auffi-tôt qu'il l'imagina, & ne mit aucun intervalle entre le former & l'exécuter. Il fit au Roi fon Maître la première ouverture de la nullité prétendue de fon mariage, & jetta dès-lors dans l'ame de ce Monarque des foupçons fpécieux, des efpérances flateufes, également favorables au dégoût qu'il avoit depuis long-tems pour la Reine, & à la nouvelle paffion qu'il commençoit à fentir pour une autre. Il fe fit appuier par Jean Longland, Evêque de Lincoln, qu'il avoit fait Confeffeur du Roi, & qui aiant été prévenu par le Favori, porta à Henri le fecond coup en faveur de fon divorce. Il eut même l'adreffe, après avoir été trompé le prémier par le Monarque paffionné, de faire donner dans le même piege l'Evêque de Tarbes, Chef de la magnifique Ambaffade que François I. avoit envoyée à Londres, pour conclure le mariage de la Princeffe d'Angleterre avec le Dauphin de France; & il eut l'heureufe audace d'engager ce Prélat à emploier en plein Confeil toute fon éloquence, pour perfuader à Sa Majefté Angloife de répudier la Reine, & d'époufer la fœur du Roi Très-Chrétien. Ce fut la première démarche publique qui fe fit pour le divorce. Henri feignit d'être furpris, & même fâché de la remontrance de l'Ambaffadeur de France. Cependant il nomma des Commiffaires, pour examiner la prémiere des deux propofitions de l'Evêque.

Sur ces entrefaites l'armée de l'Empereur commandée par le Connétable de Bourbon marcha vers Rome, qu'elle emporta d'affaut & qu'elle pilla, & obligea le Pape Clément VII. à fe renfermer dans le Château S. Ange, où elle l'affiegea. Les Rois de France & d'Angleterre s'uniffent pour procurer fa liberté ; & ce dernier fe perfuadant que s'il en vénoit à bout, S. S. ne feroit plus en état de lui rien refufer, envoya Volfey en France avec trois cens mille écus, & une inftruction (a) qui rouloit fur trois points. Le prémier étoit d'emploier cet argent à payer l'armée que Lautrec commandoit en Italie, afin qu'elle marchât plus promtement au fecours de Rome & du Pape. Le fecond confiftoit à confulter les Univerfités de France fur le divorce ; & le troifiéme à prier le Roi Très-Chrétien d'ordonner à fes Miniftres en Italie de le follicíter en Cour de Rome de concert avec ceux d'Angleterre, & de traiter cependant du mariage de Henri avec la Ducheffe d'Alençon.

Volfey partit de Londres pour Paris avec un pouvoir fi ample, que jamais Favori n'en avoit eu de femblable. Mais un évenement arrivé plutôt qu'on ne penfoit le fit limiter. Sur l'avis de la marche de Lautrec, les Impériaux apprehendant qu'il ne vînt les accabler dans Rome, traitérent avec le Pape, & le relâchérent, après avoir tiré de lui quatre cens cinquante mille écus. Les Grands fe flatent aifément. Henri n'eut pas plutôt appris la retraite des Impériaux, qu'il s'imagina que le Pape lui étoit uniquement redevable de fa liberté. Il alla même plus loin, puifqu'il mit cette obligation prétendue au nombre de celles qui réduifent les hommes à une ingratitude forcée, par l'impuiffance où elles les mettent de les reconnoître dignement. Sur ce principe le Roi d'Angleterre conclut, qu'on n'oferoit plus lui rien refufer à Rome de ce qu'il y demanderoit ; qu'il n'avoit donc plus befoin du crédit des François pour obtenir une Sentence de divorce ; qu'ainfi il pouvoit lever le mafque, & faire paroître à découvert

(a) *Varillas*, ubi fup.

vert ses véritables sentimens. En conséquence Volsey étant encore à Calais (*a*) reçut par un Courier exprès un ordre du Roi de ne point parler de son mariage avec la Duchesse d'Alençon. Alors le Favori ouvrit les yeux. Il vit qu'il avoit été la dupe de la foiblesse de Henri ; qu'en travaillant au divorce, il avoit travaillé à sa propre ruine, & à l'élevation d'un autre qui ne s'en serviroit que pour l'abaisser. Enfin ce qu'il n'avoit encore jamais appréhendé, il conçut clairement qu'Anne de Boulen alloit le supplanter dans le cœur & dans l'esprit de son Maitre.

(*b*) „ Cette fille sembloit n'être née, que pour montrer que l'agrément a quelque-
„ fois autant de charmes que les beautés les plus achevées. Sa taille étoit des plus
„ grandes, mais non pas des plus aisées. Elle avoit le visage long, les yeux battus,
„ les cheveux noirs, le teint jaunâtre, & la bouche difforme à cause d'une dent ex-
„ traordinairement avancée en la machoire supérieure. Elle avoit à la main droite u-
„ ne forme de sixiéme doigt, & sous le menton une enflure, qu'elle cachoit en por-
„ tant des robes qui n'étoient point échanerées. Avec tous ces défauts elle ne laissoit
„ pas d'avoir un air majestueux, & d'être au goût des plus rafinés en matière d'amour.
„ Il y avoit dans son entretien des charmes dont il étoit difficile de se garantir. Elle
„ avoit un fond d'esprit inépuisable pour les belles choses, & les disoit agréablement.
„ Elle s'exprimoit avec toutes les délicatesses de sa Langue ; & les choses les plus com-
„ munes prenoient un tour spirituel & ingénieux en sortant de sa bouche. Elle dansoit
„ admirablement ; & personne ne touchoit mieux qu'elle toutes sortes d'Instrumens,
„ sur-tout le Luth le plus difficile de tous, & le plus conforme à son humeur chagri-
„ ne. Elle avoit de la souplesse, de la docilité, de la complaisance & des respects qui
„ ne se relâchoient jamais pour ceux que la nature ou la fortune avoit élevés au-dessus
„ d'elle. Au contraire il n'y avoit que de la fierté, du mépris, de la dureté & de la
„ mauvaise humeur à essuier auprès d'elle pour les personnes qui lui étoient égales ou
„ inférieures. Elle avoit demeuré assez long-tems à la Cour de France, pour en pren-
„ dre l'air dégagé & la manière d'agir sans contrainte ; & ce fut principalement par-
„ là qu'elle s'insinua dans le cœur du Roi son maitre ".

Les Ecrivains d'Angleterre (*c*) & quelques autres Auteurs Catholiques conviennent assez de ce portrait : mais ils diffèrent presqu'en tout le reste. Quelques-uns prétendent qu'elle avoit pour mere la femme du Chevalier Thomas de Boulen, & que son pere étoit incertain ; Que Henri VIII. étant devenu amoureux de sa mere, avoit comme relégué le mari en France avec le titre spécieux d'Ambassadeur, pour avoir un commerce plus libre avec sa Maitresse ; Qu'Anne de Boulen avoit été conçue durant cette amourette ; Que dégouté de la femme de son Ambassadeur, le Roi s'étoit ensuite attaché à Marie de Boulen leur fille ainée, dont il avoit encore reçu des faveurs ; Qu'à son retour à Londres, Thomas de Boulen trouvant sa femme enceinte l'avoit mise en justice, mais que le Roi l'avoit obligé de la reprendre, & de faire baptiser sous son nom la fille dont elle accoucha, qui fut Anne de Boulen ; Qu'à l'age de quinze ans, cette fille s'étoit prostituée au Sommelier & depuis à l'Aumônier de son pere putatif ; Qu'on avoit cru sauver sa réputation en la faisant passer en France : mais que ce voyage n'avoit servi qu'à la décrier encore davantage ; Qu'elle s'étoit gouvernée dans cette Cour avec si peu de retenue, qu'on l'y appelloit ordinairement *la Haquenée d'Angleterre* ; Que François I. avoit eu part à ses bonnes graces, & qu'on l'avoit nommée pour cette raison *la Mule du Roi* ; Que dès lors elle étoit devenue Luthérienne, ce qui ne l'empêchoit pas cependant de remplir tous les devoirs extérieurs de la Religion Catholique.

Les autres Ecrivains au contraire la font passer pour une Héroïne, & pour un modéle de chasteté ; & ils ne trouvent point de louanges trop excessives à son égard. Ce sentiment n'est cependant guère conforme à toute la suite & à la fin de sa vie. Quoiqu'il en soit, à son retour en Angleterre elle fut mise chez la Reine ; & elle ne tarda guère à toucher le cœur du Roi. Cependant il n'alla pas si loin qu'il se l'étoit promis d'abord. Anne n'ignoroit pas les desseins de Volsey, & l'aversion de Henri pour la Reine : mais elle connoissoit ce Prince pour le plus inconstant des hommes. Elle résolut donc de profiter du malheur d'autrui ; & pour fixer la légereté du Roi, plus elle lui opposoit son devoir, & la résolution qu'elle avoit prise de se réserver à un mari. Du reste elle assaisonnoit ses refus de toutes les autres

faveurs

(*a*) *Sander. ubi sup.*
(*b*) *Varillas. ubi sup.*
(*c*) *Sander, Ribadeneira, Raymond, &c.*

faveurs qu'elle pouvoit honnêtement accorder. Henri se laissa prendre à ces artifices, parce qu'il avoit le caractère d'inconstant dans toute son étendue, & qu'il n'étoit capable d'un long attachement que pour les Dames les plus fiéres. On eut beau lui représenter ce que l'on savoit de la conduite de sa maitresse en Angleterre & en France. Il prit pour de pures calomnies les avis les plus certains qu'on lui en donna: il imposa silence au pere vrai ou supposé d'Anne de Boulen, qui crut devoir lui demander une audience secréte, pour le faire ressouvenir de la vérité de sa naissance; & pour avoir osé se vanter d'avoir reçu d'Anne les derniéres faveurs, & avoir offert d'en convaincre S. M. l'imprudent Vrat fut chassé de la Cour.

Après cela Henri ne pensa plus qu'à presser son divorce en Cour de Rome. Il avoit besoin d'un habile homme pour cette commission; & il jetta les yeux sur Thomas Morus, qui n'étoit encore alors que Conseiller d'Etat. (*a*) „ C'étoit le plus grand per-
„ sonnage que l'Angleterre ait jamais porté, & le seul peut-être qui s'éleva sans envie
„ à la premiere Dignité de la Robe. Personne en Angleterre n'avoit pénétré plus
„ avant que lui dans les secrets de la Philosophie, de la Jurisprudence & de la Théo-
„ logie: cependant personne n'avoit jamais évité mieux que lui les écueils, où é-
„ chouent la plupart de ceux qui réussissent dans ces trois Professions. La Philosophie
„ ne lui avoit pas gâté le stile: la Jurisprudence ne lui avoit point inspiré l'esprit de
„ chicane; & la Théologie n'avoit pas trop subtilisé ses sentimens. Il étoit le plus sé-
„ rieux des hommes, lorsqu'il avoit revêtu la robe de Magistrat, & le plus enjoué a-
„ près l'avoir quittée. Il expédioit une infinité d'affaires sans se lasser; (*b*) & il n'é-
„ toit pas moins gai en sortant du Tribunal, qu'il l'avoit été en y montant. Il me-
„ noit une très-sainte vie; & il la cachoit avec tant d'industrie, que ses plus grandes
„ mortifications n'étoient connues que de Dieu ". Le Roi d'Angleterre s'étoit donc assez mal adressé. Aussi Morus lui répondit-il, qu'il n'étoit pas propre à défendre une cause, lorsqu'il n'étoit pas persuadé qu'elle fût juste. On le fit conférer avec Fox, Recteur du Collège Royal de Cambridge, qui s'étoit vanté de le convaincre que le mariage du Roi étoit nul: mais Fox ne tint pas parole; & les promesses que Henri fit à Morus pour l'engager à seconder ses intentions, ne furent pas plus efficaces sur son esprit. Le Roi ne lui en parla donc plus, quoiqu'en tout le reste il continuât à se servir de lui plus volontiers que de tout autre. Aussi disoit-il (*c*) *Qu'il eût mieux aimé avoir gagné Morus à son parti, que la moitié de l'Angleterre.*

Au défaut de Morus on envoya en Ambassade à Rome Etienne Gardiner, grand Jurisconsulte, Conseiller d'Etat, & autrefois domestique de Volsey, qui depuis son retour de France tâchoit par ses complaisances pour les intentions du Roi, d'arrêter le progrès de la diminution de sa faveur, que le poids de celle où la nouvelle Maitresse étoit montée accéleroit sensiblement. On donna à Gardiner pour second dans cette Ambassade Milord Brian; c'est-à-dire, qu'on le joignit dans une négociation honteuse avec le plus dissolu des hommes. C'est de lui qu'on rapporte, qu'un jour le Roi lui aiant demandé au sujet du commerce qu'il entretenoit dans la maison de Boulen, *si c'étoit un grand crime de jouir de la mère & de la fille*: il lui répondit: *c'est comme si on mangeoit la poule & le poulet.* On ajoute, (*d*) que le Roi ayant trouvé cette réponse plaisante, lui dit: *C'est à ce coup, Brian, que je te prens pour mon Vicaire infernal.* Ce nom lui demeura; & depuis on l'appella toujours *le Grand-Vicaire infernal du Roi.*

Le prétexte de l'Ambassade que Henri VIII. envoya à Rome, fut de féliciter le Pape de la liberté que S. S. venoit de recouvrer; & la véritable cause, de lui promettre que les deux Couronnes de France & d'Angleterre le rétabliroient dans les Places de l'Etat Ecclésiastique que les Impériaux avoient usurpées, pourvu qu'il autorisât le divorce du Roi avec la Reine Catherine. Brian osa assurer, que cette Princesse ne demandoit pas mieux que d'être séparée de son mari, & qu'elle n'attendoit que cette séparation, pour entrer dans un Monastére. Il fit sentir l'obligation nouvelle que le S. Pere avoit à son Maitre, & insinua que la reconnoissance qu'on en témoigneroit seroit récompensée de quatre mille vieux soldats, que les Anglois entretiendroient auprès de S. S. afin que les Impériaux ne fussent plus tentés de l'insulter.

Clement VII. étoit assez touché de ce que Henri VIII. avoit fait pour lui. Cependant il résolut de ne satisfaire ce Prince, qu'autant que la justice & la bienséance le
permet-

(*a*) *Varillas*, ubi sup.
(*b*) *Stapleton* dans sa vie.
(*c*) *Sander.* ubi sup.
(*d*) *Idem*, ibid.

permettroient; & pour y travailler avec plus de précaution, S. S. ordonna au Cardinal Cajétan d'examiner la question du divorce dans toute son étendue. Cajétan en fit un Traité à sa mode, c'est-à-dire qu'il y mêla beaucoup de Théologie scholastique; & il y conclut, que la dispense de Jules II. avoit été accordée légitimement; que par conséquent le mariage de Henri VIII. avec Catherine d'Arragon étoit très-valide, & que l'autorité de Clément VII. en ce point ne s'étendoit pas jusqu'à séparer ce que Dieu avoit joint. (a) Le Pape que cet Ecrit avoit fortifié dans la résolution de ne rien accorder aux Ambassadeurs d'Angleterre, chercha toutes les voies imaginables pour adoucir son refus, & nomma pour examiner l'affaire avec eux les plus doctes des Cardinaux, & les Théologiens les plus habiles. Le résultat de plusieurs conférences tenues sur ce sujet fut, qu'il n'y avoit point de raison suffisante pour le divorce : mais les Ambassadeurs prétendirent que les Cardinaux & les Théologiens de Rome étoient des personnes dévouées aux intérêts de l'Espagne, & qu'ils avoient trahi leur conscience, pour sauver l'honneur de la tante de l'Empereur. Ils demandèrent de nouveaux Commissaires; & ils les obtinrent. On ignore si ceux-ci raisonnèrent sur d'autres principes; s'ils furent gagnés par les voies secrètes que les Ambassadeurs d'Angleterre mettoient en usage; ou s'ils crurent qu'on devoit ménager un Prince, qui dans un tems où les nouvelles hérésies étoient devenues fort à la mode, avoit embrassé avec zèle les intérêts de la Religion. Ce qu'il y a de certain est qu'ils décidèrent que l'affaire étoit litigieuse. Les Ambassadeurs ne manquèrent pas alors de presser le Pape de commettre des Juges en Angleterre, pour prononcer sur ce différend; & soit complaisance pour Henri, soit qu'on fût persuadé à Rome, comme les Ambassadeurs l'avoient fait entendre, que la Reine Catherine avoit résolu d'embrasser la vie Religieuse, le Pape nomma pour Commissaires les Cardinaux Campége & Volsey. Beaucaire qui fut depuis Evêque de Metz, & qui étoit alors Précepteur du Cardinal de Lorraine, (b) ajoute à ce récit une circonstance remarquable. Il dit que Clement VII. remit à Campége une Bulle décisive, qui déclaroit nul le mariage du Roi & de la Reine d'Angleterre; Qu'il lui permit de la montrer au Roi & à Volsey; Qu'il lui donna un ordre secret d'assurer Henri, que la Bulle seroit publiée quoique jugeassent les Commissaires; & que la fin de cette intrigue alloit à empêcher le Roi de s'impatienter, lorsque le Cardinal Campége exécuteroit l'ordre secret qui lui avoit été donné de prolonger par toutes les voies possibles le Procès du divorce, & de ne publier la Bulle que lorsque S. S. le lui manderoit.

Cette démarche fut trouvée très-mauvaise de la part de la Reine d'Angleterre & de l'Empereur, qui croioit son honneur intéressé dans cette querelle. L'Ambassadeur de Charles se plaignit au Pape, de ce que renonçant au devoir de Pere commun, il favorisoit une des Parties au préjudice de l'autre, & nommoit pour Juges sur les lieux deux Cardinaux, dont l'un étoit premier Ministre & Favori du Roi d'Angleterre, dévoué par conséquent à toutes ses volontés, & dont l'autre qui n'avoit point de bien, pouvoit être gagné très-facilement. Il ajouta qu'on en avoit imposé à S. S. lorsqu'on lui avoit fait entendre que la Reine d'Angleterre consentoit au divorce; que ce fait étoit absolument faux, & qu'elle ne le pouvoit même en conscience dans la conjoncture, puisqu'on ne songeoit à la répudier, que pour élever sur le Trône une fille perdue de réputation. Le Pape qui n'osoit ni révoquer si promtement ce qu'il avoit fait, ni mécontenter absolument la Maison d'Autriche, dépêcha quatre Couriers à Campége par quatre chemins différens, & lui manda (c) de n'arriver en Angleterre que le plus tard qu'il lui seroit possible; de tâcher lorsqu'il y seroit arrivé de réconcilier le Roi avec la Reine; s'il ne pouvoit y réussir, de mettre tout en œuvre pour engager cette Princesse à entrer dans un Monastère; & s'il ne pouvoit encore en venir à bout, de tirer l'affaire en longueur, & d'allonger la procédure jusqu'à ce que S. S. lui ordonnât de la terminer.

Campége emploia sept mois à faire le voiage, & à son arrivée en Angleterre Volsey le présenta au Roi qu'il combla de joie par ses promesses. Mais il trouva la Reine plus ferme qu'il ne se l'étoit imaginé. Elle lui fit déclarer d'abord (d) qu'elle étoit résolue de défendre jusqu'au bout la validité de son mariage, que l'Eglise avoit autorisé; qu'au reste elle ne reconnoissoit point pour Juge un homme, que le Roi, par un faux exposé, avoit plutôt extorqué qu'obtenu du Pape. Elle fit paroitre les mêmes sentimens

dans

(a) Dans la Consultation de Cajétan.
(b) Vers la fin du 19. Livre.
(c) Lettre du Pape au Cardinal Campége, du 19. Mars 1525.
(d) *Sander.* ubi sup.

dans une entrevue que les deux Cardinaux eurent ensuite avec elle du consentement du Roi; & elle ajouta au sujet de Volsey, qu'elle le regardoit personnellement comme l'auteur de ses disgraces; qu'elle s'étoit attiré sa haine, pour n'avoir pu souffrir son insolence & son ambition; & qu'il se vengeoit sur elle de ce que l'Empereur son neveu n'avoit pas favorisé ses prétentions à la Papauté.

Tandis que duroit cette négociation, le Roi, par l'avis de Volsey, voulant sauver les apparences, avoit éloigné sa Maitresse, & l'avoit engagée à se retirer chez son pere. Mais à peine put-il être separé d'elle pendant le Carême; & aussi-tôt après Pâques il lui écrivit une Lettre fort tendre, pour l'inviter à revenir à la Cour. Cependant il survint une nouvelle difficulté, qui retarda encore les procédures des Commissaires. Ce fut la nécessité de faire expliquer le Saint Siége sur la dispense accordée par Jules II. puisque le divorce dépendoit de sa validité ou de son invalidité. Les Ambassadeurs d'Angleterre à Rome conjurérent donc Clement VII. de la declarer nulle. A cette demande ils en ajoutérent deux autres. La premiére étoit, que pour assurer la succession du Roiaume, le Pape permit le mariage du Duc de Richemont fils naturel de Henri VIII. avec Marie Princesse de Galles, sortie du mariage de ce Prince avec la Reine Catherine. Le Roi expliqua lui-même la seconde demande par une Lettre écrite & signée de sa main, par laquelle il supplioit le Pape, comme arbitre & souverain moderateur des Loix Ecclésiastiques, de lui permettre d'épouser Anne de Boulen, *dont il s'accusoit d'avoir corrompu la sœur*. Le Cardinal Cajetan & le Cardinal Polus l'assurent ainsi. Ce dernier ajoute, (a) que le Pape promit de lui accorder cette dispense, au cas que celle de Jules II. fût déclarée nulle.

A l'égard de la nullité de cette derniére dispense, de laquelle dépendoit la validité du mariage de Henri avec Catherine, pour amuser les Ambassadeurs, Clement VII. leur fit espérer qu'il en retireroit l'original des mains de l'Empereur par la voie de la négociation. Mais ils étoient trop habiles, pour prendre si facilement le change. Ils consentirent de surseoir leurs poursuites, pourvu que S. S. déclarât, que si elle ne pouvoit retirer la dispense des mains de Charles V. dans le terme de deux mois, elle prononceroit qu'elle étoit nulle & sans effet. Le Pape se trouva importuné de ces demandes. (b) Il s'en plaignit aigrement au Cardinal Campége, & lui reprocha, ,, Qu'il ,, souffroit qu'on vint lui faire à Rome des difficultés, qu'il devoit terminer en An- ,, gleterre, & qu'il faisoit espérer au Roi des choses qu'il savoit bien ne pouvoir lui ,, être accordées". Sur la fin de la Lettre, Sanga Sécretaire du Pape se plaint, que dans la chaleur du discours, les Ambassadeurs Anglois s'étoient emportés jusqu'à menacer le S. Siége d'un grand malheur, si on ne donnoit pas satisfaction à leur Maître. Par où il paroit que dès-lors Henri avoit pris sa résolution, & qu'il n'étoit pas même fâché qu'on la pénétrât. Cependant l'affaire en demeura-là à Rome.

Elle se poursuivoit en Angleterre avec beaucoup de chaleur. (c) On y emploioit les présens & les promesses, les priéres & les menaces, pour vaincre la résistance de Campége, qui cependant demandoit à voir l'original de la Bulle de Jules II. & à qui le Pape avoit défendu de rendre aucun jugement sans un nouvel ordre de sa part. On fit même entendre sous main à ce Cardinal, que ses refus mettoient sa vie en danger. Il fut ébranlé; & le 28. de Mai 1529. les deux Commissaires s'étant assemblés à Londres dans la salle des Dominicains, citérent le Roi d'Angleterre qui comparut seulement par Procureur, & la Reine qui se présenta en personne. Elle déclara simplement, qu'elle ne reconnoissoit point les Cardinaux pour juges, & en appella au Pape. Les Commissaires lui répondirent, que l'appel de Sa Majesté étoit inutile, si elle ne faisoit voir en même tems que leur pouvoir étoit faux, défectueux ou révoqué; & l'Assemblée se termina de la sorte. Il s'en tint une seconde le lendemain, à laquelle le Roi & la Reine assistérent, & dans laquelle (d) cette Princesse déclara de vive voix & par écrit les causes de son appel. Elles se réduisoient aux raisons qu'elle avoit de se défier de Volsey, & à sa qualité d'Espagnole & d'étrangére, qui ne lui permettoit pas d'agir fortement & sûrement en Angleterre où sa Partie avoit en main l'autorité. Elle ajouta une cause particuliére de récusation contre Campége, fondée sur ce qu'il avoit contracté une espéce de dépendance à l'égard du Roi d'Angleterre, en acceptant de sa main l'Evêché de Sarisberi. De son côté, le Roi protesta que dans cette affaire il n'avoit d'autre vue que celle de mettre sa conscience en sureté; & il le prouva par la facilité
qu'il

(a) *De Un. Eccles.* Lib. III.
(b) *Sander.* ubi sup.
(c) *Idem.*, ibid.
(d) Dans les Actes du Procès.

qu'il auroit eue de faire décider la question par Volsey seul, qui en avoit le pouvoir en qualité de Legat dans tout le Roiaume d'Angleterre, s'il n'eût été porté à ce divorce que par aversion pour la Reine.

Cette Princesse apprehenda alors que ce faux serment de Henri ne portât préjudice à la justice de sa cause; & elle l'éluda par un trait d'adresse, qu'on n'auroit jamais attendu d'elle. Elle se leva de son siége qu'on avoit placé à la gauche des Commissaires, & alla se jetter en pleine assemblée aux pieds du Roi, qui étoit assis sous un dais au côté droit. Elle le conjura les larmes aux yeux de la regarder, sinon comme sa femme, du moins comme une malheureuse Etrangére, dont la situation étoit assez triste pour mériter quelque compassion. Elle le pria de lui permettre de poursuivre sa cause devant le Pape, qui ne pouvoit être pour lui un juge suspect, puisqu'il étoit le pere commun de tous les Fidéles. Le Roi qui n'étoit pas en garde contre cette action de la Reine, se laissa toucher. Il la releva, & lui accorda la permission qu'elle lui avoit demandée. Catherine sentit tout le prix de cette parole, qui venoit d'échapper à Henri. Pour ne lui pas laisser le loisir d'y faire attention & de la révoquer, elle sortit sur le champ; & lorsqu'on vint la rappeller de la part du Roi & des Commissaires, elle répondit: Que les Commissaires n'avoient aucun droit de lui commander: Qu'à l'égard du Roi, elle lui désobéissoit pour la premiere fois de sa vie; qu'elle en avoit regret, & qu'elle lui en demanderoit pardon à la premiere rencontre. Depuis ce tems-là cette Princesse ne cessa point de demander l'exécution de la promesse, que le Roi lui avoit faite d'une maniére si solemnelle: mais Henri n'y eut aucun égard, & on continua les procédures. Les Procureurs du Roi produisirent une Lettre du Cardinal Adrien de Corneto, qui écrivoit avoir ouï dire à Jules II. lorsqu'on le pressoit d'accorder la dispense pour le mariage de Henri avec Catherine, qu'il ne croioit pas pouvoir le faire. Au contraire les Procureurs de la Reine produisirent une Lettre originale du même Pape écrite au Roi d'Angleterre, dont le sens étoit, qu'il n'avoit jamais refusé la dispense, ni donné lieu de soupçonner qu'il eût intention de la refuser; qu'il avoit seulement attendu pour l'accorder une conjoncture favorable, afin qu'on l'expédiât avec une plus mure délibération au contentement des deux Parties.

Pour peu qu'on connoisse le caractére de Jules II. il ne sera pas difficile de concilier ces deux témoignages. Quoiqu'il en soit, jamais cause qui eut la Cour contraire, ne fut défendue avec plus de force & de persévérance que celle de la Reine. On doit, dit Varillas (a), ce témoignage à la sincérité Angloise, qu'aucun de ceux qui avoient été donnés pour Conseil à cette Princesse, ne prévariqua, & qu'il y eut entr'eux une émulation généreuse à qui la défendroit le mieux. (b) Fisher, Evêque de Rochester, personnage vénérable par son age, son caractére, sa piété & son érudition, harangua avec force les Commissaires en présence du Roi, pour maintenir la validité du mariage de la Reine; & il leur présenta un Ouvrage, ou ses raisons étoient exposées avec plus d'étendue. Les Evêques de Londres, de Bath & d'Eli en firent de même. Quatre Docteurs en Théologie composérent en commun un Ecrit plein d'érudition sur le même sujet; & le plus hardi d'entr'eux, nommé Ridley, fit observer une supercherie intervenue au commencement du procès, en ce qu'on avoit fait jurer aux Avocats & aux Procureurs de la Reine de ne rien avancer qui ne fût fondé sur l'Ecriture & le Droit Canon, & qu'on n'avoit rien exigé de semblable des Avocats & des Procureurs du Roi.

Cette fermeté des défenseurs de la Reine jetta les Commissaires dans d'étranges embarras. Campége sur-tout ne savoit plus quel parti prendre. D'un côté le Roi le pressoit à son ordinaire de rendre un jugement en sa faveur: de l'autre il ne voioit aucune apparence de condamner la Reine au préjudice de son appel, & contre la défense expresse du Pape. Il eut enfin la fermeté de dire, Qu'il étoit inouï qu'on eût jamais traité avec tant de précipitation une affaire d'une aussi grande importance, où il s'agissoit d'un mariage légitime confirmé par le cours de plusieurs années; de l'exhérédation d'une Princesse Roiale; de flétrir une grande Reine; d'outrager l'Empereur, & d'allumer la discorde entre tous les Princes Chrétiens: Que pour lui il étoit résolu de marcher avec beaucoup de lenteur & de précaution dans une affaire si délicate. Plusieurs estimérent cette hardiesse de Campege: les flateurs & les Courtisans la condamnérent. Le Roi sur-tout en fut vivement piqué; & le trentieme de Juillet 1529. il envoia aux deux Commissaires assemblés les Ducs de Norfolc & de Suffolc, accompagnés

(a) Ubi sup.
(b) Il y a un Recueil de ces piéces.

gnés des principaux Seigneurs de la Cour, pour les prier de mettre enfin la conscience de Sa Majesté en repos, & de décider la question. Volsey qui dans le cœur n'approuvoit plus ce grand empressement, ne fit aucune réponse à la proposition. Campége parla seul, & représenta, Que l'obéissance qu'il devoit à Dieu & à l'Eglise Romaine ne lui permettoit pas de prononcer aucun jugement depuis la fin de Juillet jusqu'au quatriéme d'Octobre, & que tout ce qui pouvoit intervenir au préjudice de cette pratique seroit nul & de nul effet. C'étoit visiblement abuser d'un usage légitimement établi à la Cour de Rome, pour éloigner la décision d'une affaire péremptoire,
qui n'admettoit point de pareils retardemens. Aussi les Députés du Roi ne se paiérent-
ils point des raisons du Cardinal. Ils insistérent, & demandérent jugement pour ce
jour-là ou pour le lendemain. Campége répondit que cela ne se pouvoit: surquoi le
Duc de Suffolc frappant le Bureau de la main, jura (a) par la Sainte Messe; *Que jamais Légat ni Cardinal n'avoit fait bien en Angleterre.*

Cependant les choses changérent de face à la Cour de Rome. Jusques-là Clément
VII. n'avoit eu tant de complaisance & de ménagemens pour Henri VIII. que parce
qu'il l'avoit cru utile & nécessaire à ses intérêts. La passion que ce Pape avoit d'élever
sa Maison à la Souveraineté de Florence, & les offres que Charles V. lui fit faire à ce
sujet, l'engagérent à changer de sentimens & de conduite. Il signa avec ce Prince le
Traité qui devoit mettre les Médicis sur le trône de Florence; & s'imaginant qu'après
cela il n'avoit plus besoin de Henri, persuadé aussi qu'à son tour il ne pouvoit obliger
plus sensiblement l'Empereur, qu'en faisant rendre justice à la Reine d'Angleterre sa
tante, on prétend qu'il dépêcha au Cardinal Campége un homme de confiance, qui
lui porta l'ordre de jetter la Bulle décisive dans le feu, & que Campége obéit.

Le Pape ne se borna pas à cette prémiere démarche. Bientôt il révoqua la Commission accordée au sujet du mariage de Leurs Majestés Angloises, sous prétexte que
le Roi y avoit consenti de vive voix en parlant à la Reine; rappella d'Angleterre le
Cardinal Campége; soumit l'affaire au Tribunal de Rome; nomma Paul Capilucci
Auditeur & Doïen des Causes du Sacré Palais, pour examiner les raisons des Parties &
pour en faire le rapport à S. S. & lui donna pouvoir de citer le Roi & la Reine d'Angleterre à comparoître à Rome par Procureurs. La révocation fut portée en Angleterre; & la Reine envoïa au Roi Thomas Morus, pour savoir si S. M. auroit pour
agréable qu'elle lui fût signifiée par un Huissier. Le Roi répondit, qu'il n'étoit pas
bienséant que la dénonciation s'en fît à personne: mais il consentit qu'elle fût intimée
aux Commissaires, & que le procès se poursuivît à Rome. Ensuite ce Prince ne sachant à qui s'en prendre, déchargea toute sa colère sur Volsey. Il lui ôta sa charge de
Chancelier, dont il revêtit aussitôt Thomas Morus, dans l'espérance que par ce bienfait il pourroit attirer ce grand-homme à son parti. Il le dépouilla encore de l'Evêché
de Vinton, dont il gratifia Gardiner. Il lui enleva le superbe Palais qu'il avoit fait
bâtir à Londres. Enfin il le relégua à son Archevêché d'Yorc. Peu de tems après il
donna ordre de l'arrêter: mais comme on le conduisoit à Londres, pour comparoître
devant les Juges qui y travailloient à instruire son procès, il mourut en chemin le 28.
Novembre 1530. (b) Le bruit courut qu'il s'étoit empoisonné. Ce qu'il y a de certain, est que quand on l'arrêta pour crime de Leze-Majesté, „ Plût à Dieu, dit-il,
„ que je ne fusse pas plus coupable de Leze-Majesté divine! mais tandis que je n'ai
„ songé qu'à plaire au Roi, j'ai bien peur d'avoir offensé mon Dieu, sans pouvoir con-
„ server les bonnes graces de mon Souverain".

Le successeur de Volsey dans le Ministère & dans la faveur fut présenté par Anne de
Boulen. (c) „ C'étoit un Prêtre, nommé Cranmer, un des plus scélerats & des plus
„ dangereux hommes d'Angleterre. Il ne conservoit guère que l'extérieur de la
„ Religion Chrétienne, parce qu'il ne pouvoit en accorder l'intérieur avec l'ambition,
„ & la vie voluptueuse qu'il menoit. Il étoit turbulent, hardi, fin, & capable de
„ toutes sortes d'intrigues. Il avoit longtems étudié en Allemagne, où la curiosité
„ l'avoit attiré: mais il y avoit puisé aussi le venin de l'hérésie de Luther, dont il ne
„ faisoit cependant aucune profession. Il y avoit séduit une belle fille qui l'avoit suivi
„ en Angletterre" où elle fut longtems sa Concubine, jusqu'à ce que sous Edouard il
l'épousa publiquement. Cranmer étoit Aumônier dans la Maison de Boulen, lorsque
l'Archevêché de Cantorberi vint à vaquer. C'étoit le prémier & le plus important
béné-

(a) *Sander*, ubi sup.
(b) *Idem.* Ibid.
(c) *Varillas*, ubi sup.

bénéfice d'Angleterre; & comme le Roi s'attendoit de rompre bientôt avec la Cour de Rome, il ne vouloit le conferer qu'à un homme difposé à le favoriser en tout contre elle. Anne de Boulen lui dit qu'elle avoit trouvé fon homme. Elle lui préfenta Cranmer; & le Roi l'accepta, fur la promeffe qu'il lui fit de prononcer en Angleterre la Sentence du divorce, en cas que le Pape ratifiât fon mariage avec la Reine Catherine. Cranmer tint parole; & il eut toujours tant de complaifance pour Henri, qu'on entendit dire à ce Prince, Que Cranmer étoit le feul qui ne fe fût jamais oppofé à fes volontés.

Devenu Archevêque de Cantorbéri par une voie fi peu Canonique, Cranmer s'inftala par une rufe qui l'étoit encore moins. Lorfqu'il fut queftion de prêter au Pape le ferment porté par les Canons, (a) il apofta un Notaire qui lui donna Acte, comme c'étoit par force, contre fa volonté & feulement pour fatisfaire à la coutume, qu'il alloit promettre au S. Siége l'obéiffance qu'on exigeoit de lui, & que fon intention n'étoit point de garder ce ferment au préjudice de ce qu'il devoit à fon Souverain. Aprés avoir donné au Clergé de fon Roiaume un chef fi peu digne de l'être, Henri VIII. ne douta point qu'il ne pût tout entreprendre contre ce même Clergé, avec une efpérance prefque certaine de réuffir. Il y avoit dans le Code d'Angleterre une ancienne Loi, qui défendoit de reconnoître aucune jurifdiction étrangère. Le Roi prétendit (b) que le Clergé y avoit contrevenu, en reconnoiffant & maintenant contre fa volonté le pouvoir étranger de Campége & de Volfey Légats du S. Siege. Pour faire tomber l'accufation, il fuffifoit de faire obferver que la Loi ne regardoit pas le Spirituel. Mais les réfolutions des Corps politiques font rarement vigoureufes, lorfqu'elles ne font pas appuiées par les principaux membres dont ils font compofés. Cranmer Archevêque de Cantorbéri, & Leins nommé depuis peu à l'Archevêché d'Yorc étoient de faux freres. Ils concluoient toujours par une trés-humble foumiffion au Roi: ils déconcertoient tous les deffeins hardis qui fe formoient dans leur Compagnie; & par-là ils la réduifirent à s'avouer coupable, à demander pardon au Roi, & à lui offrir quatre cens mille écus, pour réparer une faute qu'ils n'avoient pas faite. Le Roi les accepta, à condition que le Clergé reconnoîtroit par un acte authentique que ce Prince avoit dans fon Roiaume un pouvoir Souverain fur le Corps des Eccléfiaftiques, auffi étendu & auffi peu limité que celui qu'il exerçoit fur fes autres Sujets. Ainfi fans le vouloir & fans y penfer, le Clergé d'Angleterre fournit à fon Roi le prétexte dont il avoit befoin pour fe dire Chef de l'Eglife Anglicane. Déja on publioit hautement, Que le Pape n'avoit aucun pouvoir en Angleterre, que celui qu'il plaifoit au Roi de lui accorder; Que pour le fpirituel, comme pour le temporel, les Anglois ne reconnoiffoient d'autre fupérieur que leur Souverain. Les perfonnes éclairées prévirent où ces prémiers pas devoient aboutir. Morus en particulier préfagea non-feulement la tempête: il marqua même à fes amis toutes les circonftances qui devoient la fuivre; & pour n'y être pas expofé, il pria le Roi de trouver bon qu'il fe démît de fa Dignité. Henri qui défefpéroit d'attirer Morus à fon parti, fut ravi de cette propofition. Il accepta la démiffion, & mit les Sceaux entre les mains d'un Eccléfiaftique qui ne lui étoit pas moins dévoué que Cranmer. Ce fut Thomas Andeley, qui n'avoit ni bien ni naiffance, mais qui ne laiffoit pas d'afpirer aux Dignités les plus éminentes, parce qu'il ne croioit rien d'inacceffible à fon pretendu mérite.

(c) ,, Le Pape informé de tant de changemens, fuppofa qu'ils ne fe faifoient qu'à def-
,, fein d'éluder la Sentence qu'il prononceroit, ou de la rendre inutile par un atten-
,, tat anticipé. Cette opinion qui n'étoit que trop bien fondée, obligea S. S. à écri-
,, re au Roi d'Angleterre un Bref qui le menaçoit d'excommunication, au cas qu'il en-
,, treprît quelque chofe contre fon mariage, avant qu'il eût été déclaré nul. Mais les
,, Souverains font d'ordinaire plus tentés que les particuliers de faire ce qu'on leur dé-
,, fend, parce que l'impunité feule fait à leur égard, ce que font dans les autres les
,, paffions les plus exceffives. Le Roi d'Angleterre perfuadé que l'intention de Clé-
,, ment VII. avoit été d'empêcher un mariage clandeftin de Sa Majefté avec Anne
,, de Boulen, réfolut (d) par dépit de le contracter. Il créa cette fille Marquife de
,, Pembrok, & l'aiant difpofée à l'époufer en fecret, la cérémonie s'en fit le 22. de No-
,, vem-

(a) *Sander, & Varillas.*
(b) *Ibid.*
(c) *Varillas*, ubi fupra.
(d) Il paroît que c'eft affez gratuitement, que Varillas prête ce motif à Henri VIII. pour précipiter fon mariage avec Anne de Boulen. Il y étoit affez porté par fon amour, & par les feintes cruautés de cette fille.

„ vembre 1532. Un simple Prêtre, nommé Roland, fut choisi pour la faire, après
„ qu'on l'eut trompé, en lui disant que la Sentence de divorce étoit venue de Rome.
„ Mais lorsqu'il fut revêtu des habits sacerdotaux, au-lieu de commencer la Messe, il
„ se tourna vers le Roi, & lui dit, que quoiqu'il ajoutât une foi entiere à S. M. qui
„ l'assuroit d'avoir la Bulle de divorce, le devoir de sa Charge l'obligeoit de la lire à
„ haute voix, afin que personne n'en prétendît a l'avenir cause d'ignorance. Le Roi
„ jura qu'elle étoit dans son cabinet, & que rien ne l'empêchoit de l'envoyer cher-
„ cher, que la crainte de retarder la Cérémonie ". Roland persuadé que les Rois ne
savent point déguiser la vérité, & gagné d'ailleurs par l'espérance de l'Evêché de Li-
chefeld qu'on lui avoit promis, se satisfit de cette réponse & acheva le mariage. Peu
de tems après Anne de Boulen devint enceinte; ce qui obligea Henri de presser l'affaire de son divorce, afin de pouvoir rendre son mariage public assez à tems, pour que
l'enfant qui viendroit parût légitime. Cranmer eut donc ordre de se transporter avec
une suite d'Evêques & d'Officiers de justice corrompus à Dunstable, où la Reine Catherine s'étoit retirée. L'Archevêque de Cantorberi y instruisit en quinze jours le Procès du divorce; & malgré le refus que fit la Reine de le reconnoître, malgré les protestations réitérées de cette Princesse, il prononça la Sentence (a) qui mettoit les Parties en liberté de se pourvoir comme bon leur sembleroit. Le mariage du Roi & d'Anne de Boulen se renouvella publiquement la veille de Pâques de l'année 1533. Le 2. de
Juin suivant, la nouvelle Reine fut couronnée avec plus de magnificence que jamais
Reine d'Angleterre ne l'avoit été; & le 7. de Septembre de la même année elle mit au
monde la fameuse Elizabeth.

La France & l'Espagne ne regardèrent pas du même œil cette grande révolution.
L'Empereur Charles V. irrité de l'affront qu'il recevoit en la personne de sa tante, pres-
sa le Pape de ne pas laisser impuni l'attentat du Roi d'Angleterre: mais dans une affaire si délicate, Sa Sainteté jugea à propos de ne rien précipiter; & d'ailleurs le Roi François I. employa tout son crédit (b) pour engager le S. Pere à ne pas aller si vite. La
conjoncture ne pouvoit être plus favorable. Le Roi de France venoit de s'aboucher à
Marseille avec le Pape, & d'y conclure le mariage de Henri Duc d'Orleans son second
fils avec Catherine de Médicis niéce de S. S. Dans ces circonstances, il n'y avoit nulle apparence que Clément VII. fût en état de rien refuser à François I. & ce Prince
conjurant S. S. de lui permettre de travailler à l'accommodement de Henri avec elle,
l'obtint facilement. Aussi-tôt il dépêcha en Angleterre (c) celui de ses Sujets qu'il savoit
être le plus agréable à Sa Majesté Angloise. C'étoit le Cardinal du Bellai, qui par la
solidité & la douceur de son esprit avoit charmé Henri VIII. pendant les deux années
de son Ambassade auprès de ce Prince. A son arrivée en Angleterre, ce Cardinal
trouva déja le Roi dégoûté d'Anne de Boulen; ensorte que par son éloquence & la
sagesse de ses avis, il ne lui fut pas difficile de l'amener où il vouloit. Henri lui donna
parole d'accepter toutes les voies de bienséance qui lui seroient offertes, pour se réconcilier avec le saint Siége, & de ne rien attenter en Angleterre contre la Cour de Rome, pourvu que de son côté cette Cour voulût ne pas le pousser à bout. Sur ces promesses le Cardinal prit la poste, & arriva à Rome aux Fêtes de Noël, malgré les rigueurs d'un hiver fort rude. Il représenta à Clément VII. que de la modération dépendoit la conservation ou la perte des Royaumes d'Angleterre & d'Irlande: Que
Henri VIII. n'avoit été constant pour sa maîtresse, que pendant les premieres ardeurs
de son prétendu mariage: Qu'il s'en étoit lassé aussi-tôt après pour s'attacher à Jeanne
Seymer (d) fille d'honneur d'Anne de Boulen: Qu'ainsi la passion de ce Prince pour
celle-ci ayant cessé, il n'étoit retenu de la quitter, que par la honte de la renvoyer a-
près l'avoir si solemnellement épousée, & que la patience & la douceur le disposeroient
infailliblement a reprendre la Reine Catherine.

L'evenement justifia le raisonnement du Cardinal; & le Pape fut si convaincu de la
solidité de ses remontrances, qu'il convint de ne rien entreprendre pendant un tems
qui fut limité, pour dépêcher un Courier en Angleterre, & pour en recevoir réponse.
Le Cardinal envoya le Courier: mais les Ministres de l'Empereur rendirent toutes ces
démarches inutiles. Ils firent tenir des ordres si pressans à François Sforce que Charles
V. venoit d'investir du Duché de Milan, de rendre les passages difficiles à ceux qui
iroient

(a) Sanderus ajoute ubi sup. que comme si le Roi eût eu de l'aversion pour le divorce, Cranmer l'exhorta auparavant à se séparer de la femme de son frere conformément à l'Evangile.
(b) Varillas, ubi sup.
(c) Dans les Négociations du Cardinal du Bellai.
(d) D'autres l'appellent Seymour.

iroient en Angleterre, ou qui en retourneroient, que les personnes qui servoient Henri VIII. à la Cour de Rome ne reçurent plus à tems aucune nouvelle de ce Prince. Le Courier du Cardinal du Bellai, qui étoit allé porter à Londres la résolution décisive du Pape, & qui devoit rapporter à S. S. celle du Roi d'Angleterre, n'arriva pas précisément au jour marqué ; & comme les Ministres d'Espagne avoient tiré promesse que les Censures seroient fulminées dès le lendemain, ils pressèrent si vivement l'exécution de la parole qu'on leur avoit donnée, que la Cour de Rome ne crut pas pouvoir s'en dispenser. Le Consistoire qui avoit été si promt à fulminer, ne fut pas peu surpris de voir arriver deux jours après le même Courier, apportant d'Angleterre la satisfaction la plus ample. On chercha inutilement les moiens de réparer la faute qu'un excès de précipitation avoit fait commettre : on n'en trouva point, parce que l'intérêt & le point d'honneur ne permirent pas d'en trouver ; & Henri VIII. apprenant que la Cour de Rome lui avoit fait tout le mal dont elle étoit capable, n'oublia rien de ce qui pouvoit servir à s'en venger. Il assembla son Parlement le 24. d'Avril 1534. & s'y fit reconnoître Chef de l'Eglise d'Angleterre. Son second mariage y fut autorisé ; & le premier y fut déclaré illégitime, ainsi que la Princesse qui en étoit sortie.

Telle fut l'origine du fameux Schisme, qui sépare aujourdhui de l'Eglise Catholique les trois Royaumes de la Grande-Bretagne. Nous n'entrerons point dans le détail des violences & des cruautés qui suivirent cette prémière démarche, & que Henri VIII. exerça indifféremment contre tous ceux qui refusèrent de reconnoître sa primauté & la validité de son second mariage. Thomas Morus en fut une des plus illustres victimes. Le Roi l'avoit fait arrêter, avec Jean Fischer, Evêque de Rochester, un des plus ardens défenseurs de la Reine Catherine. Henri après avoir fait tenter le courage de Thomas Morus par toutes sortes de voies, douta lequel valoit le mieux de laisser vivre un si célèbre ennemi de son mariage, ou de s'attirer par sa mort la haine de tout le monde Chrétien. Enfin il résolut de commencer par l'Evêque de Rochester, dont il n'espéroit pas de vaincre la fermeté, & que le Pape Paul III. qui venoit de succéder à Clément VII. avoit honoré dans la prison du Chapeau de Cardinal. Le Roi persuadé que le supplice de ce Prélat pourroit ébranler la constance de Morus, ordonna qu'on fît le Procès au nouveau Cardinal. Fischer cité devant ses Juges refusa hautement de reconnoître la Primauté Ecclésiastique de Henri, & fut condamné à la mort. Comme on l'y conduisoit, (a) ce vieillard presque décrépit, également respectable par sa doctrine & par sa vertu, appercevant le lieu de son supplice, jetta son bâton, en disant ; *Qu'il n'y avoit pas si loin, & que ses pieds achèveroient bien de l'y conduire.* Il monta ensuite gayement sur l'échafaut, où il entonna le *Te Deum* ; & après avoir récité tout le Cantique, il présenta sa tête à l'Exécuteur, qui d'un coup de hache la lui sépara du corps.

La mort de Fischer n'étonna pas Morus. Envain les plus grands d'Angleterre le sollicitérent de se soumettre à la volonté du Roi. Sa femme elle-même étant venue plusieurs fois dans sa prison le conjurer avec larmes d'avoir compassion de ses enfans & de sa famille, fatigué de ces discours, il lui demanda, (b) *Combien , à consulter le cours de la nature, elle croiot qu'il pût encore vivre d'années ?* Elle lui répondit, *Qu'il pouvoit vivre encore vingt ans :* sur quoi il lui dit, *Qu'il n'y avoit pas d'apparence de préférer vingt ans à l'Eternité.* Après l'avoir tenté par la crainte de la mort, on voulut encore éprouver sa fermeté, en lui rendant sa prison ennuieuse & insupportable. On lui ôta tous ses livres, qui jusqu'alors lui avoient servi d'entretien & de consolation: on alla jusqu'à lui refuser (c) de l'encre, des plumes & du papier. Alors il tint ses fenétres fermées, ne s'entretenant plus qu'avec Dieu dans ces ténèbres ; & lorsqu'on l'interrogea sur le plaisir qu'il trouvoit à vivre dans cette obscurité : *Il faut bien*, dit-il, *fermer la boutique quand toute la marchandise est enlevée.* Enfin après quatorze mois de prison, étant toujours resté inébranlable, on le fit paroître devant ses Juges ; & malgré la sagesse de ses réponses, il fut condamné à la mort. Il marcha au supplice avec la constance d'un homme, à qui sa conscience ne reproche point de s'être jamais écarté de son devoir. Arrivé au pied de l'échafaut, il trouva que l'échelle n'étoit pas commode, & dit à un de ceux qui étoient sur ce funeste théatre : *Donnez-moi la main pour monter ; je n'en aurai pas besoin pour descendre.* Après avoir fini sa prière, & ré-

cité

(a) *Saunder. ubi sup.*
(b) *Idem*, ibid.
(c) Il composa dans sa prison deux Ouvrages excellens ; l'un en Anglois, qu'il intitula : *Le soulagement dans l'adversité* ; l'autre en Latin, qu'il appella *La passion de Jésus-Christ.*

cité tout haut le Pseaume *Miserere*, il prit le peuple à témoin, qu'il mouroit dans la foi Catholique : (*a*) ensuite on lui coupa la tête. Toute l'Angleterre regretta Morus, & crut avoir tout perdu à la mort de ce grand homme.

Peu de tems auparavant (*b*) la Reine Catherine étoit morte à Cimbalton âgée de 50. ans. Ses déplaisirs haterent sa mort : on y soupçonna même du poison. Quelque forte passion que cette Princesse eût toujours eue pour la vie Religieuse, elle ne put jamais consentir à entrer dans un Couvent, de peur de donner atteinte à son mariage. Après qu'elle eut été chassée de la Cour, ni les indignités qu'elle eut à souffrir, ni les dangers ausquels elle se vit exposée, ne purent l'obliger à passer en Flandre ni en Espagne, où l'Empereur lui offroit une retraite honorable & proportionnée à la grandeur de sa naissance. Elle souffroit ses maux avec constance, & ne les imputoit qu'à ses péchés. Peu de tems avant sa mort elle écrivit au Roi une Lettre fort tendre, où elle lui recommandoit Marie leur commune fille. Henri ne put refuser des larmes à cette dernière marque du souvenir de cette Princesse. Il pria Capuci, Ambassadeur de l'Empereur à Londres, de partir en diligence, & d'aller la saluer de sa part : mais elle étoit morte avant l'arrivée de ce Ministre.

Anne de Boulen ne jouit pas long-tems de la joie, que lui causa la mort de sa rivale. La nouvelle passion que le Roi avoit conçue pour la Demoiselle Jeanne Seymer, lui donnoit déja une jalousie qui commençoit à la punir des crimes dont elle avoit été l'occasion. La seule espérance qu'elle avoit de ramener Henri consistoit dans le second enfant dont elle étoit enceinte : mais elle fit une fausse couche. Ce nouveau malheur acheva de refroidir le Prince pour Anne de Boulen ; & celle-ci désespérant de se maintenir sur le Trône où elle s'étoit élevée, (*c*) si elle ne donnoit au Roi un héritier, résolut d'en avoir à quelque prix que ce fût. Persuadée que l'incontinence la plus secréte lui seroit plus facilement pardonnée, elle s'abandonna d'abord à George de Boulen son propre frere. On dit même qu'elle eut assez de vanité, pour vouloir donner à l'Angleterre un Monarque qui du côté de son pere & de sa mere fût de la race de Boulen. Mais n'ayant tiré aucun fruit de cet inceste, elle perdit le peu de honte qui lui restoit, & reçut dans le lit du Roi quatre galans de la Cour, Braerton, Noreste, Veston & Sumeton. Le Roi ne put ignorer long-tems un désordre aussi public & aussi honteux. Les prémiers avis qu'on lui en donna passèrent d'abord dans son esprit pour des calomnies. La multitude des Dénonciateurs lui donna depuis du soupçon : (*d*) enfin le désir d'épouser Jeanne Seymer augmenta la curiosité qu'il avoit de s'éclaircir de la vérité. Il en eut des preuves convainquantes ; & il ne cherchoit plus qu'un prétexte pour éclater, lorsqu'Anne de Boulen le lui fournit sans le vouloir. Un jour que la Cour prenoit le divertissement d'un Tournoi à Greenwick, le Roi apperçut la Reine jettant de sa fenêtre un mouchoir à un de ses Amans. Offensé de cette familiarité, il quitte aussi-tôt le divertissement, monte à cheval, & suivi seulement de six Gentilshommes il retourne à Londres. Anne de Boulen instruite du brusque départ de ce Prince, le suivit à dessein de l'observer : mais à mi-chemin, on l'arrêta par ordre du Roi. Cette avanture la surprit d'abord : elle s'en mit en colere ; dela elle passa aux cris, aux gemissemens & aux larmes ; enfin elle vint aux supplications & aux prières. Elle demanda avec instance qu'on lui permît de voir le Roi : mais elle ne put l'obtenir, & elle fut conduite dans la Tour de Londres. On instruisit son Procès dans les formes ; & Henri voulut que Thomas de Boulen son pere prétendu fût un de ses Juges. Elle se défendit en personne qui cherchoit à chicaner sa vie : mais enfin elle fut condamnée à perdre la tête (*e*) avec son frere & ses quatre autres adultéres. (*f*) „ Elle ne renonça point à la doctrine de Luther : mais elle n'en fit aucune „ profession. Elle ne se plaignit de personne. Elle ne disposa de rien par testament, „ quoi qu'on le lui eût permis ; & elle *mourut aussi exactement dans les maximes Stoï-* *ques, que si elle les eût étudiées* ".

Telle fut la fin de celle qui avoit été en Angleterre l'unique cause du Schisme, & de tous les désordres dont il fut suivi. Dès le lendemain de l'exécution Henri VIII. épousa Jeanne Seymer, & ne profita point de l'occasion qu'il avoit de se réconcilier avec le saint Siége. En 1541. il parut faire quelques démarches pour la réunion ; (*g*)

&

(*a*) Le 6. Juillet 1535.
(*b*) Au mois de Janvier de la même année.
(*c*) *Sander.* ubi sup. *Varillas*, ubi sup.
(*d*) Dans le Procés d'Anne de Boulen.
(*e*) Le 19. Mai 1535.
(*f*) *Varillas*, ubi sup.
(*g*) *Sander.* ubi sup.

& député, dit-on, pour cela le Chevalier Cnevet avec Gardiner Evêque de Vinton à la Diète de Ratisbonne. Le but de cette Ambassade étoit de réunir le Roi d'Angleterre avec l'Empereur, qui par son autorité devoit travailler à ménager l'accommodement de ce Prince avec le Pape. Mais tant de difficultés s'oppofoient à cette négociation, qu'elle n'eut aucun effet. L'Angleterre demeura féparée de l'Eglife comme auparavant; & malgré quelques retours vers fon devoir, Henri VIII. mourut dans le Schifme.

(a) REMARQUES DE M. DE MEAUX,

Sur l'Hiſtoire de la Réformation Anglicane du Docteur Burnet.

M. Burnet, dans fon Hiftoire de la Réformation Anglicane, reproche aux Catholiques dès fa Préface & dans toute la fuite de fon Ouvrage, d'avoir tiré beaucoup d'avantage de la conduite de Henri VIII. & des prémiers Réformateurs de l'Angleterre. Il fe plaint fur-tout de Sanderus Hiftorien Catholique, qu'il accufe d'avoir inventé des faits atroces, afin de rendre odieufe la Réformation Anglicane. Ces plaintes fe tournent enfuite contre tous les Catholiques en général, & contre la doctrine de l'Eglife. (b) ,, Une Religion, dit-il, fondée fur la fauffeté, & élevée fur l'impofture, ,, peut fe foutenir par les mêmes moiens qui lui ont donné naiffance ". Au contraire, autant que font noires les couleurs dont il dépeint les Catholiques, autant font éclatans & pompeux les ornemens dont il pare fon Eglife. ,, La Réformation, conti-,, nue-t-il, eft un ouvrage de lumière : on n'a pas befoin du fecours des ombres pour ,, en relever l'éclat ; & fi on veut faire fon apologie, il fuffit d'écrire fon hiftoire ". De fi belles promeffes, telles qu'on n'en emploieroit pas de plus magnifiques, quand même dans les changemens de l'Angleterre on auroit à faire voir la même fainteté qui parut dans le Chriftianifme naiffant, ont engagé M. de Meaux à confidérer cette hiftoire, qui juftifie, dit-on, la Réformation par fa feule fimplicité. Sans s'arrêter à ce qu'en ont écrit les Auteurs Catholiques, il ne s'attache qu'aux faits rapportés par le Savant & adroit défenfeur de la Réformation Anglicane; & il prétend que la feule fuite de ces faits fuffit pour nous donner une jufte idée de ce prétendu *ouvrage de lumière*.

Le prémier fait important que je remarque, dit-il (c), dans Mr. Burnet eft celui qu'il avance dès fa Préface, & qu'il fait paroître enfuite dans tout fon Livre : c'eft que lorfque Henri VIII. commença la Réformation, ,, il femble qu'il ne fongeoit en tout ,, cela qu'à intimider la Cour de Rome, & à contraindre le Pape de le fatisfaire; car ,, dans fon cœur il crut toujours les opinions les plus extravagantes de l'Eglife Romai-,, ne, telles que font la Tranfubftantiation & les autres corruptions du Sacrifice de ,, la Meffe : ainfi il mourut plutôt dans cette communion, que dans celle des Proteſ-,, tans ". De ces paroles Mr. de Meaux conclut, que comme les Catholiques n'acceptent point la communion de ce Prince, puifque d'un autre côté Mr. Burnet le rejette de la fienne, il réfulte d'abord de ce fait, que l'Auteur de la Réformation Anglicane, & celui qui en a pofé le véritable fondement dans la haine qu'il a infpirée contre le Pape & contre l'Eglife Romaine, eft un homme également rejetté & anathématifé de tous les partis.

Ce qu'il y a ici de plus remarquable, continue Mr. de Meaux, c'eft que ce Prince ne s'eft pas contenté de croire en fon cœur, & de profeffer de bouche tous ces points de croiance, que Mr. Burnet appelle les plus grandes & les plus extravagantes de nos corruptions. Il les a données pour Loi à toute l'Eglife Anglicane *en la nouvelle qualité de chef Souverain de cette Eglife fous Jéfus-Chriſt*. Il les a fait approuver par tous les Evêques & par tous les Parlemens, c'eft-à-dire, par tous les Tribunaux dans lefquels réfide encore à préfent dans la Réformation Anglicane le Souverain degré de l'autorité Eccléfiaftique. Il les a fait foufcrire & mettre en pratique par toute l'Angleterre, & en particulier par les Cromwels, par les Cranmers & par tous les autres Héros de Mr. Burnet, qui Luthériens ou Zwingliens dans le cœur, affiftoient cependant à l'ordinaire à la Meffe comme au culte public qu'on rendoit à Dieu, ou la difoient eux-mêmes,

(a) Extrait de l'*Hiſtoire des Variations*, &c. L. VII. & X.
(b) *Réfut. de Sander.* Tom. 1. p. 745.
(c) Hift. des Var. L. 7. §. III.

mes, en un mot qui pratiquoient tout le reste de la doctrine & du service reçu dans l'Eglise, malgré leur religion & leur conscience.

Celui qui conduisit le dessein de la Réformation Anglicane fut Thomas Cranmer Archevêque de Cantorberi. C'est le grand héros de M. Burnet. Il s'étend donc sur les louanges de ce Prélat; & non content d'en admirer par-tout la modération, la piété & la prudence, il ne craint point de le faire autant ou plus irrépréhensible que S. Athanase & S. Cyrille, & d'un si rare mérite, que *jamais peut-être Prélat de l'Eglise n'a eu plus d'excellentes qualités, & moins de défauts.* Faisons donc, dit M. de Meaux (a), l'histoire de ce Prélat sur les faits qu'en a rapportés cet Historien qui est son perpétuel admirateur, & voions en même tems dans quel esprit la Réformation a été conçue.

Dès l'an 1529. Thomas Cranmer s'étoit mis à la tête du parti qui favorisoit le divorce avec Catherine, & le mariage que le Roi avoit résolu avec Anne de Boulen. En 1530. il fit un Livre contre la validité du mariage de Catherine; & on peut juger de l'agrément qu'il trouva auprès d'un Prince, dont il flattoit la passion dominante. On commença dès-lors à le regarder à la Cour comme une espece de Favori, qu'on croioit devoir succéder au crédit du Cardinal de Volsey. Cranmer étoit dès-lors (b) *engagé dans les sentimens de Luther;* &, comme dit M. Burnet, il étoit *le plus estimé de ceux qui les avoient embrassés. Anne de Boulen, poursuit cet Auteur, avoit aussi reçu quelque teinture de cette Doctrine.* Dans la suite il la fait paroître tout-à-fait liée au sentiment de ceux qu'il appelle les Réformateurs. *Tous ceux du même parti,* ajoute-t-il, *se déclaroient pour le divorce.* Voilà les secrètes liaisons de Cranmer & de ses adhérans avec la Maîtresse de Henri.

Cranmer fut envoié en Italie & à Rome pour l'affaire du divorce, & il y poussa si loin la dissimulation de ses erreurs, que le Pape le fit son Pénitencier; ce qui montre qu'il étoit Prêtre. Il accepta cette charge, tout Luthérien qu'il étoit. De Rome il passa en Allemagne pour y ménager les Protestans, & ce fut alors qu'il épousa la sœur d'Osiandre. On dit qu'il l'avoit séduite. Cranmer avoit déja été chassé du Collège de Christ à Cambridge à cause d'un premier mariage. Le second qu'il contracta dans la Prêtrise lui eût fait des affaires d'autant plus terribles, que Henri détestoit les Prêtres qui se marioient. Ainsi par la crainte de ce Prince il fallut tenir ce mariage fort caché; & ce grand Réformateur commença par tromper son Maître dans une matiére si importante.

Pendant qu'il étoit en Allemagne, en l'an 1533. l'Archevêché de Cantorberi vint à vaquer. Le Roi d'Angleterre y nomma Cranmer: il l'accepta. Le Pape qui ne lui connoissoit aucune autre erreur que celle de soutenir la nullité du mariage de Henri, chose alors assez indécise, lui donna ses Bulles. Cranmer les reçut, & ne craignit pas de se souiller, en recevant, comme on parloit dans le parti, le caractère de la Bête.

A son Sacre, & avant que de procéder à l'Ordination, il prêta le serment de fidélité qu'on avoit accoutumé de faire au Pape depuis quelques siécles. Ce ne fut pas sans scrupule, à ce que dit M. Burnet: mais Cranmer étoit homme d'accommodement. Il saura tout, en protestant que par ce serment il ne prétendoit nullement se dispenser de son devoir envers sa conscience, envers le Roi & l'Etat. Protestation en elle-même fort inutile, ajoute M. de Meaux; car qui de nous prétend s'engager par ce serment à rien faire qui soit contraire à sa conscience, ou au service du Roi & de son Etat? Loin qu'on prétende préjudicier à ces choses, il est même exprimé dans ce serment, qu'on le fait (c) sans préjudice des droits de son Ordre. Quoiqu'il en soit, ou ce serment est une illusion, ou il oblige à reconnoître la puissance spirituelle du Pape. Le nouvel Archevêque la reconnut donc, quoiqu'il n'y crût pas. M. Burnet avoue, que cet expédient *étoit peu conforme à la sincérité de Cranmer;* & pour adoucir comme il peut une si criminelle dissimulation, il ajoute ensuite: „ si cette conduite ne fut pas suivant „ les régles les plus austéres de la sincérité, du moins on n'y voit aucune supercherie". Qu'appelle-t-on donc supercherie? Y en a-t-il de plus grande que de jurer ce qu'on ne croit pas, & se préparer des moiens d'éluder son serment par une protestation conçue en termes si vagues? Mais M. Burnet ne nous dit pas que Cranmer qui fut sacré avec toutes les Cérémonies du Pontifical, outre ce serment dont il prétendoit éluder la force, fit d'autres déclarations contre lesquelles il ne réclama pas: comme (d) „ de rece-

„ voir

(a) *Hist. des Variat.* L. 7. §. VIII.
(b) *Burnet,* Tom. I. L. 1. p. 123. & suiv.
(c) *Salvo meo ordine,* Pontif. Rom. *in Consec. Episc.*
(d) *Ibid.*

„ voir avec foumiffion les Traditions des Peres, & les Conftitutions du Saint Siége
„ Apoftolique; de rendre obéiffance à S. Pierre en la perfonne du Pape fon Vicaire &
„ de fes Succeffeurs, felon l'autorité Canonique; de garder la chafteté"; ce qui dans
le deffein de l'Eglife expreffément déclaré dès le tems qu'on reçoit le Soudiaconat,
emportoit le célibat & la continence. Il ne nous dit pas que Cranmer dit la Meffe,
felon la coutume, avec fon Confacrant. Cranmer devoit encore protefter contre cet
acte, & contre toutes les Meffes qu'il dit en officiant dans fon Eglife, du moins durant
tout le regne de Henri VIII. c'eft-à-dire, treize ans entiers. M. Burnet ne nous
dit pas qu'en faifant des Prêtres, comme il en fit fans doute durant tant d'années,
étant Archevêque, il les fit felon les termes du Pontifical, auxquels Henri ne changea
rien non plus qu'à la Meffe. Il leur donna donc le pouvoir (*a*) „ de changer par leur
„ fainte bénédiction le pain & le vin au Corps & au Sang de Jéfus-Chrift, d'offrir le
„ Sacrifice, & de dire la Meffe tant pour les vivans que pour les morts ". Il eût été
bien plus important de protefter contre tant d'actes fi contraires au Luthéranifme, que
contre le ferment d'obéir au Pape. Mais c'eft que Henri VIII. qu'une proteftation
contre la primauté du Pape n'offenfoit pas, n'auroit pas fouffert les autres. C'eft pourquoi Cranmer diffimule. Le voilà tout enfemble Luthérien marié, cachant fon mariage, Archevêque felon le Pontifical Romain, foumis au Pape dont en fon cœur il abhor-
roit la puiffance, difant la Meffe à laquelle il ne croioit pas, & donnant pouvoir de la
dire; & cependant, felon M. Burnet, un fecond Athanafe, un fecond Cyrille, un
des plus parfaits Prélats qui fût jamais dans l'Eglife.

(*b*) Dès que Cranmer fut élevé à l'Archevêché de Cantorbéri, il commença à travailler dans le Parlement à déclarer la nullité du mariage. Dès l'année précédente,
c'eft-à-dire en 1532. le Roi avoit déja époufé Anne de Boulen en fecret: elle étoit groffe; & il étoit tems d'éclater. L'Archevêque qui n'ignoroit pas ce fecret fe fignala en
cette rencontre, & témoigna beaucoup de vigueur à flater le Roi. Par fon autorité
Archiépifcopale il lui écrivit une Lettre grave fur fon mariage inceftueux avec Catherine: mariage, difoit-il, qui fcandalifoit tout le monde, & lui déclaroit que pour lui
il n'étoit pas réfolu de fouffrir plus longtems un fi grand fcandale. Voilà un homme
bien courageux, & un nouveau Jean-Baptifte. Là-deffus il cite le Roi & la Reine
devant lui: on procéde: la Reine ne comparoit pas: l'Archevêque par contumace
déclara le mariage nul dès le commencement, & n'oublia pas dans la Sentence de prendre la qualité de Légat du Saint Siége, felon la coutume des Archevêques de Cantorbéri. M. Burnet infinue qu'on crut par-là donner plus de force à la Sentence; c'eft-à-
dire que l'Archevêque, qui en fon cœur ne reconnoiffoit ni le Pape ni le Saint Siége,
vouloit pour l'amour du Roi prendre la qualité la plus favorable à autorifer fes plaifirs.
Cinq jours après il approuva le mariage fecret d'Anne de Boulen, quoique fait avant
qu'on eût prononcé fur la nullité de celui de Catherine; & l'Archevêque confirma une
procédure fi irréguliére.

On fait affez la Sentence définitive de Clement VII. contre le Roi d'Angleterre.
Elle fuivit de près celle que Cranmer avoit donnée en fa faveur. Henri qu'on avoit
flaté de quelque efpérance du côté de la Cour de Rome, s'étoit foumis de nouveau à la
décifion du S. Siege, même depuis le jugement de l'Archevêque. Je n'ai pas befoin
de raconter jufqu'à quel excès de colère il fut tranfporté: M. Burnet avoue lui-même
qu'*il ne garda aucune mefure dans fon reffentiment*. Alors commencérent les fupplices
indifféremment contre les Catholiques & les Proteftans; & Henri devint le plus fan-
guinaire de tous les Princes. Mais la date eft remarquable. „ Nous ne voions nulle-
„ ment, dit M. Burnet, que la cruauté lui ait été naturelle: il a régné vingt-cinq
„ ans fans faire mourir autre perfonne pour crime d'Etat", que deux hommes dont le
fupplice ne peut lui être reproché. Dans les dix derniéres années de fa vie il ne garda,
dit (*c*) le même Auteur, *aucunes mefures dans fes exécutions*. M. Burnet ne veut ni
qu'on l'imite, ni auffi qu'on le condamne avec une extrême rigueur: mais nul ne le
condamne plus rigoureufement que M. Burnet lui-même. C'eft lui qui parle ainfi de
ce Prince. „ Il fit des dépenfes exceffives, qui l'obligèrent à fouler fes peuples. Il
„ extorqua du Parlement par deux fois un acquit de toutes fes dettes: il falfifia fa mon-
„ noie, & commit bien d'autres actions indignes d'un Roi. Son efprit chaud & em-
„ porté le rendit févére & cruel. Il fit condamner à mort un bon nombre de fes fujets,
„ pour

(*a*) Ibid. in Ordin. Presbyt.
(*b*) M. *de Meaux*, ubi fup. §. XIII.
(*c*) L. II. p. 199.

„ pour avoir nié sa primauté Ecclésiastique, entr'autres Fischer & Morus, dont le pré-
„ mier étoit fort vieux, & l'autre pouvoit passer pour l'honneur de l'Angleterre, soit
„ en probité ou en savoir". On peut lire le reste dans la Préface de M. Burnet:
mais je ne puis oublier ce dernier trait. „ Ce qui mérite le plus de blame, c'est qu'il
„ donna l'exemple pernicieux de fouler aux pieds la justice, & d'opprimer l'innocen-
„ ce, en faisant juger des personnes sans les entendre. " Avec tout cela M. Burnet
veut que nous croions, (a) que quoique pour des „ fautes légéres il traînât les gens
„ en justice, les Loix présidoient dans toutes ces causes-là; les accusés n'étoient ni
„ poursuivis ni jugés que conformément au droit": comme si ce n'étoit pas le comble de la cruauté & de la tirannie de faire des Loix iniques. Mais qu'y a-t-il de plus
affreux que ce qu'ajoute ce même Historien! „ Que ce Prince, soit qu'il ne pût souf-
„ frir qu'on lui contredît, soit qu'il fût enflé du titre glorieux de Chef de l'Eglise que
„ ses peuples lui avoient déféré, soit que les louanges de ses flateurs l'eussent gâté, se
„ persuadoit que tous les sujets étoient obligés de régler leur foi sur ses décisions".
Voila, comme dit M. Burnet, dans la vie d'un Prince *des taches si odieuses, qu'un
honnête homme ne sauroit l'en excuser.* Mais ce qu'on doit sur-tout observer, est que
Henri auparavant si éloigné de ces horribles désordres, n'y tomba, de l'aveu de M.
Burnet, que dans les dix derniéres années de sa vie, c'est-à-dire, qu'il y tomba aussi-
tôt après son divorce, après sa rupture ouverte avec l'Eglise, après qu'il eut usurpé par
un exemple inouï dans tous les siécles la primauté Ecclésiastique.

Le supplice de Fischer & de Morus, & tant d'autres sanglantes exécutions répandirent la terreur dans les esprits: chacun jura la primauté de Henri, & on n'osa plus
s'y opposer. Cette primauté fut établie par divers décrets du Parlement; & le premier acte qu'en fit le Roi, *fut de donner à Cromwel la qualité de son Vicaire général,
& celle de Visiteur de tous les Couvens & de tous les Privilégiés d'Angleterre.* C'étoit
proprement se déclarer Pape; & ce qu'il y a ici de plus remarquable, c'étoit remettre
toute la puissance Ecclésiastique entre les mains d'un Zuinglien, ou au moins, d'un Luthérien. Ces visites furent suivies de la suppression des Monastéres, dont le Roi s'appro-
pria le revenu. Un peu après la Reine Catherine mourut. Nous passons l'ingénieux
parallèle que M. de Meaux fait (b) de cette Princesse avec Anne de Boulen. M. Burnet lui-même rend témoignage (c) à la piété & aux autres vertus de cette Reine. Nous
remarquerons seulement, que peu de tems après cette mort, Cranmer toujours com-
plaisant pour les nouvelles amours du Roi, cassa son mariage avec Anne en faveur de
Jeanne Seymer, comme en faveur d'Anne il avoit cassé le mariage de Catherine.

M. Burnet, continue (d) M. de Meaux, voit avec peine une tache si odieuse dans la
vie de son grand Réformateur; & il dit (e) pour l'excuser, qu'Anne déclara en sa présence son mariage avec Milord Perci, qui emportoit la nullité de celui qu'elle avoit fait
avec le Roi, de sorte qu'il ne pouvoit s'empêcher de la séparer d'avec ce Prince, ni
de donner la Sentence pour la nullité de ce mariage. Mais c'est ici une illusion trop
manifeste. Il étoit notoire en Angleterre que l'engagement d'Anne avec Perci, loin
d'être un mariage conclu, comme on dit, par paroles de présent, n'étoit pas même
une promesse d'un mariage à conclure, mais une simple proposition d'un mariage
désiré par le Milord; ce qui bien loin d'annuler un autre mariage contracté depuis,
n'eût pas même été un empêchement à le faire. M. Burnet en convient; & il établit
tous ces faits comme constans. Cranmer qui avoit sçu tout le secret du Roi & d'Anne, n'avoit pu les ignorer; & Perci, ce prétendu mari de la Reine, avoit déclaré
par serment en présence de cet Archevêque & de celui d'Yorck, (f) „ qu'il n'y avoit
„ jamais eu de contrat, ni même de promesse de mariage entre lui & Anne. Pour
„ rendre ce serment plus solemnel, il reçut la communion " après sa déclaration, en
présence des principaux du Conseil d'Etat, „ souhaitant que la réception de ce Sacre-
„ ment fût suivie de sa damnation, s'il avoit été dans un engagement de cette nature".
Un serment si solemnel reçu par Cranmer lui faisoit bien voir que l'aveu d'Anne n'étoit
pas libre. Quand elle le fit, elle étoit condamnée à mort, & comme dit M. Burnet,
encore étourdie de l'Arrêt terrible qui avoit été rendu contre elle. Les Loix la condamnoient au feu; & tout l'adoucissement dépendoit du Roi. Cranmer pouvoit bien juger,

(a) L. III. p. 243.
(b) Ubi sup. §. XX. & XXI.
(c) L. III. p. 261.
(d) Ubi sup. §. XXII.
(e) L. II. p. 281.
(f) L. III. p. 276.

ger, qu'en cet état on lui feroit avouer tout ce qu'on voudroit, en lui promettant *de lui fauver la vie, ou tout au moins d'adoucir fon fupplice.* C'eft alors qu'un Archevêque doit prêter fa voix à une perfonne opprimée, que fon trouble ou l'efpérance d'adoucir fa peine fait parler contre fa confcience. Mais il ne falloit pas attendre de Cranmer des vertus qu'il ne connoiffoit pas. Il n'eut pas même le courage de repréfenter au Roi la manifefte contrariété des deux Sentences qu'il faifoit prononcer contre Anne; dont l'une la condamnoit à la mort, comme aiant fouillé la couche Roiale par fon adultère; & l'autre déclaroit qu'elle n'étoit pas mariée avec le Roi. Cranmer diffimula une iniquité fi criante; & tout ce qu'il fit en faveur de la malheureufe Princeffe, fut d'écrire au Roi une Lettre, où il fouhaite qu'*elle fe trouve innocente*, & qu'il finit par une apoftille, où il témoigne fon deplaifir de ce que les fautes de cette Princeffe *font prouvées*, comme on l'en affure. Tant il craignoit de laiffer Henri dans la penfée qu'il pût improuver ce qu'il faifoit.

On avoit cru fon crédit ébranlé par la chute d'Anne. En effet il avoit reçu d'abord des défenfes de voir le Roi: mais il fçut bientôt fe rétablir aux dépens de fa bienfaitrice, & par la caffation de fon mariage. La malheureufe efpéra envain de fléchir le Roi, en avouant tout ce qu'il vouloit. Cet aveu ne lui fauva que le feu. Henri lui fit couper la tête. Le jour de l'exécution (a) elle fe confola fur ce qu'elle avoit ouï dire que l'*Exécuteur étoit fort habile*; *&* d'*ailleurs*, ajouta-t-elle, *j'ai le cou affez petit. Au même tems*, dit le témoin de la mort, *elle y a porté la main*, *&* s'*eft mife à rire de tout fon cœur*, foit par l'oftentation d'une intrépidité outrée, foit que la tête lui eût tourné aux approches de la mort. Quoiqu'il en foit, il femble que Dieu vouloit, quelque affreufe que fut la fin de cette Princeffe, qu'elle tint autant du ridicule que du tragique.

Nous ne parlons point des définitions de foi, que Henri fit en Angleterre en 1536. On en a vu le détail dans la première partie de cette Differtation. M. de Meaux les rapporte (b) dans les propres termes de M. Burnet, & fait voir qu'en les publiant, Henri VIII. confirme la foi de l'Eglife fur les Sacremens de Pénitence & d'Euchariftie, fur les Images & fur les Saints, fur les Cérémonies & fur la Croix, fur le Purgatoire & les Meffes pour les morts, &c. Tous les Evêques reçurent ces définitions après Cromwel Vicaire général, & Cranmer Archevêque de Cantorbéri. M. Burnet a de la honte, dit (c) M. de Meaux, de voir fes Réformateurs approuver les principaux articles de la doctrine Catholique, & jufqu'à la Meffe qui feule les contenoit tous. Il les excufe, en difant que „ divers Evêques & divers Théologiens n'avoient pas eu au „ commencement une connoiffance diftincte de toutes les matières, & que s'ils s'étoient „ relachés à certains égards, ç'avoit été par ignorance, plutôt que par politique ou „ par foibleffe ”. Mais n'eft-ce pas fe moquer trop vifiblement, que de faire ignorer aux Réformateurs, ce qu'il y avoit de plus effentiel dans la Reforme?

Henri s'expliqua encore plus précifément fur l'ancienne foi dans la déclaration de fes fix Articles fameux, qu'il publia en 1539. Il établiffoit dans le prémier la Tranfubftantiation; dans le fecond, la Communion fous une efpéce; dans le troifiéme, le célibat des Prêtres, avec la peine de mort contre ceux qui y contreviendroient; dans le quatriéme, l'obligation de garder les Vœux; dans le cinquiéme, les Meffes particuliéres; dans le fixiéme, la néceffité de la Confeffion auriculaire. Ces articles furent publiés par autorité du Roi & du Parlement, à peine de mort pour ceux qui les combattroient opiniâtrément, & de prifon pour les autres autant de tems qu'il plairoit au Roi.

Pendant que Henri fe déclaroit d'une maniére fi terrible contre la Réformation prétendue, Cromwel le Vice-gérent & l'Archevêque ne voyoient plus d'autre moyen de l'avancer, qu'en donnant au Roi une femme qui protégeât leurs perfonnes & leurs deffeins. La Reine Jeanne Seymer étoit morte dès l'an 1537, en accouchant d'Edouard. Si elle n'éprouva pas la légéreté de Henri, Mr. Burnet reconnoit (d) qu'elle en eft apparemment redevable à la briéveté de fa vie. Cromwel qui fe fouvenoit combien les femmes de Henri avoient de pouvoir fur lui tant qu'elles en étoient aimées, crut que la beauté d'Anne de Cléves feroit propre à feconder fes deffeins, & porta le Roi à l'époufer: mais par malheur ce Prince devint amoureux de Catherine Howard; & à peine eut-il accompli fon mariage avec Anne, qu'il tourna toutes fes penfées à le rompre. Le Vice-gérent porta la peine de l'avoir confeillé, & trou-

V 2

_____

(a) *Ibid.* p. 279.
(b) *Ubi fup.* §. XXIV, XXV, XXVI, XXVII & XXVIII.
(c) *Ibid.* §. XXX.
(d) *Ubi fup.* Liv. III. p. 351.

va fa perte où il avoit cru trouver fon foutien. On s'apperçut qu'il donnoit une fecréte protection aux nouveaux Prédicateurs ennemis des fix Articles & de la préfence
réelle, que le Roi défendoit avec ardeur. Quelques paroles qu'il dit à cette occafion
contre le Roi, furent rapportées. Ainfi par l'ordre de ce Prince le Parlement le condamna à perdre la tête comme hérétique & traître à l'Etat. On remarqua qu'il fut condamné fans être ouï, & qu'ainfi il porta la peine du déteftable confeil dont il avoit été
le premier Auteur, de condamner des accufés fans les entendre.

Après la mort de Cromwel, il reftoit encore pour fatisfaire le Roi à fe défaire d'une
époufe odieufe, en caffant le mariage d'Anne de Clèves. Le prétexte en étoit groffier.
On alléguoit pour caufe de nullité les fiançailles de cette Princeffe avec le Marquis de
Lorraine, pendant que les deux partis étoient en minorité, & fans que jamais ils les
euffent ratifiées étant majeurs. On voit bien qu'il n'y a rien de plus foible pour caffer
un mariage accompli: mais au défaut des raifons, le Roi avoit un Cranmer prêt à
tout faire. Par le moien de cet Archevêque ce mariage fut caffé comme les deux autres. (a) „ La Sentence en fut prononcée le neuvième Juillet 1540, fignée de tous
„ les Eccléfiaftiques des deux Chambres, & fcellée du fceau des Archevêques. ” M.
Burnet en a honte, & il avoue que „ Henri n'avoit jamais eu une marque plus écla-
„ tante de la complaifance aveugle de fes Eccléfiaftiques. Car ils favoient, pourfuit-
„ il, que ce contrat prétendu dont on faifoit le fondement du divorce, n'avoit rien
„ qui portât atteinte au mariage”. Ils agiffoient donc ouvertement contre leur confcience: mais afin qu'on ne fe laiffe pas éblouir une autre fois aux fpécieufes paroles de
la nouvelle Réforme, il eft bon de remarquer qu'ils donnent cette Sentence (b) *en repréfentant le Concile univerfel;* après avoir dit que le Roi ne leur demandoit que ce *qui
étoit véritable, ce qui étoit jufte, ce qui étoit honnête & faint.* Voilà comme parloient
ces Evêques corrompus. Cranmer qui préfidoit à cette Affemblée, & qui en porta le
réfultat au Parlement, fut le plus lâche de tous; & M. Burnet, après lui avoir cherché une vaine excufe, eft obligé d'avouer, que *craignant que ce ne fut-là une entreprife
formée pour le perdre, il fut de l'avis général.* Tel fut le courage de ce nouvel Athanafe & de ce nouveau Cyrille.

Sur cette inique Sentence le Roi époufa Catherine Howard, affez zelée pour la Réforme auffi-bien qu'Anne de Boulen: mais le fort de ces Réformées eft étrange. La
vie fcandaleufe de celle-ci lui fit bientôt perdre la tête fur un échafaut; & la maifon de
Henri fut toujours remplie de fang & d'infamie.

Les Prélats, continue (c) M. de Meaux, dreffèrent une Confeffion de foi, que ce
Prince confirma par fon autorité. Là on déclare en termes formels l'obfervation des
fept Sacremens; celui de la Pénitence dans l'abfolution du Prêtre; la Confeffion néceffaire; la Tranffubftantiation; la Concomitance, *ce qui fevoit*, dit M. Burnet, *la
néceffité de la Communion fous les deux efpéces;* l'honneur des Images & l'Invocation des
Saints au fens de l'Eglife; la néceffité & le mérite des bonnes œuvres pour obtenir la
vie éternelle, la prière pour les Morts; en un mot tout le refte de la doctrine Catholique, à la réferve de l'article de la Primauté.

Cranmer foufcrivit à tout avec les autres. L'Archevêque paffoit tout contre fa confcience. La volonté de fon Maître étoit fa règle fuprême; & au-lieu du Saint Siège
avec l'Eglife Catholique, c'étoit le Roi feul qui devenoit infaillible. Cependant il con-
tinnoit à dire la Meffe qu'il rejettoit dans fon cœur, quoiqu'on n'eût rien changé dans
les Miffels. M. Burnet demeure d'accord, (d) „ que les altérations furent fi legeres,
„ qu'on ne fut point obligé de faire imprimer de nouveau ni les Breviaires, ni les
„ Miffels, ni aucun Office; car, pourfuit cet Hiftorien, en effaçant quelques collectes
„ où on prioit Dieu pour le Pape, l'Office de Thomas Béquet, (c'eft Saint Thomas
„ de Cantorbéri) & celui des autres Saints retranchés, & en faifant outre cela quel-
„ ques ratures peu confidérables ”, on fe fervit toujours des mêmes Livres. On pratiquoit donc au fond le même culte. Cranmer s'en accommodoit; & fi nous voulons
favoir toute fa peine, c'eft, comme nous l'apprend (e) M. Burnet, qu'à la réferve de
Fox Evêque d'Héréford auffi diffimulé que lui, „ les autres Evêques de fon parti
„ l'embarraffoient plus qu'ils ne lui étoient utiles, à caufe qu'ils ne reconnoiffoient ni
„ la

,, la prudence politique, ni l'art des ménagemens; de forte qu'ils attaquoient *ouverte-*
,, *ment* des chofes qu'on n'avoit pas encore abolies".

Ce n'étoit pas feulement dans fes nouvelles amours que Henri trouvoit Cranmer fi
flateur. Cet Archevêque avoit fabriqué dans fon efprit une nouvelle idée (*a*) de Chef
attachée à la Roiaute, & dans cette idée il avoit établi tout le miniftére Eccléfiaftique
fur une fimple délégation des Princes, fans même que l'Ordination ou la confécration
Eccléfiaftique y fût néceffaire. De cette flaterie fcandaleufe il arriva, que Henri VIII.
donnoit pouvoir aux Evêques de vifiter leurs Diocéfes, avec cette Préface: (*b*) ,, Que
,, toute jurifdiction, tant Eccléfiaftique que Séculiére, venoit de la puiffance Roiale,
,, comme de la fource prémiere de toute Magiftrature dans chaque Roiaume: Que
,, ceux qui jufqu'alors avoient exercé *précairement* cette puiffance, devoient la recon-
,, noitre comme venue de la libéralité du Prince; *& être difpofés à la quitter quand il*
,, *lui plairoit*: Que fur ce fondement il donne pouvoir à tel Evêque de vifiter fon Dio-
,, céfe *comme Ficaire du Roi* & par fon autorité; de promouvoir aux Ordres Sacrés, &
,, même à la Prêtrife, ceux qu'il trouvera à propos"; en un mot d'exercer toutes les
fonctions Epifcopales, *avec pouvoir de fubdéléguer* s'il le jugeoit néceffaire.

Cranmer étoit fi perfuadé de cette puiffance Roiale, qu'il n'eut pas de honte lui-même, Archevêque de Cantorbéri & Primat de toute l'Eglife d'Angleterre, de recevoir
une femblable commiffion fous Edouard VI. lorfqu'il réforma l'Eglife à fa mode; & ce
fut le feul article qu'il retint de ceux que Henri avoit publiés.

Paffons à ce que rapporte M. de Meaux, pour foutenir la validité de la difpenfe de
Jules II. & pour juftifier la conduite de Clement VII. envers Henri VIII. Il faut
rendre, dit-il (*c*), ce témoignage aux Proteftans d'Allemagne: Henri ne put en obtenir l'approbation de fon nouveau mariage, ni la condamnation de la difpenfe de Jules II. Lorfqu'on parla de cette affaire dans une Ambaffade folemnelle que ce Prince
avoit envoiée en Allemagne, pour fe joindre à la Ligue Proteftante, Mélanchton déci-
da ainfi: (*d*) ,, Nous n'avons pas été de l'avis des Ambaffadeurs d'Angleterre; car
,, nous croions que la Loi de ne pas époufer la femme de fon frere eft fufceptible de
,, difpenfe, quoique nous ne croions pas qu'elle foit abolie". C'étoit juftement ce
qu'on avoit prétendu à Rome; & Clement VII. avoit appuié fur ce fondement fa Sentence définitive contre le divorce.

Bucer avoit été de même avis fur le même fondement; & nous apprenons de M.
Burnet (*e*) que, felon cet Auteur, un des Réformateurs de l'Angleterre, ,, la Loi du
,, Lévitique ne pouvoit être une Loi morale ou perpétuelle, puifque Dieu même en
,, avoit voulu difpenfer". Les Proteftans d'Allemagne furent fi fermes dans ce fentiment, qu'avec toutes les liaifons que Cranmer avoit dès-lors avec eux, il ne put en
engager aucun dans le fentiment du Roi d'Angleterre, que le feul Ofiandre fon beau-
pere.

A l'égard des Catholiques, continue (*f*) M. de Meaux, M. Burnet nous raconte
que Henri VIII. corrompit deux ou trois Cardinaux. Sans m'informer de ces faits,
dit-il, je remarquerai feulement qu'une caufe eft bien mauvaife, lorfqu'elle a befoin d'ê-
tre foutenue par des moiens fi infames. Et pour les Docteurs dont M. Burnet nous
vante les foufcriptions, quelle merveille dans un fiécle fi corrompu, qu'un fi grand Roi
ait pu en trouver qui n'aient pas été à l'épreuve de fes follicitations & de fes préfens!
Notre Hiftorien ne veut pas (*g*) qu'il foit permis de révoquer en doute le témoignage
de Fra-Paolo, ni celui de M. de Thou. Qu'il écoute donc ces deux Auteurs. L'un
dit (*h*) ,, que Henri aiant confulté en Italie, en Allemagne & en France, il trouva
,, une partie des Théologiens favorable, & l'autre contraire: que la plupart de ceux
,, de Paris furent pour lui, & que plufieurs crurent qu'ils l'avoient fait, plutôt perfua-
,, dés par l'argent du Roi que par fes raifons". L'autre dit auffi (*i*) ,, que Henri re-
,, chercha l'avis des Théologiens, & en particulier de ceux de Paris; & que le bruit
,, étoit, que ceux-ci gagnés par argent avoient foufcrit au divorce".

Dans les Notes que Charles Dumoulin, ce célébre Jurifconfulte, a faites fur les Con-
feils

<hr>

(*a*) Voiez ce qu'il en dit dans une piéce rapportée par M. Burnet dans fon *Recueil*, 1 P. L.III. n. 21.
(*b*) *Ibid.* n. 14. *Commiff. à Bonner.*
(*c*) *Ubi fup.* §. LIV.
(*d*) LIV. Ep. 187.
(*e*) L. II. p. 142.
(*f*) *Ubi fup.* §. LIX.
(*g*) Tom. I. *Pref.*
(*h*) *Hift. del Concil. Trid.* Lib. 1. an. 1534.
(*i*) *Hift.* Lib. 1. an. 1534.

fils de Decius, il est parlé (a) d'une délibération des Docteurs en Théologie de Paris en faveur du Roi d'Angleterre le 1. Juin 1530. Mais il fait peu de cas de cette délibération, où l'avis favorable au Roi d'Angleterre ,, passa de cinquante-trois contre quarante- ,, deux, dont, dit-il, on ne devoit pas beaucoup se mettre en peine, à cause des an- ,, gelots d'Angleterre qu'on avoit distribués pour les acheter "; ce qu'il assure avoir reconnu ,, par des attestations que les Présidens Dufresne & Poliot en avoient données ,, par ordre de François I. ". D'où il conclut que *le vrai avis de la Sorbonne* étoit celui qui favorisoit le mariage de Henri & de Catherine. Au surplus il est bien certain que dans le tems de la délibération, François qui favorisoit alors le Roi d'Angleterre, avoit chargé M. Liset premier Président de solliciter pour lui les Docteurs, comme il paroit par les Lettres qu'on a encore en original dans la Bibliothèque du Roi, où il rend compte de ses diligences. Les autres consultations ne se firent pas de meilleure foi. M. Burnet rapporte lui-même une Lettre de l'Agent du Roi d'Angleterre en Italie, qui écrit *que s'il avoit assez d'argent, il engageroit tous les Théologiens d'Italie à signer.* C'étoit donc l'argent, & non pas la volonté qui lui manquoit.

On dit que vers la fin de ses jours Henri eut quelques remors des excès où il s'étoit laissé emporter, & qu'il appella les Evêques pour y chercher quelque remède. M. de Meaux croit (b) qu'on peut douter de ce fait. Quoiqu'il en soit, ajoute-t-il, quand Henri VIII. auroit consulté ses Evêques, que pouvoit-on attendre d'un Corps qui avoit mis l'Eglise & sa vérité sous le joug? Quelque demonstration que fît Henri de vouloir en cette occasion des conseils sincéres, il ne pouvoit rendre aux Evêques la liberté que les cruautés leur avoient ôtée. Ils craignoient les fâcheux retours auxquels ce Prince étoit sujet; & celui qui n'avoit pu entendre la vérité de la bouche de Thomas Morus son Chancelier, & de celle du Saint Evêque de Rochester qu'il fit mourir, l'un & l'autre pour l'avoir dite franchement, mérita de ne l'entendre jamais.

Il mourut en cet état; & il ne faut pas s'étonner si les choses empirérent par sa mort. Peu à peu tout va en ruine, quand on a ébranlé les fondemens. Edouard VI. son fils unique lui succéda, selon les loix de l'Etat. Comme il n'avoit que dix ans, le Roiaume fut gouverné par un Conseil que le Roi défunt avoit établi: mais Edouard Seymer frere de la Reine Jeanne, & oncle maternel du jeune Roi eut l'autorité principale, avec le titre de Protecteur du Roiaume d'Angleterre. Il étoit Zuinglien dans son cœur; & Cranmer étoit son intime ami. Cet Archevêque cessa donc alors de dissimuler; & tout le venin qu'il avoit dans le cœur contre l'Eglise Catholique parut.

Pour préparer la voie à la Réformation qu'on méditoit sous le nom du Roi, on commença par le reconnoitre, comme on avoit fait Henri, pour Chef souverain de l'Eglise Anglicane au spirituel & au temporel. La maxime qu'on avoit établie dès le tems de Henri VIII. étoit que le *Roi tenoit la place du Pape en Angleterre.* Mais on donnoit à cette nouvelle Papauté des prérogatives, que le Pape n'avoit jamais prétendues. Les Evêques prirent d'Edouard de nouvelles Commissions révocables à la volonté du Roi, comme Henri l'avoit déja déclaré; & on crut que pour avancer la Réformation, (c) *il falloit tenir les Evêques sous le joug d'une puissance arbitraire.* L'Archevêque de Cantorbéri Primat d'Angleterre fut le premier à baisser la tête sous ce joug honteux. On se relâcha un peu dans la suite; & les Evêques furent obligés à recevoir comme une grace, que le Roi *donnât les Evêchés à vie.* On expliquoit plus nettement dans leur Commission, comme on avoit fait sous Henri, selon la doctrine de Cranmer, que la puissance Episcopale, aussi bien que celle des Magistrats seculiers, émanoit de la Roiauté comme de sa source; que les Evêques ne l'exerçoient que *précairement,* & qu'ils devoient *l'abandonner à la volonté du Roi,* d'où elle leur étoit communiquée. (d) Le Roi leur donnoit pouvoir ,, d'ordonner & de déposer les Ministres; de se servir des ,, censures Ecclésiastiques contre les personnes scandaleuses; en un mot de faire tous ,, les devoirs de la charge pastorale: tout cela au nom du Roi, & sous son autorité". Ainsi, selon la nouvelle Hiérarchie, comme l'Evêque n'étoit sacré que par l'autorité roiale, ce n'étoit que par la même autorité qu'il célébroit les Ordinations. La forme même & les priéres de l'Ordination, tant des Evêques que des Prêtres, furent réglées au Parlement. On en fit autant de la Liturgie ou du Service public, & de toute l'administration des Sacremens. En un mot, tout étoit soumis à la puissance roiale; & en abolissant l'ancien Droit, le Parlement devoit faire encore le nouveau corps de Canons. Peu

(a) *Nar. ad Conf.* 602.
(b) *Ubi sup.* §. LXXIV.
(c) *Burn. Rec. des pieces,* 2. P. L. I. p. 50.
(d) *Ibid.* p. 332.

Peu de tems après le Roi déclara, „ qu'il alloit faire la vifite de fon Roiaume; & „ défendoit aux Archevêqués & à tous autres d'exercer aucune jurifdiction Eccléfiafti„ que, tant que la vifite dureroit ". Il y eut une Ordonnance du Roi pour fe faire recommander dans les prières publiques, „ comme le Souverain Chef de l'Eglife An„ glicane; & la violation de cette Ordonnance emportoit la fufpenfion, la dépofition „ & l'excommunication ". Voila donc, avec les peines Eccléfiaftiques, tout le fond de l'autorité paftorale ufurpé ouvertément par le Roi. Il fe rendit tellement le maître de la prédication, qu'il y eut même un Edit (a) „ qui défendoit de prêcher fans fa „ permiffion, ou fans celle de fes Vifiteurs, de l'Archevêque de Cantorbéri, ou de „ l'Evêque diocéfain ". Quelque tems après le Confeil permit de prêcher à *ceux qui fe fentiroient animés du Saint-Efprit.* Le Confeil avoit changé d'avis. Un an après on changea encore. (b) „ Il fallut ôter aux Evêques le pouvoir d'autorifer les Prédicateurs, „ & le réferver au Roi & à l'Archevêque ". On pouffa la chofe fi loin, qu'après avoir déclaré au peuple que le Roi faifoit travailler à ôter toutes les matiéres de con- troverfes, „ on défendoit en attendant généralement à tous les Prédicateurs de prêcher „ dans quelque affemblée que ce fût". Voila donc la Prédication fufpendue par tout le Roiaume, la bouche fermée aux Evêques par l'autorité du Roi, le tout en attente de ce que le Prince établiroit fur la foi. On y joignit un avis, *de recevoir avec foumif- fion les ordres qui feroient bientôt envoiés.* C'eft ainfi que s'eft établie la Réformation Anglicane, *& cet ouvrage de lumiére* dont *on fait,* felon M. Burnet, *l'apologie en écrivant fon hiftoire.*

Avec ces préparatifs, la Réformation Anglicane fut commencée par le Duc de Som- merfet & par Cranmer. D'abord la Puiffance roiale détruifit la foi, que la Puiffance roiale avoit établie. Les fix Articles que Henri VIII. avoit publiés avec toute fon au- torité fpirituelle & temporelle furent abolis; & malgré toutes les précautions qu'il avoit prifes par fon teftament, pour conferver ces précieux reftes de la Religion Catholique, & peut-être pour la rétablir toute entière avec le tems, la doctrine Zuinglienne tant déteftée par ce Prince gagna le deffus.

Nous paffons les changemens qui fe firent à cette occafion dans la Liturgie Angli- cane. On en a parlé dans la première partie de cette Differtation. Nous remarque- rons feulement, après M. de Meaux, (c) que dans toutes ces innovations on menoit le peuple par le motif de la haine, & non par celui de la raifon. Il étoit aifé, dit-il, d'exciter la haine contre certaines pratiques, dont on ne montroit ni la fource ni le droit ufage, fur-tout lorfqu'il s'y étoit mêlé quelques abus. Ainfi il étoit aifé de ren- dre odieux les Prêtres qui abufoient de la Meffe pour un gain fordide; & la haine une fois échauffée contre eux, étoit tournée infenfiblement par mille artifices contre le myftére qu'ils célebroient, & même contre la préfence réelle qui en étoit le foutien.

On en ufoit de même fur les Images; & une Lettre Françoife que M. Burnet nous a rapportée (d) d'Edouard VI. à fon oncle le Protecteur, nous le fait voir. Pour exer- cer le ftile de ce jeune Prince, fes Maitres lui faifoient recueillir tous les paffages où Dieu parle contre les Idoles. „ J'ai voulu, difoit-il, en lifant la Sainte Ecriture noter „ plufieurs lieux, qui défendent de *n'avoir ni faire* aucunes Images, non-feulement de „ Dieux étrangers, mais auffi de ne former chofe, penfant *la faire femblable à la Ma- „ jefté de Dieu* le Créateur". Dans cet âge crédule, il avoit cru fimplement ce qu'on lui difoit, que les Catholiques faifoient des Images, penfant *les faire femblables à la Majefté de Dieu;* & ces groffiéres idées lui caufoient de l'étonnement & de l'horreur. „ Si m'ébahis, pourfuit-il dans le langage du tems, vu que lui-même & fon Saint- „ Efprit l'a fi fouvent défendu, que tant de gens ont ofé commettre idolâtrie, en „ *faifant & adorant* les Images. Car Dieu ne peut être vu en chofes qui foient ma- „ térielles, mais veut être vu dans fes œuvres". Voila comme on abufoit un jeune enfant. On excitoit fa haine contre les Images païennes, où on prétend repréfenter la Divinité; on lui montroit que Dieu défend de faire de telles images: mais on n'avoit garde de lui enfeigner que celles des Catholiques ne font pas de ce genre, puifqu'on ne s'eft pas encore avifé de dire qu'il foit défendu d'en faire de telles, ni de peindre Jefus-Chrift & fes Saints. Un enfant de dix à douze ans n'y prenoit pas garde de fi près; c'étoit affez qu'en général & confufément on lui décriât les Images. Celles de l'Eglife, quoique d'un autre ordre & d'un autre deffein, paffoient avec les autres.
Ebioú

<hr>

(a) *Ibid.* L. I. p. 81.
(b) *Ibid.* p. 122.
(c) *Diff. fup.* §. XCIV. & fuiv.
(d) Dans fon Rec. 2. P. L. II. p. 68.

Ebloui d'un raisonnement spécieux & de l'autorité de ses Maîtres, tout étoit Idole pour lui; & la haine qu'il avoit contre l'Idolâtrie se tournoit aisément contre l'Eglise.

Parmi toutes ces réformations, continue M. de Meaux (a), la seule qui n'avançoit pas étoit visiblement celle des mœurs. Il n'y a qu'à lire l'Histoire de M. Burnet, pour voir ce qui se passoit à ce sujet en Angleterre. On a vu Henri VIII. son premier Réformateur: l'ambitieux Duc de Sommerset fut le second. Il s'égaloit aux Souverains, lui qui n'étoit qu'un sujet, & prenoit le titre *de Duc de Sommerset par la grace de Dieu.* Au milieu *des désordres de l'Angleterre & des ravages que la peste faisoit à Londres,* il ne songeoit qu'à bâtir le plus magnifique palais qu'on eut jamais vu; & pour comble d'iniquité, il le bâtissoit *des ruines d'Eglises & d'Hôtels d'Evêques,* & des revenus que *lui cédoient les Evêques & les Chapitres.* Car il falloit bien lui céder ce qu'il vouloit. Je passe le reste des attentats qui le firent condamner par le Parlement, prémierement à perdre l'autorité qu'il avoit usurpée sur le Conseil, & ensuite à perdre la vie. Mais sans examiner les raisons qu'il eut de faire couper la tête à son frere l'Amiral, quelle honte d'avoir fait subir à un homme de cette dignité, & à son propre frere, la loi inique d'être condamné *sur de simples dépositions, & sans écouter sa défense!*

M. Burnet se fatigue beaucoup (b) à justifier son Cranmer, de ce qu'il signa étant Evêque l'arrêt de mort de ce malheureux, & se mêla contre les Canons dans une cause de sang: mais il ne prend pas garde au principal. S'il falloit chercher des excuses à Cranmer, ce n'étoit pas seulement pour avoir violé les Canons, qu'il devoit respecter plus que tous les autres étant Archevêque, mais pour avoir violé la Loi naturelle observée par les Payens mêmes, *de ne condamner aucun accusé sans entendre ses défenses.* Cranmer malgré cette Loi condamna l'Amiral, & signa l'ordre de l'exécuter.

Pour achever ici la vie de Cranmer; à la mort d'Edouard VI. il signa sa déposition où ce jeune Prince, en haine de la Princesse sa sœur qui étoit Catholique, changeoit l'ordre de sa succession. M. Burnet veut qu'on croie (c) que l'Archevêque souscrivit avec peine. Ce lui est assez que ce grand Réformateur fasse les crimes avec quelque répugnance: mais cependant le Conseil dont Cranmer étoit le Chef, donna tous les ordres pour armer le peuple contre la Princesse Marie, & pour soutenir l'usurpatrice Jeanne de Suffolk. La prédication y fut employée; & Ridley Evêque de Londres eut charge de parler pour elle dans la chaire. Quand elle fut sans espérance, Cranmer avec tous les autres avoua son crime, & eut recours à la clémence de la Reine. Cette Princesse rétablissoit la Religion Catholique; & l'Angleterre se réunissoit au Saint Siége. Comme on avoit toujours vu Cranmer accommoder sa religion à celle du Roi, on crut aisément qu'il recevroit celle de la Reine, & qu'il ne feroit non plus de difficulté de dire la Messe, qu'il en avoit fait sous Henri, treize ans durant. Mais l'engagement étoit trop fort, & il se seroit déclaré trop évidemment un homme sans religion, en changeant ainsi à tout vent. On le mit dans la Tour de Londres, & pour le crime d'Etat, & pour le crime d'hérésie. Il fut déposé par l'autorité de la Reine. Cette autorité étoit légitime à son égard, puisqu'il l'avoit reconnue, & même établie. C'étoit par cette autorité qu'il avoit lui-même déposé Bonner Evêque de Londres; & il fut puni par les Loix qu'il avoit faites.

Après la déposition de Cranmer, on le laissa quelque tems en prison. Ensuite il fut déclaré hérétique; & il reconnut lui-même, *Que c'étoit pour avoir nié la présence corporelle de Jésus-Christ dans l'Eucharistie.* Lorsqu'il fut question de décerner dans les formes le supplice qu'il méritoit, ses Juges furent composés de Commissaires du Pape & de Commissaires de Philippe & de Marie; car la Reine avoit alors épousé Philippe II. Roi d'Espagne. L'accusation roula sur les mariages, & les hérésies de Cranmer. M. Burnet nous apprend (d) que la Reine lui pardonna le crime d'Etat, pour lequel il avoit déja été condamné dans le Parlement. Il avoua les faits qu'on lui imputoit sur sa doctrine & ses mariages, & *remontra seulement qu'il n'avoit jamais forcé personne de signer ses sentimens.*

A entendre un discours si plein de douceur, on pourroit croire que Cranmer n'avoit jamais condamné personne pour la doctrine. Mais pour ne point parler ici de l'emprisonnement de Gardiner Evêque de Vincestre, de celui de Bonner Evêque de Londres,

dres,

a) *Ubi sup.* §. XCVII.
(b) *Ubi sup.* 1. P. L. I. p. 151.
(c) *Ibid.* 2. P. p. 341.
(d) *Ibid.* L. II. p. 490.

A a a 3

dres, ni d'autres femblables, l'Archevêque avoit foufcrit fous Henri au jugement, où Lambert & Jeanne Asken furent condamnés à mort pour avoir nié la préfence réelle; & fous Edouard, à celui de Jeanne de Kent & à celui de George Pare brulés pour leurs héréfies. Bien plus, Edouard porté à la clémence refufoit de figner l'arrêt de mort de Jeanne de Kent; & il n'y fut déterminé que par l'autorité de Cranmer. Si donc on le condamna pour caufe d'héréfie, il en avoit lui-même tres-fouvent donné l'exemple.

Dans le deffein de prolonger l'exécution de fon jugement, il déclara qu'*il étoit prêt d'aller foutenir fa doctrine devant le Pape*, fans pourtant le reconnoître: du Pape, au nom duquel on le condamnoit, il appella au Concile général. Comme il vit qu'il ne gagnoit rien par-là, *il abjura les erreurs de Luther & de Zuingle*, & reconnut diftinctement, avec la préfence réelle, tous les autres points de la foi Catholique. L'abjuration qu'il figna étoit conçue dans les termes, qui marquoient le plus une véritable douleur de s'être laiffé féduire. Les Réformés furent confternés. Cependant (*a*) leur Réformateur fit une feconde abjuration, c'eft-à-dire, que lorfqu'il vit malgré fon abjuration précedente, que la Reine ne vouloit pas lui pardonner, il revint à fes prémieres erreurs: mais il s'en dédit bientôt, *aiant encore*, dit M. Burnet, *de foibles efpérances d'obtenir fa grace*, ainfi, pourfuit cet Auteur, *il fe laiffa perfuader de mettre au net fon abjuration & de la figner de nouveau*. Mais voici le fecret qu'il trouva, pour mettre fa confcience à couvert. M. Burnet continue: ,, Appréhendant d'être ,, brulé malgré ce qu'il avoit fait, il écrivit fecrétement une confeffion fincere de fà ,, créance, & la porta avec lui quand on le mena au fupplice ". Cette confeffion ainfi fecrétement écrite nous fait affez voir, qu'il ne voulut point paroître Proteftant tant qu'il lui refta quelque efpérance. Enfin, comme il en fut tout-à-fait déchu, il fe réfolut à dire ce qu'il avoit dans le cœur, & à fe donner la figure d'un Martyr.

Avec cela, fi Dieu le permet, on nous vantera encore la rigueur de ce perpétuel flateur des Rois, qui a tout facrifié à la volonté de fes Maîtres, caffant tout autant de mariages, foufcrivant à tout autant de condamnations, & confentant à tout autant de Loix qu'on a voulu, même à celles qui étoient en vérité, ou felon fon fentiment les plus iniques. Cependant Mr. Burnet ne trouve en lui (*b*) *qu'une tache remarquable*, qui eft celle de fon abjuration; & pour le refte il avoue feulement, encore en veut-il douter, *qu'il a été peut-être un peu trop foumis aux volontés de Henri VIII*. Mais ailleurs (*c*) pour le juftifier tout-à-fait, il affure que *s'il eut de la complaifance pour Henri, ce fut tant que fa confcience le lui permit*. Sa confcience lui permettoit donc de caffer deux mariages fur des pretextes notoirement faux, & qui n'avoient d'autre fondement que de nouvelles amours? Sa confcience lui permettoit donc, étant Luthérien, de foufcrire à des Articles de foi où tout le Luthéranifme étoit condamné, & où la Meffe, l'injufte objet de l'horreur de de la nouvelle Réforme, étoit approuvée? Sa confcience lui permettoit donc de la célébrer fans y croire durant toute la vie de Henri; d'offrir à Dieu, même pour les morts, un Sacrifice qu'il regardoit comme une abomination; de confacrer des Prêtres à qui il donnoit le pouvoir de l'offrir; d'exiger de ceux qu'il faifoit Soudiacres, felon la formule du Pontifical, auquel on n'avoit encore ofé toucher, la continence à laquelle il ne fe croioit pas obligé lui-même, puifqu'il étoit marié; de jurer l'obéiffance au Pape, qu'il regardoit comme l'Antechrift; d'en recevoir des Bulles, & de fe faire inftituer Archevêque par fon autorité; de prier les Saints & d'encenfer les Images, quoique, felon les maximes des Luthériens, tout cela ne fût autre chofe qu'une idolâtrie; enfin de profeffer & de pratiquer tout ce qu'il croioit devoir ôter de la maifon de Dieu comme une exécration & un fcandale? Mais c'eft que *les Réformateurs* (ce font les paroles (*d*) de Mr. Burnet) *ne favoient pas encore que ce fût abfolument un péché de retenir tous ces abus, jufqu'à ce que l'ocafion fe préfentât de les abolir*. Sans doute ils ne favoient pas que ce fût abfolument un péché, que de changer felon leur penfée la Cene de Jéfus-Chrift en un facrilége, & de fe fouiller par l'idolâtrie. Pour s'abftenir des ces chofes, le commandement de Dieu ne fuffifoit pas: il falloit attendre que le Roi & le Parlement le vouluffent.

Au refte, continue Mr. de Meaux (*e*), fi pour convaincre la Réformation prétendue

due

(*a*) Ibid. p. 498.
(*b*) Ubi fup. p. 503.
(*c*) Ibid. p. 533.
(*d*) Tome I. *Pref.*
(*e*) Ubi fup. §. CVIII.

due par elle-même, je n'ai fait, pour ainsi dire, qu'abréger l'histoire de M. Burnet, & que j'aie reçu comme vrais les faits que j'ai avancés, par là je ne prétens point accorder les autres, ni qu'il soit permis à M. Burnet de faire passer tout ce qu'il raconte, à la faveur des vérités desavantageuses à sa Religion qu'il n'a pu nier. Je ne lui avouerai pas, par exemple, ce qu'il dit sans témoignage & sans preuve; (a) que c'étoit *une résolution prise* entre François I. & Henri VIII. de se soustraire *de concert* à l'obéissance du Pape, & de changer la Messe en une simple communion, c'est-à-dire, d'en supprimer l'oblation & le sacrifice. On n'a jamais ouï parler en France de ce fait avancé par M. Burnet. On ne sait non plus ce que veut dire cet Historien, lorsqu'il assure (b) que ce qui fit changer à François I. la résolution d'abolir la puissance des Papes, c'est que Clément VII. *lui accorda tant d'autorité sur tout le Clergé de France, que ce Prince n'en eut pas eu davantage en créant un Patriarche*; car ce n'est-là qu'un discours en l'air, & une chose inconnue à notre Histoire. M. Burnet ne sait pas mieux l'histoire de la Religion Protestante, lorsqu'il avance si hardiment (c) comme chose avouée entre les Réformateurs, *que les bonnes œuvres étoient indispensablement nécessaires pour le salut*; car il est certain que cette proposition, *les bonnes œuvres sont nécessaires au salut*, a été expressément condamnée par les Luthériens dans leurs Assemblées les plus solemnelles. Je m'éloignerois trop de mon dessein, si je relevois les autres fautes de cette nature: mais je ne puis m'empêcher d'avertir le monde du peu de croiance que mérite cet Historien sur le sujet du Concile de Trente qu'il a parcouru si négligemment, qu'il n'a pas même pris garde au titre que ce Concile a mis à la tête de ses décisions, puisqu'il lui reproche (d) *d'avoir usurpé le titre glorieux de très-saint Concile œcuménique représentant l'Eglise universelle*, quoique cette qualité ne se trouve en aucun de ses Décrets.

Passons au règne d'Elizabeth. L'Angleterre, dit (e) M. de Meaux, bientôt revenue après la mort de Marie à la Réformation d'Edouard VI. songeoit à fixer sa foi, & à y donner la dernière forme par l'autorité de sa nouvelle Reine. Elizabeth fille de Henri VIII. & d'Anne de Boulen étoit montée sur le Trône, & gouvernoit son Roiaume avec une aussi profonde politique que les Rois les plus habiles. La démarche qu'elle avoit faite du côté de Rome aussitôt après son avénement à la Couronne, avoit donné sujet de penser ce qu'on a publié d'ailleurs de cette Princesse, qu'elle ne se seroit pas éloignée de la Religion Catholique, si elle eût trouvé dans le Pape des dispositions plus favorables. Mais Paul IV. qui tenoit le Siége Apostolique, reçut mal les civilités qu'elle lui fit faire comme à un autre Prince, sans se déclarer davantage, par le Résident de la feue Reine sa sœur. M. Burnet nous raconte (f) qu'il la traita de bâtarde. Il s'étonna de son audace, de prendre possession de la Couronne d'Angleterre qui étoit un Fief du saint Siége, sans son aveu, & ne lui donna aucune espérance de mériter ses bonnes graces, qu'en renonçant à ses prétentions, & se soumettant au Siége de Rome. De tels discours, s'ils sont véritables, n'étoient guère propres à ramener une Reine. Elizabeth rebutée s'éloigna aisément d'un Siége dont aussi bien les Décrets condamnoient sa naissance, & s'engagea dans sa nouvelle Réformation: mais elle n'approuvoit pas celle d'Edouard en tous ses chefs. Il y avoit quatre points (g) qui lui faisoient peine: celui des Cérémonies; celui des Images; celui de la Présence réelle; & celui de la Primauté ou Suprématie Roiale.

Pour ce qui est des Cérémonies, (h) ,, elle aimoit, dit M. Burnet, celles que le Roi ,, son pere avoit retenues; & recherchant l'éclat & la pompe jusques dans le Service ,, divin, elle estimoit que les Ministres de son frere avoient outré le retranchement ,, dans les Ornemens extérieurs, & trop dépouillé la Religion."

Pour les Images, (i) ,, son dessein étoit sur-tout de les conserver dans les Eglises & ,, dans le Service divin: elle faisoit tous ses efforts pour cela; car elle affectionnoit extrê- ,, mement les Images, qu'elle croioit d'un grand secours pour exciter la dévotion, & ,, tout au moins elle estimoit que les Eglises en seroient bien plus fréquentées ". C'étoit en penser au fond tout ce que pensent les Catholiques. Y être affectionné dans ce

sens,

(a) 1. P. L. II. p. 196.
(b) Ibid. L. III. p. 186.
(c) Ibid. p. 392.
(d) 2. P. L. I. p. 29.
(e) *Hist. des Variat.* L. X. §. 1.
(f) L. III. p. 355.
(g) Ibid. p. 358.
(h) Ibid. p. 357.
(i) Ibid. p. 358.

sens, comme la Reine Elizabeth, n'étoit pas un sentiment si grossier qu'on veut à présent nous le faire croire; & je doute que M. Burnet voulût accuser une Reine qui, selon lui, a fixé la Religion en Angleterre, d'avoir eu des sentimens d'idolâtrie. Mais le parti des Iconoclastes avoit prévalu. La Reine ne put y résister; & on lui fit tellement outrer la matière, (*a*) que non contente d'*ordonner qu'on ôtât les Images des Eglises, elle défendit à tous ses sujets de les garder dans leurs maisons.* Il n'y eut que le Crucifix qui fut conservé; encore ne fut-ce que dans la Chapelle roiale, d'où on ne put persuader à la Reine de l'arracher.

Elle demeura plus ferme sur le point de l'Eucharistie. Il est de la dernière importance de bien comprendre ses sentimens, selon que M. Burnet les rapporte. (*b*) „ Elle „ estimoit qu'on s'étoit restraint du tems d'Edouard sur certains dogmes dans des limi- „ tes trop étroites, & sous des termes trop précis; qu'il falloit user d'expressions plus gé- „ nérales, où les Parties opposées trouvassent leur compte ". Voilà ses idées en gé- néral. En les appliquant à l'Eucharistie; „ son dessein étoit de faire concevoir en des „ paroles un peu *vagues*, la manière de la présence de Jésus-Christ dans l'Eucharistie. „ Elle trouvoit fort mauvais que par des explications si subtiles, on eut chassé de l'Eglise „ ceux qui croioient la présence corporelle. " Et encore; (*c*) „ Le dessein étoit de „ dresser un Office pour la Communion, dont les expressions fussent bien ménagées, „ qu'en évitant de condamner la présence corporelle, on réunit tous les Anglois dans „ une seule & même Eglise."

On pourroit croire peut-être que la Reine jugea inutile de s'expliquer contre la présence réelle, à cause que ses sujets se portoient d'eux-mêmes à l'exclure: mais au contraire „ la plûpart des gens étoient imbus de ce dogme de la présence corporelle. „ Ainsi la Reine chargea les Théologiens de ne rien dire qui les censurât absolument, „ mais de le laisser indécis, comme une opinion spéculative que chacun auroit la liber- „ té d'embrasser ou de rejetter."

M. de Meaux ne manque pas de remarquer (*d*) que cette conduite montroit une étrange variation entre la décision formelle & précise d'Edouard contre la présence réelle, & *les expressions générales, les termes vagues* d'Elizabeth. Mais la politique l'emporta, dit-il, contre la Religion; & on n'étoit plus d'humeur à tant rejetter la présence réelle. (*e*) Ainsi l'Art. XXIX. de la confession d'Edouard, où elle étoit condamnée, *fut fort changé*: on y ôta tout ce qui montroit la présence réelle impossible, & contraire à la séance de Jésus-Christ dans les Cieux. *Toute cette forte expli- cation*, dit M. Burnet, *fut effacée dans l'original avec du vermillon*. L'Historien re- marque avec soin qu'on peut encore la lire: mais cela même est un témoignage contre la doctrine qu'on efface. On avoit dit à la Reine Elizabeth sur les Images, „ que la „ gloire des premiers Réformateurs seroit flétrie, si on venoit à rétablir dans les „ Eglises ce que ces zélés Martyrs de la pureté Evangélique avoient pris soin d'abattre".

Ce n'étoit pas un moindre attentat, de retrancher de la confession de foi de ces prétendus Martyrs ce qu'ils y avoient mis contre la présence réelle, & d'en ôter la doctrine pour laquelle ils avoient versé leur sang. Au-lieu de leurs termes simples & précis, (*f*) on se contenta de dire, selon le dessein d'Elizabeth, „ en termes vagues, „ que le corps de Notre Seigneur Jésus-Christ est donné & reçu d'une manière spiri- „ tuelle, & que le moien par lequel nous le recevons est la foi ". Au surplus, ce qu'on ajoutoit dans la confession d'Edouard sur la communion des impies qui ne recevoient que les symboles, fut pareillement retranché; & on prit soin de n'y conserver sur la présence réelle, que ce qui pouvoit y être approuvé par les Catholiques & les Luthé- riens.

Par la même raison on changea dans la Liturgie d'Edouard ce qui condamnoit la présence corporelle. Par exemple, on y expliquoit (*g*) qu'en se mettant à genoux lorsqu'on reçoit l'Eucharistie, „ on ne prétendoit rendre par-là aucune adoration à „ une présence corporelle de la chair & du sang, cette chair & ce sang n'étant point „ ailleurs que dans le Ciel ". Mais sous Elizabeth on retrancha ces paroles, & on laissa la liberté toute entière d'adorer dans l'Eucharistie la chair & le sang de Jésus-Christ comme présens. Ce que les prétendus Martyrs, & les auteurs de la Reformation

An-

(*a*) *Ibid.* p. 590.
(*b*) *Ibid.* p. 557.
(*c*) *Ibid.* p. 579.
(*d*) *Ubi sup.* §. VI.
(*e*) *Burnet*, ubi sup. p. 601.
(*f*) *Ibid.*
(*g*) *Ibid.* L. II. p. 588.

Anglicane avoient regardé comme une grossière idolatrie, devint sous Elizabeth une action innocente. Dans la seconde Liturgie d'Edouard on avoit ôté ces paroles qu'on avoit laissées dans la première : *Le corps, ou le sang de Jésus-Christ garde ton corps & ton ame pour la vie éternelle* : mais ces mots qu'Edouard avoit retranchés, parce qu'ils sembloient trop favoriser la présence corporelle, furent rétablis sous Elisabeth. La foi alloit au gré des Rois ; & ce que nous venons de voir ôté dans la Liturgie par la même Reine, y fut depuis remis sous le Roi Charles II.

Malgré tous ces changemens dans des choses si essentielles, Mr. Burnet veut que nous croïons qu'il n'y eut point de variations dans la doctrine de la Réforme en Angleterre. (*a*) „ On y détruisoit, dit-il, alors tout de même qu'aujourdhui, le dogme de la „ présence corporelle ; & seulement on estima qu'il n'étoit ni nécessaire ni avantageux „ de s'expliquer trop nettement là-dessus " : comme si on pouvoit s'expliquer trop nettement sur la foi. Mais il faut aller encore plus avant. C'est varier manifestement dans la doctrine, non-seulement d'en embrasser une contraire, mais encore de laisser indécis ce qui auparavant étoit décidé. Or c'est ce qu'a fait l'Eglise Anglicane sous Elizabeth ; & on ne peut pas en convenir plus clairement que Mr. Burnet en est convenu dans les paroles que nous avons rapportées, où il paroit en termes formels, que ce ne fut ni par hazard ni par oubli qu'on omit les expressions du tems d'Edouard, mais par un dessein bien médité, „ de ne rien dire qui censurât la présence corporelle, & au „ contraire de laisser ce dogme indécis, en sorte que chacun eût la liberté de l'embras- „ ser ou de le rejetter ". Ainsi ou sincérement, ou par politique, on revint de la foi des Réformateurs, & on laissa pour indifférent le dogme de la présence corporelle, contre lequel ils avoient combattu jusqu'au sang.

C'est-là encore l'état présent de l'Eglise d'Angleterre, si nous en croïons Mr. Burnet. (*b*) C'a été sur ce fondement, que l'Evêque Guillaume Bedel dont il a écrit la vie, crut qu'un grand nombre de Luthériens qui s'étoient retirés à Dublin, pouvoient communier sans crainte avec l'Eglise Anglicane, „ qui en effet, dit Mr. Burnet, a eu „ une telle modération sur ce point (de la présence réelle) que n'y aïant aucune dé- „ finition positive de la maniere dont le corps de Jésus-Christ est présent dans le Sacre- „ ment, les personnes de différent sentiment peuvent pratiquer le même culte sans „ être obligés de se déclarer, & sans qu'on puisse présumer qu'ils contredisent leur foi". C'est ainsi que l'Eglise d'Angleterre a réformé ses Réformateurs, & corrigé ses maitres.

Il reste, continue (*c*) Mr. de Meaux, que nous expliquions l'Article de la Suprêma- tie. Il est vrai qu'Elizabeth y répugnoit ; & ce titre de Chef de l'Eglise trop grand à son avis, même dans les Rois, lui parut encore plus insupportable, pour ne pas dire plus ridicule dans une Reine. (*d*) Un célèbre Prédicateur Protestant, dit Mr. Burnet, lui avoit *suggeré cette délicatesse* ; c'est-à-dire qu'il y avoit encore quelque reste de pudeur dans l'Eglise Anglicane, & que ce n'étoit pas sans remors qu'elle abandonnoit son au- torité à la puissance séculière : mais la politique l'emporta encore en ce point. Avec toute la secréte honte que la Reine avoit pour sa qualité de Chef de l'Eglise, elle l'accepta & l'exerça sous un autre nom. (*e*) Par une Loi publiée en 1559. „ on attacha de nouveau „ la Primauté Ecclésiastique à la Couronne. On déclara que le droit de faire les visites „ Ecclésiastiques, & de corriger & de réformer les abus de l'Eglise, étoit annexé pour „ toujours à la Royauté, & qu'on ne pourroit exercer aucune charge publique, soit „ civile ou militaire, ou Ecclésiastique, sans jurer de reconnoître la Reine pour sou- „ veraine Gouvernante dans tout son Royaume en toutes sortes de causes, Séculières „ & Ecclésiastiques ". Voilà donc à quoi aboutit le scrupule de la Reine ; & tout ce qu'elle adoucit dans les Loix de Henri VIII. sur la Primauté des Rois, fut qu'au-lieu que sous ce Prince, on perdoit *la vie* en la niant, sous Elizabeth *on ne perdoit que ses biens*.

Ce qui avoit été résolu dans le Parlement en 1559. en faveur de la Primauté de la Reine, fut reçu dans le Synode de Londres en 1562. du commun consentement de tout le Clergé, tant du prémier que du second ordre. Là on inséra en ces termes la suprématie par- mi les Articles de foi. (*f*) „ La Majesté Royale a la souveraine puissance dans ce royau- „ me d'Angleterre & dans ses autres domaines ; & le souverain Gouvernement de tous „ les

(*a*) *Ibid.* L. III. p. 602.
(*b*) *Vie de Guillaume Bedel*, p. 132. 133.
(*c*) *Ubi sup.* §. XI.
(*d*) *Ubi sup.* L. III. p. 552. 571.
(*e*) *Ibid.* p. 570. & suiv.
(*f*) *Syn. Lond.* Art. 37. *Syn. gen.* 1. P. p. 107.

„ les sujets , soit Ecclésiastiques ou Laïques , lui appartient en toutes sortes de causes
„ sans qu'ils puissent être assujettis à aucune Puissance étrangère ". On voulut exclure
le Pape par ces derniers mots : mais comme ces autres mots, *en toutes sortes de causes,* mis
ici sans restriction comme on avoit fait dans le Parlement, emportoient une pleine souveraineté, même dans les causes Ecclésiastiques , sans en excepter celles de la foi , ils
eurent honte d'un si grand excès , & y apportèrent ce tempéramment. „ Quand nous
„ attribuons à la Majesté Roiale ce souverain Gouvernement , dont nous apprenons
„ que plusieurs calomniateurs sont offensés, nous ne donnons pas à nos Rois l'admi-
„ nistration de la parole & des Sacremens , ce que les Ordonnances de notre Reine
„ Elizabeth montrent clairement : mais nous lui donnons seulement la prérogative
„ que l'Ecriture attribue aux Princes pieux, de pouvoir contenir dans leur devoir tous
„ les Ordres, soit Ecclésiastiques, soit Laïques, & reprimer les contumaces par le glai-
„ ve de la puissance civile ".

Cette explication est conforme à une Déclaration que la Reine avoit publiée, où elle
disoit d'abord, (a) *qu'elle étoit fort éloignée de vouloir administrer les choses saintes.* Les
Protestans aisés à contenter sur le sujet de l'autorité Ecclésiastique , crurent par là être
à couvert de tout ce que sa Suprématie avoit de mauvais : mais envain.   Car il ne s'a-
gissoit pas de savoir, si les Anglois attribuoient à la Roiauté l'administration de la parole & des Sacremens.   Qui les a jamais accusés de vouloir que leurs Rois montassent
en chaire , ou administrassent la Communion & le Baptème ?   Et qu'y a-t-il de si rare
dans cette Déclaration, où Elizabeth reconnoit que ce Ministére ne lui appartient pas?
La question étoit de savoir , si dans ces matiéres la Majesté Roiale a une simple direction & exécution extérieure , ou si elle influe au fond dans la valadité des actes Ecclésiastiques.   Mais quoiqu'en apparence on la réduisit dans cet article à la simple exécution , le contraire paroissoit trop dans la pratique.   La permission de prêcher s'accordoit par Lettres patentes, & sous le grand sceau.   La Reine faisoit les Evêques avec
la même autorité que le Roi son pere & le Roi son frere, & pour un tems limité, si elle
vouloit.   La Commission pour les consacrer émanoit de la puissance Roiale.   Les Excommunications étoient décernées par la même autorité.   La Reine régloit par ses E-
dits non-seulement le culte extérieur, mais encore la foi & le dogme , ou les faisoit régler par son Parlement, dont les actes recevoient d'elle leur validité ; & il n'y a rien
de plus inoui dans l'Eglise, que ce qu'on y fit alors.   (b) Le Parlement prononça directement sur l'hérésie : il régla les conditions sous lesquelles une doctrine passeroit pour
hérétique ; & où ces conditions ne se trouveroient pas dans cette doctrine , il défendit
de la condamner, & *s'en réserva la connoissance.*

Mais, ajoute (c) Mr. de Meaux, de peur qu'on ne s'imagine que toutes ces entreprises de l'autorité séculiére sur les droits du Sanctuaire fussent simplement des usurpa-
tions des Laïques, sans que le Clergé y consentit, sous prétexte qu'il avoit donné l'explication que nous avons vue à la Suprématie de la Reine dans l'Article XXXVII. de
la Confession de foi, ce qui précéde & ce qui suit fait voir le contraire.   Ce qui précéde , puisque ce Synode composé, comme on vient de voir, des deux Ordres du Clergé, voulant établir la validité de l'Ordination des Evêques, des Prêtres & des Diacres,
la fonde sur la formule contenue (d) „ dans le Livre de la Consécration des Archevê-
„ ques & Evêques, & de l'Ordination des Prêtres & des Diacres, fait *depuis peu* dans
„ le tems d'Edouard VI. & confirmé par l'autorité du Parlement ".   Voilà sur quoi
ces Evêques fondérent la validité de leur Sacre , & celle de l'Ordination de leurs Prêtres & de leurs Diacres ; & cela se fit conformément à une Ordonnance du Parlement
de 1559, où le doute sur l'Ordination fut résolu par un Arrêt, qui autorisoit le Cérémonial des Ordinations joint à la Liturgie d'Edouard : de sorte que si le Parlement
n'avoit pas fait ces Actes , l'Ordination de tout le Clergé seroit devenue douteuse.

Les Evêques & leur Clergé qui avoient ainsi mis sous le joug l'autorité Ecclésiastique, finissent d'une maniére digne d'une tel commencement , lorsqu'aiant expliqué
leur foi dans tous les Articles précédens au nombre de XXXIX. ils en font un dernier,
où ils déclarent, „ que ces articles autorisés par l'approbation & le consentement, *per*
„ *assensum & consensum,* de la Reine Elizabeth , doivent être reçus & exécutés par
„ tout le Roiaume d'Angleterre ". Où nous voions l'approbation de la Reine, & non-
seule-

(a) *Burn.* L. III. p. 591.
(b) *Ibid.* p. 571.
(c) *Ubi sup.* §. XVI.
(d) *Syn. Lond.* Art. 35. *Syn. gen.* p. 107.

feulement fon *confentement* par foumiffion , mais encore fon *affentement* , pour ainfi parler , par expreffe deliberation , mentionnée dans l'Acte comme une condition qui le rend valable ; enforte que les Décrets des Evêques fur les matiéres les plus attachées à leur miniftére , reçoivent leur derniére forme & leur validité dans le même ftile que les Actes du Parlement, par l'approbation de la Reine , fans que ces foibles Evêques aient ofé témoigner, a l'exemple de tous les fiécles précédens , que leurs Décrets valables par eux-mêmes , & par l'autorité fainte que Jéfus-Chrift avoit attachée à leur miniftére , n'attendoient de la puiffance Roiale qu'une entiere foumiffion & une protection extérieure.

On voit par toute la fuite des Actes que nous avons rapportés , que c'eft envain qu'on veut (*a*) nous perfuader , que fous le régne d'Elizabeth cette Suprématie ait été réduite à des termes plus raifonnables , que fous les régnes précédens , puifqu'on n'y voit au contraire aucun adouciffement dans le fond.   Un des fruits de la Primauté fut (*b*) que la Reine envahit les reftes des biens de l'Eglife , fous prétexte d'échanges défavantageux , même ceux des Evêchés , qui feuls jufques alors etoient demeurés facrés & inviolables.   A l'exemple du Roi fon pere, pour engager la Nobleffe dans les intérêts de la Primauté & de la Réforme , elle lui fit don d'une partie de ces biens facrés ; & cet état de l'Eglife mife fous le joug dans fon fpirituel & dans fon temporel tout enfemble , s'appelle la réformation de l'Eglife , & le rétabliffement de la pureté Evangélique.

Cependant fi on doit juger felon la régle de l'Evangile de cette reformation par fes fruits, il n'y a jamais rien eu de plus déplorable , puifque l'effet qu'a produit ce miférable afferviffement du Clergé , c'eft que la Religion n'y a plus été qu'une politique : on y a fait tout ce qu'ont voulu les Rois. La Réformation d'Edouard, où on avoit changé toute celle de Henri VIII. a changé elle-même en un moment fous Marie ; & Elizabeth a détruit en deux ans tout ce que Marie avoit fait.

Les Evêques réduits a quatorze demeurérent fermes, avec cinquante ou foixante Eccléfiaftiques: mais à la réferve d'un fi petit nombre dans un fi grand Roiaume, tout le refte fut entrainé par les decifions d'Elizabeth avec fi peu d'attachement à la doctrine nouvelle qu'on leur faifoit embraffer , ,, qu'il y a même de l'apparence , de l'aveu ,, (*c*) de Mr. Burnet, que fi le régne d'Elizabeth eût été court , & fi un Prince de la ,, Communion Romaine eût pu parvenir à la Couronne avant la mort de tous ceux ,, de cette génération , on les auroit vu changer avec autant de facilité, qu'ils avoient ,, fait fous l'autorité de Marie ".

Finiffons par cette réflexion de Mr. de Meaux (*d*) ; qu'après ce qui a été dit , il eft étonnant qu'on ait ofé prendre les progrès foudains de la Réforme pour un miracle vifible , & un témoignage de la main de Dieu.   Comment , ajoute-t-il , Mr. Burnet l'a-t-il ofé dire (*e*) , lui qui nous découvre fi bien les caufes profondes de ce malheureux fiecès ?   Un Prince prévenu d'un amour aveugle , & condamné par le Pape, fait exagérer des faits particuliers , des exactions odieufes , des abus réprouvés par l'Eglife même.   Toutes les chaires refonnent de Satyres contre les Prêtres ignorans & fcandaleux : on en fait des Comédies & des farces publiques ; & Mr. Burnet en eft indigné.   Sous l'autorité d'un enfant , & d'un Protecteur entêté de la nouvelle héréfie, on pouffe encore plus loin la fatyre & l'invective : les peuples *déja prévenus d'une fecréte averfion pour leurs conducteurs fpirituels*, écoutent avidement la nouvelle doctrine.   On ôte les difficultés du myftére de l'Euchariftie ; & au-lieu de retenir les fens afferivis , on les flate.   Les Prêtres font déchargés de la continence ; les Moines de tous leurs vœux ; tout le monde du joug de la Confeffion , falutaire à la vérité pour la correction des vices, mais pefant à la nature.   On prêchoit une doctrine plus libre , & qui , comme dit (*f*) Mr. Burnet , *traçoit un chemin fimple & aifé pour aller au Ciel*. Des loix fi commodes trouvoient une facile exécution. Des *feize mille* Eccléfiaftiques dont le Clergé d'Angleterre étoit compofé, Mr. Burnet nous raconte (*g*) que *les trois quarts* renoncérent à leur célibat du tems d'Edouard, c'eft-à-dire, en cinq ou fix ans ; & on faifoit de bons Réformés de ces mauvais Eccléfiaftiques qui renonçoient à leurs

VŒUX.

(*a*) Burn. L. III. p. 171. 591. &c.
(*b*) Thuan. *Hift.* L. XXI.
(*c*) *Ubi fup.* L. III. p. 591.
(*d*) *Ubi fup.* L. 7. §. XCVI.
(*e*) *Ubi fup.* 1. P. L. I. p. 49. &c.
(*f*) *Ibid.*
(*g*) L. II. p. 415.

vœux. Voilà comme on gagnoit le Clergé. Pour les Laïques, les biens de l'Eglise étoient en proie : l'argenterie des Sacristies enrichissoit le fisc du Prince : la seule chasse de St. Thomas de Cantorbéri, avec les inestimables présens qu'on y avoit avoüés de tous côtés, produisit au trésor roial des sommes immenses. C'en fut assez pour faire dégrader le saint Martyr. On le condamna pour le piller ; & les richesses de son tombeau firent une partie de son crime. Enfin on aimoit mieux piller les Eglises, que de faire un bon usage de leurs revenus, selon l'intention des fondateurs. Quelle merveille, qu'on ait gagné si promptement & les Grands, & le Clergé, & le peuple! N'est-ce pas au contraire un miracle visible, qu'il soit resté une étincelle en Israël, & que les autres Roiaumes n'aient pas suivi l'exemple de l'Angleterre, du Dannemarck, de la Suéde & de l'Allemagne reformées par ces moiens ?

Voilà ce que nous avions à dire au sujet du Schifme & de la Réformation d'Angleterre. On ne doit pas trouver mauvais que nous nous soions étendus sur une matière si intéressante & si controversée. Il a fallu instruire le Lecteur de la manière différente, dont cette grande Révolution a été prise par les différens partis. Il a été nécessaire de lui exposer ce qu'en avoient pensé les Catholiques & les Protestans ; de lui mettre en quelque sorte entre les mains les piéces originales de ce grand procès ; & par-là de le mettre en état de décider par lui-même ce différend. Nous croïons y avoir réussi ; & nous nous flatons que cette Dissertation pourra servir également, & à prévenir les Catholiques contre les artifices des Ecrivains Protestans, & à faire voir aux Réformés qu'ils ne doivent pas toujours ajouter foi à ce que leur disent leurs Auteurs contre ceux de la Communion Romaine.

HISTOIRE DE DAVID GEORGE.

Le Lecteur ne sera pas fâché de lire ici l'Histoire de David George. Ce morceau est un Suplément nécessaire aux Sectes Fanatiques dont on a donné la description dans le quatrième Volume de cet Ouvrage.

DAVID GEORGE étoit né à Delft ; & dès l'annnée 1528. il s'y étoit signalé en faveur de l'Anabaptisme. Cette ville professoit encore alors l'ancienne Religion. Dans une Procession solemnelle ou, selon la coutume de l'Eglise, on portoit en triomphe le corps de J. C. l'Entousiaste eut l'audace d'insulter les Prêtres, qu'il appella de vains Sacrificateurs & des Ministres de l'Idolâtrie. Ensuite s'adressant au Sénat & au peuple qui suivoit le Clergé, il les exhorta à la pénitence. *Renoncez*, leur dit-il, *à de frivoles superstitions, & purifiez-vous par un Baptême nouveau.*

Cette saillie du Fanatique parut aux Magistrats de Delft digne d'une punition exemplaire. *David George* fut donc condamné à être fouetté publiquement (*a*) à avoir la langue percée comme un blasphémateur, & à être banni pour six ans. Mais il trouva des protecteurs qui adoucirent le châtiment ; & on se contenta de faire sur ses lévres une legére impression d'un fer chaud, qui ne lui altéra que fort peu l'usage de la parole.

Le bégaiement qui depuis cet accident resta toujours à l'Entousiaste, ne servit pas peu à lui concilier de l'autorité dans son parti ; & lorsqu'après la réduction de Munster & le renversement du Roiaume de Sion, la division se mit dans la Secte, *David George* s'étant porté pour médiateur applanit toutes les difficultés qui sembloient s'opposer à la paix. Il réunit les esprits, du moins en apparence, & par-là se mit en possession d'être à jamais l'arbitre de toutes les contestations de ses freres. Par malheur, la démangeaison de devenir Auteur diminua un peu l'estime qu'on avoit conçue de lui. Il mit au jour un Livre, où il traitoit des points controversés alors entre les différens Chefs des Anabaptistes, & où il s'étoit fraié une route mitoienne, pour concilier les diverses opinions. Mais son sistème ne contenta personne, & fut également rejetté de tout le monde.

Rebuté de ce côté-là, il ne restoit plus d'autre ressource à *David George*, que celle de se faire lui-même Chef de parti. Les Anabaptistes de sa contrée lui étoient dévoüés: ils étoient en assez grand nombre pour former une faction considérable ; & David présumoit assez de sa douceur & de ses talens, pour espérer qu'elle se grossiroit encore du
débris

______
(*a*) *Hist. des Anabapt.* p. 35. Voiez aussi *Annal. Anabapt.*

débris des autres. Il ne restoit plus au nouveau Législateur que de faire approuver sa mission; & le fanatisme sert pour cela à son secours. Pour méditer à loisir le plan de sa nouvelle doctrine, il se fit une solitude de son logis. Il s'abstint du commerce des hommes; ses jeûnes qu'il avoit quelquefois poussés auparavant jusqu'à passer plusieurs jours sans prendre de nourriture, devinrent plus longs & plus obstinés. L'affoiblissement du corps affoiblit sans doute l'esprit du nouveau Prophète. Quoiqu'il en soit, il est certain qu'au sortir de sa retraite l'Entousiaste raconta des visions surprenantes, dont il prétendit que le Seigneur l'avoit favorisé. Toutes absurdes qu'elles étoient, elles furent applaudies & reçues avec une déférence parfaite; & sur sa garantie on se trouva disposé à adopter tous les articles, qu'il lui plut d'introduire de nouveau dans la Religion.

Ce fut dans ces circonstances favorables, & en l'année 1538. que l'Imposteur composa un Livre sous le titre *des Oeuvres merveilleuses de Dieu*, où il réduisit en sistême l'autorité de sa mission. ,, Le Seigneur, disoit-il, a de toute éternité formé le décret ,, de se manifester aux hommes, & de se révéler à trois différentes reprises. Certaine- ,, ment l'Eternel n'a perfectionné ses créatures dans l'état surnaturel, qu'avec succes- ,, sion, & dans le même ordre qu'il donne achevement à l'homme dans l'état naturel. ,, De l'enfance, il est conduit par l'adolescence jusqu'à l'âge de maturité. Tel est ,, l'arrangement de la Providence à l'égard du salut des hommes. L'enfance de la ,, Religion fut, à proprement parler, du tems d'Abraham, de Moïse & des Prophé- ,, tes. Son adolescence doit se compter depuis Jésus-Christ jusqu'à David George. ,, Enfin dans la personne du nouveau Messie, la révélation de Dieu est arrivée à l'âge ,, de perfection. La première manifestation de Dieu ne se fit que par des ombres & ,, des figures. Dans la seconde le Seigneur s'est manifesté en chair. Dans la troi- ,, sième il se révèle en esprit. Abraham fut sanctifié par la foi; les Chrétiens le font ,, par l'espérance; mais les Davidiens ne peuvent l'être que par la charité. Ainsi, ,, autant que les ombres & le corps cèdent à l'esprit; autant que l'âge mur l'emporte ,, sur l'enfance & sur l'adolescence; autant que la charité est plus parfaite que la foi ,, & que l'espérance; autant David George est préférable aux Prophetes & à Jésus- ,, Christ".

L'Auteur continue de la sorte ce discours également impie & insensé. " Je dis plus. ,, Les vestiges de ces trois degrés différens, qui doivent perfectionner la Religion, ,, sont aussi tirés des Livres Saints. Le Temple étoit composé du vestibule, du lieu ,, qu'on appelloit Saint, & du Sanctuaire nommé le Saint des Saints. La Loi & les ,, Prophètes ont servi comme de vestibule à l'Eglise de l'Eternel. Jésus-Christ en est ,, le lieu Saint; & David George doit en être regardé comme le Sanctuaire, &c. " Après cela il prétend montrer qu'il a été prédit par Jésus-Christ sous les figures, du serviteur fidéle, (a) envoié par le pere de famille dans les places publiques & à la campagne, pour allicer les conviés à son festin; de l'Esprit consolateur, (b) annoncé par le premier Messie; de la derniere Trompette, (c) qui doit rassembler les vivans & les morts, &c.

Le Livre *des Oeuvres merveilleuses de Dieu* ne renferma guère que le projet du Fanatique pour autoriser sa légation. Ses dogmes principaux sont semés dans la plupart des autres ouvrages qu'il publia, & dans ses Lettres.

,, Dieu, dit-il, est une essence unique, qui ne souffre point de distinction de per- ,, sonnes. Ce qui a trompé jusqu'ici, c'est que la prédiction des trois différentes ap- ,, paritions du même Dieu, les a fait prendre pour la manifestation de trois personnes ,, distinctes. Au tems de Moïse, le Seigneur a fait éclater sa toute-puissance. Au ,, tems de Jésus-Christ, sa miséricorde a paru; & au tems de David George, l'ouvrage ,, de la sanctification universelle va être accompli. L'un est le Pere, l'autre est le Fils, ,, & le troisième le Saint-Esprit.

,, Jésus-Christ n'a été le modéle que d'une Sainteté corporelle. Pour cela on l'ap- ,, pelle un Dieu revêtu de chair. Il fut appliqué à l'office servile de la Rédemption. ,, Il accomplit cet ouvrage par sa Mort, par sa Résurrection & par son Ascension. Il ,, étoit descendu du Ciel sans avoir de corps: il l'a perdu lorsqu'il y est remonté. ,, On ne doit donc plus attendre, qu'il vienne juger dans sa chair les vivans & les morts. ,, Cependant son ame subsiste encore: elle est passée dans la personne de David Geor-
,, ge,

(a) Matth. 24.
(b) Joan. 16.
(c) Apocal. 10.

» ge, & s'y est unie. C'est par ce dernier Messie, que Dieu veut être glorifié.
» A la vérité, Jésus offrit son corps & son ame en sacrifice à l'Eternel: mais Dieu
» se contenta du corps de Jésus qu'il anéantit, & il conserva son ame qu'il glorifia.
» La chair du Christ fut proprement le Chevreau immolé en la place d'Isaac; & son
» ame fut ce fils bien-aimé, qui fut rendu à Abraham son pere. Elle a disparu aux
» yeux des hommes, pour reparoître une seconde fois dans la personne de David
» George.
» Ce dernier Oint du Seigneur est le juge établi sur toute la terre: son regne n'aura
» point de fin. Au reste ce jugement & ce regne doivent s'entendre d'une maniere
» spirituelle, & non pas à la lettre, comme on a toujours entendu le dernier avene-
» ment du Messie. Par la prédication de David George on verra, en un bon sens,
» le Ciel & la terre se renouveller. Le feu de la charité purifiera les hommes, & ré-
» formera leurs mœurs. La nuée sur laquelle le juge doit être porté, n'est autre chose
» que la révélation de Dieu, qui doit faire sortir la lumiere de l'obscurité. L'Archange
» qui sonnera de la Trompette, c'est David George, qui a déja commencé à faire en-
» tendre sa voix aux hommes ensevelis dans les ombres du péché. Le Ciel où il est
» dit que les Bienheureux seront transportés, c'est Delft, lieu fortuné où le Prophete
» doit régner sur la terre. Enfin tout le mystere du Jugement dernier si peu compris
» jusqu'à moi, n'est qu'une figure de la domination temporelle, mais pacifique, que
» David George doit exercer sur tous ses élus. Pour les Anges dont il est tant parlé
» dans l'Ecriture, ce ne sont au vrai que les inspirations vives, dont Dieu se sert pour
» éclairer les siens. Ce sont des qualités, & non pas des substances spirituelles. A
» l'égard des Démons dont on nous effraie, on doit les regarder comme les fictions
» d'une imagination troublée, ou tout au plus, comme les remords d'une conscience
» qui s'allarme. Ainsi ni les Anges, ni les Démons ne subsistent pas hors de l'hom-
» me ".

Ce plan de Religion parut aux Libertins assez bien imaginé; les gens sensés le regarderent comme la production d'un esprit qui s'égare: mais tout absurde & impie qu'il étoit, il trouva des approbateurs dans le parti dont l'imposteur étoit le chef. Aussi avoit-il soin de mêler à ses rêveries les maximes saintes d'une piété sensée. Personne n'exhorta plus vivement que lui à la priere & à la vigilance. On ne l'entendoit parler que d'abnégation intérieure & de circoncision du cœur. Il étoit éloquent à décrire les mouvemens & les foiblesses du vieil homme. Sur-tout il excelloit dans les applications ingénieuses, mais peu solides, qu'il tiroit des Livres Saints, tantôt pour donner quelque couleur à ses chimeres, tantôt pour concilier du crédit à sa morale.

Il est incroiable jusqu'où alla le dévouement des Sectateurs de David George, pour la doctrine qu'il prêchoit. C'étoit une espéce d'enchantement. Sans aucun signe sensible qui les autorisât, sans aucun témoignage du Vieux & du Nouveau Testament, qu'ils regardoient également comme deux Loix abrogées, ils captivoient aveuglément leur esprit, & se réduisoient en servitude pour croire tout ce qu'il leur annonçoit. Depuis que ses Livres furent répandus aux Pais-Bas, en Frise & dans la Basse Allemagne, on vit un nombre prodigieux de Rebaptisés accourir à Delft, pour consulter l'Oracle. Le Fanatique ne suffisoit qu'à peine à rendre ses reponses. Son logis étoit plein des présens, que les moins parfaits lui envoioient de toutes parts, & de la dépouille des plus parfaits qui se rangeoient sous sa direction. Pour comble de satisfaction, dans une course qu'il fit au Comté d'Oldembourg où les Anabaptistes restés de la déroute de Munster s'étoient retirés en grand nombre, il vit ces Héros de la Secte se déclarer ouvertement pour le Davidisme, & en devenir les plus zélés partisans.

Ces heureux succès furent bientôt suivis de revers. A Strasbourg, les Disciples de *Hofman* dont nous avons parlé au commencement de ce Chapitre, composoient une Eglise formidable. Elle étoit respectée de tous les Anabaptistes de Frise & de Hollande. *David George* s'y transporta, dans l'espérance de concilier à son parti ces nouveaux Rebaptisés. Mais ils méprisèrent sa doctrine, & sa mission qu'il ne fondoit sur aucune vocation légitime, & refusèrent de se joindre à lui. En même tems les Anabaptistes Munstériens, autrefois ses plus chers Disciples, devinrent ses plus violens adversaires. Les Sectateurs du nouveau Messie se trouverent donc réduits à ce petit nombre de freres, que l'imposteur avoit rassemblés d'abord en Hollande, & sur-tout à Delft. Une persécution suscitée par les Magistrats Catholiques contre ce reste d'Entousiastes, acheva de les dissiper.

En effet un Arrêt fut rendu par le Sénat de la Ville, par lequel on ordonnoit à tous

les

les Sectaires dont les affemblées fe faifoient de nuit, de fortir des murs dans huit jours. L'Ordonnance ajoutoit que les contrevenans feroient punis de mort. Le Fanatifme caufa bien de la défobéiffance dans Delft. Les Davidiens ne purent fe perfuader qu'une Eglife auffi Sainte que la leur, autorifée par une prédication plus puiffante que celle de Jéfus-Chrift, dût être en proie à fes ennemis. Cependant les prifons fe remplirent de ces aveugles. Mais l'emulation & le faux zéle firent dans eux les effets de la foi & de la conftance. On les vit courir au-devant du fupplice, fe livrer aux Satellites fans être recherchés, & fe préparer à monter fur les échafauts avec la même joie, qu'ils auroient eue d'être portés fur des chars de triomphe. La fureur de ces obftinés ne fit que hâter l'Arrêt de leur fupplice. Le Sénat de la Haye qui alors avoit une jurifdiction Souveraine fur toutes les villes de Hollande, condamna ces Sectaires à la mort. Les hommes eurent la tête tranchée, & les femmes furent noiées. La perfé-cution s'étendit jufques fur les Eglifes de Harlem, d'Amfterdam, de Leyde & de Ro-terdam, qui toutes fignalérent leur opiniatreté pour le nouveau Prédicateur du régne temporel de Jéfus-Chrift.

Cependant le faux Meffie évita lui-même le péril, qu'il laiffoit courir aux autres. Errant à la campagne, & n'aiant point de demeure fixe, il prêcha en divers lieux que fa deftination étoit de réformer l'univers. Des retraites folitaires où il fe cachoit, il écrivit à la Cour Souveraine de Hollande une Lettre, où il fe donna le titre de *témoin irréfragable du Dieu des Armées*. Il expofa avec éloquence la cruauté de la perfécution excitée contre fes difciples. Il pria qu'on eût moins de confidération pour la caufe de l'Antechrift qui régnoit à Rome, que d'égard aux avertiffemens du Meffie, que le Sei-gneur venoit de fufciter à Delft. *David George* avoit confié fa lettre à un difciple fidéle. Celui-ci la remit au Bourguemaitre de Leyde, pour la faire tenir au Sénat de la Haye. Mais le fidéle Davidien fut mal récompenfé de fon zéle. Il fut arrêté, & con-damné d'avoir la tête tranchée.

Rebuté de ce côté-là, le prétendu Prophéte fit une tentative auprès du Landgrave de Heffe, qui confervoit toujours beaucoup de curiofité pour toutes les nouveautés qui commençoient d'avoir cours en matiére de Religion. La Lettre que le Fanatique écri-vit à ce Prince, étoit pleine de cette éloquence vive qui le diftingua toujours. Il y mê-la les traits de la fatyre la plus amére à un tiffu de paffages de l'Ecriture, qu'il favoit mettre en œuvre fuivant fes deffeins. Il y en joignit une autre, auffi adreffée au Land-grave pour être rendue à l'Empereur Charles V. & elle n'étoit ni moins éloquente, ni moins infenfée. L'infcription fur-tout avoit quelque chofe de bifarre. Elle étoit conque en ces termes. *Humble, mais férieufe remontrance de la part du Dieu Sebadaï, dont il faut obferver les articles, parce qu'ils contiennent des vérités éternelles.* Aprés un début de la forte, le vifionnaire expofoit en termes énergiques les diffentions qui partageoient alors les Eglifes & les Roiaumes. Il ajoutoit que le Seigneur l'avoit predeftiné, pour apporter le reméde à tant de maux, & pour ramener à l'unité tous les Etats & toutes les Eglifes. Il établiffoit fa miffion principalement fur ce paffage de St. Matthieu: *Per-fonne ne connoit le Fils, que celui auquel il a bien voulu le révéler.* Le Fanatique faifoit remarquer à l'Empereur, que le Seigneur ne s'étoit point exprimé en pluriel, & qu'il n'avoit point dit que *perfonne ne connoiffoit le Pere, que ceux auxquels il l'avoit bien voulu révéler.* La révelation du Fils, felon l'Entoufiafte, n'avoit été promife qu'à un feul homme; & *David George* étoit ce Prophéte fortuné, à qui l'Eternel avoit fait part d'une révelation fi finguliére. De lui feulement tous les Princes devoient apprendre à connoître le vrai Fils de Dieu.

Le Député qui porta la Lettre de *David George* au Landgrave, étoit un homme de condition, nommé George *Kétel*, qui trois ans après, par ordre de la Cour de Bra-bant, fut mis au nombre des Martyrs de la Secte. Il préfenta au Landgrave le paquet de fon Maître; & ce Prince qui fe faifoit une gloire d'être le protecteur de tous ceux qui s'étoient détachés de l'Eglife Romaine, reçut *Kétel* avec bonté. Mais fes complai-fances n'allérent pas plus loin; & il fe borna à offrir une retraite au nouveau Meffie dans fes Etats.

Cependant la défection des principaux membres de fon parti avoit réduit le Prophé-te à une grande indigence. Depuis long-tems il s'étoit accoutumé à vivre avec fplen-deur aux dépens de fon troupeau. D'ailleurs l'argent qu'on lui confioit de toutes parts, lui fervoit à fe faire de nouveaux difciples. Il fupporta donc avec beaucoup d'impatien-ce le malheureux état de fes affaires préfentes; & fur ce fujet il écrivit à fes confidens des Lettres, où il répandit toute l'amertume de fon cœur.

Ses plaintes eurent leur effet. Les amis du Meffie perfécuté s'emploièrent avec zéle à lui procurer des secours. Plusieurs freres de la Secte prirent à l'égard du Prophéte la conduite qu'il n'exigeoit que des plus parfaits. Ils se dépouillèrent de leurs fonds, & les mirent entre ses mains. David George prenoit du revenu ce qu'il jugeoit à propos. Pour le reste, il en laissoit l'usage aux propriétaires; enfin il régloit la dépense d'un grand nombre de familles, qui s'étoient démiscs de toute propriété entre ses mains. La nouvelle abondance qui vint à propos consoler le Prophete, corrompit ses mœurs, & ne servit qu'à le décrier. Les richesses introduisirent le luxe dans sa maison. L'embarras des soins du siécle lui fit perdre cet air de recueillement, qui l'avoit si fort distingué. On ne le vit plus assidu à la priére, aimer la retraite & le silence. L'abnégation dont il tiroit autrefois tant de vanité, fut changée en une espéce de rafinement sur les plaisirs. Sa maison devint un serail, où il entretint un grand nombre de femmes sous le nom de sœurs.

Pour appaiser les clameurs qui s'élevoient de toutes parts, David George écrivit des apologies. Il y affecta plus que jamais cet air de suffisance, qui imposoit assez souvent au plus grand nombre. Il vouloit qu'on crût sur sa seule autorité, que bientôt tous les Princes de l'univers se réuniroient, pour se soumettre à ses révelations. Il assuroit encore avec confiance, que jamais on n'établiroit en Allemagne d'accord durable sur les controverses de Religion, que par son Ministére, & par l'acceptation de ses dogmes.

Un bruit qui se répandit en Hollande en 1542. que la Diette de Ratisbonne avoit trouvé un expédient, pour concilier entr'eux les Catholiques, les Luthériens & les Sacramentaires, sembla favorable aux desseins du nouveau Prophéte, & lui fit faire des réflexions. Il s'agissoit de l'*Interim*, pour l'examen duquel Charles V. avoit assemblé des deux differens partis six hommes d'une érudition connue, capables de terminer à l'amiable tous les différends.

Soit qu'en effet *David George* se fût persuadé à lui-même, à force de se le dire, que les contestations de l'Eglise n'auroient jamais de fin que par son entremise, soit qu'il s'obstinât toujours à vouloir tromper ses Sectateurs, en persistant à soutenir ses premieres rêveries, il fit une députation à Ratisbonne. Afin de lui donner plus d'éclat, il choisit les plus illustres de ses partisans, pour négocier en son nom auprès des six Docteurs occupés à examiner l'*Interim*. La lettre qu'il leur adressa avoit quelque chose de bisarre. Elle commençoit par une paraphrase des Pseaumes 46. & 47. *David George* s'y attribuoit sans façon tout ce que le Roi Prophéte y annonce du régne de J. C. sur toute la Gentilité. Il se donne les noms *de Dieu très-haut*, *de Dieu terrible, de ce grand Roi qui devoit se soumettre les Peuples*, & *tenir toutes les Nations sous ses pieds*. Il fit un détail de ses révelations, & des grands évenemens qui déja avoient commencé à le signaler dans sa Secte. Il ajouta, qu'on ne pouvoit sans témerité décider en matiére de Religion, avant que d'avoir consulté celui-là seul, *qui connoit le Pere, parce que le Fils a bien voulu le lui révéler*; & il les supplia de chercher cet homme fortuné, *à qui le Pere avoit été manifesté par le Fils*.

Kétel, le principal confident des secrets du Prophéte, fut le chef de la députation. A leur arrivée à Ratisbonne, les Députés apprirent que le projet de réconciliation étoit manqué; & ils en eurent de la joie. Ils s'imaginérent que la cause de leur Maître n'étoit point encore désespérée, & que ce projet avorté d'une pacification dans l'Eglise serviroit de ressource au Davidisme. Ils s'adressérent à *Bucer*, & lui présentérent deux ouvrages de *David George*. L'un traitoit *de la mortification parfaite*, l'autre *de la parfaite charité*. C'étoient deux livres artificieux, où les expressions étoient tellement mesurées, qu'elles faisoient concevoir la doctrine du Prophéte aux personnes initiées dans ses mystéres, sans paroître donner atteinte aux sentimens ordinaires. *Bucer* les lut, & les méprisa. Ainsi la députation de *David George* à la diette de Ratisbonne ne produisit aucun effet.

„ Le mauvais succès du Davidisme dit l'Ecrivain (a) que nous avons suivi jusqu'ici,
„ découragea son Auteur. Lorsqu'il vit ses dogmes méprisés à Strasbourg, rejettés à la
„ Diette de Ratisbonne, négligés du Landgrave de Hesse, ses disciples persécutés
„ en Frise, en Hollande & dans le Brabant, il céda lui-même au torrent qui l'entraî-
„ noit. Il quitta le territoire de Delft, & abandonna à son mauvais sort un petit reste
„ de ses enfans, que l'entêtement retenoit encore dans son parti. Après avoir sou-
„ vent changé de demeure, enfin il trouva un azile dans la Ville de Bâle. Là *David*
„ *Geor-*

(a) Curio, ubi sup. Liv. III.

„ *George* se trouva tout d'un coup métamorphosé en *Jean Van-Bruck*. C'étoit le nom d'une famille illustre distinguée dans les Pays-Bas, mais tombée alors dans l'indigence. A la faveur d'un si beau nom, le Fanatique s'attira quelque considération dans le Canton Suisse. Par-là l'étranger obtint sans peine des Lettres de naturalité dans sa nouvelle retraite, & s'y comporta en citoien paisible.

„ On peut dire que David George & Van-Bruck parurent deux hommes différens. Durant son Apostolat il avoit poussé le Fanatisme jusqu'à l'impiété. Dans sa vie privée il dissimula ses sentimens, & s'accoutuma à la Religion du pais où il habitoit. David George s'étoit donné pour le Messie, & Van-Bruck vécut en Philosophe. Sa vie parut austère & pénitente à Delft: elle fut réglée, mais délicieuse à Bâle. Il ne prêcha que le dépouillement & l'abnégation tandis qu'il fut Prophète: il jouit des fruits de l'abondance lorsqu'il eut renoncé au ministère. Réduit à prendre de lâches précautions pour se déguiser, on ne le vit plus vêtu d'habits modestes comme autrefois. Sa suite & son train furent d'un grand Seigneur, & répondirent à la splendeur du nom qu'il avoit emprunté. Pour soutenir de si grandes dépenses, il mit à profit les donations qu'il avoit autrefois extorquées de ses disciples les plus crédules. Par cet air de magnificence Van-Bruck fit deux choses. Premièrement il resta long-tems méconnu. Secondement par la crainte qu'on eut de son crédit, & par le respect que lui attirèrent ses richesses, il imposa silence à ceux qui pouvoient le connoître. On n'eut à Bâle que de simples soupçons sur la métamorphose de David George en Van-Bruck.

„ Cependant la force de l'habitude & de l'entêtement l'emportoit par intervalles sur les précautions du Philosophe. De tems en tems il échapoit à Van-Bruck des discours contraires aux sentimens de la Secte Sacramentaire, que le Peuple professoit à Bâle. Souvent au sortir du Prêche, où les Ministres avoient combattu ses opinions sans savoir que l'inventeur fût si proche, on entendit Van-Bruck se récrier contre l'ignorance des Prédicans. Quelquefois même il osoit donner de rudes atteintes à la vocation & aux mœurs des Ministres Zwingliens. On dit encore qu'il répandit, dans des libelles qu'il fit imprimer en secret, le mépris qu'il avoit conçu pour les Pasteurs Sacramentaires. L'un avoit pour titre, *Qui sont les vrais & les faux Prédicateurs?* On lisoit à la tête d'un autre de ces libelles: *Traité sur la véritable Jérusalem.* Il en parut un troisième de lui, qui fit plus de bruit que les deux premiers. Le dessein de l'Auteur étoit de montrer, que dans toutes les Sectes du Christianisme on étoit dépourvu de l'esprit de Dieu, & de la vocation nécessaire pour le ministère de la parole.

„ Au milieu des travaux littéraires qui occupoient *Van-Bruck*, il ne négligea pas le soin de ses affaires domestiques. Sa principale application fut d'assurer à sa famille les grands biens, dont la simplicité de ses Sectateurs l'avoit fait dépositaire. Il ne les prodigua pas; il les augmenta même: mais il s'en servit, pour s'assujettir au plan de vie commode & tranquille qu'il s'étoit formé. Si on en croit un de ses amis, personne ne représenta mieux Platon & Sénèque. Au milieu des délices & de l'abondance, il affecta toujours les dehors de la plus austère sagesse. *Van-Bruck* superbement meublé, & couché mollement, ne sortoit du lit que fort tard. Le prétexte d'un si long repos étoit ses insomnies. Dès l'âge le plus tendre, *David George* s'étoit plaint d'une sécheresse de cerveau qui, disoit-il, lui faisoit passer de longues nuits sans goûter le sommeil. Il est plus vrai, qu'une autre raison dont il ne fit confidence qu'à peu d'amis, troubloit encore son repos. Comme il étoit extrêmement capricieux dans ses amours, il changeoit souvent d'inclination. Aussi-tôt qu'une passion s'étoit emparée de son cœur, la jalousie & le désespoir l'agitoient sans relâche, & traversoient son sommeil.

„ A son levé on lui tenoit un consommé prêt. C'étoit pour réparer les forces du Prophète, diminuées par les inquiétudes de la nuit. Tandis qu'on habilloit *Van-Bruck*, ses enfans étoient conduits à leur pere. Celui-ci prenoit le ton d'un Patriarche; les instruisoit à la crainte du Seigneur, les exhortoit à la prière, & les accoutumoit à des exercices de piété conformes à ses préjugés. *Van-Bruck* eut l'avantage d'être un heureux pere; & ses enfans furent des enfans dociles. L'étude occupoit les premières heures de sa journée. Ensuite, du cabinet il passoit dans un jardin agréable. Sur le midi on lui servoit un repas délicat. Le Prophète demeuroit deux heures à table, & s'entretenoit alors avec ses amis de Religion ou de doctrine. Quoique sa table fût bien servie, il mangeoit peu: mais il buvoit abondamment. Un livre de Poësie l'occupoit au sortir du repas, & par une lecture amusante il se pro-

„ curoit

„ curoit un léger sommeil, qui dissipoit les fumées du vin qu'il avoit pris. Alors sa tê-
„ te étoit capable de soutenir une étude sérieuse, de composer des ouvrages, ou de
„ méditer sur les saints Livres.   Il donnoit le reste du jour à la promenade ou à l'agri-
„ culture ; car il se plaisoit à cultiver de ses mains les fleurs & les fruits de son jardin.
„ Quelquefois par délassement il prenoit le pinceau ; & comme il savoit peindre sur le
„ verre, il aimoit à y représenter les vues & les paisages de la belle maison de campa-
„ gne, qu'il avoit achetée au voisinage de la Ville.   Souvent même on le voioit jouer
„ à de petits jeux ; & plus ils étoient puériles, plus il y prenoit de divertissement. Il
„ ne recherchoit guére que la compagnie des gens de Lettres.   Tous ceux qui excel-
„ loient dans les Arts avoient part à la confidence.   Du reste on le voioit sérieux &
„ recueilli au tems de la prière. Sa méthode de composer des livres, étoit de dicter
„ ce qu'il s'étoit rendu propre par la méditation. Pour aider sa mémoire, il écrivoit ses
„ remarques. Enfin à force d'écrire, il en avoit acquis une grande facilité. On convient
„ que *David George* étoit né avec un esprit supérieur ; mais que des vues d'intérêt &
„ de vanité le tournèrent du côté du Fanatisme & de l'irreligion.
„ Malgré le soin que le Prophète eut toujours de sa santé, ses infirmités augmentè-
„ rent avec l'age, & dans la suite elles devinrent plus fortes que la nature & les remè-
„ des. De tout tems il avoit eu l'estomac foible : mais un breuvage agréable qu'il re-
„ çut d'un ami, & dont il prit avec excès, acheva de l'affoiblir.   Un rhumatisme fit
„ sentir des douleurs aigues à Van-Bruck ; & la fiévre lui fut bientôt causée par la vio-
„ lence de la douleur.   Tandis qu'il languit ainsi entre l'espérance de la vie & la crain-
„ te de la mort, on vint dire inconsidérément au malade que sa femme venoit d'ex-
„ pirer.   Cette nouvelle fit cesser pour un moment le transport qu'il commençoit d'a-
„ voir au cerveau ; & son chagrin augmenta considérablement sa fiévre.   Enfin le 25.
„ d'Aout de l'année 1556. la mort enleva à la terre un des Fanatiques les plus conta-
„ gieux & les plus impies, qui ait infecté les Eglises.   Pendant les intervalles de rai-
„ son qu'une maladie aigue lui laissa, il fit paroître un affreux désespoir de quitter la
„ vie.   Dans ces derniers instans, les menaces que quelques-uns de ses amis revenus
„ de ses erreurs lui avoient faites, qu'il périroit misérablement, lui revinrent à l'esprit,
„ & le remplirent de terreur.   Ainsi vécut dans les délices d'une vie molle un Prophé-
„ te, qui se vantoit d'avoir ajouté de la perfection à la morale de Jésus-Christ.
„ *David George* n'eut pas le plaisir de voir sa Secte lui survivre : elle étoit presque
„ éteinte au tems qu'il mourut.   Il est vrai que ses enfans & ses domestiques en
„ conservèrent à Bâle quelques restes, & qu'ils s'efforcèrent de la ranimer des cen-
„ dres de leur pere & de leur maitre.   Ils se firent appeller par excellence *les Elus
„ de la maison* de David.   Leur Eglise domestique prit quelques accroissemens : mais
„ les impiétés de la famille fanatique furent bien-tôt déférées par le Sécretaire de
„ Van-Bruck aux Magistrats du Canton.   Un Edit plein de justice abolit tous les
„ monumens du Davidisme. Les os de *David George* furent déterrés trois ans après sa
„ mort, & condamnés au feu.   Ainsi la branche la plus corrompue de l'Anabaptisme
„ fut consumée dans le même bucher, qui fit périr les restes de son Auteur ”.

SUPLEMENT

CONCERNANT

LA RELIGION

DES

MAHOMETANS.

SUPLEMENT

CONCERNANT

LA RELIGION

DES

MAHOMETANS.

(*a*) EXTRAIT DE L'ALCORAN.

L'Alcoran n'eſt autre choſe qu'une longue conférence de Dieu, des Anges & de Mahomet. Tantôt c'eſt Dieu qui parle au Prophéte des Mahométans, & qui lui enſeigne ſa Loi; quelquefois auſſi c'eſt un Ange. Ce Livre eſt diviſé en cent quatorze Chapitres ou *Surates*, qui tous ont leur titre particulier; & dont les uns ont été révélés à la Mecque, les autres à Médine. Nous allons en donner ici un extrait un peu détaillé, dans lequel nous nous attacherons ſur-tout à faire entrer ce qui regarde l'Hiſtoire & la Morale.

§. I.

Ce prémier Chapitre eſt intitulé *de la Préface*, parce qu'en effet il ſert d'Introduction ou de Préface à tout le Livre. Il fut écrit à la Mecque, & contient ſept verſets ſeulement. Auſſi eſt-il fort court. C'eſt une eſpéce d'acte de louanges, d'adoration & de demande que l'on fait à Dieu; & c'eſt là tout ce qu'il contient de particulier. Nous remarquerons ſeulement que comme tous les autres Chapitres de ce Livre, il commence par ces paroles: *Au nom de Dieu clément & miſéricordieux.* Il n'y en a qu'un ſeul dans tout l'Alcoran, à la tête duquel elles ne ſe trouvent point. Nous le ferons remarquer dans l'occaſion, & nous rapporterons la raiſon de cette différence.

§. II.

On compte 287. Verſets dans ce Chapitre: auſſi eſt-il un des plus longs de l'Alcoran. Il fut écrit à la Mecque, & eſt intitulé, *de la Vache*, parce qu'il y eſt parlé de la vache rouſſe que les Iſraëlites eurent ordre de ſacrifier dans le déſert. ,, Souviens-toi,
,, dit l'Alcoran, comme Moïſe a dit au Peuple: Dieu vous commande de ſacrifier une
,, vache. Ils ont dit: Te mocques-tu de nous? Il a répondu; Dieu me garde d'être
,, au nombre des ignorans. Ils ont dit: Appelle ton Seigneur, afin qu'il nous ap-
,, prenne quelle doit être cette vache. Il a dit: Il faut que ce ſoit une vache qui ſoit
,, d'un âge médiocre, qui ne ſoit ni jeune ni vieille; & faites ce qui vous eſt com-
,, mandé. Ils ont dit: Prie ton Seigneur qu'il nous montre de quelle couleur elle doit
,, être: il faut, dit-il, qu'elle ſoit jaune, de couleur éclatante; qu'elle réjouiſſe la vue
,, de ceux qui la regarderont. Ils ont dit: Invoque ton Seigneur, afin qu'il nous ap-
,, prenne à quoi elle doit reſſembler; & nous ferons, s'il lui plaît, obéiſſans à ſes
,, commandemens. Il dit: Dieu vous dit qu'il faut que ce ſoit une vache qui n'ait
,, jamais été liée ſous le joug pour labourer la terre, ni pour arroſer les champs; qu'el-
,, le ſoit ſaine, qu'elle n'ait jamais travaillé, & qu'elle n'ait point de tache ſur ſon
,, corps. Ils ont dit: Tu as maintenant dit la vérité: ils l'ont ſacrifiée, & peu s'en a
,, fallu qu'ils ne l'aient pas fait".

Nous

(*a*) On a ſuivi dans cet extrait la traduction de *Du Ryer*, Edit. de Paris 1723.

Eee 2

Nous rapportons cet endroit pour donner une idée du stile de l'Alcoran, & de la manière dont Mahomet a sçu déguiser & habiller à sa mode les histoires de l'ancien Testament. La suite nous en fournira encore plus d'un exemple. Les Mahométans croient (a) qu'un homme ressuscita, lorsqu'il fut frappé de la langue de cette vache; & leur opinion est fondée sur ces paroles de l'Alcoran: ,, Nous avons dit, frappez ce ,, corps mort avec une piéce de cette vache; ainsi Dieu ressuscite les morts, & mani-,, feste ses miracles.

Au reste tout ce Chapitre est emploié à vanter l'excellence de l'Alcoran; le bonheur de ceux qui croient en Dieu, qui font de bonnes œuvres, & sont fidéles à accomplir ses Commandemens; au contraire le malheur des Infidéles & des impies. L'Unité de Dieu y est souvent répetée. Il y est parlé de la résurrection, du Jugement, du feu d'Enfer préparé pour les infidéles & les Idolâtres, qui y bruleront éternellement; des graces du Paradis, *dans lequel coulent plusieurs fleuves*, où les vrais Croians trouveront *toutes sortes de fruits beaux & savoureux*, que Dieu leur a préparés, où ils auront *des femmes belles & nettes*, & où ils demeureront dans une éternelle félicité. Outre cela, on trouve dans ce Chapitre plusieurs préceptes sur la manière de faire la *Kebla*, sur la patience, sur les viandes permises ou défendues, sur la Loi du Talion, sur le jeûne, sur le Pélerinage de la Mecque, sur le vin & les jeux de hazard, sur les sermens, sur les devoirs réciproques des femmes & des maris, sur la répudiation & le divorce, sur l'aumône, contre l'usure, &c. Voici de quelle manière Mahomet fait parler Dieu au sujet de l'aumône.

,, O vous qui êtes vrais Croians, dépensez en aumônes quelque partie des biens que ,, nous vous avons donnés, avant que le jour vienne auquel on ne trouvera point de ,, rançon, d'aumônes, de protection ni de priéres qui puissent vous secourir. Ne ren-,, dez pas vos aumônes inutiles par le repentir & par le reproche, comme font ceux ,, qui font des aumônes par ostentation & par hypocrisie. Leurs bonnes œuvres sont ,, semblables au rocher sur lequel il y avoit un peu de terre; il est arrivé une grande ,, pluie qui l'a emportée, & qui n'a rien laissé dessus. Leur travail leur sera inutile, ,, & ils n'en recevront point de récompense; car Dieu hait les hypocrites & les impies. ,, L'action de ceux qui font des aumônes pour complaire à Dieu, ou pour sauver leurs ,, ames, est semblable à un grain semé en un haut lieu, auquel il est arrivé une légere ,, pluie qui a fait multiplier son fruit. Dépensez en œuvres pies: faites des aumônes ,, du bien que vous avez acquis, & des fruits de la terre que Dieu vous a donnés. Ne ,, souhaittez pas du bien mal acquis pour en faire des aumônes; elles ne seront reçues ,, qu'à votre honte. Si vous faites paroître vos aumônes, vous ne pécherez point; ,, si vous les celez, vous serez bien: cela couvrira plusieurs de vos péchés. Soiez libe-,, raux envers les pauvres qui se font incommodés pour le service de Dieu, & qui ne ,, peuvent pas travailler. Les ignorans les croiront riches, à cause de leur probité & ,, de leur bonté; vous les connoîtrez à leur physionomie, & en ce qu'ils ne demande-,, ront rien avec importunité: Dieu sçaura le bien que vous leur ferez. Ceux qui font ,, des aumônes, de jour ou de nuit, publiquement ou secrétement, seront récompensés ,, de Dieu. Il ne faut rien craindre pour eux: ils seront exemts d'affliction au jour du ,, Jugement".

§. III.

Ce Chapitre contient 200. Versets, & a été écrit à Médine. Il commence par exalter la puissance de Dieu, à qui rien n'est caché au Ciel ni sur la terre; & il recommande par tout sa crainte, son amour, la résignation à sa volonté, & la confiance qu'on doit avoir en sa protection préférablement à tous les biens du monde. ,, Confie-,, toi en Dieu, dit l'Alcoran à ce sujet: il aime ceux qui se confient en lui. S'il vous ,, protége, personne n'obtiendra la victoire sur vous: s'il vous abandonne, qui vous ,, protégera "?

Mahomet y recommande sur-tout l'attachement à la foi d'Abraham, qui, selon lui, n'est autre que la doctrine contenue dans son Alcoran. ,, O vous, dit-il, qui sçavez ,, l'Ecriture, ne disputez point de la loi d'Abraham, sçavoir s'il observoit l'Ancien ,, Testament ou l'Evangile. Ils ont été enseignés après lui. Abraham n'étoit ni juif ,, ni Chrétien: il professoit l'unité de Dieu; il étoit vrai-Croiant, & n'étoit pas du ,, nombre des Infidéles. Ne soiez pas comme ceux qui ont abandonné la vérité &
,, qui

(a) Voiez le *Beïdavi*.

„ qui ont suivi le mensonge, quoique la vérité leur fût connue. Ils souffriront de grands
„ tourmens au jour que le visage des bons blanchira, & que celui des méchans sera
„ noirci. On dira à ceux qui auront le visage noirci: avez-vous suivi l'impiété, après
„ avoir fait profession de la foi? Goûtez aujourdhui les tourmens dûs à votre péché.
„ Ceux qui auront le visage blanc, seront en la grace de Dieu, en laquelle ils demeu-
„ reront éternellement".

Le faux Prophéte exhorte ensuite ses Fidéles Musulmans à combattre avec courage,
pour la défense de cette foi qu'il leur a prechée; & il les exhorte à n'appréhender dans
l'exécution de ce pieux dessein, ni la mort, ni tous les efforts des hommes. „ Ne
„ croiez pas, dit-il, que ceux qui ont été tués pour la foi, soient morts; au contraire
„ ils sont vivans auprés de Dieu: ils se rejouissent de ce que ceux qui accouroient pour
„ les empêcher de combattre, ne les ont pas rencontrés; il ne faut pas craindre pour
„ eux. Ils se rejouiront éternellement en la grace de Dieu; il récompense abondam-
„ ment ceux qui combattent pour sa Loi".

Tout cela est entremêlé de préceptes d'une morale assez pure. „ Ne cachez pas,
„ dit-on, par la crainte des hommes, les bonnes œuvres que vous ferez. Les richef-
„ ses & les enfans feront inutiles aux infidéles auprés de Dieu. Ils demeureront éter-
„ nellement dans le feu d'Enfer. Les aumônes qu'ils font en ce monde, font sembla-
„ bles au vent fort chaud ou fort froid, qui a soufflé sur l'héritage de ceux qui ont
„ fait tort à leurs ames, & l'a entiérement ruiné. Dieu ne leur a point fait d'injusti-
„ ce; ils se sont fait tort à eux-mêmes par leurs péchés. Dieu, ajoute-t-on, aime
„ ceux qui font des aumônes en joie & en affliction, qui dominent leur colére, &
„ pardonnent à ceux qui les ont offensés. Il aime ceux qui font bien, & qui après
„ avoir commis quelque péché, se font souvenus de la Divine Majesté, & lui en ont
„ demandé pardon".

Ce Chapitre est intitulé *de la Lignée de Joachim* parce que Mahomet y parle à sa façon de la Famille de ce Patriarche pere de la Sainte Vierge. Nous copierons ici ce qu'il
en dit, afin de faire connoître de plus en plus de quelle maniere il a sçu accommoder
l'Ecriture à ses fables.

„ Dieu, dit-il, a élu Adam & Noé, la lignée d'Abraham & la lignée de Joachim:
„ l'une procéde de l'autre. Souviens-toi comme la femme de Joachim a dit: Sei-
„ gneur, je t'ai voué le fruit de mon ventre, libre & dépouillé de toute affaire pour
„ te servir en ton Temple. Reçois-le de moi, qui te l'offre avec affection. Lorsqu'elle
„ a été accouchée, elle a dit: Seigneur je suis accouchée d'une fille; je l'ai nommée
„ Marie. Je la conserverai par ton aide de la malice du Diable, elle & sa posterité.
„ Reçois-la Seigneur, & lui fais produire de bons fruits.

„ Zacharie eut soin de l'éducation de cette fille. Toutes les fois qu'il entroit en
„ son Oratoire, il y trouvoit mille sortes de differens fruits. Il dit un jour: O Ma-
„ rie, d'où procedent ces biens? Elle répondit: ils procédent de Dieu, qui enrichit
„ sans compte qui bon lui semble. Alors Zacharie pria le Seigneur, & dit; Seigneur,
„ donne-moi une lignée qui te soit agréable, & qui observe tes Commandemens. Les
„ Anges l'ont appellé, & lui ont dit: (a) Je t'annonce de la part de Dieu que tu
„ auras un fils, nommé Jean. Il assurera que le Messie est le Verbe de Dieu, qu'il
„ sera grand personnage, chaste, Prophéte, un des justes. Seigneur, répondit
„ Zacharie, comment aurois-je un fils? Je suis vieux, & ma femme est stérile. L'An-
„ ge lui dit: ainsi Dieu fait ce que bon lui semble. Seigneur, dit Zacharie, fais-moi
„ paroître quelque ligne de la grossesse de ma femme. Le signe que je te donnerai,
„ repondit l'Ange, sera que tu ne parleras de trois jours que par signe. Souviens-toi
„ comme les Anges ont dit: ô Marie, Dieu t'a élue & purifiée sur toutes les femmes.
„ O Marie, obeïs à ton Seigneur, loue-le, & l'adore avec ceux qui l'adorent. (b)
„ Je te raconte comme la chose s'est passée; souviens-toi comme les Anges ont dit: ô
„ Marie, Dieu t'annonce un Verbe, duquel procédera le Messie, nommé Jésus fils de
„ Marie, plein d'honneur en ce monde; & en l'autre il sera au nombre des intercef-
„ seurs auprés de la divine Majesté. Il parlera dans le berceau comme un homme de
„ trente à cinquante ans, & sera au nombre des justes. Elle a dit: Seigneur, com-
„ ment aurai-je un enfant sans attouchement d'homme? Il a répondu: ainsi Dieu fait
„ ce que bon lui semble. Lorsqu'il crée quelque chose, il dit, Sois, & elle est. Je
„ lui enseignerai les Ecritures, les mystéres de la Loi, l'ancien Testament & l'Evan-
„ gile;

(a) Voïez *Kitabel tenoir*.
(b) Voïez *Gelaldin*.

» gile; & il sera Prophéte envoïé aux enfans d'Israël. Jésus dit aux enfans d'Israël:
» Je suis venu vers vous avec des signes évidens de ma Mission de la part de votre
» Seigneur. Je vous serai du limon de la terre la figure d'un oiseau; je soufflerai con-
» tre: aussi-tôt elle sera oiseau, & volera par la permission de Dieu, &c."

§. IV.

Ce Chapitre est intitulé, *des Femmes*, parce qu'il contient plusieurs préceptes qui les
regardent. » Craignez Dieu, dit Mahomet, par lequel vous jurez, & par le ventre
» (a) de vos femmes. Craignez de faire tort aux femmes. Epousez celles qui vous
» agréront, ou deux, ou trois, ou quatre. Si vous craignez de ne pouvoir les en-
» tretenir également, n'en épousez qu'une, ou les esclaves que vous aurez acquises.
» Cela est plus à propos, afin que vous n'offensiez pas Dieu. Donnez aux femmes leur
» dot de bonne volonté. Si elles vous donnent quelque chose qui vous soit agréable,
» recevez-le avec affection & civilité.

» Si vos femmes sont adultéres, prenez quatre témoins de leur faute, qui soient de
» votre Religion. S'ils en portent témoignage, tenez les prisonniéres en vos maisons
» jusqu'à la mort, ou jusqu'a ce que Dieu en ordonne autrement.

» Ne violentez pas vos femmes pour leur ôter ce que vous leur avez donné, ex-
» cepté si elles sont surprises en adultére public. Renvoïez-les avec civilité, si vous
» avez de l'aversion pour elles. Que si vous voulez répudier vos femmes pour en
» prendre d'autres, & que vous leur aïez donné quelque chose, ne prenez rien de ce
» qui leur appartient.

» N'épousez pas les femmes de vos Péres. Vos méres vous sont défendues, vos filles,
» vos sœurs, vos tantes, vos niéces, vos méres nourrices & vos sœurs de lait, les méres
» de vos femmes, & les filles que vos femmes auront d'un autre mari, dont vous aurez
» un soin particulier. Les filles des femmes que vous avez connues vous sont aussi
» deffendues, les femmes de vos enfans, & les deux sœurs. Les femmes mariées vous
» sont aussi deffendues, excepté les femmes esclaves que vous aurez acquises. Hors
» ce qui vous est deffendu ci-dessus, il vous est permis de vous marier à votre volonté.
» Si vous desirez des femmes pour de l'argent, & ne commettre ni concubinage, ni
» adultére, donnez-leur la dot dont vous conviendrez avec elles: ainsi vous n'offen-
» serez point Dieu. Celui qui ne pourra pas épouser des femmes de libre condition,
» épousera celles de ses femmes ou filles esclaves qui lui agréront. Epousez vos fem-
» mes avec la permission de leurs parens, & leur donnez leur dot avec honnêteté.
» Si les femmes de libre condition, qui n'ont point commis de concubinage, ni
» d'adultére, convolent en secondes noces, & tombent en adultére, elles feront châ-
» tiées doublement. Le mariage des esclaves est pour ceux qui craignent l'incontinen-
» ce: si vous vous abstenez de les épouser, vous ne ferez pas mal". Nous n'ajoutons aucunes rélléxions sur ces préceptes; & nous laissons au Lecteur la liberté d'y faire
telles remarques qu'il jugera convenables. On ne peut nier que quelques-uns ne contiennent une morale très-raisonnable, & que le faux Prophéte avoit puisée chez les
Juifs & chez les Chrétiens: mais il faut avouer aussi que dans d'autres il donne dans
le plus grand relâchement, & favorise ouvertement la passion & l'incontinence.

On trouve aussi dans ce Chapitre des préceptes fort raisonnables sur l'administration
des biens des Mineurs, & sur les successions.

Voici ce que Mahomet y prescrit au sujet des Mineurs. » Donnez aux Orphelins ce
» qui leur appartient, & ne mangez pas leurs facultés. Donnez-leur les vêtemens
» qui leur sont nécessaires, & entretenez-les honnêtement. Instruisez-les jusqu'à ce
» qu'ils aient atteint l'age de discrétion, & qu'ils soient *capables de mariage*. Si vous
» croïez qu'ils se conduisent sagement, remettez-leur ce qui leur appartient, & ne
» le mangez pas injustement avant qu'ils soient en âge. Celui qui sera riche s'abstiendra
» de leur bien; & celui qui sera pauvre en prendra avec honnêteté, selon la peine
» qu'il aura pour eux. Lorsque vous leur remettrez leurs facultés, prenez des témoins
» de votre action. Dieu aime les bons comptes".

A l'égard des successions, voici ce qu'ordonne le faux Prophéte. » Les enfans au-
» ront bonne part en ce que leurs pere & mere & leurs parens laisseront après leur
» trépas. Du peu ou du beaucoup, il leur en appartient une portion limitée & fixe.

» Le

<hr>

(a) Quelques anciens Arabes juroient par le nom de Dieu & par le ventre de leurs femmes, parce
qu'ils apprehendoient leur stérilité.

„ Le fils aura autant que deux filles. S'il y a des filles plus de deux, elles auront les
„ deux tiers de la fucceffion du défunt. S'il n'y en a qu'une, elle aura la moitié, &
„ fes parens le fixiéme de ce qu'aura laiffé le défunt. S'il n'y a point d'enfans & que
„ les parens foient héritiers, la mere du défunt aura le tiers. S'il y a des freres, la mere
„ aura le fixiéme, après avoir fatisfait aux legs contenus au Teftament & aux dettes.
„ La moitié de ce que vos femmes laifferont vous appartiendra, fi elles n'ont point
„ d'enfans: fi elles en ont, vous aurez le quart de ce qu'elles laifferont, après que
„ les legs & les dettes feront acquittées. Elles auront le quart de votre fucceffion, fi
„ vous n'avez point d'enfans: fi vous en avez, elles en auront la huitiéme portion.
„ Si l'homme ou la femme héritent l'un de l'autre, qu'ils n'aient ni pere, ni mere,
„ ni enfans, & qu'ils aient un frere & une fœur, chacun d'eux aura le fixiéme de la
„ fucceffion. S'ils font davantage, ils feront affociés au tiers apres les legs & les dettes
„ paiées".

Nous paffons plufieurs autres préceptes qui regardent l'unité de Dieu, ce dogme
favori des Mahométans, & que leur Légiflateur répete à chaque page de fon Alcoran,
le propofant à fes fidéles Mufulmans comme la doctrine qui doit les diftinguer des
Infidéles, c'eft-à-dire, des Juifs & des Chrétiens, qu'il accufe d'admettre plufieurs
Dieux; la charité envers les pauvres & les efclaves, la libéralité, la fidélité, l'équité
& la juftice; l'attachement à Dieu & à fon Prophéte, c'eft-à-dire, à la doctrine
contenue dans l'Alcoran; le meurtre, & la manière dont il doit être expié; la
priére, &c. Mais il n'eft pas inutile de favoir comment Mahomet y parle de Jéfus-
Chrift.

„ Le Meffie, dit-il, Jéfus fils de Marie, eft Prophéte & Apôtre de Dieu, fon Ver-
„ be & fon Efprit qu'il a envoiés à Marie. Croiez donc en Dieu & en fes Prophétes,
„ & ne dites pas qu'il y a trois Dieux; car il n'y a qu'un feul Dieu. Il n'a point d'en-
„ fant; tout ce qui eft au Ciel & en la terre lui obéit. Le Meffie même ne tient pas à
„ deshonneur d'être ferviteur de Dieu ". Dans ces paroles on voit deux chofes: la
prémiere, l'ignorance de l'impofteur, qui accufe fauffement les Chrétiens d'admettre
trois Dieux, car c'eft d'eux dont il eft parlé ici; la feconde, la hardieffe avec laquelle,
en donnant beaucoup de louanges à Jéfus-Chrift, & le reconnoiffant pour le Verbe de
Dieu & fon Efprit, il nie cependant fa divinité, & qu'il foit fils de Dieu. C'eft ce
qu'il établit encore dans le Chapitre fuivant par ces paroles: „ Certainement celui qui
„ dit que le Meffie fils de Marie eft Dieu, eft un impie. Dis-lui, qui peut empêcher
„ Dieu d'exterminer le Meffie & fa mere "?

A l'égard de la mort du Sauveur des hommes, on peut voir ce que Mahomet en a
enfeigné, & ce qu'en croient les Mufulmans, dans ce même Chapitre dont nous donnons ici le précis. Il y eft dit en parlant des Juifs: „ Ils ont dit, nous avons tué le
„ Meffie, Jéfus fils de Marie, Prophéte & Apôtre de Dieu. Certainement ils ne l'ont
„ pas tué ni crucifié: ils ont crucifié un d'entre eux qui lui reffembloit. Ceux qui en
„ doutent font en une erreur manifefte, & ne parlent que par opinion. Certainement
„ ils ne l'ont pas tué: au contraire Dieu l'a élevé à foi".

Avant que de finir, n'oublions pas que ce Chapitre contient 170. Verfets écrits à
Médine.

§. V.

On compte dans ce Chapitre 120. Verfets écrits à Médine. Il eft intitulé *de la Ta-*
ble, parce qu'il y eft parlé des viandes permifes & défendues. „ Il vous eft défendu,
„ y dit Mahomet, de manger de la charogne, du fang, de la chair de pourceau, &
„ de tout ce qui n'eft pas tué en proférant le nom de Dieu. Il vous eft défendu de
„ manger des animaux étouffés, étranglés, affommés, précipités, qui fe font tués
„ heurtant l'un contre l'autre, & ceux que les animaux auront tués, fi vous ne les
„ trouvez avoir encore affez de vie, pour pouvoir les faigner en proférant le nom de
„ Dieu.

„ Si quelqu'un eft en néceffité, & mange de ce qui eft défendu fans volonté de pécher,
„ Dieu lui fera clément & miféricordieux. Ils te demanderont ce qui leur eft permis
„ de manger; dis-leur: Il eft permis de manger de toutes fortes d'animaux qui ne font
„ pas immondes, & de tout ce qui vous a été enfeigné de la part de Dieu touchant
„ les animaux qui ont été bleffés des lions & des chiens. Mangez des animaux qu'ils
„ vous auront pris; & fouvenez-vous de Dieu en les faignant. Aujourdhui il vous eft
„ permis de manger de ce qui n'eft pas immonde; & des viandes de ceux qui fçavent

„ la

„ la Loi écrite, leur viande vous est permise, & la leur vous est permise".

Le Prophéte y donne aussi quelques préceptes touchant les ablutions. " Lorsque
„ vous voudrez, dit-il, faire vos Oraisons, lavez votre visage, vos deux mains jus-
„ qu'au coude, & passez la main sur votre tête & sur vos pieds jusqu'aux talons. Si
„ vous êtes souillés, purifiez-vous: si vous êtes malades ou en voïage, & que vous
„ veniez de décharger votre ventre, ou que vous aïez connu votre femme, & que
„ vous ne trouviez point d'eau pour vous laver, mettez la main sur le sable, passez-
„ la sur votre visage, & vous en essuïez les deux mains. Dieu ne vous ordonne rien
„ de fâcheux: mais il veut que vous soïez nets, & veut accomplir sa grace sur
„ vous".

Outre cela ce Chapitre est plein d'invectives contre les Juifs & les Chrétiens, que le
faux Prophéte accuse de ne pas suivre l'ancien Testament & l'Evangile, & de les avoir
altérés. Il est cependant remarquable, que Mahomet ne les condamne point absolument. „ Les Juifs, dit-il, les Samaritains, les Chrétiens, tous ceux qui auront cru
„ en Dieu, à la résurrection des morts, & qui auront fait de bonnes œuvres, seront
„ exems d'affliction. Il n'y a rien à craindre pour eux au jour du Jugement. " Il
semble même affecter plus de ménagement pour les Chrétiens que pour les autres.
„ Tu trouveras, dit-il, que les Chrétiens ont une grande inclination & amitié pour
„ les vrais Croïans, parce qu'ils ont des Prêtres & des Religieux (a) qui sont humbles.
„ Ils ont les yeux pleins de larmes lorsqu'ils entendent parler de la doctrine que Dieu
„ t'a inspirée, à cause de la connoissance qu'ils ont de la verité, & disent: Seigneur,
„ nous croions en ta Loi; écris-nous au nombre de ceux qui professent ton Unité.
„ Dieu exaucera leurs priéres, & leur pardonnera: il leur ouvrira la porte du Paradis,
„ où est la récompense des gens de bien".

On trouve encore ici, comme ailleurs, quelques histoires de l'Ancien & du Nouveau
Testament, que Mahomet a habillées à sa façon. Ainsi en parlant du meurtre d'Abel
commis par Caïn, il dit que Dieu envoia un Corbeau qui fit une fosse, & montra à
Caïn la façon d'ensévelir le corps de son frere. Dans un autre endroit il rapporte
que les Apôtres demanderent à Jésus-Christ, qu'en confirmation de la doctrine qu'il
leur prêchoit, il leur fit tomber du Ciel une table chargée de viandes; ce qu'il leur
accorda. En quoi il semble que le faux Prophete a fait allusion à ces endroits de
l'Evangile, où le Sauveur promet à ses Disciples de leur faire manger le pain du
Ciel.

Enfin ce Chapitre contient plusieurs préceptes, sur le pélerinage de la Mecque, pendant lequel il est défendu de chasser, sur la justice & la crainte de Dieu, sur le vol dont
la peine doit être d'avoir les mains coupées, sur l'execution des sermens, sur le vin &
les jeux de hazard qui sont absolument défendus, ainsi que le sort & la divination, sur
les Testamens, &c. Tout cela est entremêlé de sentences, dont plusieurs sont certainement tirées de l'Ecriture, comme celle-ci: *Dieu donne sa grace à qui bon lui semble;
il est libéral, & sçait tout.*

§. VI.

Gelaldin intitule ce Chapitre *des Animaux*, parce que Mahomet y répete une partie
de ce qu'il a dit ailleurs des viandes permises & défendues. Du reste on l'appelle le
Chapitre *des gratifications*; & avec raison, puisque le Prophéte des Musulmans y fait
une grande énumération des graces & des bienfaits que les hommes ont reçus de Dieu,
des biens dont il les a prévenus, pour les attacher à lui, de l'ingratitude avec laquelle
ils ont abusé de ses dons, & des châtimens par lesquels il a puni leur infidelité. D'où
Mahomet prend occasion de recommander à ses Sectateurs l'attachement à la doctrine
qu'il leur prêche, & aux dogmes contenus dans l'Alcoran.

Le principal est toujours l'unité de Dieu, comme celui par lequel il prétendent distinguer les Musulmans des Infidéles, c'est-à-dire des Juifs & des Chrétiens. Voici de quelle maniére il s'exprime à ce sujet.

„ Considére comment les fruits croissent & multiplient, cela sert d'instruction de
„ l'unité

(a) Ce seul témoignage qui ne peut être suspect, puisqu'il vient de l'ennemi juré du Christianisme,
suffit pour réfuter ceux qui ont publié avec confiance qu'au tems de Mahomet les Chrétiens avoient
porté la corruption aux plus grands excès; & que ce fut là une des principales causes des progrès que
fit le Mahometisme. Ceux qui parlent de la sorte seroient trop heureux, qu'on pût en cela les taxer
d'ignorance. Par malheur pour eux l'esprit & les lumiéres ne leur ont point manqué; & s'ils en ont
abusé, ce n'a été que par un desir aveugle de décrediter une Religion qu'ils n'estimoient pas assez,
parce qu'elle ne leur étoit pas favorable.

„ l'unité de Dieu à ceux qui ont sa crainte devant les yeux ". Il faut avouer que ce raisonnement n'est pas fort concluant, si ce n'est peut-être pour des Arabes. Quel rapport entre l'unité de Dieu, & la production des fruits de la terre? Mahomet continue. „ Les Infidéles, dit-il, ont adoré le Diable avec Dieu qui les a créés, & ont dit que „ Dieu a des fils & des filles. Telle est leur ignorance. Loué soit Dieu: il a créé le „ Ciel & la terre. Comment aura-t-il un enfant? Il n'a point de femme ". On voit par cet échantillon, que s'il se rencontre quelque chose d'estimable dans l'Alcoran, ce n'est pas le raisonnement.

Mahomet réussit mieux dans les endroits qu'il a imités des SS. Ecritures. En voici un qui manifestement en est tiré. „ Ils ont juré par le nom de Dieu (les Infidéles) de „ combattre pour la foi s'ils voyent paroître quelque miracle pour les instruire. Les mi- „ racles procèdent de Dieu: ils ignorent en quel tems il les fera paroître. Quand ils „ verroient des miracles ils ne se convertiroient pas. Je renverserai leurs cœurs: j'é- „ blouirai leur vue, & ils ne se convertiront jamais. Je les laisserai dans leurs erreurs „ & dans leur désobéïssance avec mépris & confusion. Si nous leur envoyons des An- „ ges, si les morts viennent leur parler, si nous assemblons auprès d'eux tous les té- „ moins du monde, ils ne croiront pas s'il ne plait à Dieu. Il dévoye qui bon lui sem- „ ble, & conduit au droit chemin qui bon lui semble ".

Ce Chapitre contient 175. Versets écrits à Médine.

<h3 style="text-align:center">§. VII.</h3>

MAHOMET a intitulé ce Chapitre qui contient 106. Versets écrits à la Mecque, le Chapitre d'*Araf*, lieu situé entre le Paradis & l'Enfer, où les hommes ne souffrent point de douleur. C'est pour cette raison qu'on l'appelle communément le Chapitre *des Limbes*. On voit par-là qu'il ne s'agit point du tout ici du Purgatoire des Chrétiens, où les ames des justes achèvent d'expier leurs péchés par des châtimens proportionnés. Le lieu mitoyen entre le Paradis de l'Enfer imaginé par Mahomet, est un séjour exemt de douleurs ainsi que de plaisirs, destiné à ceux qui n'auront fait ni bien ni mal, ou qui auront fait autant de bien que de mal, en sorte que la balance demeurera en équilibre entre leurs crimes & leurs bonnes œuvres. Voici comment le Prophète des Musulmans parle de ce séjour dans ce Chapitre.

„ Entre les Bienheureux & les Damnés il y a une séparation, & un lieu appellé „ *Araf*, ou Limbes, où sont plusieurs personnes qui connoissent les bienheureux & „ les damnés à leur visage. Ils appellent les Bienheureux, & les saluent: cependant „ ils n'entrent point dans le Paradis, quoiqu'ils ayent très grand désir d'y entrer. Lors- „ qu'ils tournent les yeux du côté des Damnés, ils disent: Seigneur, ne nous mets „ pas au nombre des injustes. Ceux qui sont en ce lieu appellent les damnés. Ils les „ connoissent à leur visage, & leur disent: A quoi vous ont servi vos richesses, & de „ vous être élevés contre la foi & contre les commandemens de Dieu? Voilà les Fi- „ déles que vous méprisiez: vous juriez qu'ils seroient privés de miséricorde. Dieu leur „ a parlé, & leur a dit: Entrez dans le Paradis, & n'ayez point de peur; vous serez „ à jamais exemts d'affliction. Les Damnés crieront aux Bienheureux: Donnez-nous „ de l'eau que vous buvez, & de la viande que vous mangez. Ils répondront: La „ boisson & la viande du Paradis ne sont point pour les Infidéles qui se sont joués de „ leur foi, qui se sont enorgueillis des biens de la terre, & qui se sont moqués des „ commandemens de Dieu. Il les a oubliés, parce qu'ils ont oublié la venue du jour „ du jugement, & qu'ils ont blasphémé contre ses commandemens ". Il n'est pas nécessaire d'avertir le Lecteur, que ce morceau est copié presque mot à mot de l'Ecriture. Il n'y a personne qui ne le sente.

Tout le Chapitre est dans le même goût, & est employé principalement à faire sentir aux fidéles Musulmans, avec quelle rigueur Dieu punit l'oubli de ses graces & de ses bienfaits, & la désobéïssance à ses commandemens & aux ordres de ses Prophètes. Mahomet le prouve par des exemples presque tous tirés de l'Ecriture. Tels sont ceux des Anges rebelles, déchus de leur premier état pour avoir refusé d'obéir aux ordres de Dieu; d'Adam & d'Eve chassés du Paradis, pour avoir transgressé la défense qui leur avoit été faite; des Contemporains de Noé submergés sous les eaux, pour avoir été sourds aux sages avis de ce Patriarche, qui les exhortoit à la pénitence; des Concitoyens de Loth réduits en cendres par le feu du Ciel, pour avoir méprisé ses remontrances; de Pharaon exterminé avec tout son peuple, pour avoir endurci son cœur à la vue des prodiges que Moyse opéroit, &c.

A ces exemples tirés de l'Ecriture, & rapportés presque dans les mêmes termes qu'elle les raconte, le faux Prophéte y joint ceux des *Adites* & des *Thamudites*, exterminés pour avoir refusé de croire aux discours de *Hod* & *Salbé*, de la façon que nous l'avons rapporté dans l'*Introduction à l'Histoire du Mahométisme*.

§. VIII.

Ce Chapitre contient 75. versets écrits à la Mecque, & est intitulé *du Butin*. Il fut composé à l'occasion d'une difficulté qui survint entre les gens de Mahomet, au sujet du butin qu'ils avoient fait au combat de *Beder*, dont nous avons parlé ailleurs.

Le Prophéte le partagea entr'eux : mais il dressa ensuite ce Chapitre, dans lequel il déclare de la part de Dieu, que la cinquième partie du butin, que ces Fidéles feront sur leurs ennemis, appartient à Dieu, au Prophéte, à ses parens, aux orfelins, aux pauvres, & aux Pélerins qui sont en nécessité.

Du reste Mahomet employe la plus grande partie de ce Chapitre à faire souvenir ses Fidéles Mufulmans de la protection que Dieu leur a accordée, en les rendant victorieux de leurs ennemis, & en envoyant du Ciel à leurs secours des millions d'Anges, pour assurer leurs pas, & répandre la frayeur dans le cœur des Infidéles. ,, Si vous ,, n'avez pas tué les Infidéles, dit-il, Dieu les a tués lui-même. O Mahomet ! tu n'as ,, pas jetté les pierres contre eux ; Dieu les a jettées, afin de gratifier les vrais Cro- ,, yans ''. Il promet ensuite le même secours à ses Sectateurs, pourvu qu'ils se rendent dignes de ces bienfaits du Ciel, en combattant courageusement pour la défense de l'*Islamisme*.

Enfin pour donner encore plus d'assurance à ses gens, il ne manque pas de leur faire entendre que sa personne en particulier est sous la garde toute-puissante de l'Eternel, & que tous les efforts des hommes ne pourront lui nuire. ,, Si vous retournez combat- ,, tre contre le Prophéte, dit Dieu aux Infidéles, sachez que je le protégerai contre ,, vous. Vos gens de guerre ne vous serviront de rien, quoiqu'ils soient en grand ,, nombre, parce que Dieu est avec les vrais Croyans ''. Et s'adressant ensuite à Mahomet lui-même, ,, les impies, dit-il, ont conspiré contre toi pour te saisir, pour te ,, tuer, ou pour te chasser de la Mecque : mais Dieu a rendu leur conspiration sans effet. ,, Lorsqu'on leur a raconté ses miracles & enseigné ses Commandemens, (a) ils ont ,, dit : Nous les avons entendus : nous en aurions bien dit autant si nous avions von- ,, lu ; ce n'est qu'une chanson, & une fable de vieilles gens. Souviens-toi comme ils ,, ont dit : Mon Dieu, si ce que nous raconte Mahomet est véritable, fais tomber sur ,, nous une pluye de cailloux, & nous châtie rigoureusement. Il ne les châtiera pas ,, quand tu seras avec eux, &c. ''. C'est par ces artifices que le faux Prophéte rendoit sa personne respectable à ses Proselites, & les disposoit à tout entreprendre sous ses ordres.

§. IX.

Plusieurs Docteurs Mahométans (b) ont intitulé ce Chapitre, *du Châtiment*, ou *de la Peine*. Il contient 127. Versets écrits à Médine, & s'appelle communément le Chapitre *de la Conversion* : mais il faut l'entendre de la Conversion à la Mahométane, c'est-à-dire, les armes à la main. En effet de tous les Chapitres de l'Alcoran, celui-ci est le seul qui ne commence point par cette formule ordinaire : *Au nom de Dieu clément & miséricordieux* ; & cela, dit-on, parce que ce sont paroles de paix & de salut, & qu'ici Mahomet ordonne de rompre la tréve faite avec ses ennemis, & de faire main basse sur eux. Voici de quelle manière commence cette espéce de Manifeste, ou déclaration de guerre.

,, Lettre Patente de la part de Dieu & de son Prophéte aux Infidéles, avec lesquels ,, vous avez fait tréve. Cheminez en sûreté l'espace de quatre mois : sachez que vous ,, ne rendrez pas Dieu impuissant, & qu'il mettra la honte sur votre front. Avis pour ,, le Peuple au jour du grand Pélerinage de la part de Dieu & de son Prophéte. Dieu ,, n'approuve pas l'action de ceux qui adorent les Idoles. Observez exactement jus- ,, qu'au terme préfix ce que vous leur avez promis. Dieu aime ceux qui ont sa crainte ,, devant les yeux. Lorsque le mois d'*Hiram* sera passé, tuez-les où vous les rencon-

,, tre-

(a) Voyez ce qui a été dit plus haut Chap. 3. au sujet de *Nasser Ben Hareth*.
(b) Voyez l'explication de *Gelaldin*, celle du *Beidoi* & le *Tensir*.

,, trerez; prenez-les esclaves, mettez-les prisonniers, & observez où ils passeront pour
,, leur dresser des embuches. S'ils se convertissent, s'ils font leurs Oraisons au tems
,, ordonné, & s'ils payent les dixmes, laissez-les en repos. Si les Infidéles vous de-
,, mandent quartier, donnez-leur quartier, afin qu'ils apprennent la parole de Dieu. S'ils
,, vous tiennent ce qu'ils vous ont promis, observez ce que vous leur avez promis. S'ils
,, contreviennent à leurs promesses, & s'ils inquiétent ceux de votre Religion, tuez
,, leurs Chefs comme personnes sans foi. Peut-être mettront-ils fin à leur impieté. Tuez
,, particulierement ceux qui ont renié leur loi, qui ont fait leurs efforts pour chasser
,, le Prophéte de la Mecque, & qui ont commencé à vous tuer, &c. ".

Après cette violente Prédication, le Prophéte exhorte ses Musulmans à combattre,
& à employer leurs biens & leurs personnes pour ce qu'il appelle la Loi de Dieu. Pour
les y exciter, il leur annonce que ceux qui tésaurisent, & qui ne font point de dépense en œuvres pies, souffriront les plus grands tourmens; que le feu d'Enfer *leur brulera
le front, les côtés & le dos*, & qu'on leur dira: *voilà les richesses que vous avez tésauri-
sées pour vos ames, goûtez le fruit des trésors que vous avez amassés.* Il les avertit de
renoncer à tout, pere, mere, freres, femmes & enfans, parens & amis, biens & richesses, pour la défense du Prophéte & de sa doctrine. Et parce que la prospérité de
leurs ennemis pourroit les faire douter de la vérité de ce qu'il leur annonce, il les pré-
vient contre ce scrupule. ,, Ne t'étonne pas, dit-il, de l'abondance de leurs biens, ni
,, du nombre de leurs enfans. Dieu veut se servir d'eux pour les châtier en ce monde,
,, & il les exterminera dans leur impieté ". Du reste il leur promet, que Dieu écrira
la dépense qu'ils feront pour son service, & le nombre des Idoles qu'ils ruineront, pour
les récompenser de leurs bonnes œuvres; qu'il les protégera; qu'il enverra des Troupes
invisibles pour châtier les Infidéles, & qu'au contraire il fortifiera le cœur des vrais Croyans, en chassera la mélancolie, & les remplira de joye.

Enfin ce Chapitre est rempli de menaces, tant pour ce monde que pour l'autre, contre les impies, c'est-à-dire, contre tous ceux qui ne prendront pas le parti du Prophéte & de sa nouvelle Loi. Il défend de les laisser approcher du Temple de la Mecque,
de prier Dieu pour eux, même après leur mort, &c.

§. X.

Ce Chapitre contient 109. versets écrits à la Mecque, & est intitulé de *Jonas*, quoique ce ne soit qu'en passant, & vers la fin, qu'il y est dit un mot de ce Prophéte.

Mahomet l'employe tout entier à annoncer le malheur des Infidéles, & le bonheur
de ceux qui sont soumis à la Loi de Dieu, dont il ne cesse d'exalter la puissance. Aussi
faut-il avouer, que s'étant proposé dans son Alcoran de donner à ses Sectateurs une grande idée de Dieu, il y a véritablement réussi. ,, Certainement, dit-il, Dieu est votre
,, Seigneur, qui a créé le ciel & la terre en six jours, & est assis sur son trô-
,, ne disposant de toutes choses. Il est votre Dieu & votre Seigneur. C'est lui qui a
,, donné la lumiére au Soleil, & la clarté à la Lune, qui a créé les signes pour con-
,, noître le nombre des années & le compte des mois. Ces choses annoncent avec
,, vérité les miracles de sa divine Majesté à ceux qui savent les connoître. Vous serez
,, tous un jour assemblés devant lui. Il promet avec vérité qu'il fera mourir les hom-
,, mes & les fera ressusciter, pour récompenser ceux qui auront cru en sa Loi; & qui
,, auront fait de bonnes œuvres. Les Infidéles boiront un breuvage bouillant, & res-
,, sentiront de grands tourmens à cause de leur impieté. Ceux qui croyent qu'il n'y
,, a point de résurrection, ceux qui ont mis leur contentement dans les biens de ce
,, monde, ceux qui se sont confiés en leurs richesses, & ceux qui ont ignoré les Com-
,, mandemens de Dieu, seront précipités dans le feu d'enfer à cause de leurs péchés;
,, & les vrais Croyans seront conduits par sa divine Majesté dans des jardins délicieux,
,, &c. " Il ajoute que rien n'est caché à Dieu de ce qui est au ciel & sur la terre; d'où
il conclut, que ceux qui sont résignés à sa volonté ne doivent rien craindre, qu'ils auront toutes sortes de contentemens sur la terre, & qu'ils jouiront du comble le la félicité
dans le Paradis.

Il menace aussi du jugement dernier ceux qui n'ont recours à Dieu que dans leurs
afflictions, & pour des biens temporels, & qui l'oublient dans la prospérité; ceux qui
cherchent à le tromper, & à éluder ses commandemens par leurs artifices. ,, Dis-leur,
,, dit Dieu à Mahomet: Dieu est plus fin que vous; ses Anges écriront vos finesses.
,, C'est lui qui fait cheminer les hommes sur la terre & sur la mer. C'est lui qui leur
,, envoye un vent favorable, pour les réjouir dans leurs vaisseaux. Lorsque l'orage

Ggg 2

,, les

» les surprend, ils croyent que les flots vont les ensevelir. Alors ils invoquent Dieu
» avec desir d'embrasser sa Loi, & disent: Si Dieu nous délivre de ce danger, nous
» croirons en son unité, & le remercierons de cette grace. Mais lorsqu'ils sont déli-
» vrés du péril, ils persistent en leur impiété. O peuple! vous vous faites tort à vous-
» même. Vous ne demandez que les biens de ce monde. Vous serez tous assemblés
» devant nous, pour être jugés selon vos œuvres ". Enfin il prédit que Dieu punira
sévérement ceux qui adorent les Idoles, ceux qui blasphêment contre lui, & ceux qui
résistent aux instructions de son Prophéte; & il leur propose encore l'exemple des contemporains de Noë & de Pharaon, qui ne furent exterminés de Dieu, que pour avoir
refusé de se convertir.

Remarquons avant que de finir, que c'est dans ce Chapitre que Mahomet répondant
à ceux qui méprisoient son Alcoran, leur fit le défi dont on a parlé ailleurs. » Ils
» disent, dit Dieu, Mahomet a inventé ce Livre. Dis-leur: Venez & apportez
» quelque chose qui lui ressemble en doctrine & en éloquence; & nous verrons si vous
» êtes véritables ".

§. XI.

Le Chapitre de *Hod* contient 123. versets, & a été écrit à la Mecque. Ce n'est guère
qu'une répétition du précedent. Le faux Prophéte ne cesse d'y exalter le bonheur de
ceux qui sont fidéles à observer ce que Dieu a ordonné, c'est-à-dire, la doctrine contenue dans l'Alcoran, & au contraire le malheur des infidéles & des impies, qui resi-
sent d'embrasser la Loi qu'il leur prêche.

» N'adorez qu'un seul Dieu, dit-il. Je vous prêche de sa part les tourmens de
» l'Enfer, & vous annonce les joies du Paradis, afin que vous demandiez pardon à sa
» divine Majesté, & que vous vous convertissiez. Il vous donnera une heureuse vie
» dans ce monde jusqu'au tems ordonné, & récompensera chacun selon ses œuvres. Je
» crains que vous ne soiez châtiés au jour du Jugement, si vous abandonnez le droit
» chemin. Vous serez tous assembles devant Dieu pour être jugés. Ceux qui croiront
» en l'Alcoran seront bienheureux. Sans doute le feu d'Enfer est préparé à ceux qui
» n'y croiront pas. Les impies sont semblables aux sourds & aux aveugles, & les
» vrais Croians à ceux qui ont bonne vue & bonne ouie. Si nous retardons quelque
» tems à punir les impies, ils disent qu'il n'y a point de châtiment pour leurs crimes:
» mais il ne l'éviteront pas au jour qu'il paroîtra, & ils ressentiront la rigueur des peines
» qu'ils méprisent ".

Mahomet accompagne les menaces faites aux méchans des exemples ordinaires des
contemporains de Noë, de *Hod*, de *Salbé*, des habitans de Sodome, punis pour avoir
refusé de prêter l'oreille aux instructions des Prophétes que Dieu leur avoit envoiés, &
de se convertir. Ces histoires que le faux Prophéte n'a sans doute si souvent répetées,
que parce qu'il sçavoit combien il devoit peu compter sur le naturel volage de ses Arabes, n'ont rien ici digne d'être remarqué. Nous observerons seulement, qu'en rapportant l'histoire de Noë, Mahomet qui avoit de la peine à s'empêcher de broder l'Ecriture à sa fantaisie, dit que quand l'Arche commença à floter, ce Patriarche appella un
de ses enfans (a) qui étoit resté sur la terre, & l'invita à se retirer dans l'Arche avec
lui; que ce fils refusa de lui obéir, prétendant qu'il pourroit également échaper aux
eaux du Déluge, en se retirant sur une haute montagne; que Noë lui prédit qu'il y
périroit, & qu'en effet il fut submergé avec le reste du genre humain; que lorsque les
eaux furent retirées, Noë pria Dieu de lui rendre son fils, en lui représentant qu'il
étoit de sa famille qu'il avoit promis de sauver: mais que le Seigneur refusa d'exaucer
sa priére, & lui fit connoître que ce fils désobéissant n'étoit plus son fils, puisqu'il avoit
refusé de se rendre à ses avis salutaires.

§. XII.

On compte 113. versets dans ce Chapitre, qui a été écrit à la Mecque. On l'appelle le Chapitre de *Joseph*, parce qu'il ne contient guère que l'histoire de ce Patriarche
& de ses freres, rapportée fort au long, & à peu près de la même manière qu'on la
trouve racontée dans l'Ecriture. Elle est suivie de quelques menaces contre les Infidéles & ceux qui adorent les Idoles, & de promesses faites aux gens de bien, c'est-à-dire,
aux Sectateurs de l'Alcoran.

§. XIII.

(a) *Gelaldin* dit qu'il s'appelloit *Kinan*.

§. XIII.

Ce Chapitre contient 43. verfets, & a été écrit à la Mecque. Il eſt employé tout entier à exalter la grandeur & la puiſſance de Dieu, qui fait mouvoir le Soleil & la Lune, qui diſpoſe de toutes choſes à ſa volonté, qui ſçait tout, & a qui rien n'eſt caché, devant qui tout ce qui eſt au ciel ou ſur la terre, s'humilie par force ou par amour, &c. Mahomet exhorte ſes fidéles Muſulmans à ne s'adreſſer qu'à lui. ,, Les prieres, ,, dit-il, de ceux qui implorent un autre Dieu que lui, ſont inutiles. Ils ſont ſembla- ,, bles à des gens preſſés de la ſoif, qui tendent la main vers une fontaine où ils ne ,, peuvent arriver. La priére des Infidéles eſt l'impiété ". Il leur prêche le néant des biens de la terre, en comparaiſon de ceux du Ciel. Les prémiers ſont comme l'écu- me qui diſparoît promptement, & qui n'apporte aux hommes aucun profit. Au con- traire les bonnes œuvres, le fidélité à obſerver la Loi, la crainte de Dieu & du juge- ment, la patience dans l'affliction, l'aſſiduité à la priere, l'aumône, la pénitence, ſont des biens réels qui ne périront jamais.

Ce Chapitre eſt intitulé *du Tonnerre*, parce qu'en y parlant de la grandeur de Dieu, on dit que c'eſt lui qui *fait bruire le tonnerre* qui lance la foudre, & en frappe qui bon lui ſemble.

§. XIV.

Le Chapitre d'*Abraham* contient cinquante verfets, & a été écrit à la Mecque com- me les précedens. Il porte le nom d'Abraham, parce que vers la fin on trouve la priére que ce Patriarche fit à Dieu en faveur des habitans de la Mecque.

Dans ce Chapitre Mahomet s'attache principalement à perſuader ſes diſciples de ce qu'il leur répete aſſez ſouvent ailleurs, que les Prophétes ſont des hommes comme les autres; qu'on ne doit point exiger d'eux de prodiges pour preuve de leur miſſion, & que quoiqu'ils ne fiſſent point de miracles, on ne doit pas en être moins docile à leurs inſtructions, parce que Dieu donne ſa grace à qui bon lui ſemble. Du reſte entre un grand nombre de répetitions, de choſes triviales, &c. on y en trouve d'autres tres-ſenſées. Telle eſt, par exemple, la comparaiſon que fait le Prophéte de la parole à un arbre. ,, Une bonne parole, dit-il, eſt ſemblable à un bon arbre qui a pris racine en ,, terre, qui a élevé ſes branches au Ciel, & qui porte ſon fruit en ſon tems. Une mau- ,, vaiſe parole eſt ſemblable à un méchant arbre qui a été arraché de terre: il n'y a ,, rien qui le ſoutienne; il eſt ſans racines, & ſans fruit ".

N'oublions pas la converſation que Mahomet fait tenir au Diable avec les impies & les Infidéles au jour du jugement; peut-être trouvera-t-on qu'elle mérite d'avoir place ici. ,, Ce que Dieu vous a promis eſt infaillible, dit Sathan aux méchans: je vous ,, l'avois prédit. Je vous ai fait déſobéir à ſes commandemens par mes tentations; ,, je n'avois point d'autre pouvoir ſur vous que de vous tenter. Vous ne m'avez point ,, fait de mal lorſque vous m'avez écouté; vous vous êtes fait mal à vous-mêmes. Je ,, ne ſuis pas votre tuteur, & vous n'êtes pas le mien. J'ai été impie, lorſque j'ai ,, ſouffert ci-devant que vous m'aïez adoré. L'Enfer eſt préparé pour vous & pour les ,, Infidéles; ils y ſouffriront de grands tourmens; ils y boiront de l'eau pleine de pus, ,, d'urine & de ſang. La mort ſe préſentera de tous côtés devant leurs yeux, avant ,, qu'ils aïent avalé ce breuvage. Ils ne mourront pas dans ce malheur; ils ſouffriront ,, encore de plus grandes peines ".

§. XV.

Hegr eſt une vallée voiſine de la Mecque, qui a donné le nom à ce Chapitre, parce que Dieu y parle de la vengeance qu'il a tirée des habitans de cette vallée, pour avoir mépriſé les inſtructions du Prophéte qu'il leur avoit envoié. Il contient 77. Verſets, & a été écrit à la Mecque. C'eſt encore une répetition des précedens, des grandeurs de Dieu & de ſes bienfaits envers les hommes, de la verité de ſa doctrine, c'eſt-à-dire de celle qui eſt enſeignée dans l'Alcoran; du bonheur de ceux qui ſont fidéles à obſerver ce qu'il preſcrit; de l'impieté des méchans, qui dans tous les tems ont perſécuté les Prophétes, & ont refuſé de les écouter; des châtimens que Dieu leur a fait éprouver, &c. L'hiſtoire d'Abraham & de Loth revient encore à cette occaſion.

§. XVI.

Ce Chapitre est intitulé *de la Mouche à miel*, & contient 128. Versets écrits à la Mecque. Il commence par une grande énumération des bontés de Dieu, qui a créé tout ce qui est sur la terre pour l'usage des hommes, & pour les instruire de sa puissance; d'où Mahomet prend occasion de les exhorter à croire son unité, & la verité d'une autre vie. Pour les y exciter, il leur propose à son ordinaire les chatimens ausquels sont exposés les méchans & les Infideles. Il leur dit, que ceux qui s'éloigneront des impies pour suivre le Seigneur, seront récompensés en ce monde-ci & en l'autre; qu'au contraire la terre ne produira rien à ceux qui conspireront contre le Prophéte, & qu'ils seront punis lorsqu'ils y penseront le moins; que Dieu n'est clément & miséricordieux qu'à ceux qui l'honorent; que tout ce qui est sur la terre & dans les Cieux, les animaux & les Anges adorent Dieu avec humilité, le craignent & obéissent à ses commandemens; qu'en effet on ne doit craindre & adorer que lui; que si pour un tems il différe la punition des impies, elle n'en est pas moins certaine & inévitable. Il leur propose comme un des signes évidens de la toute puissance de Dieu la Mouche à miel, à qui il a inspiré d'habiter les campagnes, de se retirer dans les creux des arbres & dans les ruches, de se nourrir du suc des fruits, & de produire le miel qui sert de remède aux maladies des hommes. Il ajoute que la grace de Dieu est plus avantageuse que tous les biens de la terre; que ceux-ci sont périssables, & qu'au contraire les biens du Ciel sont éternels.

Ce qu'il y a de plus digne de remarque en ce Chapitre, c'est que quelques-uns des compatriotes du faux Prophéte étoient scandalisés de ses variations, & trouvoient mauvais qu'il changeât souvent la doctrine de son Alcoran, ordonnant tantôt une chose, tantôt une autre. De-là, comme il le dit ici, ils prenoient occasion de le traiter de menteur, & de dire qu'un homme lui avoit enseigné l'Alcoran. C'est peut-être le Moine *Sergius*, dont ils vouloient parler. Quoiqu'il en soit, voici de quelle manière Mahomet réfute cette accusation. ,, Celui qu'ils présument le lui avoir en- ,, seigné est Perse de Nation, & parle la Langue des Perses; & l'Alcoran est en Lan- ,, gue Arabe, rempli d'instruction & d'éloquence. " Il n'en dit pas davantage pour sa justification; & certainement je doute que beaucoup de Lecteurs trouvent cette réfutation bien solide.

§. XVII.

Le *Bedaoi* intitule ce Chapitre qui contient 111. Versets écrits à la Mecque, le Chapitre *des Enfans d'Israël*, apparemment parce que Dieu y parle au commencement du choix qu'il avoit fait de Moïse, pour l'envoyer vers les Israëlites. Mais on l'appelle communément le Chapitre *du voyage de nuit*, parce qu'après la formule ordinaire par où commencent tous les Chapitres de l'Alcoran, à la réserve d'un seul, on lit ces paroles: *Loué soit celui qui a fait aller la nuit son serviteur du Temple de la Mecque au Temple de Jérusalem.* Il a été parlé de ce voyage nocturne dans l'abregé que nous avons donné de la vie de Mahomet. Les Musulmans croyent (a) que dans cette nuit du voiage le faux Prophéte monta aux Cieux avec l'Ange Gabriel, monté sur son *Al-Borak*, qui étoit un animal blanc, partie mule, partie ane, & partie cheval; qu'il y vit tous les Prophétes qui l'avoient précedé, toutes les merveilles du Paradis, & parla à Dieu assis en son trône.

Quoiqu'il en soit de ce voyage, sur lequel on peut consulter les Auteurs que nous avons cités ici & ailleurs, Mahomet s'attache dans ce Chapitre à vanter l'excellence de l'Alcoran, qui conduit les gens de Bien au droit chemin, qui annonce de grandes récompenses, qui préche aux impies les tourmens de l'Enfer, & exhorte les hommes à bien faire, quoiqu'ils soient enclins au mal & promts à pécher. Il fait entendre que les biens de ce monde sont de véritables chatimens de Dieu, qui les donne à ceux qui les désirent pour les précipiter dans l'Enfer; que ceux au contraire qui travailleront pour acquérir les biens du Ciel, seront protegés de Dieu en ce monde, & enrichis en l'autre des biens de l'éternité.

A cette morale d'autant plus saine qu'elle n'est pas du faux Prophéte, il joint des préceptes qui ne sont pas moins excellens, & qu'il a tirés de même de la doctrine de Jésus-Christ. ,, Honorez, dit-il, vos pere & mere, principalement dans leur vieillesse. ,, Ne leur dites rien qui puisse les affliger, & ne les tourmentez pas. Parlez-leur avec ,, respect. Ne les méprisez pas. Priez Dieu d'avoir pitié d'eux, comme ils ont eu pitié

(a) Voyez l'explication de *Gelaldin* & *Kitabel Tenzir*.

„ tié de vous lorsqu'ils vous ont élevé dans votre enfance. Donnez à vos parens ce
„ qui leur appartient. Faites du bien aux pauvres & aux Pélerins. Ne soyez pas
„ prodigues : les prodigues sont freres du Diable ingrat des graces du Seigneur. Ne
„ méprisez pas les pauvres, si vous voulez que Dieu vous fasse miséricorde. Parlez-
„ leur avec douceur, & tâchez de les contenter. Ne fermez pas entièrement vos
„ mains, & ne les ouvrez pas tout à fait: si vous faites autrement, vous en aurez du
„ chagrin. Ne tuez pas vos enfans, de peur de tomber dans la nécessité. Fuyez la
„ paillardise. Ne tuez personne sans raison. Ne prenez pas le bien des orselins, &
„ ayez soin d'eux jusqu'à ce qu'ils soient en age de discrétion. Satisfaites à vos promes-
„ ses: on vous en demandera compte. Ne vous arrêtez pas à ce que vous ne devez
„ pas savoir. On vous demandera compte des péchés que vous avez commis par
„ l'ouie, par la vue & par la pensée. Ne soyez pas superbes : vous ne serez jamais si
„ longs que la terre, ni si hauts que les montagnes ".

Voilà, selon Mahomet, une partie de ce que Dieu l'avoit chargé de prêcher à ses compatriotes; & on ne peut nier que cette morale ne soit très pure. Il y joint le Dogme
de l'unité de Dieu, comme le fondement de sa doctrine, & celui de la résurréction. Il
y introduit Dieu qui lui prédit que lorsqu'il voudra enseigner ces dogmes, les impies
se boucheront les oreilles, lui tourneront le dos, se moqueront de lui, & diront qu'il
est un sorcier & un Magicien. Mais il se console de leurs outrages, sur ce qu'ils sont
dans l'erreur, & ne suivent pas le droit chemin. „ Nous ne te croirons pas, leur fait-
„ il dire, que tu ne nous fasses sortir des fontaines de dessous la terre, & que de ce
„ lieu tu ne fasses un jardin orné de palmiers & de vignes, avec des ruisseaux qui cou-
„ lent au milieu, ou que nous ne voyons descendre du Ciel une partie des peines que
„ tu nous prêches. Nous ne te croirons pas que Dieu & les Anges ne viennent te se-
„ courir, que ta maison ne soit de fin or, & que nous ne voyons le Livre de vérité en-
„ voyé du Ciel. Dis-leur, lui dit Dieu: Loué soit mon Seigneur. Suis-je autre chose
„ qu'un homme envoyé de sa part? si les Anges habitoient la terre, Dieu leur auroit
„ envoyé un Ange pour les instruire ". Ensuite il leur prédit qu'au jour du jugement
ils seront honteux, sourds, muets & aveugles; & qu'ils seront condamnés aux flammes de l'Enfer, parce qu'ils sont impies, & qu'ils ont dit par moquerie qu'ils sont os
& chair, & qu'ils ne ressusciteront pas. Il leur propose l'exemple de Pharaon, à qui
Dieu envoya Moyse avec neuf marques (a) de sa toute puissance, & qui fut puni pour
ne l'avoir pas écouté.

§. XVIII.

Ce Chapitre contient 110. Versets, & a été écrit à la Mecque. Il est intitulé *de la
Caverne*, à cause de la caverne où, selon Mahomet, les Dormans se retirérent & res-
térent endormis plusieurs années. Voici de quelle manière il raconte leur histoire.

„ Ils étoient de jeunes hommes, qui avoient la crainte de leur Seigneur devant leurs
„ yeux. Lorsqu'ils étoient avec les Infidéles ils disoient : Notre Dieu est le Sei-
„ gneur du Ciel & de la terre: nous n'adorerons jamais qu'un seul Dieu, autrement
„ nous nous éloignerions de la vérité. Lorsqu'ils ont été séparés des Infidéles, ils
„ ont adoré un seul Dieu. Lorsque le Soleil se levoit, il jettoit ses rayons au côté
„ droit de la caverne, & au côté gauche, lorsqu'il se couchoit. Cependant qu'ils
„ étoient dans le lieu le plus spacieux de cette grote, croyez-vous qu'ils fussent é-
„ veillés? Certainement ils dormoient, & se tournoient tantôt sur un côte, tantôt sur
„ un autre. Considérez comme leur chien étendoit ses pieds dans cette vieille habi-
„ tation de pierre. Si quelqu'un fût entré vers eux, il les auroit fait fuir, & les eût
„ effrayés. Enfin nous les avons réveillés (c'est Dieu qui parle) & ils se sont deman-
„ dé l'un à l'autre en quel lieu ils étoient, & combien ils y avoient demeuré. Un
„ d'entre eux a répondu qu'ils y avoient séjourné un jour ou deux. Alors ils dirent
„ tous : Dieu sait le tems que nous y avons resté. Envoyons un de nous à la ville
„ avec de l'argent, pour acheter du pain & de la viande. Qu'il ne soit pas trop crain-
„ tif, & qu'il ne se fasse connoître à personne; si nous sommes connus, ils nous tue-
„ ront, ou nous contraindront à suivre leur Religion ".

Mahomet donne cette fable pour une preuve bien solide de la vérité de la résurrection. Il ajoute que les Infidéles & les vrais Croyans varient sur les circonstances; que
les

(a) Selon le *Bedaoi*, ces neuf marques étoient sa main, son bâton, l'inondation des eaux, les sauterelles, les poux, les grenouilles, le sang, la peur, & la famine.

les prémiers prétendent que ces Dormans avoient bâti un lieu secret pour se retirer, qu'ils étoient cinq, & que leur chien faisoit le sixiéme, qu'enfin ils avoient demeuré dans la caverne 500. ans, selon les uns, & 900. selon quelques autres ; que ceux-ci tenoient au contraire qu'ils n'avoient point fait de bâtiment, qu'ils étoient huit en comptant leur chien ; & pour ce qui est du tems qu'ils avoient séjourné dans la grote, le Prophète se contente de dire que Dieu sait ce qui en est.

A cette fable il en ajoute une autre au sujet de Moyse qui, selon lui, s'étoit mis en tête de voir le lieu où s'assembloient les deux mers, & de ne point reposer jusqu'à ce qu'il l'eût trouvé. Il se mit donc en voyage suivi d'un valet, & trouva auprès d'un rocher un homme de Dieu. Moyse lui demanda permission de le suivre, afin de s'instruire & d'apprendre les sciences en sa compagnie. L'homme de Dieu en fit d'abord difficulté, représentant à Moyse que pour rester avec lui, il auroit besoin de patience, & qu'il pourroit voir bien des choses dont il seroit choqué. Mais celui-ci promit tellement de lui obéir en tout, & de ne s'impatienter de rien, que l'homme de Dieu lui permit de l'accompagner, à condition cependant qu'il ne lui seroit aucune question, & qu'il se contenteroit de l'écouter.

Ils entrerent d'abord dans un vaisseau, pour commencer le voyage ; & à peine y eurent-ils mis le pied, que l'homme de Dieu en rompit une planche, ce qui fit dire à Moyse: Tu as rompu ce vaisseau pour nous faire submerger ; cela est étrange. Je t'avois bien dit, lui répondit l'autre, que tu ne pourrois te faire à mes manieres. Moyse reconnut sa faute, fit des excuses de sa vivacité, & promit d'être plus retenu à l'avenir. Ils ont continué leur voyage ; & ayant rencontré un enfant, l'homme de Dieu le tue : nouveau sujet d'impatience pour Moyse ; nouvelle occasion de réprimande de la part de son compagnon. Mais enfin on demande pardon de nouveau ; si on s'échape encore on consent à être chassé. L'accord se fait à cette condition. Nos Voyageurs arrivent dans un village, dont les habitans leur refusent du pain. A quelques pas de-là ils rencontrent une muraille ruinée, & l'homme de Dieu la reléve. Alors Moyse ne se souvient plus de ses derniers engagemens : il témoigne ouvertement sa surprise & son mécontentement ; & alors aussi l'homme de Dieu lui déclara qu'il falloit se séparer. Cependant il voulut bien auparavant lui rendre raison de ce qu'il lui avoit vu faire. Le bateau dans lequel nous sommes entrés, appartient, lui dit-il, à deux pauvres gens qui travaillent à la mer pour gagner leur vie. J'ai voulu le percer pour le leur conserver, parce qu'il y a un Prince infidéle qui prend par force les bons vaisseaux pour son service. L'enfant que nous avons rencontré étoit idolâtre, fils d'un pere vrai Croyant & homme de bien. Le Seigneur a voulu par sa bonté exterminer l'enfant, de peur qu'il ne pervertit le pere. A l'égard de la muraille, elle appartient à deux enfans orfelins : il y a dessous un trésor, que leur pere qui étoit homme de bien y a caché ; & Dieu veut le leur conserver jusqu'à ce qu'ils soient en âge de discrétion.

Après ce conte, qui pour quelques-uns aura sans doute tout l'air d'un fragment des *Mille & une nuits*, & que quelques autres regarderont peut-être comme une parabole ingénieuse & remplie d'instruction, Mahomet en raconte tout de suite un autre aussi ridicule, au sujet d'Alexandre le Grand. Mais comme les bornes d'un extrait ne nous permettent pas de le placer ici, nous renvoyons les Curieux à l'original.

§. XIX.

MAHOMET emploie une partie de ce Chapitre, qui contient 98. versets, & a été écrit à la Mecque, à raconter l'histoire de la naissance de St. Jean-Baptiste, & celle de la Sainte Vierge. C'est pour cette raison qu'il est intitulé de Chapitre *de Marie*. Nous avons déja rapporté ce que le faux Prophète disoit ailleurs de la Mere de Dieu, & de quelle maniere il avoit ajusté à ses idées ce qui est dit d'elle dans l'Evangile. Mais il ne sera pas inutile de voir encore ce qu'il en raconte ici. Ce sont toujours de nouvelles fables, & de nouvelles preuves, non pas tant peut-être de l'ignorance de Mahomet, ou de ceux qui travaillerent avec lui à la composition de son Alcoran, que de son adresse à proportionner ce qu'il disoit au génie borné (a) & fabuleux de ses Arabes.

Après

(a) Ce n'est pas là tout-à-fait le sentiment de Mr. de *Boulainvilliers*, qui nous représente les Arabes comme des hommes si adroits & si clairvoyans. Il est certain que par intervalle ils ont produit des hom-

Après avoir dit que Marie s'étant retirée vers l'Orient, dans un lieu éloigné de ses parens, & s'étant couverte d'un voile, Dieu lui envoya son Esprit en forme d'homme, pour lui annoncer qu'elle concevroit un fils, qui seroit une preuve de la Toute-puissance de Dieu, & de sa grace spéciale envers ceux qui croiroient en Sa Majesté: ,, Elle devint enceinte, ajoute-t-il, & se retira quelque tems en un lieu éloigné du peu- ,, ple, où elle sentit les douleurs de l'enfantement. Alors elle dit: Que ne suis-je mor- ,, te! Pourquoi ne suis-je pas au nombre des personnes oubliées? L'Ange lui dit: Ne ,, t'afflige pas: Dieu a mis un ruisseau au-dessous de toi. Ebranle le pied de ce pal- ,, mier: les dates tomberont. Amasse-les, mange & boi, & lave tes yeux. Dis à ,, ceux que tu rencontreras que tu jeûnes, & que tu as fait vœu de ne parler à person- ,, ne jusqu'à ce que ton vœu soit accompli. Ses parens l'ont rencontrée lorsqu'elle por- ,, toit son enfant, & lui ont dit: O Marie! voilà une chose étrange; ô sœur d'Aaron! ,, ton pere ne t'a pas commandé de faire mal, & ta mere n'étoit pas une impudique. ,, Elle a fait signe à son enfant de leur répondre; ils ont dit: Comment parlera l'en- ,, fant qui est dans le berceau. Alors son enfant a parlé, & a dit: Je suis serviteur de ,, Dieu. Il m'a enseigné les Ecritures; il m'a fait Prophéte, il m'a béni en tous lieux, ,, & m'a commandé de le prier. Il m'a recommandé la pureté tout le tems de ma ,, vie, & d'honorer mes pere & mere. Il est mon Seigneur & le vôtre: adorez-le; ,, c'est le droit chemin ".

C'est ainsi que l'imposteur a sçu accommoder l'Ecriture à ses dogmes, & se servir du Fils de Dieu lui-même, pour persuader à ses Arabes qu'il n'étoit pas Dieu, & que Dieu n'avoit point de fils. Nous n'examinerons point ici, si par ces paroles adressées à la sainte Vierge, *O sœur d'Aaron*, &c. Mahomet a confondu Marie, sœur de Moyse, avec la mere du Sauveur.

Quoiqu'il en soit, le but du faux Prophéte en rapportant cette histoire, est d'enga- ger ses Sectateurs à ne jamais abandonner le dogme de l'unité de Dieu qu'il leur a prê- ché si souvent, & à détester les Idoles. Il les y exhorte par l'exemple d'Enoch, d'A- braham & d'Ismaël, d'Isaac & de Jacob, de Moyse & d'Aaron, à qui Dieu, dit-il, a donné sa grace entre les Prophétes de la lignée d'Adam; & pour les y encourager, il les fait souvenir du jugement dernier, des feux de l'enfer préparés aux impies & aux infideles, & des joies du Paradis promises aux vrais Croyans, & à ceux qui feront de bonnes œuvres.

§. XX.

Les Mahométans ont intitulé ce Chapitre (a) *de la Béatitude & de l'Enfer*. Il commence par l'histoire de Moyse rapportée fort au long depuis sa vocation auprès du buisson ardent, la conversation qu'il eut avec Dieu, sa Mission vers Pharaon, les pro- diges qu'il opéra en présence des Magiciens de ce Prince qui se convertirent à cette vue, l'obstination du Souverain de l'Egypte dans son incrédulité. De cette histoire que Mahomet raconte à sa mode, & en ajoutant toujours au récit de l'Ecriture quel- ques circonstances fabuleuses de sa façon, il passe à l'Idolâtrie des Israélites, qui dans le désert adorerent le veau d'or pendant l'absence de Moyse, qui s'étoit retiré sur le Mont-Sinaï pour y recevoir la Loi des mains de Dieu. Il décrit la douleur qu'en con- çut le Législateur à son retour, sa colère contre Aaron son frere, qui sembloit avoir été complice du péché du Peuple, &c.

En tout cela le but de Mahomet est d'inspirer à ses Musulmans une grande horreur des Idoles, & beaucoup de vénération pour l'Alcoran qui enseigne l'unité de Dieu, la sévérité de ses jugemens, la résurrection des Morts, les tourmens de l'Enfer & les biens du Paradis. Il finit par leur proposer l'exemple d'Adam, qui se perdit pour avoir prê- té l'oreille aux suggestions du Démon, & s'être éloigné de la soumission que Dieu lui avoit recommandée.

N'oublions pas que ce Chapitre contient 135. versets, & a été écrit à la Mec- que.

§. XXI.

hommes excellens, & des Auteurs très-habiles. Mais il faut convenir aussi de deux faits qui ne peu- vent être révoqués en doute; le premier, que de tout tems les Arabes ont été grands amateurs des fables & des fictions; ce qui paroît à la seule lecture de leurs Historiens: le second, que de tous les Levantins, il n'y en a point de moins capables d'application que ces Peuples.

(a) Voyez la glose, & l'interprétation de *Gelaleïn* & du *Beitavi*.

§. XXI.

MAHOMET commence & finit ce Chapitre par menacer les impies de l'approche du Jugement. „ Le jour s'approche, que le peuple rendra compte de ses actions : mais „ il n'y pense pas, & s'éloigne des commandemens de Dieu ''. Il y déclame à son ordinaire contre l'Idolâtrie, & y recommande l'adoration d'un seul Dieu Créateur du Ciel & de la terre, la soumission à ses ordres & à l'Alcoran, qu'il a envoyé aux hommes pour les instruire. C'est pour avoir méprisé cette doctrine, que Dieu a détruit tant de Nations infidéles, & leur a substitué tant de Peuples nouveaux. C'est au contraire pour avoir été fidéles à l'annoncer & à la suivre, que Dieu a comblé les Prophétes de ses graces & de ses bénédictions.

Mahomet parcourt en détail tous ces Prophétes ; & c'est pour cette raison que ce Chapitre qui a été composé à la Mecque, & qui contient 112. versets, est intitulé *des Prophétes*. Il y parle de Noé, d'Abraham, de Loth, de David, de Salomon, de Job, d'Ismaël, d'Enoc, de *Delcasel*, (Elie) de Zacharie, de Jean-Baptiste, &c. Ce qu'il dit d'Abraham & de Salomon mérite sur-tout d'être remarqué.

Il raconte qu'après avoir long-tems crié contre l'infidélité de ses contemporains, Abraham pendant leur absence rompit à coups de hache les Idoles qu'ils adoroient. Il n'en épargna qu'une seule : c'étoit la plus grande ; & il y pendit sa hache. Peut-être, dit-il, l'accuseront-ils d'avoir rompu & brisé les autres. A leur retour les Infidéles furent fort surpris de trouver leurs Idoles détruites. Qui a ainsi traité nos Dieux, dirent-ils ? C'est un impie. Le soupçon tomba sur Abraham. On le fit venir, & on lui demanda s'il n'étoit pas l'Auteur de l'attentat dont tout le peuple l'accusoit. Il le nia, & rejetta cette désolation sur l'Idole à laquelle pendoit sa hache. Mais après avoir conféré entr'eux, les Infidéles convinrent que la justification d'Abraham n'étoit pas légitime, puisqu'une Idole n'avoit ni vie ni mouvement. Delà il étoit naturel de conclure, qu'il ne falloit donc point l'adorer : mais les Idolâtres raisonnerent autrement. Ils persisterent dans leur infidélité, & ils condamnerent Abraham au feu, dont il fut délivré par la protection divine.

A l'égard de Salomon, l'Alcoran dit que Dieu lui enseigna la justice ; qu'il lui donna la prudence & la science, qu'il commanda aux vents de lui être soumis ; que les Démons lui obéissoient, & qu'ils plongeoient dans la mer pour lui pêcher des pierreries.

§. XXII.

Le Prophéte des Musulmans annonce dans ce Chapitre le jugement de Dieu & la résurrection des morts. Au sujet de la résurrection il fait dire à Dieu : „ O peuples, si „ vous doutez de la la résurrection, considerez comme nous vous avons créés de la „ poussiére de la terre, avec un peu d'eau répandue sur de la boue, de sang congelé „ & d'un peu de chair entiérement formée, & non encore entiérement formée. Je „ forme dans le sein des femmes ce que bon me semble jusqu'au tems ordonné. Je „ vous en fais sortir enfans ; puis je vous donne la vie, & vous fais arriver à l'âge de „ virilité. Les uns meurent jeunes, & les autres arrivent à une extrème vieillesse „ afin qu'ils apprennent à bien vivre. Considére la terre séche, morte & aride. Lors- „ que nous aurons fait tomber la pluie, elle changera de face : elle produira & nour- „ rira des fruits de toute espéce, beaux & agréables ; parce que Dieu est la vérité mê- „ me. Il ressuscite les morts, & est tout-puissant ''.

Mahomet reprend ensuite ceux qui ne sont soumis à Dieu, & qui ne le révérent que dans la prospérité, & qui l'abandonnent pour se livrer à l'impiété, dès qu'ils sont dans l'affliction. Mais il déclame sur-tout contre l'Idolâtrie & contre les Idoles, dont il montre l'impuissance & la foiblesse ; au-lieu que Dieu est tout-puissant, qu'il entend tout, qu'il voit tout, qu'il sait tout, & que tout lui obéit. Il fait voir dans quelle erreur sont les Infidéles qui s'attachent à ces Idoles, & dit qu'au contraire ceux qui ont la science des Ecritures savent que l'Alcoran est la vérité même, qu'ils croient en lui, & humilient leur cœur en le lisant. Enfin, il décrit pathétiquement les tourmens préparés aux Idolâtres, & les récompenses destinées aux fidéles. Il dit que les prémiers seront entourés des flammes de l'enfer ; qu'ils auront des chemises de feu ; que l'eau bouillante inondera leurs têtes ; que le feu leur brulera les entrailles & rôtira leur peau ; qu'ils seront battus avec des masses de fer, & que lorsqu'ils penseront sortir de ce bra-

sier,

fier, ils y rentreront plus avant; qu'au contraire les vrais Croians vivront dans des jardins délicieux; qu'ils y feront vêtus de foie, & parés de bracelets d'or & de perles.

Ce Chapitre eft intitulé *du Pélerinage*, apparemment parce que le Prophéte y recommande le Pélerinage de la Mecque. Il preferit auffi la manière dont on doit y facrifier un Chameau. Le Chapitre entier eft compofé de 77. verfets, & a été écrit à la Mecque.

§. XXIII.

Ce Chapitre contient 118. verfets, & a été écrit à la Mecque. Il eft intitulé *des vrais Croians*, fans doute parce qu'après la formule ordinaire il débute par ces mots: *Certainement les vrais Croians feront bienheureux.* Mahomet y définit ces vrais Croians à qui la félicité éternelle eft promife, ceux qui font leurs oraifons avec humilité, qui s'abftiennent de médire, qui paient les dixmes, qui ne fe fouillent point avec des femmes étrangeres, qui confervent fidélement ce qui leur a été confié, qui effectuent ce qu'ils ont promis, & qui font leur priére au tems ordonné.

Il repréfente enfuite a fes compatriotes ce que Dieu a fait pour eux; qu'il les a créés; qu'il les conferve, & qu'il eft la fource d'où partent tous les biens dont ils jouiffent; la pluie qui arrofe leurs terres; les jardins & les arbres dont ils font plantés, & qui fervent à leur nourriture; les animaux dont ils tirent tant d'avantages, & de commodités, &c. Il leur propofe l'exemple des Apôtres & des Prophétes, de Noé, de Moïfe & d'Aaron, &c. que Dieu a envoiés en divers tems à différens Peuples pour leur prêcher fon unité, & qui en ont été méprifés, parce qu'ils étoient des hommes comme eux; ce qui a attiré fur ces Nations la colére de Dieu qui les a exterminées. Enfin il les exhorte à ne pas fuivre la loi des infideles, à s'éloigner des impies, à craindre les châtimens de Dieu, à obéir aux commandemens qu'il leur a donnés, & à fe foumettre à l'Alcoran. Ceux qui feront autrement, il les menace de toute la rigueur du jugement de Dieu, après lequel il n'y aura plus de retour à la pénitence & à la miféricorde.

§. XXIV.

Ce Chapitre eft compofé de 74. verfets, & a été écrit à Médine. On l'appelle le Chapitre *de la lumiére*, à caufe de ces paroles qui fe trouvent vers le milieu: „ Nous „ vous avons envoié ces préceptes clairs & intelligibles, femblables à ceux qui ont été „ enfeignés à vos prédéceffeurs, pour être prêchés aux gens de bien. Dieu éclaire „ le ciel & la terre, comme la lampe qui eft dans le fanal de criftal allumée d'huile de „ l'olivier béni. Elle femble une étoile pleine de lumiére qui ne va ni au Levant ni au „ Couchant, & rend clartés fur clartés. Dieu conduit par fa lumiére qui bon lui femble, „ &c. ".

Au refte on trouve ici un grand nombre de préceptes, qui méritent d'être remarqués. „ Le concubin, dit Mahomet, & la concubine feront punis de cent coups de „ fouet; & quelques-uns des vrais Croians feront témoins de leur châtiment. Celui „ qui accufera une honnête femme d'adultére recevra quatre-vingt coups de fouet, „ s'il ne prouve fon accufation par quatre témoins, & ne fera jamais admis en témoi- „ gnage. Ceux qui accuferont leurs femmes d'adultére, & qui n'auront point de „ témoins, jureront quatre fois qu'ils difent la vérité; & à la cinquiéme ils diront, „ que la malédiction de Dieu foit fur eux s'ils font menteurs. La femme fera exemte „ de punition, fi elle jure quatre fois que fon mari eft menteur, & fi à la cinquiéme „ fois elle prie que la colére & l'indignation de Dieu foit fur elle, fi ce que dit fon mari „ eft véritable.

„ O vous qui êtes vrais Croians, continue-t-il n'entrez pas dans les maifons d'au- „ trui fans permiffion. Si vous faluez ceux qui y habitent, vous ferez bien. Si vous „ ne trouvez perfonne de la maifon, n'y entrez pas fans permiffion. Si on vous dit „ de vous retirer, vous vous retirerez. Vous n'offenferez pas Dieu d'entrer dans les „ maifons inhabitées, fi vous y avez affaire. Que les vrais Croians contiennent leur vue, „ qu'ils foient chaftes. Que les femmes des vrais Croians contiennent leur vue; qu'elles „ foient chaftes; qu'elles ne faffent rien voir de leur beauté que ce qui doit paroître; „ qu'elles couvrent leur gorge & leur vifage, & qu'elles ne les faffent voir qu'à leur „ mari, à leurs freres, à leurs neveux, à leurs fœurs, à leurs femmes & filles, fervantes „ & efclaves, à leurs domeftiques qui ne font pas capables de mariage, aux enfans

„ qui ne remarquent pas la beauté des femmes ; & qu'elles ne remuent pas les pieds,
„ pour montrer qu'elles font bien chauffées. Les femmes vieilles & décrepites n'offen-
„ feront pas Dieu de quitter leurs voiles & de découvrir leurs visages, pourvu que ce
„ soit sans vanité, & sans deſſein de faire paroître leurs ornemens".

Enfin il condamne les médisans, les faux accusateurs, & ceux qui font quelque ferment que ce soit, même pour des choses louables, enseignant que l'obéiſſance rendue
au Prophéte est préférable à tous les sermens. Mais nous ne croions pas devoir oublier
ce qu'il dit au sujet des vertus pratiquées par les Infidéles. Leurs bonnes œuvres, dit-il,
font semblables aux brouillards épais répandus sur une vaste plaine. Ils semblent de
l'eau lorsqu'on en est éloigné : mais si on en approche, ils se dissipent & s'évanouiſſent.
Leurs actions, ajoute-t-il, font encore semblables aux ténébres répandues dans le fond
de la mer. Elles font couvertes d'onde, sur onde, d'obſcurité & de ténébres accu-
mulées. Celui qui est au milieu de ces ténébres ne peut appercevoir sa main. Ainsi sera
aveuglé celui qui ne sera pas éclairé de Dieu.

§. XXV.

On compte 77. verſets dans ce Chapitre écrit à la Mecque ; & il est intitulé *de*
l'Alcoran, parce qu'il est emploié tout entier à recommander de révérer ce Livre envoié de Dieu à son serviteur pour instruire le monde, de se soumettre à la doctrine qu'il
enseigne, & de se rendre docile aux avis du Prophéte qui l'a publié, & qui, comme
les autres Prophétes, n'a été méprisé des Infidéles, que parce qu'il étoit un homme
comme eux. Mais ils seront punis rigoureusement, s'ils ne se convertiſſent, & font
de bonnes œuvres. Dieu se plaint auſſi dans ce Chapitre de l'ingratitude des hommes,
qu'il a créés & comblés de bienfaits. Mais ce qu'on doit sur-tout obſerver, c'est que
Mahomet aſſure ici que l'Alcoran ne lui a point été envoié tout à la fois, mais *pièce*
à pièce.

§. XXVI.

Dans tout ce Chapitre Mahomet n'a d'autre but que de faire connoître aux impies & aux infidéles, c'est-à-dire, à ceux qui n'ajoutent pas foi à l'Alcoran, que si
Dieu ne les punit pas d'abord de leurs crimes & de leur infidélité, ils n'en seront que
plus rigoureusement châtiés dans la suite. Il le leur prouve par la vengeance qu'il
a tirée en différens tems de ceux qui ne lui ont pas été soumis, & qui ont méprisé
les Prophétes qu'il leur avoit envoiés ; & à cette occasion il répete ici les histoires qu'il
a déja plusieurs fois racontées de Noë, d'Abraham, de Loth, de Moïse, de *Hod*, de
Saleb, &c. Car, comme nous l'avons déja obſervé, l'Alcoran est rempli de répetitions, nécessaires peut-être dans les vues de Mahomet pour persuader des esprits
durs, légers, & difficiles à convaincre, mais qui n'en font pas moins propres à rendre la lecture de ce Livre dégoutante & ennnieuse à tout autre, qu'à un fidéle
Musulman.

On appelle ce Chapitre *des Poëtes*, parce qu'à la fin les impies y font comparés aux
Poëtes, en ce qu'ils font confus en leurs discours, & disent qu'ils on fait ce qu'ils n'ont
point fait. On y compte 227. verſets ; & il a été écrit à la Mecque.

§ XXVII.

Ce Chapitre contient 93. verſets, & a été écrit à la Mecque. Il est intitulé *de la*
Fourmi, à cause de l'histoire, ou si on veut, de la fable que Mahomet fait raconter à
Dieu en ces termes.

„ Nous avons donné la science à David & à Salomon. Salomon a été héritier de
„ David, & a dit au Peuple : Nous sçavons le langage des oiseaux ; nous n'ignorons
„ rien de tout ce qu'on peut sçavoir. Un jour il aſſembla son armée compoſée d'hom-
„ mes, de Démons & d'oiseaux ; & il l'a conduite à la vallée des Fourmis. Une
„ Fourmi leur Reine a crié : ô Fourmis, entrez dans vos maisons, afin que Salomon
„ & ses troupes ne vous foulent pas aux pieds sans le sçavoir. Salomon entendant
„ ces paroles demeura quelque tems sans parler, & à la fin il se prit à rire, & dit : Sei-
„ gneur, fois à mon aide, afin que je te remercie de tes bienfaits, & des graces que
„ tu as données à mon pere. Enſuite il demanda la Huppe, & dit : Pourquoi ne
„ vois-je pas la Huppe ? Est-elle au nombre des abſens ? Je la châtierai & la ferai
„ mou-

„ mourir, si elle n'a une excuse légitime. Peu de tems après elle s'humilia devant
„ Salomon, qui lui demanda d'où elle venoit. Elle répondit: Je viens de voir ce que
„ tu ne vois pas. Je viens du Roiaume de Saba, d'où je t'apporte des nouvelles assu-
„ rées. J'ai trouvé une femme leur Reine, qui a tout ce qui est nécessaire à un grand
„ Roi. Elle a un grand & magnifique trône. Je l'ai trouvée elle & ses sujets qui ado-
„ roient le Soleil".

Mahomet continuant ce récit sur le même ton, dit que Salomon voulant s'éclaircir
de la vérité de ce rapport, dit à la Huppe: Va porter cette Lettre à cette Reine (a),
& observe ce qu'elle & ses gens répondront. La Huppe obéit. A son arrivée la Reine
dit à ses Ministres: O vous! qui êtes élevés en dignité dans mes Etats, on m'a remis
une Lettre de la part de Salomon, dont voici la teneur: *Au nom de Dieu clément &*
miséricordieux, ne vous élevez pas contre moi & m'obéissez. Elle leur demanda conseil
sur le parti qu'elle avoit à prendre: mais ils s'en remirent à sa prudence. Sur quoi cette
Reine considérant les malheurs ausquels ses Sujets seroient exposés, si elle attiroit les
forces de Salomon dans ses Etats, elle résolut de lui envoier un Ambassadeur avec des
présens dans l'espérance de le fléchir. Mais ce Prince renvoia l'Ambassadeur & les
présens, après lui avoir déclaré qu'il alloit le suivre avec tant de forces, qu'il obligeroit sa Maitresse à lui rendre l'obéissance qu'il exigeoit. En même tems il dit à ses
gens: Messieurs, qui m'apportera le Siége roial de cette femme, avant qu'elle & ses
Sujets m'obéissent? Un des Démons lui dit, je te l'apporterai avant que tu sois levé de
ta place; je suis assez fort pour le porter. Un de ceux qui étoient auprès de Salomon
qui sçavoit les Ecritures, (b) dit: Je te l'apporterai dans un clin d'œil.

Lorsque Salomon vit ce Trône, il dit: Voilà une grace que Dieu me fait, pour éprouver si je serai reconnoissant de ses bienfaits. Je verrai si cette Reine suit le droit chemin,
ou si elle est du nombre de ceux qui sont dans l'erreur. Il fit faire quelque changement
à son Trône, pour éprouver si elle le reconnoîtroit lorsqu'elle le seroit rendue auprès
de lui. On le lui montra donc à son arrivée, & elle n'y trouva aucune différence. On
la fit entrer ensuite dans une Gallerie. Lorsqu'elle en vit le pavé, elle crut que c'étoit
de l'eau, & leva sa robe de peur de la mouiller. Alors Salomon lui dit que le pavé
étoit de verre poli, & l'exhorta à embrasser la Loi de Dieu. Elle obéit, & se soumit à
Dieu & à Salomon.

Nous ne nierons pas que cette Fable ne puisse être susceptible d'une morale assez
sensée: mais il faut convenir aussi qu'elle est tissue de puérilités, qui n'ont pu être goû-
tées que par des Arabes. Quoiqu'il en soit, à ce conte Mahomet joint encore les
exemples si souvent répetés de Saleh & de Loth; & de-là il conclut, que Dieu se vengera tôt ou tard des incrédules & des impies; qu'il est tout-puissant; que lorsque l'Ange
sonnera la trompette, tout ce qui est au Ciel & sur la terre tremblera de peur, excepté
ceux qui seront en la grace de Dieu; que dans ce jour les montagnes suspendues en l'air
chemineront comme les nues; qu'alors celui qui aura fait de bonnes œuvres sera récom-
pensé; & que ceux qui auront mal fait seront précipités dans l'Enfer.

§. XXVIII.

Il faut avouer qui si l'Alcoran est estimable par quelque endroit, ce n'est pas du côté
de l'invention. A chaque Chapitre, à chaque page, ce sont toujours les mêmes Fables & les mêmes Histoires qui reviennent, sans que Mahomet, ou ceux qui ont travaillé avec lui à la composition de ce Livre aient eu l'adresse de les varier, comme ils
l'auroient pu, l'Ecriture leur en fournissant une infinité d'autres, qu'il ne leur auroit
pas été moins facile de falsifier & d'ajuster à leurs vues. A moins qu'on ne dise, que
ces répétitions sont faites à dessein; parce qu'il sçavoit que les Histoires qu'il a emploiées
étoient du goût de ses Compatriotes; & qu'ils étoient si légers & si inconstans, qu'on
ne pouvoit trop leur répéter les mêmes choses.

Quoiqu'il en soit, on trouve assez de ces répétitions dans ce Chapitre. Il est composé de 88. versets écrits à la Mecque, & est intitulé *de l'Histoire*, sans doute, parce
qu'il est emploié presque tout entier au récit de l'Histoire de Moïse. Mahomet la reprend de beaucoup plus haut que dans les Chapitres précedens. Il la commence à la
naissance de ce Législateur des Juifs, & raconte comment il fut trouvé sur les eaux,
& sauvé par les gens de Pharaon. Il décrit quelles étoient cependant les inquiétudes
de sa

(a) Selon Gelaldin, elle s'appelloit *Balkis.*
(b) Les Turcs croient que Salomon sçavoit le nom de Dieu, & que par son moien il opéroit de grands prodiges.

de sa mere comment elle le fit suivre des yeux par sa sœur, &c. de quelle manière Moïse parvenu à l'âge d'homme, tua un Egyptien, ce qui l'obligea de sortir des Etats de Pharaon; son arrivée au païs de Madian; le secours qu'il y donna aux Filles de Jethro; son mariage avec une de ces filles; son retour en Egypte avec sa femme & sa famille, & l'avanture du Buisson ardent, &c. & la fin tragique dont Dieu punit Pharaon & son Peuple, à cause de leur incrédulité. Tout ce récit est accompagné de fables d'un goût Oriental, qui ne surprennent point après ce qu'on a déja vû de semblable dans tout ce Livre.

A l'Histoire de Moïse, le Prophéte joint un conte d'un de ses gens, qu'il appelle *Caron*. Peut-être n'est-il pas indigne d'avoir place ici, où nous nous proposons de donner une idée du génie de l'Alcoran.

„ *Caron*, dit Mahomet, étoit des gens de Moïse. Il étoit orgueilleux à cause de
„ ses richesses. Ses trésors étoient si grands, que plusieurs personnes étoient chargées
„ lorsqu'ils en portoient les clefs. Un jour *Caron* est sorti en public avec toute sa suite.
„ Ceux qui aimoient les richesses de ce monde ont dit : Plût à Dieu que nous eussions
„ autant de bien que *Caron*! Il est heureux. Mais les plus sçavans d'entr'eux ont dit :
„ Vous êtes malheureux; la grace de Dieu est plus avantageuse à ceux qui croient en
„ sa Loi & qui font de bonnes œuvres, que tous les trésors de *Caron*. Personne ne re-
„ cevra sa grace que ceux qui lui obéiront, & qui persévéreront dans l'obéissance à ses
„ Commandemens. Nous avons ôté à *Caron* tous ses trésors; & personne n'a pu le
„ protéger. Alors ceux qui avoient souhaité ses richesses ont dit : O miracle! Dieu
„ donne & ôte les biens à qui bon lui semble".

§. XXIX.

On compte 69. versets dans ce Chapitre écrit à la Mecque, & intitulé *de l'Araignée*, parce que Dieu y compare les Idolâtres à l'Araignée qui bâtit sa maison de sa toile, qui n'est pas capable de la garder du chaud ni du froid. Mahomet y enseigne qu'il ne suffit pas de croire en Dieu; que plusieurs font cette profession de bouche, tandis qu'ils sont dans la prospérité, & que dès que Dieu leur envoie quelque affliction pour les éprouver, ils se laissent aller à l'impatience. Le Prophéte des Musulmans remontre, que c'est principalement dans le tems de ces épreuves que Dieu distingue les vrais Croians, de ceux qui n'ont qu'un faux zéle pour sa Loi. Il prouve ensuite par les exemples si souvent rebatus de Noé, d'Abraham, de Loth, de *Hod*, de *Salbe*, &c. qu'il n'y a de vrais Fidéles que ceux qui sçavent résister à toutes les contradictions qu'ils souffrent de la part des hommes, & que tôt ou tard les impies & les Infidéles périront misérablement. Dans tout cela on trouve plusieurs Sentences tirées de l'Ecriture, telles que celle-ci : *La vie de ce monde n'est que jeu & vanité; l'Oraison détourne les hommes du péché*, &c.

§. XXX.

Ce Chapitre contient 60. versets, & a été écrit à la Mecque. On l'a intitulé *des Grecs*, apparemment à cause de cette espéce de Prophétie qui se lit au commencement : *Les Grecs ont été vaincus sur la frontière des Perses; mais ils seront victorieux avant la fin de sept années*. Du reste ce Chapitre n'a rien de singulier, & n'est qu'une répétition des précédens.

§. XXXI.

Il a été parlé de *Locman* dans *l'Introduction à l'Histoire du Mahométisme*. Les Musulmans disent que c'étoit un grand Docteur, qui vivoit du tems de David. Ce Chapitre qui contient 34. versets, & qui a été écrit à la Mecque, porte son nom, parce que sous le nom de *Locman*, & en l'introduisant parlant à son fils, Mahomet donne plusieurs préceptes à ses Fidéles. Tels sont ceux-ci.

„ Honore pere & mere : mais si tes parens te pressent de croire que Dieu a des
„ Compagnons, ne leur obéis pas. Si tu fais mal de la pesanteur d'un grain de mou-
„ tarde, ou de la pesanteur d'un rocher, ou de la grandeur du Ciel & de la Terre,
„ Dieu le sçaura & le mettra en compte. Fais tes Oraisons au tems ordonné. Fais
„ ce qui est honnête & civil. Fuis ce qui n'est pas approuvé, & sois patient en tes
„ adversités. Ne regarde pas le monde de travers par orgueil. Ne fréquente pas les
„ super-

„ superbes. Dieu n'aime pas les orgueilleux. Observe tes pas, marche avec modestie,
„ parle doucement: il y a des personnes qui crient comme des ânes lorsqu'ils par-
„ lent, &c. ".

Le Prophéte des Musulmans enseigne ensuite, que Dieu a créé pour les hommes tout
ce qui est au Ciel & sur la Terre; qu'il leur donne ses graces en général & en particulier; que c'est une mauvaise excuse pour les méchans & les Infidéles de dire, nous faisons ce que nous avons vu faire à nos peres; que celui qui obéit à Dieu & fait de bonnes œuvres, s'attache au nœud le plus assuré, & que Dieu aura soin de lui à l'heure
de sa fin; que les Justes ne doivent point s'affliger de l'impieté des méchans, parce que
Dieu les jugera un jour, & les punira séverement; que Dieu n'a pas besoin du monde;
qu'il est tout-puissant; qu'il fait tout & voit tout; que personne ne méprise ses promesses que les trompeurs & les ingrats; que les hommes ne doivent point s'enorgueillir
de leurs richesses, ni de ce que Dieu les souffre & les tolére; qu'il faut le craindre, &
avoir peur du jour auquel le pere ne pourra secourir son enfant, ni l'enfant servir
son pere.

§. XXXII.

Ce Chapitre a été écrit à la Mecque; & quoiqu'il contienne 130. verséts, il est cependant un des moins longs de l'Alcoran. Il est intitulé *de l'Adoration*, sans doute à cause
de ces paroles qui se lisent vers le milieu: „ Ceux qui croient aux mystéres de ma Loi
„ sont humbles. Ils m'adorent seuls, & me louent quand ils entendent parler de moi.
„ Ils ne sont pas orgueilleux: ils ne s'élevent point contre mes Commandemens. Ils
„ se levent du lit pour faire leurs priéres avec crainte & espérance, & dépensent en
„ œuvres pies une partie des biens que nous leur avons donnés ". Du reste, il traite
de la puissance de Dieu, des récompenses promises aux Fidéles, & des peines dont les
Infidéles seront punis.

§. XXXIII.

On compte 87. versets dans ce Chapitre, qui a été écrit à Médine. Il est intitulé
des Bandes & Troupes des Gens de Guerre, parce que Mahomet y fait ressouvenir ses
fidéles Musulmans des graces que Dieu leurs a faites, lorsqu'étant chargés par les troupes de leurs ennemis, Dieu a envoyé contre eux un vent impétueux, & des troupes invisibles pour les combattre. Il dit que ces troupes invisibles sont venues du *côté du Levant & du côté du Ponant d'en-haut*, dans le tems même qu'ils commençoient à manquer de cœur, à cause du grand nombre de leurs ennemis; qu'ils avoient déja conçu
tres-mauvaise opinion de la Loi de Dieu; que les impies ont triomphé alors de leur
frayeur; qu'ils se sont crus invincibles; mais que soutenus de la protection de Dieu,
les vrais Croyans ont resté vainqueurs, parce que la suite du Prophéte Apôtre de
Dieu leur sert de Citadelle, & sert de boulevard à ceux qui appréhendent le Jugement.

Le reste du Chapitre est remarquable en ce qu'il ne regarde que le Prophéte & ses
femmes. A l'égard de celles-ci, voici ce que Dieu leur prescrit par la bouche de Mahomet: „ O femmes du Prophéte! celles d'entre vous qui seront impudiques seront
„ châtiées doublement plus que les autres femmes. Celles d'entre vous qui obéi-
„ ront à Dieu & à son Prophéte, & qui feront de bonnes œuvres, seront de
„ même récompensées plus que les autres femmes. O femmes du Prophéte! vous
„ n'êtes pas comme les autres femmes du monde. Craignez Dieu, & ne croiez pas
„ aux discours de ceux qui ont dessein de vous séduire, parlez avec civilité. Demeu-
„ rez dans vos maisons. N'en sortez pas pour faire montre de votre beauté. Faites
„ des aumônes. Obéissez à Dieu & à son Prophéte. Dieu veut vous délivrer de sa
„ colére. Il fait tout ce que le Prophéte fait: il a promis sa miséricorde & une trés-
„ grande récompense à ceux & celles qui obéiront à ses Commandemens ". On voit
par cet endroit, que si le Prophéte travailloit fortement à s'attirer le respect, l'attachement & la vénération de ses Sectateurs, il n'oubbloit pas absolument le soin de son
domestique; & que tout Prophéte qu'il étoit, il croioit encore avoir besoin des secours
de la Prophétie, pour se mettre à couvert d'un accident auquel tous les maris son exposés, & dont il ne jugeoit pas que son caractére d'Envoié de Dieu l'exemtât absolument.
Aussi non content d'avoir recommandé à ses femmes tout ce qui pouvoit éloigner de
lui le malheur qu'il appréhendoit, il etend encore ses précautions à ceux qui auroient
pu leur aider à lui devenir infidéles. „ Vous ne devez point, leur dit-il, connoître les
„ femmes du Prophéte de Dieu: ce seroit un péché trés-énorme. Dieu & les Anges

„ bénis-

„ béniſſent le Prophéte : celui qui lui déplaira ſera maudit en ce monde, & reſſentira
„ de rigoureuſes peines en l'autre ".

Pour lui, il ne ſà preſcrit pas des bornes ſi étroites, qu'il en ſoit gêné. Il avoit un
eſclave nommé *Zied*, dont la femme étoit fort belle. En étant devenu amoureux, il
obligea *Zied* à la répudier, & l'épouſa. Il commença par faire autoriſer ce mariage
par la bouche de l'Eternel. „ Lorſque *Zied*, dit Dieu, a répudié ſà femme, nous t'a-
„ vons marié avec elle, afin qu'il ne reſte point d'erreur entre les vrais Croïans. Le
„ Prophéte ne péche pas de faire ce que Dieu lui a permis ". Sur ce principe, il ſe
fait donner des permiſſions aſſez amples & dont tout autre ſe ſeroit contenté. „ O Pro-
„ phéte ! lui dit Dieu, nous te permettons de connoître toutes les femmes que tu as
„ dotées, les filles eſclaves que Dieu t'a données, les filles de tes oncles & de tes tan-
„ tes qui ont abandonné avec toi la compagnie des méchans, & la femme vraie Cro-
„ iante qui ſe ſera donnée à toi. Si tu veux l'épouſer, & qu'elle ne ſoit pas femme
„ d'un vrai Croïant, nous ſavons ce que nous avons ordonné aux vrais Croïans tou-
„ chant leurs femmes & leurs eſclaves : nous te l'avons enſeigné, afin que tu n'offen-
„ ſes pas Dieu. Tu garderas de tes femmes celles que tu voudras garder. Tu répu-
„ dieras celles que tu voudras répudier, & tu coucheras avec celles qui t'agrée-
„ ront ".

Après avoir ainſi pourvu à ſes plaiſirs, le Prophéte ſonge auſſi à ſa commodité & à
ſon repos. Les viſites de ſes Proſélites lui paroiſſoient ſans doute trop fréquentes &
importunes ; car voici comme il leur parle : „ O vous qui croiez ! n'entrez pas dans
„ les maiſons du Prophete ſans permiſſion, excepté à l'heure du repas ; & cela par
„ rencontre & ſans deſſein. Si vous y étes invités, entrez avec liberté. Lorſque vous
„ aurez pris votre repas, ſortez de la maiſon, & ne vous arrêtez pas à diſcourir les
„ uns avec les autres. Cela importune le Prophéte. Il a honte de vous congédier : mais
„ Dieu n'a pas honte de vous dire la vérité. Vous ne devez pas importuner le Pro-
„ phéte de Dieu ".

§. XXXIV.

Saba eſt une Province de l'*Yemen*, qui a donné ſon nom à ce Chapitre, parce qu'il
y eſt parlé de ſes Habitans. Il contient 54 verſets, & a été écrit à la Mecque. Voici
ce qui y eſt dit des Peuples de *Saba*.

„ Les Habitans de *Saba*, dit Dieu, ont une marque de ma toute-puiſſance dans leur
„ pays ; ſavoir deux Jardins, un du côté du Septentrion, & l'autre du côté du Midi.
„ On leur a dit : Mangez des biens que Dieu vous a donnés, & l'en remerciez. Leur
„ pays eſt délicieux. Dieu a été miſéricordieux envers eux : cependant ils ont été
„ ingrats & impies. Nous avons envoyé la riviere d'*Arem* (a) qui a inondé leurs
„ Jardins. Nous les avons changés en deux Jardins d'épines, de ciprès & de tama-
„ rins. Nous les avons ainſi châtiés pour leur impiété ". Après cet exemple de la
vengeance de Dieu ſur ceux qui ne lui ſont pas ſoumis, Mahomet continue à prêcher
l'impuiſſance des Idoles, l'Unité de Dieu ſi ſouvent répétée dans l'Alcoran, l'abandon
où ſe trouveront les Infidéles au jour du Jugement, les joyes du Paradis, les peines
de l'Enfer, &c.

Mais ce qu'il fait dire à Dieu au ſujet de Salomon, mérite ſur-tout d'être remarqué.
„ Nous avons, dit-il, ſoumis les Vents à Salomon : il leur a commandé ſoir & ma-
„ tin depuis le Levant juſqu'au Couchant. Nous lui avons donné une Fontaine & un
„ Ruiſſeau d'airain fondu. Les Démons l'ont conſtruite par notre permiſſion ; & nous
„ avons châtié dans le feu d'Enfer ceux qui n'ont pas voulu lui obéir. Ils lui ont bâti
„ des Palais élevés & des Maiſons de plein pied ; ils lui ont fait des Baſſins d'eau, des
„ Canaux & des Etangs. Lorſqu'il eſt mort par notre commandement, rien n'a fait
„ connoître ſa mort aux Démons que les vers qui ont rongé le bout de ſon bâton ſur
„ lequel il étoit appuié. Lorſque les Démons l'ont vu cheoir, ils ont connu que s'ils
„ euſſent ſçu l'avenir & ce qui leur étoit caché, ils n'auroient pas ſouffert ſi long-tems
„ à ſon ſervice ". On ne peut nier que ce morceau ne ſoit auſſi ſingulier en ſon eſpéce, que celui que nous avons copié d'après Mahomet dans un autre Chapitre au ſujet
du même Prince.

Au reſte, ſi on veut un exemple marqué des abſurdités qui ſe rencontrent dans l'Alcoran,

---

(a) C'eſt de cette rivière que Dieu ſe ſervit, pour cauſer la grande inondation appellée dans
l'Alcoran Sîl Al Arem.

coran, on n'a qu'à lire ces paroles qui se trouvent dans ce Chapitre : „ Ne confide-
„ rent-ils pas (ceux qui nient la Réfurrection) le Ciel & la Terre? Si je veux, je la
„ rendrai aride, & je ferai tomber fur eux une piéce du Ciel, pour figne de ma toute-
„ puiffance ".

§. XXXV.

Ce Chapitre eft intitulé le Chapitre *des Anges* dans le Livre *Teffir anf Joabir*, qui
traite de l'explication de l'Alcoran en Turc : mais on l'appelle communément le Chapitre du Créateur. Auffi, après la formule ordinaire, commence-t-il par ces mots:
„ Louange foit à Dieu Créateur du Ciel & de la Terre, qui a créé les Anges meffa-
„ gers de fes commandemens. Ils ont des aîles, deux, trois & quatre. Il fait de fes
„ créatures ce que bon lui femble. Il eft tout-puiffant. Perfonne ne peut compren-
„ dre la grace qu'il donne à fon Peuple ". C'eft lui qui envoie les vents qui pouffent
les nues aux lieux fecs & arides pour rafraîchir la Terre, & pour la faire revivre *après
fa mort.* C'eft lui qui a créé l'homme de pouffiére & de boue ; qui a produit l'*Euphrate* dont l'eau eft douce & agréable, & l'eau de la Mer qui eft chaude & falée ; qui
fait courir le Navire fur les eaux, & lui fait fendre les ondes ; qui fait entrer le jour
dans la nuit & la nuit dans le jour ; à qui appartient l'Empire du Monde, & auprès
duquel les Idoles n'ont non-plus de pouvoir que *l'écorce d'une amande.* Rien ne lui eft
impoffible. Il fçait tout, & eft tout-puiffant. S'il puniffoit le Peuple lorfqu'il l'offen-
fe, il ne laifferoit pas un animal en terre. Il différe de châtier les méchans jufqu'au
tems ordonné. Lorfque leur tems fera venu, il les châtiera felon leur démérite. Au
refte ce Chapitre contient 45. verfets, & a été écrit à la Mecque.

§. XXXVI.

On compte 88. verfets dans ce Chapitre qui a été écrit à la Mecque. Les Mahométans l'ont intitulé de deux Lettres de l'Alphabet Arabe (*a*) qui fignifient *O homme!*
parce que l'Ange parlant à Mahomet commença par ces mots : „ O homme! je ju-
„ re par l'Alcoran plein de doctrine, que tu es un Prophéte envoié de Dieu pour en-
„ feigner au Peuple le droit chemin ". Du refte, on n'y trouve rien de fingulier.

§. XXXVII.

Ce Chapitre contient 80. verfets, & a été écrit à la Mecque. Il eft intitulé *des
Ordres,* parce qu'on y lit ces paroles : „ Je te jure par les Ordres des Anges qui a-
„ dorent Dieu & attendent fes commandemens ; par ceux qui empêchent les hommes
„ d'obéir au Diable, & par ceux qui lifent & méditent l'Alcoran, que votre Dieu
„ eft un feul Dieu ". Du refte Mahomet y prêche à fon ordinaire contre les blafphé-
mes, l'incrédulité & l'obftination des impies & des Idolâtres dans leur erreur ; & il
décrit patétiquement la confufion dont ils feront couverts au jour du Jugement. Il
parle enfuite des graces que Dieu a faites à Noé, à Abraham, à Loth, à Elie, à
Jonas, qui tous ont été envoyés aux Peuples pour les retirer de l'infidelité.

Ce que ce Chapitre a de plus digne de remarque, eft la defcription que le Prophéte y fait des plaifirs du Paradis & des peines de l'Enfer. „ Ceux, dit-il, qui obéi-
„ ront aux Commandemens de Dieu auront un lieu de fureté pour repofer, avec
„ toute forte de fruits. Ils feront dans de beaux Jardins rangés fur des lits déli-
„ cieux, avec des verres remplis d'un breuvage agréable au goût, qui ne les ennivre-
„ ra jamais. Leurs femmes blanches comme *des œufs frais*, ne jetteront la vue fur
„ perfonne que fur eux. Ils difcourront enfemble, & un d'entr'eux dira : J'avois en
„ Terre un compagnon qui me demandoit fi je croïois la Réfurrection, & fi après a-
„ voir été terre, os & pouffiére, nous reffufciterions. Venez avec moi ; allons voir
„ ce qu'il fait. Il le verra dans le fond de l'Enfer, & lui dira : Par Dieu, peu s'en
„ eft fallu que tu ne m'aie féduit. Sans la grace de Dieu je ferois damné comme toi.
„ Nous ne fommes pas au nombre des morts ; nous ne fouffrons point de peines, au
„ contraire, nous fommes dans une très-grande félicité. Ainfi font récompenfés les
„ gens de bien. Qui font les plus heureux, ou ceux qui jouiffent de nôtre bonheur,
„ ou ceux qui font auprès de *Zacon* arbre d'Enfer ? Cet arbre fort du fond de l'En-
„ fer,

„ fer, il s'éleve en haut, & fes branches femblent la tête des Diables. Les Dam-
„ nés mangeront de fon fruit : ils boiront d'une eau bouillante ; & l'Enfer fera le
„ lieu de leur demeure ".

§. XXXVIII.

Mahomet a intitulé ce Chapitre d'une lettre de l'alphabet Arabe, qui en ce lieu
(a) fignifie *vérité*. Il contient 88. verfets, & a été écrit à la Mecque.

Le Prophéte s'y déchaîne contre les Infidéles, qui l'ont traité de Magicien & de
menteur. Mais il fe confole fur ce qu'avant eux les impies ont démenti Noë ; qu'*Aad*,
Pharaon faifeur de chevilles, & *Temod*, les habitans de la Ville de Loth, &c. ont démenti les Prophétes, & ont été punis comme ils le méritoient. Il parle des graces
dont Dieu a comblé Job, Abraham, Ifaac & Jacob. Il rapporte affez exactement la
parabole dont Nathan fe fervit, pour faire connoître à David fon péché. Enfin il
n'oublie pas le zéle de Salomon, qui s'étant amufé fur le foir à contempler quelques
chevaux de prix dont on lui avoit fait préfent, en oublia de faire fa priére de Vépres.
Il en fut fi repentant, dit Mahomet, qu'il les fit ramener, & commanda qu'on en fa-
crifiât une partie. Auffi Dieu lui foumit les vents & les Démons, dont les uns travailloient pour fon fervice, tandis que les autres étoient liés & attachés pour attendre fes
commandemens.

§. XXXIX.

On compte 75. Verfets dans ce Chapitre, qui a été compofé à la Mecque. On l'intitule *des Troupes*, par cette feule raifon qu'à la fin il eft dit que les Infidéles & les méchans feront conduits *par troupes* dans l'Enfer ; & qu'au contraire les vrais Croyans,
& les gens de bien arriveront *par troupes* en Paradis.

§. XL.

L'Ange confole Mahomet dans ce Chapitre des contradictions qu'il éprouve dans fa
Miffion, en lui repréfentant que perfonne ne doute de la vérité de fa doctrine, que
les impies, & que de tout tems ils fe font élevés contre la prédication des Prophétes
que Dieu leur a envoyés. C'eft ce qu'il lui prouve par l'exemple des contemporains
de Noë, de Pharaon, &c.

Gelaldin intitule ce Chapitre *du Clément*, fans doute parce qu'il y eft parlé des bienfaits de Dieu envers les hommes, & de la clémence avec laquelle il traite ceux qui font
foumis à fes Commandemens. Mais on l'appelle communément le Chapitre *des vrais
croyans*. Il contient 85. verfets, & a été écrit à la Mecque. Le Prophéte continue d'y
établir l'Unité de Dieu ; fon domaine fouverain fur toutes les créatures ; fa bonté envers ceux qui s'éloignent du péché, à qui il fait reffentir infailliblement les effets de fa
miféricorde ; l'impuiffance des Idoles, & l'aveuglement de ceux qui s'attachent à les
fervir ; la fragilité des biens de la terre comparés à ceux de l'Eternité ; la néceffité de
la patience & de la perfévérance ; l'utilité de la confiance en Dieu, dont les promeffes
font infaillibles ; la certitude & la rigueur du Jugement ; l'éternité des peines de l'Enfer deftinées aux méchans & aux incrédules, &c.

§. XLI.

Gelaldin intitule ce Chapitre *de l'Adoration*, apparemment parce qu'il y eft
parlé de celle qu'on doit rendre à un feul Dieu. Mais communément les Mahometans
l'appellent le Chapitre *de l'Explication*, à caufe de ces paroles qui fe lifent au commencement, immédiatement après la formule ordinaire. „ L'Alcoran a été envo-
„ yé par le Clément & Miféricordieux : *il explique* les Myftéres divins en Langue
„ Arabefque à ceux qui favent les entendre ". A quoi Mahomet ajoute enfuite,
faifant parler Dieu lui-même : „ Je châtierai ceux qui démentiront l'Alcoran. C'eft
„ un Livre précieux : il eft approuvé des Ecritures anciennes & modernes. Si nous
„ euffions envoyé l'Alcoran en Langue Perfanne à un Prophéte Arabe de Nation,
„ les impies auroient dit que les Myftéres divins ne font pas bien expliqués. Dis-
„ leur : Il eft le guide des Fidéles, & le reméde à leur ignorance ".

Ce

(a) Voyez la Glofe de *Gelaldin*, & *Kitabel Tenvir*.

Ce Chapitre contient 54. verfets. Il a été écrit à la Mecque, & traite des mêmes matières que les précédens. Obfervez qu'il y eft dit que Dieu créa la Terre en deux jours, qui, felon les Interprètes, font le Lundi & le Mardi; & qu'en deux autres jours, qui font le Jeudi & le Vendredi, il créa fept cieux.

§. XLII.

On nous apprend que ce Chapitre à été écrit à la Mecque, & qu'il contient 58. verfets. Mahomet y parle encore de la toute-puiffance de Dieu, de fa providence, de fa bonté. Il eft, dit-il, miféricordieux à fon Peuple. Il enrichit qui bon lui femble. Il augmente les graces de celui qui défire les biens du Ciel: il donne les biens de la Terre à celui qui les aime, & le prive des biens de l'Eternité.

On intitule ce Chapitre *du Confeil*, à caufe de ces paroles qui fe lifent vers la fin: ,, Ceux qui s'éloignent des péchés griefs, qui fe repentent de les avoir commis, qui ,, demandent à Dieu d'être exaucés & perfévèrent en leurs prieres; ceux qui *prennent* ,, *Confeil*, & confultent entr'eux ce qu'ils doivent faire, qui depenfent en bonnes ,, œuvres une partie du bien que Dieu leur a donné, qui lui demandent fecours en leurs ,, afflictions; ceux qui font bien & ceux qui font mal feront punis & récompenfés felon ,, leurs œuvres ".

§. XLIII.

Ce Chapitre eft intitulé *de l'Ornement*, à caufe de ces paroles: ,, Diront-ils, (les ,, Infidéles) que Dieu fe pare & qu'il prend des ornemens, pour s'embellir comme ,, leurs Idoles " ? D'autres le nomment le Chapitre *de l'Or*, parce qu'il y eft dit que quoique tout le monde ne foit pas d'une même Religion, Dieu ne laiffe pas de donner aux Infidéles des Maifons bien ornées, des planchers lambriffés d'argent, des lits d'argent & d'or. Il contient 89. verfets; & a été écrit à la Mecque. Mahomet y déclame vivement contre ceux qui divifent Dieu en plufieurs parties, & qui difent que les Anges font fes filles. Il y établit clairement l'Eternité des peines de l'Enfer par ces paroles: ,, Ils demanderont (les Réprouvés) à l'Intendant du Feu: Ton Seigneur ,, ne nous délivrera-t-il jamais de ces peines? Il leur répondra: Vous y demeurerez éternellement ".

§. XLIV.

Le Chapitre *de la Fumée* contient 59. verfets, & a été écrit à la Mecque. Il porte ce nom, parce qu'en parlant du jour du Jugement, Mahomet dit, qu'en ce jour *le Ciel femblera de la Fumée qui couvrira le Monde*. Il traite de la vengeance que Dieu a tirée de Pharaon & de fes gens, à caufe de leur incrédulité; des peines qu'il prépare dans l'Enfer, aux impies & aux méchans, & des plaifirs du Paradis deftinés aux gens de bien.

§. XLV.

Ce Chapitre contient 59. verfets comme le précédent, & a été écrit de même à la Mecque. Il eft intitulé *de la Génuflexion*, parce qu'il y eft dit qu'au jour du Jugement toutes les Sectes & toutes les Religions fe verront affemblées devant Dieu, *fur leurs Genoux*; que chaque Secte verra fes péchés écrits dans un Livre particulier, & que tous feront châtiés felon leurs mérites. On y lit cette belle Sentence: *Les Infidéles obéiffent les uns aux autres; les vrais Croians obéiffent à Dieu.*

§. XLVI.

Hecaf eft une vallée de l'*Temen*, fur les frontières de l'Arabie. Elle a donné fon nom à ce Chapitre, parce que Mahomet prétend ici que ce fut dans cette vallée que *Hod* prêcha aux *Adites* les tourmens de l'Enfer.

Ce Chapitre contient 35. Verfets, & a été écrit à la Mecque. Mahomet y reproche à fes compatriotes, que lorfqu'ils ont entendu la lecture de fon Alcoran, ils n'ont pu s'empêcher d'avouer qu'il contenoit la vérité, & que lorfqu'on leur a ordonné d'obferver ce qu'il preferivoit, ils ont dit que ce n'étoit que magie. Mais il leur repréfente qu'il n'eft pas le prémier Prophète, ni le prémier Apôtre que Dieu a envoié; qu'*un des enfans d'Ifraël*, celui peut-être qui lui avoit aidé à fabriquer fon Alcoran, a

été

été témoin qu'il a été envoié de la part de Dieu; qu'en effet, ce Livre n'est que la confirmation des Ecritures qui ont été auparavant envoiées aux hommes; que les Démons mêmes après en avoir entendu la lecture, en sont convenus, & ont avoué qu'il enseignoit la vérité, & conduisoit les hommes au chemin du salut. De-là il conclut que ceux qui le traiteront de fable seront punis de Dieu très-sévérement; & il les exhorte par l'exemple de ce qui est arrivé aux *Adites*, & des maux que les Habitans de la Mecque se sont attirés, à éviter par leur conversion les châtimens qui leur sont préparés.

§. XLVII.

Ce Chapitre contient 88. versets. Il a été écrit à la Mecque, & est intitulé *du Combat*, à cause de ces paroles qui se lisent vers le milieu: „ Si le Chapitre du lieu où „ se rend la justice n'eût été envoié, & qu'il n'eût fait mention des combats, tu aurois „ vû ceux qui doutoient de la Loi te regarder avec des yeux troubles, à cause de la „ peur qu'ils ont de mourir ”.

En effet, dans ce Chapitre Mahomet exhorte les fidéles Musulmans de combatre courageusement pour la défense de l'Alcoran. „ Lorsque vous rencontrerez, dit-il, „ les Infidéles en tems de guerre, coupez-leur la tête, tuez-les jusqu'à ce que vous les „ preniez prisonniers. Alors liez-les; après quoi vous leur donnerez la liberté, ou vous „ les mettrez à rançon, jusqu'à ce que leur parti ait mis les armes bas. Si Dieu vou- „ loit, il vous donneroit la victoire sans combattre: mais il veut vous éprouver. Il „ conduit dans le Paradis ceux qui sont tués pour la défense de sa Loi, & leur donne „ sa grace. O vous qui croiez en Dieu, si vous protégez la Loi de Dieu, Dieu vous „ protégera. Il affermira vos pas, & exterminera les Infidéles ”.

Remarquez qu'en parlant ici du Paradis, Mahomet dit qu'il s'y trouve des fleuves d'eau qui ne reçoit point d'altération, des fleuves de lait qui ne se corrompt jamais, des fleuves de vin savoureux & délicieux au goût, des fleuves de miel pur & net.

§. XLVIII.

On compte 27. versets dans ce Chapitre, qui a été écrit à Médine. Il est intitulé *de la Conquête*, parce que pour encourager ses fidéles Musulmans, Mahomet y parle de la prise de la ville de la Mecque, de la protection que Dieu leur a accordée en cette occasion, & de la victoire qu'ils ont remportée par son secours à la suite de son Prophéte & de son Apôtre. Il déclare en même-tems que les aveugles, les estropiés & les malades ne sont point obligés d'aller à la guerre; & il finit en exhortant les infidéles à se convertir, les assurant de la miséricorde de Dieu.

§. XLIX.

Les Mahométans appellent ce Chapitre *des Clôtures*, ou *des Murailles*, à cause de ces paroles qui se lisent vers le commencement: „ Ceux qui t'appellent par derriére „ *les Clôtures* ne sçavent pas ce qu'ils font. ” Il a été écrit à Médine, & contient 18. versets. Le prophéte y ordonne à ses Sectateurs de ne pas contester & quereller avec lui, les menaçant que s'ils font autrement, ils rendront leurs bonnes œuvres inutiles devant Dieu, & promettant au contraire à ceux qui parleront bas & modestement en sa présence, que Dieu leur pardonnera leurs péchés.

Il leur recommande aussi la paix, la justice & la charité les uns envers les autres „ Tous ceux, dit-il, qui croient en la Loi de Dieu sont freres. Mettez la paix entre „ vos freres: ne vous moquez pas de votre prochain. Ne lui dites point d'injures, „ & ne donnez point à votre prochain de nom qui lui déplaise. Appellez-le par son „ nom. Gardez-vous des mauvaises pensées; elles sont souvent au nombre des péchés".

§. L.

Mahomet a intitulé ce Chapitre de la lettre *Kaf* de l'Alphabet Arabe, qui en ce lieu signifie, *la chose est jugée*; aussi les Interprétes (a) l'appellent-ils le Chapitre *du Jugement*, ou *de la chose jugée*. Plusieurs Mahométans disent aussi que *Kaf* est une montagne qui environne tout l'Univers, & que Mahomet jure ici par cette montagne. Quoiqu'il en soit,

(a) Voi. *Gelaldin* & le *Bedavi*.

soit, ce Chapitre contient 45. versets, & a été écrit à la Mecque. Le Prophéte y traite de la Résurrection, du Jugement dernier, du Paradis & de l'Enfer.

§. LI.

Gelaldin & *Falkredin* intitulent ce Chapitre, *des choses qui dispersent*: mais communément les Mahométans l'appellent le Chapitre *des choses dispersées*, parce qu'apres la formule ordinaire on y lit ces paroles: ,, Je jure par les vents qui dispersent la ,, poussière ... que ce qui vous a été promis est très-véritable, & que le jour du juge- ,, ment est infaillible. " Il contient 60. versets, & a été écrit à la Mecque. Mahomet y annonce la vengeance de Dieu aux incrédules, & leur propose l'exemple des Contemporains de Noé, des habitans de Sodome, de Pharaon, des *Adites* & des *Thamudites*, pour les exciter à prévenir par leur conversion & leur soumission à l'Alcoran, les peines qui leur sont préparées.

§. LII.

Le Chapitre *de la Montagne* porte ce nom, parce qu'il commence par ces mots: ,, Je jure par la montagne sur laquelle Dieu a parlé à Moïse, que Dieu est un seul ,, Dieu, & que la punition promise aux impies est infaillible. " Il contient 39. versets, & a été écrit à la Mecque. Mahomet y traite la même matiére que dans le précédent.

§. LIII.

Le Chapitre *de l'Etoile* contient 60. versets, & a été écrit à la Mecque. Il commence par ces paroles: ,, Je jure par l'étoile qui disparoit, que votre ami (Mahomet) n'erre ,, pas, qu'il ne dit rien du sien, & qu'il ne dit que ce qui lui a été inspiré de Dieu tout- ,, puissant & libéral. " Il traite de l'impuissance des Idoles, de l'erreur de ceux qui n'aspirent qu'apres les biens de la terre, de la distinction des grands & des petits péchés, de la punition des impies & des méchans, &c.

Ce que ce Chapitre a de plus remarquable, est l'opinion dans laquelle sont les Mahométans, qu'au côté droit du trône de Dieu il y a un pommier, & que personne ne peut monter plus haut que les branches de cet arbre, non pas même les Anges. Cette pensée ridicule est fondée sur ces paroles, qui se lisent dans ce Chapitre à l'occasion des révélations dont Dieu a favorisé son Prophéte: ,, L'Ange s'est approché de lui au ,, plus haut du Ciel de la longueur de deux arcs, & encore plus pres. Une autre fois il ,, a vu l'Ange au Ciel auprés de l'arbre qui est au côté droit du trône de Dieu, & ,, quoique cet arbre fût couvert de ce qui le couvre, sa vue n'a pas été éblouie".

§. LIV.

Ce Chapitre contient 55. versets, & a été écrit à la Mecque. Il est intitulé *de la Lune*, parce qu'il commence par ces mots: ,, Le jour du jugement approche; la Lune ,, s'est partagée en deux: cependant les infidéles ne croient pas les miracles quand ils ,, les voient: ils disent que c'est magie. " Le Prophéte les exhorte à sortir de leur incrédulité, & à étudier l'Alcoran: autrement il les menace des mêmes châtimens, dont Dieu dans tous les tems a puni les impies.

§. LV.

Ce Chapitre est intitulé *du Miséricordieux*, parce qu'il est dit que le Miséricordieux a enseigné l'Alcoran. Il contient 18. versets écrits à la Mecque, & traite de la toute-puissance & du souverain empire de Dieu sur les créatures, de la punition des méchans dans l'enfer, & des plaisirs sans fin que les bienheureux gouteront dans le Paradis. On y trouve aussi quelques Sentences tirées de l'Ecriture, telles que celle-ci: *Toutes choses prendront fin, & la face de ton Seigneur majestueuse & glorieuse sera permanente.*

§. LVI.

On compte 99. versets dans ce Chapitre, qui a été écrit à Médine. Il est intitulé *du Jugement*; & en effet Mahomet y traite d'abord du jugement dernier. Il dit qu'on y distinguera trois sortes de personnes. Les prémiers tiendront à leur main droite le Livre où toutes leurs actions seront écrites; ceux-là sont les bienheureux. Les seconds, qui font les réprouvés, porteront ce même livre à leur main gauche. Enfin les autres, & ce font les Prophétes, feront les plus voisins du trône de Dieu, & les plus élevés en Paradis. Il y en aura, dit-il, un grand nombre des prémiers siécles, & peu des derniers.

Dans la description qu'il fait enfuite de la félicité, dont les fidéles & les gens de bien jouiront dans le Paradis, il dit qu'ils feront appuiés fur des lits ornés d'or & de pierreries; qu'ils fe regarderont tous en face; que de jeunes enfans parfaitement beaux leur ferviront continuellement un breuvage délicieux, qui ne leur fera aucun mal à la tête, & qui ne les enivrera jamais; qu'ils feront auprès d'un pommier frais & fans épines, & auprès de l'arbre de Mufe (a), fous un ombrage agreable, fur le bord d'une claire fontaine, où ils ne manqueront d'aucune forte de fruits qu'ils puiffent fouhaiter; qu'ils auront de belles femmes toujours vierges, & affectionnées à leurs maris, qui auront les yeux noirs, & qui feront blanches comme *des perles enfilées*; qu'ils n'entendront point dire de mauvaifes paroles, qu'ils ne pécheront point, & entendront perpétuellement la voix de ceux qui les béniront. Telles font les idées groffières & charnelles, que l'Alcoran propofe aux fidéles Mufulmans de la félicité des gens de bien dans l'autre vie. Peut-être Mahomet avoit-il affaire à des gens groffiers, dont il a cru ne pouvoir s'affurer, qu'en leur promettant après la mort, des plaifirs proportionnés à leur façon de penfer baffe & bornée: peut-être auffi, & c'eft ce qu'ont prétendu plufieurs Docteurs Mufulmans, a-t-il caché fous ces voiles groffiers les idées les plus fpirituelles.

§. LVII.

Le Chapitre *du Fer* contient 29. verfets, & a été compofé à Médine. On lui donne ce nom à caufe de ces paroles qui fe lifent vers la fin: „ Nous avons donné le fer „ aux hommes; il caufe de grands biens & de grands maux ”. Il contient les louanges de Dieu, de fa puiffance, de fa bonté & de fa libéralité envers les hommes. Mahomet y met en paralelle le bonheur des fidéles & des gens de bien dans l'autre vie, & les maux qui y font préparés aux incrédules & aux méchans. Il y parle des Chrétiens en cette forte. „ Nous avons mis la civilité, la clémence & la chafteté dans leur cœur. „ Nous ne leur avons pas commandé de garder la virginité: ils l'ont gardée eux-mê„ mes, à caufe du defir qu'ils avoient de plaire à Dieu ”. Enfin entre plufieurs penfées qui ne font pas à méprifer, on y trouve celle-ci: „ L'abondance des biens & des „ enfans eft femblable à la pluie. Les impies s'étonnent des plantes qu'elle produit: „ à la fin elles fe flétriffent, elles deviennent jaunes, & fe fechent ”.

§. LVIII.

Ce Chapitre contient 22. verfets, & a été écrit à Médine. On l'appelle *de la Difpute*, à caufe de ces mots qui s'y trouvent: „ Dieu a ouï la parole de celle qui difpute avec „ toi de l'action de fon mari ”. Voici un des Préceptes que Mahomet y donne à fes Sectateurs.

„ Perfonne d'entre vous ne jurera de ne jamais toucher fa femme, non plus que fa „ mere. Vos femmes ne font pas vos meres. Celui qui aura juré de ne plus toucher fa „ femme, & qui voudra la connoître, avant que de s'en approcher, donnera la liberté „ à un efclave pour fatisfaction de fon ferment. S'il n'a pas pouvoir de délivrer un ef„ clave, il jeûnera deux mois de fuite avant que de la toucher. S'il ne peut pas jeûner, „ il donnera l'aumône à cinquante pauvres ”. Mahomet défend auffi dans ce Chapitre toutes les affemblées fecrétes qui fe font avec malice, pour offenfer Dieu, pour confpirer contre le Prophéte, & pour lui défobéir. Les affemblées fecrétes, dit-il, procédent du Diable, pour affliger les gens de bien. Affemblez-vous: mais que ce foit en public, pour fervir Dieu, & pour faire des actes de vertu. Souvenez-vous qu'un jour vous ferez tous affemblés devant fa divine Majefté pour être jugés.

§. LIX.

On intitule ce Chapitre *de l'Exil*, parce qu'il y eft parlé des impies que Dieu a exilés d'entre les vrais Croyans. Il eft compofé de 24. verfets, & a été écrit à Médine. Mahomet y recommande à fes Sectateurs de faire part du butin qu'ils feront fur leurs ennemis au Prophéte, à fes parens, aux orphelins, aux pauvres & aux Pélerins; de fe foumettre aux ordres & aux défenfes du Prophéte; de craindre Dieu; de faire du bien à ceux qui ont quitté leurs biens & leurs maifons, & qui fe font féparés des méchans pour le fervice de Dieu, &c.

(a) *Mufe* eft un fruit fort commun en Egypte.

§. LX.

§. LX.

Les Docteurs Mahométans ont intitulé ce Chapitre *de l'Epreuve*, ou *de la vocation*, parce qu'il traite des femmes qui ont quitté leurs maris pour embrasser la Loi de l'Alcoran, & qu'il ordonne d'éprouver leur vocation. Il contient 18. versets, & a été écrit à la Mecque.

§. LXI.

Le Chapitre *du Rang* est ainsi appellé, parce qu'il y est dit que Dieu aime *ceux qui combattent en rang & en file pour sa Loi*, semblables à une forte muraille. Il contient 14. versets, & a été écrit à la Mecque. Mahomet y parle de Moyse, envoié de Dieu pour conduire les Juifs dans le chemin du salut, mais qui en a été méprisé; de Jésus fils de Marie, envoyé aux hommes pour confirmer l'ancien Testament, & pour leur annoncer qu'après lui il viendroit un Prophéte nommé Mahomet. Il y dit que quelques efforts que fassent les Infidéles pour éteindre la lumiére de la foi, Dieu la fera paroître contre sa volonté. Enfin il recommande à ses sectateurs de croire en Dieu & à son Prophéte, & d'employer leurs biens & leurs personnes pour combattre pour sa Loi, comme un moien sûr d'éviter l'Enfer, & d'être vainqueurs de leurs ennemis.

§. LXII.

Ce Chapitre contient 11. versets, & a été écrit à Médine. Mahomet y fait souvenir les Arabes ses compatriotes de la grace que Dieu leur a faite de leur envoyer un Prophéte de leur Nation, pour leur prêcher ses commandemens, leur expliquer les Ecritures & les mystéres de la foi. Il se moque ensuite des Juifs, qui se regardent comme les bien-aimés de Dieu, parce qu'il leur a donné l'ancien Testament: mais il leur dit qu'il ne leur suffit pas de le posséder; que si outre cela ils ne pratiquent pas ce qu'il ordonne, ils seront semblables à un âne chargé de Livres, & seront un jour jugés de Dieu très-séverement. Enfin il y recommande à ses fidéles Musulmans la devotion du Vendredi en ces termes: „ Lorsque vous serez appellés à l'assemblée du Vendredi „ pour faire vos priéres, faites vos oraisons, & quittez votre commerce. Lorsque „ vous aurez fini vos priéres, séparez-vous, allez où il vous plaira, & demandez à „ Dieu sa grace ".

C'est pour cette raison qu'on intitule ce Chapitre *de l'Assemblée*.

§. LXIII.

Le Chapitre *des Impies* porte ce nom, à cause de ces paroles qui se lisent au commencement, après la formule ordinaire: „ Lorsque les impies viendront te visiter, ils diront „ qu'ils son témoins que tu es Prophéte, &c. ". Il contient 11. versets, & a été écrit à Médine. C'est une déclamation suivie contre l'hypocrisie & l'obstination de ceux, qui de bouche font profession de croire à l'Alcoran & au Prophéte, tandis qu'ils les détestent dans le cœur; & une exhortation aux fidéles Musulmans de ne pas les imiter.

§. LXIV.

On compte 18. versets dans ce Chapitre, qui a été écrit à la Mecque. On l'appelle le Chapitre *de la tromperie*, parce qu'en parlant ici du jour du jugement, Mahomet dit que ce jour sera celui de la tromperie, & qu'alors on connoîtra ceux qui se sont trompés eux-mêmes, & ceux qui ont trompé leur prochain. Il y exhorte aussi les vrais Croyans à se défier de leurs enfans & de leurs femmes, comme de leurs ennemis. *Les richesses*, dit-il, *& les enfans vous empêchent souvent d'obéir à Dieu.*

§. LXV.

Ce Chapitre contient 18. versets, & a été composé à la Mecque. Il est intitulé *du Divorce*, parce que Mahomet y donne quelques préceptes sur cette matiére.

„ Lorsque vous répudierez vos femmes, dit-il, répudiez-les suivant les ordonnances „ & les Loix, & comptez le tems qu'elles doivent attendre avant que de se remarier. „ Ne les faites pas sortir de leurs maisons, & ne les chassez pas avant le tems ordonné, „ si elles ne sont surprises en adultére. Lorsque le tems qu'elles doivent attendre sera „ fini, retenez-les, ou les quittez avec civilité. Vous prendrez des personnes de vo- „ tre Religion, gens de bien, qui seront témoins de vos actions. Si vos femmes n'es- „ pérent plus d'avoir leurs régles, & qu'elles doutent de s'être trompées dans leur cal- „ cul, elles attendront trois mois avant que de se remarier, si elles ne sont pas nourri- „ ces. Si elles sont enceintes, vous attendrez leur accouchement. Faites habiter celles „ que vous répudierez en vos maisons, ou proche de vous. Ne les maltraitez pas. Si „ elles sont enceintes, donnez-leur ce qui leur sera nécessaire jusqu'à ce qu'elles soient

„ accou-

,, accouchées. Si elles veulent nourrir leurs enfans , vous leur donnerez un honnête
,, falaire , & les traiterez avec civilité & courtoifie. Si cela ne vous agrée pas , vous
,, les ferez nourrir par une autre que vous récompenferez de fa peine. Si vous n'êtes
,, pas riche , vous ferez de la dépenfe felon votre pouvoir. Dieu n'ordonne à perfonne
,, de faire plus de dépenfe, que fon pouvoir ne le permet ".

§. LXVI.

Les Mahométans comptent 12. verfets dans ce Chapitre, qui a été écrit à Médine. Ils
le nomment le Chapitre *de la Défenfe*, parce que Mahomet l'emploie tout entier à pref-
crire à fes femmes certaines Loix. Il leur recommande fur-tout l'obéiffance, l'humilité,
la fidélité, la douceur. Il les y exhorte par l'exemple des femmes de Noë & de Loth, qui
ont été punies, à ce que dit le Prophète des Mufulmans , pour avoir trahi leurs maris.

Outre ces 66. Chapitres, on en compte encore dans l'Alcoran 48. autres , qui avec
ceux-là forment le nombre de 114. Chapitres dont ce Livre eft compofé, comme nous
l'avons dit plus haut. Nous ne donnerons point un extrait détaillé de ces derniers, qui
font prefque tous forts courts, & qui ne contiennent guère que des répétitions de ce
que le Lecteur a déja vu. Nous nous contenterons donc de faire quelques remarques
fur ceux qui nous paroiffent le mériter.

Le Chapitre 68. eft intitulé d'une Lettre de l'Alphabet Arabe, qui felon quelques Docteurs Mahométans, fignifie *la Terre*. D'autres veulent que dans cet endroit elle ne
puiffe fe prendre que pour *la Balaine* qui engloutit Jonas , parce qu'il en eft parlé dans
ce Chapitre. Quelques-uns croient que c'eft le nom de *la Table* , fur laquelle les Anges écrivent les Commandemens de Dieu. Il y en a auffi qui prétendent , que cette
lettre fignifie *une Ecritoire*. Quoiqu'il en foit, le plus grand nombre intitule ce Chapitre
de la Plume, parce qu'il y eft parlé du Livre où eft écrit l'avenir. C'eft-là ce Livre, dans
lequel les Mahométans croient que Dieu a écrit de toute éternité ce qui devoit arriver à chaque homme en particulier ; & c'eft fur ce principe que font fondées les
idées qu'ils ont de la prédeftination. Il en fera parlé dans la fuite.

Dans le Chapitre 71. qui eft intitulé *des Démons* , ou *des Efprits* , Mahomet dit que
quelques Démons ayant entendu la lecture de l'Alcoran , ont reconnu qu'il enfeignoit
le droit chemin, & ont profeffé l'unité de Dieu. Il introduit enfuite quelques-uns
de ces Démons parlant de la forte. ,, Nous fommes montés jufqu'au Ciel : nous
,, l'avons trouvé garni de gardes & d'étoiles. Nous nous fommes arrêtés en un
,, lieu un peu éloigné pour écouter. Il y a une étoile qui prend garde à ceux
,, qui écoutent, & les chaffe, &c ". Peut-on imaginer de plus grandes puérilités?

Le Chapitre fuivant qui eft le 73. eft intitulé *du Timide*, parce que lorfque l'Ange Gabriel apporta ce Chapitre à Mahomet , il eut peur de l'éclat de fa lumière;
ce qui donna occafion à l'Ange de l'apoftropher ainfi : *O Timide ! leve-toi*, au-lieu
qu'ordinairement il s'exprimoit par ces mots, *O Prophète ! &c.*

C'eft pour la même raifon que le Chapitre 74. eft intitulé *de l'Enveloppé* , parce
que lorfque l'Ange l'apporta au Prophète , il fut fi effraié de fa vûe , qu'il fe cacha de
fes vêtemens.

Dans le Chapitre 82. intitulé *de la Rondeur*, il eft dit qu'à la réfurrection des corps
la fille demandera pourquoi on l'a fait mourir. Ces paroles font allufion à une coutume
des anciens Arabes, qui enfeveliffoient leurs filles toutes vives, lorfqu'elles avoient manqué contre leur honneur.

Le Chapitre 89. eft intitulé *de l'Aurore*, parce qu'après la formule ordinaire il commence par ces mots: *Je jure par l'Aurore*. On y trouve la raifon qui a engagé Mahomet à donner ailleurs à Pharaon l'épithète de *faifeur de chevilles*. C'eft parce que,
felon le Prophète des Mufulmans, ce Prince perçoit avec des chevilles les pieds & les
mains de ceux qu'il faifoit mourir.

Le Chapitre 111. eft intitulé *de la corde de Palmier*. En voici la raifon. La femme
d'un certain *Ablheb* jetta un jour par mépris des épines fur le chemin de Mahomet.
Pour s'en venger, le Prophète emploie ce Chapitre à prédire à *Ablheb* que fes richeffes
ne le fauveront pas, & qu'il brulera éternellement dans l'Enfer avec fa femme, *qui porte fon bois fur fon cou lié d'une corde de Palmier.*

En voila affez pour donner une idée nette & exacte de l'Alcoran , & du génie de
fon Auteur.

PRINCIPES

DES

AMERICAINS

SUR LEUR

ORIGINE,

SUR

CELLE DU MONDE,

Dans leur Religion & dans leurs principales Cérémonies, &c.

PRINCIPES

DES
AMERICAINS

SUR LEUR

ORIGINE,

SUR

CELLE DU MONDE,

Dans leur Religion & dans leurs principales Cérémonies, &c.

ON ne doit pas s'imaginer que les Américains, peuples généralement sauvages & vagabonds, se soient jamais accordés à former un systême sur leur origine & sur celle de l'Univers. On trouve cependant parmi quelques-uns d'eux des traditions quoiqu'aussi confuses, que grossiérement imaginées, qui peuvent former une espéce de Théogonie & de Cosmogonie. Voici selon le Pere *Laffiteau* (a) de quelle maniére les Iroquois, qui sont parmi ces Sauvages une nation des plus considérables, racontent leur origine, & celle de la terre.

Dans le commencement, disent-ils, il n'y avoit que six hommes, (les peuples du Brésil, & ceux du Pérou conviennent d'un pareil nombre). Comme il n'y avoit point encore de terre, pour leur servir d'habitation ces six hommes étoient portés dans les airs, au gré des vents. Comme ils n'avoient point de femmes, il falloit nécessairement que leur espéce manquât à leur mort. Mais ils apprirent heureusement qu'il y en avoit une dans le ciel; & il fut résolu que l'un d'eux qu'ils nomment le Loup, s'y transporteroit, s'il en trouvoit le moien. L'entreprise cependant paroissoit impossible, lorsque quelques oiseaux aiant chargé le député sur leurs ailes, lui servirent heureusement de voiture pour arriver au ciel. Il n'eut garde d'y entrer, il étoit trop avisé pour cela. Ainsi aiant apperçu près des avenues de ce séjour une fontaine, il se cacha un peu, ne doutant pas que la femme céleste n'y vînt puiser de l'eau. Il ne fut pas trompé dans son attente: elle y vint peu de temps après; & le galant l'aiant abordée, & lui aiant fait quelques présens, (on ne sçait pas trop ce qu'il put lui donner) il s'en fit aimer & en obtint les dernieres faveurs. Le maître du ciel s'en étant apperçu quelque temps après, la chassa du ciel, comme indigne d'un pareil séjour; & une tortue la reçut sur son dos. Lorsqu'elle fut descendue en bas, la Loutre & quelques autres poissons puiserent dans le fond de l'eau de la boue & de la vase, dont ils environnérent le corps de la tortue & formérent par ce moien une petite Isle, qui s'aggrandit peu-à-peu. Voilà selon ces Sauvages quelle fut l'origine de la terre. Du commerce que cette femme avoit eu avec le député nâquirent deux enfans, dont l'un qui avoit des armes offensives, tua son frere qui n'en avoit point. Dans la suite cette même femme eut d'autres enfans des deux sexes, d'où sont sortis tous les autres hommes.

II

(a) *Mœurs des Sauvages de l'Amérique.* T. i. p. 43. de l'Ed. in-4o.

Il n'eſt pas difficile de juger que cette tradition, quelque défigurée qu'elle ſoit, eſt ſans doute un reſte de la première hiſtoire du monde; d'Eve chaſſée du paradis terreſtre pour ſa déſobeïſſance, & du meurtre d'Abel par Caïn. Car enfin, il n'eſt pas impoſſible que les Sauvages ſortis des autres hommes, quoique confinés dans un païs ſi éloigné de celui de leurs premiers peres, aient conſervé un ſouvenir qu'ils ont bien pu altérer, mais non pas effacer totalement de leur mémoire.

Quoiqu'on ne connoiſſe pas auſſi exactement les traditions des autres peuples de l'Amérique, il y a bien de l'apparence qu'ils penſoient la plupart ſur leur origine à peu près comme les Iroquois, puiſque les peuples du Pérou & ceux du Bréſil convenoient qu'il n'y avoit eu d'abord que ſix hommes, comme on vient de le dire.

Mais ce n'eſt pas ſeulement par leur coſmogonie que ces Sauvages conviennent avec d'autres peuples de notre continent, puiſque celles des Phéniciens & des Chaldéens en approchent aſſez; ils leur reſſemblent encore plus par leurs fables. Ils croient, par exemple, que la pluie tiroit ſon origine d'une jeune fille qui habitoit au milieu des nues, où elle s'amuſoit à badiner avec ſon frere. Celui-ci ne manquoit pas de lui caſſer ſa cruche qui étoit pleine d'eau, & d'abord la pluie tomboit ſur la terre. Rien certainement ne reſſemble tant aux Nymphes des fontaines & aux Dieux des fleuves, qui verſent ſans ceſſe de l'eau de dedans leurs urnes. Ces Sauvages d'ailleurs croioient comme les Grecs, qu'il y avoit des Dieux qui habitoient dans les fleuves & dans les lacs; & dans une de leurs principales fêtes les peuples du Mexique noioient ſolemnellement un jeune garçon pour tenir compagnie à ces Divinités des eaux.

On trouve encore d'autres reſſemblances entre les fables adoptées par ces peuples & celles des habitans de notre continent, ainſi qu'il paroîtra dans la ſuite. Diſons ſeulement ici, 1. Que ſelon les traditions du Pérou l'Ynca Manco-Guina-Capac, fils du ſoleil, trouva le moien de retirer du fond des forêts les habitans du païs qui y vivoient à la manière des bêtes, & les raſſembla dans une ville où il les obligea de ſe ſoumettre aux loix qu'il y établit. Orphée en fit autant des Grecs, & il paſſoit auſſi pour être le fils d'Apollon. Il eſt ſingulier, remarque un Auteur ingénieux (a) que les imaginations de ces deux peuples ſi éloignés les uns des autres ſe ſoient accordées à croire fils du ſoleil ceux qui avoient des talens extraordinaires. 2. Si les Grecs & nos anciens Gaulois avoient un reſpect religieux pour les arbres qu'ils croioient être le ſéjour des Dryades & des Hamadryades, les Abenaquis, ainſi que le rapporte le Pere *Laffiteau* (b) avoient un arbre conſacré, duquel ils racontoient pluſieurs merveilles, & qu'on voioit toujours chargé d'offrandes & de préſens. On ſçait auſſi qu'en général les Américains avoient des bois ſacrés, à peu près comme les autres Idolâtres de notre continent. 3. Pour ce qui concerne les ſortiléges, les évocations & les enchantemens, les Peuples du nouveau Monde reſſemblent entierement à ceux de l'ancien. 4. Même croiance chez les uns & chez les autres au ſujet des Génies bienfaiſans ou nuiſibles, répandus dans les airs; mêmes ſacrifices pour apaiſer les derniers lorſqu'on les croioit irrités, & même négligence pour le culte de ceux qu'on croioit ne pouvoir nuire. 5. Pour ce qui eſt des Fêtes & des cérémonies Religieuſes qui les accompagnent, qu'on liſe l'Auteur que je viens de citer, & on verra combien elles avoient de rapport avec celles de notre monde, ſur-tout avec les Orgies & quelques autres. 6. Quant à l'immortalité de l'ame & à ſon état après la mort, les Américains ont penſé à peu près comme les Grecs. Ils croioient en effet que les ames de ceux qui avoient mené une vie déreglée, alloient habiter dans certains lacs bourbeux & marécageux, aſſez ſemblables par les deſcriptions qu'ils en font au Styx & à l'Acheron; au-lieu que ceux qui pendant leur vie avoient aimé la juſtice, alloient dans des lieux agréables, tels que les Champs Eliſées. 7. Dans leurs funérailles, & dans les devoirs qu'ils rendent aux morts, les Sauvages de l'Amérique ne différent pas beaucoup des Grecs & des Romains. Ils ont comme ceux-ci des pleureuſes à gages; font comme eux des feſtins en l'honneur des morts; & ce qui eſt encore plus ſurprenant, ils diſtinguent, comme les Grecs, l'ame de ſon ſimulachre, perſuadés que pendant que l'ame eſt dans le ſéjour délicieux dont on vient de parler, l'ombre erre autour du lieu où le corps eſt enterré. 8. Le feu ſacré, conſervé par preſque toutes les Nations du monde, eſt auſſi l'objet du culte des Américains; & ſi les Perſes, les Grecs & pluſieurs autres Peuples avoient des Temples de figure ronde deſtinés à la garde de ce feu, dans la Louiſiane, les Natchez en ont un où une ſentinelle veille ſans ceſſe à la conſervation du feu ſacré, qu'on ne laiſſe jamais

étein-

(a) M. de Fontenelle, *Origine des Fables.*
(b) *Lieu cité*, Tome I. page 149.

éteindre. Dans chaque bourgade même, fur-tout chez les Iroquois & les Hurons, le lieu des affemblées publiques eft remarquable par le feu qu'on y entretient avec foin; & perfonne n'ignore, pour peu qu'il ait lu les rélations de l'Amérique, que les Temples étoient & en grand nombre, & extrêmement refpectés dans le Pérou, fous le regne des Yncas. 9. Mais ce qui eft encore plus furprenant, eft que dans le même païs, il y avoit des Communautés de filles deftinées au fervice du Soleil, qui eft le feu par excellence, dont les loix, fuivant *Garcilaffo de la Vega* (a) qui étant de la race des Yncas, pouvoit être bien inftruit de leurs ufages, étoient femblables à celles des Veftales Romaines, & les châtimens pour celles qui péchoient contre le vœu de chaftteté que les unes & les autres étoient obligées de faire, précifément les mêmes; car au Pérou, comme à Rome, on les enterroit toutes vivantes. Ceux qui les avoient féduites étoient punis au Pérou plus féverement qu'à Rome, puifque le fupplice qu'on leur faifoit fouffrir, s'étendoit non feulement fur toute leur famille, mais encore fur le lieu de leur naiffance, dont on faifoit punir tous les habitans. 10. Les Américains avoient ainfi que les Idolâtres de notre continent des Idoles fouvent monftrueufes, comme celles des Egyptiens, ou chargées de fymboles, affez femblables à celles que nous nommons *Panthées*. Ils en avoient qui reffembloient à celles de Priape & de quelques autres Dieux, comme on peut s'en convaincre en jettant les yeux fur les figures qu'en a fait graver le Pere *Laffiteau* d'apres les Voïageurs. 11. La coutume de facrifier dans des lieux élevés, ufage fi ancien, & tant de fois reproché par les Prophétes aux Ifraëlites qui donnérent fouvent dans cette fuperftition, étoit auffi pratiquée par les Américains. On n'a pour s'en convaincre qu'à lire la rélation du Sieur de Rochefort (b) dans l'endroit ou il parle de la montagne d'Olaim, fur laquelle les Apalachites, Peuples de la Floride, vont tous les ans facrifier au Soleil, dans une caverne qui fert de Temple à ce Dieu. 12. Le refpect des Américains pour des Idoles, qui ne font que de pierres informes, ou quelquefois des efpéces de colonnes de figure conique, prouve encore que leur idolâtrie reffemble à celles des Anciens, qui avant qu'on eût inventé l'art de la fculpture, rendoient un refpect religieux, ou à de fimples pierres, ou à des colonnes, ou à une fimple épée, comme les Scytes. 13. Les facrifices des Sauvages du nouveau Monde étoient d'abord tres-fimples, comme ils l'étoient parmi les premiers Idolâtres de notre continent; & cette fimplicité dure encore parmi quelques-unes de leurs Nations. L'on fe contente d'offrir à ces Dieux les fruits de la terre, ou de leur faire des libations avec de l'eau. D'autres fe contentent de jetter dans le feu quelques feuilles de tabac en l'honneur du Soleil, ou dans les fleuves ou les rivieres, pour apaifer les Génies qu'ils croient y préfider. Les Caraïbes offrent la *caffave* & *l'ouicou*, c'eft-à-dire, leur pain & leur boiffon, aux Dieux qui veillent à la confervation de ces plantes, à peu près comme les Grecs & les Romains facrifioient à Bachus & à Cérès. Mais comme dans l'Amérique, ainfi que parmi nous, cette premiere fimplicité ne dura pas toujours, les Sauvages qui l'habitent pousférent, comme dans notre continent, la fureur & la barbarie jufqu'à immoler aux Dieux des victimes humaines, fur-tout dans le Mexique. La rélation du Sieur le Moyne nous apprend auffi, que dans la Floride on offroit en facrifice les enfans au Soleil, comme les Ammonites les immoloient, quoique d'une maniere différente, à *Molock*, qui repréfentoit le même Dieu. 14. Dans l'un & dans l'autre continent, les facrifices ont toujours été accompagnés de danfes, de feftins, & d'autres réjouiffances.

Mais pour bien faire connoître la Religion, & les cérémonies fuperftitieufes des Peuples de l'Amérique, nous devons entrer dans un plus grand détail, en fuivant toujours dans cette premiere Partie l'Auteur que nous avons deffein d'abréger; comme dans la feconde, on rapportera le précis de la plupart des rélations de ceux qui ont voïagé dans le nouveau Monde.

Ceux qui ont voïagé dans l'Amérique, ont porté des Peuples qui l'habitent des jugemens bien différens, mais également faux. Les uns ont regardé les Sauvages comme des efpéces de bêtes brutes qui n'avoient aucun fentiment de religion, nulle idée de bienféance, ni de vertu. Les autres, parmi lefquels eft la *Hontan*, leur ont prêté des raffinemens en matiére de Religion, & leur font tenir des difcours fi fubtils & fi profonds fur la Divinité, qu'à peine nos plus grands Métaphyficiens en feroient capables. Mais les Sauvages de l'Amérique ne font ni auffi fubtils que le prétendent les derniers, ni auffi groffiers que le veulent les premiers. Ils raifonnent peu en matiére de Religion:

(a) *Hift. des Yncas. L. 4. c. 1.*
(b) *Hiftoire des Ifles Antilles.*

gion: mais à l'exemple des autres Peuples ils en ont quelque teinture, une connoiſſance quoique confuſe d'un Etre ſupérieur à eux, qui peut leur faire du bien & du
mal, leur procurer ou leur refuſer d'abondantes récoltes, &c. & il n'y en a aucun
d'eux qui n'ait mis en uſage quelque pratique, ou pour l'appaiſer quand ils le croioient
courroucé, ou pour ſe le rendre favorable; & je ne ſçache pas qu'on ait encore trouvé
dans toute la Terre aucune ſociété d'hommes, qui n'ait eu ſes principes de Religion.

Envain les Athées prétendent s'autoriſer dans leur incrédulité, en ſe perſuadant que
les Peuples barbares n'ont d'eux-mêmes aucun ſentiment de Religion, & que l'origine
du Culte Divin ſe doit à l'induſtrie des Légiſlateurs, qui profitèrent de leur groſſiereté
& de leur ſotte crédulité, pour leur perſuader des choſes capables de retenir leurs eſprits par la crainte; mais que les Philoſophes & les gens d'eſprit, dans leſquels ils s'ef-
forcent de trouver un Athéiſme raffiné, n'ont eu garde de croire, quoiqu'ils parlaſſent
eux-mêmes de la Religion dans les plus beaux termes.

C'eſt penſer & parler gratuitement de ces Philoſophes; au-lieu qu'on devroit en
juger par les raiſons qu'ils nous rendent ſenſibles. „ C'eſt un témoignage aſſuré &
„ infaillible de la vérité d'une choſe, quand tout le monde univerſellement la croit
„ vraie, diſent *Cicéron* & *Séneque*. Tel eſt le ſentiment de la Divinité, qui eſt pro-
„ fondément gravé dans tous les cœurs, car il n'y a pas une ſeule Nation, quelque
„ barbare, & quelque dépourvue de loix, ou de mœurs qu'elle puiſſe être, qui ne
„ croie qu'il y a des Dieux ".

Les Voiageurs auroient tenu un langage bien différent, s'ils euſſent été moins preſſés de donner des rélations au Public. Le premier coup d'œil eſt trompeur; & c'eſt
pourtant ſur ce prémier coup d'œil qu'ils ont jugé, ſans ſe donner la peine d'aprofondir
les ſujets. Il auroit fallu d'abord poſſéder les Langues du païs, avoir de fréquentes &
de longues conférences avec les Prêtres & les autres Miniſtres de la Religion, & ne
point dire d'abord, comme ils ont fait, ou que quelques-uns de ces Peuples n'en avoient
point, ou ſur les moindres rapports juger que celle de quelque Peuple reſſembloit à
celle des habitans de notre continent.

Tout le fond de la Religion ancienne des Sauvages de l'Amérique (c'eſt toujours
le P. *Laffiteau* qui parle) eſt le même que celui des Barbares, qui occupèrent en prémier lieu la Grèce, & qui ſe répandirent dans l'Aſie, le même que celui des Peuples
qui ſuivirent Bachus dans ſes expéditions militaires, le même enfin qui ſervit de fondement à toute la Mythologie Païenne & aux fables des Grecs. Sur cette idée je crois pouvoir établir le ſyſtême de Religion des Sauvages de l'Amérique, dont je vais maintenant montrer la conformité avec cette Religion ancienne.

Dieu s'étoit trop manifeſté à nos prémiers Pères, pour qu'ils puſſent le méconnoî-
tre, & le laiſſer ignorer à leur poſtérité. Il ne s'étoit pas contenté de ſe peindre à
leurs yeux dans la beauté de ſes ouvrages, & de leur parler au cœur par le témoignage
de leur conſcience: il ſe montra encore à eux autant que Dieu peut ſe rendre ſenſible,
les inſtruiſant ou par lui-même, ou par le miniſtère de ſes Anges, liant avec eux converſation comme d'homme à homme, ainſi que l'Ecriture ſainte nous le repréſente,
s'entretenant avec Adam & les autres Patriarches de l'Ancienne Loi. C'eſt dans ces
ſortes de communications qu'il voulut bien leur ſervir de Maître, leur enſeignant, non-
ſeulement tout ce qui concernoit la dignité de ſon Etre & l'honneur qui devoit lui être
rendu; mais s'ouvrant encore à eux ſur les points eſſentiels des Myſtères de la Foi,
ſur les eſpérances qu'il leur donna d'une éternité heureuſe; leur promettant un Libéra-
teur qui leur ouvriroit les portes du Ciel, qui remédieroit au mal qu'avoit fait le péché,
& leur montrant la route qu'ils devoient tenir dans la pratique des vertus, pour ne pas
s'écarter de la fin qu'il leur propoſoit.

Ainſi les hommes eurent d'abord des idées claires de Dieu, autant que le permettoit
l'état de voiageurs où nous ſommes. Ils eurent auſſi un culte réglé, dont Dieu même leur avoit ſans doute dicté les Loix, deſquelles ils ne devoient point ſe départir.
Ces idées de Dieu & ce culte furent aſſez long-tems purs & ſans mélange, ſelon les
apparences; & malgré la dépravation du cœur des hommes, avant & après le Déluge,
Dieu fut connu & honoré: mais ces idées ſi ſaintes & ſi pures s'altérèrent beaucoup
dans la ſuite, & dégénérèrent en une idolâtrie auſſi groſſiere qu'abſurde. Ce n'eſt pas
ici le lieu d'en examiner ni l'origine, ni les progrès: il ſuffit de ſçavoir qu'à la découverte du Nouveau Monde, elle étoit montée au plus haut point d'abſurdité. On a
remarqué cependant par tout, que malgré l'égarement de l'eſprit humain, & la multitude des Dieux qu'on adoroit, les Peuples les plus ſauvages de l'Amérique en reconnoiſſoient un ſupérieur aux autres: reſte de l'ancienne Tradition.

A

A cette idée répond parfaitement la leur au sujet de l'Etre Suprême. Chez les Peuples du Pérou, par exemple, le *Pachacamac*, ou l'Etre suprême, & le *Viracocha* qui est le Dieu Créateur : les mêmes vestiges se voient également chez toutes les Nations qui passent pour barbares. Généralement toutes celles de l'Amérique, soit errantes, soit sedentaires, ont des expressions fortes & energiques, qui ne peuvent marquer qu'un Dieu. Elles le nomment *le grand Esprit*, quelquefois le Maître & l'Auteur de la vie. Il n'est pas jusqu'aux Outaouas, lesquels entre tous ces Peuples paroissent les plus brutes & les moins spirituels, qui dans leurs invocations & leurs apostrophes, ne le nomment le Créateur de toutes choses.

Quelques Nations semblent même être persuadées, que cet Etre Supérieur leur parle en quelque sorte par le bruit de son Tonnerre qu'il fait gronder sur leurs têtes. Jean de Laet dit que les Américains Méridionaux donnent au tonnerre un nom dans leur Langue, lequel rendu dans la nôtre signifie *la voix* ou *le son de la suprême Excellence*. En effet ceux qui ont les prémiers voyagé vers ces contrées, disent que quand ils parloient de Dieu à ces Barbares, & qu'ils vouloient leur en donner une idée, ils les entendoient se dire les uns aux autres, c'est *Toupan*, terme qui est le même dont ils se servent pour signifier le Tonnerre.

Culte du Soleil.

DAns la Théologie Hieroglyphique des Anciens, le Soleil, avant même les erreurs du Sabaïsme, fut regardé comme le symbole de Dieu le plus expressif. Il fut aussi le prémier des ouvrages de Dieu qui attira l'attention des hommes, & dans lequel ils se proposerent d'honorer le Souverain Maître, lequel ne pouvant tomber sous les sens, leur devenoit en quelque sorte sensible dans ce Globe qui paroît animer le monde, & porter par-tout une heureuse fécondité, en dispersant les tresors de chaleur & de lumiére, qui sortent de son sein, comme de leur source. Le Soleil a été tellement le symbole hieroglyphique de la Divinité chez toutes les Nations, que tous les noms, qu'on donnoit aux Dieux du Paganisme, se rapportent au Soleil : de sorte que cet astre étoit en même tems Cœlus, Saturne, Jupiter, &c. ce que Macrobe & quelques savans Mythologues après lui ont très-bien prouvé.

Le Soleil est la Divinité des Peuples de l'Amérique, sans en excepter aucun de ceux qui nous sont connus. Ce n'est pas seulement au Pérou que le Soleil étoit honoré d'un culte particulier, & que les Rois le regardoient comme l'auteur de leur origine.

Outre le culte que les Sauvages rendent au Soleil, ils reconnoissent encore plusieurs Esprits ou Génies d'un ordre inférieur, que les Iroquois nomment *Hondat-Kin-Sona*, c'est-à-dire, *Esprits de toutes sortes*. Le nombre n'en est point déterminé : leur imagination leur en fait voir dans toutes les choses naturelles, mais encore plus dans celles dont les ressorts leur sont inconnus, qui sont extraordinaires, & qui ont quelque air de nouveauté.

Quoiqu'ils leur donnent en général le nom d'Esprit d'*Okki*, ou de *Manitou*, qui leur sont des noms communs avec le prémier Etre, ils ne les confondent pourtant jamais avec cet Etre Supérieur, & ne leur donnent jamais certains noms particuliers qui le désignent lui seul, tels que sont les noms *Chemin*, *Areskoui*. Ces Esprits sont tous des Génies subalternes ; ils reconnoissent même dans la plûpart un caractére mauvais, plus porté à faire du mal que du bien. Ils ne laissent pas d'en être les esclaves, & de les honorer plus que le grand Esprit qui est bon : mais ils les honorent par un effet de cette crainte, qui a le plus contribué à maintenir la superstition & l'idolatrie.

On trouve encore parmi eux un reste du prémier culte des Payens pour les lieux élevés, pour des pierres coniques, & pour les bois consacrés, comme les chênes des forêts de Dodone, ou comme ceux qu'honoroient les Druydes.

Le Sieur de *Rochefort* dans sa digression sur les Apalachites, Peuples de la Floride, fait une description magnifique de la montagne d'Olaïme. C'est, dit-il, une montagne consacrée au Soleil, d'une figure parfaitement ronde, très-haute, & d'une pente extrêmement roide. On y monte en tournoiant par un chemin assez large, qui a des reposoirs en plusieurs endroits pratiqués dans le roc en forme de niches. Vers le sommet, & du côté de l'Orient, se trouve une caverne que la nature semble avoir formée exprès pour y servir du Temple ; & c'est-là que quatre fois l'année, c'est-à-dire,

au

au tems des deux semailles, & des deux moissons, toute la Nation des Apalachites se rendoit avec les Jouas, qui sont leurs Prêtres, pour y célébrer des fêtes à l'honneur du Soleil. Rien ne représente plus naturellement que le fait cette description, la methode antique d'offrir des sacrifices sur les lieux hauts. Cette caverne a tout le goût de l'antiquité la plus reculée, & nous met comme sous les yeux les antres consacrés à Apollon, à Bachus, & aux autres Divinités dans le Pinde, dans le Parnasse, l'Olympe, & généralement dans toutes les montagnes consacrées par les exercices de Religion.

Une relation manuscrite d'un Prêtre du Séminaire des Missions Etrangeres porte que dans le Temple des Natchez, Peuple de la Louisiane, on conservoit très-précieusement une de ces pierres coniques dont je viens de parler. Elle étoit enveloppée de plus de cent peaux de chevreuil mises les unes sur les autres. Un Voyageur avide & ignorant croyant y trouver quelque trésor, enivra la Garde du Temple, & profita du tems de son ivresse pour visiter ce qui étoit caché sous un si grand nombre d'enveloppes. Il fut bien mortifié, ne trouvant qu'une pierre pyramydale : mais le récit qu'il a fait de cette avanture nous a découvert un autre trésor qu'il ne cherchoit pas, en nous faisant voir une Divinité des premiers tems du Paganisme, couverte des peaux des victimes qui lui étoient offertes. Nous avons plusieurs témoignages des Auteurs, qui nous assurent que les Amazones & plusieurs Peuples de l'Orient n'avoient dans leurs Temples que de ces sortes de pierres coniques, pyramydales ou uniformes, qui leur représentoient la Divinité. En quoi l'Idolatrie des uns & des autres se ressemble assez.

Les Abenaquis qui habitent sur les côtes de la nouvelle France, entre la nouvelle Ecosse & la nouvelle Angleterre, ont eu un arbre célèbre dont ils racontent plusieurs merveilles, & qui étoit toujours chargé de leurs vœux. Cet arbre étoit extrêmement vieux, & la mer aiant beaucoup miné les terres, il s'étoit soutenu pendant plusieurs années contre la violence des flots, ce qui servoit à entretenir l'idée qu'il y avoit en lui quelque chose de divin ou qui tenoit du prodige : il tomba néanmoins à la fin. Les descendans de ces Sauvages qui aujourdhui font tous profession du Christianisme, disent que leurs ancêtres furent extrêmement surpris de cette chûte, qu'ils avoient cru impossible ; mais que malgré cet accident, ils ne laisserent pas de conserver un respect religieux pour cet arbre renversé, & toutes les fois qu'ils passoient par cet endroit, ils attachoient encore des offrandes au bout des branches qui s'élevoient sur la surface des eaux. Le Sieur de *Lart* (a) nous apprend que les peuples du Bresil tâchent d'appaiser leurs Dieux, en plantant un pieu en terre & y mettant au bas quelques offrandes. Tous les Sauvages ont des monumens à peu près semblables. Pour ce qui est des Statues & des Idoles, outre celles qui étoient adorées dans le Pérou & dans l'Empire du Mexique, il y en avoit encore dans quelques Temples des Nations des Indes Espagnoles & dans ceux de la Virginie. Parmi ces Idoles il y en avoit de symboliques, qui étoient des composés monstrueux, ou des figures horribles, sous lesquelles le Démon, disoient-ils, s'étoit souvent apparu à eux, & qu'ils honoroient par crainte (b). D'autres n'étoient que des figures grossiéres d'hommes ou de femmes. En quelques endroits ces Idoles n'étoient que de petits marmousets de cotton ou de bois, que les peuples superstitieux conservoient avec vénération, ou bien les ossemens de leurs Chefs & de leurs Devins, selon le témoignage d'Antoine Ruis (c). Ce qui paroîtra plus surprenant, est qu'il y en avoit aussi qui adoroient des Priapes & les Phalles célèbres par les mystères de Bacchus, & qui en portoient des figures pendues au cou (d). On peut dire néanmoins en général, que le grand nombre des Peuples Sauvages n'a point d'Idoles, & qu'ils n'ont pas donné dans cet excès comme l'aveugle Antiquité, ou les Nations des Indes Orientales : mais en matiére d'autres superstitions, elles vont toujours en croissant parmi eux, & ils en ont poussé aussi loin l'extravagance & la grossiereté, que les Nations les plus infatuées du paganisme.

De la Pyrolatrie, ou du culte du Feu.

La Pyrolatrie, c'est-à-dire, le culte du Feu, étoit répandue, non-seulement dans le
Pérou

(a) *Hist. Occid. Indiæ*, Lib. XV. Cap. 2.
(b) *Du Tertre*, Traité VII. Cap. 1.
(c) *Ant. Ruis. Conq. Espiriu. del Paraguai, &c.*
(d) *Lopès de Gomara*, Lib. III. Cap. 21.

Pérou & dans le Mexique, mais encore chez les Peuples les plus sauvages ; on y a-voit des espéces de Pyrées & de Prytanées, c'est-à-dire des lieux destinés à conserver le feu sacré, ainsi que les anciens Perses, les Cappadociens, les Grecs & tous les au-tres Peuples qui adoroient Vesta ; cette Déesse au raport d'Ovide n'étant autre chose que le feu :

(a) *Nec tu aliud Vestam, quàm vivam intellige flammam.*

Ils avoient aussi comme les Romains des Vestales assujetties aux mêmes Loix & aux mêmes châtimens, comme nous le dirons dans la suite.

Je ne sai au reste si jamais les Iroquois & les Hurons ont eu des Temples. Il n'en paroît aujourdhui aucun vestige, non plus que dans les anciennes Rélations: mais le feu de leurs foiers dont les Anciens avoient fait leurs Dieux domestiques, leur tient lieu d'autels, & leurs cabannes de Conseil leur servent de Temples : elles ne différent en rien des Prytanées des Grecs ou des Curies Romaines. Dans leurs expressions mé-taphoriques, le feu de Conseil a quelque chose de tres-sacré: il est censé toujours allu-mé: il est même comme le symbole de toutes les affaires qui ont connéxion avec la Religion & le Gouvernement. Mais tous ces articles que nous ne faisons que toucher ici légerement, seront traités dans la suite plus en détail.

Les Oumas, Peuples de la Virginie & de la Floride, ont aussi des Temples, & à peu près les mêmes devoirs de Religion. Ceux de la Virginie y ont même une Idole qu'ils nomment *Oki* ou *Kiouasa*, laquelle veille à la garde des morts. Personne n'igno-re, combien les Temples du Pérou étoient célébres sous le régne des Yncas: mais ce qui doit causer de l'admiration, ce sont les Communautés de Vestales qu'ils avoient fondées, avec des Loix à peu près semblables, & plus sévéres encore que celles des Vestales Romaines. (b) L'Ynca *Garcilasso de la Vega*, dans l'histoire qu'il nous a laissée des Rois ses Aieux, écrit, qu'ils avoient établi des Communautés de filles, obli-gées à vouer une virginité perpetuelle, & à se consacrer au Soleil en qualité d'epou-ses. Dans Cusco Capitale de leurs Etats, il y avoit plus de 200. de ces Vierges ren-fermées, qui gardoient une cloture si étroite, que non seulement elles ne pouvoient sortir, mais que pas un homme n'étoit si hardi, que d'oser en approcher. Le Souve-rain lui-même, quoiqu'au-dessus de la Loi, s'abstenoit de leur rendre visite, pour don-ner l'exemple à ses Sujets du respect qu'ils leur devoient. On n'admettoit dans ce-lui-là que des filles de la race du Soleil, pour lui donner des epouses dignes de lui ; & on les lui consacroit avant l'âge de 8. ans, pour s'assurer qu'on les lui pré-sentoit pures.

Les Temples du Mexique, & le feu qu'on y consacroit, n'étoient pas moins célé-bres que ceux du Pérou. Ces Temples avoient de grands appartemens destinés pour des Vierges qui les désservoient. On y mettoit toutes les filles généralement dès qu'elles avoient atteint l'âge de 12. à 15. ans. Ces filles n'y étoient quelquefois que pour un an, & quelquefois pour toute leur vie: quand elles étoient âgées, elles devenoient les maîtresses des autres.

Pierre le Martyr rapporte, que quelques Isles de l'Amérique ne sont habitées que par des femmes, & quelques Voyageurs ajoutent, qu'à l'exemple des Druydesses, elles ne s'appliquent qu'aux affaires de Religion.

On ne peut point assurer en général, que tous les Peuples de l'Amérique ayent eu leurs Vestales : mais on sait que les Iroquois en ont certainement qu'ils nomment *Jeouinnon*, & qui étoient Vierges par état. Je ne puis pas dire quelles étoient pro-prement leurs fonctions de Religion. Tout ce qu'on sait, est qu'elles ne sortoient ja-mais de leurs cabannes ; qu'elles s'y occupoient à de petits ouvrages, uniquement pour s'occuper. Le Peuple leur portoit du respect, & les laissoit tranquilles. Un petit gar-çon choisi par les Anciens, & qui étoit comme le *Camillus*, ou *Casmilus* des Payens, leur portoit les choses nécessaires: mais on avoit soin de le changer, avant que l'âge eût pu rendre ses services suspects.

Des Sacrifices.

Après la Pyrolatrie, ou le culte du feu sacré, qui étoit un culte permanent, & comme

(a) Ovid. *Fast.* 6.
(b) Garcilasso, *Hist. des Yncas*, Lib. IV. Cap. 1. & seq.

me le fond de celui de Vesta, ou de la mere des Dieux, viennent les sacrifices qu'on peut regarder comme un culte passager, tels que sont les prieres qui les accompagnent, les offrandes de toute espéce, & les fêtes, lesquelles quoique réglées par la coutume ou par la dévotion, ont leurs momens marqués, & ne durent pas toujours.

Les sacrifices des Sauvages étoient simples, sur-tout dans les commencemens. Quelques animaux pris dans les troupeaux, les plantes, les fruits de la Terre, quelques herbes, quelques racines, dont les hommes faisoient leur nourriture, & qui leur servoient à quelque usage, en étoient la matiere.

Cette simplicité dura long-tems, après même que la Religion eut commencé à être altérée par la superstition. Suivant la méthode antique, les Sauvages offrent encore le bled de leurs campagnes, & les animaux qu'ils ont pris en chassant ; ils jettent du tabac & d'autres herbes dont ils se servent en guise de tabac, dans le feu à l'honneur du Soleil : ils en jettent aussi dans les Lacs & dans les Rivieres à l'honneur des Génies qui y président. La *Cassave* & l'*Ouicou* que les Caraibes exposent sur une espéce d'autel au fond de leurs Cabannes, ou qu'ils mettent devant certains pieux qu'ils enfoncent en terre, sont les présens de Bacchus & de Cérès, leur vin & leur pain, qui sont la matiere de leurs sacrifices. Nos Iroquois exposent quelquefois à l'air, au sommet de leur Cabannes, des branches d'arbre & des colliers de porcelaine, des tresses de leur bled d'Inde, & des animaux même qu'ils consacrent au Soleil. Les Montagnais & les Peuples du Nord elevent au haut des perches des chiens vivans attachés à des nœuds coulans ; & ils les laissent expirer en cet état à l'honneur de leurs Divinités. Les Nations errantes attachent des peaux de bêtes sauvages aux arbres, qu'ils honorent d'un culte religieux. Les Floridiens selon nos prémieres Rélations, élevoient toutes les années au haut d'un poteau la dépouille d'un Cerf, qu'ils remplissoient de toutes sortes de fruits, & qu'ils ornoient de guirlandes & de couronnes champêtres. La maniére néanmoins la plus commune d'offrir des Sacrifices est de jetter dans le feu l'offrande, ou la partie de la victime offerte à la Divinité, après la lui avoir présentée par une espéce de harangue ou de priere.

On ne dit rien du Sacrifice barbare des victimes humaines, dont on a déja parlé ailleurs, ni de leurs Bacchanalles, assez ressemblantes à celles des Peuples de l'ancien monde. Il suffit de remarquer, qu'il n'y a dans l'Amérique presque aucune cérémonie religieuse qui ne soit accompagnée de danses, d'instrumens de musique, & de festins publics, précisément comme chez les Idolâtres de notre monde. Les Iroquois & généralement tous les Sauvages, conservent encore le même caractére dans leurs sacrifices, dans leurs festins, dans leurs danses, dans leur musique, dans leurs acclamations & dans les instrumens dont leur musique est soutenue.

Leur forme de sacrifice ne differe absolument en rien de celle que nous a décrit *Apollonius* de Rhodes. Ce sont les cuisses d'un chevreuil, d'un ours, ou de quelque autre bête sauvage que ce soit, qu'ils jettent au feu, qu'ils couvrent, & qu'ils arrosent de graisse, priant le Soleil d'accepter cette offrande, d'éclairer leurs pas, de les conduire & de leur donner la victoire sur leurs ennemis, de faire croître les bleds de leurs campagnes, & de leur faire avoir une chasse, ou une pêche heureuse ; accompagnant ces sortes de harangues de figures & de métaphores, dont leur stile de Conseil est rempli, & qui portent avec elles tout le goût de l'Antiquité.

Conformité de quelques-unes de leurs Fables avec celles de nos Idolâtres.

Quoiqu'on ne puisse peut-être pas pénétrer si avant les vestiges qui nous restent de la Religion ancienne des Sauvages, quelques-unes de leurs fables désignent néanmoins un Dieu Créateur & un Dieu Réparateur. Mais celle qui a le plus de raport à la Mere des Dieux des Orgies, est cette femme chassée du Ciel dont nous avons déja parlé, & à qui ils rapportent l'origine des hommes. Les Hurons la nomment *Ata entsic* : c'est un nom composé d'*Ata*, qui désigne la personne, & de *Entsic* qui dans la composition signifie un excès de longueur ou d'éloignement de tems & de lieu, ou qui est un superlatif en matiére de bien & de mal. Ce mot d'*Ata* n'est point différent de l'*Ata* ou l'*Att* d'Homere, & de l'*Atté* de l'Evasme des Bacchantes. Cette femme est l'aïeule de *Tharonhiaovagon* leur Dieu, qu'ils supposent être né aussi dans le tems, & avoir vécu parmi les hommes. Mais bien différente de son petit-fils, qui ne cherche qu'à faire du bien, elle est d'un très-mauvais naturel : elle ne se nourrit que de la chair des serpens & des vipéres ; elle préside à la mort ; elle succe elle-même le sang des hommes, qu'elle
fait

fait mourir de maladie & de langueur; elle est la Reine des Manes, qui lui doivent le tribut de tout ce qui a été enseveli avec leurs corps, & elle les oblige à la divertir en danfant avec elle; car ils mettent toute la félicité dans ces danses, qui ayant été un des principaux devoirs du culte religieux, doivent aussi avoir été l'objet de la béatitude.

Ne diroit-on pas en effet, que dans cette femme d'un mauvais naturel qui ne se nourrit que de la chair des serpens, & à qui tous les hommes vont faire hommage après leur mort, on voit cette Eve pécherefse, laquelle écouta trop facilement les discours séducteurs du malin esprit, qui lui parloit par la bouche du serpent, & qui par-là donna entrée à la mort, dont son péché fit à tous ses enfans une nécessité & une loi? Il est remarquable d'un autre côté, qu'ils ne nomment entre leurs Divinités humanisées que cette femme & son fils, ou petit-fils, sans faire aucune mention du Pere, par où il semble qu'ils ont confondu comme les Anciens, l'une & l'autre Vesta, ou pour mieux dire l'une & l'autre *Até*. Le P. *Laffiteau* (a), d'accord en cela avec les Peres de l'Eglise & plusieurs Sçavans de ces derniers tems, prétend que cette fable est un reste de la tradition d'Eve & de sa désobéissance: tradition conservée, quoique fort défigurée, parmi plusieurs Peuples de l'ancien & du nouveau Monde. Mais ce qu'il ajoute de l'idée que ces mêmes Peuples ont eue du serpent, du culte qu'on lui a rendu, est si singulier, qu'il est bien difficile de ne pas croire avec lui, qu'on avoit conservé chez les différentes Nations une idée, quoique confuse, de ce prémier serpent qui séduisit Eve.

Pratiques de Religion observées assez généralement chez différentes Nations de l'Amerique, conformes à celles de quelques Peuples de notre Continent.

La coutume qu'avoient les Tybaréniens de se mettre au lit aux couches de leurs femmes, est une pratique de Religion, qui semble avoir une connéxion naturelle avec le péché originel, & qui paroit être une pénitence pour les parens, instituée pour l'expiation de ce péché. Cette coutume est sur-tout en usage chez les Galibis, les Caraïbes, les Brésiliens, & les autres Sauvages Méridionaux. Les rigueurs de cette pénitence volontaire, qui consiste dans des jeûnes austéres, & dans beaucoup d'autres superstitions commencent dès que leurs femmes se sont déclarées enceintes: mais dès qu'elles sont délivrées de leur fruit, ces aufterités sont beaucoup plus rigoureuses. Car alors le mari suspendant son Hamach vers le toit de la cabane, bien loin de s'y faire traiter avec délicatesse par son épouse, ainsi que quelques Auteurs l'ont écrit, il s'y ensevelit dans la retraite & le silence, & observe un jeûne de six semaines, si rigide, qu'au bout de ce tems-là, il en sort décharné comme un squélette; après quoi il est obligé d'aller tuer un certain oiseau pour sa relevée. C'est ce qu'en a écrit le Sieur *Biet* (b). Le Pere *du Tertre* ajoute, qu'après les quarante jours expirés, ils font un festin à leurs parens & à leurs amis (c) des extrémités des pains de cassave qu'ils ont entamés pendant leur jeûne, & dont selon l'usage, ils ne peuvent manger que le milieu. Avant que de commencer à manger, tous les invités découpent la peau de ce miserable avec des dents d'Acouti, animal dont la chair a le goût de celle du Lapin, & tirent du sang de toutes les parties de son corps, ensorte qu'ils en font, dit-il, un malade réel, d'un malade de pure imagination. Ce n'est pas tout; car après cela ils prennent soixante ou quatre-vingt gros grains de piment, ou poivre d'Inde, le plus fort qu'ils peuvent trouver, & après l'avoir bien broié dans l'eau, ils lavent avec cette eau pimentée les plaies & les cicatrices de ce pauvre malheureux, lequel ne souffre guere moins que si on le bruloit tout vif. Cependant il ne faut pas qu'ils dise un seul mot, s'il ne veut passer pour un lâche & un infâme. Cette cérémonie achevée, on le raméne à son lit, où il demeure encore quelques jours, tandis que les autres vont faire bonne chére, & se réjouir à ses dépens. Son jeûne dure encore l'espace de six mois, pendant lesquels il ne mange ni oiseaux, ni poissons, dans la persuasion où ils sont, que cela seroit mal à l'enfant, & que cet enfant participeroit à tous les défauts naturels des animaux, dont le pere auroit mangé.

Ce jeûne si long & si rigoureux, ne se garde qu'à l'occasion des prémiers nés: ils en

(a) P. 235. Tom. 1. in 12.
(b) Biet, *Voiage de la Terre équinoxiale*, Liv. III. Ch. 13.
(c) Du Tertre, *Hist. nat. des Antil.* Traité VII. Ch. 1. §. 4.

en font quittes à meilleur marché pour les autres qui doivent fuivre. (*a*) *Thevet* affure, que pendant ce tems-là les femmes Bréfiliennes qui ont accouché, font une abftinence plus longue & plus auftére que leurs maris.   Selon le Pére *du Tertre* (*b*), celles des Caraïbes des ifles font traitées avec moins de rigueur.   Je ne fache pas que dans l'Amérique Septentrionale, les maris imitent en ce point ceux de la Méridionale: mais pour ce qui eft de leurs femmes, il eft certain qu'après leurs couches, elles obfervent un régime, qui a tout l'air d'une pénitence.   On plongeoit enfuite les enfans dans l'eau, & on leur donnoit un nom.   Toute la parenté étoit invitée à la cérémonie de nommer l'enfant, & l'on faifoit un feftin, qui étoit peut-être originairement un facrifice.

Il eft conftant qu'il y avoit, & qu'il y a encore quelque chofe d'approchant chez les différentes Nations de l'Amérique, comme on peut s'en affurer par le témoignage de différens Auteurs qui en ont écrit.   Je me contenterai de raporter ce que difent fur cela le Pere du Tertre & le fieur Nicolas Perrot.   Huit jours après les fix mois de ces jeûnes rigoureux, dit le Pére *du Tertre* (*c*), le pére invite un de fes plus intimes amis pour être le Parain de l'enfant, ou une Marraine fi c'eft une fille, qui après avoir banqueté à leur mode, coupent un peu de cheveux au devant de la tête de l'enfant, lui percent le gras des oreilles, l'entre-deux des narines, où l'on paffe deux ou trois fils de coton, de peur qu'elles ne fe rebouchent, & la lévre de deffous.   S'ils croient que l'enfant foit trop foible pour fupporter cette douleur, ils différent jufqu'au bout de l'an, fe contentant de lui couper les cheveux.   Cela fait, ils lui donnent le nom qu'il doit porter toute fa vie.   Ils ne laiffent pourtant pas d'en prendre d'autres: mais celui-là demeure toujours; & en reconnoiffance, le pére & la mére de l'enfant oignent le cou & la tête du Parrain & de la Marraine, avec de l'huile de Palmifte.

Quand un enfant, dit (*d*) *Perrot*, foit mâle, foit femelle, eft parvenu à l'âge de cinq ou fix mois, le pére & la mére font un feftin de ce qu'ils ont de meilleur, auquel ils invitent un Jongleur avec cinq ou fix de fes difciples.   (Ce Jongleur eft ce qu'étoient autrefois les Sacrificateurs.)   Le pére de famille, en lui adreffant la parole, lui dit, qu'il eft invité pour percer le nés & les oreilles de fon enfant, & qu'il offre ce feftin au Soleil, ou à quelqu'autre Divinité prétendue, dont il déclare le nom, la priant d'avoir pitié de fon enfant & de lui conferver la vie.   Le Jongleur répond enfuite felon la coutume, fait fon invocation à l'efprit que le pére a choifi.   On lui préfente à manger & à fes Difciples; & s'il refte quelques mêts, il leur eft permis de les emporter avec eux.   Quand on a fini de manger, la mére de l'enfant met devant les conviés des pelleteries, des chaudiéres, ou d'autres marchandifes, & remet fon enfant entre les mains du Jongleur, qui le donne à tenir à un de fes Difciples.

Après avoir fini fa chanfon à l'honneur de l'efprit invoqué, il tire de fon fac un poinçon plat, fait d'un os, & une groffe aléne.   Du poinçon il perce les deux oreilles de l'enfant, & de l'aléne il perce le nés. Il remplit les cicatrices des deux oreilles avec de petits rouleaux d'écorce, & dans le nés il met un petit bout de plume, qu'il y laiffe jufqu'à ce qu'il foit guéri avec un certain onguent, dont il le penfe.   Quand il eft guéri, il y met du duvet de Cigne, ou d'Outarde.

Les féparations des femmes & des filles au tems de leurs ordinaires, & leurs purifications, qui étoient en ufage chez les Gentils, comme chez les Juifs, ont eu encore la Religion pour principe, & paroiffent avoir été établies comme des remédes au péché.   Elles font très rigoureufes en Amérique (*e*), où on leur fait des cabanes à part, comme à ceux qui étoient attaqués de la lépre parmi les Juifs.   Elle paffent alors pour être fi immondes, qu'elles n'ofent toucher à rien, qui foit d'ufage. La prémiere fois que cela leur arrive, elles font trente jours féparées du refte du Peuple; & chaque fois on éteint le feu de la cabane d'où elles fortent, on en emporte les cendres, qu'on jette hors du Village, & on allume un feu nouveau, comme fi le prémier avoit été fouillé par leur préfence.   Chez les Peuples qui habitent les bords de la Riviére de la Plata, on les coud dans leur hamach, comme fi elles étoient mortes (*f*) fans y laiffer qu'une petite ouverture à la bouche pour ne leur pas ôter l'ufage de la refpiration.   Elle reftent dans cet état, tandis que cela dure; après quoi elles entrent dans les épreuves par où
doi-

<hr>

(*a*) Thevet, *Cofmogr. univ.* Liv. XXI. Ch. 5. p. 916.
(*b*) Du Tertre, *Ibid.*
(*c*) Du Tertre, *Ibid.*
(*d*) *Mémoires manufcrits* de N. Perrot.
(*e*) La Poterie, *Hift. de l'Amériq. Sep.* Tom. III.
(*f*) Antonio Ruis, *Conquift. efpiritual del Paraguai,* ff. 10.

doivent paſſer toutes celles qui ont atteint l'âge de puberté. Pluſieurs Idolâtres des Indes Orientales pratiquent ſuivant Tavernier & d'autres Voiageurs le même uſage.

Des Initiations.

Si quelque choſe eſt capable de prouver la conformité des pratiques Religieuſes des Peuples de l'Amérique avec ceux de notre Continent, c'eſt l'article qui regarde les Initiations. On ſçait que les Grecs, les anciens Perſes, & d'autres Peuples encore avoient introduit dans leur Religion pluſieurs myſtéres, pour leſquels ils avoient un grand reſpect: tels étoient entr'autres ceux de Samothrace, les Orgies, ceux d'Eleuſis, ceux de Mythras, & quelques autres. Quoique les Anciens qui en ont parlé, aient obſervé un ſilence religieux ſur les cérémonies qui ſe pratiquoient dans ces myſtéres, ils en ont aſſez dit pour ne pas nous laiſſer ignorer les pratiques des Initiations auxquelles il falloit ſe ſoumettre, pour y participer.

Ces Initiations demandoient un aſſez long eſpace de tems, & pluſieurs épreuves également gênantes & pénibles. On étoit obligé de paſſer par deux états, dont le premier étoit un état d'expiation, & le ſecond, un état de ſanctification & de perfection. Je n'ai pas deſſein de m'étendre ſur toutes les pratiques qu'il falloit obſerver, pour être reçu à ces myſtéres. Celles qu'on étoit obligé d'obſerver pour ceux de Mythras, étoient ſi longues & ſi dangereuſes, qu'il en coûtoit quelquefois la vie à ceux qui s'y ſoumettoient. (a) Il ſuffit de ſçavoir en général que la retraite, le jeûne, l'abſtinence des plaiſirs mêmes permis, la continence, la priére & les ſacrifices, étoient les préparations les plus ordinaires. Nous allons voir maintenant la reſſemblance des pratiques des Américains avec celles des Peuples que j'ai nommés.

L'Auteur de l'Hiſtoire de la Virginie eſt celui qui nous donne une connoiſſance plus parfaite de ce qui ſe pratiquoit ſur cela parmi les Barbares de l'Amérique Septentrionale, & qui nous met plus en voie d'en faire comparaiſon avec les Initiations des Anciens. Voici comme parle ſon Traducteur.

Les Indiens, dit-il, ont des Autels & des lieux deſtinés aux ſacrifices, on dit même qu'ils ſacrifient quelquefois de jeunes enfans: mais ils le nient, & prétendent qu'ils ne les écartent de la ſociété que pour les conſacrer au ſervice de leur Dieu. *Smith* nous donne la relation d'un de ces ſacrifices célébre de ſon tems, ſur le raport de quelques perſonnes qui en étoient les témoins oculaires. Voici ce qu'il en dit.

(b) Ils peignirent de blanc quinze jeunes hommes des mieux faits, qui n'avoient pas plus de 12 à 15 ans; & après les avoir amenés dehors, le Peuple paſſa toute la matinée à danſer, & à chanter autour d'eux avec des ſonnettes de ſerpent à la main. L'après-midi ils les placérent tous ſous un arbre, & l'on fit entr'eux une double haie de gens armés de petites cannes attachées enſemble. On choiſit alors cinq jeunes hommes, qui allérent prendre tour à tour un de ces garçons, le conduiſirent à travers la haie, & le garantirent à leur propre dam, avec une patience merveilleuſe, des coups de canne qu'on fit pleuvoir ſur eux.

Pendant ce cruel exercice, les pauvres meres pleuroient à chaudes larmes, & préparoient des nattes, des peaux, de la mouſſe & du bois ſec pour ſervir aux funérailles de leurs enfans. Après que ces jeunes garçons eurent ainſi paſſé par les baguettes, on abatit l'arbre avec furie, on rompit en piéces le tronc & les branches, l'on en fit des guirlandes pour les couronner, & l'on para leurs cheveux de ces feuilles.

Mes témoins ne purent voir ce que devinrent les enfans: mais on les jetta tous les uns ſur les autres dans une vallée, comme s'ils étoient morts, & l'on y célébra un grand feſtin pour toute la compagnie.

Le Werowance (c'eſt-à-dire le Devin) interrogé ſur le but de ce ſacrifice, répondit que les enfans n'étoient pas morts; mais que l'Okée ou le Diable ſuçoit le ſang de la mammelle gauche de ceux qui lui tomboient en partage, juſqu'à ce qu'ils fuſſent morts; que les cinq jeunes hommes gardoient les autres dans le déſert l'eſpace de neuf mois; que durant ce tems-là, ils ne devoient converſer avec perſonne; & que c'étoit de leur nombre qu'ils tiroient leurs Prêtres & leurs Devins. Là finit la relation du Capitaine Smith. Je ne ſçai, continue l'Auteur, ſi le Capitaine Smith a été mal informé dans cette

(a) Voiez ſur cela le P. de Montfaucon, *Ant. exp.* T. I. & la *Mythologie* de M. l'Abbé Banier, T. I. *in* 4. L. 6.
(b) *Hiſt. de la Virginie*, traduite de l'Anglois, imprimée à Orl. 1707. p. 272.

cette rélation, ni si le conte d'Okée qui suce le sang de la mammelle gauche, est un tour du Médecin, ou du Prêtre, qui est toujours Médecin, pour sauver sa réputation, en cas qu'il y ait quelqu'un de ces enfans, qui vienne à mourir sous sa discipline. Mais je croirois plutôt le dernier que ce beau Roman de l'Okée: du moins l'Histoire du Capitaine Smith ne paroit autre chose qu'un exemple de leur *Huscanawement*, (ce mot répond à celui d'*Initiation*,) & il ne s'est trompé sur quelqu'une des circonstances, que parce qu'alors cette cérémonie lui étoit tout à fait inconnue.

On ne la célèbre d'ordinaire qu'une fois en quatorze, ou en seize années, à moins que leurs jeunes hommes ne se trouvent plus souvent en état d'y être admis. C'est une discipline, par laquelle tous leurs jeunes hommes doivent passer, avant qu'ils soient reçus au nombre des grands hommes, ou des *Cacharouses* de la Nation; au-lieu que s'il en faut croire le Capitaine Smith, ils n'étoient mis à part que pour suppléer à l'Ordre de la Prêtrise. Voici de quelle manière on *Huscanawe*.

Les Gouverneurs de la Ville choisissent les jeunes hommes les mieux faits, & les plus éveillés qu'il y ait, & qui aient amassé quelque bien par leur volages, & à la chasse, pour être *Huscanawés*, ensorte que ceux qui refusent cette épreuve, n'oseroient demeurer avec leurs compatriotes. On fait d'abord quelques-unes de ces folles cérémonies que le Capitaine Smith a raportées: mais la principale est la retraite de ces jeunes hommes dans les bois, où on les enferme plusieurs mois de suite, sans qu'ils y aient aucune société, ni d'autre nouriture que l'infusion ou la décoction de quelques racines qui bouleversent le cerveau. En effet ce breuvage, qu'ils appellent *Wisocean*, joint à la sévérité de la discipline, les rend tous à lier, & ils continuent dans ce triste état dix-huit ou vingt jours; on les garde enfermés dans un enclos bien fort, fait exprès pour cet usage, & dont j'en vis un en 1694 qui appartenoit aux Indiens de Paumaunkie. Il avoit la figure d'un pain de sucre, & il étoit ouvert par tout en guise de treillis, pour donner passage à l'air. Il n'y avoit pas encore un mois que treize jeunes hommes y avoient été *huscanawés*, & qu'on les avoit mis en liberté. D'ailleurs on débite à cette occasion, que ces pauvres malheureux boivent tant d'eau du Fleuve Léthé, qu'ils en perdent le souvenir de toutes choses, de leurs parens, de leurs amis, de leur bien, & même de leur Langue. Lorsque les Médecins trouvent qu'ils ont assez bu de ce *Wisocean*, ils en diminuent peu à peu la doze, jusqu'à ce qu'ils les aient ramenés à leur premier bon sens. Mais avant qu'ils soient tout à fait bien rétablis, ils les conduisent à leurs différentes Villes. Après avoir essué une si cruelle fatigue, ces jeunes hommes n'osent pas dire qu'ils se souviennent de la moindre chose, dans la crainte qu'on les *huscanaweroit* une seconde fois; & alors le traitement est si rude, qu'il n'en échape guère la vie sauve. Il faut qu'ils deviennent sourds, & qu'ils apprennent tout à nouveaux frais. Je ne sçai si leur oubli est feint ou réel, mais il est sûr qu'ils ne veulent rien connoître de ce qu'ils ont sçu autrefois, & que leurs Gardiens les accompagnent jusqu'à ce qu'ils aient tout appris de nouveau. C'est ainsi qu'ils recommencent à vivre après être morts en quelque manière, & qu'ils deviennent hommes, en oubliant qu'ils aient jamais été enfans. Si quelqu'un d'eux vient à mourir dans ce cruel exercice, je m'imagine qu'alors la Fable d'Okée, que Smith raporte, sert d'excuse pour le cacher; car, dit-il, Okée devoit avoir ceux qui lui tomboient en partage, & l'on disoit que ceux-là avoient été sacrifiés.

Ma conjecture est d'autant plus probable, que je sçai de certitude qu'Okée n'a pas toujours part à chaque *huscanawement*. En effet, si les Indiens de Paumaunkie ne ramenèrent pas deux de leurs jeunes hommes de cette cruelle cérémonie, qu'ils firent en l'année 1694. d'un autre côté les *Appamatuks*, (ci-devant une puissante Nation, mais qui est aujourdhui bien affoiblie) ramenèrent toute la jeunesse qu'ils avoient envoiée en 1690. à ce terrible apprentissage.

La peine que les Gardiens de ces jeunes hommes se donnent, est si extraordinaire, & ils doivent observer un secret si religieux durant tout le cours de cette rude discipline, que c'est la chose du monde la plus méritoire de se bien acquiter de cette charge, & le moien le plus sûr de parvenir aux plus grands emplois du Païs, dès la prémière distribution qui s'en fait: mais aussi peuvent-ils compter sûrement d'être bientôt expédiés à l'autre monde, si par legereté, ou par négligence, ils manquoient tant soit peu à leur devoir.

J'ai remarqué d'ailleurs, que ceux qu'on avoit *huscanawés* de mon tems, étoient de beaux garçons bien tournés, pleins de feu, de l'âge de quinze à vingt ou vingt-cinq ans, & qui passoient pour riches. Cela me faisoit croire d'abord que les vieillards avoient trouvé cette invention pour s'emparer des biens de la jeunesse, puisqu'en effet ils les dis-

tribuent

tribuent entr'eux, ou ils les deſtinent à quelque uſage public, & que ces jeunes hommes ſont réduits à briſquer de nouveau la fortune.

Les Indiens abhorent cette penſée; & ils prétendent qu'on n'emploie un remède ſi violent, que pour délivrer la jeuneſſe des mauvaiſes impreſſions de l'enfance, & de tous les préjugés qu'elle contracte, avant que leur raiſon puiſſe agir. Ils ſoutiennent que mis alors en pleine liberté de ſuivre les loix de la nature, ils ne riſquent plus d'être les dupes de la coutume ou de l'éducation, & qu'ils ſont plus en état d'adminiſtrer également la juſtice, ſans avoir aucun égard à l'amitié, ni au parentage.

On trouve des veſtiges des initiations parmi les Caraïbes, accompagnées de jeûnes très-rigoureux, & d'autres épreuves extraordinairement difficiles à ſoutenir, pour les filles & les garçons qui entrent dans l'âge de puberté, de même que pour admettre un jeune homme au rang des Guerriers; pour faire paſſer un Guerrier dans l'ordre des Capitaines; pour l'inſtallation d'un Chef général; & pour l'inauguration des Devins. Il eſt fâcheux que les Auteurs ne nous ayant donné de toutes ces choſes qu'un détail groſſier & imparfait. On ne laiſſe pas d'y reconnoître un caractère de Religion, mais dont il ne reſte plus néanmoins qu'une vaine ombre. *Thevet* (a) qui a été lui-même le témoin de toutes ces épreuves, nous donne un détail de tout ce qui ſe paſſe à cette occaſion parmi les Peuples du Bréſil. Je rapporterai ici en ſubſtance ce qu'il en dit.

Ce n'eſt pas ſans ſujet qu'on a donné, dit-il, à cette première purgation un nom qui ſignifie, pour échue ou advenue; car les filles ont véritablement raiſon d'appréhender ce terrible moment, qui eſt comme le ſignal d'un véritable martyre pour elles. On commence donc par leur bruler les cheveux, ou par les leur couper avec une dent de poiſſon, le plus près de la tête que cela ſe peut. Après cela on les fait tenir debout ſur une pierre platte, qui leur ſert de grais pour travailler leur porcelaine, & pour polir les pierres vertes, dont ces Nations font divers ornemens; & avec une dent d'Acouti, on leur tranche la chair depuis le haut des épaules juſqu'au dos, faiſant une croix de biais & pluſieurs autres découpures, de manière que le ſang en ruiſſelle de toutes parts. On s'apperçoit bien de la douleur que reſſentent ces pauvres filles par leur grincement de dents, & par leurs différentes contorſions: mais la honte les retient, & pas une n'oſe laiſſer échaper un ſeul cri. On frotte enſuite toutes ces plaies avec de la cendre de courge ſauvage, qui n'eſt pas moins corroſive que la poudre à canon, ou du ſalpêtre, enſorte que jamais les marques ne s'effacent, après quoi on leur lie les bras & tout le corps d'un fil de coton, on leur pend au cou les dents d'un certain animal, & on les couche dans leur hamach, ſi bien enveloppées que perſonne ne peut les voir. Elles y ſont au moins trois jours entiers ſans pouvoir en deſcendre, & paſſent tout ce tems-là ſans parler, ſans boire, ni ſans manger.

Ces trois jours étant expirés, on les fait deſcendre de leur *hamach* pour les délier, & on leur fait poſer les pieds ſur ce même grais, ou on leur a fait la première opération de les inciſer, afin que d'abord elles ne touchent point la terre de leurs pieds. De-là elles ſont remiſes dans leur lit, où elles ſont nourries de racines cuites, & d'un peu de farine & d'eau, ſans qu'elles puiſſent uſer de quelque autre viande, ou de quelque autre breuvage que ce ſoit. Elles ſont dans cet état juſqu'à la ſeconde purgation, après laquelle on leur découpe tout le reſte du corps depuis la tête juſqu'aux pieds, d'une manière encore plus cruelle que la première fois. On les remet de nouveau dans leur hamach, ou elles ſont un peu moins gênées à la vérité pendant le ſecond mois, & ou elles font une abſtinence un peu moins auſtère: mais elles ne peuvent encore ſortir, ni converſer avec qui que ce ſoit de la cabane, & ne s'occupent qu'à filer, & à éplucher du coton. Le troiſième mois on les frotte d'une couleur noire, faite d'huile de jenipat, & elles commencent à ſortir pour aller aux champs.

(b) Quoique *Thevet* ne parle point d'inſtruction, il y a cependant apparence que c'eſt pendant ce tems-là, qu'on les inſtruit du fond de leur fauſſe créance. Cet Auteur ajoute qu'un vieux Portugais, qui étoit du nombre de ceux qui avoient découvert les prémiers ce pays-là, lui avoit dit qu'ils avoient tâché d'ôter cette ſuperſtition à ces Peuples; mais que les Devins ayant été conſultés, s'y étoient oppoſés fortement, en diſant que s'ils ceſſoient d'obſerver cette coutume, *Maire Monan* les feroit tous périr. *Maire Monan* eſt le nom qu'ils donnent à un être, auquel ils attribuent à peu près les mêmes perfections que nous donnons à Dieu, qui n'a, diſent-ils, ni commencement,

(a) Thevet, *Coſmog. univ.* Tom. II. Liv. xxi. p. 913.
(b) Thevet, *Coſm. univ.* Tom. II. Liv. XXi. p. 913. & 912.

ment, ni fin, qui a créé le Ciel, la Terre & toutes choses; mais qui pourtant s'est incarné & changé en enfant pour soulager par ses enseignemens la nécessité de son peuple.

Le même Auteur (*a*) parle d'une autre cérémonie de Religion pratiquée à la Floride, laquelle paroît avoir été instituée dans le même esprit & intéresser les jeunes filles de la même manière.

Les Floridiens ont, dit-il, des fêtes qu'ils célèbrent en certains tems avec des cérémonies fort étranges. Le lieu où se fait la fête, est un grand circuit de terre bien uni, fait en rond près de la maison du Roi, de laquelle ceux qui sont députés pour la solemnité d'icelle, sortent peints & emplumés de diverses couleurs, & s'acheminent jusqu'au dit lieu. Là, où étant arrivés, ils se rangent en ordonnance, & suivent trois autres, lesquels sont différens à eux, tant en peintures qu'en façon de faire. Chacun de ces trois porte une tabourasse en son poing, lorsqu'ils commencent à entrer au milieu du rond, lesquels dansant & chantant fort piteusement, sont suivis des autres, qui leur repondent; mais après qu'ils ont chanté, dansé, & tournoié ce rond par trois fois, ils se prennent à courir par le milieu des épaisses forêts, tout ainsi que des chevaux débridés, & lors les femmes continuent tout le reste du jour en pleurs si tristes & lamentables que rien plus; & en telle furie, elles saisissent les bras des jeunes filles, lesquels elles incisent fort cruellement avec des écailles de moules bien aigues, de sorte que le sang en découle, lequel elles aspergent en l'air avec une branche, ou rameau d'arbre, s'écriant *He Toïa! Toïa! Toïa!* par trois fois. Ces trois qui commencent la fête sont nommés *Jaonas*, & sont comme les Prêtres & Sacrificateurs, auxquels ils ajoutent foi & créance, partie, pour autant que de race ils sont ordonnés aux sacrifices, & en partie aussi, d'autant qu'ils sont si subtils Magiciens, que toute chose égarée est incontinent recouverte par leur moien. Au bout de deux jours, ceux qui s'en sont ainsi fuis parmi les bois, retournent en la place: puis étant arrivés, ils commencent à danser d'une gaieté de cœur, & à réjouir leurs peres, lesquels par leur antiquité trop grande, ou bien par leur naturelle indisposition, ne sont appellés à cette fête. Les danses finies, ils se mettent à manger d'une avidité si grande, qu'ils semblent plutôt dévorer la viande que la manger; d'autant que le jour de la fête, ni les deux jours en suivant qu'ils sont dedans les bois, ils ne boivent, ni ne mangent choses du monde.

Rochefort donne la Rélation qui suit, de la manière d'admettre un jeune homme dans le corps des Guerriers.

Avant que les jeunes gens soient mis au rang de ceux qui peuvent aller à la guerre, ils doivent être déclarés soldats en présence de tous leurs parens & amis qui sont conviés d'assister à une si solemnelle cérémonie. Voici donc l'ordre qu'ils observent en ces occasions. Le pere qui a auparavant convoqué l'Assemblée, fait seoir son fils sur un petit siége, qui est posé au milieu de sa case, ou du carbet; & après lui avoir remontré en peu de paroles tout le devoir d'un généreux soldat Caraïbe, & lui avoir fait promettre qu'il ne fera jamais rien qui puisse flétrir la gloire de ses prédécesseurs, & qu'il vengera de toutes ses forces l'ancienne querelle de leur Nation, il saisit par les pieds un certain oiseau de proie, qu'ils appellent *Mansfénis* en leur Langue, & qui a été préparé longtems auparavant pour être employé à cet usage, & il en décharge plusieurs coups sur son fils jusqu'à ce que l'oiseau soit mort, & que sa tête soit entièrement écrasée. Après ce rude traitement, qui rend ce jeune homme tout étourdi, il lui scarifie (*b*) tout le corps avec une dent d'Acouti; & pour guérir les cicatrices qu'il a faites, il trempe l'oiseau dans une infusion de grains de piment, & il en frotte rudement toutes ses blessures, ce qui cause au pauvre patient une douleur très-aigue & très-cuisante: mais il faut qu'il souffre tout cela gayement sans faire la moindre grimace, & sans témoigner aucun sentiment de douleur. On lui fait manger ensuite le cœur de cet oiseau, & pour la clôture de l'action, on le couche dans un lit branlant, où il doit demeurer étendu de son long, jusqu'à ce que ses forces soient presque toutes épuisées à force de jeûner: après cela il est connu de tous pour soldat, il se peut trouver à toutes les Assemblées du Carbet, & suivre les autres dans toutes les guerres qu'ils entreprennent contre leurs ennemis.

Biet (*c*) dans son voyage de la France Equinoxiale en l'Isle de Cayenne en l'année
1652

(*a*) *Ibid.* Liv. XXIII. Ch. 1. p. 1004.
(*b*) Scarifier est un terme de Chirurgie, qui signifie découper, taillader.
(*c*) Liv. III. Ch. 10. p. 376.

1652. parle ainsi de la manière de faire un Capitaine parmi les *Galibis*, qui sont les Caraïbes de la terre ferme.

Prémierement celui qui veut être fait Capitaine, vient d'abord dans sa case avec une rondache sur la tête, baissant les yeux, sans regarder & parler à personne, & sans en rien témoigner même à sa femme, ni à ses enfans. Il se va mettre dans un coin de la case, jusqu'à ce qu'on lui ait fait un petit retranchement comme une prison, où à peine se peut-il remuer. On lui pend son lit au haut de la case, afin qu'il ne parle à personne. Il ne sort de ce lieu que pour aller à ses nécessites, & pour subir les rudes épreuves que lui font ressentir les autres Capitaines ses voisins.

Secondement on lui fait garder un jeûne très-rigoureux pendant six semaines, que les Chrétiens auroient bien de la peine à faire pour l'amour de Dieu. On ne lui donne qu'un peu de millet bouilli & bien peu de cassave, de laquelle il ne mange que le milieu. Pendant ce tems-la les Capitaines voisins le viennent visiter soir & matin: ils le font venir devant eux, lui représentent avec leur éloquence naturelle, que s'il veut parvenir à la gloire de Capitaine où il aspire, il doit être courageux, & qu'il doit se comporter généreusement dans toutes les rencontres où il se trouvera parmi ses ennemis; qu'il ne doit craindre aucun danger pour soutenir l'honneur de sa Nation, & pour prendre vengeance de ceux qui ne manquent pas de les maltraiter, quand ils les ont pris en guerre.

Cette harangue qu'il a écoutée attentivement, étant finie, on lui fait ressentir combien il souffriroit s'il étoit pris par leurs ennemis, par le moien des coups qu'ils lui donnent à l'heure même. Il se tient debout au milieu du carbet, les mains sur la tête. Chaque Capitaine lui charge sur le corps trois grands coups d'un fouet, qui n'est pas moindre que le fouet d'un cocher. Il est fait de racines de Palmiste: les jeunes gens sont employés durant ce tems-la à les faire. Il ne reçoit que trois coups d'un même fouet, de sorte qu'il en faut un pour chaque Capitaine, & ainsi il en faut beaucoup. L'on fait cela deux fois le jour pendant six semaines. Il est frappé en trois endroits de son corps: le prémier coup autour des mammelles; le second au milieu du ventre, & le troisième environne les cuisses; & comme ces coups sont donnés avec grande roideur, & de toute la force, chaque coup environne le corps & en fait ruisseler le sang à grosses goutes; pendant lequel tems, il ne faut pas que le Capitaine prétendant se remue tant soit peu, & donne aucun signe de la douleur qu'il souffre. Si le nombre des Capitaines est grand, ce sont autant de bras tout frais, qui ont de la force pour lui faire sentir de furieuses atteintes. Après avoir ainsi été traité, il se retire dans sa casematte, se couche dans son lit, au haut duquel on met tous les souets desquels il a été souëté, pour marque de son trophée.

Les six semaines de cette prémiere & très-rude épreuve, dans laquelle il a fait paroître une constance admirable, étant passées, on lui en prépare une autre capable de faire mourir les plus forts & les plus robustes. Pour le mettre dans cette épreuve, on fait un grand vin (c'est-à-dire un festin à boire) auquel au jour préfix, tous les Chefs de la Contrée viennent avec leur équipage, tous en bonne conche & bien parés. Ils mettent pied à terre devant l'habitation. Etant tous arrivés en vue de la case, ils se mettent dans les buissons ou halliers, où tous ensemble ils font des cris & des hurlemens horribles, puis ils entrent dans la case ayant tous la flèche sur l'arc. Ils vont prendre le Capitaine prétendant, déja tout exténué à cause du jeûne exact qu'on lui a fait faire, & des coups de fouet qu'on lui a fait ressentir; ils l'apportent dans son lit qu'ils attachent à deux arbres, & d'où ils le font lever. On l'encourage comme au commencement; & pour éprouver s'il sera courageux, chacun des Chefs lui donne un coup de fouet de toute sa force. Il se remet dans son lit, & on amasse quantité d'herbes très-fortes & très-puantes qu'ils mettent autour de son lit. On y met le feu, ensorte qu'il ne le touche pas, mais qu'il en sente seulement la chaleur. La fumée de ces herbes puantes, avec la chaleur du feu, lui fait souffrir d'étranges maux: il est à demi fou dans son lit où il demeure constamment: il y tombe dans des pamoisons si grandes, que l'on diroit qu'il est mort. Quand on le voit dans cet état, on lui donne à boire pour le faire revenir à soi; étant revenu, on l'exhorte derechef à être courageux, on redouble son feu qui dure beaucoup de tems.

Pendant que ce pauvre misérable est dans ces souffrances, les autres boivent & mangent comme des pourceaux, & le voyant enfin presque mort, ils lui donnent un étrange remède pour le faire revenir à lui. Ils lui font un collier & une ceinture de palmiste, qu'ils remplissent de gros fourmis noirs, dont la piqueure d'un seul se fait ressentir trois ou quatre heures. On lui met ce collier & cette ceinture qui le fait bientôt reve-

revenir, à cause des cuisantes douleurs que cela lui fait souffrir. Il se leve ; & quand il est debout, on lui verse un Canari plein de *Palinot*, qui est une de leurs boissons, sur la tête au travers d'un *Manaré*, ou crible du pays. Il se va aussi-tôt laver dans la plus prochaine fontaine ou riviére ; & étant rentré dans sa case, il se remet de rechef dans sa retraite, & afin que tous les enfans de la case, & tous ceux qui en sont, se souviennent de cette cérémonie, on les fouette tous sans exception, sans épargner même les femmes, si elles ne s'enfuient bien promptement.

On fait recommencer au Capitaine prétendant un nouveau jeûne, mais non pas si rigoureux que le prémier ; car quelqu'un des Capitaines ses voisins a soin de lui aller tuer quelques petits oiseaux. Le tems de ce jeûne étant expiré, il est proclamé Capitaine ; on lui donne un arc tout neuf & des flèches, avec tout ce qui lui est nécessaire.

Ce n'est-là cependant encore qu'un petit Capitaine ; car pour être un grand Chef, il faut des épreuves bien plus rigoureuses que le Sieur *Biet* a ignorées, que le Sieur de *Rochefort* n'a fait qu'effleurer imparfaitement, & que le P. Laffiteau a tirées des Lettres (a) du Père *De la Neuville* Jésuite, lequel ayant demeuré quelque tems dans l'Isle de Cayenne au voisinage de ces Peuples, a été à portée d'avoir de bons Mémoires de leurs mœurs. Voici ce qu'il en dit.

Le Gouvernement des Cayanois est Monarchique. Ils n'ont qu'un Chef, auquel ils obéissent aveuglément : c'est ordinairement le plus ancien de la Nation qu'on choisit, si d'ailleurs il a toutes les qualités nécessaires pour soutenir cette dignité ; c'est-à-dire, s'il a de la force, de la valeur, de l'adresse ; s'il est actif, laborieux, sobre, patient, fécond en ressources & en stratagêmes ; enfin s'il connoît le pays, & s'il sait les chemins qui conduisent chez toutes les Nations. Le plus ancien manque-t-il de ces qualités, ils en choisissent un autre, qu'ils éprouvent par un rude Noviciat, pour s'assurer qu'il est tel qu'ils le souhaitent. Ils commencent d'abord par le faire jeûner plus de neuf mois d'une manière très-rigoureuse, ne lui donnant par jour qu'autant de mil qu'il en peut contenir dans sa main. Ils lui font porter des fardeaux énormes ; ils l'obligent de faire sentinelle presque toutes les nuits à l'entrée du Carbet : ils envoient des Députés à la découverte, ou chez les Nations voisines, puis à leur tour ils contraignent le Prétendant d'aller sur les traces des Députés, afin de l'accoutumer à connoître toutes les routes. Il n'est point de bornes ou de fontaines un peu marquées dont il ne doive savoir la situation, prêt de le prouver en y portant une branche cassée au prémier ordre : enfin il doit avoir en tête la Géographie naturelle de tout son pays. Pour le familiariser à la douleur, on l'enterre souvent jusqu'à la ceinture dans une fourmilliére pleine de ces grosses fourmis, dont la piquûre donne des fièvres de vingt-quatre heures aux François, & on l'y laisse un tems considérable. D'autrefois on se contente d'enchâsser trois ou quatre cens de ces fourmis dans ces feuilles, de manière que la tête passe d'un côté & le corps de l'autre ; on cout toutes ces feuilles animées en guise de colliers, de bracelets, de ceintures, de jarretiéres & de couronnes, dont on orne le Roi novice. Je laisse juger avec quelles douleurs. C'est ainsi qu'on le forme à la Royauté.

Quand on le juge assez éprouvé, on fait l'inauguration en cette manière. Toute la Nation assemblée va chercher le Prétendant, qui est à une lieue, ou plus, caché sous des feuillages, comme pour faire entendre qu'il fuit les honneurs ; ou bien comme l'ont dit deux de ces Rois, afin de lui faire connoître qu'on l'a tiré de la poussière pour l'élever sur le trône ; ce qui se confirme par une autre cérémonie : car chacun des assistans va en cadence mettre le pied sur sa tête, après quoi on le leve, & tous se prosternent, & jettent leurs arcs & leurs flèches à ses pieds. Le Roi à son tour met le pied sur la tête de ses sujets, puis on le ramene en triomphe au Carbet, où il trouve un grand festin préparé pour les femmes. Avant que de manger, il faut qu'il donne encore une preuve de son adresse, en lançant une flèche dans une tasse de la grosseur d'un œuf, attachée sur le haut du toit. Cela fait, chaque femme lui sert tour-à-tour une tasse d'*Ouicou* qu'il est obligé de boire, afin de montrer qu'il a autant de force pour boire que trente hommes, de même qu'il en a eu assez pour se contenter durant trente jours de la nourriture qu'un homme pourroit aisément prendre en un seul jour. Comme il est contraint de vomir souvent, ce repas a plus l'air d'une rude question, que d'un festin. Du reste, ses sujets l'imitent parfaitement, & ne cessent de boire & de manger que toutes les provisions ne soient épuisées.

La

(a) Lettres du P. de la Neuville: *Mémoires de Trevoux*, Mars 1723.

La cérémonie finie, le nouveau Capitaine est censé avoir plein pouvoir & entière autorité sur toute la Nation, qui ne fait plus rien que par ses ordres, & par son mouvement. C'est lui qui fait la guerre ou la paix à son gré.

„ On ne doit pas se persuader, dit l'Auteur que je copie, que toutes ces rigoureuses
„ épreuves qu'il faut subir chez ces Peuples Barbares pour être admis au rang des
„ Guerriers, des Capitaines, & de Chef Général de la Nation, ne soient que des
„ coutumes purement civiles, & des usages établis par les Législateurs, afin de for-
„ mer le corps aux exercices les plus pénibles, & de rendre l'ame capable des plus
„ hautes entreprises, en le mettant dans la nécessité par ces épreuves volontaires de
„ se faire un courage à toute épreuve. La Religion en est certainement le principe,
„ comme elle l'étoit dans l'Antiquité pour les soldats de Mithras, pour les Lacédé-
„ moniens, qu'on flagelloit devant l'autel de Diane Orthie, & pour les Héros qui se
„ faisoient initier aux mystères de Samothrace, ou d'Eleusine. Nous devons juger de
„ ce qui se faisoit chez les Caraïbes, où il y a peu de Religion apparente, par ce qui
„ se pratiquoit pour des sujets semblables au Pérou, & au Méxique, où la Religion
„ étoit si bien marquée, qu'il n'y a peut-être jamais eu de Nations Idolâtres, où la
„ Religion ait été plus en régle.

„ Quoique je ne me sois pas proposé, continue-t-il, de traiter des mœurs des Méxi-
„ quains & des Péruviens, lesquelles ont été bien écrites par l'Ynca *Garcilasso*, par
„ *Acosta*, *Lopés de Gomara*, *Oviédo*, *Herrera*, & plusieurs autres Auteurs Espagnols,
„ je ne laisserai pas de dire ici quelque chose de leurs initiations militaires, pour montrer
„ que la Religion ayant été le motif de leurs épreuves, on doit aussi se former la même
„ idée de celles dont j'ai déja parlé".

(*a*) On n'admettoit à ces Initiations, dans le Pérou, que les enfans de la race du Soleil, c'est-à-dire les fils des Yncas, qui composoient une famille nombreuse, & étendue dans l'Etat, & qui étant celle des Rois & des Princes de leur rang, devoit aussi se distinguer des familles populaires par des vertus propres de leur origine céleste, & bien supérieures à celles du commun des hommes.

(*b*) On commençoit ces Initiations, dit *Garcilasso de la Vega*, à l'âge de 15 à 16 ans; & elles étoient d'une condition absolument requise pour sortir de l'enfance, pour recevoir les marques honoraires de l'âge viril, & jouir de ses prérogatives, sur-tout pour être habile à porter les armes, & à exercer quelque charge dans l'Empire. Elles étoient en même tems un noviciat des plus rigoureux, dans lequel on les exerçoit à supporter toutes sortes de travaux, & à se rendre capables de soutenir toutes les disgraces de la fortune. Il étoit pour ces Novices d'une extrême conséquence de sortir de ces épreuves avec honneur; car si pendant le cours de cet examen, ils laissoient paroî-tre de la foiblesse, ou de la lacheté, il en rejaillissoit sur eux, & sur leurs parens les plus proches, une infamie qui les deshonoroit. Aussi les pères, les mères, les frères, les sœurs, les oncles, & les jeunes gens, ne cessoient de faire pendant ce tems-là des vœux continuels au Soleil, qu'ils accompagnoient de sacrifices, de jeûnes, de mortifications, & de toutes sortes d'exercices de Religion, afin que le Soleil leur donnât la force & le courage nécessaire, pour fournir avec gloire la pénible carrière de ces violentes épreuves.

Chaque année donc, ou de deux ans en deux ans, on faisoit le choix de jeunes Princes, propres à être initiés; & on les mettoit dans une maison consacrée à cet usage, sous la conduite de quelques vieillards expérimentés, qui étoient les maîtres de ces Novices, & qui avoient charge de les éprouver & de les instruire.

Les épreuves commençoient par des jeûnes de plusieurs jours de suite, pour leur apprendre à souffrir la faim & la soif. On les réduisoit presque à l'inanition, & on ne leur donnoit à certains tems marqués que quelques poignées de bled d'Inde, & de l'eau pure. On doubloit le tems de ces jeûnes, à mesure qu'ils se montroient plus capables de les supporter, & on les leur faisoit pousser aussi loin, que cela se pouvoit presque sans mourir.

De la même manière qu'on leur avoit appris à dompter le corps par la faim & par la soif, on les accoutumoit aussi à le matter par les veilles. On les mettoit en sentinelle des dix & douze jours de suite, pendant lesquels les surveillans les visitoient exactement; & si on en trouvoit quelqu'un endormi, on le renvoioit, en disant qu'il étoit encore trop enfant pour être admis aux honneurs.

Le

(a) Le P. Laffiteau *ibid.*
(b) Garcilasso de la Vega, *Histoire des Yncas.* Lib. VI, Cap. 24, 25, 26, 27.

Le tems de ces prémieres épreuves étant paſſé, on les exerçoit à la courſe. On les conduiſoit pour cet effet à un lieu ſacré parmi eux, d'où cette courſe commençoit & ſe continuoit juſqu'au pied de la Citadelle laquelle en étoit éloignée d'une lieue & demie, & où étoit planté un étendard, qui étoit deſtiné à celui qui arrivoit le prémier, qu'on choiſiſoit auſſi pour être à la tête des autres. Les derniers, & ceux à qui le cœur avoit manqué dans la courſe, étoient notés d'infamie, & renvoiés avec honte. Les parens qui appréhendoient ces ſortes d'affronts, couroient avec leurs enfans, ou ſe plaçoient ſur le chemin de diſtance en diſtance, & les excitoient par tous les motifs les plus propres à réveiller en eux les ſentimens de l'honneur.

On leur apprenoit à travailler de leurs mains, à faire tout ce qui étoit néceſſaire pour leurs beſoins, ſur-tout leurs armes, leurs ſouliers & tout ce qui eſt de l'équipage d'un ſoldat. On leur montroit enſuite à ſe ſervir de ces armes, en les exerçant à toutes ſortes d'opérations militaires, à lancer le javelot, à tirer de l'arc & de la fronde, à porter de grands fardeaux, & à donner toutes ſortes de preuves de force & d'adreſſe.

Souvent on les faiſoit lutter les uns contre les autres. Quelquefois on les diviſoit en deux troupes: on leur faiſoit attaquer & défendre une Place; & dans ces ſortes de combats où l'animoſité & l'émulation les excitoient, ils ſe piquoient quelquefois ſi vivement, qu'ils ſe faiſoient de cruelles bleſſures, dont il y en avoit qui mouroient. Quelquefois un de leurs Maîtres prenant un bâton à deux bouts, ou une eſpéce de pique, ſe mettoit au milieu d'eux, faiſoit le moulinet, s'eſcrimant avec une viteſſe & une légereté incroiable, portant ce bâton ou cette pique, tantôt à l'un tantôt à l'autre, juſqu'à leurs yeux, comme s'il vouloit les percer, ou ſur leurs jambes comme s'il avoit intention de les rompre. Ceux qui baiſſoient tant ſoit peu la vûe, ou qui retiroient le pied, étoient auſſitôt mis hors des épreuves; parce qu'on diſoit que s'ils appréhendoient ſi fort des armes qu'ils ſçavoient bien ne devoir pas leur nuire, ils ne ſçauroient ſoutenir l'aſpect de celles de leurs ennemis. On exerçoit d'autres fois leur patience, en frappant leurs bras & leurs jambes nues, avec de grandes branches d'oſier, pour voir quelle figure ils feroient en recevant ces coups, & s'ils y paroiſſoient trop ſenſibles, on les rejettoit, en diſant que puiſqu'ils ne pouvoient pas ſouffrir les coups de ces branches ſi tendres & ſi fragiles, ils ſeroient encore moins à l'épreuve des bleſſures, & des coups violens, qui partiroient de la main de leurs ennemis.

Pendant tout ce Noviciat, on ne les exerçoit pas ſeulement aux armes, mais on les formoit à toutes les vertus néceſſaires pour remplir les différentes charges de l'Etat; & on les mettoit en ſituation de ſouffrir toutes ſortes de beſoins & de néceſſités, afin qu'ils euſſent éprouvé par eux-mêmes toutes les miſéres où étoient expoſés les Peuples, auxquels ils devoient un jour rendre juſtice & donner le bon exemple.

Les Maîtres de ces Novices leur donnoient tous les jours des leçons, leur repréſentant ſans ceſſe l'honneur qu'ils avoient d'être de la race du Soleil. Ils leur mettoient ſans ceſſe devant les yeux, les vertus, & les actions héroïques de leurs ancêtres, leur religion, leur piété, leur amour pour la juſtice, leur zéle contre le vice, leur valeur, leur clémence & leur douceur pour leurs Sujets, leur modération dans le gouvernement de leur Empire, leur tendreſſe envers les pauvres, leur libéralité, leur magnificence Roiale.

L'héritier préſomptif de la Couronne, bien-loin d'être diſpenſé de toutes ces épreuves, étoit traité avec encore plus de rigueur que les autres. On lui diſoit que c'étoit plûtôt par ſes vertus qu'il devoit mériter de régner, que par un foible droit d'aîneſſe, ou d'héritage, qui ne ſuppoſoit en lui aucun mérite perſonnel. On le faiſoit coucher ſur la dure, jeûner, veiller, travailler, ſouffrir, comme le moins conſidéré d'entr'eux. On humilioit ſans ceſſe ſon orgueil; & il étoit toujours le plus mal vêtu, afin que lorſqu'il ſeroit ſur le trône, & environné de toute la ſplendeur d'un Dieu ſur la terre, il ne mépriſât pas les pauvres, & que ſe ſouvenant qu'aiant été comme l'un d'eux, il apprît à avoir de la compaſſion pour les miſérables, à faire des graces, & à mériter le nom de *Huacbacuyac* qu'ils donnoient à leurs Rois; nom qui ſignifie l'Amateur & le bienfaiteur des pauvres.

Après qu'on avoit fourni la carriére de cette rigoureuſe épreuve, le Souverain leur faiſoit la cérémonie de leur percer les oreilles & les narines. Les principaux Princes de ſa Cour, qui l'aſſiſtoient, leur donnoient les autres marques de ſa dignité. Ils étoient alors déclarés de véritables Yncas, ou véritables fils du Soleil; & cette ſolemnité étoit terminée par des ſacrifices, & par les autres marques de réjouiſſance qui ont coutume d'illuſtrer les plus grandes fêtes.

Outre les épreuves que dévoient ſubir dans leurs Temples généralement tous les
Mexi-

Méxicains de l'un & de l'autre sexe à un certain âge, il y en avoit encore parmi les
Nobles pour différens dégrés d'élévation par où ils passoient, afin de parvenir jusqu'au
trône du Souverain, dont la dignité étoit élective. (*a*) Ces dégrés d'élévation pour
les militaires, étoient comme divers Ordres de Chévalerie, supérieurs les uns aux autres, & qui étoient distingués par différens noms & différentes marques ou habits
d'Ordre. Ces Ordres avoient aussi leurs Initiations. Voici ce que le Père *Laffiteau* en
rapporte sur l'autorité des Voiageurs.

(*b*) Pour être fait *Tecuitle*, qui étoit l'Ordre de Noblesse, le prémier auprès du Roi,
il falloit être du Sang des Seigneurs les plus qualifiés de l'Etat, & s'être distingué par
des actions extraordinaires. Celui qui aspiroit à cet honneur, s'y préparoit de longue
main, & faisoit avertir de son dessein, trois ans auparavant, tous les parens, tous ses
amis, tous les Seigneurs & *Tecuitles* de sa Province.

Tous étant assemblés, & les augures aiant été pris pour le choix d'un jour heureux,
tout le Peuple accompagnoit le Proselyte au Temple le plus superbe de la Ville, où
étoit reverée la plus célèbre Divinité du Païs, qui étoit selon le témoignage de (*c*) *Solis*,
le Dieu des armées. Les Parens, les amis & les Seigneurs invités le conduisoient par
dessous les bras, lui faisoient monter l'escalier du Temple jusqu'à l'Autel, où il se
mettoit dans la posture que demandoit la piété, l'humilité, & la patience. Le Grand-
Prêtre alloit se présenter à lui lorsqu'il étoit dans cet état, & avec un os pointu de
Tigre, ou bien un ongle d'Aigle, il lui perçoit le nez de plusieurs petits trous, où il
mettoit quelque morceau d'Ambre noir, pour empêcher les chairs de se rejoindre. Il
lui faisoit ensuite un discours très-odieux, où il lui disoit les choses du monde les plus
désagréables, les injures les plus atroces; & ne se contentant pas de l'insulter purement
en paroles, il le frappoit ignominieusement, & le dépouilloit tout nud, autant que la
bienséance pouvoit le permettre. Le Proselyte ainsi dépouillé, se retiroit tout honteux dans une Salle du Temple, où il s'occupoit seul à la prière & à d'autres exercices
de Religion, tandis que ceux qui l'avoient accompagné, faisoient un sacrifice dans le
goût des Anciens, c'est-à-dire, un festin mêlé de chant, de danses, & d'autres marques de réjouissance, après lesquelles chacun se retiroit sans dire mot au Novice,
qu'on laissoit seul dans sa retraite. A l'entrée de la nuit, on lui apportoit tout ce qui
lui étoit nécessaire pour les quatre jours qu'il devoit y séjourner; quelques haillons grossiers pour se couvrir, un peu de paille, quelques ais pour s'asseoir, des couleurs pour
se peindre en noir, des poinçons pour se percer & pour faire diverses incisions sur son
corps, de l'encens, & un encensoir pour encenser les Idoles; & on le commettoit à
la garde de trois personnes expérimentées, pour l'instruire de ce que devoit sçavoir un
homme de sa profession. Quelques-uns de ces Novices passoient tout ce tems sans
manger & sans prendre le moindre repos. On leur donnoit neanmoins quelques epis
de bled & un peu d'eau pour se soutenir dans l'extrême foiblesse. On leur permettoit
aussi de dormir, pourvu que ce fût étant assis. Hors des momens marqués, les surveillans leur en faisoient passer l'envie, en les perçant avec des espèces d'alènes d'un
bois fort pointu & dont les atteintes étoient fort vives. Vers le minuit le Novice
alloit encenser les Idoles, & leur offroit quelques goutes de son sang; il alloit aussi
autour de l'enclos du Temple, & en quatre endroits différens il creusoit la terre, & y
ensevelissoit des cannes de roseau, teintes du sang qu'il avoit tiré de sa langue, de
ses mains, de ses pieds, &c. Ces quatre jours étant écoulés, il demandoit permission au Grand-Prêtre d'aller continuer ses épreuves dans les autres Temples, & alloit
ainsi pendant le cours d'une année de Temple en Temple, où c'étoient toujours de
nouvelles épreuves, sans qu'il eût la liberté pendant ce tems-là d'approcher de sa maison, de rendre des visites à ses parens, & d'en recevoir, toujours obligé de vivre dans
la continence, dans la retraite & dans de continuelles austérités.

Enfin l'année étant revolue, & un jour heureux aiant été choisi dans leur Calendrier pour achever la cérémonie, les *Tecuitles*, les Seigneurs, les parens & les amis
du Novice venoient le prendre, le lavoient, le décrassoient & le ramenoient avec
pompe dans le Temple où il avoit été conduit la première fois. Là, au pied de l'Autel on le dépouilloit de ses vieux haillons, on lioit ses cheveux sur la nuque du cou avec
un cuir rouge, d'où pendoient plusieurs belles plumes; on le couvroit d'un manteau
très-fin par dessus lequel on en mettoit encore un autre très-riche, qui étoit l'habit particulier de l'Ordre: on lui mettoit aussi en main un arc & des flèches, & le Grand-
Prêtre

(*a*) Acosta, *Hist. Mar. de las Indias*, Cap. 26.
(*b*) Lopès de Gomara, *Hist. Gener.* Lib. II. Cap. 78.
(*c*) De Solis, *Conquista de la nueva Espagna*, Lib. III. Cap. 23. page 240.

Prêtre faisant un long discours au nouveau Chevalier sur ses obligations, l'exhortoit à prendre des sentimens propres de l'état où il venoit d'être élevé.

La Cérémonie se terminoit par un grand sacrifice ou superbe festin, par des danses, des chansons usitées dans ces sortes de fêtes, par le son des instrumens & par les acclamations du Peuple; après quoi les Seigneurs invités étoient gratifiés de quelques présens de la part du nouveau Chevalier, & chacun se retiroit chez soi.

Le Roiaume du Méxique étant électif (*a*) dès qu'on avoit rendu les derniers devoirs au Roi défunt, les Rois & les Princes Electeurs (*b*) s'assembloient, pour choisir parmi les jeunes gens du rang des militaires, un sujet propre à être élevé à cette dignité suprême. Le choix étant fait, il y avoit deux tems, qui étoient comme deux fêtes marquées, celui de son Eléction, & celui de son Couronnement.

Au moment même de l'Eléction, & après que celui qui avoit été élu avoit accepté, on le dépouilloit presque tout nud & on le conduisoit au Temple, accompagné d'une grande foule de gens de tous les Ordres du Roiaume. Deux Seigneurs lui aidoient à monter les dégrés jusqu'aux Autels. Il étoit précédé de deux Rois prèmiers Electeurs, revêtus des marques de leurs dignités, & suivis de quelques personnes necessaires à la Cérémonie. Tout le reste se tenoit en bas avec respect. Le Roi étant monté adoroit l'Idole, en touchant la terre de l'un de ses doigts & le baisant. Il se mettoit ensuite devant elle en posture de suppliant.

Le Grand-Prêtre revêtu de ses ornemens, accompagné d'un grand nombre de Prêtres vêtus de longues Aubes, comme les Prêtres Egyptiens, venoit oindre le corps du Prince élu, & le frottoit d'un jus extrèmement noir. Il faisoit après cela sur lui quelques aspersions, & lui jettoit sur la tête un manteau semé de têtes de mort, sur ce prémier, un second de couleur noire, & sur ce second un troisième de couleur bleue, tous semés de têtes de mort comme le prémier. Il lui pendoit au cou certains lacets rouges avec d'autres plus petits, auxquels étoient attachés quelques symboles, qui avoient tous leur signification mystique. Il lui mettoit aussi sur les épaules une phiole pleine d'une poudre, dont l'effet étoit de garantir contre toute sorte d'enchantemens, & de sortiléges: il attachoit à son bras gauche un sachet d'encens, & lui mettoit ensuite à la main droite un encensoir. Le Roi élu se levoit alors, encensoit l'Idole & s'asseoit.

Le Grand-Prêtre s'approchoit de lui de nouveau, & après un long discours, lui faisoit prêter serment qu'il maintiendroit la Religion de ses Peres, qu'il observeroit les loix de ses prédécesseurs, qu'il feroit une guerre vive aux ennemis de l'Etat, & qu'il rendroit la justice à ses Sujets.

On le conduisoit ensuite dans un appartement du Temple qui lui étoit destiné, & où il y avoit un lit prêt, & on l'y laissoit seul. Il passoit quatre jours dans cette solitude, sans sortir du Temple, s'occupant à des prières, des sacrifices, dans lesquels il mêloit toujours quelques goutes de sang, tirées de différentes parties de son corps, & d'autres exercices de Religion & de pénitence. Il falloit avant que d'être couronné, qu'il fit quelque entreprise contre les ennemis de l'Etat.

A son retour tout le Peuple sortoit en foule au devant de lui. Le Grand-Prêtre d'une part, suivi de tous les Ministres des Autels, les Electeurs & les Grands Seigneurs de l'autre, alloient à sa rencontre en ordre de procession. L'air retentissoit cependant des acclamations de joie, & du son des instrumens, au milieu desquels le Monarque Victorieux, enflé de ses succès, faisoit son entrée publique, accompagné des gens de guerre, qui conduisoient les Prisonniers, & portoient les dépouilles des ennemis vaincus. Il alloit droit au Temple, où après avoir offert le sacrifice, entendu l'éloge de ses belles actions & de sa valeur, on lui donnoit alors solemnellement, & pour la prémiere fois, les marques de l'Empire ou de la dignité Roiale. On le revêtoit d'habits très-précieux; on attachoit à ses oreilles & à ses narines des pierres d'un très-grand prix; on mettoit dans sa main droite un estoc d'or armé d'une pierre à feu, symbole de la justice; dans sa gauche un arc & des flèches, pour signifier qu'il étoit l'arbitre de la paix & de la guerre; & sur sa tête un ornement qui n'étoit ni une couronne, ni un diadéme, mais une espéce de Mitre.

Après cela il montoit sur son Trône, où il recevoit les hommages, & écoutoit les Harangues que lui faisoient les différens Corps de l'Etat. De-là on le conduisoit au Palais, où la joie & les festins succédoient à la gravité de cette Cérémonie.

Les

(*a*) *Acosta.* Lib. VI. Cap. 24.
(*b*) *Lopez de Gomara.* Lib. II. Cap. 77.

Les Hurons, les Iroquois, & les Nations Algonquines ont aussi leurs Initiations qu'ils pratiquent encore. Tout ce qu'on en sait, est qu'elles commencent avec l'âge de puberté; qu'ils se retirent dans les bois, les jeunes gens sous la direction d'un ancien ou d'un Devin, & les jeunes filles sous la conduite d'une matrone. Ils jeûnent pendant ce tems-là fort sévérement; & tandis que leur jeûne dure, ils se noircissent le visage, le haut des épaules & de la poitrine. Ils observent en particulier très-soigneusement leurs rêves, & en font un rapport exact à ceux qui les dirigent. Ceux-ci examinent avec un soin scrupuleux la conduite de leurs disciples, & conferent souvent de ce qui les regarde, ou de ce qui leur arrive avec les anciens & les anciennes, pour statuer sur cela ce qu'ils doivent prendre pour leur *Oiaron*, ou leur *Manitou*, d'où doit dependre le bonheur de leur vie. Ils en tirent aussi des consequences pour savoir à quoi ils doivent être propres pour la suite; desorte que c'est comme une épreuve pour connoître quelle doit être leur vocation. Je ne doute pas que leurs Initiations & leurs épreuves ne fussent à peu près semblables à celles des Peuples de la Virginie, dont nous avons parlé d'abord : mais soit qu'ils eussent déja beaucoup perdu de leurs coutumes, lorsque les Européens ont commencé à les frequenter, soit qu'ils se cachassent d'eux soigneusement pour leurs mysteres, soit enfin que les Européens n'ayent pas été assez attentifs à les examiner, ou assez capables de bien pénétrer l'esprit de ce qu'ils leur voyoient faire, nous n'en avons point de détail exact dans les Rélations anciennes, & il ne nous reste que quelques traces & quelques connoissances générales, mais qui sont insuffisantes pour en former des conjectures assez probables. Le Pere *le Jeune* & le Pere de *Brebeuf* (a) font mention de leurs jeûnes & de leurs retraites. Le premier en parle ainsi.

Ils gardent par fois un jeûne très-rigoureux, non pas tous, mais quelques-uns qui ont envie de vivre long-tems. Mon hôte voyant que je ne mangeois qu'une fois par jour pendant le Carême, me dit que quelques-uns d'entr'eux jeûnoient pour avoir une longue vie, mais il ajouta qu'ils se retiroient tout seuls dans une cabane à part, & que là ils ne buvoient & ne mangeoient quelquefois huit jours, quelquefois dix jours durant. D'autres m'ont dit qu'ils sortent comme des squelettes de cette cabane, & que par fois on en rapporte à demi morts. Je n'ai point vu de grands jeûneurs, si bien de grands dineurs.

J'ai vu, dit le même Auteur, faire une autre dévotion au Sorcier, laquelle comme je crois, n'appartient qu'à ceux de sa profession. On lui dresse une petite cabane éloignée d'un jet de pierre ou de deux des autres. Il se retire là-dedans pour y demeurer huit jours, dix jours, ou plus, ou moins. Or vous l'entendez jour & nuit crier, hurler & battre son tambour. Mais il n'est pas tellement solitaire, que d'autres ne lui aident à chanter, & que les femmes ne le visitent. C'est-là où il se commet de grandes saletés.

Le Pere *le Jeune*, remarque fort judicieusement le P. Laffiteau, n'entendoit que très-imparfaitement le langage des Sauvages, comme il l'avoue lui-même. Il rapporte bien ce qu'il a vu, mais il étoit obligé de deviner les réponses qu'on donnoit aux questions qu'il faisoit. Ceux qui en font-là, debitent plutôt les choses comme ils les conçoivent, que comme elles sont en effet.

Après que le jeune Proselyte Caraïbe, qui veut être fait Devin, a fourni sa longue carriere sous la conduite d'un ancien Piaye, qui en est tellement le maître, que ses plus proches parens & amis n'ont pas même la liberté de le voir & de lui parler; après avoir soutenu les rigueurs de ces potions abominables de jus de tabac, de ces jeûnes affreux, & des assauts fréquens que lui livrent pendant la nuit les autres Devins, qui lui déchiquetent tout le corps avec des dents d'Acouti, le Myste vient trouver son disciple à l'entrée de la nuit, qui doit mettre fin à ses épreuves. Il lui représente fort au long la dignité du rang où il va être élevé; lui exagere l'honneur & les avantages qu'il recevra, ayant un Esprit familier qui lui sera affecté, qu'il pourra évoquer quand il lui plaira, & dont il pourra se servir selon les divers besoins qu'il en aura; il lui explique enfin tout l'ordre de ce qui doit se passer dans le cours de cette nuit, & il l'exhorte à ne point se laisser épouvanter par les choses extraordinaires qui doivent lui arriver.

Cependant les femmes par ordre du Devin n'étoyent une cabane. Elles y suspendent trois lits ou Hamacs, l'un pour l'Esprit, le second pour le Piaye, & le troisieme pour le Proselyte. Elles dressent ensuite avec des paniers, ou des petites tables d'osiers, &
de

de latanier, qu'elles mettent les unes sur les autres, une espéce d'Autel à l'extrémité de la cabane, sur lequel on met quelques pains de cassave & un vaisseau plein d'*Ouicou*, pour l'Esprit à qui on en fait le sacrifice.

Vers le milieu de la nuit le Devin & son disciple entrent seuls dans la cabane. Le prémier après avoir fumé une feuille de tabac roulée, entonne de toutes ses forces, & presque en hurlant une chanson magique, qui est suivie à l'instant, s'il faut s'en rapporter au récit de ces Barbares, d'un bruit horrible dans les airs, mais qui est encore assez éloigné. Le Devin l'ayant entendu, éteint le feu, & en couvre jusqu'à la moindre étincelle; car les Esprits, à ce qu'ils assurent, n'aiment que les ténébres & l'obscurité.

Aussi-tôt que les feux sont éteints, le *Maboya* ou l'Esprit entre dans la cabane par le toit avec la même véhémence, & le même éclat que fait la foudre qui tombe au plus fort d'un violent orage. Le Devin & son Prosélyte lui rendent leurs devoirs, & il se lie entr'eux une conversation, dont ceux qui sont dans les cabanes voisines, attentifs à ce qui se passe, ne perdent pas une parole.

L'Esprit commence à parler le prémier d'une voix contrefaite, semblable à la voix de ceux qui font parler les Marionettes. Il demande au Devin quel est le sujet pour lequel il l'a évoqué, & l'assure en même tems qu'il est prêt à l'écouter, & à exaucer tous ses désirs. Le Devin le remercie, & le prie en peu de paroles de prendre place auparavant, & de toucher au festin qui est préparé pour lui; après quoi il garde pendant quelque tems un profond silence.

L'Esprit répondant, comme il faut, à cette invitation, prend d'abord possession de son Hamac, avec une agitation qui fait trembler toute la cabane; il se dispose ensuite à manger, & on entend un cliquetis violent de dents & de machoires, comme si en effet il mangeoit & dévoroit tout ce qui lui est présenté. Ce n'est-là cependant qu'un jeu, & on ne manque jamais de trouver après la cérémonie les pains aussi entiers, & le vaisseau aussi plein qu'ils l'étoient lorsqu'on les a mis sur l'Autel. Les Caraïbes néanmoins sont persuadés que l'Esprit en prend ce qui lui convient; & ce qui en reste, & qui paroît entier, est comme sacré. Il n'y a que les anciens Piayes qui puissent en manger; encore faut-il qu'ils se soient purifiés pour cela, & qu'ils aient une certaine netteté de corps qui les en rend dignes.

Ce bruit de dents étant fini, le Devin quitte son Hamac, & se met en terre en posture de suppliant, assis sur ses talons à la manière des Caraïbes, & parle en cette sorte.

Je t'ai appellé, non-seulement pour te rendre les devoirs de mon respect & de mon obéissance, mais encore pour mettre sous ta protection ce jeune homme qui est ici présent. Fais donc ensorte qu'il descende ici tout maintenant un autre Esprit semblable à toi, afin que ce jeune homme le serve, & s'engage à lui aux mêmes conditions & pour la même fin, pour laquelle je te sers depuis tant d'années.

Je le veux, répond l'Esprit, avec des marques d'une joie sensible: Vous allez être exaucés dans le moment. En effet, un second Esprit donne des signes à l'instant de sa présence par un bruit aussi effroiable que celui qu'avoit fait le prémier à son arrivée. Leurs sens sont alors fascinés pendant un assez long espace de tems par des prestiges sans nombre, qui les mettent presque hors d'eux-mêmes.

Le jeune Prosélyte effraié & presque mort de peur, saute alors de son Hamac, & se mettant aussi en posture de suppliant, dit ces paroles d'une voix tremblante: Esprit qui veux bien me prendre sous ta protection, sois favorable, je te prie, à mes desseins. Je suis perdu sans ton secours: ne me laisse pas mourir misérablement, & rends-toi propice à mes demandes, de manière que je puisse t'évoquer toutes les fois que je le voudrai, & que cela sera nécessaire pour le bien de ma Nation.

Prends courage, répond l'Esprit invoqué; sois-moi fidéle, je ne t'abandonnerai point dans tous tes voyages de terre & de mer, & je ferai à tes côtés dans tous les dangers où tu te trouveras; mais sache aussi que si tu ne me sers pas avec fidélité, & de manière à me contenter, tu n'auras pas de plus cruel ennemi que moi. Cela dit, les Esprits s'évanouissent, faisant retentir toute la cabane, & tout le voisinage d'un coup éclatant de tonnerre, qui met le comble à l'effroi de ces deux malheureux Esclaves de Satan.

On accourt alors sans perdre de tems de toutes les cabanes voisines avec de la lumière; on entre en foule dans celle où vient de se passer toute cette scéne, & on enleve dans leurs lits ces misérables qu'on trouve renversés par terre, tremblans, demi morts & presque sans sentiment. Leurs parens & leurs amis mettent tout en usage

pour

pour les faire revenir. On les rechauffe par le grand feu qu'on allume, & on les fait boire & manger. Si le Lecteur est informé de ce qui se passoit à Eleusis, la dernière nuit de l'Initiation, il n'aura pas de peine à voir la ressemblance qui s'y trouve. Des ténèbres affreuses accompagnées d'un bruit épouventable ; une lumière passagere qui ne laissoit appercevoir que des objets effrayans ; enfin un calme & la vue d'un séjour délicieux : tout cela ressemble assez à ce qu'on vient de lire de l'Initiation des Devins Caraïbes. Même manége, mêmes prestiges dans l'une & dans l'autre.

Fête des Songes.

Outre la liberté qu'ont les Initiés de demander en particulier tout ce qui a été l'objet de leurs rêves, ils ont encore une fête générale, qui est comme la fête des songes ou des desirs. Elle tient quelque chose de la coutume ancienne des Orientaux, de se tenter par des énigmes & par des emblêmes allégoriques ; & elle est en même tems une suite des Bacchanales & des Saturnales. Nos Sauvages la nomment *Onnonhoua-rori, la folie ou le renversement de tête*, parce qu'ils paroissent alors être véritablement fous. Tout le Village entre dans une espéce d'acces de phrénésie. Chacun se déguise à sa manière. Ils se font des masques d'écorce d'arbre, qu'ils percent à l'endroit des yeux & de la bouche. Ils se peignent & s'habillent d'une manière extraordinairement bizarre. En cet équipage ils courent comme des forcenés de cabane en cabane, rompant, brisant & renversant tout, sans que personne y puisse trouver à redire, & pense même à s'en plaindre. Les plus sages cependant s'écartent dans les champs ; car c'est un tems dont on profite pour satisfaire les haines & les vengeances particulières. Ils crient à pleine tête qu'ils ont rêvé ; laissent deviner à ceux à qui ils se présentent quel est l'objet de leurs rêves, qui sont désignés partie dans les différens emblêmes de leur déguisement hieroglyphique, & partie dans quelques paroles énigmatiques qu'ils prononcent dans leurs chansons. C'est à celui qui a deviné de paier & de satisfaire le désir du Masque ; ce qu'ils font avec plaisir, chacun se faisant un sujet de gloire d'avoir pu donner la solution de leur difficulté. On les charge ainsi de présens de toutes sortes, & on les voit sortir chargés de haches, de chaudiéres, de porcelaines, de meubles, en un mot, de tout ce qui peut satisfaire leur envie, sur-tout de viandes qui servent à entretenir la fête, laquelle enfin se termine par aller jetter, disent-ils, la folie hors du Village, à peu près comme le bas peuple en Europe va ensevelir *Carême prenant*. Après la Fête on rend à chacun tout ce qu'il a donné, qui n'étoit pas le mot de l'Enigme.

Comme la plûpart des fêtes des Sauvages se célébrent pendant la nuit, & qu'à celle-ci on les voit courir par le Village & dans les cabanes, portant des tisons à la main ou des flambeaux d'écorce de bouleau, j'ai quelque soupçon, dit le Pere Laffiteau, que celle-ci doit sa prémiere origine aux courses qu'on faisoit à l'honneur de Bacchus, de Pan, de Cérès, de Vulcain, de Prométhée, de Minerve, &c. & qu'on appelloit la fête des Torches ou des Lampes, dont nous trouvons plusieurs vestiges dans les monumens anciens, & dans les Auteurs qui en ont parlé, & dont on rapporte l'origine à des tems si reculés, qu'on en attribuoit l'institution aux Dieux mêmes. Les plus célébres de ces fêtes étoient les *Panathenées* à Athènes, à l'honneur de Minerve ; les Lupercales à Rome, à l'honneur de Pan ; & la fête des Lampes en Egypte, en mémoire d'Isis. Je ne doute point, continue-t-il, que la fête des Lanternes qui se fait avec tant de pompe chez les Chinois, & dont nous avons une description si magnifique dans les Mémoires du Pere le Comte, ne soit aussi un reste de ces fêtes Payennes.

Observons en finissant cet article, que tous les Initiés n'ont pas la même vertu dans la même étendue. Les Sauvages croient qu'il y a des personnes que les Esprits favorisent davantage, qui sont plus éclairées que le commun, dont l'ame sent non-seulement ce qui les concerne personnellement, mais qui voient jusques dans le fond de l'ame des autres, qui percent à travers des voiles qui les couvrent, & y apperçoivent les désirs naturels & innés qu'elle a, quoique cette ame elle-même ne les ait pas apperçus, ou qu'elle ne les ait pas déclarés par les songes, ou bien que ceux qui auroient eu ces songes, les eussent entiérement oubliés. C'est ce qui leur a fait donner le nom de *Satotkatta* par les Hurons, d'*Agotsinnacheu* par les Iroquois, c'est-à-dire, Voians, parce qu'ils voient les hommes dans leur intérieur. L'Ecriture sainte donne le même nom aux Prophétes du Seigneur. Mais comme ils ajoutent à cette science des choses cachées le pouvoir de faire encore d'autres merveilles par le moien de leurs chansons, &

de leurs danses lymphatiques, ils leur donnent aussi le nom d'*Arendiouannens*, c'est-à-dire de *Chantres Divins*, que l'aveugle Antiquité donnoit à Orphée & à tous ceux qui étoient remplis de l'esprit de Divination. Enfin le commerce qu'ils ont avec les Esprits leur fait attribuer le nom d'*Agotkou*, qui est le même qu'ils donnent aux Esprits & aux Génies du second ordre, avec qui on suppose qu'ils ont une étroite liaison. Les noms de *Piayes, Boïés, Pages*, &c. qu'on leur donne chez les différens Peuples de l'Amérique, reviennent à ces mêmes significations.

De la Métempsycose, & de l'état de l'Ame après la Mort.

Comme les Ames au sortir de leurs corps n'étoient pas dignes de jouir de la félicité parfaite, & qu'il n'y avoit de félicité parfaite que lorsqu'elles étoient élevées au rang des Dieux, elles avoient bien des epreuves par lesquelles il leur falloit passer, avant que tout ce qu'il y avoit d'impur & de souillé en elles, fût entiérement épuré. C'est ce qui a donné lieu à la *Palingénésie*, à la *Métempsycose* Pythagoricienne, ou transmigration successive des Ames en plusieurs corps. On voit encore des idées parmi les Sauvages de cette Métempsycose : mais ils n'en ont pas poussé si loin l'extravagance que les disciples de Pythagore, & les Gymnosophistes des Indes. Une opinion de cette nature leur seroit trop préjudiciable ; car sans la chasse & la pêche la plûpart mourroient de faim. Je ne crois pas non plus que quelque opinion qu'ils ayent eue de cette Métempsycose, ils aient jamais appréhendé qu'en tuant quelque bête à la chasse, ils délogeassent de son corps l'ame de quelqu'un de leurs Ancêtres, ni qu'ils aient jamais estimé assez quelque animal que ce puisse être, pour souhaiter que leur ame passe de droit fil dans son corps, comme pensent les Brachmanes des Indes, qui s'estiment heureux de mourir en tenant la queue d'une vache. Les Sauvages de l'Amérique persuadés que l'ame ne meurt pas avec le corps, ont imaginé pour sa demeure des lieux assez semblables aux Champs Elisées & au Tartare des Grecs. Ces lieux, dont l'un est un séjour agréable, où l'on a la liberté de chasser & de pêcher, l'autre, un endroit affreux & couvert de ténébres, sont toujours à leur Occident : ce qui est très-remarquable, car c'étoit aussi vers cette partie du monde que les Grecs plaçoient le Royaume de Pluton ; & si Homere, selon la Mythologie de son tems, a dit que les ames des Héros s'exerçoient à la course, à manier des chevaux, &c. les Américains croient que la chasse & la pêche, qui font leurs exercices favoris, feront toute la félicité de ceux qui ont bien vécu.

CEREMONIES
RELIGIEUSES

DE QUELQUES

PEUPLES

D'AFRIQUE, &c.

QUI ONT ÉTÉ OUBLIÉES.

CEREMONIES RELIGIEUSES

DE QUELQUES

PEUPLES

D'AFRIQUE, &c.

QUI ONT ÉTÉ OUBLIÉES.

Religion des Peuples de la Côte d'Or en Afrique.

Uoique la Religion des Peuples de la Côte d'Or soit à peu près la même que celle des Nègres de Guinée, cependant ce qu'on en raconte renferme des particularités, que nous ne croions pas indignes de l'attention de nos Lecteurs. Le Chevalier *des Marchais* sera notre guide.

(*a*) Le Christianisme n'a pas fait de grands progrès dans ce Païs : la pluralité des femmes y sera toujours un obstable invincible. Le Judaïsme ni le Mahométisme n'y ont pas encore pénetré. Une Idolâtrie mêlée d'une infinité de superstitions, que l'avarice des Marabous entretient, est la Religion dominante du Païs. Il est difficile de donner une idée distincte du culte des Negres qui l'habitent. Ils sçavent en gros qu'il y a un Dieu Créateur du Ciel & de la Terre, qui est bon, & qui comble de biens ceux qui le connoissent & qui l'adorent : ils l'appellent le Dieu des Blancs. Ils croient que les ames ne meurent pas : mais leurs sentimens sur la nature des ames sont des plus grossiers, puisqu'ils supposent qu'elles ont faim & soif, & qu'elles souffrent encore les besoins de cette vie. Du reste leur ignorance fait pitié.

Leur culte, ainsi qu'en Guinée, est tout entier pour les *Fétiches* : ce sont leurs Dieux. Ils les craignent & ne les aiment point : ils les prient pour éviter d'en être maltraités ; car ceux qui ont un peu plus d'esprit que les autres, conviennent qu'ils ne peuvent en attendre aucun bien.

Ces *Fétiches* n'ont aucune forme ou figure déterminée. C'est un os de poulet, une tête sèche d'un singe, une arrête de poisson, un caillou, un noïau de datte, une boule de suif dans laquelle on a lardé quelques plumes de perroquet, un bout de corne plein de diverses ordures, & milles autres choses semblables. Ce sont leurs Marabous qui leur vendent ces Dieux ridicules, en l'honneur desquels ils les obligent à certaines observances dont il y en a de très-difficiles, & auxquelles cependant ils n'oseroient manquer dans la crainte de mourir sur le champ. Il y en a à qui il est défendu de manger du bœuf ; d'autres qui ne peuvent manger du cabrit, de certains poissons ou oiseaux, de boire certaines liqueurs : ils se laisseroient plutôt tuer, que de faire le contraire. Ces *Fétiches* ne sont que pour les Particuliers : les Rois & les Païs en ont d'autres qu'ils appellent les grandes *Fétiches* qui conservent le Prince & la Nation. Telle est quelquefois une Montagne, un grand Rocher, un grand arbre, quelque gros oiseau. Le Roi d'*Akara* a devant sa porte un gros morceau d'or, qu'on a tiré d'une des Montagnes du Païs. Il est massif, pur & plus gros qu'un muid. Il sert de grande *Fétiche* à tout le Païs. C'est

assuaffurément une riche Idole. On auroit des égards pour elle dans bien d'autres Pais qu'en Guinée; & excepté le culte, elle auroit lieu d'être contente du cas qu'on feroit d'elle. Les *Fétiches* des Roïaumes de *Fetu* & du petit *Acasii* font auffi des Tonnes d'or, qui font à la porte des maifons de ces deux Princes.

Les Nègres de la Côte d'Or ont de grands arbres, au pied defquels ils facrifient. Ils font perfuadés que fi on coupoit un de ces arbres, tous les fruits du Pais feroient perdus, & ceux qui auroient commis un tel crime, punis de mort infailliblement. Les Hollandois peuvent en dire des nouvelles. Il y eut dix de leurs gens maffacrés le 10. de Mai 1598. à *Moure*, pour avoir coupé un de ces arbres.

Il n'y a parmi eux ni Foires ni Marchés le jour qui leur tient lieu de Dimanche, qui eft notre Mardi. Ce jour-là perfonne ne travaille; les Païfans n'apportent rien au marché; tout commerce eft interdit. Voici de quelle manière ils célèbrent ce jour. Après s'être lavés bien plus exactement que les autres jours, & s'être parés de leurs plus beaux habits, ils s'affemblent dans la Place où eft l'arbre de la Fétiche. Ils dreffent une grande table au pied de cet arbre: ils en ornent les pieds avec des couronnes de fleurs & de branches d'arbres: ils la couvrent de ris, de mil, de mais, de pain, de fruits, de viande, de poiffon, d'huile de palme & de vin, afin que la *Fétiche* du Village, accompagnée de toutes les *Fétiches* des particuliers qui compofent l'affemblée, puiffe faire bonne chère, pendant qu'ils chantent & qu'ils danfent de toutes leurs forces autour de l'arbre, au fon de plufieurs baffins de cuivre, & autres Inftrumens de leur mufique barbare. C'eft dans ces exercices qu'ils paffent toute la journée. Sur le foir, ils fe lavent encore plus foigneufement qu'ils n'ont fait le matin; & les Païfans étant alors arrivés chargés de vin de palme qu'ils font obligés d'apporter pour la Cérémonie, le Chef du Village le diftribue à toute la compagnie, qui s'en retourne fouper chacun chez foi, obfervant de répandre à terre plus de vin qu'à l'ordinaire, afin d'honorer leurs *Fétiches* & les faire boire. Le feftin fervi au pied de l'arbre appartient aux Marabous, qui en ont plus befoin que les Fétiches, & qui ont plus d'appétit qu'elles.

Tel eft leur culte impertinent, dont les plus fpirituels d'entr'eux ne fçauroient rendre la moindre raifon. Ils demeurent dans le filence lorfqu'on les en interroge: ils baiffent les yeux en fe contentant de dire: *vous êtes heureux vous autres Blancs, d'avoir un Dieu bon qui vous donne tous vos befoins, & qui ne vous maltraite pas.* Lorfqu'il s'élève quelque orage, & qu'ils entendent le tonnerre, ils fe renferment dans leurs cafes: on n'en trouve pas un dehors. Ils paroiffent faifis de fraieur; & quand on leur en demande la raifon, ils difent que le Dieu des Blancs eft en colere.

Les Habitans de la Côte d'Or difent que leur Dieu eft noir, & leurs Marabous affurent qu'il leur apparoît fouvent au pied de l'arbre des Fetiches fous la figure d'un grand chien noir. Ils ont appris des Blancs, que ce grand chien noir s'appelle le Diable: il ne faut que prononcer ce mot devant eux, & y joindre quelque imprécation, comme, le Diable t'emporte, ou te torde le cou, pour les faire trembler & tomber en défaillance.

Rien n'eft plus vifible & plus réel, que l'empire que le Démon a fur eux, & les mauvais traintemens qu'ils en reçoivent. On les entend crier, & on voit les meurtriffures & les autres marques des coups qu'il leur a donnés. Il eft vrai qu'il a la diférétion de ne leur caffer ni bras ni jambes: mais il les bat quelquefois avec tant d'inhumanité, qu'il les met fur le grabat pour plufieurs mois. C'eft alors que les Marabous font bien leurs affaires. Ils exigent de ces malheureux des préfens & des offrandes, fans quoi ils les menacent que les *Fétiches* qui font irritées, achèveront de les affommer. Dans tout ce manége peut-être y a-t-il plus de malice & de fourberie de la part de ces Prêtres, que de réalité.

Nous ne parlerons point des Mariages de la Côte d'or: ils fe font avec auffi peu de Cérémonie qu'en Guinée. Nous remarquerons feulement après le Voïageur que nous fuivons ici, que la taille ordinaire des femmes de ce Pais eft médiocre, bien prife; & que quoiqu'elles paroiffent délicates, elles font en effet d'un excellent temperament. Elles font naturellement fobres & attachées à leur ménage: elles ont l'efprit fin, adroit, vif, engageant; elles aiment le plaifir: elles font avares, & vendent bien cher leurs faveurs aux Européens. ,, Il n'y a point de femmes au monde, ,, dit le Chevalier *des Marchais*, qui entendent mieux qu'elles à ruiner un homme, ,, qui s'eft empêtré dans leurs filets. Elles n'oublient rien pour plaire, & font d'une ,, extrême propreté. Elles courent fe baigner dès qu'elles font levées; après quoi cel- ,, les qui ne font pas obligées à travailler, paffent un tems confidérable à fe blanchir

» les dents, à fe peigner, à treffer leurs cheveux, & à les orner de rubans ou de
» menilles. Elles fe peignent le front, les fourcils & les joues. La plûpart fe font
» faire de petites incifions à côté des oreilles & des tempes, afin d'y faire venir de
» petites tumeurs qu'elles peignent de diverfes couleurs. Elles portent des pendans
» d'oreilles, des colliers, des bagues, des braffelets de corail, de raffade ou de menil-
» les d'or; & quand elles ont des miroirs, elles les confultent affiduement, & font
» auffi long-tems à s'y regarder pour le moins que les femmes d'Europe. Les femmes
» des Capitaines & des Marchands ne fortent point de leurs maifons, fans être fuivies
» de leurs efclaves. Elles ont alors fous leur pagne de deffous une piece de toile fine
» à fleurs, ou du taffetas de couleur vive, dont elles fe couvrent depuis le fein jufqu'à
» mi-jambes, & qu'elles relevent par derriere en maniere de bourrelet. Elles ont
» une ceinture à laquelle elles attachent de gros paquets de clefs, comme fi elles avoient
» bien des coffres & des armoires, quoique fouvent elles n'en aient qu'un ou deux,
» & quelquefois point du tout. Quand leurs maris font riches, elles mettent tout en
» ufage pour avoir des menilles d'or en quantité, & des bagues: on en voit quelque-
» fois, qui en ont plus de cinquante marcs fur le corps. De retour à la maifon, elles
» quittent tous ces ajuftemens; elles les enferment proprement dans leurs coffres, &
» n'ont plus qu'une pagne de groffe toile, qui les couvre depuis les reins jufqu'aux
» genoux".

Ces femmes au refte ont une force & un courage furprenant: elles accouchent fans donner aucune marque de douleur. Ce n'eft pas qu'elles n'en reffentent comme toutes les autres femmes; car pourquoi ne fe reffentiroient-elles pas de la malédiction prononcée contre la premiere de toutes les femmes? Mais c'eft par grandeur d'ame qu'elles n'en temoignent rien. Elles feroient deshonorées pour toujours, fi elles avoient jetté quelque cri. Elles mettent donc paifiblement leurs enfans au monde: on ne fçait qu'une femme eft accouchée, que quand on entend les cris de l'enfant. On donne aux nouvelles accouchées une calebaffe pleine d'un breuvage fait avec du ris, du maïs ou bled de Turquie écrafé, de l'eau, du vin de Palme & de la Maniguette (a), apres quoi on les couvre bien, & on les laiffe dormir trois ou quatre heures. Elles fe levent enfuite; vont fe laver à la mer ou à la riviere avec leur enfant, & fe remettent à travailler comme s'il ne leur étoit rien arrivé.

Au retour du bain, le pere & la mere donnent un nom à l'enfant: s'ils ont reçu quelque bienfait d'un Blanc, ils lui font porter fon nom. L'enfant envelopé de quelques langes eft pofé fur une peau, ou fur une pagne étendue fur des jones ou fur des feuilles de Palmier: il y demeure un mois ou cinq femaines; apres quoi la mere le porte fur fon dos affis fur une petite planche, aiant les jambes paffées fous fes aiffelles, & les mains liées autour de fon cou. Elle ne le quitte que la nuit. Comme les Négreffes ne portent point de corps de jupe, leur fein n'etant point foutenu tombe, & leurs mamelles deviennent fi longues, que quand l'enfant qu'elles ont fur le dos crie & demande à teter, elles lui donnent la mamelle par deffus l'épaule fans avoir la peine de le détacher. Cela eft commode. Elles ont grand foin de les laver foir & matin, & de les frotter d'huile de Palme: cela tient leurs jointures fouples, les pores ouverts, & aide beaucoup à la nature à les faire croitre.

Dès qu'ils ont fept ou huit mois, les meres ne les portent plus: elles les laiffent à terre ou ils vont à quatre pattes, & jouent comme de petits chats. Ils marchent bien plutôt que les enfans en Europe: il eft vrai qu'ils tombent fouvent; & on remarque qu'ils ne fe bleffent prefque jamais.

On ne peut expliquer la tendreffe que les Négreffes ont pour leurs enfans. Si elles font un peu riches, elles les parent de (b) Menilles d'or, dont elles leur font des colliers, des ceintures & des braffelets. Il faut fur toutes chofes que ces Menilles foient enfilées dans du fil compofé de l'écorce de l'arbre où ils adorent leurs Fetiches, fans quoi ils croient que le Diable emporteroit ces petits innocens. C'eft une fuperftition que leurs Marabous leur ont tellement gravée dans l'efprit, qu'on voit ces enfans ceints par tout le corps de rameaux de cet arbre, que ces Marabous leur vendent très-cherement.   Les

(a) La *Maniguette* eft une graine à peu près de la groffeur du chenevis, d'une fuperficie prefque ronde, mais anguleufe, d'une couleur rougeâtre avant que d'être mûre, plus foncée quand elle a toute fa maturité, & noire quand elle a été mouillée. Son goût eft acre & piquant, & approche de celui du poivre. *Voyage du Chevalier des Marchais en Guinée*, &c, Tome I. Chap. 8.

(b) *Menille* eft un nom générique, qui revient à celui de *bijou* dont nous nous fervons, pour fignifier les chofes précieufes par leur matiere & par leur forme, & qui font de petit volume. Les Menilles font de petits ouvrages d'or affez minces & affez légers, fondus ou battus au marteau. On en voit de plufieurs fortes. *Ibid.* Chap. 9.

V v v 2

Les peres & meres ne châtient presque jamais leurs enfans; ils les aiment trop. Ces enfans étant toujours tout nuds, filles & garçons ensemble, ils n'ont aucune honte de leur nudité. Ils demeurent dans cet état jusqu'à douze ou quinze ans. Il y a même des endroits où les filles n'ont des pagnes, que quand ceux qui les ont épousées leur en ont donné; de sorte que quand elles sont laides, ou que quelques autres raisons les ont empêchées de trouver mari, elles vont toutes nues a trente ans, comme elles alloient à dix.

Quand un enfant a dix ou douze ans, si c'est un garçon, le pere se charge de l'instruire. Il le mene avec lui à la pêche; lui apprend a manier la pagalle ou l'aviron, à conduire le canot, à plonger l'or; ou si c'est un Marchand, à vendre & à acheter. Il demeure ainsi avec son pere qui profite de tout son travail, jusqu'à l'âge de dix-huit ou vingt ans. Pour lors il garde une partie de son gain, afin d'amasser de quoi acheter une femme.

Si c'est une fille, la mere a soin de l'instruire, & de lui apprendre à tenir la maison bien propre, à piler le ris, à écraser le maïs, à faire le pain & la cuisine, à aller vendre & acheter au marché, a faire des paniers & des nattes. Elles sont fort adroites dans ces sortes d'ouvrages. On leur apprend encore à avoir soin de leurs hardes lorsqu'elles en ont, & de celles de leurs pere & mere, & sur-tout que le boire & manger de leur pere soit prêt à l'heure. C'est ainsi qu'on les accoutume à servir avec ponctualité les hommes qui les acheteront pour en faire leurs femmes. Ce que les meres n'ont pas besoin d'apprendre à leurs filles, est la coquetterie & l'amour du faste: la nature toute seule est leur maitresse en cela, comme en plusieurs autres choses.

Les Negres qui sortent de leurs cases pour aller trafiquer, observent une plaisante superstition. (a) S'ils éternuent en sortant de chez eux, & que le hazard leur fasse tourner la tête du côté droit qu'ils appellent *Eninsau*, ils regardent ce jour-là comme heureux, & hazardent tous leurs biens. Si au contraire ils tournent la tête du côté gauche, qu'ils nomment *Abincon*, ils rentrent chez eux, & n'en sortent plus de tout le jour, quand même il y auroit une apparence certaine d'un profit extraordinaire.

Une chose qui marque le caractere barbare de ces Peuples, est l'inhumanité qu'ils exercent à l'égard de leurs blessés & de leurs malades: il les abandonnent absolument. Les enfans laissent leurs peres, les femmes leurs maris: il faut qu'ils périssent. Il n'y a que ceux qui sont voisins des établissemens des Européens, qui peuvent espérer du secours, lorsqu'ils se sont fait des amis, ou qu'ils ont de quoi paier les Esculapes blancs. Il est vrai qu'ils sont d'un tempérament qui a des ressources infinies. Ils sont sanguins, patiens, robustes, courageux; les opérations les plus douloureuses ne leur font pas faire une grimace. Ils prennent sans répugnance les remédes les plus dégoutans; & la nature aide d'une maniere singuliere les remédes qu'on leur applique. Sont-ils guéris? ils ne se souviennent plus qu'on les a abandonnés. Ils reçoivent leurs femmes, leurs enfans, leurs amis, leurs voisins, comme s'ils en avoient reçu tous les services qu'ils en pouvoient exiger ou attendre. Est-ce grandeur d'ame, ou insensibilité?

S'ils se sentent trop chargés de sang, ils se percent sans façon d'un couteau en quelque endroit du corps, & laissent saigner la plaie tant qu'ils le jugent à propos; après quoi ils la lavent d'eau fraiche, la bandent avec un morceau de pagne; & voilà une saignée faite.

Lorsqu'ils ont mal à la tête, ils se la serrent avec une corde le plus fort qu'ils peuvent. De même ils se serrent le ventre, quand ils ont la colique. Les ligatures sont parmi eux des remédes presque universels. Ils se baignent dans le frisson & dans le chaud de la fievre; & quoiqu'ils aient chez eux une infinité de simples & de baumes ou de résines, dont ils pourroient tirer des remédes excellens, ils sont si grossiers ou si indolens, qu'ils n'y pensent seulement pas.

Malgré la conduite brutale de ces Négres, on remarque parmi eux une justice distributive & coërcitive. Il est vrai qu'il faut que les crimes soient bien considérables, pour faire condamner un criminel à la mort. Elle y vient cependant pour certains crimes, sur-tout pour d'adultere avec la prémiere femme des Rois & des grands Seigneurs. Pour les autres femmes, on en est quitte pour une amende, qui est plus ou moins grande selon la qualité des Parties, ou selon que l'on a eu soin de disposer l'oreille & la langue du Juge. Chacun plaide sa cause soi-même. Si les épices sont paiées

gras-

(a) Voiage du Chevalier *des Marchais*. Tom. I. Ch. 10.

graffement & d'avance, il eft certain que les raifons font tout un autre effet fur l'efprit des Juges, qui font ordinairement, ou le Roi même, quand les chofes en valent la peine, ou les Capitaines des Villages. Si un accufé eft condamné a une amende, il faut qu'il la paie fur le champ; finon il eft vendu pour efclave, fans jamais pouvoir fe racheter. Si le coupable eft en fuite, fes parens font obligés de paier pour lui, à moins qu'ils n'abandonnent le Pays pour toujours.

Dès que l'Accufé eft condamné à mort, on lui bande les yeux; on le conduit hors du Village; on le perce d'une fagaie, & on lui coupe la tête qu'on attache aux branches d'un arbre. Quelquefois auffi cette tête eft enlevée par les parens, qui la font cuire, pour mieux dépouiller le crâne, que l'on pend enfuite auprès de la *Fétiche* du logis. Le corps coupé en morceaux eft jetté çà & là dans les champs, pour fervir de patare aux bêtes.

On ne connoît point encore en ce Pays les Sergens, Huiffiers, Appariteurs, & autres vermines qui rongent le genre humain, non plus que les Avocats & Procureurs, Greffiers & autres femblables. Dans les affaires civiles, une Partie cite l'autre devant le Capitaine, qui eft en même tems Gouverneur & Juge du Village. Le Demandeur parle le premier; le Défendeur repond. S'il y a des répliques à faire, elles le font par les Parties fommairement, l'une après l'autre & fans s'interrompre. Le Juge prononce; il n'y a ni Appel, ni Requête Civile, & le Jugement eft exécuté fur le champ. Il faut payer fans déplacer, autrement le débiteur eft vendu comme efclave, & l'on n'en parle plus.

Il arrive quelquefois que la haine qu'ils ont tous les uns contre les autres, les porte à fe battre en duel en fortant d'une affaire civile, & fouvent de fort peu de conféquence. Ils prennent chacun trois ou quatre feconds. S'il en demeure quelqu'un fur la place, il faut que les autres quittent le Pays, à moins qu'ils ne foient en état de paier une groffe amende au Roi, qui en ce cas leur fait grace pour le fang qui a été répandu. Les parens des morts ne font plus en état de les citer en juftice pour cela : mais ils ne manquent guere de s'en venger par le poifon ou par d'autres voies cachées. On a vu des Négres qui ont paié au Roi jufqu'à 170. marcs d'or d'amende.

Il n'y a point de procès en ce Pays-là pour les fucceffions ni pour les partages. En voici la raifon. Elle eft des plus barbares. Les femmes & les enfans font exclus des biens de leurs péres & de leurs maris. Un homme riche meurt : fes femmes & fes enfans n'ont pour tout bien que leur maifon. Le plus proche parent s'empare des efclaves, des meubles & des marchandifes du défunt. De-là viennent les haines qu'ils ont les uns contre les autres, & même les enfans contre leurs péres, à moins que de leur vivant ils ne les mettent en état de ne pas craindre d'être réduits à la mendicité. Pour les femmes, fi elles font encore jeunes, elles fe proftituent ou fe mettent au fervice des Nobles, qui étant tous marchands, font auffi les plus riches.

C'eft aux Nobles que les Rois donnent les prémieres charges de la guerre. Il eft rare, malgré les foins que fe donnent les Européens, que ces Peuples foient long-tems en paix. Ils font fiers & intéreffés. La fierté leur fournit quand ils veulent des prétextes pour déclarer la guerre à leurs voifins : l'avarice & le defir de faire des efclaves, afin d'avoir de quoi acheter des marchandifes d'Europe, en eft fouvent la plus véritable raifon.

Quand donc un Prince a une raifon ou un prétexte de déclarer la guerre, il fait affembler chez lui fes Capitaines, fes Officiers & fes Nobles : il leur dit les raifons qu'il a de fe plaindre d'un tel Roi ou Prince. Il exagère le tort & les injures qu'il en a reçues : il conclud à la guerre; les exhorte à fe fouvenir d'eux-mêmes, à foutenir la haute réputation de bravoure où ils font dans toute l'Afrique; leur promet la victoire de la part de fes *Fétiches*, & les affure que le butin qu'ils feront fera tres-confidérable. La guerre eft auffi-tôt réfolue. On envoie la dénoncer à l'ennemi par un Héraut; & on lui marque en même tems le jour, le lieu, l'heure du combat.

Chaque Capitaine, Officier ou Noble a foin de s'armer, & de fe faire accompagner par fes efclaves armés. Le refte du peuple s'arme auffi & fe rend fous fes Chefs. Ceux qui ont été affez braves pour avoir tué des ennemis dans les guerres précédentes, paroiffent fur les rangs avec des cafques compofés en partie des crânes de ceux qu'ils ont défaits. Les autres en font de peaux de Lion, de Tigre, de Crocodile, &c. qu'ils chargent de plumes quand ils peuvent en avoir. Ils portent au bras gauche un grand bouclier de peau de Tigre ou de Bœuf, & une longue fagaie à la main droite, fans autre habillement qu'un petit linge devant eux pour cacher leur nudité, & pour n'être point embarraffés pendant le combat. Ils ont leurs fabres devant eux, & leurs grands conteaux au côté. Leurs efclaves armés d'arcs, de fléches & de contelas marchent à leurs côtés & derrière eux. Le peuple eft armé de haches & de fabres : tous ceux qui ont des fufils fe mettent au prémier rang. Ils ne font que deux lignes, fuivant l'étendue du terrain & fa figure, & combattent tous à la fois ; de manière que fi elles font une fois rompues, il n'y a plus de fecours à efpérer : ce n'eft plus qu'une fuite précipitée, ou un maffacre.

Dès que les armées font en préfence, elles pouffent des hurlemens affreux ; après quoi elles fe dardent leurs faguaies avec beaucoup de juftefle : les boucliers parent la plus grande partie des coups. Les fléches volent de tous côtés ; & tombant fur ces corps nuds, elles font une terrible exécution, particuliérement fur ceux qui n'ont point de bouclier. Les cris des combattans, le fon des Tambours & des Trompettes & les bleflures leur font mettre le fabre & le couteau à la main ; & c'eft alors qu'ils s'acharnent les uns fur les autres, & que le combat devient une véritable boucherie. Ils font encore excités à la vengeance par les femmes & les enfans qui les ont fuivis, qui bien loin de s'affliger des bleflures ou de la mort de leurs plus proches, ne ceffent d'exciter ceux qui combattent encore à les venger. On ne fait ce que c'eft de faire une retraite honorable & en bonne pofture. Le carnage ne ceffe que par la défaite entière d'un des deux partis : on ceffe alors de tuer, & l'on s'occupe à faire des prifonniers ; ce qui eft le plus fouvent, comme nous l'avons dit, la fin & le motif de la guerre.

Ces prifonniers, tels qu'ils foient, ne peuvent jamais recouvrer leur liberté. Il eft très rare que des Rois aient été faits prifonniers : tous leurs fujets fe feroient plutôt hacher en pieces, que de le fouffrir. Il en eft demeuré fouvent fur le champ de bataille ; & alors leurs fujets font les derniers efforts pour emporter leur corps. Mais fi un Prince avoit le malheur d'être pris, il aimeroit mieux fe poignarder lui-même, que de paroitre comme un efclave en la préfence de fon vainqueur. Auffi bien eft-il cenfé mort au monde dès qu'il eft pris. Tout l'or de fes Etats, en offrit-il gros comme une montagne, ne le fauveroit pas de la mort, ou d'être vendu aux Européens, pour être transporté hors d'Afrique avec affurance qu'il n'y rentrera jamais. Pour les autres prifonniers, ils font vendus fur le champ aux Européens, étampés à leur marque, & transportés en Amérique.

Il eft rare que leurs guerres durent plus d'une Campagne, & leur Campagne plus de trois ou quatre jours. On a pourtant vu les Rois de *Fétu*, du petit *Acavis* & le Seigneur d'*Abrambou*, engagés dans une guerre fi opiniâtre, que tous les Européens établis fur leurs terres & aux environs, eurent toutes les peines du monde à les faire confentir à la paix, après quatre années d'une guerre qui avoit fait périr plus de foixante mille hommes, réduit tout le Pays en friche, & anéanti le commerce.

Ils fe lafférent à la fin ; & les Européens s'en étant mêlés, ils donnèrent les mains à une paix qu'ils fouhaitoient tous, dont ils avoient tous également befoin, mais dont perfonne ne vouloit faire les prémieres démarches. Les Européens qui avoient befoin du commerce autant qu'eux, les y difpofèrent. Ils furent les Plénipotentiaires de cette paix : ils les firent convenir de leurs faits & du jour marqué pour la Cérémonie, auffi bien que du lieu.

On choifit pour cela une plaine fituée fur la frontiére des Etats qui étoient en guerre. Chaque parti s'y rendit armé comme pour une bataille. Ils firent apporter leurs *Fétiches* : les Marabous s'y trouvèrent. Les Chefs jurérent fur les *Fétiches* de ne plus fe vouloir de mal, d'oublier tout le paffé ; & pour fureté de leurs promeffes, ils fe donnèrent réciproquement des ôtages. Ce font ordinairement les Fils de Rois qui en fervent, ou à leur défaut les principaux des Pays, mais on ne parle jamais ni de rendre les prifonniers, ni d'aucun dédommagement. On feroit fort en peine, fi on vouloit en venir-là. On compte un homme pour mort dès qu'il eft pris ; & il l'eft effectivement pour fon Pays & pour fa famille, puifque la prémiere chofe que font les vainqueurs, eft de vendre leurs prifonniers aux Européens.

Auffi-tôt que les fermens font faits, les Tambours & les Trompettes fe font entendre de tous côtés ; on quitte les armes ; on fe mêle ; on s'embraffe ; on boit & on mange les uns avec les autres. La journée fe paffe en danfes & en chanfons ; & le négoce recommence comme fi on avoit toujours été en paix.

Ces Peuples, dit notre Auteur, font féroces dans leur manière de faire la guerre. Si l'avarice ne les portoit pas à faire des prifonniers pour les vendre, leur fureur les empêcheroit de faire quartier à perfonne : ils tueroient tout fans diftinction d'age ni de fexe. Il y en a qui portent la rage jufqu'à cet excès, qu'ils mangent fur le champ de bataille

bataille les corps de ceux qu'ils ont tués, sans les faire cuire comme les autres viandes, se contentant de les faire un peu griller sur les charbons. Ceux qui ne font pas ces festins inhumains ne manquent pas du moins d'emporter les têtes de ceux qu'ils ont tués. Ils se servent, comme nous l'avons dit, des crânes pour faire des casques; & ils ornent les portes de leurs maisons des machoires des vaincus. C'est le premier pas que les roturiers doivent faire, pour acquérir la Noblesse. Une porte bien tapissée de machoires d'homme, un particulier qui a un ou plusieurs casques de crânes humains, n'a plus qu'à amasser de quoi faire les frais de sa réception: il est sûr que le Roi & son Conseil ne lui refuseront pas la qualité de Noble & de Marchand d'esclaves.

Nous finirons cet Article par une description des Cérémonies & des magnificences, avec lesquelles ces Peuples célèbrent les avantages & les Victoires qu'ils ont remportées sur les ennemis. Voici ce qu'en dit (a) notre Auteur.

„ Le Roi de *Fétu* avoit remporté une victoire sur celui d'*Acavis* & sur le Seigneur
„ d'*Abrambou*, dans laquelle il y avoit eu quinze à seize mille hommes tués de part
„ & d'autre. Son gendre qui commandoit une partie de l'Armée dans cette occasion,
„ & qui demeuroit ordinairement au Village de Cap-Corse, voulut solemniser l'anni-
„ versaire de cette Victoire l'année suivante d'une manière éclatante. La Fête com-
„ mença dès le matin au Cap-Corse. Le Prince y fit un festin somptueux, où ses
„ sujets & ses voisins furent invités. La bonne chere & la joie durérent toute la
„ journée. On n'entendoit que des cris de joie, mêlés au son de toutes sortes d'in-
„ strumens : on ne voioit de tous côtés que des danses & des exercices de plaisir. Sur
„ le soir le Prince vint à Fridérisbourg (b). Le Gouverneur étoit prêt de se mettre
„ à table, lorsqu'on entendit un grand cri, qui fut suivi dans le moment du son des
„ Tambours & des Trompettes d'Ivoire qui précédoient le Prince & la Compagnie.
„ Ces Trompettes sont de dents d'Eléphant de différente grandeur, que l'on creuse a-
„ vec beaucoup de travail, & auxquelles on ne laisse d'épaisseur qu'autant qu'il en faut,
„ suivant la diversité des sons qu'on veut leur faire produire.

„ Ce Prince étoit précédé d'un Tambour & de vingt Trompettes. Il étoit accom-
„ pagné d'une douzaine de ses Femmes, d'autant d'Officiers ; & suivi de soixante Es-
„ claves, deux desquels portoient de grands Boucliers dont ils le couvroient, & deux
„ autres portoient des Sabres, son Arc & ses Fléches.

„ Ses Femmes étoient couvertes de Pagnes de Damas & de Taffetas, qui alloient
„ depuis le sein jusqu'au dessous des genoux. Leurs cheveux étoient ornés de Menilles
„ d'or. Elles avoient aux bras & aux jambes des brasselets & des chaines de rassade
„ mêlées de Menilles d'ivoire & d'or ; ce qui faisoit un très bel effet sur une peau noi-
„ re & lustrée.

„ Le Prince étoit ceint d'une piéce de Taffetas bleu qui lui passoit entre les jam-
„ bes, & dont les bouts traînoient à terre devant & derrière. Il avoit devant lui un
„ petit Sabre ; & sur sa tête un bonnet garni de piéces de crânes de ceux qu'il avoit
„ tués, & tout couvert de plumes. Il avoit aux bras & aux jambes plusieurs tours
„ de Menilles d'or, & dans ses mains deux éventails de crin de cheval fort propre-
„ ment travaillés.

„ Après les complimens réciproques que le Prince & le Gouverneur se firent, les
„ Trompettes firent un concert de fanfares fort bien exécuté, à la fin duquel la suite
„ du Prince se sépara : les hommes se mirent d'un côté & les femmes de l'autre ; les
„ Esclaves avec les Tambours & les Trompettes se placérent derriere lui. Cette der-
„ niere troupe commença alors un bal de guerre que le son des Instrumens régloit. Il
„ dura un quart d'heure, & donna beaucoup de plaisir aux Blancs qui en étoient
„ spectateurs.

„ Le bal fini, le Prince donna ses deux éventails à un Esclave, & prit une sagaie
„ qu'il faisoit semblant de lancer à ses femmes. Ces Dames qui se trouvérent aussi ar-
„ mées, faisoient la même chose, pendant que les Esclaves le serroient de tous côtés,
„ & s'empressoient de le couvrir de leurs Boucliers.

„ Ce combat aiant duré quelque tems, il mit la main au Sabre & courut à ses fem-
„ mes : elles en firent autant. Les Officiers qui jusqu'alors avoient été simples spec-
„ tateurs, entrérent dans la mêlée ; les Esclaves les suivirent : le combat devint géné-
„ ral. Il sembloit qu'ils se portoient de grands coups, & que l'attention des Esclaves
„ étoit de couvrir la personne du Prince ; & tous les mouvemens étoient réglés par
„ le

(a) Idem. ubi suprà.
(b) Fort appartenant aux Danois.

„ le son des Instrumens. Tous les acteurs faisoient voir une vivacité & une justesse
„ merveilleuse dans leurs mouvemens, qui cesserent tout d'un coup à un cri que jet-
„ terent les joueurs d'Instrumens, quand le Prince en donna le signal.

„ Le Gouverneur fit entrer le Prince, ses Femmes & ses Officiers dans une sale,
„ où il leur fit servir une grande collation. Il fit distribuer de l'eau de vie au reste
„ de la troupe. On dit que cette Fête couta plus de cinq cens marcs d'or au Prince".

Religion du Roiaume de Juda en Afrique.

Le Roiaume de *Juda* est voisin & dépendant de celui d'*Ardée*. Voici ce que le
Chevalier *des Marchais* nous apprend de la Religion des Peuples qui l'habitent dans le
second Volume de son Voiage de Guinée.

(*a*) On feroit assurément un très-grand tort aux Négres de Juda, si on les accusoit de n'avoir point de Religion. Ils en ont, non pas une, mais plusieurs; &
quoiqu'elles ne soient que des superstitions ridicules & sans fondement, ils y sont attachés, & s'acquittent des devoirs de leurs cultes avec une exactitude, qui devroit
faire rougir ceux qui étant éclairés des lumiéres de l'Evangile, & connoissant le
seul & vrai Dieu, vivent comme s'il n'y en avoit point, ou qu'il ne méritât aucun
culte.

Les quatre principales Divinités du Pais sont 1. le Serpent qui tient le prémier rang;
2. les Arbres qui occupent le second; 3. la Mer qui n'a que le troisiéme; 4. Agoye qui
est au quatriéme.

Cette derniére Divinité est le Dieu des Conseils. On la consulte avant que de rien
entreprendre: rien ne se fait qu'après qu'elle a donné son avis, & qu'on a paié le Marabous qui est son interpréte.

Cette Divinité est un vilain petit magot de terre noire, qui ressemble plutôt à une
grenouille ou à un Monstre informe, qu'à toute autre chose. Il est assis ou accroupi
sur une espéce de pied-d'estal de terre rouge, sur lequel il y a un morceau de drap
rouge brodé de Bouges (*b*). Il a autour du cou une bande d'écarlate d'un doigt de
largeur, d'où pendent quatre bouges. Sa tête est couronnée de Lezards & de Serpens avec des plumes rouges, du milieu desquelles sort un fer de saguaie qui enfile un
plus grand Lezard, qui a sous lui un Croissant d'argent. Ce magot est sur une table
dans la case du grand Sacrificateur. On met devant lui trois moitiés de calebasses
ou de gamelles de bois, dans l'une desquelles il y a quinze ou vingt petites boules
de terre.

Ceux qui vont le consulter s'adressent au Marabou; lui disent le sujet qui les améne;
lui présentent ce qu'ils veulent donner à Agoye, & le prix de sa consultation. Si le
Marabou est content, il prend les gamelles; & après quelques singeries que le Con-
sultant regarde avec respect, il jette les boulettes au hasard d'une gamelle dans l'autre,
jusqu'à ce que le nombre impair se trouve dans toutes les trois. On recommence le
manége un certain nombre de fois; & si le nombre impair arrive, il n'en faut pas davantage; l'Oracle a prononcé: on entreprend hardiment l'affaire; on est sûr du succès; & quoiqu'il arrive très-souvent le contraire, les Négres sont si entêtés de cette
folle confiance, qu'ils se persuadent qu'il n'y a point de faute du côté de leur Dieu, mais
toujours du leur. Ils croient qu'ils se sont mal expliqués, ou qu'ils ont laissé passer le
moment heureux, & sont toujours disposés à se laisser tromper une autre fois, & à faire
de nouvelles offrandes.

Les femmes sont les meilleures pratiques de ce Dieu, leur esprit foible & superstitieux
est encore plus porté à ces chiméres que celui des hommes; de forte que le Marabou
de cette Divinité a toujours beaucoup d'occupation, & fait un profit considérable avec
son magot, dont le corps n'a que dix-huit pouces de hauteur, la couronne un pied, &
le pied-d'estal environ autant.

Nous avons dit que la mer est chez ces Peuples la Divinité du troisiéme Ordre.
Lorsqu'elle est agitée extraordinairement, & qu'elle empêche le débarquement, ou
l'embarquement des Marchandises, on consulte le Grand Sacrificateur; & selon l'Oracle qu'il prononce, on égorge sur le bord de la mer un bœuf ou un mouton, dont on
fait

(a) Voiage en Guinée, Tom. II. Chap. 7.
(b) Les *Bouges* sont des coquilles qui se péchent aux Isles Maldives. On leur donne aussi le nom de
Cauris dans toute la Guinée. Il y en a de grosses & de petites; ces derniéres sont les plus estimées.
Les unes & les autres servent de Monnoie courante dans une grande partie de l'Afrique.

fait couler le fang dans l'eau, & on jette un anneau d'or dans les flots le plus avant qu'il eft poffible de le faire avec la main. L'anneau & le fang font perdus: les corps des bêtes immolées appartiennent au Sacrificateur, qui les porte chez lui & en fait fon profit.

Il n'en coute pas tant pour fe rendre favorables les arbres, qui font les Divinités de la feconde efpéce. Il n'eft pas trop aifé de deviner l'origine de ce culte. Peut-être pourroit-on dire (a) que les arbres qui font aujourdhui fort rares dans ce Païs, aiant été d'abord abatus fans difcrétion, ou par les Naturels ou par les Etrangers qui jugeoient peut-être qu'ils les empêchoient de jouir des vents & du frais qui vient de la mer, furtout le foir & la nuit, le Roi jugea à propos de conferver ce qui en reftoit; & pour le faire plus aifément, on infinua au Peuple que les arbres étoient des Divinités qu'il falloit bien fe donner de garde de maltraiter, de crainte d'attirer des malheurs extrêmes fur le Païs & fur le Peuple. Les Marabous eurent foin d'appuier cette fourbe; & ils n'eurent pas grande peine à l'inculquer dans des efprits timides, ignorans & fuperftitieux. On mit donc les arbres au nombre des Divinités tutélaires du Païs; & on ordonna la peine de mort contre les impies qui les infulteroient. Cette Loi eft obfervée dans toute fa rigueur depuis un tems immémorial: perfonne n'en eft exemt. Mais ces Divinités font des plus malfaifantes. Outre qu'elles tombent fouvent fans qu'on ait pu prévoir leur chute & s'en garantir elles fervent d'afiles aux Serpens venimeux qui y font toujours en grand nombre, qui fe laiffent tomber, fur ceux qu'ils voient au pied, qui les piquent, & répandent dans les plaies qu'ils font un venin, qu'il eft prefque impoffible d'empêcher de caufer la mort.

Ce font ordinairement les malades qui ont recours à ces Divinités. Leur pouvoir eft bien petit, ou plutôt n'eft rien du tout: mais on fe guérit l'imagination en leur faifant un facrifice; & comme elle eft fouvent le fiége de la maladie, dès qu'elle eft guérie, il eft immanquable que le malade fe porte mieux. On ne facrifie aux arbres que des pains de mil, de maïs ou de ris. Le Marabou les met au pied de l'arbre auquel le malade a dévotion, & les y laiffe quelque tems; après quoi il les emporte, à moins que le malade ne s'accommode avec lui pour les y abandonner jufqu'à ce que les chiens, les cochons ou les oifeaux s'en foient emparés.

(b) La principale Divinité du Païs eft le Serpent quoiqu'on ne fçache dans quel tems on a commencé à le reconnoître & à lui rendre un culte: on fçait feulement que cette prétendue Divinité vient certainement du Roiaume d'Ardres. Ceux de Juda etant prêts à donner bataille à ceux d'Ardres, un gros Serpent fortit de l'armée ennemie, & vint fe rendre à celle de Juda. Mais il parut fi doux, que bien loin de mordre comme les autres animaux de fon efpéce, il flattoit & careffoit tout le monde. Le Grand Sacrificateur fe hafarda de le prendre & de l'élever en l'air, pour le faire voir à toute l'armée, qui étonnée de ce prodige, fe profterna devant cet animal débonnaire, & donna fur les ennemis avec tant de courage, qu'elle les défit à plate couture. Ceux de Juda ne manquerent pas d'attribuer leur victoire à ce Serpent. Ils l'emporterent avec refpect; lui bâtirent une maifon; lui porterent dequoi vivre; & en peu de tems ce nouveau Dieu éclipfa tous les autres, même les Fétiches qui étoient les prémiers & les plus anciens Dieux du Païs. Son culte augmenta, à mefure qu'on s'imagina qu'on en recevroit des graces & des faveurs. Les trois autres Divinités avoient leur diftrict reglé. On n'avoit pas recours à la mer, par exemple, pour guérir les maladies, ni aux arbres pour obtenir une bonne pêche, ni pour fçavoir les évenemens bons ou mauvais des affaires que l'on projettoit: mais le Serpent préfide à tout, à la Guerre, au Commerce, à l'Agriculture, aux maladies, à la fterilité des femmes, aux récoltes de ris, de mil & des autres fruits de la terre. Auffi ne le laiffa-t-on pas long-tems dans la prémiere maifon qu'on lui avoit bâtie. On lui en édifia une autre très fpacieufe, avec plufieurs cours & de grands logemens bien entretenus. Ceux du Roi manqueroient plutôt de couverture & d'entretien, que ceux du Serpent. On y mit des meubles de conféquence; on lui donna un Grand Sacrificateur & un Ordre entier de Marabous pour le fervir. On fit plus: on crut qu'il falloit que des femmes lui fuffent dédiées. En effet on chofit les plus belles filles pour les lui confacrer; & on en choifit encore tous les ans, afin qu'il ne manque pas de fervantes.

Ce qu'il y a de particulier eft que les Négres les plus raifonnables difent fort férieufement, que le Serpent qu'ils réverent aujourdhui eft réellement le même qui vint trou-

ver

<hr>

(a) Voiage en Guinée, Tom. II. Chap. 2.
(b) Ibid. Chap. 7.

ver leurs Ancêtres, & qui leur fit remporter cette victoire célébre qui les délivra de l'oppreſſion du Roi d'Ardres.

La poſtérité de ce Serpent bienfaiſant & débonnaire s'eſt extrêmement multipliée, & n'a point dégeneré des bonnes qualités de ſon pere. Ils ne font de mal à perſonne; ils font careſſans, & ſe laiſſent prendre. On les met dans ſon ſein, autour de ſon cou, dans ſon lit. Ils n'ont de la colere & des dents que contre ces mauvais Serpens venimeux qui repairent ſur des arbres, qui cherchent toujours à malfaire, & dont les morſures font ſi dangereuſes. Dès qu'ils les rencontrent, ils les attaquent, les étouffent ou les avalent, & ſemblent ſe faire un devoir d'en délivrer les hommes. Ce n'eſt pas ſeulement aux Noirs qu'ils font doux & débonnaires: ils le font auſſi aux Blancs, qui les prennent, les mettent à leur cou, leur ouvrent la gueule, & font tout ce qu'ils veulent, ſans qu'il en ſoit jamais arrivé le moindre accident.

Ces Serpens font fort patiens. Si par haſard on marche ſur eux, ils ſe retirent doucement, & ne ſe jettent jamais ſur les perſonnes. Auſſi perſonne ne leur fait mal. Si un Nègre ou un Blanc en avoit maltraité ou tué un, il n'en faudroit pas davantage pour exciter un ſoulevement général. Si c'étoit un Nègre, il ſeroit aſſommé ſur le champ, ou brulé: ſes femmes, ſes enfans & tous ſes biens ſeroient confiſqués; & ſi c'étoit un Blanc, & qu'on pût le ſauver de la prémiere fureur de la populace, il en couteroit beaucoup à la Nation.

Voici ce qui arriva il n'y a pas long-tems à un Portugais à ce ſujet. Il avoit envie de faire voir ce Serpent au Bréſil. Son bâtiment étant prêt de mettre à la voile, il prit un de ces Serpens, le mit doucement & ſécrétement dans une caiſſe, & s'embarqua avec ſa caiſſe dans un canot de barre, qui devoit le conduire à ſa chaloupe qui l'attendoit au de-là des briſans, & le porter à ſon bord. La mer étoit telle qu'on pouvoit la ſouhaiter: cependant le canot tourna, & le Portugais fut noié. Les Canotiers aiant relevé leur canot & repris la caiſſe, revinrent à terre, & ne manquerent pas de la rompre pour voler les effets qu'ils croioient y trouver. Mais quel fut leur étonnement, quand au lieu de Marchandiſes, ils y trouverent leur Dieu! Les cris ou plutôt les hurlemens qu'ils pouſſerent eurent bientôt appris à tout le monde le ſacrilége que le Portugais avoit commis: mais comme on ne pouvoit pas s'en venger ſur lui, les Marabous & le Peuple ſe jetterent ſur les autres Portugais, pillerent leurs magaſins, maſſacrerent ceux qui ne purent ſe ſauver & ſe cacher chez les autres Européens, & on eut toutes les peines du monde à appaiſer ces dévots irrités; encore fallut-il du tems & des préſens conſidérables, avant qu'ils puſſent ſe réſoudre à ſouffrir les Portugais dans le Païs.

Un autre fait rapporté (a) par le même Auteur a quelque choſe de ſurprenant. Un Anglois nouvellement débarqué aiant trouvé un de ces Serpens ſur ſon lit, & n'en connoiſſant pas le bon naturel, ni de quelle conſéquence il étoit de ne le point maltraiter, le tua, & le jetta dans un coin auprès de la chambre qu'il occupoit. C'étoit la nuit, & perſonne, dit-on, ne l'avoit vu: cependant il n'y avoit pas un demi-quart d'heure que le meurtre avoit été fait, lorſqu'on entendit des cris effroiables autour du Comptoir. Le Peuple attroupé ſe mettoit en état d'enfoncer la porte, en criant qu'un malheureux impie avoit tué leur Dieu. Le Directeur s'étant levé, ſe douta auſſi-tôt de ce qui étoit. Le jeune homme de ſon côté déclara ce qu'il avoit fait, ne croiant pas que cela tirât à conſéquence. Le Directeur le fit promptement ſauver dans le Comptoir des François, & alla parler à ce Peuple mutiné, pendant que l'on fit une foſſe où l'on enterra ce Dieu mort. Il offrit de faire juſtice du Blanc que l'on accuſoit, ſi l'on pouvoit juſtifier qu'il eût tué le Serpent, & conſentit que trois ou quatre Marabous entraſſent pour en faire la recherche. Le Peuple étant toujours demeuré dehors, les Marabous entrerent; & comme ſi eux-mêmes euſſent creuſé la foſſe où l'on avoit mis le Serpent, ils y allerent tout droit, le déterrerent, & auroient fait un vacarme épouventable, ſi on ne les eût gagnés à force de préſens. On tira la négociation en longueur, afin d'avoir le tems d'avertir le Capitaine Protecteur de la Nation & le Roi. Le Prince perſuadé par les raiſons & les préſens des Anglois fit battre le Gongon (b) & publier qu'il ſe réſervoit la connoiſſance & la punition du crime, & en conſéquence que le

Peuple

(a) Le Chevalier des *Marchais*, ubi ſuprà.

(b) Le *Gongon* eſt une eſpece de Cloche de fer, à peu près ſemblable à ces groſſes ſonnailles qu'on met au cou des mulets, excepté qu'elle a un manche auſſi de fer. Elle eſt longue de dix-huit pouces, & elle a ſix pouces de large dans ſon plus grand diamétre. La baguette dont on ſe ſert pour frapper deſſus eſt de fer. Elle eſt d'un pied de longueur, & de ſix lignes de diamétre. Le Crieur tient le Gongon de la main gauche, & frape de la droite.

Peuple eût à se retirer dans ses cases. Il obéit ; & quand tout fut tranquille, les Marabous emporterent avec respect le Serpent, & allerent l'enterrer avec les Cérémonies usitées en pareil cas.

Nous avons déja observé que si on veut en croire les Négres, le Serpent qui vint les trouver avant la bataille qu'ils livrerent à ceux d'Ardres vit encore, & est précisément le même qu'ils réverent dans le Palais qu'ils lui ont bâti. Il est de la prudence des Européens à qui ils débitent ce conte, de ne pas les contrarier. On peut croire que celui d'aprésent est de la race de ce prémier, aussi bien que tous ceux qui courent dans le Pays auiquels on ne rend pas tant d'honneur qu'à leur Chef, mais que l'on ne laisse pas de réverer, de caresser, de loger & de nourrir. On s'estime heureux, quand quelqu'un de ces animaux veut honorer une maison de sa présence, & y prendre gîte. On lui donne du lait ; & si c'est une femelle qui veuille faire ses petits, on s'empresse de lui dresser une petite case où elle se retire pour faire ses couches, & où l'on a soin de la nourrir elle & ses enfans, jusqu'à ce qu'ils soient assez grands pour pourvoir eux-mêmes à leur subsistance. Alors on détruit la case qu'on leur avoit faite. En quelque endroit qu'on trouve une femelle dans ce besoin, on lui bâtit une case & on la nourrit; & ceux qui sont assez heureux pour trouver cette occasion de leur rendre ce service, ne doutent point qu'ils n'en soient récompensés magnifiquement, & que toutes leurs affaires ne réuississent à leur gré.

Tout le monde sait que les serpens vivent long-tems & peuplent beaucoup : ceux-ci par conséquent devroient couvrir la terre ; car ils ne se mangent point les uns les autres comme les vipéres de l'Amérique, & les habitans ne les détruisent pas. Pourquoi donc ne font-ils pas en aussi grand nombre qu'ils devroient être ? Les Serpens noirs ne leur donnent point de quartier ; & sans respect pour leur divinité, ils les tuent & les mangent: les cochons en font autant; & voilà ce qui en diminue le nombre. Mais aussi il en coute la vie à ces animaux, lorsqu'ils sont pris sur le fait : rien ne peut les mettre à couvert de la mort. On n'a aucun respect pour ceux à qui ils appartiennent. Fussent-ils au Roi ou aux Princes, ils sont tués sur le champ ; & leur chair appartient à ceux qui les ont tués, comme si leurs maîtres étoient les derniers du peuple.

Outre ces exécutions qui se font sans distinction de tems pendant toute l'année selon l'occasion, il y a une saison où ceux qui ont des cochons sont obligés de les tenir enfermés, s'ils veulent s'épargner le chagrin de les voir tuer sans profiter de leur chair. C'est celle où les mils sont environ à un pied hors de terre. Ces animaux entrent dans les champs, les fouillent, brisent les tuiaux & détruisent toute la récolte. C'est encore ordinairement dans ce même tems que les Serpens réverés font leurs petits ; & c'est dans les terres cultivées qu'ils ont coutume de se retirer. Les cochons font deux grands maux dans ces occasions: ils brisent le mil, foulent aux pieds & dévorent les serpens. Il n'en faut pas davantage pour mériter la mort. Aussi le Roi ne manque pas d'envoyer alors de tous côtés ses valets qui exterminent sans miséricorde tous les cochons qu'ils trouvent dehors, & en vendent les corps à leur profit. On peut croire qu'un Prince aussi absolu que le Roi de Juda ne manque pas d'être bien obéi dans une occasion comme celle-là, où les exécuteurs de ses ordres trouvent sur le champ la récompense de leurs peines.

On dit que sous le dernier Roi le grand Marabou vit un cochon qui mangeoit une de leurs Divinités. Son zéle s'enflamma à ce spectacle. Il courut en faire ses plaintes au Roi, & lui remontra si pathétiquement l'énormité de ce crime & les conséquences qu'il pourroit avoir, que ce Prince prononça un arrêt de mort contre tous les cochons de ses Etats.

L'exécution suivit aussi-tôt la sentence. On fit un massacre effroiable de tous les cochons, non seulement de ceux qui se trouverent dans les rues & à la campagne, mais de ceux qui étoient renfermés dans les parcs & dans les maisons. La race en alloit être éteinte, lorsque les peuples allérent représenter au Roi, que pour un criminel il n'étoit pas de sa Justice de punir une infinité d'innocens. On appaisa aussi le grand Marabou ; & il calma le zéle du Roi qu'il avoit allumé. Le Prince fit cesser le massacre; & les cochons qui resterent eurent ordre d'être plus sages & plus respectueux envers les Divinités du Pays.

Le Serpent est à Juda une Divinité d'un ordre excellent & supérieur à toutes les autres: il se mêle de tout. On a recours à lui pour les conseils, pour les maladies, pour les pluies, pour le beau tems, pour la guerre, pour le commerce, pour les récoltes, pour les mariages. Aussi les offrandes qu'on lui fait & les sacrifices qu'on lui offre ne font point bornés à des bœufs & à des beliers, ni à des pains de mil ou des fruits. Le Grand-Sacrificateur préferit fouvent une quantité confidérable de marchandifes précieufes, des barils de bouges, de poudre, d'eau de vie, des hécatombes de bœufs, de moutons, de volailles; quelquefois même des facrifices d'hommes & de filles qu'on immole à fon honneur. Cela dépend de la fantaifie de ce Sacrificateur, des befoins où il fe trouve, de fon avarice; car tout cela tourne à fon profit. Le Serpent fe contente de quelques volailles ou de quelques moutons : il n'a pas befoin des créatures humaines ni des marchandifes. Celles qu'on étale dans fes appartemens, n'y demeurent qu'autant de tems qu'il en faut au Grand-Sacrificateur, pour les faire enlever, fans que les Infenfés qui les ont offertes s'en apperçoivent; ce qui lui eft d'autant plus aifé, que lui feul a le privilége d'entrer dans les appartemens fecrets du Dieu. Le Roi même ne le voit qu'une feule fois, lorfqu'il va lui préfenter fes offrandes trois mois après fon Couronnement.

Il n'y a guère de Peuple plus fuperftitieux que celui de Juda : c'eft une fuite naturelle de fon ignorance. Quelque pauvre que foit un pere de famille, il eft rare qu'il laiffe paffer un jour fans faire des facrifices ou des offrandes à ces Dieux dont nous avons parlé & qui font les Dieux de toute la Nation, & à ceux qui font particuliers à chaque famille & à chaque particulier qui la compofe. Ces Divinités du bas étage font les *Fétishes*, dont il a déja été parlé fi fouvent. Ils en ont de toutes les efpèces & de toutes les figures : les plus extravagantes font les plus refpectées. Ce font ordinairement de petits marmoufets de terre rouge ou noire, de cinq ou fix pouces de hauteur. Ils les mettent à la tête & à la queue de leurs champs, aux portes de leurs maifons, dans leurs chambres, dans leurs cours, dans leurs parcs à cochons, &c. Le Diable, à ce qu'ils croient, feroit des dégats effroiables par tout, s'il n'étoit arrêté par ces Divinités : ce font pour eux des gardiens, des fauvegardes à qui ils fe croient redevables du bien qu'ils ont, & d'être à couvert des malheurs qu'ils craignent. Les Marabous les entretiennent foigneufement dans ces folles idées, parce qu'ils profitent feuls des offrandes & des facrifices qu'ils leur font faire à ces marmoufets.

Malgré ces fuperftitions, & la vénération fi marquée que ces Peuples ont pour le grand Serpent, & pour fa très-nombreufe famille, le Chevalier *des Marchais* affure (a) qu'ils reconnoiffent un Etre fuprême, Créateur de toutes chofes, infiniment plus grand & plus puiffant que le Serpent. Ils difent qu'il habite dans le Ciel, d'où il gouverne tout l'univers; qu'il eft Tout-puiffant & infiniment bon & jufte; qu'il récompenfe les bons & punit les méchans. Ils ont recours à lui dans les calamités publiques, ou pour obtenir la fanté de quelque perfonne confidérable : il eft vrai que ce n'eft qu'après qu'ils ont inutilement invoqué le Serpent, & qu'ils ont tout mis en œuvre pour en obtenir ce dont ils ont befoin. Ils s'adreffent alors au grand Dieu. Ils le prient, ils paffent les jours entiers & les nuits à danfer & à chanter à fon honneur; & après lui avoir facrifié toutes fortes d'animaux, ils lui immolent auffi des hommes & de jeunes enfans des deux fexes.

Ces difpofitions parurent excellentes aux François, qui s'établirent dans ce Royaume en 1666. & 1667. Ils crurent qu'ils pourroient y faire connoître le vrai Dieu, & y introduire la Religion. Dans cette vue on y envoya deux Capucins, qui en peu de tems apprirent fi parfaitement la Langue du Pays, qu'ils prêchoient fans Interprète. Ils travaillèrent avec tant de fuccès à la converfion de ces Peuples, que le Roi qu'ils avoient convaincu de l'extravagance de fes fuperftitions étoit fur le point de recevoir le Baptême, lorfque ces heureufes difpofitions furent troublées par les intrigues de quelques Européens ennemis des Catholiques. Ils cabalèrent fi bien, & firent tant de préfens aux Marabous, que ceux-ci excitèrent une fédition contre ces deux Religieux. On intimida le Roi, & on le fit confentir à renvoyer fans délai les deux Miffionnaires. L'un des deux mourut quelques jours après, de chagrin ou de poifon; l'autre repaffa en Europe. On fit une feconde tentative en 1670. On envoya deux Jacobins dans ces Pays : mais à peine y furent-ils arrivés, que les mêmes Européens recommencèrent contre eux leurs cabales & leurs intrigues; ils y réuffirent fi bien, que ces nouveaux Miffionnaires ne purent jamais obtenir audience du Roi ni des Grands, ni être écoutés lorfqu'ils fe mettoient en devoir de parler en public. Ils moururent dans le Pays comme le Capucin.

Le Culte du Grand Serpent eft confié à une famille dont le Grand-Sacrificateur,
qui

(a) Voyage en Guinée, Tom. II. Ch. 8.

qui est un des Grands de l'Etat, est le chef. Tous les autres Marabous dépendent de lui, reçoivent ses ordres, & lui obéissent.

Outre les hommes & les femmes de cette famille, on enléve tous les ans un certain nombre de jeunes filles pour les consacrer au Serpent : c'est ordinairement quand le mil commence à sortir de terre, que les anciennes Prêtresses font leurs recrues. Elles sortent des maisons qu'elles occupent à quelque distance de Xavier (a) sur les huit heures du soir, armées de bons bâtons. Elles viennent dans la Ville comme des furies; se séparent en bandes de vingt ou trente, courant dans tous les quartiers & criant comme des possédées *Aïgo Bodiname*, c'est-à-dire, *prens*, *atrape*; & elles enlevent toutes les petites filles qu'elles trouvent hors des maisons depuis l'âge de huit ans jusqu'à douze. Il ne faut pas craindre qu'on les en empêche : on se mettroit en danger d'être assommé par ces furies, qui dans ces occasions sont soutenues par des troupes de Marabous qui les suivent. Il est vrai qu'elles n'entrent point dans les maisons ni dans les cours; elles ne forcent ni les portes ni les murailles : mais elles prennent tout ce qui se trouve dehors, & aussi-tôt elles conduisent ces enfans hors de la ville dans les maisons où elles demeurent, & où il y a des endroits pour renfermer, instruire & marquer ces petites créatures. Elles ont pourtant l'attention d'avertir les parens, afin qu'ils ne soient point en peine de leurs enfans; & comme les parens se font souvent un honneur d'avoir de leurs filles consacrées au Serpent, ils les mettent eux-mêmes à la porte de leurs maisons, afin qu'elles soient enlevées consacrées à ce prétendu Dieu.

Ces Prêtresses courent ainsi par tout le Royaume; & leurs courses durent ordinairement quinze nuits, à moins qu'elles n'aient plutôt rempli le nombre de celles qu'on veut consacrer au Serpent cette année-là. Lorsqu'elles ne sont pas assez heureuses pour le remplir dans ce terme, elles continuent leur chasse jusqu'à ce qu'il le soit.

Lorsque ces enfans sont renfermés dans ces maisons, elles les traitent avec douceur pendant quelques jours; leur enseignent les danses & les chansons qu'elles doivent savoir pour honorer le Serpent; ensuite elles les marquent. Cela se fait en leur déchiquetant le corps avec de petites pointes de fer, qui leur font des incisions représentant des fleurs, des animaux, & sur-tout des Serpens. On peut croire que cette opération ne se fait pas sans douleur, & sans que ces enfans répandent beaucoup de larmes & de sang, jusqu'à en avoir la fiévre : mais ces cruelles mégéres n'ont aucune compassion de leurs cris & de leurs douleurs. Elles y ont passé, il faut que les autres y passent; & comme personne n'ose approcher de ce lieu, il n'y a point de secours à espérer ni à attendre.

Il est vrai qu'elles ont des remédes infaillibles pour guérir promptement ces plaies, sans que les cicatrices s'effacent jamais. Ces enfans paroissent alors vêtus d'un satin noir moucheté, qui fait un assez bel effet. C'est une parure qui marque qu'ils sont consacrés au Serpent; ce qui leur attire le respect de tout le monde, & leur donne de grands priviléges, sur-tout celui de faire enrager leurs maris, quand il s'en trouve d'assez fous pour se charger de ces sortes de femmes. Car elles sont fieres au dernier point, insolentes, paresseuses; elles n'obéissent que quand il leur plaît, ne font que ce qu'elles veulent, & regardent leurs maris plutôt comme leurs esclaves que comme leurs maîtres, qui n'osent leur commander quoi que ce soit, les reprendre ni les menacer, encore moins les corriger. S'ils l'avoient fait, ils pourroient s'attendre de voir fondre sur eux une nuée de ces mégéres, qui, le bâton à la main, leur apprendroient à n'y plus retourner; & ils seroient heureux, s'il ne leur en coutoit pas la vie.

On n'a dans tous les tems qu'un seul exemple d'un homme qui eut assez de résolution & de bonheur pour corriger sa femme sans en avoir été puni. Il en avoit souffert une infinité d'incartades, & avoit été plusieurs fois près d'être assommé par les compagnes de cette mégére. Il s'avisa un jour de la conduire sous un prétexte spécieux dans un Comptoir d'Européens. Dès qu'elle y fut entrée, il fit fermer la porte, & proposa de la leur vendre. Le marché fut bientôt conclu, parce qu'il convint de la donner pour le prémier prix qu'on lui en offrit. Elle avoit d'abord témoigné de la fermeté, croiant que ce n'étoit qu'un jeu pour lui faire peur : mais lorsqu'elle vit que les Commis l'empoignérent, & que le marqueur s'approcha avec la marque toute rouge & le papier huilé pour l'étamper, son courage l'abandonna; la peur la prit. Elle s'échapa des mains de ceux qui la tenoient; se jetta aux pieds de son mari, les embrassa, les arrosa de ses larmes; & lui promit de lui être à l'avenir si obéissante & si
respec-

(a) Bourg, ou Ville Capitale du Royaume de Juda.

respectueuse, qu'il n'auroit jamais le moindre sujet de se plaindre. Le mari fut long-tems inexorable : la femme s'adressoit aux Commis, & les prioit d'intercéder pour elle. Elle prenoit le Serpent à témoin de la sincérité de ses promesses : elle jura à la fin de ne jamais parler à personne de ce qui se passoit, & fit les plus grands sermens qu'on peut exiger dans le Pays. Enfin le Directeur qui étoit ami du mari, & qui étoit convenu de cette scene avec lui, parla en sa faveur, & s'offrit d'être caution pour elle. Le mari se laissa toucher, pardonna le passé, & reçut le Directeur pour la caution de sa femme. Il la ramena donc bien contrite à sa maison, & eut lieu dans la suite d'être content de sa conduite : mais cet exemple est unique. Revenons à ces jeunes filles, qu'on a consacrées au grand Serpent.

Après qu'elles sont parfaitement guéries, qu'on leur a enseigné les danses & les chansons qui font une partie du culte qu'elles doivent rendre au Serpent, on leur dit que c'est cette Divinité elle-même qui les a touchées & marquées; & quoiqu'elles soient persuadées du contraire; il faut qu'elles le croient ou fassent semblant de le croire. On leur dit encore, que si elles révelent jamais ce qui s'est passé pendant qu'elles ont été dans cette maison, le Serpent ira les enlever, & les fera bruler toutes vives. Comme tous les Négres aiment la vie, & que ceux de Juda plus que tous les autres ne craignent rien que la mort, on est sûr que la crainte de la mort, & sur-tout d'une mort aussi cruelle que celle dont on les a menacées, leur fermera entiérement la bouche, malgré la démangeaison naturelle que ce sexe a de parler.

On les raméne alors à la maison de leurs parens; & on prend pour cela une nuit obscure. On les met sur le seuil de la porte, & on leur dit d'appeller quelqu'un. Les parens ne manquent pas de venir aussi-tôt les recevoir, de les introduire dans la maison, de les caresser; & quoiqu'ils sachent parfaitement comme les choses se sont passées, ils font semblant de croire ce que leurs enfans leur disent, & d'aller remercier le Serpent d'avoir fait l'honneur à leurs filles de les avoir admises à son service & marquées à son coin.

Quelques jours après les vieilles Prêtresses viennent demander aux parens la dépense que leurs enfans ont faite dans la maison où elles ont été pendant leur absence. Elles la taxent comme il leur plaît, & toujours fort haut : il ne faut pas penser à vouloir en rien rabattre. Les hôtes de Suisse & d'Allemagne ne sont pas si inéxorables. On double la somme ou on la triple, & il faut la paier. Le plus sûr & le plus court est de paier promptement & de bonne grace. Quand ces Prêtresses ont amassé tout ce qu'elles ont jugé à propos d'exiger pour la nourriture & instruction de ces jeunes filles, elles en font une part pour le Grand-Sacrificateur, une autre pour les Marabous, & partagent le reste entre elles, avec la fidélité & l'égalité que l'on admiroit autrefois dans les Flibustiers de l'Amérique.

Ces filles demeurent chez leurs parens. Elles se rendent seulement de tems en tems à la maison où elles ont été consacrées, & y répetent les danses & les chansons qu'elles y ont apprises; & lorsqu'elles sont en âge d'être mariées, ce qui arrive ordinairement à 14. ou 15. ans, on fait la cérémonie de leur mariage avec le Serpent. Les parens qui se tiennent infiniment honorés de cette alliance, donnent à leurs filles les bagues les plus belles, & tous les ajustemens que leurs moiens leur permettent. On les conduit en cérémonie à la maison du Grand-Serpent; & lorsque la nuit est venue, on les descend deux ou trois à la fois dans une fosse qui a des souterrains à droite & à gauche, où l'on dit qu'il se trouve deux ou trois Serpens comme Procureurs du Grand-Serpent. Pendant qu'elles y sont, les vieilles Prêtresses & celles qui doivent aussi être mariées, dansent & chantent au son des Instrumens autour de cette fosse, mais à une distance à ne pouvoir ni voir, ni entendre ce qui s'y passe. Quand elles y ont demeuré une heure, on les en retire; & pour lors elles sont regardées comme femmes du Grand-Serpent. On dit qu'outre les Serpens, il y a dans ces souterrains des animaux plus capables du mariage que ces reptiles. En effet il y a plusieurs de ces filles, qui ne sortent pas de ce trou aussi vierges qu'elles y étoient entrées, & qui au bout du terme marqué par la nature, mettent au jour autre chose que des Serpens. Le jour étant venu, on reconduit ces filles mariées en cérémonie chez leurs parens; & alors elles font tout-à-fait agrégées au corps des Prêtresses. Elles jouissent de leurs priviléges, participent aux Offrandes qu'on fait à leur mari Serpent; & si elles en trouvent un autre de leur espéce, elles ne se font pas beaucoup presser pour le prendre, & ordinairement elles le font enrager. Car ce pauvre mari est obligé de les respecter, de les servir, de leur parler à genoux, de les laisser vivre à leur fantaisie, & de leur abandonner tout ce qui est dans la maison. On appelle ces femmes des *Beta*. Malgré cela il est rare qu'elles n'en trouvent pas, sur-tout quand elles sont belles, car les belles personnes sont estimées par-tout, & sans être des *Beta*, elles n'usent que trop souvent du pouvoir de ces Prêtresses. Quand elles ne sont pas assez heureuses pour trouver un mari, elles vendent leurs faveurs à qui veut les acheter.

Le Grand Sacrificateur est le Chef d'une nombreuse famille divisée en plusieurs branches, dont tous les mâles ont le privilége d'être du Corps des Marabous. Il est aisé de les connoître par les cicatrices dont ils ont le corps tout couvert. On les leur fait quand ils sont jeunes avec la pointe d'un couteau, ou avec de petits ferremens semblables à ceux dont on se sert pour marquer les petites filles. Ils ne sont point distingués des autres Négres par leurs habillemens; ce qu'ils ont de plus, est qu'il leur est permis de s'habiller comme les Grands, lorsqu'ils en ont le moien.

Le Grand Sacrificateur & les Marabons n'ont aucun revenu affecté à leur emploi. Ils trafiquent comme les autres; & ils sont riches quand ils ont du bonheur & de l'adresse dans leur négoce, quand le nombre de leurs femmes, de leurs enfans & de leurs esclaves, les met en état de faire valoir beaucoup de terres, d'élever grand nombre de bestiaux, de porter beaucoup de marchandises dans les marchés qui se tiennent dans le Roiaume ou au dehors, & d'en amener beaucoup de captifs, sur la vente desquels ils font un profit considérable. Mais leur revenu le plus clair & le plus considérable consiste dans leur habileté à abuser de la simplicité & de la crédulité du Peuple, auquel ils font croire tout ce qu'ils veulent, & dont par une infinité de fourberies ils extorquent des Présens, des Offrandes, des Sacrifices pour le Grand Serpent & pour les autres Divinités qui ne peuvent en faire aucun usage; ensorte que tout cela tourne au profit de ces fourbes. Les choses vont quelquefois si loin, que des familles entières sont ruinées pour assouvir l'avarice de ces malheureux.

Les gens sages & les Grands, qui se piquent plus que les gens du commun d'être des esprits forts, ou pour parler plus juste, de n'avoir que peu ou point de Religion, sont persuadés que leurs Marabous sont des trompeurs & des fripons. Ils l'avouent même aux Blancs qui sont de leurs amis: mais ils sont obligés d'agir comme s'ils étoient dans les sentimens du vulgaire, de crainte de passer pour des impies, & que les Marabous n'excitent contre eux quelque tumulte dans lequel ils courroient risque d'être assommés ou brulés.

La plus grande Cérémonie qui se fait à l'honneur du Serpent, est la Procession solemnelle qui suit le Couronnement du Roi. C'est la mere du Roi qui y préside. Trois mois après il s'en fait une autre, où ce Prince assiste en personne. Outre ces Processions qui n'ont lieu qu'une fois pendant chaque regne, il s'en fait une chaque année, où le Grand Maître de la Maison du Roi préside par son ordre. A cela près, à moins qu'il n'arrive quelque calamité publique, comme des sécheresses ou des pluies extraordinaires, des pestes ou autres maladies qui emportent beaucoup de monde, il faut que le Serpent se contente du culte journalier que les Marabous & les *Beta* lui rendent, & qui consiste en des chansons & des danses qu'on fait en son honneur, en lui portant sa nourriture avec les Présens & les Offrandes du Peuple.

Le Chevalier *des Marchais* s'étant trouvé à la Procession qui se fait à l'honneur du Grand Serpent après le Couronnement du Roi, nous allons la rapporter telle qu'il l'a décrite (*a*) dans ses Mémoires. Elle se fit le 16. Avril 1725.

La Case, la Maison, le Palais, le Temple du grand Serpent, car tous ces noms sont synonimes pour signifier les bâtimens où loge ce Dieu-bête, sont environ à une demi-lieue à l'Ouest de Xavier. Le chemin qui y conduit est sans contredit le plus grand du Roiaume, quoiqu'il s'en faille beaucoup qu'il soit aussi large que nos grands chemins de France. S'il étoit pavé de grandes pierres à joints incertains, on pourroit croire qu'il a été copié sur les restes de ces anciens chemins Romains qu'on voit encore en Italie, qui sont droits, tirés à la ligne & fort étroits; ce qui prouve le peu de largeur des voitures dont on se servoit autrefois. Tel est le chemin qui conduit de Xavier au Palais du Serpent. Il seroit inutile qu'il fût plus large. Il suffit qu'il puisse y passer cinq ou six hommes de front: à l'égard des voitures, elles demandent encore moins de largeur. On ne se sert dans ce Pais ni de chariots ni de carosses. Les personnes qui ne peuvent ou ne veulent pas aller à pied, se font porter dans un hamac sur la tête de deux Négres. Ces voitures n'embarrassent guère les chemins.

On a soin de faire sçavoir dans tout le Roiaume le jour que la Procession doit se faire. Les Peuples s'y rendent en foule, & rempliroient tellement les chemins qu'il seroit impossible d'y passer, si on n'avoit la précaution de les faire ranger. Pour

(*a*) Tom. II. Ch. 7.

Pour cet effet une troupe de chasse-coquins, armés de baguettes, marchent à la tête de la Procession. Ils frappent aussi impitoïablement que des Suisses ou des Archers de Ville sur ceux qui ne se rangent pas assez vite, pour les contenir dans le respect, & empêcher qu'ils ne troublent la Cérémonie. On oblige les curieux & les spectateurs à s'asseoir sur leurs talons, & à demeurer dans le silence & le recueillement.

Quarante Mousquetaires, le fusil sur l'épaule, aiant leur Capitaine à leur tête, marchent ensuite quatre à quatre. A une distance raisonnable marche le Trompette Major suivi de vingt Trompettes sonnans de leur mieux. Après les Trompettes viennent les Tambours précédés du Tambour Major; ils battent de toutes leurs forces. Il faut être fait à ce bruit, pour ne pas être étourdi. Les Flutes suivent les Tambours. Ils sont aussi au nombre de vingt, & sont précédés de leur Chef. Tous ces Instrumens sont de la Musique de la Chambre du Roi, & se font entendre tantôt séparément, & tantôt tous ensemble.

On voit ensuite douze femmes du Roi de la (a) troisiéme classe. Elles marchent gravement deux à deux, & sont chargées des présens que le Roi envoie au Serpent; Ce sont des Bouges, de l'eau de vie, des piéces de toile, d'Indiennes & de Soie. Le prémier Valet de Chambre du Roi suit ces femmes. Il est vêtu comme les Grands, ses pagnes traînent à terre. Il marche seul, la canne à la main & la tête nue. Après lui viennent vingt Trompettes marchant trois de front, & sonnant. Quarante Mousquetaires, le fusil sur l'épaule, & marchant par quatre, suivent les Trompettes. Après les Mousquetaires viennent vingt Tambours, & après eux vingt Flutes: les uns & les autres vont trois à trois. Douze femmes du Roi suivent ces deux Troupes. Elles sont aussi de la troisiéme classe, & portent sur leur tête de grandes corbeilles de jonc remplies de vivres, que le Roi envoie au Serpent. Après ces femmes viennent trois Nains du Roi. Ces petites créatures sont vêtues comme les Grands : on affecte même que leurs pagnes traînent beaucoup; ce qui les fait paroître encore plus petits.

Le Grand Maître des Cérémonies paroît après les Nains. Il est vêtu comme les Grands, & a des pagnes magnifiques traînantes à terre. Il marche la tête nue, & une canne à la main. Il est suivi de quarante Mousquetaires, de vingt Tambours, vingt Trompettes & vingt Flutes. Ces trois Troupes marchent comme les précédentes, & font grand bruit. Douze femmes du troisiéme rang les suivent, & portent les présens que la mere du Roi fait au Serpent. On voit ensuite trois valets de la mere du Roi, qui portent son fauteuil. Celui qui marche le prémier a le dossier du fauteuil attaché à ses épaules, & les deux qui suivent soutiennent les pieds.

Trois autres Nains du Roi, habillés comme les prémiers, suivent le fauteuil, & précédent de quelques pas la Princesse mere du Roi, qui marche seule, une canne à la main. Elle est magnifiquement habillée: ses pagnes traînent à terre; & elle à la tête couverte d'un chapeau de jonc très-bien travaillé. Elle est suivie de trois des prémieres Dames du Palais superbement vêtues, mais nue tête.

Après ces Dames, les femmes Musiciennes du Palais viennent en trois corps, comme la Musique des hommes, c'est-à-dire, des Tambours, des Trompettes & des Flutes. Le Grand Sacrificateur les suit à quelque distance. Il est nue tête, une canne à la main, habillé comme les Grands & très-magnifiquement. C'est lui qui ferme la marche; car il n'y a derrière lui qu'une Compagnie de quarante Mousquetaires, & quelques Chasse-coquins pour empêcher la foule du Peuple, qui pourroit troubler l'ordre de la Procession. Le Chevalier *des Marchais*, qui se donna la peine de compter ceux & celles qui assistérent à cette Cérémonie comme Acteurs, y trouva deux cens soixante & six hommes, & cent soixante & seize femmes; ce qui fait en tout quatre cens quarante-deux personnes, qui marchant assez éloignées les unes des autres, occupoient un fort grand espace.

A mesure que ces différentes troupes arrivoient au Palais du Serpent, sans entrer dans la cour, elle se prosternoient le visage contre terre devant la porte, battoient des mains, se jettoient de la poussiére sur la tête, & poussoient des cris de joie que l'on auroit pu prendre pour des hurlemens affreux. Les Musiciens & Musiciennes, rangés des deux côtés, faisoient un bruit effroiable; & les Mousquetaires faisoient des décharges continuelles, pendant que les femmes chargées des présens du Roi & de sa mere, rangées en haie dans la prémiere cour, attendoient que la Princesse y fût entrée, &
qu'elle

(a) On verra plus bas ce que c'est que ces femmes de la troisiéme classe, ou du troisiéme ordre.

qu'elle eût mis entre les mains du Grand Sacrificateur les préfens du Roi & les fiens. Elle étoit aidée dans cette fonction par le prémier Valet de Chambre, le Maître des Cérémonies & les trois Dames du Palais. Ce furent les feules perfonnes, qui eurent l'honneur d'entrer dans l'enclos du Palais du Serpent.

On ne dit point fi cette Princeffe vit le Dieu: mais on a de bonnes raifons pour croire qu'elle ne fut point admife à fon audience. Elle falua avec refpect le pas de la porte de fon appartement, & en demeura là: & comment auroit-elle pu prétendre avoir plus de privilège que fon fils, qui n'entre pas même dans la prémiere falle, & qui fait fes complimens au Serpent par le canal du Grand Sacrificateur, qui lui fert d'Interprète, & qui lui rapporte en fecret les réponfes vraies ou fauffes, que le Serpent daigne faire aux demandes du Prince? Après la réception des préfens, la Proceffion reprit le chemin de la Ville dans le même ordre, avec la même gravité & les mêmes Cérémonies.

Dans la Proceffion où le Roi fe trouve trois mois après fon Couronnement, il occupe le pofte que fa mere occupoit dans celle-ci. Il n'y a aucune différence, finon qu'il eft fuivi des cinq prémiers Princes de fon Etat, & que tous les préfens font à lui: ils lui appartiennent auffi dans toutes les autres Proceffions. Le Grand qui y préfide en fon nom, n'eft fuivi que de deux Capitaines.

Il fe fait encore tous les ans une Proceffion à l'Euphrate. C'eft la principale riviére du Pais; & on la regarde comme une Divinité. Mais comme elle eft moindre que le Grand Serpent, qui eft fans contredit la prémiere & la plus confidérable, auffi le culte qu'on lui rend eft-il moindre. Quarante Moufquetaires font à la tête de la Proceffion qui fe fait en fon honneur, & font fuivis de dix-huit femmes du troifiéme ordre du Palais, qui portent les préfens du Roi. Le Grand Maître des Cérémonies qui y préfide de la part de ce Prince, vient feul après ces femmes. Il eft accompagné de la Mufique divifée en trois corps, & compofée de vingt Tambours, vingt Trompettes & vingt Flutes. Le Grand Sacrificateur accompagné des Marabous, fe trouve fur le bord de la riviére, où il reçoit les préfens que le Roi fait au Fleuve. Il jette dedans, avec les Cérémonies fuperftitieufes ufitées en pareil cas, la part qui convient à cette Divinité, c'eft-à-dire, quelques poignées de ris, de maïs & de mil, & garde le refte, & ce qui ne peut convenir qu'aux Miniftres de ce Dieu, dont, en qualité de Chef, il a la meilleure part.

La Proceffion qu'on fait à la Mer eft à peu près la même que celle dont nous venons de parler: l'anneau d'or qu'on y jette eft des plus minces. Pour ce qui eft des Arbres & d'Agoye, on ne fait point de Proceffion à leur honneur. Ceux qui en ont befoin les honorent en leur particulier, ou mettent leurs offrandes entre les mains des Marabous, qui fçavent trop bien leur métier pour furcharger de biens ces Divinités, qui deviendroient d'un abord trop difficile, fi elles devenoient trop riches.

Il n'y a point de Pais où les mariages fe faffent à fi peu de frais, & avec fi peu de cérémonie qu'à Juda. On n'y connoît, ni contrat ni dot, ni préfens. Les Négres de la côte Occidentale, font riches, lorfqu'ils ont grand nombre de filles à marier, fur-tout quand elles font belles, & qu'on eft moralement affuré qu'elles ont été fages. Les peres les vendent chérement; & pour une fille qui fort de leur maifon, ils y voient entrer des troupeaux de bœufs, de chameaux, de moutons, de chevaux, fouvent des efclaves, & toujours une grande quantité de marchandifes. Il eft vrai que fi la fille ne fe trouve pas vierge, celui qui l'a achetée eft en droit de la renvoier, & d'obliger le pere à rendre ce qu'il a reçu. Cette coutume oblige les parens à veiller fur la conduite de leurs filles.

Rien de femblable ne fe pratique à Juda. Comme les femmes n'y font pas ordinairement fort fecondes, une fille qui a donné des marques de fecondité avant que d'avoir été recherchée en mariage, eft plus eftimée qu'une autre qu'on prend au hafard: mais auffi les parens ne retirent rien de celui qui veut bien s'en charger. Voici de quelle maniére fe font ces mariages.

Lorfqu'un homme fe fent de l'inclination pour une fille, ou parce qu'elle eft belle, ou parce qu'il eft affuré, qu'elle lui donnera des enfans, il va fans cérémonie la demander au pere. Il eft très rare qu'il faffe la moindre difficulté de confentir à la demande: c'eft autant de débaraffé. Si la fille eft en état d'être mariée, fon pere & fes parens la conduifent chez l'Epoux, qui lui donne dès qu'elle entre une pagne neuve, qui eft fouvent la prémiere qu'elle ait portée de fa vie, car elle n'apporte rien que fon corps, & fi elle a gagné quelque chofe, elle le laiffe à la maifon de fes parens. L'Epoux fait tuer un mouton, qu'il mange avec les parens de fa femme, & lui envoie un morceau: la coutume ne permet pas aux femmes de manger avec leurs maris. On boit dans ce repas deux pots d'eau-de-vie; après quoi les parens de la fille se retirent, & l'Epoux demeure avec sa nouvelle Epouse.

Lorsque la fille accordée n'est pas en âge d'être mariée, le futur époux la laisse dans la maison de ses parens sans lui rien donner, & sans que cela empêche les parens de la donner à un autre, s'il se présente quelqu'un qui soit plus de leur goût que celui à qui ils l'avoient promise.

Si dans la suite la femme quitte son mari, car elle est toujours maîtresse de le faire, son pere & ses parens sont obligés de rendre au mari les frais qu'il a faits pour le repas modique dont on vient de parler. Mais si le mari répudie sa femme, ce qui se fait sans autre cérémonie que de la mettre hors de sa maison, il faut qu'il paie aux parens de cette femme le double de ce qu'il a dépensé pour le festin des nôces. Cette Loi est commode pour les maris qui sont las de leurs femmes. Si elle étoit reçue dans d'autres Païs, on ne verroit pas tant de mariages discordans.

Il y a chez ces Négres de la prudence à ne pas faire plus de frais pour leurs mariages, autrement ils n'y pourroient pas suffire; ou bien il faudroit qu'ils se retranchassent beaucoup, & qu'au-lieu de trois ou quatre cens femmes que les Grands ont ordinairement, ils n'en eussent qu'une ou deux douzaines, ce qui ne laisseroit pas encore de leur être à charge, peut-être même de les ruiner.

Si un esclave a envie d'épouser une fille esclave d'un autre particulier que son maître, il la demande au maître, sans être obligé d'en parler au pere de la fille. On la lui accorde sur le champ: mais les enfans males qui proviennent de ce mariage appartiennent au maître de la fille, & les filles au maître de l'époux.

Les Négres de Juda semblent avoir emprunté des Juifs la Loi qui sépare de tout commerce les femmes (a) qui ont leurs infirmités ordinaires. On est sur cela d'une rigueur extraordinaire. Elles sont obligées sous peine de la vie de sortir de la maison de leur mari ou de leurs parens, dès qu'elles s'apperçoivent de cette infirmité: elles ne peuvent avoir aucun commerce avec personne pendant que cela dure. Selon le nombre des femmes ou filles qui sont dans une famille, il y a une ou plusieurs cases au bout de l'enceinte, où elles demeurent sous la conduite de quelques vieilles femmes qui les servent, & qui ont soin de les bien laver avant qu'elles rentrent dans la maison & dans le commerce du monde.

On peut dire à la louange des femmes de ce Païs, que leur grand nombre n'incommode jamais ou presque jamais leurs maris, pourvu que ce ne soient pas des *Beta*. Car ce sont elles qui font valoir les terres, c'est-à-dire, qui les labourent, qui les sément, qui font les récoltes, qui vont aux marchés vendre & acheter; en un mot elles ont soin de nourrir leurs maris, & de fournir à toute leur dépense de bouche qui n'est pas petite; car les hommes aiment la bonne chère, le plaisir & le repos. Tout ce qu'ils gagnent par leur commerce d'esclaves ou par leur industrie, s'emploie uniquement à leurs habits & à ceux de leur famille : ils ne songent tout au plus qu'à cela; il faut que les femmes pourvoient à tout le reste. Aussi sont-elles occupées sans cesse, & il est difficile de concevoir comment elles peuvent supporter tant de travaux sans y succomber.

C'est cette vie laborieuse des femmes mariées, qui engage un grand nombre de filles dans la débauche & dans le libertinage. Comme elles sont maîtresses d'elles-mêmes, elles se retirent des maisons de leurs parens, vivent en leur particulier, trafiquent pour leur compte, & s'abandonnent à qui fait leur condition meilleure, étant sûres que leur honneur n'en reçoit pas la moindre flétrissure, & qu'elles trouveront toujours des maris, quand elles jugeront à propos de se soumettre aux dures loix du mariage, sur-tout lorsqu'elles sont belles & qu'elles ont eu des enfans.

Le Roi a jusqu'à deux mille femmes & plus, ou pour parler plus juste, autant qu'il en veut. Elles sont divisées en trois classes. Celle qui a donné au Prince le premier enfant mâle est à la tête de la prémiere classe. C'est la Reine, ou comme ils disent, la grande femme du Roi. Toutes les autres la respectent : elle commande dans le Sérail, & n'a au-dessus d'elle que la mere du Roi, dont le pouvoir est plus ou moins grand selon que le Roi l'aime, ou qu'elle a de talens pour manier l'esprit de son fils. On peut dire qu'elle n'est d'aucune classe. Elle a un appartement séparé dans le Palais, des esclaves de son sexe pour la servir, des revenus pour son entretien; & quand elle a beaucoup de crédit, elle reçoit beaucoup de présens de ceux qui ont besoin de sa protection: mais il faut qu'elle garde le célibat.

Le

Le prémier ordre des femmes du Roi est composé des plus jeunes personnes & des plus belles qui soient dans le Sérail.   Le nombre n'en est pas fixe.   Le second ne l'est pas davantage. Il n'est rempli que de celles qui ont déja eu des enfans du Roi, ou que l'age ou quelque maladie a mis hors d'état de pouvoir servir aux plaisirs du Prince. Le troisiéme enfin n'est que de celles qui ne sont entrées dans le Sérail que pour le service du Roi & de ses femmes.   Elles ne laissent pas d'être regardées comme femmes du Roi, & en cette qualité il ne leur est pas permis de sortir du Palais , ni d'avoir commerce avec aucun homme, sous peine de la vie pour elles & pour l'homme avec lequel elles auroient eu quelque galanterie.

Elles sont aussi recluses que nos Religieuses; & dès qu'elles sont une fois entrées au Sérail , il faut qu'elles gardent le célibat aussi severement que si elles en avoient fait un vœu solemnel.   Aussi n'y a-t-il pas presse à jouir de l'honneur d'être la femme du Roi. Le tempérament des filles de ce Païs y est directement opposé , & le climat qu'elles habitent ne l'est pas moins. D'ailleurs elles savent que pour la moindre faute, ou souvent par caprice, le Roi en envoie deux ou trois douzaines au marché, & les y fait vendre à son profit, sans que leur nombre diminue, parce que les Grands sont obligés de lui en fournir tant qu'il en veut.   Cela seroit à charge aux Grands s'il leur en coutoit quelque chose : mais ils ont le pouvoir d'enlever les filles qu'ils jugent propres aux plaisirs du Roi, & souvent ils tirent des parens de ces filles des présens pour les relâcher avant qu'elles aient été conduites au Sérail.   Il est arrivé plus d'une fois que les Officiers chargés de cet emploi en aiant enlevé quelques-unes, celles qui ont pu échaper de leurs mains ont mieux aimé se jetter dans un puits & se tuer , que d'entrer dans ce lieu qu'elles regardent comme un enfer , quoiqu'elles y soient bien vêtues & bien nourries, mais où il leur manque absolument ce qui leur paroit l'unique félicité dont elles puissent jouir en ce monde; car pour l'autre, elles s'en mettent peu en peine, & n'ont là-dessus que des idées confuses & très-peu interessantes.

Les Rois, les Grands & même le Peuple n'entendent point raillerie sur cet article; ils sont jaloux à l'excès.   Si un homme est surpris avec une femme du Roi, il en coute la vie à tous les deux. Il est vrai qu'il arrive rarement qu'elles soient surprises; car comme elles sont toutes dans le même besoin , elles s'aident & se secourent les unes les autres, & comme elles ont la garde de l'intérieur du Sérail, elles prennent si bien leurs mesures , que les hommes qu'elles y font entrer déguisés en femmes ne seroient jamais surpris, si la jalousie dont le Sexe n'est pas plus exemt en ce Païs-là que dans tous les autres, ne leur faisoit pas découvrir ces mystéres d'iniquité.

Si l'homme & la femme sont pris , le Roi prononce sur le champ la sentence de mort contre l'un & l'autre.   Les Officiers du Sérail font aussi-tôt creuser deux fosses de six à sept pieds de longueur , quatre de largeur & cinq de profondeur ; assez voisines l'une de l'autre pour que les patiens puissent se voir & se parler.   On plante un poteau au milieu d'une de ces fosses, auquel on attache la femme les bras liés derrière le poteau. Elle est assise toute nue au fond de la fosse ; elle est encore liée au-dessus des genoux, & des chevilles des pieds.

On plante deux fourches de bois aux deux extrémités de l'autre fosse , & l'homme dépouillé tout nud est attaché sur une grosse barre de fer comme sur une broche avec des chaînes de fer, de maniére qu'il ne peut se remuer.   En cet état , & avant qu'on le pose sur les deux fourches qui sont plantées dans la fosse, les femmes du troisiéme ordre apportent des paquets de menu bois , qu'elles étendent dans le fond de la fosse. Avant qu'on y mette le feu, l'homme attaché à la broche est planté sur les deux fourches, & on allume le bois, de maniére qu'il n'y a que la pointe des flammes qui puisse arriver jusqu'à lui.   On le fait ainsi bruler à petit feu : supplice cruel, & qui seroit très-long , si on n'avoit la charité de le tourner de façon qu'il a le visage en bas, en sorte que dans cette situation la fumée l'étouffe avant qu'il soit entiérement grillé. Quand il ne donne plus aucun signe de vie , on détache les chaînes : le corps tombe dans la fosse, & on le couvre de terre.   Le bois est trop rare dans ce Païs-là , pour réduire le cadavre en cendres.

On dit qu'un homme déguisé en femme aiant été surpris dans l'intérieur du Sérail, sans qu'on eût découvert à laquelle des femmes il avoit rendu service , fut condamné à ce supplice, & ne voulut jamais déclarer celle ou celles dont il avoit eu la compagnie.   Comme on le pressoit de les découvrir lorsqu'il étoit attaché à la fatale broche, & que pour l'exciter on lui faisoit remarquer l'empressement que ces femmes témoignoient à apporter le bois qui devoit le bruler, on ne put jamais rien tirer de sa bouche.   Il se contenta de dire en souriant : elles ont raison de faire les empressées ;

on les soupçonnera moins d'avoir eu besoin de mes services : mais je leur suis inutile à présent.

Lorsque l'homme est mort, les femmes du Roi de la troisième classe sortent du Palais au nombre de cinquante ou soixante, parées comme pour une Fête. Elles sont escortées par les fusiliers du Prince, & accompagnées de ses Tambours & de ses Flutes. Elles ont toutes sur la tête un grand pot de terre plein d'eau bouillante, qu'elles versent l'une après l'autre sur la tête de celle qui est attachée dans la fosse; & lorsqu'elles ont versé l'eau, elles lui jettent leur pot sur la tête de toutes leurs forces. Morte ou non, il faut que toute l'eau & tous les pots qui sont sortis du Sérail, tombent sur la tête & sur le corps de cette misérable; après quoi on coupe les cordes qui l'attachoient au poteau, on arrache le poteau, & on comble la fosse de terre & de pierres.

Lorsque la femme d'un grand est surprise en adultère, il est permis au mari outragé de la vendre aux Européens, ou de la faire mourir. S'il prend ce dernier parti, il lui fait couper la tête, ou la fait étrangler par le Boureau du Païs. Il en est quitte pour dénoncer le fait au Roi, & pour païer le salaire de cet Officier. Mais comme il n'a point de pouvoir sur l'homme qui l'a deshonoré, à moins qu'il ne l'ait pris en flagrant délit, auquel cas il peut le tuer avec sa femme sans autre forme de procès, il faut quand il n'a pu le prendre, qu'il demande justice au Roi, qui ne manque jamais de condamner le coupable à la mort.

Le Chevalier *des Marchais* fut témoin d'une exécution de cette espèce en 1725. peu de tems après le Couronnement du Roi. Un Grand se plaignit à ce Prince qu'un Particulier avoit abusé d'une de ses femmes, & prouva ce qu'il avançoit. Le Roi ordonna que le coupable fût assommé à coups de bâton en quelque endroit qu'on le trouvât, & qu'on le laissât sur la place pour servir de pâture aux bêtes & aux oiseaux. Les Satellites du Gouverneur de Xavier se mirent aussi-tôt à le chercher : ils le trouvèrent prêt à rentrer dans sa maison. Il n'alla pas plus loin : ils l'assommèrent à coups de bâton, & laissèrent le cadavre au même lieu selon l'ordre du Roi. Les voisins allèrent représenter au Capitaine du Sérail que ce corps mort infecteroit tout le quartier avant que les animaux l'eussent dévoré, & le prièrent d'obtenir du Roi qu'ils pussent l'enlever de là, & le jetter à la voirie dans quelque lieu où il n'incommoderoit personne. Cet Officier préalablement bien païé de ses peines présenta leurs raisons au Roi, & ce Prince lui répondit : si je ne punissois pas l'adultère avec autant de sévérité que je fais, il n'y auroit personne en sûreté dans mon Royaume. Le cadavre restera où il est jusqu'à ce que les bêtes l'aient dévoré : le peuple le verra, & il se fera sage aux dépens de ce misérable, & il apprendra à ne pas regarder les femmes d'autrui. Si la puanteur incommode les passans & les voisins, ils n'ont qu'à passer par un autre chemin, ou changer de quartier. Tout ce que je puis faire à votre recommandation, est de permettre qu'on mette pendant le jour une natte sur le cadavre, mais de telle sorte que le visage soit découvert, afin qu'on le connoisse tant qu'il sera connoissable. Le Roi n'en demeura pas-là. Il donna au Grand qui avoit été offensé tous les biens du mort, avec ses femmes & ses enfans, pour les retenir comme esclaves, ou les vendre aux Européens, en un mot en disposer comme il lui plairoit.

Malgré ces châtimens rigoureux, les femmes enfermées dans le Sérail du Roi, & celles dont les maris en ont un si grand nombre qu'ils ne peuvent pas les contenter toutes, aiment mieux courir les risques d'être surprises & punies, que de se passer d'hommes. On feroit de gros Volumes de leurs histoires galantes & de leurs intrigues.

Cette Loi dure & raisonnable n'est que pour les femmes mariées. Les filles n'y sont pas sujettes. On ne court aucun risque lorsqu'on est surpris avec une fille : son père, sa mère, sa famille entière n'a rien à lui dire, parce qu'elle est maîtresse de son cœur & de son corps. Bien loin que ce soit une infamie pour elle d'avoir eu des enfans avant que d'être mariée, elle est assurée d'être plutôt recherchée en mariage, parce que, comme nous l'avons dit, ces marques de fécondité font espérer à ceux qui la rechercheront qu'elle leur donnera des enfans; chose très-estimable dans ce Païs, où les pères regardent les enfans, sur-tout les mâles, comme les plus grandes richesses qu'ils puissent avoir, & le soutien de leurs familles. Les femmes n'y sont pas fort fécondes : à peine y en trouve-t-on qui aient plus de deux ou trois enfans. On ne sçauroit croire à quel point on estimeroit une femme qui en auroit cinq ou six. C'est aux Physiciens à nous dire la raison pourquoi ces femmes qui recherchent avec tant d'empressement la compagnie des Hommes, mettent si peu d'enfans au monde, &
sont

font si-tôt hors d'état d'en avoir. En effet dès l'age de vingt-quatre à vingt-six ans elles cessent de devenir méres.

Les Négres de Juda pratiquent la Circoncision sans être Juifs ni Mahométans. Il est vrai qu'ils n'y apportent pas grande façon ; & il s'en faut bien qu'ils y fassent autant de cérémonie que les Négres du Sénégal & de quelques autres endroits d'Afrique. Les plus habiles & les plus spirituels ignorent qui en a établi l'usage chez eux ; encore moins savent-ils le tems & les raisons de cet établissement. Lorsqu'on les presse sur cet article , ils répondent que leurs péres & leurs grands péres l'ont vue pratiquer à leurs Ancêtres , & que puisqu'ils l'ont pratiquée , ils doivent aussi la pratiquer , & instruire leurs enfans à la pratiquer après eux.

Rien n'est plus simple que la maniére de circoncire les enfans. Lorsqu'ils les jugent assez forts pour souffrir l'opération, ils les menent chez le Chirurgien Négre le plus en réputation pour cela, ou bien ils le font venir chez eux. Le pére tient l'enfant sur ses genoux : l'Opérateur lui prend le prépuce, & l'aiant bien dégagé du gland, il le lui coupe & le laisse saigner pendant quelques instans ; après quoi il le lave d'eau fraîche jusqu'à ce que le sang cesse de couler. Voilà toute la Cérémonie , & tout le reméde qu'on applique sur la plaie ; en deux ou trois jours elle est guérie.

L'Auteur que nous copions ici ne nous aprend rien de la maniére dont ces Peuples élevent leurs enfans. Il observe seulement (a) que les enfans ne parlent à leurs péres qu'à genoux, & que les ainés exigent les mêmes déférences de leurs cadets ; le tout sous peine d'amende qu'ils réglent à leur volonté.

Ce qui me déplait dans la conduite des enfans, ajoute cet Auteur, est que je ne trouve point qu'ils aient pour leurs meres les mêmes respects à proportion qu'ils ont pour leurs peres. Quand même ils les regarderoient comme des esclaves que leurs peres peuvent vendre lorsqu'il leur plaît, cela devroit-il les dispenser de ce que la Nature exige d'eux dans tous les pays du monde ?

Dès que l'enfant qui doit succéder à la Couronne est né, les Grands du Royaume le prennent & le font porter sur la frontiére, dans la Province de *Zingué*, où ils le font élever comme un simple particulier, sans lui donner aucune connoissance de sa naissance, sans lui apprendre le rang auquel il doit être élevé, & sans lui donner la moindre teinture des affaires de l'Etat. Aucun d'eux ne le visite : ce seroit un crime d'Etat de l'aller voir ou de recevoir sa visite, s'il lui prenoit envie d'aller voir quelqu'un. Il doit demeurer à Zingué, chez le Particulier à qui on l'a donné à élever, qui à la vérité a le secret de sa naissance, mais qui n'ose le lui réveler sous peine de la vie, & qui le traite sans distinction comme un de ses enfans. Celui qui est à présent Roi de Juda, dit (b) notre Auteur, gardoit les Cochons de son pere putatif, lorsque les Grands vinrent le chercher pour le faire asseoir sur le Trône de son pere.

On voit assez quel est le motif des Grands dans cette maniére d'élever l'héritier présomptif de la Couronne. Comme ils le font monter sur un Trône dont il ne connoît ni les intérêts ni les maximes, il est obligé de s'en rapporter à eux, & de leur abandonner le Gouvernement de l'Etat, & à leurs successeurs dans les postes qu'ils remplissent ; car leurs Gouvernemens & leurs Dignités sont héréditaires, & c'est toujours l'ainé de la famille qui succéde au titre & à la plus grande partie des biens de son pere.

(c) Le Royaume de Juda est héréditaire : l'ainé succéde à son pere, à moins que les Grands n'aient de fortes raisons pour le priver de la Couronne, & la mettre sur la tête d'un de ses frères. C'est donc le fils ainé du Roi qui est héritier présomptif de la Couronne : mais il faut qu'il soit né depuis que le Roi est couronné ; car ceux qu'il a eus avant que de monter sur le Trône, n'ont rien à y prétendre. On les regarde comme de simples particuliers, à qui leur pere devenu Roi peut faire du bien & donner des emplois, mais qui sont exclus par les Loix du droit de parvenir à la Couronne.

Le Roi n'est pas couronné aussi-tôt qu'on l'a amené de Zingué, & qu'on l'a mis en possession du Palais & du Trône. Il se passe bien des mois & souvent des années avant qu'on fasse cette Cérémonie. Les Grands en réglent le tems selon leurs intérêts particuliers, & le reculent autant qu'il leur est possible, quelquefois jusqu'à sept ans : mais c'est le plus long terme qu'ils peuvent donner au délai de cette Cérémonie. Pendant tout ce tems-là le Gouvernement est plus entre les mains des Grands que du Roi.

(a) Voyage du Chevalier des *Marchais* en *Guinée*, &c. Tome II. ch. 6.
(b) *Ibid.* Chap. 5.
(c) Ibid.

Il ne laisse pas cependant d'être servi en Roi, d'être visité & respecté comme Roi : mais il ne lui est pas permis de mettre le pied hors du Palais.

Enfin lorsque les Grands font convenus entre eux du jour de cette Cérémonie, ils en donnent avis au Roi, qui les assemble tous dans son Palais où l'on tient un grand Conseil. Là ce que les Grands ont résolu entre eux est déterminé d'un consentement universel, dont le Roi fait donner avis à ses Peuples par une décharge de dix-sept coups de Canon, qu'il fait tirer sur les onze heures du soir à la sortie du Conseil. Le Peuple de Xavier en témoigne sa joie par des cris qui s'entendent de village en village, parce qu'ils sont fort voisins les uns des autres : de sorte qu'en moins d'une heure tout l'Etat en est averti.

Le Grand-Sacrificateur que l'on nomme toujours *Beti*, ne manque pas d'aller le lendemain au Palais sur les dix heures du matin, & d'ordonner au Roi de la part du Grand-Serpent, les offrandes qu'il doit faire en cette occasion. Comme cette prétendue Divinité ne parle point, son Sacrificateur qui est l'Interprête de ses volontés, ordonne ce qu'il lui plaît ; & quand même il demanderoit l'offrande des femmes que le Roi aime le plus, il faudroit en passer par-là & les immoler. Peut-être ne s'est-il jamais porté à cette extrémité. Il fut assez raisonnable au Couronnement d'*Amar*, Roi de Juda, qui se fit au mois d'Avril de l'année 1725. & dont le Chevalier *des Marchais* fut témoin. Il n'en couta la vie qu'à un Bœuf, un Cheval, un Mouton & une Poule. Ces quatre animaux furent égorgés dans le Palais, & ensuite portés en Cérémonie au milieu de la Place publique, où l'on les posa proprement sur des nattes. On mit à côté des Victimes neuf petits pains de mil bien frotés d'huile de Palme ; après quoi le Grand-Sacrificateur planta en terre une gaule de neuf à dix pieds de longueur, au haut de laquelle il avoit attaché un morceau de toile en guise de Pavillon ou d'Etendart.

Ces Victimes demeurérent exposées en cet endroit jusqu'à ce que les oiseaux les eussent dévorées, sans qu'il fût permis à personne de les changer de place, encore moins d'en emporter quelque morceau pour manger. Il y va de la vie. On se met peu en peine si la puanteur que rendent ces charognes, incommode les voisins ou les passans. Toute cette Cérémonie se fait au bruit des Tambours, des Flutes, des Trompettes, & des cris de joie que le Peuple pousse de toutes parts.

Aussi-tôt que la Cérémonie de l'exposition est achevée, les femmes du Roi de la troisiéme Classe sortent du Palais au nombre de dix-huit : elles marchent gravement deux à deux. Elles ont à leur tête les Flutes du Roi avec quatre de ses Tambours, & sont escortées de vingt Fusiliers. La plus considérable d'entre elles marche la derniére, & porte une figure de terre cuite qui représente grossièrement un enfant assis, qu'elle pose & qu'elle laisse auprès des Victimes. En venant & dans le retour ces femmes chantent une chanson, & s'accordent très-bien avec les Instrumens. Tous ceux qui se trouvent sur le passage de cette troupe, se retirent pour lui faire place, se prosternent & poussent de grands cris de joie ; ce qu'ils continuent jusqu'à ce que ces femmes soient rentrées dans le Sérail. On fait alors une décharge de vingt boetes, pour avertir le Roi & le Peuple qu'elles sont rentrées.

Après ces deux Cérémonies tous les Grands vont au Palais. Ils sont alors vêtus de leurs bijoux les plus précieux : ils sont accompagnés de leurs Tambours, Flutes & Trompettes, & escortés de tous leurs gens armés. Ils entrent sans se dépouiller, parce que le Roi n'est pas présent, & vont se prosterner les uns après les autres devant le Trône qui est vuide, & sortent dès qu'ils ont rendu leurs hommages. La Cérémonie de l'hommage au Trône dure quinze jours, pendant lesquels les femmes du Roi ne cessent de faire des cris de joie dans le Palais : ces cris sont accompagnés de décharges de boetes. Le Peuple qui est hors du Palais répete ces cris, & les accompagne de coups de fusil, & les Grands qui sont alors dans la ville ne manquent pas de faire tirer bien des boetes. De trois jours en trois jours le Roi ordonne aussi des décharges de Canon dès que le Soleil est couché. Tout ce bruit est de l'essence de la Cérémonie : on augureroit mal du règne du Roi, si on manquoit à la moindre de ces circonstances.

L'hommage des Grands étant achevé, ils députent un d'entre eux pour aller à *Ardres* avec un grand cortége, & en amener un des Grands de ce Royaume, qui de tems immémorial a le droit de couronner les Rois de Juda. Cette prérogative est affectée au Chef d'une certaine famille. On l'amene donc avec toute sa suite : on le défraie par le chemin, & on lui fait tous les honneurs imaginables.

Lorsqu'il est arrivé à deux lieues de Xavier, il trouve des logemens neufs qu'on lui a
pré-

préparés, où on le prie de se reposer avec toute sa compagnie, & comme s'il avoit besoin d'un grand repos, après avoir fait un voiage de quinze à vingt lieues, on l'y laisse pendant quarante jours, lui déclarant que ni lui ni aucun de sa suite ne doivent venir à Xavier avant ce terme expiré. Pendant ce tems-là il est visité & régalé par les Grands du Roiaume, qui lui font des présens, & qui le divertissent de leur mieux. Le Roi lui envoie à manger deux fois le jour, avec une abondance & une magnificence Roiale. Ce sont les femmes du troisième Ordre qui portent les plats. Elles sont précédées des Tambours, Flutes & Trompettes du Roi, & escortées par dix de ses Fusiliers.

Les quarante jours étant expirés, le Roi lui envoie un Grand pour l'inviter à se rendre à Xavier, l'assurant qu'il y sera reçu avec le respect qui lui est dû, & qu'on lui a préparé des logemens & à toute sa suite à côté des murs du Palais. Le Grand d'Ardres reçoit en cérémonie l'Envoié du Roi; & après avoir entendu son compliment, il répond qu'il est prêt de faire ce que le Roi de Juda demande de lui : mais qu'avant toutes choses il faut qu'il soit assuré de la part du Roi d'Ardres son Maitre, que le Roi de Juda a fait réparer la Porte principale de la ville d'*Offra* Capitale du Roiaume d'Ardres, comme ce Prince y est obligé suivant les anciennes conventions faites entre les deux Roiaumes. On voit par cette réponse, que le Roiaume de Juda releve de celui d'Ardres. Cette dépendance est bien marquée par ces deux Actes. C'est une espèce d'hommage que les Peuples de Juda rendent au Roi d'Ardres à chaque mutation de Souverain, & dont on ne voit point qu'ils aient encore jugé à propos de se dispenser, quoiqu'ils soient fort en état de le faire.

Le Roi de Juda aiant reçu la réponse du Grand d'Ardres, envoie des Experts à Offra, pour faire les réparations nécessaires à la porte de cette Ville. Ils les font en diligence, & reviennent avec un Officier du Roi d'Ardres, qui assure, de la part de son Maitre, le Grand qui doit faire le Couronnement, que la Porte est réparée, & que rien ne l'empêche d'achever la Cérémonie pour laquelle il a été appellé.

Dès que cette réponse est arrivée, les Grands de Juda, accompagnés de leur suite ordinaire & d'un concours prodigieux de Peuple, vont chercher en cérémonie le Grand d'Ardres, & le conduisent à Xavier. Il y est reçu au bruit du Canon & des cris de joie des femmes du Sérail, auxquels le Peuple ne manque pas de répondre. On conduit le Grand d'Ardres aux logemens qu'on lui a préparés à côté du Sérail. Il y est traité magnifiquement par le Roi, qui l'envoie complimenter dès qu'il est arrivé, & qui ne manque pas d'envoier tous les matins sçavoir de ses nouvelles. Il peut alors sortir, & aller voir ses amis & les Grands dont il a reçu les visites : mais il ne va voir le Roi que le troisième jour. Il entre au Palais avec les principaux de sa suite sans quitter ses habits ni ses joiaux, & il parle au Roi debout, & sans se prosterner. La coutume est qu'il demeure cinq jours dans ce nouveau logement.

Ces cinq jours sont emploiés par les Grands & par le Peuple à faire des Processions à la maison du Grand Serpent, pour lui demander que le Prince qu'on va couronner soit aussi bon & aussi équitable que son Prédecesseur, qu'il fasse fleurir le comierce, qu'il soit un religieux observateur des Loix, & qu'il les maintienne dans leurs Privileges & dans leurs Libertés. Le jour entier, depuis le lever du Soleil jusqu'à son coucher, est emploié à ces actes de Religion, & la nuit à faire grande chère, à se faire des festins les uns aux autres, à danser, à pousser des cris de joie, à faire des décharges de Mousqueterie, à remplir l'air du bruit des Tambours, des Flutes & des Trompettes, en un mot à faire un tintamarre si grand, qu'on auroit peine à entendre le Tonnerre.

Le Soleil n'est pas plutôt couché le cinquième jour, que le Roi fait tirer neuf coups de Canon, pour annoncer qu'il sera couronné le lendemain, qu'il se fera voir à son Peuple, assis sur son Trône dans la Cour du Palais destinée à cette Cérémonie, & que les portes du Palais seront ouvertes à tout le monde. Il fait avertir par un Officier, les Européens, du tems & du lieu de la Cérémonie, & les invite à s'y trouver.

Cette agréable nouvelle est reçue du Peuple avec de grands cris de joie, & un redoublement de coups de Fusil. Les Grands de Juda vont passer la nuit chez celui qui doit faire la Cérémonie du Couronnement. Ils s'y entretiennent; ils font des prières en silence; ils boivent quand ils sont las de prier; ils fument pour s'empêcher de dormir: tout cela est de l'essence de la Cérémonie.

Enfin le sixième jour sur les cinq heures du soir le Roi sort de son Sérail, accompagné de quarante de ses Favorites superbement parées des plus belles Pagnes de Soie qu'on ait pu trouver dans les Magasins du Prince & des Marchands Européens. Elles sont encore chargées plutôt qu'ornées de Colliers d'or, de pendans d'Oreilles, de Bras-

                                                                                        selets

selets & de chaînes de pied d'or, d'argent, & de Bijoux des plus riches. On peut croire que le Roi est aussi paré des plus belles croffes qu'il a pu trouver; qu'il a des Chaînes, des Colliers & des Bagues des plus précieuses. Il a sur la tête un Casque doré, chargé de plumes rouges & blanches.

En cet équipage, & environné de ses Gardes il traverse à pied les Cours du Palais, & va s'asseoir sur son Trône posé devant un grand bâtiment en forme de vestibule. Il est dans une Cour qui fait un angle du côté de l'Est de l'enceinte du Palais, & qui ne sert qu'à cet usage. Elle est appellée pour cette raison, la Cour du Couronnement. Le Trône est un grand Fauteuil de bois doré, au derrière duquel sont les Armes de France; marque assurée que c'est un présent qui a été fait par les François. Le Prince y est assis sur un Coussin de velours galonné d'or; & il en a un semblable sous ses pieds. Les quarante Femmes qui sont sorties avec lui du Sérail, sont assises par terre à sa gauche. Les Européens sont assis sur des Fauteuils à sa droite. Il y a à côté du Roi un Grand qui est debout, & qui tient un Parasol. On conçoit que ce n'est que par grandeur & par parade; car la Cérémonie ne se faisant que de nuit, il n'y a pas à craindre que le Roi soit incommodé du Soleil. Ce Parasol a dix pieds de diamètre. Il est d'une étoffe d'or très riche: la doublure est bordée d'or, & les pentes sont garnies de franges & de glans d'or. Il est surmonté d'un Coq de bois doré gros comme nature; & le bâton qui le soutient a six pieds de haut, & est doré. Celui qui le tient le fait tourner continuellement, afin de rafraichir le Prince qui est dessous. Outre cet Officier il y a un Grand à genoux devant le Roi, qui l'évante avec une Pagne de soie de la largeur d'une serviette ordinaire.

Deux Nains du Roi sont debout à quatre pas du Trône. Ils lui représentent l'un après l'autre les bonnes qualités de son Prédécesseur, sa justice, sa libéralité, les bontés qu'il avoit pour ses Peuples: ils l'exhortent à l'imiter, & même à le surpasser. Ces deux petites Créatures finissent leurs harangues par des vœux qu'ils font pour sa prospérité, & pour la longue durée de son règne.

Ces harangues étant achevées, on va chercher le Grand d'Ardres qui doit couronner le Roi. On le conduit en cérémonie: le Canon & la Mousqueterie le saluent; les cris de joie redoublent; & on n'entend de tous côtés que le bruit des Tambours, des Flutes & des Trompettes.

Il entre dans l'Assemblée avec toute sa suite. Ses gens l'escortent jusqu'à une certaine distance: lui seul s'avance jusqu'au Trône du Roi, & le salue avec une profonde inclination, mais sans se prosterner. Il fait un petit discours au Roi sur la Cérémonie qu'il va faire: ensuite il lui ôte le Casque qu'il a sur la tête; & le tenant entre ses mains, il se tourne du côté du Peuple. On fait alors un signal, & à l'instant les Instrumens & les cris cessent: il se fait un profond silence. Alors le Grand dit à haute voix: Voilà votre Roi; soiez-lui fidéles, & vos prieres seront écoutées du Roi d'Ardres mon Maître. Il répete trois fois ces paroles, & aiant remis le Casque sur la tête du Roi, il lui fait une profonde révérence. L'Artillerie & la Mousqueterie se font entendre aussi-tôt. Les Instrumens & les cris de joie recommencent de nouveau; & pendant que quelques Grands reconduisent le Grand d'Ardres à son logement, le Roi accompagné de ses Femmes, de ses Gardes & des Européens qui ont assisté à la Cérémonie, rentre dans son Sérail. On le reconduit ainsi jusqu'à la porte; ensuite tout le monde se retire, & on passe la nuit en danses & en festins; pendant lesquels la poudre n'est pas épargnée.

Tous les habillemens & tous les bijoux que le Roi a sur lui en cette occasion, appartiennent de droit à celui qui l'a couronné: mais comme cela tire à conséquence, il se contente d'un présent magnifique que le Roi lui envoie le lendemain avec quinze captifs ou leur valeur en or ou en marchandises; après quoi il faut qu'il reprenne le chemin de son Païs. Il ne lui est pas permis de demeurer plus de trois jours dans le Roiaume.

Le Roi ne manque pas d'envoier des présens à tous les Grands de son Etat le lendemain de son Couronnement; & ces Grands ne manquent pas aussi d'aller l'en remercier les uns après les autres, & de lui en présenter de beaucoup plus riches & plus magnifiques. On peut regarder ce que le Roi fait à l'égard de ces Grands comme un acte de bonté, de générosité & de reconnoissance; & ce que les Grands présentent au Roi comme un hommage qu'ils font à leur Prince, & un tribut qu'ils lui paient.

Si nous en croions l'Auteur que nous avons si souvent cité, (a) il y a des Médecins
&

____

(a) Le Chevalier des Marchais, ubi suprà Ch. 7.

& Chirurgiens Nègres qui, fans avoir fait leur Cour ni endoffé la robe de Rabelais, ne laiffent pas de faire des cures, dont nos Efculapes d'Europe fe glorifieroient. Ils connoiffent des fimples admirables, dont les fucs, les feuilles & les écorces operent des prodiges: mais ils en font un myftére que perfonne au monde n'eft capable de pénétrer. Ils ne fe font pas prier, lorfqu'il s'agit de les emploier pour les Blancs: mais ils ont un foin extrême de les déguifer de maniére qu'on ne puiffe les reconnoître. Le Chevalier *des Marchais* avoit lié une étroite amitié avec un de ces Médecins, dans l'efpérance de découvrir quelqu'un de fes fecrets. Il lui faifoit des prefens; il le faifoit boire; il lui a fait plufieurs fois des offres très avantageufes, fans avoir pu jamais en rien tirer. Ils fe laifferoient plutôt tuer que de rien découvrir. Les peres laiffent leurs connoiffances à l'aîné de leurs enfans, après en avoir exigé un ferment folemnel fur ce qu'ils ont de plus facré qu'ils ne le déclareront jamais.

Lorfqu'un pere de famille, qui a plufieurs enfans mâles, vient à mourir, c'eft l'aîné qui hérite des qualités & des dignités dont le pere a joui. Il hérite encore des femmes de fon pere, & s'en fert comme de celles qu'il a époufées: il n'y a que fa propre mere & la mere de fon pere qui foient exemtes de cette Loi. N'en déplaife à ceux qui l'ont introduite, elle eft certainement des plus barbares: cependant elle eft reçue & pratiquée dans le Païs. Elle eft en ufage parmi les Grands & parmi le peuple. Il n'y a qu'une chofe à laquelle ils ne foient pas obligés: c'eft qu'ils n'abatent point la maifon où le pere de famille eft mort, & qu'il ne facrifient aucun des efclaves ou des femmes du défunt, comme on le fait à la mort du Roi. Il faudroit pour cela avoir une permiffion du Prince, qui a des raifons pour ne l'accorder jamais, ou du moins très rarement.

Les Grands font enterrer leurs peres dans une galerie que l'on bâtit exprès: le corps mort eft au milieu. On met fur la foffe le bouclier, l'arc, les flèches & le fabre du défunt; & on les environne de fes *Fétiches* & de celles de la famille. Plus le nombre en eft grand, plus le Maufolée eft digne de refpect. Quoiqu'ils fe fervent tous de fufils & de piftolets, on ne voit point qu'ils en mettent fur les fépultures. Peut-être regardent-ils ces armes comme étrangéres & nouvelles à la Nation, au-lieu que les autres étant très anciennes dans le Païs, leur font plus d'honneur, & marquent davantage la bravoure des défunts.

Ce qu'ils obfervent inviolablement à la mort de leurs peres, eft de paffer douze Lunes entiéres fans habiter la maifon du défunt, & de s'abftenir pendant le même tems de jouir de fes femmes. Pendant ce tems-là ils vont loger ailleurs, ils quittent les habillemens qu'ils ont coutume de porter, & ne fe couvrent que de pagnes d'herbes fans aucuns bijoux; c'eft-à-dire, qu'ils ne portent ni bagues, ni colliers, ni braffelets. C'eft là leur deuil. Il n'eft permis à perfonne de donner atteinte à cette Loi, ou en diminuant le tems du deuil, ou en le diftinguant en grand & petit deuil, comme on le fait dans quelques Païs de l'Europe, où il femble qu'on s'ennuie beaucoup plus vite qu'on ne faifoit autrefois de pleurer la mort de fes proches, ou d'en donner des marques extérieures.

Nous finirons par la defcription des Cérémonies qui s'obfervent à la mort du Roi. Voici ce que notre Auteur (a) nous en apprend.

Lorfque le Roi de Juda eft mort, c'eft à la Reine ou grande femme du défunt à le faire fçavoir aux Grands. Ils font obligés de garder le fecret de cette mort pendant trois mois. Ils s'affemblent pendant ce tems-là, conviennent de celui des enfans du Roi qu'ils mettront fur le Trône, lorfque l'aîné à qui la couronne appartient de droit, n'eft pas jugé digne de la porter. Les trois mois étant expirés, on rend la mort du Roi publique dans tout le Roiaume.

Cette déclaration eft comme un fignal & une permiffion publique à tout le peuple de faire tout ce que bon lui femble. Les Loix, la Police & la Juftice femblent être mortes avec le Roi. Ceux qui ont des ennemis prennent ce tems-là pour fe venger, & pour commettre toutes fortes d'excès. Les gens fages s'enferment & fe barricadent dans leurs maifons: ceux qui ne prennent pas ces précautions font expofés à être volés, maltraités, fouvent même à être tués, s'ils ont des ennemis qui en veulent à leur vie. Il n'y a que les Européens & les Grands qui puiffent fortir de chez eux en fûreté; encore ne l'ofent-ils faire qu'avec des Gardes, & des gens armés en affez grand nombre, pour n'avoir rien à craindre de la licence effrénée d'un peuple tumultueux & qui ne cherche qu'à mal faire. Les femmes fe tiennent renfermées dans les maifons: elles s'ex-

po,

poferoient à être outragées, fi elles paroiffoient en public. Tout eft dans un défordre affreux: mais ce tems de trouble ne dure que cinq jours depuis celui où l'on a publié la mort du Roi. Il en faut autant pour aller chercher le Prince qui doit remplir le Trône, & le mettre en poffeffion du Palais. On tire un certain nombre de coups de canon, pour avertir le peuple qu'il a un Roi; & auffitôt le défordre ceffe; la tranquilité & le bon ordre paroiffent de nouveau; le commerce recommence; les marchés s'ouvrent, & tout le monde vaque à fes affaires avec la même paix & la même fureté qu'auparavant.

La coutume du Païs étant de renverfer de fond en comble le Palais où le Roi eft décedé, on emploie les trois mois qui fuivent fa mort à en édifier un autre où le nouveau Roi doit faire fa réfidence, & on y transporte toutes les femmes du Roi défunt. Le nouveau Roi en hérite; elles deviennent les fiennes. Il n'y a que la mere du défunt & celle du Roi régnant qui foient exemtes de cette Loi.

Le nouveau Roi étant en poffeffion du Palais, ordonne les funérailles du défunt. Il les fait annoncer au peuple par cinq coups de canon qu'on tire au point du jour, cinq à midi, & cinq au coucher du Soleil. Le bruit de ces derniers eft fuivi de cris & de hurlemens effroiables qui retentiffent dans tout le Palais, d'où il n'eft plus permis à aucune femme de fortir.

Le Grand Sacrificateur qui a l'intendance des funérailles, fait faire une foffe de quinze pieds en quarré & de cinq de profondeur, au milieu de laquelle on creufe un caveau ou foffe beaucoup plus profonde de huit pieds en quarré. On met en cérémonie le corps du Roi au milieu de ce caveau. Le Grand Sacrificateur choifit huit des favorites du Défunt, pour l'aller fervir en l'autre monde. On les oblige de fe parer de leurs plus beaux habillemens, & on les charge de viandes & de boiffons pour porter au Roi défunt. Sous ce prétexte on les conduit au caveau, dans lequel on les enferme toutes vivantes, & on les y laiffe mourir, ce qui eft bientôt fait, parce qu'on les accable de terre. Quelque amour qu'elles aient témoigné pour le Prince quand il étoit vivant, il s'en trouve peu qui aillent de bon cœur le fervir en l'autre monde. Il s'en voit cependant qui ont affez de générofité pour s'offrir d'elles-mêmes: c'eft un honneur pour elles & pour leur famille.

Après la mort de ces femmes, on amene les hommes qui doivent auffi aller fervir le Roi défunt. Le nombre n'en eft pas fixe; il dépend de la volonté du Roi régnant & du Grand Sacrificateur. Comme on ignore fur qui le fort tombera, les domeftiques du Roi défunt tâchent de s'enfuir ou de fe cacher, & ne paroiffent que quatre ou cinq jours après que la Cérémonie eft achevée. Ils en font quittes pour les reproches qu'on leur fait d'avoir mangé le pain du Roi tandis qu'il étoit vivant, d'en avoir reçu une infinité de graces, & de n'avoir pas eu le courage de l'accompagner en l'autre monde. Ils répondent que l'idée de la mort les a effraiés, & qu'étant dans un âge à jouir encore des plaifirs de la vie, ils n'ont pu fe réfoudre à la quitter fitôt. On fe paie de ces excufes; on leur fait grace: ils rentrent au fervice du Roi vivant, & promettent que s'il vient à mourir, ils le fuivront avec plus de fidelité qu'ils n'ont fait fon prédéceffeur: bien entendu que fi le cas arrive, & qu'ils foient au nombre des victimes deftinées à la mort, on les obfervera de fi près, qu'ils ne trouveront pas le moien de s'échaper.

Celui de tous les Officiers ou Domeftiques du Roi qui doit infailliblement le fuivre en l'autre monde, eft fon Favori. Celui que le Prince honore de ce titre n'a aucune fonction particuliére dans fa maifon. Il ne lui eft pas même permis d'y entrer quand il a quelque chofe à lui demander: il doit s'adreffer au Grand Sacrificateur, qui expofe fes demandes au Prince, qui de fon côté ne lui refufe jamais rien, quoiqu'il lui demande. Il a droit de prendre dans les marchés tout ce que bon lui femble; & il n'eft permis à qui que ce foit, fi ce n'eft aux Européens, de l'en empêcher. Il eft vêtu d'une robe longue, avec de longues manches & un capuchon, à peu près femblable à celle que portent les Religieux de S. Benoit. Il peut la faire de toile blanche, ou d'Indienne à fleurs, ou d'étoffe de foie; & lorfqu'il paroit en public, il a une cane à la main. On le refpecte; il eft exempt de toutes fortes de contributions, de corvées, de péages; d'impofitions; fa vie eft des plus heureufes: mais elle finit avec celle du Roi; rien ne peut le difpenfer d'accompagner fon maître en l'autre monde. Il eft gardé à vue dès que ce Prince eft mort, & il eft le prémier à qui on coupe la tête, après que les favorites du Roi ont été étouffées dans le caveau. Tout ceux qui font deftinés à fervir le Roi défunt ont auffi la tête coupée; & fuivant l'ordre du Grand Sacrificateur, leurs corps font couchés ou affis avec leurs têtes à côté d'eux, & font enterrés autour du caveau du Roi.

Lorf-

Lorsque tous ces corps sont couverts de terre, on éleve sur la fosse une grosse mote de terre terminée en pyramide, au sommet de laquelle on plante les armes dont le Roi avoit coutume de se servir; & on les environne de quantité de *Fétiches* ou petites figures de terre qui en sont comme les Divinités tutélaires, & qui les gardent. Apres cela on renverse tout le Palais du Roi défunt. Il n'en reste que l'enceinte, au dedans de laquelle on a bâti un Palais neuf, pour le logement du nouveau Roi. On brule tout ce qu'il y a de combustible, sauf à réparer dans la suite ces mêmes logemens, ou comme ils étoient, où d'une autre maniére, selon le goût du Roi.

Religion des Chiriguanes, Peuples de l'Amérique.

Les *Chiriguanes*, Peuple voisin du Paraguai, semblent n'avoir aucune connoissance de la Divinité. (*a*) C'est inutilement, dit un Missionnaire, qu'on s'est emploié jusqu'ici à inspirer des sentimens de Religion, & même d'humanité à ces Barbares. Il y a plus de deux cens ans que de servens Missionnaires, brulant de zéle pour leur conversion, & s'y employant avec une charité infatigable, les quittérent sans avoir pu retirer aucun fruit de leurs travaux.

Saint François de *Solano* n'épargna ni soins ni fatigues pour amollir ces cœurs infléxibles, sans avoir pu y reussir. Un d'eux me dit un jour, *tu te donnes bien des peines inutiles*; & fermant la main, *les Indiens*, ajouta-t-il, *ont le cœur fermé comme mon poing. Tu te trompes*, repliquai-je, *& tu n'en dis pas assez. Leur cœur est plus dur que la pierre. Ni plus ni moins*, me répondit-il; *mais en même tems ils sont plus adroits & plus rusés que tu ne penses. Il n'y a point d'homme, quelque fin qu'il soit, qu'ils ne trompent, à moins qu'il ne soit bien sur ses gardes.*

C'est en partie cette mauvaise subtilité de leur esprit qui met obstacle à leur conversion. Ils sont naturellement gais, pleins de feu, enclins à la plaisanterie; & leurs bons mots ne laissent pas d'avoir leur sel: lâches pour l'ordinaire, quand ils trouvent de la résistance, mais insolens jusqu'à l'excès, lorsqu'ils s'apperçoivent qu'on les craint. J'eus bientôt approfondi leur caractére; & c'est pourquoi souvent je les traitois avec hauteur, & leur parlois en Maître.

Leurs Bourgades sont toutes disposées en forme de cercle, & la place en est le centre. Ils sont fort sujets à s'enivrer d'une liqueur très-forte que font leurs femmes; & ils ne reconnoissent aucune Divinité. Lorsqu'ils sont chez eux, ils vont d'ordinaire tout nuds. Ils ont pourtant des Culottes de Cuir: mais le plus souvent ils les portent sous le bras. Quand ils voyagent, ils se mettent un collet de Cuir, pour se garantir des épines, dont leurs Forêts sont remplies.

Leurs femmes ne se couvrent que de quelques vieux haillons, qui leur pendent depuis la ceinture jusqu'aux genoux. Elles portent les Cheveux longs & bien peignés; au-dessus de la tête, elles se font avec leurs Cheveux une espéce de couronne, qui a assez bon air; elles se peignent d'ordinaire le visage d'un rouge couleur de feu, & tout le reste du corps, lorsqu'il y a quelque Fête où l'on doive s'enivrer. Les hommes se contentent de se tracer sur le visage quelques lignes de la même couleur, ausquelles ils ajoutent quelques gros traits noirs. Quand ils sont peints de la sorte, hommes & femmes, ils ont un air effroiable. Les hommes se percent la levre inférieure, & ils y attachent un petit Cilindre d'étain ou d'argent, ou de Résine transparente. Ce prétendu ornement s'appelle *Tembeta*.

Les garçons & les filles, jusqu'à l'age de douze ans, n'ont pas le moindre vêtement: c'est une coutume généralement établie parmi tous ces Infidéles de l'Amérique Méridionale. Leurs Armes sont la Lance, l'Arc, & les Fléches. Les femmes y sont du moins aussi rusées que les hommes, & ont une égale aversion pour le Christianisme. Ce qui m'a fort surpris, est que dans la licence où ils vivent, je n'ai jamais remarqué qu'il échappât à aucun homme la moindre action indécente à l'égard des femmes; & jamais je n'ai ouï sortir de leur bouche aucune parole tant soit peu deshonnête.

Leurs mariages, si l'on peut leur donner ce nom, n'ont rien de stable. Un mari quitte sa femme quand il lui plait. De-là vient qu'ils ont des enfans presque dans toutes les Bourgades.

Dans l'une ils se marient pour deux ans, & ils vont ensuite se remarier dans une autre. C'est pourquoi je leur disois quelquefois, qu'ils ressembloient à leurs Perroquets, qui

sont

font leur nid une année dans un Bois, & l'année suivante dans un autre.

Ce prétendu mariage se fait sans beaucoup de façon. Lorsqu'un Indien recherche une Indienne pour sa femme, il tâche de gagner ses bonnes graces, en la régalant quelque tems des fruits de la moisson, & du Gibier qu'il prend à la Chasse; après quoi il met à sa porte un faisceau de bois. Si elle le retire & le place dans sa Cabanne, le Mariage est conclu: si elle le laisse à la porte, il doit prendre son parti, & chasser pour une autre.

Ils n'ont point d'autres Médecins qu'un ou deux des plus anciens de la Bourgade. Toute la science de ces prétendus Médecins consiste à souffler autour du malade, pour en chasser la maladie. Quand je sortis la première fois de *Caisa*, je laissai malade la fille d'un des deux Capitaines; lorsque je revins peu après, je la trouvai guérie. Aiant eu alors quelques accès de fièvre, sa mere m'exhorta fort à me faire souffler par leur Médecin. Comme elle vit que je me moquois de sa folle crédulité; *écoute*, me dit-elle; *ma fille étoit bien mal quand tu nous quittas; tu la trouves en parfaite santé à ton retour: Comment s'est-elle guérie? C'est uniquement en se faisant souffler.*

Lorsqu'une femme a mis un enfant au monde, c'est l'usage que son mari observe durant trois ou quatre jours un jeûne si rigoureux, qu'il ne lui est pas même permis de boire.

Ces Indiens n'abandonnent point leurs morts comme d'autres Barbares. Quand quelqu'un de leur Famille est décédé, ils le mettent dans un pot de terre proportionné à la grandeur du Cadavre, & l'enterrent dans leurs propres Cabannes. C'est pourquoi tout autour de chaque Cabanne, on voit la terre élevée en espéce de talut, selon le nombre de pots de terre qui y sont enterrés.

Les femmes pleurent les morts trois fois le jour, dès le matin, à midi, & vers le soir: cette Cérémonie dure plusieurs mois, & autant qu'il leur plaît. Cette sorte de deuil commence même aussi-tôt qu'ils jugent que la maladie est dangereuse. Trois ou quatre femmes environnent le Hamac du malade avec des cris & des hurlemens effroiables; & cela dure quelquefois quinze jours de suite. Le malade aime mieux qu'on lui rompe la tête, que de n'être pas pleuré de la sorte; car si l'on manquoit à cette Cérémonie, ce seroit un signe infaillible qu'il n'est pas aimé.

Quoique ces Peuples paroissent n'avoir aucune idée de la Divinité, ils croient cependant l'immortalité de l'ame, mais sans savoir ce qu'elle devient pour la suite. Ils s'imaginent qu'au sortir du corps, elle est errante dans les broffailles des Bois, qui sont autour de leurs Bourgades: ils vont la chercher tous les matins; & fatigués de la chercher inutilement, ils l'abandonnent.

Il y a apparence même qu'ils ont quelque idée, quoique confuse, de la Métempsycole, puisqu'une Indienne qui avoit laissé sa fille malade, voiant passer un Renard, dit que ce pourroit bien être l'ame de sa fille morte depuis son départ.

Ils tirent un mauvais augure du chant de certains Oiseaux, d'un sur-tout, qui est de couleur cendrée, & qui n'est pas plus gros qu'un Moineau, nommé *Chochos*. S'ils se mettent en voyage, & qu'ils l'entendent chanter, ils ne vont pas plus loin, & retournent à l'instant chez eux. Je me souviens que conférant un jour avec les Capitaines de trois Bourgades, & un grand nombre d'Indiens, un de ces *Chochos* se mit à chanter dans le Bois voisin: ils demeurèrent interdits & saisis de fraieur, & la conversation cessa sur l'heure.

Du reste, les Magiciens & les Sorciers, qui font fortune chez d'autres Sauvages, sont parmi eux en exécration, & ils les regardent comme pestes publiques. Trois ou quatre mois avant que je vinsse à *Caisa*, ils y avoient brulé vifs quatre Indiens de *Smanditi*, sur le simple soupçon que le fils d'un Capitaine étoit mort par les maléfices qu'ils avoient jettés sur lui. Lorsqu'ils voient qu'une maladie traîne en longueur, & que les souffleurs ne la guérissent point, ils ne manquent pas de dire que le malade est ensorcelé.

Fin de la Seconde Partie du Tome VII.